교육 조직 행동론

리더십과 학교 개혁

Robert G. Owens · Thomas C. Valesky 공저
김혜숙 · 권도희 · 이세웅 · 신경석 · 전수빈 · 이혜미 · 손보라 공역

학지사

Organizational Behavior in Education: Leadership and School Reform
by Robert G. Owens and Thomas C. Valesky

역자 서문

학교라는 조직에서 관찰되는 구성원들의 행동을 어떤 시각에서 바라보고 해석하며 예측할 수 있을까? 교육행정을 연구하고 공부하는 이들에게 이 문제는 오랜 관심사였는데 그 답을 찾을 수 있는 분야가 바로 '교육 조직 행동론' 이다. 학교와 같은 교육 조직에서의 인간 행동을 주제로 한 이 책은 교육학 분야의 모든 연구자들에게, 특히 일반대학원이나 교육대학원에서 교육행정을 전공하고 있는 석 · 박사 원생들에게 유용한 내용을 담고 있는 전문서다. 학부 학생이라고 해도 교육에 관심을 가지고 있다면 이해에 그다지 큰 어려움은 없을 것이다.

교육이나 학교를 '조직' 이라는 관점에서 바라보는 것 자체를 생소하게 느낄 사람들이 없지 않을 것이다. 그러나 학교는 공동의 목적을 가진 인간들의 집합체이며, 그 목적 달성을 위해 체계적이고 합리적인 활동이 일정 시간 이상 협력적으로 전개된다는 점에서 전형적인 조직의 하나다. 그러므로 학교라는 조직을 이해하기 위한 '조직론' 은 교육행정이나 리더십 분야에서 꼭 알아야 할 기초라고 할 수 있다. 교육조직론을 통해 학교를 개방체제의 속성을 갖는 조직으로 바라보기도 하고 기업, 정부, 병원, 종교단체 등과 구별되는 유형으로 비교하거나, 학교만의 특수성을 고려하여 '느슨하게 결합된 조직' 이라는 논의를 전개하기도 한다.

조직에 대한 이러한 이해를 바탕으로 할 경우 다음 단계의 관심 주제는 그 조직 속에서 교사, 학생, 학교 행정가들이 왜, 어떻게 행동하는가로 옮겨진다. 어떤 학교에서는 교원들의 사기가 높은데 다른 학교는 그렇지 못한 이유가 무엇일까? 폭력이 난무하는 학교 문화는 어떻게 해석할 수 있으며 왜 발생하는가? 학교장의 리더십이 학교 조직 내에서 성공적으로 발휘되기 어려운 이유는 무엇인가? 학교 구성원 간의 갈등은 왜 항상 존재하는가? 조직 행동에 대한 이론은 이런 질문들에 대한 해답의 실마리를 제공한다.

그런데 안타깝게도 경영학 분야를 중심으로 조직이나 조직행동에 대한 연구와 저서가 홍수를 이루고 있는 것과 달리 교육 분야에서 이 주제를 다루는 교재는 국내외를 막론하고 많지 않은 편이다. 기존 저서들의 경우 개정판이 자주 나오는 상황이 아니어서 최신판을 찾기가 쉽지 않고 변변한 번역서 역시 찾기 힘든 것이 현실이다. 그런 가운데 교육에서의 조직 행동을 주제로 하고 있으면서 최근 화두가 되고 있는 리더십과 학교 개혁의 관점에서 접근하고 있는 오웬스(Owens)와 발레스키(Valesky)의 *Organizational Behavior in Education: Leadership and School Reform* 최신판을 만나게 되었다. 이 분야에서는 드물게 10판에 걸쳐 개정된 이 책은 최신 이론을 담고 있을 뿐 아니라 조직과 조직 행동 전반에 관한 이론을 망라하고 있다. 그리고 시종일관 교육이라는 주제를 견지하면서 학교의 관점에서 기술하는 방식을 택하고 있으며 구체적인 사례 제시를 통해 이론과 실제를 접목시키고 있다. 한마디로 교육 조직론과 교육 조직 행동론에 관한 최신 이론과 실제를 한 권의 책으로 학습할 수 있다는 장점이 있다.

2010년 2학기 대학원 과정으로 '교육 조직론' 강좌를 개설할 당시 이 책의 2011년판이 막 출간되어 반가운 마음으로 사용하게 되었다. 공부해 나가는 가운데 다른 사람들이 원어로 읽는 수고를 덜 수 있도록 번역하여 공유하면 의미 있는 일이라고 생각했다. 번역진을 구성하여 작업을 시작한 후 이 정도로 방대한 양의 저서를 여러 명의 역자들이 공동으로 작업하는 것이 얼마나 어려운 일인가를 새삼 확인할 수 있었다. 좀 거창하기는 하지만 이 책의 10장에 나오는 갈등 이론을 원용해 보는 흥미로운 경험도 있었다. 한국과 미국에 있는 역자 모두가 번역과 편집이 이루어진 1년 가까운 기간 동안 각자 맡은 과업을 예외 없이 완수하여 출간에 이르게 된 것은 다행스럽고 감사하기 그지없다. 특별히 이세웅 선생과 권도희 선생이 간사 역할을 맡아 노고가 컸다.

전문 번역서의 발간은 학문을 깊이 사랑하는 마음이 없으면 하기 어려운 일인데 기꺼이 출간을 맡아 주신 학지사 김진환 사장님께 깊이 감사드린다. 그리고 출판사 담당자에게 그 이상을 기대할 수 없을 만큼 책의 완성도를 높이고자 노력하면서 편집자로서의 전문성과 치밀함을 보여 주신 편집부 이현구 과장님과 다른 직원 여러분께도 심심한 감사의 말씀을 전한다. 끝으로 좋은 저서를 지속적으로 발전시켜 번역의 기회를 갖도록 해 주신 오웬스와 발레스키 두 분의 원저자와 피어슨 교육(Pearson Education) 출판사에게도 감사의 말씀을 전한다.

막상 교정을 보면서 아직 부족한 점이 너무 많다는 생각을 하게 된다. 머릿속으로 알고 있는 개념이라고 해도 우리말로 번역하는 것은 참으로 쉽지 않음을, 그리고 하나의 용어를 각자 다르게 번역하여 이를 바로잡고자 할 때 정답을 내리기 어려움을 절감했다. 되도록 원어를 병기하여 이해를 돕고자 했으나 독자들이 주시는 피드백을 겸허히 받아 계속 보완해 나갈 것을 다짐한다.

2012년 8월

역자들을 대표하여, 김혜숙

저자 서문

이번 개정판의 새로운 점

이번 개정판의 세 가지 주요 목적은 다음과 같다.

- 학교에서의 조직 행동이라는 주제의 최신 논의를 위해 새로운 연구를 소개할 뿐만 아니라 책무성과 고부담 평가가 강조되는 시대에 발맞춰 이 주제가 교육 리더십 실행에 있어 갖는 실제적 적절성을 강조한다.
- 각 장의 서두에 사례를 소개함으로써 독자들의 관심을 자극하고 비판적 사고를 유도하며, 각 장을 공부한 이후 수업 구성원들과 함께 여러 시사점을 도출할 수 있는 토론이 가능하도록 한다.
- 복잡한 정보와 개념을 소개할 때에는 이해하기 쉽고 덜 난해한 서술 방식과 언어를 사용한다.

이번 개정판에서 구체적으로 변경된 내용은 다음과 같다. 각 장마다 간단하게 소개되어 있는 사례는 학교 리더들이 현실에서 직면하게 되는 도전들에 대해 기술한 것이다. 독자들은 사례에 나타난 사실과 본인이 습득한 이론의 실천을 바탕으로 의사결정을 해야 한다. 이러한 접근법은 독자들에게 ① 실제 상황에서 리더십을 실행할 때 조직 행동의 지식을 적용시키는 데 필요한 이해를 증진시킬 수 있고, ② 실제적이고 효과적으로 이론을 실천하도록 학생 개인의 헌신을 유도하고 내면화시킬 수 있게 돕는다.

- 몇 개의 장에 추가된 새로운 내용을 쉽게 이해할 수 있도록 새로운 차트와 도표

들이 추가되었다. 이러한 자료들은 연구 결과물을 이해하기 쉽게 나타내 주어 학습자에게 도움을 준다.

- 이 책은 오늘날 빠르게 변화하는, 낙오학생방지법(No Child Left Behind: NCLB) 시대의 책무성과 고부담 평가에 대해 논의하기 위해 개정되었다. 12장에는 오래된 내용을 대체하기 위해 11개의 새로운 연구물과 새로운 지식이 추가되었다. 예를 들어 분산적 리더십, 전문 학습 공동체, 학부모 참여, 지속 가능한 리더십 등이다. 그러나 교육 리더십의 토대를 만들기 위한 과정에 있는 전통적인 연구물과 이론은 유지했다.
- 각 장의 마지막에 있는 '생각해 볼 문제'는 수정 및 갱신되었다. '생각해 볼 문제'에서 제기된 질문을 탐구함으로써 개별 학생들은 교육 리더십의 실행을 위해서 유의미한 이론을 개발하고 내면화하는 일에 도전하게 될 것이다. 이 책의 내용을 공부하고 직접 활용해 봄으로써 학습자들은 학교의 어떠한 상황에서도 리더십 실행을 가능하게 하는, 사려 깊고 이론적 토대가 확실한 접근법을 발전시킬 수 있을 것이다.
- 이 책은 각 장에 있던 목적, 개요 소개, 주(州) 연합 학교지도자 자격인증 컨소시엄(Interstate School Leaders Licensure Consortium: ISLLC) 표준과 같은 다소 불필요한 내용들을 삭제함으로써 더 직접적이고 솔직하게 독자들의 이해를 돕고자 했다. 책에 집중하는 데 방해가 된 이러한 요소들을 제거함과 동시에 복잡한 내용을 주의 깊게 편집하고, 표현을 간결화함으로써 책을 읽고 이해하기 쉽게 만들었다.
- 이 책은 ISLLC에 의해 새롭게 수정된 표준의 달성을 어떻게 지원할 것인가에 대해 강조하고 있다. 이러한 지원 내용은 〈부록〉에 도표와 함께 설명되어 있다.

감사의 말

이번 제10판을 위해 정보를 제공하고, 내용을 검토하는 데 도움을 주신 모든 분들께 감사드린다. 특히 ISLLC 표준의 새로운 변화에 대해 이해하는 데 도움을 준 NASSP(ISLLC 표준을 검토하는 NPBEA 조정위원회)의 리처드 A. 플래너리(Richard A. Flannery)와 동기에 관한 장(章)에 도움을 준 학교의 정신건강 상담 전문가인 플로리다 걸프 코스트(Florida Gulf Coast) 대학교의 매들린 이삭(Madelyn Isaacs)에게 감사드린다. 그들의 의견과 조언은 이번 개정판을 집필하는 데 매우 중요했다. 우리는 또한 제9판을 검토해 주고 변화를 위한 조언을 해 준 세인트 로즈(Saint Rose) 대학교의 페리 버코위츠(Perry Berkowitz), 메리마운트(Marymount) 대학교의 패트리카 헬레네 얼(Patrica Helene Earl), 그리고 거버너스(Governors) 주립대학교의 클라이드 윈터스(Clyde Winters)에게도 감사드린다.

| 차례 |

제4장 조직 이론 151

제5장 조직의 인간적 측면 189

제9장 의사결정 369

제10장 조직에서의 갈등 425

CHAPTER 1

비전을 찾아서

사례 사우스 쇼어 고등학교의 비전

주립대학교의 교육 리더십 전공 교수인 랜 노드호프(Ran Nordhoff)는 미국 학교 교장들의 일상에 대한 연구들을 해 왔다. 그는 사례 연구를 위해 수개월 동안 하루 종일 교장들을 따라다니며 관찰했다. 연구를 위해서는 우선 교장들과 상호간 신뢰를 쌓고 편안한 관계로 발전시키는 것이 필요했기 때문에 관찰 연구를 시작하기 전에 많은 시간을 그들과 함께 보냈다. 그러한 연구 단계는 끝났고, 오늘은 랜이 학교를 방문하여 사우스 쇼어 고등학교(South Shore High School)의 교장 빌 존슨(Bill Johnson)과 '함께 지내며' 자료 수집을 시작할 것이다. 빌과 랜은 빌의 오랜 단골인 작은 식당에서 아침 식사를 한 후 학교까지 차를 타고 가는 것에서부터 하루를 시작하기로 했다.

두 남자는 아침 식사를 마친 뒤, 하루 일과를 시작하기 위해 빌의 자동차를 타고 학교로 가려고 식당을 나오고 있었다. 랜은 조용한 기대감에 온몸이 휩싸이는 것을 느낄 수 있었다. 지난 몇 주간 얻어 낸 빌의 신뢰와 확신이 마침내 시험대에 오르려는 참이었다. 오늘 그는 빌과 합의한 연구를 시작하기 위하여 학교로 갈 것이다. 랜은 5개월 동안 근무 시간 내내 교장을 그림자처럼 따라다닐 것이다. 그는 여기까지 오기 위해 많은 시간과 노력을 투자하였고, 이제는 신중하게 행동해야 한다. 그는 빌이 항상 자신감에 차 있고 자기 확신이 강한 모습을 보여 주면서도 스스로를 연약하다고 느낀다는 것을 알고 있었다. 빌은 교장으로서의 자신이 관객(학생, 교원, 학부모, 교육위원회 구성원)들이 많은 무대의 중요한 배우임을 인식하고 있었다.

빌은 학교 정문 가까이에 있는 자신의 주차 구역에 주차했다. 두 사람이 자동차 문을 열었을 때

빌이 랜에게 돌아서며, "지금부터 당신은 나를 그림자처럼 따라다니겠죠. 하지만 내가 일을 하고 있는 동안 우리는 친구처럼 지낼 수 없어요. 낮에는 저에게 말을 걸지 말아주셨으면 합니다. 내가 일하는 동안 질문도 하지 말아 주세요. 이제 난 무대에 올랐고 나의 역할은 이 학교의 교장입니다. 난 학교에 있는 동안 100% 교장이에요. 이해하셨죠?"

랜은 "물론입니다. 하지만 하루 일과를 시작하기 전에 당신의 계획이 무엇인지, 무엇을 목표로 하는지에 관해 알려 주실 수 있습니까?"라고 말했다.

빌은 "난 날마다 많은 계획을 세우지는 않습니다. 건물 안으로 들어가면 매 순간마다 나를 바쁘게 하는 일들이 너무 많기 때문이죠. 문제들이 내게로 옵니다. 내가 굳이 문제들을 찾아다닐 필요가 없습니다. 함께 가 보시죠. 바로 보게 될 테니…."

빌은 차 밖으로 나와 학교를 향하여 결의에 찬 모습으로 성큼성큼 걸어갔다. 그는 유리문 뒤에서 자신을 기다리고 있는 두세 명의 교사들을 보았다.

1. 빌 존슨이 자신의 업무에 접근하는 방법의 강점은 무엇인가? 문제점은 무엇인가?
2. 당신은 그 일에 다르게 접근할 수 있다고 생각하는가? 만약 그렇다면 어떤 방법을 사용할 것인가?
3. 당신은 이미 교사로 일했던 학교에서 교장의 모습을 관찰했을 수도 있다. 빌 존슨의 접근법이 당신이 관찰한 교장을 대표한다고 (또는 다르다고) 생각하는가?

학교는 사람들이 살고, 일하는 하나의 세계다. 다른 사회 조직처럼 학교라는 세계 또한 권력, 구조, 논리 및 가치를 가지고 있으며, 이러한 요소는 서로 결합되어 개인이 세계를 인식하고, 이해하며, 대응하는 방식에 결합하여 영향을 준다. 즉, 교육 조직에서 일하는 사람들의 행동은 단지 개인의 독특한 성격만을 반영하는 것이 아니라 조직 문화의 사회적 규범과 기대를 통해 형성된다. 개인과 이들이 일하고 있는 사회적 환경 사이에서 일어나는 이러한 상호작용은 조직 문화, 즉 학교 조직 구성원들의 행동을 형성하는 데 중요한 역할을 한다. 효과적인 교육 리더가 되고 싶어하는 사람들이 어떻게 리더십을 발휘할지 결정하기 위해서는 조직 문화의 본질에 대하여 분명하게 파악해야 한다. 이를 위해서는 각자 이 책을 읽으면서 생각하고, 의문을 갖고, 이의를 제기하고, 자신에게 물어보아야 한다. 그리고 이러한 과정이 어떻게 현실적으로 자신의 일, 경험, 세계관에 들어맞는지 다른 사람들과 논의해 보아야 한다. 여러분이 사색적인 현장 전문가가 된다면, 이 책은 현재 그리고 미래의 여러분들에게 훨씬 더 도움이 될 것이다.

가정, 신념, 행동

모든 문화의 사람들은 인간, 인간의 본성, 인간관계의 본질, 인간과 그들을 둘러싼 환경 사이의 관계에 대하여 어느 정도의 무조건적이고 기본적인 가정들을 받아들이고 있다. 이러한 가정들은 우리의 신념과 가치는 물론이거니와, 궁극적으로 다른 사람들을 대하는 행동 방식을 형성하기 때문에 기본 가정(basic assumptions)이라 불린다.[1*] 기본 가정은 유년기 초기에 학습되며 성장하고 교육을 받으면서 발전된다. 시간이 흐르면서 기본 가정은 당연한 것으로 여겨지며, 공유되고, 우리 주위의 다른 사람들에 의해 지지되어 완전히 내면화된다. 가정은 조직 생활의 날실과 씨줄의 보이지 않는 부분이 되고, 좀처럼 비판의 대상이 되거나 논의되지 않는다. 이러한 기본 가정은 '주위에서 우리가 행동하는 방식' 이 된다.

눈에 보이지 않으며, 거의 생각도 이야기도 하지 않을 정도로 당연하게 받아들여지는 이러한 기본적인 가정들은 우리가 이미 알고 있는 가치와 신념을 불러일으킨다. 가치와 신념은 종종 논의될 수 있기 때문에 기본 가정보다 더 대중적이다. 예를 들어, 미국 독립 선언서(The Declaration of Independence)의 경이로운 업적들 중 하나는 건국의 아버지들(founding fathers)이 주창한 인간 본성에 대한 기본 가정과 궁극적으로 그들의 가정에서 비롯된 정치적 신념 사이의 관련성을 공개적으로 그리고 명확히 설명했다는 점이다.

행위, 즉 행동은 우리가 받아들이는 가치와 신념에서 비롯된다. 사람은 모두 평등하게 태어났다고 하는 인간 본성의 가정에 대하여 건국의 아버지들은 설득력 있는 논리를 가지고 있었다. 이것은 그들이(혹은 건국의 아버지들이) 그 당시 가장 강력한 왕국[1)]으로부터 독립을 선언하는 반역 행위를 하게 만들었고, 궁극적으로 무기를 들고 일어서게 했다. 그러나 우리 중 건국의 아버지들과 같은 지적 · 도덕적 진실성을 갖추고 있는 사람은 거의 없으며, 가끔 일어나는 의견 충돌은 우리가 공개적으로 지지하는 신념 및 가치와 조직의 행동 사이를 갈라놓기도 한다. 이러한 의견 충돌은 건국의 아버지의 사례에서도 찾아볼 수 있다. 즉, 사람은 모두 평등하게 태어났다고 하는 미국 독립 선언서의 공표와 새로운 공화국에서 노예제가 일반적으로 인정되었다

* 이하 역자 주와는 달리 고딕체 숫자로 표시된 원저자의 미주 내용은 책의 뒷부분에 정리되어 있다.

1) 역자 주: 영국을 가리킴.

는 사실 사이에 불일치가 존재하였다는 것이다. 이 모순은 필라델피아(Philadelphia)에서 개최되었던 헌법 제정회의(Constitutional Convention)에서 시작된 끝없는 정치적 투쟁과 타협의 근원이었고, 2백 년이 지난 지금까지도 대대로 전해져 국가를 황폐하게 만들었다. 또한, 유혈의 남북 전쟁(Civil War)은 국가를 거의 파괴했다. 그러나 미국 독립 선언서를 작성하고 약 87년이 지난 후, 게티즈버그 연설(Gettysburg Address)에서 에이브러햄 링컨(Abraham Lincoln)은 사람은 모두 평등하게 태어났다고 하는 명제를 다시 한 번 강조하였고, 남북 전쟁의 목적은 그 명제를 실현하는 것이었음을 미국인들에게 분명하게 했다. 사람은 모두 평등하게 태어났다고 하는 기본 가정은 지속되고 강화되었지만, 이에 대한 저항 또한 계속되었다. 그리고 일상에서 사람들의 행동과 정치적 현실에서의 평등을 성취하기 위한 투쟁 또한 계속되었다. 이와 관련된 일련의 사건 중 최악은 남부의 짐 크로우(Jim Crow)법[2)]의 제정이었다. 이 법은 1870년대에 시작되었다. 그리고 이후 1950년대 국가를 황폐하게 했던 공민권(civil rights) 투쟁 후, 1964년 공민권법(Civil Rights Act) 제정으로 마침내 폐지되었다. 이처럼 인간 본성에 대한 근본적인 가정과 우리의 행동 사이의 모순은 지금까지도 계속 존재하고 있다.

우리 문화의 다른 부분과 마찬가지로 교육에도 모순의 예는 많다. 많은 사람들은 어린이들이 미래에 성공하기 위한 토대를 마련하기 위해 풍부하고 다양한 프로그램을 제공하는 학교교육을 일찍 시작할 필요가 있다고 말한다. 그러나 이미 다루기 힘들어 보이는 학업적인 어려움의 징후가 있음에도 불구하고, 우리는 유치원과 유아교육에는 최소한의 돈만을 사용하기를 고집하고, 중등학교(secondary school) 수준에서는 점점 더 많은 돈을 사용하고자 한다.[2] 그러나 유아 교육이 상대적으로 덜 중요하고, '실질적인 학교교육'은 초등학교 후에 시작한다는 가정을 분명하게 인정하는 사람은 거의 없을 것이다. 여성 인권 운동가, 유색 인종, 증가하고 있는 최하위 빈곤 계층, 우리 문화에서 억압받는 소수 인종 및 민족 등의 소수집단은 학교교육 단체에서 지지하는 신념 및 가치와 실제 학교교육 사이에 존재하는 이와 유사한 불일치를 지적함으로써 많은 사람들을 혼란스럽게 만든다. 우리가 학교라고 부르는 조직을 변화시키기 위해서는 우선 신중하게 우리의 기본 가정을 명확하게 만들어야

---

2) 역자 주: 1867년부터 1965년까지 미국에서 존재했던 흑인차별법을 말한다. 이는 공공장소에서의 흑인과 백인의 분리와 차별을 규정한 법이다.

한다. 그리고 가정, 공공연하게 지지되는 가치와 신념, 실제 조직 문화 사이를 어떻게 논리적으로 연결할 것인지 고려할 필요가 있다.

적어도 20세기 중반까지 서양 문화를 지배했던 가정은 우리가 살고 있는 세상을 논리, 체제, 질서의 몇 가지 근본적인 양식으로 특징지을 수 있다는 것이었다. 이 가정을 구조주의(structuralism)라고 부르며, 그 내용은 다음과 같다.

> … 구조주의는 중요한 측면에서 21세기의 사고에 영향을 미쳐 온 사고방식이다. 이 사고방식은 널리 적용되고 있음에도 불구하고 때때로 잘 인지되지 못한다. 구조주의는 질서(order), 조직(organization) 및 확실성(certainty)을 특징으로 한다. 또한 목표중심수업, 표준화된 교육평가, 양적 실증 연구, 체계적인 교수법, 합리적인 관료제 및 과학적 관리 등과 그 맥을 같이 한다. 그러나 이러한 구조적 가정들이 제대로 인지되지 않는 한, 그러한 가정들은 비판들로부터 무감각해지고 만다.[3]

그러나 이것이 학교의 실제 현장에서 작용되는 방식은 아니다. 사람들이 일반적으로 지지하는 가치와 학교에서의 우리들의 행동 사이에는 분명히 괴리가 있다. 예를 들어, 우리는 공정성과 평등성을 믿는다고 말하지만 여성, 유색 인종 및 빈곤 계층의 사람들의 학교생활은 불평등하고 불공정할 것임을 안다. 그러나 대개 학교를 통솔하는 사람들은 그들을 억누르거나, 관심을 갖지 않고, 재정립하거나, 혹은 다른 방식으로 대화를 제한할 수 있기 때문에 소수 집단의 구성원들이 이와 같은 쟁점에 대하여 문제를 제기하는 것은 어렵다. 우리의 열망과 우리가 스스로를 어떻게 생각하는지와 어떻게 우리의 삶에서 그러한 문제들을 다루는지를 통제하는 문화에서는 보이지 않는 권력의 망이 있다.[4] 그것으로 문화를 통제하는 사람들은 무엇을 논의할 것인지, 누구를 신뢰할 수 있는지, 누구에게 말할 수 있도록 허용할 것인지 결정한다.

예를 들어, 일반적으로 교사가 되기를 원하는 대학생들은 지정된 강의를 수강한다. 그들은 교사가 되기를 원하는 것은 물론 교수진에게 우호적으로 보이기 위한 그들의 목표를 발전시키며 대학 교수진이 지지하고, 보상하고, 통제하는 신념과 행동을 분명히 나타낸다. 따라서 대학은 학생들이 '우수한' 가능성을 가진 교사들로 보일 수 있도록 '적절한' 가치와 신념을 옹호하고, '바람직한' 방식으로 행동하는 데 영향을 주기 위해 보이는, 그리고 보이지 않는 권력의 망을 만든다. 그 사이에 학생들 중 일부는 내면의 신념과 열망을 깊이 감추거나 심지어 잃기도 한다. 후에 그들

은 학교에서 전문가로서,

> … 일상에서 직업적인 삶의 문제로서 계약상의 조직 요구, 전문적 담론에 대한 요구, 전문가 동료의 기대 및 공식적 · 비공식적 직무의 기대에 적응한다. 권력은 주관적인 느낌과 신념을 형성하는 데 도움을 준다. 욕망은 자주 권력의 영향을 보이지 않게 만들기 때문에 권력은 욕망으로 작동될 때 가장 효과적이고 능률적이다.[5]

이것은 오늘날 대부분의 사람들이 학교에 어떤 유형의 풍토나 문화가 자리 잡고 있는지가 매우 중요하다고 믿는 이유다. 교사들이 잘 알고 있듯이 많은 학교들은 전통적이고, 순응적이고, 순종적이며, 통제된 행동을 요구하는 경향이 있으며, 이러한 행동을 지지하고 보상하는 강력한 사회 규범과 기대를 강조한다. 그래서 많은 사람들은 학교를 답답하다고 묘사한다(학생들은 '감옥'이라고 말하기도 한다). 반대로, 그러한 학교의 규범은 이미 확립되어 있는 질서에 이의를 제기하거나 과거의 전통적인 방식에 도전하는 변화를 제안하는 행동을 문제 삼는다. 교장을 비롯하여 학교에서 리더가 되기를 원하는 사람들은 조직으로서의 학교와 그곳에서 일하는 사람들의 행동 사이의 관계를 이해하고자 노력하는 것이 중요하며, 이러한 이해가 그들의 리더십에 무엇을 시사하는지 알 필요가 있다.

조직 문화에 대한 지식이 매우 효과적이며, 오늘날 교육 리더십에서 가장 긴급한 문제의 중심에 있다는 것은 틀림없다. 지금 교육 분야는 과거에 뿌리를 두고 있는 모든 아이디어에 의문을 갖는 인식론적 회의론(epistemological skepticism)의 시대, 즉 지적 대혼란의 시기에 놓여 있다고 볼 수 있다. 일부 사람들은 모든 이론들을 거부하려고 한다. 그리고 실용주의(pragmatism) 자체가 하나의 이론이자 인식론상의 철학이라는 것을 이해하지 못하고, 학교의 조직 생활을 이해하기 위한 실용적인 접근이라고 강조한다. 우리가 교육에서의 행동을 이해하기 위해 실용적인 접근을 할지라도 실용주의는 하나의 인식론상의 이론이자 철학이라는 사실을 이해하고 받아들이는 것을 바탕으로 해야 한다. 오늘날 만연하는 인식론적 회의론과 행동 과학의 전 분야를 통하여 급속히 퍼지고 있는 반이론(anti-theory)에 대한 편견으로 말미암아 우리는 최소한 이 책의 바탕을 이루는, 증가하고 있는 지적 유산의 본질에 대하여 생각해 보게 된다.

과학적 진보의 본질

공립학교 교육에 대한 불만은 계속 심화되어 왔지만 효과적인 학교 개혁을 위해 최근에 나타나고 있는 국민적 합의에 있어서 간단하고 직접적인 해결책을 찾기 위한 노력은 결실을 맺지 못했다. 학교의 성과를 높이기 위한 노력은 어떻게 향상을 가져올 것인지에 관한 광범위한 합의에 도달하지 못했다. 대신 불만스러울 정도로 광범위하고 너무나 다른 개념, 제안 및 프로그램을 만들어 냈다. 게다가 이들 중 일부는 서로 대립하기까지 하였다. 2001년 낙오학생방지법(No Child Left Behind: NCLB)이 미국 의회에 상정되어 제출되기까지 혼돈에서 벗어나 질서가 확립되기를 원했던 많은 사람들은 무엇을 해야 할지 결정하기 위해 더욱 과학적이거나 증거에 근거한 접근이 필요하다고 생각했다. 즉, 사람들은 학교를 더욱 효과적으로 만들기 위해 무엇을 이루어야 하는지에 대한 합의를 원했다. 사람들은 무엇이 문제이고 그 해결책은 무엇인지에 관해 간단하고도 명백한 합의가 법률로 제정되기를 바랐다. 미국 의회의 법률에 대한 논쟁 및 채택에 관한 당시의 지배적 시각은 더욱 엄격하고 과학적인 사고와 방법의 투입이 학교의 성과를 향상시키는 데 중요하다는 것이었다. 그러나 이러한 시각은 과학과 과학 진보의 본질에 대한 몇 가지 매우 중요한 가정을 포함한다. 교육 리더가 되고자 하는 사람들은 그런 가정과 과학 및 과학 진보의 본질에 관하여 좀 더 주의 깊게 생각할 필요가 있다.

사람들은 시간이 지남에 따라 과학이 꾸준히 축적되는 지식 습득을 가져온다고 생각했고, 여전히 많은 사람들이 그렇게 생각한다. 이러한 시각에 따르면, 과학 연구의 본질은 더욱 깊은 탐구를 위해 이전에 조사된 결과들을 이용하며, 질서 있고 체계적인 방식으로 우리의 지식과 이해를 확장시키는 것이라고 가정된다. 그리고 이러한 관점은, 과학의 성장과 발전이란 세상에 대한 이해가 지속되고 계속 확대되며 점점 더 분명해지는 것이라고 생각한다.

과학 및 과학적 연구 방법에 대한 이러한 시각은 『과학혁명의 구조(*The Structure of Scientific Revolutions*)』[6]라는 에세이를 출판한 토마스 쿤(Thomas S. Kuhn)의 도전을 받았다. 이 책은 "20세기의 지적 역사에 큰 영향을 미친 대표적인 책"[7]으로서 16개 언어로 번역되었으며, 전문 서적으로는 놀랍게도 백만 부 이상 팔렸고 오늘날까지도 여전히 출간되고 있다. 쿤은 소위 성숙한 과학(mature sciences)(예: 물리학,

화학, 천문학)에 종사하는 사람들뿐만 아니라 덜 성숙한 과학(less-mature science)(예: 경제학, 역사, 교육학, 사회학)에 종사하는 사람들도 연구한다. 교수-학습을 향상시키기 위해 철저하게 과학적으로 접근하는 것에 대한 요구가 증가함에 따라 쿤이 논하였던 쟁점들을 교육 리더들이 이해하는 것이 중요해졌다.

쿤이 주장하는 논지의 중심은 전통적인 신념과 달리, 과학은 지식 습득의 지속적인 축적을 가져오는 것이 아니라는 것이었다. 오히려, 과학의 역사는 '정상과학(normal science)'[3]이 실행되는 평온한 시기가 지적으로 활발하거나 때로는 격렬한 과학혁명(scientific revolutions)에 의해 가끔 중단되는 유형으로 특징지어진다. 이러한 과학혁명은 세계를 완전히 새로운 개념으로 이해하게 만든다.

정상과학의 시기에 과학자들의 기본 업무는 우주의 많은 미스터리를 설명하고 이해하며, 혼란스럽고 복잡한 내용을 해결하기 위해 노력하고, 세상의 혼란스러운 현상에서 일정한 양식을 파악하기 위하여 이미 확립된 이론을 적용하는 것이다. 정상과학을 실행하는 데 어떠한 이론이 수용 가능한지, 연구나 조사를 수행하는 데 어떠한 연구 방법이 활용하기에 적절한지에 관하여 과학 분야 내에 폭넓은 합의가 이루어져 있다. 이러한 전문적 합의는 대학 교수 임용, 전문적인 협회 가입 및 담당자 선출, 그리고 연구 보조금의 분배를 통제한다. 특히 영향력이 크고 자주 참고되는 학술지에 어떠한 내용이 포함되는지, 권위 있는 학회에서 읽히는 논문이 무엇인지를 결정하는 동료 평가 집단과 같은 방법 등을 통해 강력하게 시행된다. 따라서 정상과학의 시기 중에 과학자들의 연구는 대체로 아직 설명되지 못한 이론을 탐구하기 위한 틀을 잡기 위하여 현재 인정되고 있는 이론을 사용한다. 보통 이러한 연구는 현재 인정되고 있는 이론, 아이디어 및 실행을 강화하고 확대시키는 결과를 가져온다.

쿤은 정상과학의 시기에 이루어지는 과학적 연구를 판에 박힌 일이라기보다는 현재 받아들이고 있는 이론을 더 증명하고 뒷받침하기 위하여 퍼즐의 남아 있는 조각들을 채우는 '퍼즐 풀기(puzzle solving)' 라고 묘사했다. 이러한 과학자들의 목적은 과학적 지식을 확대하기 위하여 새로운 분야를 무너뜨리는 것도 아니고, 과학적 연구에 대한 대중적인 고정관념에서 벗어나 객관적이고 독립적인 사상가가 되는 것도 아니다. 일반적으로 그들은 자신들이 배워 왔던 것을 받아들이는 보수적인 성향을

3) 역자 주: 토마스 쿤(Thomas S. Kuhn)은 『과학혁명의 구조(*The Structure of Scientific Revolutions*)』라는 책을 통해 정상과학(normal science)이라는 개념을 주장했다. 쿤은 과학혁명 사이에서 과학자들이 통상적으로 수행하는 안정된 과학 활동을 가리켜 정상과학이라고 규정했다.

가지고 있으며, 지배적인 이론이 좌우하는 문제들을 해결하기 위해서 자신들이 배워 왔던 것을 적용하려고 한다.

쿤은 과학자들이 공유하고 있는 이러한 세계관을 설명하기 위해 패러다임(paradigm)[8]이라는 용어를 사용하였는데 이는 과학 분야에서 중요하게 받아들여지는 이론적이고 방법론적인 신념과 가치가 뒤얽힌 집합을 말한다. 이러한 과학적 패러다임(scientific paradigm)은 문제들을 이해하고 설명하는 것에 관한 인정되고 승인된 방법들로서 전문직에 있는 사람들이 동의한 게임의 규칙과도 같은 인정된 합의를 만들게 된다. 그러나 패러다임은 객관적인 사실들로부터 생기는 일련의 합의와 동의 그 이상이다. 패러다임, 심지어 과학적인 패러다임조차도 더 큰 이데올로기적 맥락 내에 존재하는 하나의 신념 체계라고 할 수 있다. 그것은 연동하는 과학적 · 사회적 · 정치적 시각과 강한 믿음으로 이루어진다. 따라서 단순히 외부의 세계와 담을 쌓고 있는 소수의 사람들만이 이해하는 과학적 현상이 아니라 사회적 · 정치적 세계의 현실과도 밀접하게 얽혀 있는 것이다. 그 시대와 장소의 사회적 · 정치적 실체들은 과학적 패러다임을 형성하는 데 효과적인 역할을 한다.

이에 대하여 쿤이 제시한 대표적인 예는 천문학 분야다. 천문학에서는 수세기 동안 태양과 행성들이 우주의 중심인 지구 주위를 회전한다고 설명한 프톨레마이오스의 패러다임(Ptolemaic paradigm)이 지배적이었다. 천체의 움직임을 바탕으로 달력이 만들어졌기 때문에 이것은 실질적으로 중요한 문제였다. 그러나 시간이 흐름에 따라 천문학자들은 자신들이 관찰한 것과 프톨레마이오스 패러다임의 규칙 사이에서 늘어나는 불일치를 해결하는 데 있어서, 매우 오랜 기간 동안 계속해서 증가하는 정상과학의 난제와 부딪혔다. 16세기에 달력 개혁에 대한 요구로 인해 이러한 불일치의 해결은 더욱 중요한 문제가 되었고, 코페르니쿠스(Copernicus) 연구에서 비롯된 혁명적인 신패러다임에 관한 과장된 논쟁은 열광을 불러왔다. 그가 제시한 증거는 프톨레마이오스의 주장이 잘못되었음을 보여 주었는데, 태양계의 중심은 태양이라는 사실과 태양 주위를 지구와 다른 행성들이 회전한다는 것이었다. 이로 인해 패러다임의 위기가 나타났다. 마침내 오랜 프톨레마이오스 패러다임이 사라지고 천문학에서 오늘날에도 지배적인 신코페르니쿠스 패러다임을 가져온 과학혁명이 일어났다.

패러다임, 과학혁명, 과학 진보의 개념을 보여 주기 위하여 다른 많은 예들이 사용되어 왔다. 다음의 네 가지 중요한 요점들은 여기서 강조할 필요가 있다.

- 과학적 진보(scientific progress)는 인정받는 패러다임이 개선되고 강화되는 정상과학의 시기에 나타나며 이 정상과학 기간 이후에는 오래된 패러다임을 대신하기 위한 새로운 패러다임이 출현한다.
- 과학혁명(scientific revolution)에서 새로운 패러다임은 오래된 패러다임과 매우 다르다. 즉, 새로운 패러다임은 전에 인정받던 패러다임을 수정하는 것이 아니라 과학을 새로운 방향으로 이끈다. 또한 오래된 패러다임을 사실이 아닌 것으로 규정하고, 새로운 것으로 대체한다.
- 혁명적 패러다임(revolutionary paradigm)의 출현은 인정받는 '정상적인' 과학 공동체의 강한 저항과 부정에 부딪친다. 따라서 과학혁명은 근본적으로 격동적이고 불안하며 심지어 지적으로 격렬하다. 이것은 평화로운 과정은 아니지만 그래도 정중한 과정이다.
- 정치혁명처럼 과학혁명은 과학계에 있는 사람들뿐만 아니라 관련 분야에 종사하는 사람들의 인정과 동의를 얻을 때 성공할 수 있다.

과학적 패러다임의 존재는 한 분야를 성숙한 과학(mature science)으로 규명해 주는 가장 중요한 기준이다. 왜냐하면 그 과학계에 종사하는 사람들의 연구 결과를 보여 주기 때문이다. 한편, 덜 성숙한 과학(immature science)은 과학계 구성원들의 연구 결과를 통합하는 지배적인 패러다임이 부족하다. 즉, 패러다임은 과학의 한 분야를 규명하고 정의한다. 덜 성숙한 과학으로서 교육은 지배적인 패러다임을 가지고 있지 않다. 이것이 현재 학교와 교수-학습을 향상시키기 위한 노력이 서로 다른 이론, 아이디어, 프로그램, 접근법으로 나타나고 있고, 그 어떤 것도 관련 분야들을 승인하고 지지하여 통합시키지 못하는 근복적 이유다. 미국 학교교육에서의 마지막 패러다임은 진보주의 교육(progressive education)이었고, 이 패러다임은 많은 비평가들의 비난을 받아 왔다.

그러나 진보주의 교육은 다른 새롭고 과학적인 패러다임의 획기적 발견에 의해 사실이 아닌 것으로 밝혀지지 않았다. 또한 임상실험이나 다른 과학 연구들을 통하여 잘못되었다거나 원하는 결과를 달성하지 못했다고 입증되지도 않았다. 오히려, 진보주의 교육 아래 발전된 기본적인 교육 실천들의 상당수가 그것들을 근절시키고자 하는 거센 노력이 존재하는 순간에도 오늘날의 미국 교실에서 광범위하게 나타나고 있을 뿐만 아니라 본보기로서 칭찬받고 있다. 진보주의 교육에서 벗어나기 위한 교육 변화가 촉진되는 것은 어떠한 과학적 돌파구에 의해서가 아니라 진보주의 교육이 세워졌던 인간의 본성과 인간행동에 관한 아이디어의 본질을 거부한 보수적인 사회적 · 정치적 관점에 의한 것이었다. 이와 같은 맥락에서 미국의 교육 리더는 NCLB에서 구현된 대담한 변화를 과학혁명의 결과라기보다는 법률 제정을 통해 교수-학습에서의 새로운 패러다임을 확립하기 위한 노력으로 이해할 수도 있다. 이는 쿤의 분석을 사실상 뒤집는 것으로, 과학혁명으로부터 발생한 새로운 지식에 근거한 새로운 패러다임을 확립하는 대신, 새로운 패러다임을 정당화하기 위해 수행되어야 하는 과학적 작업을 법률 제정을 통해 사후에 요청한 것이다.

그러나 이러한 변화와 혁명에 대해 오해하지는 말아야 한다. 패러다임의 변화와 과학혁명은 모든 과학 분야에서 가끔씩 일어나기 때문이다. 이것이 바로 과학적 진보의 본질이다. 그것은 또한 이미 확립된 방식들이 예측된 결과들을 만들어 내지 못한다는 증거나 새로운 과학적 발견에 의해 이전에 확실히 인정받은 아이디어와 실천들이 도전받고 없어지는 이유이기도 하다. 이것은 오늘날 현대 과학의 시대에 일간 신문의 머리기사처럼 되어 버렸다. 예를 들어, 약 30년간 폐경기의 여성들은 의사의 처방을 받아 일상적으로 호로몬제를 복용해 왔다. 이 호르몬제는 보통 폐경기 초기에 연관된 문제를 덜어 줄 것으로 생각되었다. 의사들은 이것이 충분히 발전된 견고한 과학적 · 임상적 증거물에 기초한다고 생각했다. 그러나 이 관행은 21세기 초에 많은 의문과 혼돈을 불러일으켰다. 의사들이 지지하였던 이전의 신념 및 기대와 모순되는 증거와 더불어 그동안 알려지지 않았던 호르몬 치료의 잠재적인 위험을 보여 주는 증거가 늘어났기 때문이다. 이것은 이전의 과학 연구들이 잘못 이루어졌기 때문이 아니라 호르몬 사용으로 인해 많은 환자들에게 예상치 못한 결과를 가져온 임상 사례가 축적되었기 때문이다. 이 결과는 우리가 윤리적으로 간과할 수 없는 새로운 증거가 되었다.

행동 과학의 영향

빌헬름 분트(Wilhelm Wundt)는 1879년 라이프치히 대학교(University of Leipzig)에 세계 최초의 심리학 연구소를 설립하였는데 이것은 심리 과학의 시초가 되었다. 이후 이와 유사한 연구소들이 유럽의 다른 대학들에서도 빠르게 설립되었으며 그

중 상당수가 분트의 제자들에 의해서 세워졌다. 이들 중에는 그 당시 미국의 대학에서는 찾아볼 수 없었던 최신 교수법과 학문을 배우기 위해 유럽으로 건너가 대학원 공부를 하던 미국인들도 있었다. 이들은 미국으로 돌아가 대학에 심리학 연구소를 설립하였고 새로운 과학적 패러다임으로서 실험 심리학(experimental psychology)을 가르치기 시작했다. 이것은 행동주의(behaviorism)로 알려지게 되었고 미국의 고등교육에 뿌리내리며 20세기에 번창했다.

행동주의는 행동에 대한 과학적 연구를 강조한다. 이를 위해 음식과 같은 보상이나 가벼운 전기 충격과 같은 불쾌한 결과를 통제하여 실험자가 바라는 행동을 강화할 수 있도록 연구소의 제한적 조건에서 장치를 이용한다. 실험은 언제나 관측될 수 있고 수량화될 수 있는 행동에 초점을 맞추었다. 그러면서 연구 대상의 내적 상태, 즉 동기나 사고와 같은 다른 정신적 활동에 대한 고려는 배제했다. 이반 파블로프(Ivan Pavlov)는 그가 원할 때 개들이 무의식적으로 침을 흘릴 수 있도록 개들의 반사 작용을 훈련시켰다. 에드워드 손다이크(Edward L. Thorndike)는 고양이들이 정확한 레버를 선택하고 눌러서 미로 상자에서 탈출할 수 있도록 훈련시켰다. 이와 유사하게, 사람들에게 널리 알려진 또 다른 실험적 접근법은 쥐들이 연구소에 설치된 미로 밖으로 길을 찾는 능력을 향상시킬 수 있도록 훈련을 시키는 것이었다.

B. F. 스키너(B. F. Skinner)는 대학원생이었던 1930년대에 심리학 연구소를 위해 간단하지만 정교한 장치를 발명했다. 이를 스키너 상자 혹은 조작적 조건화실(Skinner box or operant conditioning chamber)이라고 부르는데, 주로 실험실 연구에서 여전히 널리 사용되고 있다. 스키너는 이어서 방대한 양의 연구를 계속하였는데 이들 중 많은 연구가 스키너 상자를 사용했다.

일찍이 윌리엄 제임스(William James)가 하버드 대학교에 연구소를 개설한 후 심리학 분야는 미국 대학에서 빠르게 발전하였고 그 과정에서 행동주의와는 매우 다른 과학적 패러다임이 다수 만들어졌다. 그중 다섯 가지의 패러다임은 교육의 조직문화 연구와 밀접한 관련이 있기 때문에 여기에 간단하게 소개한다.

행동주의는 1933년에 이르러 미국 대학의 심리학과에서 인간의 행동을 이해하기 위해 정의를 내리는 접근법으로서 부상했다. 스키너는 행동주의를 학교교육, 특히 부적응 행동을 보이는 아이들을 가르치기 위한 교육 방법에 적용하였는데 이러한 풍부한 경험을 바탕으로 미국의 교사들과 교육자들에게 현장 전문가로서 매우 잘 알려져 있다. 행동주의는 관리(management)가 사람들을 통제하고 지배하기 위한 도덕적이고 윤리적인 권위를 가지고 있다고 간주했기 때문에 수년 동안 사업과 산업 경영에 종사하는 사람들 사이에서 매우 인기가 높았다. 이러한 관점에서 근로자들은 행동주의자의 기술을 활용하는 관리에 의해 제한되고 조종되어야 하는 수동적인 대상이었다. 그리고 그들이 하고 있는 일을 믿든 믿지 않든, 이해하든 이해하지 않든 관리를 통한 통제는 근로자들에게 최대한의 이익을 가져온다고 생각했다.

1970년대까지 행동주의, 특히 스키너 이론의 유형은 미국의 학교교육에서 대규모의 운동으로 급속히 확대되었고 1980년대까지도 남아 있었다. 행동주의는 여전히 교과 과정과 교육계에 영향을 주고 있으며, 많은 학교 개혁 지지자들에 의해 의도적으로 또는 비의도적으로 수용되었다. 프로그램 수업(programmed instruction), 원고화된 교수(scripted teaching), 진단적-처방적 교수 전략(diagnostic-prescriptive teaching) 및 행동 수정(behavior modification) 등은 많은 미국의 교사들에게 익숙한 행동주의 개념이다. 교실에서 컴퓨터를 많이 사용하는 것 역시 교육에 대한 행동주의자의 해석에 근거한다. "스키너가 학교를 위해 지지했던 행동주의 기술은 목표를 결정하고, 그 반응들을 이끌어 내기 위해 강화 인자를 찾고, 기대하는 행동을 만들어 낼 강화 인자에 대한 프로그램을 시행하고, 강화 인자에 대한 효과를 신중하게 측정해서 그에 따라 강화 인자를 변화시키는 것이다."[9] 따라서 스키너 상표가 붙은 행동주의는 학교의 실상과 관련이 거의 없고 뚜렷한 효과도 없는 학문적 이론과는 달랐다. 사실, 행동주의는 미국의 교사, 행정가, 개혁가 및 여러 사람들이 학생들에 대하여, 그리고 교수 방법 및 학교 조직과 리더십에 대하여 어떻게 생각하는지를 정의하는 데 매우 효과적이었다. 행동주의자의 관점에서 볼 때 "학습의 증거는 표준화된 검사나 교사들의 질문을 통해 프로그램에서 제시된 자극에 대한 지정된 반응으로 이루어진다. 우수한 (행동주의자의) 프로그램에서 목적은 행동으로 정의되고, 정보는 논리적이고 순차적인 방식으로 제시된다."[10] 그리고 행동을 평가하기 위한 체계적인 방법들이 있는데 이는 프로그램의 목적에 도달하는 증거로서 사용된다. 행동주의자의 관점에서 교육의 결과를 평가하기 위한 체계적인 방법들은 '객관적'이어야 하며 표준화된 검사가 중요하다. 스키너는 학습의 과정을 직접적으로 볼 수 없고 수량화할 수도 없기 때문에 "행동주의의 교육적 기술은 '정신을 계발'하거나 일부 애매한 '이해'를 돕기 위해 계획되지 않고 … 반대로, 학습의 증거로 받아들여지는 행동을 규명하기 위해 설계된다"는 것을 분명히 밝힌 바 있다.[11]

그것은 1968년도의 일이지만 시간이 흐르고 지식이 발전함에 따라 더 이상 쓸모

없어진 탁상공론의 이야기가 아니다. 교수-학습에 대한 이러한 관점은 학교 개혁이 이루어지고 있는 지금도 건재하다. 오늘날 교육 개혁에서 표준화 운동(standards movement)과 고부담 평가〔이른바 많은 것이 걸린 부담 큰 평가(high-stakes testing)〕를 지지하는 사람들은 이러한 관점에 익숙하다. 이는 1세기가 넘는 동안 학교교육과 관련하여 반복적으로 일어났던 논쟁 및 논의에서 지속적으로 나타난 두 가지 주제 중 하나다.

정신분석 심리학

행동주의자의 접근을 180도 뒤집으면 정신분석 심리학(psychology of psychoanalysis)이 된다. 정신분석 심리학의 기초는 지그문트 프로이트(Sigmund Freud)와 칼 융(Carl Jung) 등 프로이트 추종자에 의해 1900년경에 세워졌다. 행동주의가 심리학의 첫 번째 세력으로 자주 입에 오르내렸다면 정신분석 심리학은 두 번째 세력으로 등장했다.

정신분석법(psychoanlysis)은 사람들을 동기화시키고 결국은 행동의 원인이 된다고 여겨지는 무의식적 욕구와 내적 본능을 알아보는 핵심 연구 방법이었다. 사실상, 심적 에너지(psychic energy)에 대한 혁명적인 개념을 소개했던 사람이 바로 프로이트였다. 물리적 에너지(physical energy)와는 다른 이 에너지는 인간의 생각, 느낌, 행위에서 나오는 것으로 이전에는 간과되어 왔다. 프로이트와 융의 정신분석학 접근법은 일탈적인 행동이나 적어도 문제가 있는 행동이라고 생각했던 것을 진단하고 치료할 필요성과 더불어 사회부적응 및 행동 장애와 같은 문제들에 집중하는 경향이 있었다. 지각된 행동 장애에 대해 선호되는 치료 방법은 심리 치료(psychotherapy)였고 지금도 여전히 그러하다.

또한 융의 심리학은 우리 자신과 다른 사람들을 이해하는 데 도움을 주기 위해 학교를 포함한 많은 조직에서 사용되고 있는 용어와 개념을 제공해 주었다. 융은 심리 유형을 크게 외향(extrovert)과 내향(introvert)으로 구분하였고, 각각의 사람들은 기본적으로 네 가지의 심리적 기능인 감각(sensation), 직관(intuition), 사고(thinking), 감정(feeling)을 가진다고 했다. 후에 이사벨 마이어스(Isabel Myers)와 캐서린 브리그스(Katherine Briggs)는 마이어스-브리그스 유형 지표(Myers-Briggs Type Indicator: MBTI)라 불리는 유명한 성격 검사 도구를 개발하기 위해 융의 개념들을 사용했다. 이 검사 도구와 이와 유사한 다른 성격 프로파일 측정법들은 기업 조직에서 광범위하게 사용되고 있다.

사회학적 · 심리학적 관점

다양한 유형의 정신분석가들과 심리 치료사들은 1933년에 몇몇 미국 대학교의 심리학과에서 중요한 역할을 했다. 그러나 그들의 연구 방법은 당시 미국 학계에서 저명한 인사들 사이에서 과학적 방법과 학문적 존중의 보증서로 통했던 실험실 실험, 객관적 측정, 수학적 분석과 같은 연구설계 및 실행과는 거리가 있었다. 그럼에도 불구하고 심리학에서 정신분석 및 심리 요법의 개념은 지금도 그렇듯이 널리 알려졌고 심리학의 발전에 많은 영향을 주었다.

오늘날 많은 미국의 교사들은 브루노 베텔하임(Bruno Bettelheim)과 같은 정신분석 전문의의 연구를 통하여 심리 치료의 개념을 학교교육에 적용하는 것을 연구해 왔다.[12] 베텔하임의 저술은 일반 대중들, 특히 그의 전문 분야인 정서 장애(emotional disturbance) 아동에 관심이 있는 학부모 등에게 인기가 높았다.

인지심리학

인지심리학(cognitive psychology)은 그 당시 지배적이었던 행동주의에서 벗어난 중요한 패러다임의 변화로서 1960년대에 시작된 것으로 알려져 있다. 패러다임의 변화를 촉발시켰던 중요한 요인은 언어적 행동(verbal behavior)에 관한 스키너의 일부 연구를 놈 촘스키(Noam Chomsky)가 신랄하게 비판한 데 있다. 촘스키의 연구는 언어의 독창적인 사용은 행동주의자의 이론으로 설명될 수 없음을 증명했다.

인지심리학자들은 인간의 행동을 유발하는 데 다음의 현상들이 어떠한 역할을 하는지에 중점을 둔다.

- 주의(attention)
- 동기(motivation)
- 지각(perception)
- 기억(memory)
- 학습(learning)

- 정보 처리(information processing)
- 논증(reasoning)
- 문제해결(problem solving)
- 판단(judgment)
- 의사결정(decision making)
- 언어 처리(language processing)
- 감각(sensation)

인지심리학자들은 종종 그들의 이론과 패러다임을 다음과 같은 문제에 적용한다.

- 예를 들어, 비판적 사고(critical thinking)는 논쟁을 평가하고 복잡한 논의를 분석하기 위해 이러한 인지적 현상들을 적용하는 방법이다.
- 예를 들어, 창의적 사고(creative thinking)는 규범과 다른 새로운 통찰력, 이해 및 대안을 불러일으키는 방법이다.

새로운 패러다임을 발견하여 과학적이거나 예술적인 혁명을 촉발시키는 사람들(예: 아인슈타인, 모차르트, 모네)은 비판적으로 그리고 독창적으로 생각하는 데 능숙하다. 인지심리학 분야는 수렴적 사고(convergent thinking)와 확산적 사고(divergent thinking)의 차이점에 대하여 생각하게 해 준다. 또한 이 분야는 사고할 때의 좌뇌 또는 우뇌 사용 성향에 대한 오늘날의 대중적인 개념과도 밀접한 관련이 있다.

교육에 대한 과학적 패러다임의 주요한 구성 요소로서 널리 받아들여지고 있는 인지심리학은 실제 학교 교실에서의 교수-학습에 상당한 영향을 주었다. 따라서 훌륭한 교육은 기계적인 암기가 아닌 문제 구성 요소들 사이의 관계에 대한 인식과 같은 성과를 강조하는 것으로 여겨진다. 현대의 우수 교사들은 다양한 이해 방식을 그들의 교수법과 학생들의 학습에서 구체화할 뿐만 아니라 학생들의 동기를 발전시키기 위해 노력하는 경향이 있다. 그러므로 교육내용 숙달도에 따른 학습 기술(study skills), 사회적 기술(social skills), 문제해결(problem solving), 조직화 기술(organizational skills)과 같은 교수법을 강조한다. 이러한 관점은, NCLB에서도 분명하게 나타나듯이, 학교 개혁의 정치적인 영역에 적극적인 상당수의 사람들이 가진 관점과 충돌한다.

사회심리학

사회심리학(social psychology)은 특히 교육 리더에게 조직 문화에 관한 정보를 알려 주는 데 유용하다. 행동주의는 분명하게 나타나는 행동에 대한 관찰 연구에 초점을 맞추었고 이것에 영향을 줄 수도 있는 내부 요인들에 대해서는 아무것도 가정하지 않았다. 정신분석 심리학과 인지심리학은 행동의 원인으로서 개인의 인지 및 사고 과정을 연구하려고 했다. 그러나 사회심리학은 행동이 개인의 독특한 특징과 행동이 일어나는 집단이나 조직의 독특한 사회적 특징이라는 두 가지 요인 사이의 상호작용에서 발생한다고 설명한다.

행동에 대한 장(場) 이론 이 통찰력에 가장 크게 공헌한 사람은 사회심리학의 창시자로 알려져 있는 쿠르트 레빈(Kurt Lewin)으로 볼 수 있다. 행동은 사회 환경의 맥락 속에 있는 인간에 대한 함수로서 $B=f(p \cdot e)$[4]라는 방정식으로 표현될 수 있다. 이렇게 간단하지만 효과적인 개념은 중요한 돌파구가 되었고 이를 인간행동에 대한 장 이론(field theory)[5]이라고 부른다. 사회심리학은 리더십, 사회화, 동기, 사회적 상호작용, 대인관계, 집단 과정, 집단 역학, 태도의 형성 및 역할, 여론, 집단행동, 이문화 간의 행동을 포함하는 광범위한 인간행동을 아우른다. 그리고 조직 연구의 핵심을 이루고 있으며 조직 생활에 대한 사회학적이고 인류학적인 개념을 발전시키는 데 영향을 주었다. 또한 많은 사회심리학적 개념들은 학급 관리 및 교수-학습 실제에 대한 여러 현대적 접근법의 바탕을 이룬다. 사회심리학의 기초를 이해하는 것은 교육 리더에게 필수적이다.

다른 조직과 마찬가지로 학교에서 일할 때 구성원들의 행동을 형성하는 데 효과적인 환경적 측면은 조직의 문화와 풍토다. 교육 리더들은 그들이 이끄는 개개인들의 기질이나 성격에는 거의 영향을 주지 못하지만 조직의 문화와 풍토의 특성에 영향을 미칠 수 있는 광범위한 가능성을 가지고 있다. 조직은 독립된 물리적 실재를 가지고 있지 않지만 사회적으로 구성된 실재로서 존재하기 때문이다. 뿐만 아니라 우리의 인식에 의해 무엇이 실재인지 해석되기 때문에 조직이 어떻게 구성원들의

4) 역자 주: $B=f(p \cdot e)$에서 B는 행동(behavior), p는 개체 변인(person), e는 환경 변인(environment)을 의미한다.

5) 역자 주: 장 이론에서 장(場)은 인간 행동에 영향을 미치는 제반 생활공간을 의미한다.

행동을 불러일으키는 데 주요한 요인이 되는지 쉽게 알 수 있다. 사람들과 조직 사이의 상호작용의 망과 그것이 리더십에 주는 시사점은 단순하지 않지만 교육 조직에서 일하는 사람들의 행동을 형성하고 영향을 미치는 데 있어 강력하다.

초기의 사회학은 사회 계층, 인종 차별 폐지의 영향, 학교의 사회적 역할과 같은 쟁점들과 연관된 제도 외에는 학교와 거의 무관하게 발전되었다. 그러나 1970년대 후반 소수의 사회학자들이 사회학적 개념과 연구 방법을 교육 조직 연구에 적용하는 데 관심을 가지기 시작했다. 그들의 획기적인 관점은 모든 조직이 독특한 문화를 형성한다는 것이다. 그들은 산업 환경, 특히 미국 시카고 교외의 웨스턴 일렉트릭 컴퍼니(Western Electric Company)[6)]를 연구한 사회학자들이 분석한 몇몇의 아이디어를 이해하고 그 탐구 분야를 확대하기 시작했다. 1980년대에 학교 개혁 운동이 일어났을 때 교육자들은 더 많은 평가, 기본 능력 강조 및 교수법 개선과 같은 심리학자들의 여러 제안에 환멸을 느끼게 되었고 사회학자들의 생각에 더 신중히 귀를 기울이기 시작했다.

심리학자들과 사회학자들은 다음과 같은 학교교육의 목표에 일반적으로 동의한다.

- 학업성취(academic achievement)
- 효과적인 학습 습관(effective work habits)
- 시민적 가치(civic values)
- 사회적 행동(social behavior)
- 자아존중감(self-esteem)
- 자기신뢰(self-reliance)[13]

그러나 심리학자들과 사회학자들은 이러한 목표를 효과적으로 달성하기 위해 무엇을 강조해야 하는지에 대해서는 합의하지 못했다. 심리학자들은 개인의 학습 양식, 동기, 교사와 급우와의 관계를 포괄하는 개인의 학습 방식에 초점을 맞추는 경향이 있다. 반대로 '사회학자들'은 "학교 전체와 학교 조직 내에서 어떻게 조직이

6) 역자 주: 하버드 대학교의 G. E. 메이요(G. E. Mayo) 교수 등은 1924~1932년에 미국 시카고 교외의 웨스턴 일렉트릭 컴퍼니 근로자를 대상으로 작업 능률 향상에 대한 연구를 했다. 이를 웨스턴 일렉트릭 컴퍼니 연구 또는 호손 연구(호손 실험)라고 한다.

개인에게 영향을 미치는지를 살펴본다."[14] 결과적으로 학교교육의 목표를 달성하기 위하여 사회심리학자들은 다음에 초점을 맞추는 경향이 있다.

- 학생의 학업성취에 대한 교사의 기대
- 학생과 교사의 관계
- 학생의 동기
- 교수-학습에 할애하는 시간
- 개별 학생과 또래 사이의 관계

동일한 목표를 달성하기 위하여 조직 및 교육 사회학자들은 다음을 강조하는 경향이 있다.

- 학교를 어떻게 이끌고 운영하는가?
- 학생들을 어떻게 분류하는가?
- 학부모와 지역사회의 구성원들이 어떻게 참여하는가?
- 학생과 교사는 어떻게 협력하게 되는가?
- 학교에서 어떻게 중요한 결정을 내리는가?

우리는 이러한 두 가지의 다른 관점에 대한 이분법적인 사고를 주의해야 한다. 조직사회학자는 조직 환경의 특성이 행동에 큰 영향을 준다는 것을 주목하는데 이는 심리학에서 전혀 새로운 것이 아니다. 각자 독자적으로 연구했지만 현대 심리학을 세운 두 거목이 된 쿠르트 레빈과 헨리 A. 머리(Henry A. Murray)[15]는 행동은 인간과 환경 사이에서 일어나는 상호작용의 함수라는 1930년대 초기의 전제를 받아들였다. 이것은 오늘날에도 조직 문화를 이해하기 위한 기본 개념으로 남아 있으며 다음과 같이 표현된다.[16]

$$B = f(p \cdot e)$$

이는 학교의 조직 문화 및 풍토에 관한 상당수의 연구에 영향을 주고 영감을 준 효과적인 설명이다. 사실, 조직 문화에 대한 연구는 조직 환경과 활발한 상호작용을 하는 개인과 집단의 내적 욕구와 개별 특성에 관한 연구라고 할 수 있다.

학교를 개혁하기 위해 학교의 재구조화(restructuring)를 점점 강조하는 것은 상당한 부분에서 조직사회학자들의 현대 사조에서 비롯된 것이다. 학교 개혁에 있어서 오늘날 유행하는 말들은 조직에 있는 사람들의 접점이 학교를 개혁하기 위한 노력의 접점이라는 새로운 해석을 반영한다. 따라서 학교 개혁이라고 하면 권한위임과 권력 공유, 학교 '재창조', 학교 현장 관리, 학교 재구조화, 참여적 의사결정, 인도적인 학교 만들기, 조직 문화 및 풍토를 위한 요청을 포함한다고 할 수 있다. 이러한 용어들은 학교 환경에서 성장을 촉진하는 특성을 향상시키기 위하여 학교라는 조직에서 중요한 변화가 필요하다는 것을 시사하고 있다.

교육 조직으로서의 학교

미국의 학교들이 그들의 역사를 통틀어 산업, 상업, 군사에 대한 가치와 관점을 반영해 왔다고 할지라도, 사실 학교는 산업, 무역, 정부, 군사 조직과는 뚜렷하게 구별되는 조직 유형이다. 학교는 여러 조직들 가운데서도 독특하기 때문에 특별히 학교에 적합한 사고방식, 리더십 유형 및 행정 실제에 대한 접근법이 요구된다.

교육 조직의 독특성은 조직의 교육적 임무에 있다. 많은 조직들의 기본적인 목적은 상품을 제조하고 판매하거나 이러한 활동들을 지원하는 영리 목적의 보조 서비스를 제공하여 수익을 얻는 것이다. 정부는 집단적으로 공공질서와 안전을 제공하기 위한 다양한 조직을 만든다. 학교의 고유한 임무는 개인들이 충분히 제 기능을 발휘할 수 있도록 지속적인 성장과 발전을 강화하는 것이다. 이러한 조직들은 학습, 개인 성장, 그리고 학생과 교직원을 포함한 모든 학교 구성원의 발전을 도모해야 한다.

교육 조직(educative organizations)은 참여자들의 개인 능력 및 대인관계 능력을 향상시키고 집단의 협력 능력을 발전시키며 숨겨진 가정(hidden assumptions)을 명확하게 하여 개인 및 집단행동의 측면에서 그것이 무엇을 의미하는지 알아보기 위해 노력한다. 그리고 다른 사람들에게 관심을 가지고 지지하는 협동적인 집단행동을 일으키며 생산적으로 갈등을 관리하고 정보와 아이디어를 충분히 공유하기 위해 노력한다. 교육 조직은 개방성(openness), 신뢰(trust), 보살핌(caring), 공유(sharing)에 높은 가치를 부여한다. 그리고 항상 합의를 위해 노력하지만 사고방식이 다른 사람들의 생각도 지지하고 가치 있는 것으로 여기며 무엇보다 인간의 성장과 발달을 중시한다. 효과적인 교육 리더는 신화 속의 묘책과 같은 극적인 돌파구를 찾기보다는 '결승선이 없는 경주' 〔또는 점진적으로 단계를 통해 달성한 지속적인 성장을 가리키는 일본어의 카이젠(kaisen)〕와 같이 끝이 없는 변화와 발전 과정에 참여함으로써 학교의 비전을 찾으려 한다.

사람들이 개인으로서 또는 집단의 구성원으로서 성장하고 발전하는 과정[17]과 조직이 마찬가지로 성장하고 발전하는 과정은 서로 결합하여 조직 생활에서 지속적인 활력을 창조해 낸다. 반면, 학업성취는 이러한 과정이 일어나고 있다는 일시적인 증거일 뿐이다. 계급이 지배하는 교육 조직 환경에서 권력이란 난제는 주요한 관심사다. 조직 생활에서 조직 내 위계(hierarchy) 구조에 대한 대안을 전혀 발견하지 못했지만, 조직 내 구성원들의 행동에 대한 악영향을 최소화하기 위한 노력으로서 권력을 공유하고 좀 더 공정하게 분배하기 위해 윤리적으로 취할 수 있는 방법들은 많다. 우리는 그 과정에서 학교가 더욱 성장을 촉진하는 환경이 되게 할 수 있다. 이것은 일반적으로 산업 및 기업 조직에서 발견되는 것과는 매우 다른 조직의 개념이다. 학교의 근본적이고 독특한 임무는 교육적이어야 하므로 이러한 조직 개념은 필연적인 것이다.

조직 이론

조직을 살펴보는 데 사용될 수 있는 관료적(bureaucratic)이거나 비관료적(nonbureaucratic)인 관점에 대한 논의는 조직 이론(organizational theory)에 대한 실제적인 논의라고 할 수 있다. 보통 현장의 교육행정가들은 이론에 대하여 회의적이다. 그들은 이론을 어떤 이상적인 상태나 뚜렷한 목적이 없는 개념으로 생각하며 흔히 상아탑(ivory tower)이라는 경멸적인 용어를 연상한다. 이론은 학교에서 일하면서 '현실 세계' 에서 일상의 실제적인 일들을 다루어야만 하는 사람들에게는 적합하지 않은 것처럼 보인다. 그러나 이론은 일상생활과 동떨어진 것이 아니며, 아주 흔한 사건들에 대한 일상적인 인식과 이해를 형성하는 데 중요하다. 학교의 리더는 불확실하고 알려지지 않은 세계에서 올바른 선택을 할 수 있도록 조직 이론에 대하여 알 필요가 있다.

이론에 대한 정의와 서술

이론은 관찰된 현상을 설명하기 위해 체계적으로 조직화된 지식이다. 질병의 원인, 비행기가 날 수 있도록 하는 힘, 태양계의 본질에 대한 이론이 있는 것처럼, 조직과 그 조직이 어떻게 운영되는지에 관한 이론도 존재한다. 우리가 자주 손을 씻고 규칙적으로 운동을 하며 영양적으로 균형 잡힌 식사를 유지해야 한다는 사실에 관한 이론적인 근거가 있는 것처럼, 조직으로서의 학교와 학교를 더욱 효과적으로 만들 수 있는 방법에 대한 이해를 돕기 위해서 이론적인 뒷받침이 필요하다.

이론은 교육 조직의 본질을 이해하는 것과 같은 복잡한 문제에 관해 체계적으로 사고할 수 있는 기초를 마련하는 데 유용하다. 또한 무슨 일이 일어나고 있는지를 서술하고 설명해 주며, 주어진 환경에서 앞으로 일어날 일을 예측하게 해 줄 뿐만 아니라, 현장 전문가에게 필수적이라고 할 수 있는 사건을 통제하는 방법을 알 수 있게 해 준다는 점에서 매우 유용하다.

교육 조직에 대한 두 가지 주요 관점

20세기에 조직 연구가 시작된 이래, 사람들은 조직을 개념화하기 위하여 일반적으로 두 가지 방식 중 한 가지를 선택해 왔다. 첫 번째 방식은 보통 관료제라고 하는 전통적인 이론이다. 공립학교 교육의 비평가들은 이 방식을 조직의 공장 모형이라고 냉소적으로 부르기도 한다. 관료적 조직을 어떤 명칭으로 부르든지 간에 사람들은 그것에 대해 몇 가지 진부한 고정관념을 가진다.

- 18세기 프리드리히(Friedrich) 대왕의 군대는 로봇처럼 규격화된 철저한 상명하달 체제였으며, 문서화된 규칙과 지시를 통해 조직의 수행을 통제하는 관료적 조직의 전형이었다.
- 프란츠 카프카(Franz Kafka)는 관료적 조직을 달콤한 이성의 미명 아래 예측할 수 없는 결과를 만들어 내는 아주 끔찍하고, 이해할 수 없으며, 둔감한 조직으로 묘사한다.

그럼에도 불구하고 관료제는 세계적으로 가장 흔한 조직 이론으로 남아 있다. 관료제는 세계의 많은 사람들에게 조직의 본질을 정의해 주었다. 그러나 시간이 흐르고 세계가 변하면서 조직을 이해하는 두 번째 방식이 나타났다.

두 번째 방식은 우리 세계의 지속적인 성장과 빠른 변화에서 비롯된 현대의 비관료제다. 오늘날 경직된 관료제는 기술 발전과 정치, 경제, 사회 변화의 가속화에 효과적으로 대응할 수 없다. 현대와 같이 빠르게 변화하는 세계에서 학교가 성공하기 위해서는 민첩해야 하고 변화에 적응할 수 있어야 하며 끊임없이 발전해야 한다. 이러한 학교는 피터 센게(Peter Senge)가 학습 조직(learning organization)이라고 부르는 조직 유형에 해당하는 것으로서, 세계에서 나타나고 있는 새로운 도전들뿐만 아니라 민주주의 확산, 신체의 자유, 개인의 존중과 존엄, 자기실현 기회 등에 관한 요구에 부합한다.

관료제 이론 관료적 접근은 조직에서 사람들의 행동을 통제하고 조직화하는 문제를 다루기 위하여 다음의 다섯 가지 메커니즘을 강조하는 경향이 있다.

1. **지휘권에 대한 계급 통제와 부하에 대한 감시를 유지하라.** 감독관과 평가자로서 행정가의 역할은 이 개념에서 강조된다.
2. **적절한 수직적 의사소통을 확립하고 유지하라.** 이것은 좋은 정보가 의사결정자에게로 전달되고, 실행에 옮기기 위한 명령이 아래로 분명하고 빠르게 전달될 수 있도록 도와준다. 의사결정자는 양질의 의사결정을 하기 위하여 운영 단계에 관한 정확한 정보를 알고 있어야 하기 때문에 위로 가는 정보의 과정과 의사소통이 특히 중요하지만 그다지 효과적이지 않은 경우도 있다. 이러한 의사소통을 촉진하기 위한 컴퓨터의 사용은 관료적인 개념을 지지하는 사람들에게 매우 매력적이다.
3. **기준 설정과 행동 지침을 위하여 문서화된 명확한 규칙과 절차를 개발하라.** 이것은 교육과정 안내, 정책 안내서, 설명서, 표준 서식, 근무 당번표, 규칙과 규정, 관리 운용 규정을 포함한다.
4. **참여자들이 준수할 명확한 계획과 시간표를 알려라.** 교사들의 학습 계획안, 타종 시간표, 퇴근 시간표, 회의 일정, 예산, 점심 시간표, 특수 교사 시간표, 버스 시간표 등이 여기에 해당된다.
5. **조직이 직면한 환경 변화로부터 발생한 문제들에 대처하기 위해 필수적인 관리적 · 행**

> **정적 지위를 조직의 계급에 추가하라.** 예를 들어, 학교구와 학교의 규모가 성장하면서 교감, 의장, 관리자, 조정자와 같은 직책이 생겨났다. 또한 프로그램이 더 복잡해짐에 따라 전문가들(예: 특수교육을 위한 관리자, 약물 남용 프로그램 조정자, 학교 심리학자, 특별 감사 책임자, 학교 사회복지사)을 위한 직책도 나타났다.

레이건(Reagan) 대통령이 재임 중이던 1983년, 「위기에 처한 국가(A Nation at Risk)」가 발표된 후 나타난 개혁 운동은 이러한 관료적인 메커니즘에 대한 광범위한 수용으로서 학교에서의 통제와 조직화를 선호했다. 학교의 효과성은 교육에 대한 정치적 의제에서 중요한 주제로 다루어졌고, 1970년대부터 전해져 온 평등성과 접근성은 효과성과 함께 다루어지게 되었다. 효과적인 학교와 그 학교의 특성에 대한 연구 문헌은 꾸준히 증가했지만, 그러한 연구들과는 거의 상관없는 개혁운동이 1983년에 갑자기 일어나 대중지와 전자 미디어에서 주목의 대상이 되었고, 학교의 기능을 향상시키기 위한 수많은 노력에 영향을 주었다. 이는 많은 정치 지도자들이 학교의 개선 방향을 설정하는 데 관료적 방법이 적절하다는 굳은 신념을 갖고 있음을 보여 주는 것이어서 흥미롭다.

분명히, 일부 교육 개혁가들은 그들의 노력에 대한 타당성의 축을 이루는 관료제의 방식들이나 학교의 본질에 대한 가정들을 항상 염두에 두는 경향이 있다. 이는 전통적인 공장에 바탕을 두는 가정과 유사하다. 즉, 경영은 무엇을 해야 할지 결정하고, 그 일을 하기 위해 노동자들에게 지시하며, 노동자들이 그 지시를 따랐는지 확인하기 위해 감독하는 것이다. 그러나 이는 다음과 같이 관찰되었다.

> … 이러한 방식은 효과가 없다. 하향식으로 학교를 개혁하려는 충동은 이해할 만하다. 이것은 관리 과학(management science)의 역사와 일치한다. 이러한 개혁을 위한 명시적 모델은 공장이었다. 프레더릭 테일러(Frederick Taylor)의 과학적 관리 혁명은 기업과 산업에서 일어났던 일이 학교에서도 일어나게 했다. 즉, 피라미드 조직을 주된 특성으로 하는 환경을 만들었다. … 교사는 교육의 조립 라인 노동자, 학생은 생산품, 교육감은 최고 경영자, 학교의 이사들은 이사회, 납세자는 이해관계자라고 할 수 있다.[18]

이러한 신념은 2001년 NCLB에서 나타나듯이, 오늘날의 개혁 전략들을 지지해 주는 듯하다. 이 책을 쓰고 있던 당시인 버락 오바마(Barack Obama) 대통령의 임기 첫해가 끝날 무렵에는 이러한 경향이 지속되는 것처럼 보였다. 또한 교육 정책에서 연방 정부의 역할과 권한이 전례가 없는 규모로 확대되는 것처럼 보였다. 2009년 대통령 취임 후 3개월 만에 학교교육을 위한 막대한 재정을 워싱턴(Washington D.C.)에서 각 주로 지원할 수 있게 되었다. 그러나 현행의 초·중등교육법(Elementary and Secondary Education Act: ESEA) 개정을 위해 오랜 시간 기다렸던 입법 제안은 2008년과 2009년의 전 세계적인 경기 침체로 연기되었다. 초·중등교육법의 2001년 버전인 2001 NCLB가 미국 공립 교육의 역사에서 중요한 돌파구였다는 것은 인정되었지만, 이는 여러 가지 심각한 문제를 초래했다. 전체 사업의 결과는 워싱턴과 주도(州都)에서 정치적 권력을 가지고 있는 사람들의 다음과 같은 신념이 굳건하게 유지되느냐에 달려 있었다.

1. 그들이 미국의 95,000개 학교의 교실에서 어떻게 학교 성과를 개선할 것인지에 대하여 가장 좋은 아이디어를 가지는 것
2. 그들이 추구한 변화를 학교에 가져오기 위한 가장 유망한 선택이라고 믿는 하향식 조직 전략을 위한 실천 방안과 법적 명령을 만드는 데 필요한 판단을 하기 위하여 학교구의 교실 환경에 대한 충분한 지식을 갖는 것

NCLB는 그때까지 미국이라는 공화국의 역사상 학교교육의 방향을 바꾸기 위한 연방 정부의 가장 대담한 모험이었다. 2010년까지 연방 정부의 참여는 전례 없는 규모로 계속해서 확대되었다. 정부와 입법을 주도했던 정치가들이 자신했던 신념이 어떻게 실현되는지 보기 위해서는 시간이 좀 더 걸릴 것이다. 2009년 가을, 오바마 정부가 기준 및 평가 강화, 자료 수집 및 이용 향상, 교사 효과성 증가 및 교사 배분의 형평성 달성, 어려움을 겪고 있는 학교의 회복이라는 네 분야에서 NCLB와 유사한 명령을 계속해서 수행하는 모든 주와 학교구에 40억 달러를 지원함으로써 NCLB를 계속해서 실행하고 있다는 것을 보여 주었을 때 그 방향은 명확해 보였다. '정상을 향한 경주(Race to the Top)'에 참여하는 주와 학교구는 어떻게 이러한 개혁을 실행할 것인지 또는 어떻게 논쟁이 되는 성과급을 비롯하여 NCLB 아래 만들어진 프로그램을 지속할 것인지 보여 주어야 했다.

인적자원개발 이론 학교의 조직 특성과 교실에서의 교사 행동에 대한 매우 다른 가정이 있다. 이것은 교육을 변화시키기 위해서 교사를 맨 앞에 두는 관점인 동시에, 무엇을 해야 하는지 결정하는 과정에서 교사의 의사와 관계없이 그들에게 변화를 강요하려는 변화 전략이 타당한지 의문을 가지는 관점이다. 다시 말해 조직에 대한 최근의 관점과는 거리가 있다. 그러나 최근 관료주의적 방법이 (행동에 영향을 주는 조직 문화의 힘과 같은) 보다 새로운 조직 관점의 출현과 관련하여 특히 기업 세계에서 심각한 조직의 어려움을 바로잡는 데 실패함으로써, 조직의 쟁점을 다루기 위한 주요한 방법으로서 더 새롭고 비관료주의적인 개념이 대두되었다.

관료적인 조직은 참여자들이 예측할 수 있는 방법으로 직무를 수행하는 데 영향을 주는 핵심 수단으로서 조직의 공식적 규칙과 그 실행을 중요하게 여기는 조직 문화를 만들기 위해 노력한다. 반대로, 비관료적 접근법은 자신들이 무엇을 하고 있는지에 관한 개인들의 의식적 사고를 조직의 목적을 달성하기 위한 헌신, 능력, 에너지를 수반하는 수단으로서 활용하는 조직 문화의 개발을 강조한다. 비관료적인 조직이 조화와 통제를 행하는 중심 메커니즘은 문서화된 규칙과 철저한 감독보다는 조직의 가치와 목적에 대한 참여자들의 사회화다. 이러한 사회화를 통하여 참여자들은 개인적으로 조직의 가치와 목적을 확인하고, 조직의 목적과 욕구가 자신들의 그것과 밀접하게 연관된 것으로 생각하도록 동기부여를 받는다. 따라서 조직 문화는 조직이 무엇을 상징하고 기대하는지뿐만 아니라, 개인 참여자들의 핵심 신념과 열망을 그대로 보여 준다. 조직 문화는 조직의 가치, 신념 및 (공개적으로 언급된 목적과 구별되는) 본래의 목적 등 조직이 무엇을 대표하는지 분명하게 보여 주며, 조직 구성원들이 개인적으로 그 문화와 동일시할 수 있는 확실한 방법을 제공해 준다. 조직의 문화는 조직에게 의미를 부여하는 지속적인 가치와 신념을 확립하고, 키우고, 이어 갈 뿐만 아니라 시간이 지남에 따라 조직이 발전하면서 개인이 어떻게 조직 서사(saga) 부분이 되어 가는지 보여 주는 이야기, 신화, 전설 및 의식이라는 상징들을 통해 전달된다.

이러한 관점에서 철저한 점검과 감독은 참여자들의 예측 가능한 성과를 보여 주는 유일한 수단이 아니다. 조직 문화의 가치에 대하여 개인적으로 공감하고 헌신하는 것은 불확실하고 스트레스를 받는 상황에서 신뢰할 수 있는 성과를 가져올 수 있는 강력한 동기가 될 수 있다. 예를 들어, 개인이 조직에 참여하면서 조직의 목표를 위해 일하는 이유가 무엇인지 생각해 보자. 더글러스 맥그리거(Douglas McGregor)

는 그 이유를 개인이 사람과 조직 사이의 관계를 이해하는 방법에 따라 살펴보았다. 그는 하나의 이해를 X 이론(Theory X), 다른 이해를 Y 이론(Theory Y)이라고 불렀다.

X 이론과 Y 이론[19] X 이론은 관리자들이 가지고 있다고 보는 네 가지의 가정에 근거한다.

1. 보통의 사람은 본래부터 일을 싫어하고 가능한 한 회피하려 할 것이다.
2. 사람들은 일을 싫어하기 때문에 철저하게 감독해야 한다. 그리고 조직의 목적을 달성하기 위해 충분한 노력을 하도록 처벌을 이용하여 지시하고 강요하며 위협해야 한다.
3. 노동자들은 보통 책임감을 회피할 것이고 담당자에게 공식적인 지시를 받으려고 할 것이다.
4. 대부분의 노동자들은 일과 관련된 다른 요인보다 고용 보장을 더 중요하게 생각하며 일에 대한 의욕이 거의 없다.

행정가들은 암묵적으로 또는 명시적으로 이러한 가정이 조직 생활의 기본적인 사실이라고 생각하며 조직에서 고용인들을 대할 때 하나의 지침으로 참고할 것이다.

Y 이론은 일하는 사람들의 본성에 대하여 매우 다르게 가정한다.

1. 만약 근로자들이 만족하고 있다면 그들은 일을 당연하게 여길 것이고 놀이로서 받아들일 것이다.
2. 만약 일하는 사람들이 조직의 목표에 헌신한다면 일에 대하여 스스로 계획을 세우고 자기지시적 태도를 취하며 자제력을 발휘할 것이다.
3. 사람은 보통 적절한 상황에서 일에 대한 책임감을 받아들일 뿐만 아니라 이를 추구하기 위해 학습한다.
4. 근로자는 보통 창의력, 즉 좋은 결정을 내릴 수 있는 능력을 중요하게 생각하며 일에서 창의성을 발휘할 수 있는 기회를 찾기 위해 노력한다.

일하는 사람의 본성에 대하여 암묵적으로나 명시적으로 이러한 설명을 받아들이는 관리자는 X 이론의 관점을 지지하는 사람들과는 다른 방식으로 조직 구성원을 대할 것이라고 기대할 수 있다.

이러한 이론들은 우리가 받아들이거나 부인하기 위한 것이 아니다. 이론은 단지 조직에 대한 이론적인 관점들이 실제 현장의 교육행정가들에게 어떻게 사용되는지에 대한 간단한 설명으로서 최전선에서 합리적인 결정을 내리고 행동할 수 있도록 안내하는 것이다. 행정, 관리, 또는 리더십의 책임을 가지고 있는 사람들은 이러한 이론적 서술 중 하나는 다른 이론적 서술이 나타내는 것보다 실제 조직의 본질을 좀 더 정확하게 나타낸다고 믿는 경향이 있다. 리더들은 일반적으로 그들이 진실하다고 생각하는 이론적 주장과 조화되는 방식으로 행동할 것이다. 예를 들어, X 이론을 지지하는 사람들은 기본적으로 동기가 당근과 채찍의 문제라고 믿고, 부하에 대한 철저하고 세부적인 감독의 필요성과 철저한 의사결정 행사의 불가피성을 인정한다. 조직 생활에 대한 이러한 조직론적 접근법은 실제 학교에서 실용적인 것이라기보다는 추상적인 이상이라고 할 수 있다.

크리스 아지리스(Chris Argyris)가 보여 주듯이, X 이론의 관점은 리더의 행동 양식 A(Behavior Pattern A)를 불러온다.[20] 이 행동 양식은 두 가지의 중요한 형태들 중 하나를 취할 수 있다.

1. 냉정한(hard) 행동 양식 A는 간단명료하며 강한 지시적 리더십, 엄격한 통제, 철저한 감독이 특징이다.
2. 부드러운(soft) 행동 양식 A는 많은 설득, 부하의 자발적 순응, 자애로운 가부장주의, 또는 '좋은' (즉, 조작적인) 인간관계를 포함한다.

행동 양식 A가 냉정하게 실행되든, 부드럽게 실행되든 간에 이 행동 양식은 고전적 의미에서 동기를 부여하고, 통제하고, 관리하려는 명확한 의도를 가진다. 이는 직장에서 근무하는 인간의 본성에 대한 X 이론의 가정에 근거한다.

Y 이론을 취하는 리더가 부하들에 대해 가지고 있는 가정은 매우 다르다. Y 이론의 가정은 리더의 행동 양식 B(Behavior Pattern B)를 불러온다. 이것은 서로 공유한 목표에 대한 헌신, 높은 수준의 신뢰, 상호 존중, 조직 내 사람들이 일 자체에서 만족감을 느끼는 데 도움을 주는 것이 특징이다. 행동 양식 B의 리더십은 요구가 많고 분명하며 현실적이지만 본질적으로 협력적이다. 일하는 사람들이 어떤 모습인지에 대하여 좀 더 정확하게 이해하고 있다고 생각하기 때문에, 행동 양식 A보다 효과적

이고 생산적일 수 있는 리더의 행동 양식이다.

이론과 학교 내 조직 행동의 이해 사이의 관계에 대한 이러한 논의에서 아지리스가 지적했듯이 부드러운 유형의 행동 양식 A를 행동 양식 B로 착각하는 경우가 많다. 이러한 모호성은 이론적인 아이디어를 학교에 적용하기 위해 노력하고 있는 사람들 사이에 상당한 혼란을 가져왔다.

> Y 이론의 가정과 관련된 행동은 기본적으로 발달을 지향한다. 여기에서 관리자들은 일의 맥락에 있어서, 그리고 대인관계 맥락에서의 상호 신뢰와 존중을 확립하는 데 있어서 가치 있는 목표에 헌신하고 이와 공감대를 형성하는 데 초점을 맞춘다. 업무와 대인관계에서의 성공은 핵심 업무를 완수했을 때 개인이 느끼는 만족감과 더불어 상호 의존적이다.[21]

[그림 1-1]은 부드러운 행동 양식 A와 행동 양식 B의 가정 사이의 중요한 차이점을 비교하고 대조한다. 그러나 '좋은 인간관계'를 가장하여 교사들을 기본적으로 매우 직접적인 관리에 순응하도록 조정하기 위해 관리자가 사용하는 부드러운 행동 양식 A의 접근법은 실제 학교와 학교 체제에 적용 가능한 Y 이론의 타당성을 떨어뜨리기 위해 미국 교육에서 많이 사용되었다. "이는 교사들을 친절하게 대하면, 교사들은 충분히 만족하고 수동적으로 변하게 될 것이며, 이로써 관리자와 행정가는 저항이 거의 전무한 상태에서 학교를 운영할 수 있다고 가정한다."[22]

이러한 사고방식의 실질적 유용성은 렌시스 리커트(Rensis Likert)의 연구로 구체화된다. 산업 조직뿐만 아니라 학교에 대하여 30년 이상 연구한 리커트는 체제 1, 2, 3, 4(Systems 1, 2, 3, 4)라고 불리는 관리 유형의 범위를 발견했다. 그의 연구는 더 효과적인 조직과 덜 효과적인 조직을 구별하는 중요한 변수는 조직에서의 인간행동이라는 가정을 지지한다.

> (조직의 효과성 및 비효과성에 대한) 중요한 인과관계 요인은, 부하 직원들이 최종 결과를 만들기 위하여 개인적으로, 집단적으로 서로를 어떻게 대하는지에 상당한 영향을 주는 조직 문화와 리더십 행동이다. 이러한 변수들은 관리에 대한 일관된 양식을 정의하기 위해 사용될 수 있다. 관리 유형의 범위는 처벌을 위한 권위주의적 모형인 체제 1에서 시작하여 참여적 모형 또는 집단의 상호작용 모형인 체제

부드러운 행동 양식 A의 가정(부드러운 X 이론)	행동 양식 B의 가정(Y 이론)
구성원에 관하여	
1. 우리의 문화에 있는 사람들, 특히 교사들은 소속감을 느끼고, 사랑받고, 존경받기 위해 공통적인 일련의 욕구를 공유한다.	1. 소속감과 존경에 대한 공통적인 욕구를 공유하는 것뿐만 아니라, 우리의 문화에 있는 대부분의 사람들, 특히 교사들은 가치 있는 목적을 달성하기 위하여 효과적으로, 독창적으로 기여하기를 원한다.
2. 교사들은 개인적으로 인정받기를 원하지만 좀 더 중요한 부분에서 학교에 도움이 되기를 원한다.	2. 대다수의 교사들은 그들의 현재 직무나 작업 환경이 요구하거나 허용하는 것보다 좀 더 주도적으로 책임감과 독창성을 발휘할 수 있는 능력이 있다.
3. 이러한 중요한 욕구가 충족된다면 교사들은 기꺼이 협력하고 학교, 부서, 단위, 목적에 순응하는 경향이 있다.	3. 이러한 역량들은 현재 활용되지 않아 방치된 자원이라고 할 수 있다.
참여에 관하여	
1. 행정가들의 기본 업무는 각 교사가 팀에 도움이 되는 중요한 역할을 한다고 믿게 만드는 것이다.	1. 행정가들의 기본 업무는 교사들이 그들의 다양한 재능을 활용하여 학교의 목표를 달성하기 위해 기여할 수 있는 환경을 조성하는 것이다. 행정가들은 교사들이 가지고 있는 창의적 자원의 덮개를 열기 위해 일한다.
2. 행정가들은 그들의 결정에 대해 설명하고 자신들의 계획에 대한 교사들의 이견을 논의한다. 교사들은 일상적인 문제에 대하여 계획하고 의사결정을 하도록 격려받는다.	2. 행정가들은 교사들이 일상적인 의사결정뿐만 아니라 중요한 의사결정에도 참여할 수 있도록 허용하고 격려한다. 학교에 더 중요한 의사결정일수록 교사들이 가진 자원을 이용하려는 행정가들의 노력은 더 커진다.
3. 소폭의 범위 내에서, 교원의 부서 혹은 개별 교사들에게 자기지시와 자기통제의 발휘를 허용해야 한다.	3. 행정가들은 통찰력과 능력을 계발시키고 증명함에 따라 교사들이 자기지시와 자기통제를 발휘하는 영역을 지속적으로 확대하기 위하여 노력한다.
기대에 관하여	
1. 교사와 함께 정보를 공유하고 학교의 의사결정에 교사들이 참여하는 것은 교사들의 소속감과 개인의 인정에 대한 기본적인 욕구를 만족시키는 데 도움을 줄 것이다.	1. 의사결정과 성과의 전체적인 질은 행정가들과 교사들이 학교에 존재하는 다양한 경험, 통찰력, 창의적 능력을 사용하면서 향상될 것이다.
2. 이러한 욕구들을 만족시키는 것은 교사들의 사기를 높이고 공식적인 권위에 대한 저항을 감소시킬 것이다.	2. 교사들은 그들이 이해하고 확립하는 데 도움이 되었던 가치 있는 목적을 달성하기 위해 책임감 있는 자기지시와 자기통제를 발휘할 것이다.

[그림 1-1] 아지리스의 부드러운 행동 양식 A와 행동 양식 B의 가정 비교

출처: Thomas J. Sergiovanni, "Beyond Human Relations," in *Professional Supervision for Professional Teachers*, ed. Thomas J. Sergiovanni (Alexandria, VA: Association for Supervision and Curriculum Development, 1975), pp. 12-13. Copyright © 1975 ASCD. 승인 후 옮김. 복제 불허.

4로 확대된다. 그 사이에는 경쟁적인 (또는 고립적인) 환경에서 (개인 대 개인) 감독을 강조하는 온정적 권위형인 체제 2와 (개인 대 개인) 자문적인 운영 유형인 체제 3이 있다.[23]

관리 체제의 이러한 네 가지 범주는 학교와 학교 체제에서 발견되는 조건들에 대한 설명이다. 광범위한 연구들은 "덜 효과적인 학교들은 체제 1 운영 유형으로서 더 권위주의적인 반면, 좀 더 효과적인 학교들은 체제 4 방향으로서 참여적인 환경이다"라는 관점을 지지한다.[24]

[그림 1-2]는 맥그리거의 연구와 리커트의 연구가 양립할 수 있다는 것을 보여 준다. 두 연구 모두 기본적으로 기업에서 그 필요성이 강조되는 것처럼, 교육에서도 사람들을 친절하게 대하거나 직장을 즐거운 곳으로 만드는 방법 대신 조직을 좀 더 효과적으로 만드는 방법에 관심을 둔다. 일반적인 관점은 많은 조직 연구를 통해 지지되었다. 로버트 블레이크(Robert R. Blake)와 제인 스라이글레이 모우튼(Jane Srygley Mouton)의 조직 연구,[25] 조직의 자기혁신에 대한 고든 립트(Gordon Lippitt)의 연구,[26] 미국 학교에서의 변화에 대한 폴 버먼(Paul Berman)과 밀브레이 맥러플린(Milbrey McLaughlin)의 광범위한 연구[27]는 맥그리거와 리커트와 같은 선구자들이 주장했던 일반적인 이론적 입장을 지지하는 많은 연구들 중 일부일 뿐이다.

전통적인 고전적 조직 관점(관료제 이론)은 규칙과 절차를 더 엄격하게 하고 더 강한 규율과 관리를 시행하며 부하들에게 더 많은 일을 요구하는 정반대의 실행을 권고한다. 신고전 이론에서는 어법의 초점이 교사 책무성, 명시된 수행 목표, 비용 편익 분석에 있다. 그러나 조직 행동에 관한 여러 양질의 연구들은 신고전 이론의 접근법이 결국에는 자멸할 것이라고 밝히고 있다.

여기에서 주의할 점이 있다. 관료제 관점과 인적자원 관점은 이들 사이의 실제적이고 기본적인 차이점을 명확하게 기술하는 데 이상적인 사례를 통해 비교되고 대조되었다. 실제 학교에서는 이상적인 사례를 거의 찾아볼 수 없으나 이것이 관료적 조직과 비관료적 조직을 분류할 수 없음을 시사하는 것은 아니다. 사실 조직들은 이처럼 분류가 가능하고 실제로 종종 분류되고 있다. 비관료적이라고 평가되는 조직이 반드시 정책, 규정 및 표준 운영 절차가 없는 것은 아니며, 관료적이라 평가되는 조직에 인간에 대한 존중감이 완전히 부재하는 것도 아니다. 이것은 학교가 일부 측면으로는 관료적이고 매우 중요한 다른 측면에서는 비관료적일 수 있다는 것을 의

X 이론	체제 1	관리자는 부하직원을 신뢰하지 않는 것으로 보인다. a. 의사결정은 상부에서 만들어지고 강요된다. b. 부하직원은 두려움, 위협, 처벌에 의해 동기가 부여된다. c. 최고 관리층에서 통제를 한다. d. 관리자와 부하직원의 상호작용이 거의 없다. e. 사람들은 비공식적으로 관리자의 목적에 반대한다.
	체제 2	관리자는 지나친 자신감을 가지고 있으며 부하를 신뢰한다. a. 부하직원은 의사결정에 거의 관여하지 않는다. b. 보상과 처벌은 동기를 부여하는 데 사용된다. c. 정중하게 상호작용한다. d. 부하직원에게서 두려움과 주의가 나타난다. e. 최고 관리자와 일부 대표가 통제를 한다.
	체제 3	관리자는 부하직원들을 완전히는 아니지만 상당히 신뢰하는 것으로 보인다. a. 부하직원들은 더 낮은 단계에서 특정한 의사결정을 한다. b. 의사소통은 계급의 위에서 아래로 흐른다. c. 보상, 가끔씩의 처벌, 일부 관여는 동기를 부여하기 위해 사용된다. d. 적당한 상호작용과 공정한 신뢰가 존재한다. e. 통제는 아래로 위임된다.
Y 이론	체제 4	관리자는 부하직원을 완전히 신뢰하고 자신감을 가진 것으로 보인다. a. 의사결정은 폭넓게 확산된다. b. 의사소통은 위, 아래 그리고 수평으로 이루어진다. c. 동기는 참여와 보상에 의한 것이다. d. 관리자와 부하직원 간에 광범위하고 우호적인 상호작용이 존재한다. e. 자신감과 신뢰 수준이 높다. f. 통제 과정을 위한 광범위한 책임감이 존재한다.

[그림 1-2] 맥그리거의 X, Y 이론과 관련된 리커트의 관리 체제 이론

미한다. 이는 조직이 '상대적으로 관료적' 혹은 '상대적으로 비관료적'이라고 묘사될 수 있음을 시사한다. 또한 학교는 일반적으로 이해되는 것보다 훨씬 더 조직적으로 복잡하다는 것을 보여 준다.

현대 학교 리더십과의 관련성

지금까지 논의했던 아이디어가 학교의 교육 리더십의 실제와 어떤 관련이 있는지 의문을 갖는 것은 당연하다. 이러한 아이디어들은 단지 교수나 철학자들의 장난감일 뿐인가? 혹은 교육 리더로서 차이를 만들기 위해 노력하는 사람들에게 진정한 의미가 있는가?

아이디어가 '어떻게 그리고 왜' 교육 리더들에게 중요한지 이해하기 위한 핵심은 우선 교육 리더십을 발전시키는 과정이 지속적인 변화와 발전으로 인해 매우 역동적이라는 것을 이해하는 데 있다. 아이디어는 오랜 세월을 거치면서 변화하고 발전하고 있으며 미래에도 이러한 역동적인 과정은 지속될 것이다. 이를 교육 산업의 지속적인 특성으로 받아들이는 것은 교육 리더가 되기 위해 스스로를 준비하는 바탕이 된다. 교육에서 변화와 발전의 역동적인 과정이 형성되는 많은 원인 중에는 다음 두 가지가 가장 중요하다.

- **사람들이 조직에서 어떻게 기능하는지에 대한 새로운 지식의 출현:** 조사와 연구는 교육 조직에서 인간의 경험에 대한 우리의 이해를 지속적으로 수정하고 있다. 이것은 교육 리더에게는 현재 조직 문화와 관련된 연구에서 괴리되지 않는 것이 필요하기 때문이다.
- **학교를 포함하는 더 큰 사회에서 나타나는 변화의 역동적인 영향:** 모든 사회적 기관으로 하여금 새로운 상황에 적응할 것을 요구하는 중대한 변화가 끊임없이 일어나게 마련이며 학교 역시 예외는 아니다. 전쟁과 평화, 경제적 번영과 불황, 사회의 가치 및 신념의 발전, 광범위한 기술적 · 산업적 변화가 이러한 변화에 포함된다. 20세기 말에 나타나서 21세기에 만연했던 경제, 정치, 종교에 대한 보수적인 사상과 같이 그중 일부는 좀 더 미묘할 수도 있다. 이것은 교육 리더십과 거의 관련이 없는 것처럼 보일 수도 있지만 우리가 서술할 것처럼, 적어도 학자들의 새로운 지식의 발견이나 발명만큼의 영향력을 가질 것이다.

인간의 본성과 행동에 대한 탐구, 그리고 우리 문화 속의 사회적 · 정치적 신념 및 가치에 대한 점진적인 발전 사이의 끈질기고 끊임없는 상호작용은 교육과 교육 리더십에 대한 기본 개념이 불완전하면서도 항상 발전하는 역동적인 환경을 만든다. 이것은 전문적인 연구를 설명해 주는 아이디어에서 확신과 끝을 찾고자 하는 사람들에게 불편한 환경이 될 수 있다. 그러나 이것은 교육 리더십에서 특별한 것이 아니다. 민첩하게 적응하고 융통성 있는 행동은 오늘날 모든 유형의 효과적인 조직과 각 전문직의 중심적인 특성이 되었으며 교육뿐만 아니라 오늘날 세계의 군사, 사업, 법률, 의학을 비롯한 거의 모든 분야에서도 강조되고 있다.

비전과 교육 리더십

모든 인간 활동 분야의 리더처럼 교육 리더 역시 미래에 필연적으로 끊임없이 일어날 도전에 잘 대처하기 위해 새롭고 탄력적인 대응이 요구되는 현실과 마주한다. 이러한 도전들은 지난 1세기 동안 그러했듯이 주기적으로 일어날 가능성이 있다. 이것은 확신할 만하다. 새롭고 더욱 많은 것을 요구하는 도전이 미래에 나타남에 따라 현재 우리를 압도하는 것처럼 보이는 문제들은 때가 되면 뒤로 물러날 것이다. 앞으로 언제 무슨 일이 일어날지 모른다는 점에서 보면 교육 리더는 긴급한 일에 대한 대응을 개발할 필요가 있을 뿐만 아니라 불확실한 미래에 효과적인 전략과 행동을 발전시키는 데 있어서 그들을 안내해 주는 가치, 신념, 원리를 발달시킬 필요가 있다. 종합하면, 이러한 가치, 신념, 원리는 학교가 어떤 모습이 되어야 하는지에 대한 교육 리더의 비전, 학교가 나아갈 방향, 학교가 추구해야 하는 목표를 형성한다. 이러한 비전의 핵심 요소는 학교를 문제가 위기로 발전되기 전에 사전 대책을 강구하고 문제들을 발견할 수 있는, 민첩하게 적응할 수 있는 조직으로 보는 능력이다. 명확한 비전이 없는 학교 행정가가 앞으로 효과적인 교육 리더가 되기는 불가능하지 않지만 대개는 어렵다고 생각한다.

변화에 대한 끊임없는 사회적 · 정치적 과정은 교육 문제에 대한 미국의 접근법의 특성으로 여러 번 언급되었다. 문제들에 대한 새로운 해결책들이 등장하고 인기를 얻고 열정적으로 몇 년간 시도된다. 하나의 해결책이 실패했을 때, 미국인들은 안달하며 새로운 유행을 갓 발생한 다른 문제들에 적용하는 데 찬성하면서 그 이전의 해결책을 버린다. 20세기 중반 이래 미국의 학교교육에 대한 연대기는 이러한 패턴이 교육 문제에 대한 미국의 접근법의 지속적인 특성이 되었다는 관점을 뒷받침해 준다. 이는 앞으로도 반복될 것이다. 새롭게 제안된 미봉의 해결책을 동반하는 토론과 논쟁은 언제나 사람들, 가치, 인간 본성의 신념에 대한 가정과 관련된 충돌을 수반하며 심리학적 · 사회학적으로 다른 사고방식을 포함한다. 이러한 미국의 접근법은 NCLB가 2001년에 의회에서 통과되어 2002년에 대통령이 서명하면서 시작되어 현재도 계속해서 반복되고 있다.

2001년의 NCLB 법안

냉정한 세계에서 실용적인 문제를 해결하기 위한 교육 리더십의 방향을 제시하기 위해 이 책에서 간략하게 논의되었던 아이디어의 힘은, 2002년 1월 국법이 된, 교육에 대한 일괄 법안인 연방의 초 · 중등교육법에서 증명된다. 이 책에서 논의되었던 모든 아이디어는, 워싱턴의 정치적 거물들 간에 그리고 교육 정책 및 실제를 담당하는 주(州) 정부 간에 새로운 규칙과 역동성 형성에 대한 주도권을 놓고 벌어진 정치적 논의와 다툼에서 경쟁을 벌이게 된다. 분명히 그 과정에서 하나의 가치와 신념은 입법 과정에서 노력의 결실을 맺었고 대립되는 가치와 신념은 후퇴했다. 그러나 호양(互讓)적인 민주적 과정에서 패자는 승자가 되기 위해 고군분투할 것이다. 그러므로 적절한 시기에 시계추가 되돌아가듯이, 우리 역시 다시 패자가 되지 않을 것이라 생각하는 것은 매우 순진한 생각이다. 그러나 이것은 현재의 상황이 아니라 미래의 가능성이다. 역사적인 NCLB의 통과는 논의되었던 아이디어가 단지 학문적 놀잇감이 아니라 교육에 대한 실제적인 의사결정을 하기 위한 핵심이었다는 것을 증명해 준다.

2002년 1월 8일, 조지 W. 부시(George W. Bush) 대통령이 NCLB 법안에 서명했을 때, 1979년 만들어진 교육부가 국가의 공립 교육 체제에 지대한 영향력을 주는 개혁을 지속적으로 할 수 있도록 1965년에 제정된 초 · 중등교육법이 이 법안에 의해 재승인되었다.[28] 이것은 "학생지원금에 대한 자료를 수집하고 분배하는 초기 교육부의 역할에서 교육 정책 입안자와 개혁가로의 역할 변화를 보여 주기 때문에 미국 교육부의 29년 역사상 가장 큰 성과"로 볼 수 있다.[29] 반대로, 그것은 주 경계선 내에서 그 주가 가졌던 교육 사업에 대한 통제권을 연방 정부가 침해한 역사적이고 놀라운 사건이다. 침해가 되었든 성과가 되었든 간에 이는 공립학교 교육에서 연방 정부와 주 정부 간의 관계와 역할의 구조적 변화를 보여 준다. NCLB에 따라 교육에서 연방 정부의 비용이 전년 대비 20% 증가할 것이라고 기대되었고 이 법은 세 가지 주요 목표를 가졌다.

- 미국의 모든 교실에 2005~2006년 말까지 '잘 훈련된' 교사를 배치하기 위하여 교사 양성을 확대하고 교사들의 보상을 증가시킨다.
- 2014년까지 모든 아이들이 읽기와 수학에 능숙하거나 그 이상의 수준이 될 수 있도록 함으로써 사회적으로 혜택을 받지 못하는 학생들의 학업성취 차이를 줄인다.
- 학생, 교사 및 학교를 감시하는 책무성 시스템을 도입한다.

2010년까지 위의 첫 번째 목표는 목표수준에도 미치지 못했고, 두 번째 목표는 아무리 낙관해도 성취될 것처럼 보이지 않았다. 세 번째 목표는 그 의도에서 가장 많이 벗어났다. 이 목표들은 연방 정부의 지시로 성취될 수 있을 것이라고 기대되었었다. 예를 들어, 학업성취의 차이를 줄이기 위한 노력의 중심은 조기 읽기 관련 법안(Early Reading Initiative) 수립과 관련된 조항이었다. 이 조항은 가난한 지역의 학교에서는 읽기 교육을 강화하기 위해 6년 이상의 기간 동안 일 년에 9억 달러, 유치원의 읽기 교육을 위해서는 일 년에 추가로 7천 5백만 달러의 재정 지원을 약속했다. 재정 지원은 각 주에 자동적으로 나누어 주는 것이 아니라, 읽기를 배우는 데 있어서 사회적으로 혜택을 받지 못하는 학생들의 성취를 높이기 위해 개발하게 될 프로그램을 제시한 주의 요청으로 집행되는 것이다.

그러나 1,184페이지나 되는 법안에는, 입법과 관련하여 의회가 요구한 교수법을 설명하는 데 '연구(research)' 라는 단어에 246개의 참고문헌이, 그리고 '과학적' 혹은 '과학적으로' 라는 표현에 116개의 참고문헌이 사용되고 있다. 의회는 과학적 연구에 근거한 교수법을 지원하고자 했지만 이것은 '과학적 근거가 있는' 연구나 교육이 정확하게 무엇을 의미하는지에 대한 논쟁을 가져왔다.

교육학 연구

교육학 연구를 향상시키기 위해 일부 교육자들은 의학 및 제약 연구에서 사용된 이중맹검연구(double-blind study)의 전통에 따라 통제된 실험실 연구만이 교수 방법 연구의 과학적인 타당성을 판단하기 위한 기준이 될 수 있다는 것을 주장하곤 했다. 연구가 다음 두 가지의 기본 방법들을 사용한다면 통제된 실험실 연구라고 부를 수 있다.

- 연구는 구성원들이 모른 채 가짜 약(placebo)을 받는 통제 집단과 구성원들이 모르고 약물 치료를 받는 실험 집단을 이용한다. 만약 연구자는 물론 연구 대상자도 누가 어느 처치를 받고 있는지 모른다면 이중맹검연구라고 부른다.
- 연구자는 혼동될 수 있는 다른 변수들을 통제하거나 최소화하기 위하여 체계적인 노력을 한다. 이러한 연구는 연구 대상의 연령, 성별, 인종, 재정 상태와 같은 변수를 비롯하여 심지어 알 수 없는 변수까지도 포함한다.

초 · 중등 교육 연구는 1세기가 넘도록 사소하고 피상적이며 대체로 과학적이거나 학문적인 엄격함이 결여되어 있는 것으로 간주되어 학문 공동체의 멸시를 받았다. 많은 학자들은 교육학 분야가 엄격한 이론적 · 과학적 기반이 부족하다고 여겼기 때문에 학문적 지식 분야가 될 수 없다고 주장했다. 또한 이것은 교육학 연구가 농업, 의학, 물리학, 경영과 같은 여러 다른 지식 분야에서는 흔한 재정 지원을 받지 못하는 주요한 이유이기도 하다.

교육학 연구의 질이 균등하지 않았고 아직도 균등하지 않다는 것은 부정할 수 없다. 교육이 진정한 학문의 지식 분야로 인식될 수 없다는 사실은 교육학 연구를 제한한다. 정의상, 학문적인 지식 분야는 다음을 포함한다.

- 인정된 이론에서 발생한 이해하기 쉬운 명확한 지식 체계
- 조사 중인 문제들을 연구하는 데 적절하다고 인정된 연구 방법의 사용

이것은 이미 이 장에서 논의했던 토마스 쿤의 과학적 패러다임을 가리킨다. 역사는 잘 알려진 학문 분야의 전형적인 예다. 우리가 역사라고 부르는 것은 이해하기 쉬운 명확한 지식이고, 그 지식은 체계적 연구 방법 그리고 '증거를 기반으로 한 법칙' 을 통해 지속적으로 발전 및 확대되고 있다. 예를 들어, 역사가들은 그들의 지식 분야 고유의 이론과 역사기록학처럼 잘 알려진 역사 연구 방법을 사용한다. 유사한

맥락에서, 문화인류학자들은 민속지학과 민속학과 같은 연구 중인 문제에 대하여 적절한 연구 방법과 증거를 기반으로 한 법칙뿐만 아니라 그들의 지식 분야에 고유한 인류학 이론을 사용하여 연구한다. 반면, 교육학은 심리학, 사회학, 인류학, 정치학, 경제학을 비롯한 여러 관련 지식 분야로부터 이론과 연구 방법뿐만 아니라 지식을 가져와야 한다.

교육학 연구에 참여하는 사람들이 학문적으로 자격을 갖추면서 교육학 연구의 질은 20세기 중반 이래로 빠르게 개선되어 왔다. 그러나 학계에서 최근 나타나고 있는 지식 분야가 성숙하고 인정받기 위해서는 시간이 필요하다. 심리학은 생물학에서 발달되었기 때문에 이러한 과정을 거쳤으며, 사회학은 학문 분야로 받아들여지기까지 오랜 시간이 걸렸다.

프레이밍햄 심장 연구

교육학 연구는 외부에서 들어오는 연구 지원금뿐만 아니라 연구 기관에 대한 지원도 부족하다. 전설적인 프레이밍햄 심장 연구(Framingham Heart Study)와 비견할 만한 대규모의 획기적인 연구가 교육학 분야에도 존재한다. 이 심장 연구는 현대 의약과 오늘날 우리가 살아가는 방식을 형성하는 데 영향을 주었다. 이 연구는 1948년에 30~62세 사이의 5,209명의 남녀로부터 자료를 수집하기 시작하여 오늘날도 지속되고 있다. 현재는 기존 참여자들과 그 배우자들의 자녀 중 성인이 된 5,124명이 등록되어 있다. 연구의 주요 결과는 다음과 같다.

- 담배 연기는 심장병의 위험을 증가시킨다는 것을 발견했다(1960).
- 높은 콜레스테롤 수치와 고혈압은 심장병의 위험을 증가시킨다는 것을 발견했다(1961).
- 신체 활동 수준은 심장병 위험과 연관되어 있다는 것을 발견했다(1967).
- 고혈압은 뇌졸중의 위험을 증가시킨다는 것을 발견했다(1970).
- 갱년기는 심장병의 위험과 관련되어 있다는 것을 발견했다(1976).
- 사회심리학적인 요인들은 심장병의 위험과 관련되어 있다는 것을 발견했다(1978).
- 높은 수준의 고밀도 지단백(HDL) 콜레스테롤은 사망의 위험을 줄인다는 것을

발견했다(1988).

이러한 보기 드문 연구 프로그램은 의학 학술지에 게재된 천 개가 넘는 논문에 직접적으로 도움이 되었고, 의과 대학의 교육과정과 의학을 변혁시켰다. 이 연구는 어느 기준에 비추어 보더라도 영향력이 있었다. 그러나 다음을 주목해야 한다. 우수한 의학 연구라면 당연히 갖추어야 한다고 여겨지는 통제 집단과 실험실 통제가 없었고 신비로운 미스터리도 없었다. 개념적으로 프레이밍햄 심장 연구의 설계는 고전적인 것으로, 매우 간단하다. 자료는 오랜 세월을 거치면서 각 개인의 광범위하고 계층화된 무작위 표본에서 체계적으로 수집되었고 통계적 관계들을 알아보기 위하여 조사되었다. 그러나 연구를 실행하는 것이 복잡하고 비용이 많이 들며 어려웠다. 이것은 광범위한 규모의 종단 연구로 다음의 두 가지 기본 단계를 포함했다.

- 시간이 경과하는 동안 반복된 설문지, 인터뷰, 시험을 사용하여 선정된 집단에서 자료 수집하기
- 시간이 경과하는 동안 선정된 요인들(예: 식단, 운동, 유전, 흡연 습관)이 심장병 발생과 어떠한 관련이 있는지 알아보기

이는 간단하고 명확한 연구 설계이며 연구는 정확하고 충실하게 실행되었다. 물론 광범위하고 오래 지속되는 연구로서 신중한 관리가 필요했다. 현 논의에서 주목되는 중요한 점은 이 연구가 전형적인 상관 연구라는 점이다. 프레이밍햄 심장 연구는 한편으로 심장혈관 계통의 건강과 선택된 실제 생활 방식 간에 어느 정도의 연관이 있음을 우리에게 알려 준다. 다른 한편으로는, 연구자들에게 다른 유형의 연구 설계를 통해서도 똑같이 엄격한 연구가 가능할 수 있을 것이라는 중요하고 새로운 문제를 제기한다.

테네시 주의 학생-교사 성취 비율 연구

교육 연구에는 프레이밍햄 연구와 같이 잘 설계된 대규모의 연구가 거의 없다. 대부분의 교육 연구자들이 연구를 위한 최적의 기준을 충족한다고 동의할 수 있는 하나의 예는 STAR 연구, 즉 테네시(Tennessee) 주에서 행해진 학생-교사 성취 비율

(Student-Teacher Achievement Ratio)이라는 종단 연구다. 이것은 테네시 주 교육부가 진행한 연구로, 4개 주립대학교의 대표자들이 수행하였다. 이 연구는 1985년부터 1989년까지 도심, 도시, 교외, 시골 지역으로 층화된 79개의 초등학교에서 유치원 과정부터 초등학교 3학년 교실까지 총 300개의 교실과 7,500여 명의 학생들을 대상으로 이루어졌다. 미국 교육부는 STAR 연구 설계의 학급 규모에 대하여 다음과 같이 발표했다.

> 이 계획의 독특한 강점은 강조되어야 한다. 학교 내 설계는 학생 집단의 경제적 상태, 학생당 경비, 학교가 운영되는 방식 등을 포함한 학교 환경상의 차이점을 통제하기 위한 효과적인 방식이었다. 이러한 설계 유형의 가치는 과소평가될 수 없다. 무작위 배치는 주 수준의 평가자들에 의해 신중하게 감독되었다. 대규모의 다양한 학생 집단은 종단적으로 4년이 넘게 추적되었고 자료는 매우 신중하게 수집, 정리 및 대조되었다.[30]

STAR 연구에서 일부 학생들은 무작위로 학생 수 13~17명 범위의 소규모 학급에 배치되었다. 다른 학생들은 학생 수 22~26명 범위의 일반 학급으로, 세 번째 집단은 학생 수 22~26명 범위로 전 시간 지원을 받는 일반 학급으로 무작위 배정이 되었다. 수학과 읽기에 대한 표준화된 검사 측정에 따르면, 소규모 학급의 학생들이 일반 학급이나 지원을 받는 일반 학급과 비교했을 때 모든 유형의 학교 중에서 유의미하게 나은 성과를 보이는 것으로 나타났다. 지원을 받는 일반 학급은 그렇지 않은 일반 학급과 비교했을 때 몇 가지 성과를 보여 주었지만 이러한 결과는 유의미하지 않았다. 가장 두드러진 발견은 유치원과 1학년의 소규모 학급에서 얻은 학업성취 결과가 4년의 연구기간을 넘어 지속되었다는 것이다. 그리고 소규모 학급의 낮은 사회경제적 지위(SES)의 학생들이 높은 사회경제적 지위의 학생들보다 더 나은 성취를 보여 주었으며, 소규모 학급에서는 학년 유급(grade retention)이 감소했다. 학업성취의 향상도는 크지 않았지만 통계적으로는 유의미한 차이가 발견되었기 때문에, 연구자들은 실제로 얼마나 개선되었는지에 대하여 흥미가 있었다. 그들은 효과크기를 계산했다. 효과크기는 4년의 연구기간 동안 모든 학생들에게서 .15~.34의 범위였다. 이것은 대규모 학급과 비교하여 소규모 학급의 학생들이 1 표준편차에 대하여 15~34%까지 개선되었다는 것을 의미한다.

또한 이 연구에서 유의미하지 않은 것으로 발견된 결과들도 매우 중요하다. 교사들이 가졌던 직무연수 수준, 교사의 실제 구성, 학급과 학부모 자원봉사자와의 상호작용에서 차이점이 발견되지 않았다. 즉, 소규모 학급은 이러한 다른 변수들이 아닌 성취에서 차이가 있었던 것이다. STAR 연구는 연구 설계로 인해 미국 교육에서 가장 잘 알려진 대규모의 종단 연구이고, 그 위상에 걸맞게 많은 교육 정책의 의사결정에 영향을 주었다.[31]

연구와 NCLB

학교 개선을 위한 연구의 역할에 대한 여론이 들끓고, 영리를 목적으로 만들어진 특정한 교수 방법 및 교수 자료를 지지코자 찬성론자들이 제안한 연구 '증거'에 대한 다수의 대립되는 주장이 제기되는 현 상황에서, 교육 리더가 기억해야 할 것이 있다. 교육 리더는 언론, 출판사에 의해 보고된 증거를 그대로 받아들이는 대신에 보고된 자료에 담긴 통계적 처치와 더불어 주장이 근거하고 있는 연구 설계와 과정을 조사해야 한다. NCLB는 교육 리더를 위한 새로운 시대의 도래를 알렸다. 학교 리더십은 전례가 없을 정도로 교육 성과와 관련된 자료에 따라 움직이도록 기대되었다. 프레이밍햄 심장 연구가 오늘날의 식단과 운동을 선택하는 길잡이가 되는 데서 알 수 있듯이 교육 실제에 대한 주장과 신념을 뒷받침하기 위해 통계적인 증거가 점점 더 필요한 시대가 되었다.

실제로 다음의 두 가지 물음에 대하여 수많은 질문, 토론 및 논쟁이 이루어졌는데, 그것은 그 두 가지 물음 중 어느 하나도 명쾌하지 못했기 때문이다. 그 두 가지 물음은 바로 첫째, 최근 발음 중심 훈련법이 일반화되는 것은 기존의 읽기 교수법들이 배제된다는 것을 의미하는가와 둘째, '과학적으로 근거가 있는' 교수법이라는 것은 무엇을 의미하는가다. 어느 정도까지는 양적 실험실 연구 방법이 다른 연구 방법을 통해 얻은 지식을 배제한 채 전문적 지식을 위한 기초로서 강조되고 있는 것처럼 보였다. 읽기 교육과 관련된 조항에서 발음에 대한 강조가 읽기 교수법에서 무엇이 적절한 교육 전략과 기술을 구성하는지에 대한 오랜 논쟁의 결과에 영향을 주기 위한 정치적 다수의 노력에 어느 정도 기인했다는 것은 분명해 보였다. 그러므로 연방 정부가 역사상 처음으로 전국의 유치원생과 초등학교 1학년 학생에게 어떻게 읽기를 가르쳐야 하는지에 영향을 끼치고 있었다는 것은 분명한 듯했다. 이와 유사하게, 사회 및 행동 과학 연구가 수년 동안 질적 연구의 중요성 또한 강조해 온 사실에도 불구하고 워싱턴 관료들이 교수 방법 연구에 있어서 양적 실험실 연구를 유일하게 수용 가능한 연구의 형태로 지지하기로 결심했다는 것 역시 분명해 보였다.

분명 NCLB의 작성과 의회의 최종 통과에서의 논쟁은 근대주의자와 후기 근대주의자의 신념, 가치, 이해가 충돌했다는 것과 연관이 있으며 결과적으로 근대주의자의 세계관이 정치적 논쟁에서 승리했다. 그것은 리더십의 어려운 현실이나 학교의 일상과는 거의 관련이 없고 아마도 분명하게 알지도 못하는 지식인들의 심오한 학문적 논의가 아니었다. 그것은 인간 본성, 인간행동, 가치, 그리고 인간 환경에 관한 신념에 대한 다른 해석을 가지고 있는 사람들 사이의 다툼이었다.

전개되고 있는 사건을 통제하기 위한 정치적 다툼은 끝나지 않았다. 법률의 적용을 밝히고 그 영향을 경험하게 되면서 이러한 문제들은 세분화되어 21세기에 여러 번 다시 논의될 것이다. NCLB에 대한 논쟁은 미국 학교교육의 정신과 영혼을 위한 정치적 투쟁이다. 이러한 투쟁은 학교가 나아갈 방향에 대한 통제력을 쟁취하는 것이고 눈에 띄게 새롭고 보다 성공적인 방향으로의 변화를 요구하는 것이다. 그러나 이는 과거에 그러했듯이 앞으로도 정치적 투쟁이 될 것이다. 즉, 교육적인 쟁점 및 문제와 관련되어 있음에도 정치적 투쟁으로서 지속될 것이다.

주 정부, 교육 연합, 학부모 단체는 성공적으로 그들 자신의 정치적 힘을 과시하였고, 2005년에 부시 행정부는 일부 책무성 기준을 완화했다. 예를 들어, 만약 개별화된 교육 계획(individualized educational plan: IEP) 팀에서 학생이 향상되었지만 장애로 인해 다른 학생들과 같은 학년 수준에 도달하지 못했다는 결론을 내렸다면 일부(전부는 아니지만) 특수교육 학생들은 주(州)의 대안적인 성취도 시험을 볼 수 있도록 하였다. 2005년 봄까지 21개 주는 NCLB에 대한 몇 가지 변화를 모색했고 그 결과는 소송, 주의 입법, 결의안, NCLB의 조건에서 면제를 받기 위한 요구와 같은 기타 행동들로 나타났다. 코네티컷(Connecticut) 주는 NCLB의 명령을 지원하기 위한 충분한 기금을 제공받지 못한 데 대하여 연방 정부를 고소한 첫 번째 주가 되었고, 미국교육협회(National Education Association: NEA)는 폰티액 학교구 대 스펠링스(Pontiac School District v. Spellings) 소송을 통해 연방 정부의 기금을 받지 못하게 하는 NCLB 조건의 면제를 요청하는 버몬트(Vermont), 텍사스(Texas), 미시건(Michigan) 주의 9개의 학교구를 대표하여 고소했다. 미국교육협회는 2002년 NCLB 시행부터 2005년 초기까지 각 주가 NCLB로 인해 필요한 비용을 연방기금으로 충당하지 못해 280억 달러를 지출해야 했다고 주장했다.[32] 미국교육협회는 그 이유에 대하여 법률을 인용했다.

> 이 법안에서 어떤 것도 주, 지역 교육청, 또는 학교의 교육과정, 교육 프로그램, 주나 지역의 자원 분배를 명령하고 지시하거나 통제할 연방 정부의 담당자나 고용인에게 권한을 부여하기 위해 해석될 수 없고, 주나 어떠한 하위부서에게 어떤 기금을 사용하거나 이 법안하에서 지불되지 않는 비용을 초래할 권한을 주도록 해석될 수 없을 것이다.[33]

2005년 11월, 미국 미시건 주 이스턴 학교구(Eastern District of Michigan)의 지방법원은 폰티액 대 스펠링스 사건을 기각하기 위하여 연방 정부의 발의를 허용했다. 판결에 따르면, 연방 정부는 법에 따라 각 주가 그들의 재정을 사용하도록 요구할 권한을 가지고 있다. 이후 미국교육협회, 미국학교행정가협회(American Association of School Administrators: AASA), 미국중등학교교장협회(National Association of Secondary School Principals: NASSP), 미국초등학교교장협회(National Association of Elementary School Principals: NAESP), 특수아교육협의회(Council for Exceptional Children: CEC), 미국학부모-교사협회(National Parent-Teacher Association)와 같은 교육 단체들은 NCLB의 개정을 위하여 로비를 하면서 학교구를 위한 강력한 지지자가 되었다. 과학적 혁명보다는 정치적 조치에 의해 교육의 새로운 과학적 패러다임을 확립하기 위한 노력이었다. 이는 학교에서 리더가 마주치게 되는 일상의 현실과 모든 면에서 관련이 있다. 미래의 미국 학교에서 효과적인 리더가 될 사람은 누구든 이 대립의 양면인 논쟁의 바탕을 이루는 가정과 신념에 대해 분명하게 이해해야 한다.

코칭으로서의 리더십

1980년대 이래 교육 개혁 및 교육 리더십을 다룬 많은 문헌에서는 이상적인 학교의 모습 및 리더와 학교 공동체 구성원의 이상을 달성하기 위해 학교가 현재의 불완전한 상태에서 변화될 수 있는 방법에 대한 비전을 가진 교육 리더의 중요성에 대하여 언급해 왔다. 물론 이러한 교육 리더십은 학교 행정가들의 구태의연한 관료주의적 성향을 해결하기 위한 해독제로서 기능할 수도 있다. 왜냐하면 학교 행정가들은 '교육 관료제(educational bureaucracy)'가 공교육의 골칫거리라고 비판받고 있음에도 불구하고 이를 신봉하고 있기 때문이다.

교수법으로서의 코칭

코칭은 전통적이고 존중받는 교수법이며 학교 리더들이 숙달해야만 하는 것이다. 모티머 아들러(Mortimer Adler)는 세 가지의 주요한 교수법이 있으며 각 교수법은 개별적인 특징을 갖는다고 밝혔다.[34]

- **지도 교수법**(didactic instruction): 이 교수법은 교사들의 강의와 더불어 독서, 영화, 운동과 같은 활동을 통하여 학생들에게 명확한 정보를 제공해 준다. 이러한 교수 기법은 학습을 형성하고 강화하기 위해 이전에 학습된 개념을 새로운 개념과 연결하는 토의, 증명, 예시 사용, 현장 학습과 같은 기법으로 보완된다. 이 책의 대부분의 독자들은 지도 교수법에 능숙할 것이다. 그러나 교육 리더의 역할을 고려하면 지도 교수법이 생산적이지 못한 교사들과 함께 일하는 방식이라는 것을 발견하게 될 것이다. 교사들의 교수 능력을 향상시키기 위해 계획된 많은 현직 교육 프로그램들은 성인 학습자들이 잘 받아들이지 않는 지도 교수법을 강조하기 때문에 실패한다.
- **소크라테스식 교수법**(Socratic teaching method): 이 교수법은 학생들이 이미 상당한 정보를 학습했지만 일상생활에 적용하기 위하여 관련 아이디어와 연결하고, 비판적으로 생각하고, 분석하고, 아이디어의 찬반 의견에 대한 가설을 세우고 탐구하며, 대립되는 주장의 특성을 평가하고, 새로운 학습내용을 내면화하는 것을 목표로 할 때 유용하다. 소크라테스식 교수법에서는 교사가 개념상의 문제를 제기하면 학생들이 그 문제의 쟁점을 탐구하고 논의하도록 한다. 이러한 교수법은 제한적이지만 학교 리더가 교사와 함께 일할 때 유용하게 활용될 수 있다.
- **코칭**(coaching): 코칭은 학습자들이 무엇을 하고 있는지 기본적으로 이해하고 있다고 가정한다. 이는 지도 교수법과 소크라테스식 교수법에서 이전부터 전해

져 온 것이다. 코치는 "성과를 관찰하기 위해 물러나서 지침을 제공하고, 약점을 확인하고 원리를 지적하며, 지도하고 격려해 주며, 어떤 종류의 실행을 강조해야 하는지 결정한다."[35] 예전에 교사였던 학교 리더들은 코칭이 익숙한 기본적인 교수법이며 교사들과 함께 일하는 데 매우 유용하다는 것을 알게 된다.

많은 리더들에게, 코칭이라는 비유는 바로 스포츠를 떠올리게 한다. 코칭이 미식축구, 농구, 체조 및 다른 스포츠의 중심에 있는 것은 사실이다. 그러나 코칭은 또한 상급 수준인 학생이나 전문적인 동료들과 상대해야 하는 여러 상황에서 폭넓게 사용되는 리더십과 교수법에 대한 기본적인 접근법이기도 하다. 과학, 음악, 무용, 수학과 같은 다양한 분야에서 경쟁을 하기 위해 준비하고 있는 학생들과 같이 상급 수준인 학생들을 가르치는 데 성공적인 고등학교는 일반적으로 코칭을 최고의 방법으로 본다. 대학 교수들은 보통 상급 수준인 대학원생들과 일할 때 코칭 기법을 사용하는데 일반적으로 박사 과정 학생들과 일할 때 가장 좋은 방법이다. 종종 대통령, 오페라 스타, 세계적인 운동선수, 연극의 세계적인 권위자 등과 같은 실적이 입증되었고 기량이 뛰어난 전문가들이 코칭을 찾는다. 이들 중 많은 사람들은 그들의 전문 분야에서 달인으로 인정받는 바로 그 순간에도 일상적으로 코칭을 받고자 한다. 교육행정에서도 그렇듯 리더십을 강조하는 현대의 경영 관리에서 코칭은 다른 사람들의 능력에 동기를 부여하고 강화시켜 주기 위한, 즉 리드하기 위한 효과적인 방법으로 폭넓게 받아들여지고 있다.

결론

우리는 교육 조직에서의 인간행동에 관한 쟁점에 대하여 생각하고 이해하기 위해 흔히 사용되는 몇 가지 다양한 관점과 패러다임을 설명했다. 사람들은 조직에서의 인간행동을 이해하기 위해 여러 가지 패러다임을 사용한다. 이러한 사실은 교육 리더들이 일을 하면서 자연스럽게 갈등과 논쟁에 직면하게 될 것이라는 것을 의미한다. 우리는 학교, 교수법 및 학습에 대한 다양한 사고방식을 통합하고 방향을 제시해 줄 단일한 패러다임이 없다는 것을 강조한다.

모든 것을 포함하는 중요한 패러다임이 없기 때문에 교육 리더는 쟁점을 통하여 생각하고, 자주 갈등하는 다른 관점에 대한 그들의 입장에 대한 분명한 이해를 발전시키는 것이 중요하다. 교육 리더는 학교에서의 변화, 교수-학습의 변화에 대한 명확한 비전을 갖추어야 하고 어떻게 이 비전이 학교에서 시행될 수 있을지를 탐구하는 것이 중요하다. 리더에게는 교사와 학부모와 같은 다른 사람들과 변화를 위한 비전을 공유하는 것뿐만 아니라 그 비전을 학교의 게임 플랜(game plan)이라 불리는, 미래를 위한 그들만의 비전으로 발전시키고 채택하는 데 있어서 교사들과 학부모들의 참여를 장려하는 것이 중요하다. 변화를 위한 비전은 통합된 세계에서의 학교를 위한 전략적 비전(strategic vision)이라고 불리며, 학교의 게임 플랜을 발전시키는 데 중요하다.

게임 플랜의 개념은 육상 코칭에서부터 미국 영어에 이르기까지 광범위한 분야에 기여했으며, 교육 비전을 학교에서 모든 학생들의 학습을 향상시키는 효과적인 리더의 행동으로 변화시키는 문제를 다루는 데 있어서 매우 유용하다. 게임 플랜을 발전시키고 게임의 불확실성, 혼동, 압박 가운데에서 그 계획을 실행하는 것을 감독함으로써 코치는 게임의 비전을 일관성 있는 행동 계획으로 변화시킨다. 이러한 행동 계획은 결과의 달성뿐만 아니라 선수들에 대한 동기부여와 그들의 능력 강화를 위해 계획된 것이다.

또한 위의 개념은 효과적인 교육 리더의 역할에 대해 분명히 설명해 준다. 학교에서 명확하고 기초가 잘 잡힌 학습 비전은 효과적인 교육 리더십에 필수적이라는 점에는 의심할 여지가 없지만 그것만으로는 충분하지 않다는 것 또한 분명하다. (결과를 얻는 데) 효과적이기 위해서 비전은 실행 가능한 이행 계획으로 발전되어야 한다. 다시 반복해 보자. 게임 플랜은 학생의 학습 성과 향상에 효과적일 뿐만 아니라 동시에 교사들에게 동기를 부여하고 그들의 능력을 향상시킬 수 있어야 한다. 그것이 계획에 대한 실행을 발전시키고 감독할 학교 리더, 코치의 책무다.

이것은 우리가 당신의 교육 비전과 당신이 실현시켜야 하는 게임 플랜에 대하여 깊게 생각할 수 있도록 장려하는 것처럼, 당신이 각 장에서 마주하게 될 주제다. 2장에서 이 주제는 좀 더 논의될 것이고, 실천 이론의 주요 개념과의 관계 및 그 개념을 구성하는 용인된 학술 용어가 설명될 것이다. 3장에서는 학교에서 학생들의 교육 성과를 개선시키기 위해서 사람들을 이끌고 코칭하는 것에 대한 당신 자신의 신념과 가치를 알아볼 기회와 도전을 발견하게 될 것이다.

오늘날 학교 리더는 행정가이며, 행정가라는 전문직은 인종, 가족 배경, 성별이나 다른 사회적 · 재정적 · 개인적 특성들에 관계없이 모든 학생들의 성공을 촉진하기 위해 최선을 다해야 한다고 인식된다. 이를 발전시키기 위한 기본으로서 리더들이 학교에서 실현시키고자 하는 학습 비전을 창조하고 설명하고 실행하는 것이 중요하다. 학습에 대한 이러한 비전은 리더의 일상 활동과 우선권에 대한 방향을 제시해주고 형성한다. 리더는 비전을 교사, 학생, 학부모와 함께 공유함으로써 이를 실현할 수 있도록 모두를 결속시킨다. 즉, 리더십을 발휘하기 위하여 조직화해야 하는 핵심인 학교의 학습 비전은 행정가들이 시간, 돈과 같은 자원이 충분하지 않고 기대가 보이지 않는 세계에서 선택을 해야 하는 끝이 없는 필요성에 직면하게 될 때 학습, 교수법, 학교 개선의 주요 쟁점이 지속적으로 중요한 위치에서 유지되고 논의되도록 한다.

이 책에서 학습을 위한 비전은 희망사항이나 게으른 꿈이 아니기 때문에 게임 플랜이라고 불린다. 비전은 효과적인 전략과 학교의 실제 세계에서 그 전략을 실행할 방법을 선택하는 데 있어서 당신을 안내해 줄 계획이 된다. 게임 플랜의 비유는 당연히 스포츠에서 가져온 것이다. 비전은 리더의 작업을 조직화하고 행위를 위한 우선권을 설정하는 계획이 된다. 즉, 당신은 어디를 가고 싶고 어떻게 도달할 것인가? 다른 사람들의 비전을 아우를 수 있는 방법으로 사람들과 의사소통을 할 때, 비전은 사람들의 일을 조직화하고 학교 팀에 있는 모든 사람들의 우선권을 설정한다. 전략과 계획 없이 육상선수를 경기장으로 데려가거나 팀을 게임에 내보내는 코치가 없듯이, 좀 더 효과적인 학교를 만드는 데 게임 플랜 없이 교직원들을 이끄는 학교 리더는 없다. 2장에서는 게임 플랜의 개념에 대하여 좀 더 알게 될 것이다.

이제 당신이 이끌어 가길 원하는 학교에 대한 비전의 개념에 대해 초점을 맞추어라. 비전은 당신이 학교와 공존하기를 원하는 최종 상태이자 의도다. 아마도 교육 리더들이 현재의 일상 세계로부터 자신의 시야를 확대하고 학교가 정말로 어떤 모습이 되어야 하는지에 대한, 꿈이 아닌, 미래의 가능성을 상상하는 것보다 더 중요한 일은 없을 것이다. 당신이 이끌어 가기를 원하는 학교에 대하여 가지는 비전은 단지 학교가 이동해야 하는 방향이 아니라 결국 그러한 학교가 어떤 모습이 될지를 보여 줄 것이다. 이제 당신의 학교구에서 행해졌던 과거의 실천, 관습 및 방식의 구속으로부터 자유로워져라. 새롭게 다시 생각하라. 당신은 학교가 어떠한 모습이 되어야 한다고 생각하는가? 그러한 학교에서 실제 무슨 일이 일어나고 있는가? 효과적인 학교에 대해 다른 사람들에게 어떻게 설명할 것인가? 학교의 학습에 대하여 어떠한 가치와 신념을 다루는 것이 중요하다고 생각하는가? 정말로 효과적인 학교를 위하여 당신은 어떠한 비전을 가지고 있는가?

생각해 볼 문제

1. 조직에서 개인의 행동을 통제하고 조정하기 위해 관료주의적 접근법의 메커니즘이 어떻게 당신의 직무 환경에서 사용되는지 분석하라. 이러한 메커니즘이 얼마나 사용되는가? 메커니즘은 조직의 목표를 달성하는 데 도움이 되는가? 메커니즘의 지속적인 사용, 변경 또는 종결을 위해 무엇을 추천하겠는가?

2. 이 장의 결론 부분에 기술한 게임 플랜에 관한 논의를 다시 참조하시오. 1장에서 소개된 개념 중 한두 가지를 선택하여 어떻게 그 개념들이 학습을 위한 당신의 비전을 실행하는 데 관여하는지 한두 개의 단락으로 설명하라. 조금은 꿈 같은 이야기라도 좋다. 자유롭게 작성하라. 이것은 끝이 아니라 시작이다.

추천도서

Hamilton, Laura S., Brian M. Stecher, and Kun Yuan. *Standards Based Reform in the United States: History, Research, and Future Directions*. Palo Alto: The Rand Corporation, 2008.

이 책은 오늘날 미국의 학교 리더십을 공부하고 있는 사람이라면 누구나 읽어야 하는 필독서다. 매우 신뢰할 수 있고 높이 평가되는 연구 기관에서 출간한 책으로 우리가 지금 어디에 있는지, 미국에서 표준화된 학교 개혁을 통해 가고자 하는 방향이 어디인지에 대하여 잘 조사된 연구다. 또한 간단한 영어로 명확하게 작성된 이해하기 쉬운 보고서이기도 하다.

Educational Researcher, 31.8 (November 2002).

학술지 *Educational Researcher*에서 밝힌 이 호의 주제는 '교육에서의 과학적 연구'다. 9명의 다른 저자들이 연구한 6개의 논문이 실려 있는데, 「교육에서의 과학적 탐구(Scientific Inquiry in Education)」 보고서에 대한 측면을 다룬다. 이와 같은 움직임은 NCLB에서 교육 향상을 위한 프로그램의 설계에 있어서 과학적인 연구 방법들의 중요성을 강조하면서 촉발되었다. 「교육에서의 과학적 탐구 보고서」와 함께 *Educational Researcher* 저널에 실린 논문들은 교육 리더에게 교육 연구에 관한 최근의 논쟁을 구성하는 쟁점과 문제점들에 대하여 잘 안내해 주고 있다. 이 논문들은 교육 리더가 되길 희망하는 사람이라면 누구에게나 추천할 수 있다.

Kuhn, Thomas S. *The Structure of Scientific Revolutions*. Chicago: The University of Chicago Press, 1962.

오늘날의 교육 리더는 이 중요한 책을 꼭 읽어야 한다. 어떻게 과학적 진보가 형성되고 발전되는지 이해하는 데 도움을 줄 뿐만 아니라 교육과 같은 덜 성숙한 과학이 과학적인 신뢰를 높이는 과정에서 겪는 어려움을 설명하는 데 도움을 준다. 미국에서 과학적 패러다임을 장려하는 것이 아니라 교수법을 위한 패러다임을 입법화하기 위한 최근의 노력을 고려해 볼 때, 쿤(Kuhn)이 제기한 쟁점은 교육 리더에게 새로운 중요성을 제시해 준다.

National Policy Board for Educational Administration. *Educational Leadership Policy Standards: ISLLC 2008*. Washington, DC: Council of Chief State School Officers, 2008.

이 책의 다른 곳에서 설명된 ISLLC[7] 표준의 출처다. 40개 주에서 채택되고 있으며, 학교 리더의 훈련에 매우 효과적이다. 이 문헌의 기초가 된 최근의 연구에 초점을 맞추어 ISLLC 표준이 어떻게 형성되었는지에 관한 역사를 알려 준다. 미래의 모든 학교 리더들은 이 문헌의 훌륭한 설명을 참고해야 한다.

Shavelson, Richard J., and Lisa Towne (eds.), National Research Council Committee on Scientific Principles for Education Research. *Scientific Inquiry in Education*. Washington, DC: National Research Council, National Academy Press, 2002.

NCLB에서 가장 영향력 있고 논쟁이 되는 조항 중 하나는 이 법안 아래에서 연방 기금을 받는 사람들이 학교 개혁을 위한 노력으로서 실증 기반 전략(evidence-based strategies)을 사용할 것을 요구한다는 것이다. 이러한 요구는 실증 기반 전략이라는 용어가 무엇을 의미하는가를 탐구하는 데 있어 교육학 연구를 중심에 둔다. 이 쟁점을 분

7) 역자 주: 주 연합 학교 지도자 자격 인증 컨소시엄(Interstate School Leaders Licensure Consortium: ISLLC)은 교장에게 요구되는 자격 기준을 개발하여 교장의 양성 교육과 연수, 평가에 이용한다.

명하게 하기 위한 노력으로 국가 연구자문위원회(National Research Council)는 이 보고서를 만든 위원회를 소집했다. 이 보고서는 교육에서의 과학적 탐구에 관한 쟁점을 정의하고 어떤 기준들이 과학적 탐구의 질을 판단하는 데 적절한지 논의하였다. 보고서의 주요 취지는 교육 분야에서 과학적인 문화가 발전되도록 장려하는 것이다. 이 보고서는 교육에서 매우 지체된 연구의 발전에 장기적 영향을 미칠 것으로 보이는 획기적인 문서다. 일부 현장 전문가들은 상아탑에 있는 사람들은 따분함만 가지고 있다고 생각할 수도 있지만 그것은 잘못된 것이다. NCLB의 모든 조항 중에서 증거에 근거한 전략을 요구하는 조항은 결국 시간이 지나면서 교육이 완전히 자격을 갖춘 지위로 이동할 것이라는 가장 큰 가능성을 시사해 주는 것이다.

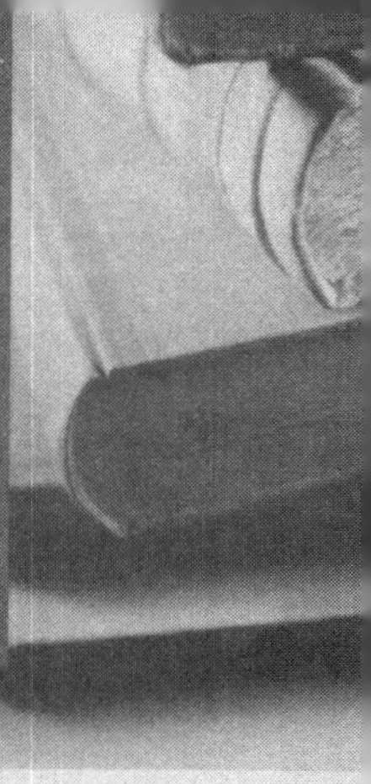

CHAPTER 2

실천의 기본 개념

사례 교장단 모임에서의 논쟁

한 달에 한 번 열리는 교장 모임에서 교육감 제럴딘 크락슨 박사(Dr. Geraldine Claxton)가 모임을 끝내려 할 때, 루스벨트(Roosevelt) 고등학교의 교장인 올슨 콜린스(Olson Collins)가 자리에서 일어나 몇 가지 질문을 던졌다. "크락슨 박사." 올슨 교장이 말하기 시작했다. "지금은 허튼 짓을 그만두고 학업성취도를 향상시키기 위해 노력해야 할 때입니다. 나와 같은 고등학교 교장들 중 몇몇이 필요하다고 생각되는 몇 가지 변화에 대해 이야기했었습니다. 많은 이들이 낙오학생방지법(No Child Left Behind: NCLB) 정책에 대해 비판해 왔지만, 이 정책은 하늘이 우리에게 준 선물입니다. 그동안의 NCLB는 낮은 학업성취도의 학생들의 요구를 충족시켜 주지 못했습니다. 우리의 점수를 보세요. 현재 이 낮은 점수는 앞으로도 계속 낮아질 것입니다. 우리는 기본으로 돌아갈 필요가 있습니다. 우리는 학업성취에서 어려움을 겪고 있는 이 학생들을 그들과 비슷한 수준의 다른 교실로 돌려보낼 필요가 있다고 믿고 있습니다. 그래야 이런 환경에서 우리가 그들과 집중적으로 일하고 학생들의 요구를 충족시켜 줄 수 있을 거라 생각합니다. 이러한 노력은 유치원 수준에서부터 이루어져야 하고, 고등학교에 입학할 때쯤 학생들은 해당 학년 수준에 도달하고 어떤 진로 방향을 추구할 것인지 알게 되어야 합니다. 몇몇 학생들은 대학에 진학하겠지만, 대학 진학이 모두를 위한 것은 아닙니다. 따라서 대학에 진학하지 않은 학생들을 위해 그들이 졸업할 때, 직장을 얻을 수 있도록 우리는 직업교육을 준비해야 합니다. 그리고 또 다른 것은…."

이때, 제임스 애덤스(James Adams) 중학교 교장인 조앤 시즈모어(Joan Sizemore)가 올슨 콜린스 교장의 말을 가로막으며 말하기 시작했다.

"올슨, 말씀하시는 도중에 끼어들어 죄송하지만 제 생각엔 모든 사람들이 당신의 철학에 동의하지는 않을 것 같습니다. 물론 현재 우리가 제1조(Title I)[1]에서 말하는 학교 학생들의 요구를 만족시키고 있지 못한다는 당신의 말은 옳지만, 그 이유는 당신이 말한 것과 다릅니다. 그것은 우리가 로봇을 대하듯 학교의 학생들을 대하고 있기 때문입니다. 우리는 주 성취 평가 시험 준비를 위해 학생들에게 반복적인 주입식 교육을 하고 있기 때문에 학생들의 비판적 사고능력을 향상시키지 못하고 있습니다. 우리는 학생들에게 모든 것을 암기하라고 하면서 학습에 대한 그들의 열정을 죽이고 있습니다. 우리는 모든 학생을 영재반의 학생처럼 다룰 필요가 있습니다. 모든 학생은 영재반 학생과 마찬가지로, 실제 프로젝트에 참여하여 팀 협동 학습을 해야 하고 실제 업무 과제와 수업 내용을 통합한 교육과정을 배워야만 합니다."

오랜 경험으로 숙련된 교육감은 참석한 사람들이 휴대 전화를 확인하고 시계를 보고 노트북을 끄는 모습들을 보았다. 또한 오늘은 너무 늦어서 이 논쟁을 계속할 수 없다는 것도 알았다. 그러나 자리에 가만히 앉아 두 교장의 토론에 집중하는 몇몇 다른 교장들도 있었다.

크락슨 박사가 두 교장의 논쟁을 중단시키며 말했다. "저는 이런 논쟁이 빨리 끝나는 것이 매우 아쉽습니다. 하지만 시간이 너무 늦어졌고 이 모임 이후 위원회 회의에도 참석해야 하기 때문에 여기서 논의를 마무리해야 할 것 같습니다. 오늘의 논쟁은 매우 흥미로웠습니다. 그러나 이러한 주제는 쉽게 다루어져서는 안 된다고 생각합니다. 그래서 이 논의를 다음번 모임의 안건으로 상정하고자 합니다. 아마도 올슨 교장과 조앤 교장이 다음 모임 전 운영위원회를 만들어 이 주제에 대해 어떻게 토론을 진행해 나갈 것인지 제시해 줄 것입니다."

1. 만약 당신이 이 시간에 어느 한 의견을 선택해야 한다면, 올슨과 조앤 중 어느 편에 설 것인가? 그 이유는 무엇인가?
2. 당신이 제안하고 싶은 다른 관점이 있는가?
3. 당신의 학교 또는 교육청에서 유사한 논쟁이 있었는가? 만약 그렇다면, 그 경험을 이야기해 보라. 만약 그렇지 않다면, 왜 이러한 논쟁이 없었는지 그 이유를 이야기해 보라.

당신은 교육 리더의 책임을 맡아 업무를 시작함과 동시에 아마도 최소한 한 가지를 확신할 수 있을 것이다. 그것은 바로 당신이 교육 리더로서 일하는 이 세상은 모순, 갈등, 그리고 불만으로 가득 차 있다는 것이며, 앞으로도 그러한 모순, 갈등, 그리고 불만들이 넘쳐날 것이라는 점이다. 아마도 우리 문화의 몇몇 사람들은 관찰

1) 역자 주: 제1조(Title I)는 미국 초 · 중등교육법(The Elementary and Secondary Education Act)의 첫 번째 조항으로서 사회경제적 지위가 낮은 학생들이 많은 학교 및 학교구에 재정적 지원을 해 주는 것을 골자로 한다.

자로서의 고립된 삶을 경험할지도 모른다. 그러나 리더들은 그렇지 않다. 리더들은 단지 인간 생활을 관찰하는 것만이 아니라 그들 삶의 사건들에서 미약하나마 결과의 차이를 만든다. 교육 리더들은 단순히 그들의 경쟁적이고 갈등적이며 빠른 속도의 업무에 안주하지 않는다. 윌리엄 포크너(William Faulkner)의 말을 빌리면, 그들은 그들의 일에서 성공하고, 그것이 도전적이고 흥미로우며 보상적이라는 것을 알아낸다.

만약 당신이 장차 리더의 길을 선택한다면, 설사 지금 당장 그런 높은 지위를 열망하지 않는다 해도 훗날 성공적인 삶을 원한다면, 당신 스스로 그 새로운 역할에서 성공할 수 있도록 준비해야만 한다. 효과적인 리더들은 불확실한 상황에서도 자신감 있고 자기 확신이 강한 경향이 있다는 것은 우리가 흔히 관찰할 수 있는 것들이며, 이를 지지해 주는 학문적 증거들도 많이 있다. 모호함을 자신 있게 다루는 것은 학생들을 가르치는 것과 상담하는 것으로부터 학교 행정 및 경영 업무로 이동하는 데 중요한 요소다. 또한 이러한 업무의 이동은 한 사람의 경력이 확장되고 풍부해지는 데 중요한 역할을 한다. 어떠한 하나의 경력에서 또 다른 경력으로 이동하는 것은 경력의 변화다. 일반적으로 교수-학습 분야의 경력에서 떠난 사람은 행정 분야에서 경력을 새롭게 시작한다. 행정가로서 임명되는 그 순간, 그 사람은 더 이상 교사로 불리지 않고 교감, 교장 등의 다른 이름을 갖는다. 또한 그 순간 최소한 학교의 교장이든 다른 조직 내의 낮은 지위의 행정가든 교실을 떠날 뿐만 아니라, 교사 노조에서도 탈퇴해야 하며 경영진으로 분류된다. 교사로서의 훈련과 경험은 교육행정가로서 성공하는 데 중요하다. 하지만 리더십 경력에 있어 효과적인 교수-학습을 위해서는 필수적이지 않았던 지식, 기술, 그리고 태도 등이 추가적으로 요구되고 있다는 것은 분명하다.

교육에서 리더십을 위한 준비는 불확실하고 모순적이며 가끔은 혼돈스러운 특징을 가진 환경 속에서 안정적으로 일하며 이러한 환경에 점점 친숙해지는 것을 포함한다. 일단 행정적 위치에 서게 되면 리더는 그 역할의 사소함이나 하찮음과는 상관없이 권력과 위신을 획득한다. 그래서 필연적으로 자신들의 주장을 지지받기 위해 권력과 지위를 얻고자 하는 여러 분야의 사람들로부터 영향을 받게 된다. 이러한 환경에서 널리 행해지는 교육 리더십을 위한 준비는 어느 정도 인지적이며, 이는 이 책에서 말하고 있는 조직의 기본적인 학습 원리와 그 조직 구성원들의 행동에 관한 것이다. 그러나 조직에 관한 필수적인 지식을 획득하는 것은 지식 그 자체만으로는 불완전하다. 또한 리더십을 준비하는 데에는 한 개인이 이러한 지식을 내면화하는 것이 요구된다. 조직에 관한 지식을 내면화하는 것은 리더 행동의 유형을 발전시키기 위한 지침으로서 유용할 수 있고, 이러한 리더 행동은 논쟁적이고 혼란스러워 보이는 상황 속에서도 진정성을 띠고 일관성이 있으며 효과적이다. 교육 리더십을 위한 준비 과정 중 이러한 부분은 당신의 손에 달려 있다. 오직 당신만이 당신의 교육 리더십을 실천하는 실천 이론(theory of practice)을 발전시킬 수 있다.

우리는 이 책의 후반부에서 갈등은 조직의 삶의 일반적인 부분이라는 생각에 대해 보다 충분한 토론을 할 것이다. 의견, 분쟁, 논쟁, 그리고 토론에서 나타나는 차이들은 피할 수 없는 것이며 이런 차이를 완벽하게 제거하는 것도 불가능하다. 조직 내에서 적절하게 관리된 갈등은 조직의 역동성을 부여하는 원천이 되어 환영받을 수 있으며 또한 환영받아야만 한다. 그 역동성은 개인과 조직에게 힘을 부여하고 리더들에게 조직을 이끌 수 있는 기회를 제공해 준다. 조직 구성원 모두가 그들의 일에 만족하고 있는 조직, 새로운 생각을 제시하거나 질문을 하는 것이 금기시되는 조직, 그리고 조직 구성원 그 누구도 변화의 필요성을 느끼지 못하는 조직과 같은 곳에서 효과적인 리더가 되는 것은 매우 어렵다. 그러나 독선적이고 잘난 체하는 구성원들로 구성된 조직은 심각한 조직적 침체의 징후를 무의식적으로 드러낼 것이다. 사실 리더들이 해야 하는 중요한 역할 중 하나는 구성원들에게 변화가 필요하다는 인식과 변화가 가능하다는 확신을 높여 주는 것이다.

어떠한 조직이든 다양한 의견과 논쟁을 다루는 것은 리더십을 발휘하는 사람의 임무다. 그 이유는, 리더십의 정의에 따르면 리더십은 경쟁적인 관점들로부터 만들어진 선택을 요구하는 환경 속에서 발휘되는 것이기 때문이다. 즉, 만약 조직 내 모든 구성원들이 아무런 경쟁이나 갈등 없이 처음부터 무엇을 행해야 하는지 동의했다면 리더십은 거의 필요하지 않을 것이다.

갈등의 두 가지 주요 원인

교육에서 리더들은 다양한 원인으로 발생된 갈등에 직면하게 된다. 많은 갈등은 리더들이 속한 지역사회, 특별한 학교 체제, 또는 거주지역에 따라 특수성을 지닌다. 그러나 그들이 어디에 살든지 또는 어떤 수준의 일을 하든지, 모든 교육 리더들은 두 가지 중요한 원인으로부터 발생한 갈등에 직면하게 된다.

- 첫 번째 원인은 교육 조직이 무엇이고 어떻게 조직을 이끄는 것이 최선인지에 대한 사람들의 서로 다른 사고방식이다.
- 두 번째 원인은 우리 사회에 만연해 있는, 교육의 본질 및 학교의 목적이 무엇인가에 대한 사람들 간의 의견 불일치다.

교육 리더들이 갈등에 직면하는 것은 실제로 일상적이다. 미국 사회처럼 역동적이고 개방된 사회, 교육이 공적인 영역에 속하는 사회에서, 갈등의 수준과 강도는 학교 체제의 목적과 방법에 관한 광범위한 사회적 합의의 정도와 밀접하게 관련되어 있다. 아마도 우리는 모순이 적은 학교와 학교 체제, 그리고 학교가 무엇을 어떻게 완성해야 하는지에 대해 과거에는 광범위한 사회적 합의가 존재했다는 몽상에 잠기는 것을 즐길지도 모른다. 진실이 무엇이든지, 과거(모순이 적었던 과거가 존재했다면)는 과거일 뿐, 지금 우리가 직면하고 있는 사회와는 전혀 관련이 없다. 오늘날 모든 학교구와 주는 다양한 집단과 하나의 쟁점에 대한 비평가 연합으로 가득 차 있다. 인종 집단, 동성애자, 보수주의자, 여성, 세금 감면 주장자, 자유주의자, 가난한 사람 등이 있으며 이와 같은 새로운 비평가 집단은 계속해서 나타날 수 있다.

교육에서의 '대논쟁': 보수주의 대 진보주의

1870년대 초부터 한 세기 이상, 중요하고 오래된 하나의 논쟁이 미국 사상을 지배했다. 먼저 진보주의적 사고가 대중들 속에서 꾸준히 확산되고 때때로 우세한 양상을 보였다. 그러나 2000년대 초에 이르러 학교교육에 대한 전통적인 보수주의 개념이 학교 개혁 운동에 박차를 가했다. 동시에 그 시대에 지배적이었던 교육 철학과 상충된 철학을 가진 진보주의적 교육을 믿는 많은 교사와 학부모들은 낙담할 수밖에 없었다.

학교교육에 있어 전통적 개념은 과목의 우선성, 어린 학생들에게 물려줄 지식 구조 전달의 중요성, 사실의 암기, 교사의 권위, 그리고 공식적 교수–학습 방법 등을 강조했다. 전통적 관점을 지지하는 사람들은 끊임없이 진보주의적 교육에 대한 현실적인 도전을 제기했지만, 진보주의의 특별한 생각과 실천은 1940년대 미국에서 결정적인 교수–학습의 실천으로 변형되어 나타났고, 좋은 교육 실천의 일반적인 기준으로 인식되었다.[1] 학습에서 실질적 경험의 기초, 개인의 교수–학습, 교실에서의 비공식적 활동, 집단 토의, 팀 활동, 실험실 교육 등과 같이 진보주의적인 아이디어와 교수–학습 활동은 좋은 교수–학습 및 좋은 학교를 정의하는 특징이 되었다. 또한 이러한 특징들은 인증기관 및 주 평가자가 학교의 질을 판단하는 데 중요한 기준이 되었다. 미술, 음악, 시, 춤, 체육, 그리고 다른 문화적 활동들이 인간의 역사를 결정짓는 데 중요한 공헌을 했다는 보편적인 믿음은 학교에서 중요한 가치가 되곤 했다. 비록 미국 내에서 학교교육에 대한 전통적 관점과 진보주의적 관점 사이에 충돌이 끊이지 않았지만, 이러한 믿음은 오늘날까지 지속되고 있다. 논쟁이 지속되고 있는 21세기에도 이러한 생각, 믿음, 실천은 학교교육과 교수–학습 활동의 질을 판단하는 데 중요한 기준이 될 것이고, 앞으로도 그럴 것이다.

대논쟁의 시작

당신이 일을 하면서 개인적으로 목격하고 경험한 공립학교 교육의 갈등과 논쟁은 새로운 것이 아니다. 그러한 갈등과 논쟁은 1870년 이후부터 지속되어 온 것이다. 현대 미국에서 발생하는 학교교육과 관련된 갈등의 대다수는 1800년대에 나타난 것인데 이것은 학교교육에 대한 매우 다르고 상반되는 두 가지 관점의 충돌이 지속되고 확장된 것이다. 이 두 가지 관점은 미국에서 지배적인 관점이 되기 위해 여러 세대에 걸쳐 충돌해 왔다. "간단히 말해, 우리는 이를 교육에 대한 넓은 차원의 인식과 좁은 차원의 인식 간의 논쟁, 학생 중심과 교과 중심 간의 논쟁, 학교교육에서 자발적인 접근과 형식적인 접근 간의 논쟁, 국가의 문화유산을 변화시키기 위해 고안된 교육과 그것을 보존하기 위해 고안된 교육 간의 논쟁이라고 말할 수 있다."[2] 이는 종종 진보주의와 전통주의의 충돌이라 불린다. "20세기에 그 충돌의 신랄함의 강도"는 확대와 축소를 거듭했다. "그리고 오늘날 진보주의와 전통주의의 충돌은 논쟁의 초창기보다 약해지거나 해결점에 다다른 것이 아니다."[3]

진보주의 교육이 발전되고 번창한 시기인 1873년부터 1930년대의 경제공황 때까지 미국에서는 이민자가 크게 증가했고 대대적인 산업화는 농업사회를 도시공업사회로 빠르게 변화시켰다. 우리가 이 시기에 주목한다면, 이 시기가 우리 자신의 삶과 매우 닮아 있다는 것을 알 수 있다. 이 시기는 원래 운송과 철도 재벌인 코넬리어스

밴더빌트(Cornelius Vanderbilt)와 제이 굴드(Jay Gould), 금융업자인 존 피어폰트 모건(John Pierpont Morgan), 철강 왕인 앤드루 카네기(Andrew Carnegie), 석유업계의 거물인 존 D. 록펠러(John D. Rockefeller), 그리고 자동차 제조업자인 헨리 포드(Henry Ford)와 같은 부유한 기업가들이 나타난 시기였다. 이 시기는 또한 지금과 같이 젊은 기업가의 영역인 새로운 기술의 시대였다. 예를 들면, 토머스 에디슨(Thomas Edison)이 자신이 발명한 왁스-공정 스텐실(wax-process stencil)의 특허권을 19세의 앨버트 블레이크 딕(Albert Blake Dick)에게 팔았을 때 그의 나이는 28세였다. 딕은 등사기계를 개발했고 후에 부자가 되어 유명해졌다. 록펠러가 첫 번째 오일 벤처 회사를 펜실베이니아(Pennsylvania)의 타이너스빌(Titusville)에 설립하였을 때가 그의 나이 20세였다. 찰스 A. 린드버그(Charles A. Lindbergh)는 25세에 대서양을 횡단했다. 촌시 보트(Chauncy 'Chance' Vought)는 자신이 27세 때 설계한 비행기를 제조하기 위해서 챈스 보트(Chance Vought) 항공을 설립했다. 그리고 그 후 유나이티드(The United) 항공 회사를 설립하는 데 지속적인 도움을 주었다.

미국에서의 새로운 산업을 만들었던 금융업자, 기업가, 기술의 귀재들, 그리고 삶을 변화시켰던 새로운 산업, 교통 체제, 의사소통 체제뿐만 아니라 시골에서 도시로 온 이주자나 해외에서 온 많은 이민자들은 이 시기를 국가 변혁의 시대로 만들었다. 공장과 산업 현장에서 노동력을 제공한 것은 이민자 집단이었다. 그들 대다수는 삶이 새롭기는 했지만 누추했다. 이전 세대와 달리 그들은 도시의 거주민, 임대한 주택의 세입자, 주간 급여에 의존하는 노동자, 그들의 가족 및 지역사회의 전통적 지원 체제로부터 유리된 사람들이었다.

광범위한 산업화와 도시화의 도래로 많은 사람들은 새로운 삶의 방식, 새로운 문화 속에서 재배치되었고, 많은 노동자들이 사회화되면서 그들 가족의 복지에 대해 관심을 기울이기 시작했다. 노동자에 대한 기업의 학대는 만연했고, 정부의 부패가 드러났다. 노동자들을 위한 사회적 보완 제도가 마련되었지만 지원은 인색했으며 보건의료는 턱없이 부족했다. 따라서 그 시기에는 부정부패를 적발하기 위한 활발한 운동이 있었다. 이러한 운동을 통해 도시 빈곤층의 참상, 교육 분야와 도시 정부에 만연한 부정부패, 그리고 노동자들의 열악한 근무환경을 문서화했다. 『맥클루어(*McClure*)』라는 잡지의 편집자인 링컨 스테펀스(Lincoln Steffens)는 도시 정부의 부정부패를 드러낸 조사 보고서를 창간했다. 아이다 타벨(Ida Tarbell)은 스탠더드 오일 컴퍼니(The Standard Oil Company)의 내력에서 혐오스러운 면을 들춘 책을 출판했다. 제이콥 리스(Jacob Riis)는 도시 내에서의 인간 삶에 대한 사진을 촬영하기 위해서 최초로 섬광 전구를 사용하여 사진을 찍었다. 그는 중간-상위 계급의 미국인들과는 달리 그 외 집단의 사람들이 어떻게 살았는지를 사진을 통해 보여 주었다. 헐 하우스(Hull House)의 설립자이면서 노벨평화상 수상자인 제인 애덤스(Jane Addams)는 근로 조건의 개선, 도시 서비스의 향상, 그리고 사회 공공 의료 서비스의 확장을 위해 기운차고 강력한 일을 추진한 활동가였다. 퓰리처(Pulitzer)상 수상자인 업튼 싱클레어(Upton Sinclair)는 만연해 있는 열악한 근로환경에 관한 일련의 책을 썼다. 그의 가장 유명한 책인 『정글(*The Jungle*)』은 시카고의 가축 사육장에 초점을 맞추어 쓴 것이며 그 후에도 다른 종류의 조직에 대한 폭로 기사를 계속해서 썼다.

"산업과 상업을 규제하고, 기업 복지 정책을 넘어서서 인간에 대한 관심을 강조하고, 정부의 공공사업에 대학의 과학적 전문가를 배치함으로써 현대 자본주의의 과도함을 억제"하기 위한 정치적 운동이 곧 나타났다. "… 이때는 앞뒤를 가리지 않고, 개혁가들이 학교를 변화시키려 했던 민감한 시기였다."[4] 1873년, 매사추세츠(Massachusetts) 주 퀸스(Quincy) 지방의 교육감인 프랜시스 웨이랜드 파커(Francis Wayland Parker)는 진보주의적 방법으로서 집단 교수-학습 활동과 비공식적 교수-학습 방법을 처음으로 사용하는 학교를 설립하면서 유명해졌다. 이 학교에서 사용한 교수-학습 방법들은 학생들이 실제로 살고 있는 세계와 과학을 강조하였고 강한 훈육 방법(disciplinary methods)을 사용하는 것을 지양했다. 파커는 전원적인 지역사회가 아닌 공립학교라는 실제 세계 속에서 설득력 있는 그의 생각을 현실적으로 증명해 낸 이후 학문적 삶을 시작했던 진정한 교육 개척자였다.

> 공립학교 교육이 암송, 암기, 반복연습으로 지배되던 시기에 파커는 아이들을 교육의 중심에 놓고, 학교가 학생들의 동기와 흥미를 유발해야 한다고 주장했다. 퀸스 체제 아래서 교과서는 잡지, 신문, 교사가 개발한 자료들로 대체되었다. 학생들은 지역의 시골을 답사하면서 지리학을 배웠고 예술을 활용한 표현과 행동을 통한 학습을 강조하는 통합교육과정을 거쳤다.[5]

이러한 생각들은 많은 사람들에게 매력적으로 다가와 뿌리내리고 번창했다. 진보주의 교육은 상승세를 탔고 빨리 확산되었다. 가장 시급한 문제들이 도시에 산재해 있었기 때문에 미국 내 많은 도시들은 진보주의 운동의 선두에 있었다. 인디애나의 게리, 덴버, 휴스턴, 그리고 세인트루이스의 공립학교들은 여러 도시들 중에서도 가장 두드러진 도시의 학교들이었다. 각 지역사회가 새로운 생각들을 실행하기 위한 그들 고유의 특별한 접근 방법을 개발하는 동안 "새로운 생각들은 주도적인 학습 활동, 교사와 학생 간의 협동 계획, 개인차에 대한 광범위한 인식, 실제 삶과 관련된 학습을 위한 노력, 그리고 건강, 직업, 사회 및 지역사회 문제를 학교의 사명으로 다루려는 시도들과 좀 더 연관되는 경향이 있었다."[6]

20세기 초반, 공립학교 교육에 대한 이 새로운 시도는 후대 학계의 전설적인 인물들과 관련이 있었다. 이에 해당하는 인물로는 세계적 수준의 철학자이자 교육자인 존 듀이(John Dewey), 지능의 본질에 대한 연구로 국제적 찬사를 받은 심리학자인 에드워드 L. 손다이크(Edward L. Thorndike), 사춘기 연구로 유명한 클락 대학교의 학장이자 저명한 심리학자인 G. 스탠리 홀(G. Stanley Hall), 그리고 듀이의 가장 유명한 제자이면서 콜롬비아 대학교의 교육학자인 윌리엄 허드 킬패트릭(William Heard Kilpatrick) 등이 있다.

1950년대의 반발

진보주의 교육 운동은 형식적이고 기계적인 암기 형태의 전통주의 교수-학습의 속박으로부터 미국 학교교육을 구제하는 강력한 동력으로 작용했다. 또한 성장하고 발전하는 개개인으로서의 학생의 중요한 역할을 더 잘 인식하게 해 주었다. 그러나 시간이 지남에 따라 일부 진보주의 교육 지지자들은 극단적으로 변했다. 그들은 과목의 전통적 개념을 완전히 무시한 채, 가정의 구성원으로서의 가치를 알고, 여가 시간을 잘 활용하며, 초보 수준의 직업 준비를 갖춘 학생을 양성하는 학교가 적절하다고 주장했다.[7] 1944년에 미국교육협회(National Education Association)는 미국의 모든 청소년들을 위한 교육의 개념을 만드는 데 앞장섰다. 그 개념에는 학생들의 능력을 탐색하여 일부의 학생들에게는 대학 준비 교육을 제공하고, 60%의 학생은 초보적인 일자리를 준비하는 낮은 수준의 교육을 받도록 계획된 고등학교가 포함되어 있었다. 또한 1945년에는 생활적응 운동이 나타났는데 이 운동은 미국 교육부의 후원을 받은 것으로서 대학에 가지 못하는 60%의 고등학교 학생을 위한 단순한 교육과정을 주장했다. 이러한 교육과정은 신문을 읽을 수 있는 능력, 직업 지원서를 쓸 수 있는 능력, 수표를 작성할 수 있는 능력 등 생활적응과 관련된 능력을 강조했다. "이러한 주장에 따라 비학문적 활동이 증가했고 종종 고등학교 수업이 단조롭게 되었다."[8] 이러한 결과는 미국 학교교육을 '현대적'으로 변화시키고자 하는 많은 사람들의 반발심을 크게 자극했다.

이러한 반발심을 표출한 첫 번째 비판가 중 한 사람은 아더 베스터(Arthur E. Bestor)다. 그는 인디애나(Indiana) 주 남부 워바슈(Wabash) 강가에서 거주하는 19세기 새로운 하모니 공동체(New Harmony communal) 부족을 연구한 역사학자로서 명성을 얻은 인물이다. 1953년에 크게 주목받은 그의 책은 『교육 황무지: 우리의 공립학교에서 학습으로부터의 도피(*Educational Wastelands: The Retreat from Learning in Our Public Schools*)』다. 이 책은 『멋진 신세계(*The Brave New World*)』의 시대에서 받아들이기엔 파괴적이고 충격적이기는 했지만 매우 유익한 비평이었다. 제2차 세계대전의 심각한 피해로 파생된 대공황으로 고통받고 있던 당시의 많은 사람들은 국제적 지배를 위한 오랜 경쟁이 그들의 아이들에게 대물림되지 않고 아이들이 그들의 삶과는 다른 삶을 살 수 있기를 희망하고 꿈꾸었다. 그러나 냉전시대에 그들의 희망에 대한 지지는 별로 없었다.

해군 중장인 하이먼 G. 리코버(Hyman G. Rickover)는 인습 타파적이면서 묘한 매력이 있는 사람이었다. 그는 매우 두렵고 신비스러운 존재였던 소련 적군과 바다 속에서 직면하던 시기에 미국의 원자폭탄 공격 잠수함의 개발을 책임지고 있었다. 그는 소련과의 경쟁으로 인해 두 나라의 학교 또한 서로 경쟁하게 된다면, 현재 미국에서 신중하게 혹은 별다른 관심을 받지 못한 채 이루어지고 있는 학교교육이 변화할 것이고 이로 인해 미국의 삶의 방식은 무너지게 될 것이라고 예견했다.[9] 사회적으로 덕망이 높은 에드워드 R. 머로(Edward R. Murrow)가 추천사를 쓰고 찰스 밴 도렌(Charles Van Doren)이 서문을 쓴 리코버의 『교육과 자유(*Education and Freedom*)』는 최고의 책이었다. 찰스 밴 도렌은 텔레비전 게임쇼를 통해서 여전히 젊고 유명한 지식인으로서의 면모를 보여 주고 있어 존경받고 있다. 그 책은 무시무시한 소련과의 생사를 가르는 다툼에서 국가의 미래는 불행하게도 고등학교 교실에 의해서 결정될 것이라는 근본적인 두려움을 유발했다. 반면에 전직 교육위원회 구성원인 앨버트 린드(Albert Lynd)는 『공립학교에서의 엉터리 치료(*Quackery in the Public Schools*)』라는 책을 출간하면서 큰 반향을 일으켰다.[10] 이와 비슷한 맥락에서 다른 교육위원회 전직 구성원인 모티머 스미스(Mortimer Smith)는 『약화된 사고력: 우리 공립학교에서 계획된 평범함의 연구(*The Diminished Mind: A Study of*

Planned Mediocrity in Our Public Schools)』라는 책을 출간했다.[11] 이러한 책들이 대중에게 노출되고 선풍적인 인기를 얻고 있는 가운데 시카고 대학교의 존경받는 총장은 더 냉철하면서도 굉장히 인상적인 『자유를 위한 교육(*Education for Freedom)*』을 강조했다. 로버트 메이너드 허친스(Robert Maynard Hutchins)는 고전이 인류 문명의 핵심을 담고 있다고 생각했기 때문에 『자유를 위한 교육』에서 예상대로 고전의 유산에서 벗어난 공립학교의 타락을 비난했다. 이러한 비평가들은 진지한 목적 없이 학문적 학습의 명예를 손상하고 교양 교육의 전통을 손상시킨 학교를 몹시 꾸짖었다.

하지만 이러한 모든 것은 단순한 배경이었으며 중요한 사건을 위한 준비에 불과했다. 1957년 10월 4일 소련은 184파운드의 인공위성을 발사했고 이 인공위성은 약 90분 동안 지구의 궤도를 돌았다. 그리고 이어서 다음 달에 살아 있는 강아지를 태운 스푸트니크(Sputnik) 2호를 발사했다. 이로 인해 미국 전역은 온갖 불길한 예견과 두려움에 빠지게 되었고, 이러한 국가적 혼란으로 인해 학교는 갑자기 문제의 원인으로 지목되어 중죄인 취급을 받게 되었다. 학교는 즉각적이고 거대한 변화의 주된 목표가 되었다. 미국 정부는 국가의 미래는 더욱 강력한 교육과정과 학생들의 더 많은 노력을 필요로 한다며 갑자기 학교에게 많은 것을 요구하기 시작했다. 이를 위한 모델로서 소련의 학교들이 많이 칭송되었는데, 이는 소련의 학교들이 혹독한 학문적 훈련을 강조하고 권위주의적인 전통적 교수-학습 방법을 많이 사용하면서 시험을 많이 활용하고 운동, 운전연습, 그리고 다른 교외 활동들과 같은 허식을 피했기 때문이다. 미 의회는 국가방위교육법(The National Defense Education Act)을 수정하여 수학, 과학, 그리고 외국어 강조의 교수-학습을 위한 실질적인 예산을 제공했다. 진보주의 교육의 개념은 미국 학교와 교사들에게 학생들이 이미 도래해 있는 냉혹하고 위험한 세계적 경쟁시대를 잘 준비할 수 있도록 해야 한다는 압력을 가하면서 그들에게 무거운 짐을 지웠다.

1960년대 신진보주의의 탄생

주기적으로 서로 우위를 차지하며 밀고 당기는 속성이 있었던 학교교육의 두 전통, 즉 보수주의적 관점과 자유 진보주의적 관점 간의 지속적 투쟁은 1960년대에 가장 도드라졌다. 일정 기간 지속된 베트남 전쟁의 비극, 정치적 · 인종적 리더들의 비극적인 암살, 젊은이들 사이에서의 격정적인 항쟁, 제도의 부당성에 대항한 도시에서의 반란이라는 환경에 대항하여 진보주의 관점은 교육의 전면으로 부상했다. 이 기간 동안 새로운 비평가 집단은 사회적 불평등과 도시 내 많은 공립학교에서 운영된 잘못된 수업으로 인해 불운한 아이들이 어려움을 겪은 것에 대해 강력하게 항의했다. 젊은 비평가 집단은 도회지 학교에서 직접 보았던 냉혹한 현실을 다루기 위해서 진보주의의 주제와 실천이 다시 한 번 긴급하게 필요하다고 말했다. 존 홀트(John Holt)는 간결하면서도 질타하는 어조로 그의 산문에서 학생들에게 출석을 강요했던 학교가 학생들로 하여금 그들이 살고 있는 현실세계와 직접 대응하게 하는 데 어떻게 실패하게 만들었는지에 대해 생생하게 묘사했다. 『이른 나이의 죽음(*Death at an Early Age*)』이란 책에서 조너선 코졸(Jonathan Kozol)은 최전선인 보스턴 공립 고등학교의 교실 상황으로부터 매우 중요한 비판을 제기했다. 그는 공립학교 체제 속에서 흑인 학생들의 영혼과 마음의 파괴를 생생하게 묘사했다.[12] 『36명의 아이들(*36 Children*)』이란 책에서 허버트 콜(Herbert Kohl)은 자신의 교직 첫해 동안의 경험을 서술했다.[13] 예를 들면, 그는 지루한 교실 속에서 숨을 쉴 수 있는 방법(체제의 관점에서 본다면 종종 파괴적인 방법인)을 찾는 과정과 노력에 대해 서술했다. 또한 학생들이 스스로 학습 속에서 흥미를 탐구하고 발명하고 창조하고 찾아낼 수 있도록 격려하는 방법을 찾기 위해 자신이 했던 노력에 대해 말했다.

학교교육에 대한 최근의 논쟁

예일 대학교의 전(前) 총장이자 프로야구의 커미셔너[2)]인 A. 바틀릿 지아마티(A. Bartlett Giamatti)는 진실은 일정 기간 동안 강력하게 반대되는 것들과 결합한 하나의 역동적인 혼합물로 묘사될 수 있다고 말했다. 만약 그렇다면, 우리가 현대 미국 주 교육 보고서에서 찾은 격렬한 논쟁은 아마도 새로운 혼합물을 섞는 과정을 나타낼 것이다. 새로운 혼합물은 궁극적으로 주 수준에서 학교교육 활동을 이해하는 데 필요한 기초로서 받아들이는 것이 일반적이다. 그러나 20세기가 가까워지면서 교육 리더십을 공부하는 학생들은 진실을 추구하는 데 있어서 냉정한 이성적 분석이 아

2) 역자 주: 프로 스포츠의 품위 · 질서 유지를 위한 권한을 가진 최고 책임자를 말한다.

닌 슈투름 운트 드랑(Sturm und Drang)[3)]적인 글들을 더욱 많이 발견하고 있다.

회상하건대, 많은 사람들은 교육에서 대립적이고 가열된 문제의 토론이 1983년부터 촉발되었다고 생각한다.[14] 1983년, 백악관은 교육에 대해 매우 비판적이며 선동적인 관점을 보인 「위기에 처한 국가(A Nation at Risk)」[15]라는 보고서를 발간했다. 당시 레이건(Reagan) 정부가 조직적이고 대대적인 홍보를 하면서 발표한 이 보고서는 미국 학교교육 역사상 가장 놀라운 사건 가운데 하나로 꼽힌다. 이 보고서는 교육부 장관의 지시로 구성된 저명한 위원회에서 준비한 것이었다. 로널드 레이건(Ronald Reagan) 대통령은 그의 연설에서 보고서 승인에 있어 특별한 조치를 취할 것을 밝혔다. 이는 그 어떤 대통령도 하지 않았던, 교육과 관련한 의미 있는 역사적 개입이었다. 특히 미국 교육부를 제거하겠다는 공약을 내세웠던 대통령이 이 보고서를 지지한 것이다. 레이건 대통령 이후 조지 H. W. 부시(George H. W. Bush) 대통령도 이 보고서를 승인했다.

보고서의 제목인 「위기에 처한 국가」는 놀라운 것이었다. 당시 냉전 체제는 매우 위험한 상태였고 베를린 장벽이 무너지지도 않았었다. 또한 핵공격에 대한 보복에 대비하기 위해 핵 탑재가 가능한 폭탄들이 하루 24시간 계속해서 이동되었던 시기였다. 이 보고서는 즉각적으로 미국 교육의 주요 관심 영역으로 채택되었는데 보고서의 주제는 문자 그대로 국가의 안전에 관한 것이었다. 만약 이 보고서가 소설이 아니라면 새로운 차원의 논문으로 볼 수 있는데, 이 논문은 결국 미국 교실에서 일어나고 있는 일이 국가의 안전을 위협한다는 내용이었다.

「위기에 처한 국가」는 미국 학교에서의 수많은 '실패'를 주장했다. 또한 미국 학생들의 교육성취도가 다른 나라의 학생들과 비교하여 낮다고 끊임없이 주장했다. 이 보고서는 미국 학교의 조직과 운영이 제대로 되어 있지 않다고 서술하였으며 또한 학교 내 교육자들이 의기소침하고 능력이 없다고 기술했다. 이 보고서가 발간된 이후 학자들은 보고서에 대한 활발한 연구를 진행했다. 학자들은 백악관에서 발표한 이 보고서에서 주장하고 있는 실패 및 결핍의 증거가 신뢰할 만한 문헌에 기초한 것이 아니었으며 따라서 그 주장의 '근거'를 알 수 없다고 지적했다. 결국 이 보고서는 출판계와 전자 미디어 양쪽에서 인상적인 논평과 숨 막히는 토론의 기반이 되면서 도전적인 문제 제기를 했다는 데에는 의미가 있었지만 그 외의 의미 있는 토론

---

3) 역자 주: '질풍노도의 시대'라는 뜻으로 18세기 후반 독일에서 일어난 혁신적인 문학 운동이다.

을 기대하기는 힘들었다.

이렇게 시작된 학교 개혁 운동은 결국에는 실패했지만 미국 공립학교에 대한 기본 가정과 구조의 중심이 되는 핵심 개념을 바꾸기 위한 역사상 가장 크고 지속적이며 협동적인 국가적 노력이었다는 것은 분명하다. 이러한 노력 이후로, "국가는 공립학교를 개혁하고 재구조화하는 마술 같은 방법을 계속적으로 찾아냈다. 우리는 교육적으로 무가치한 학교를 교육적 측면에서 금빛으로 빛나는 학교로 바꿀 수 있는 모든 종류의 연금술적 묘책을 시도했으며 여전히 시도하고 있다."[16] 시간이 지나면서 학교 개혁의 담론은 교육의 재구조화, 학교의 재개혁, 국가적 교육 목표의 재설정 등의 전면적인 변화와 같은 대담한 요청을 하면서 변화했다. 같은 시기에 지아마티는 모순의 통합과도 같은 실제적인 새로운 혼합물을 찾는 것을 희망했지만, 현실 속에서의 담론은 점점 양극화되는 경향이었고 당파심도 강해졌다. 캘리포니아 대학교의 총장에서 명예 퇴직한 클라크 커(Clark Kerr)는 "미국에서 정책을 형성하는 과정에서 확고해 보이는 거의 모든 것들이 실제로는 확신이 부족한 근거들을 기반으로 한다는 것을 발견했다."[17]라고 말했다. 수많은 관련 문헌 중 여기서 우리는 단 세 개의 예시만을 인용할 것이다. 그중에서 특히 첫 번째와 두 번째 책의 제목을 살펴보면, 이러한 주제들에 관한 공식적인 논쟁에 있어서 우리가 논리적인 담론으로부터 얼마나 멀리 떨어져 있는지를 분명히 알게 될 것이다.

후버 연구소(The Hoover Institution)의 선임 연구원인 토마스 소웰(Thomas Sowell)은 자신의 책 제목을 『미국 교육의 내부: 후퇴, 기만, 독단(*Inside American Education: The Decline, the Deception, the Dogmas*)』로 했다.[18] 나치 정권에 대한 윌리엄 L. 시러(William L. Shirer)의 역사에 남을 만한 폭로를 연상시키는 이 제목에는 편향적인 논쟁이 있었고 368쪽에 이르는 가차 없는 공격과 편향적인 주장은 미국 학교에서 어떠한 가치도 발견하지 못했다. 소웰은 메시지를 전달하기 위해 여러 미사여구를 사용해 중요한 문제에 대해 이야기했다. 그는 미국 공립학교를 '엄청난 세금이 지원되는 제국'이라고 언급하면서 학교에서의 '기만과 독단'이 기술적으로 정교한 세뇌라고 했고, 학교가 하는 일은 '반미, 제국주의, 악의가 있는 교육과정 개발'이라고 비난했다. 또한 그동안의 비열하고 무책임한 경영은 어린 학생들을 교육시키기 위한 헌신이나 재정의 청렴도보다는 기관의 이미지, 순위와 관계가 있다고 했다.

종합해 보면, 소웰은 학교의 재조직을 주장한 것이다. 만약 우리가 이러한 교육자들의 특별한 권리와 영역을 제한하고자 한다면 우리는 그들과의 쓰디쓴 투쟁을 겪어야 한다. 그러나 지금까지 우리가 다루어 왔던, 교육자들이 속한 냉엄한 현실을 생각해 볼 필요가 있다. 만약 그러지 않는다면 우리의 아이들은 황폐한 미래에 직면할 것이다. 학교 내에서 이러한 교육자들 중 어떤 유형의 사람들이 무엇을 해 왔는가? 소웰의 대답은 이렇게 시작된다.

> 그들은 우리의 돈을 사용했고 우리의 신뢰를 저버렸으며 우리의 아이들을 실패하게 했고 부풀린 점수와 미사여구를 동원하여 그들의 실패를 포장한다. 그들은 우리의 아이들을 실험 대상으로, 선전을 위한 목표물로 사용했다. 또한 그들은 우리의 아이들을 인종 간의 균형, 패드[4] 등록을 위해 여기저기 섞어 보고 맞추면서 이동시키는 살아 있는 실험 대상으로 사용했다. 그들은 소수 인종의 학생들에 대해 특별한 관심을 가져야 한다고 주장하면서도 이들을 실패할 확률이 높은 대학에 배치하는 이중적인 태도를 취했다.[19]

데이비드 C. 베를리너(David C. Berliner)와 브루스 J. 비들(Bruce J. Biddle)은 1995년도에 발표한 『만들어진 위기: 미국 공립학교에서 신화, 사기, 그리고 공격(*The Manufactured Crisis: Myths, Fraud, and the Attack on America's Public Schools*)』이란 책에서 확실히 다른 의견을 제시했다.[20] 소웰보다는 다소 제한적인 언어를 사용한 그들의 건조한 분석은 교육에서 현재의 위기는 그저 단순하고 명백하게 진실이 아니라 널리 믿어져 왔던 특정 신화의 연속선상에 근거한다는 말로 시작된다. 이것은 우연히 발생한 것이 아니고, 혁신적인 사회적 힘에 의해 발생한 것도 아니다. 저자들의 주장에 따르면, 이것은 "인지도가 있는 사람들이 미국의 공립학교가 실패했고 이러한 실패 때문에 국가가 위험에 빠졌다는 잘못된 생각을 미국에 퍼뜨리기 위해서"[21] 계획하고 조직한 것이다. 그렇기 때문에 저자들은 「위기에 처한 국가」와 그 후속 영향은 레이건 정부가 사기를 치기 위해 벌인 허위정보 캠페인이며, 나중에 부시 대통령이 이를 지지했다고 생각한다. 인위적으로 만들어진 위기, 즉 대규모로 조장된 일종의 사기 게임을 구성하고 있는 상당량의 신화, 반쪽뿐인 진실 그리고 노골적인 거짓말들이 이 책에서 소개되고 있다. 또한 그러한 내용들은 명백한 증거와 논리들을 통해 역으로 검증되고 있다. 신화들 중 일부는 다음과 같다.

---

4) 역자 주: 데이터 영역의 불필요한 부분을 공백 등으로 채우는 일을 의미한다.

1. 미국 초등학교에서 학생들의 학업성취도는 최근에 하락했다.
2. 미국 대학생들의 성취도는 최근에 하락했다.
3. 미국은 다른 나라보다 학교에 많은 돈을 사용한다.
4. 학교에서 투자는 성공을 이끌지 못했다. 그러므로 돈은 학교성취도와 관련이 없다.

뛰어난 연구 능력을 갖춘 것으로 인정받으며 명성이 자자한 베를리너와 비들, 이 두 학자는 어떤 사회 · 정치적인 의도와 목적을 위해 고의적인 왜곡이 명백하게 일어나고 있는 공립학교를 공격하면서 이러한 신화를 영속화하려는 노력에 의구심을 품었다. 그들은 신화적 주장들이 기초로 하고 있는 자료의 검토를 요청하면서 왜 그렇게 생각하는지 독자들이 이해할 수 있도록 최선을 다했다. 그들은 주장한 바에 대한 신뢰를 얻기 위해 『만들어진 위기』의 뒷부분에서는 135쪽에 걸쳐 '미국 교육에서의 진정한 문제점' 에 대한 차분하고 분별력 있는 토론에 신경을 쓰며 집중했는데 이는 많은 독자들에게 유용할 것이다.

베를리너와 비들만이 회의주의자는 아니다. 많은 미국 정치인과 출판업계에 의해 공립교육에 관한 왜곡과 오보가 빈번하게 발생하는 일상적인 상황에 대해 교육학자들은 사회적으로 크게 실망하고 있었다. 예를 들면, 제럴드 브레이시(Gerald Bracey)는 학술지 『파이 델타 카판(*Phi Delta Kappan*)』과 다른 책에서 일련의 보고서를 발표했다. 그는 성실하게 연구하여, 학교 그리고 학교 내에서 학생들이 거두는 성취도에 관한 사실로 알려진 가장 지독하고 파괴적인 신화와 불신의 일부를 문서화했다.[22] 브레이시는 아쉽게도 2009년 사망했지만, 우리는 국제적으로 유망한 수준에서 미국의 교육 신화와 허위에 대해 브레이시처럼 폭로할 능력을 가진 누군가를 갈망한다.

『우리가 있었던 길?(*The Way We Were?*)』[23]이란 책에서 리처드 로드스타인(Richard Rothstein)은 1983년의 「위기에 처한 국가」 보고서가 경고한 것을 포함하여 공립학교에 대한 대중적인 비난이 명백하고 문서화된 근거 없이 "우리의 학교가 개혁이 절대적으로 필요한 상황에 있다는 것을 모든 사람들이 알 것이다." 라는 확신으로 시작하는 일반화된 전제라는 점을 지적했다. 그 결과, 모든 사람들은 공교육의 질이 떨어졌고 도전을 위한 과업을 준비하는 청소년들에 대해 학교가 할 일이 별로 없다고 생각하는 것 같았다. 또한 로드스타인에 따르면 모든 사람들은 이렇게 전반적으로 약화된 교육과정이 학생들이 필요한 기술을 습득했는지 여부와 상관없이 모두 졸업할 수 있다고 믿게 만든다는 것을 알고 있다. 해당 학년에 적절한 기술을 습득하기 위한 필요조건 없이도 진급이 이루어지는 '자동진급제(social promotion)'는 현재 일반화되었다. 그래서 상위권의 대학들도 신입생들을 위해 기초 수학과 문학에 대한 보충수업을 운영해야 한다. 전통적 기술과 연관된 전통적 가치를 무시하게 되면서 학생들은 더 이상 학교가 한때 가르쳤던 도덕적 가치를 받아들일 필요가 없다고 여기게 되었다. 그래서 사람들은 학교는 기초능력 대신 '자아존중감'과 '가치명료화'에 집중해야 한다고 말한다. 그리고 공립학교의 뚜렷한 후퇴와 관련하여 '모든 사람들이 아는 듯한' 장황한 설명은 계속된다.

로드스타인은 계속해서 이야기한다. "거의 모든 미국인들은 이러한 비난에 동의한다. 대부분의 어른들은 자신이 학생이었을 때의 공립학교는 더 안전했고 학문적으로도 더 진지했으며, 기초 학습과 고차원적 사고 기술 모두에 집중했다고 기억한다. 현대 경제상황에 비추어 보면 학교는 더 발전해야 함에도 불구하고, 대부분의 미국인들은 지금의 학교가 과거에 비해 더 악화되었다고 생각한다." 그러나 로드스타인의 연구는 "이 이야기가 부분적으로 어떤 진실을 포함하고 있든지, 사실적 설명이라기보다는 1세기 동안 변화하지 않은 채 문화적으로 구체화된 거짓 우화임"[24]을 드러냈다.

로드스타인의 연구는 한 가지 질문으로 시작한다. 만약 오늘날의 학교가 과거 그들이 다녔던 학교보다 나쁘다면 정확하게 교육의 황금기—또는 최소한 은빛 시대—는 언제였나? 1960년대와 1970년대가 최상의 시기였나? 결코 그렇지는 않을 것이다. 왜냐하면 그 시기는 당시 베스트셀러 저자였던 밴스 패커드(Vance Packard)가 미국이 문맹국이 되고 있다는 놀랄 만한 비판을 제기한 시기였기 때문이다. 그는 "수백만의 교육받은 미국인들이 만족할 만한 수준으로 글을 읽거나 쓰지도 못한다는 확실한 증거가 있다."[25]라고 주장했다. 또한 이 시기는 유명한 작가인 자크 바전(Jacques Barzun)이 '저학년에 적합한 교육학의 결핍'[26]이 부분적으로 있었기 때문에 글을 읽고 쓸 수 있는 능력이 감소한 것을 몹시 안타까워했던 시기였다. 그리고 기초교육위원회(The Council for Basic Education)가 그들의 첫 보고서인 「내일의 문맹(Tomorrow's Illiterates)」을 발간한 것도 1961년이었다. 이 보고서에서는 학교에서 음성학을 가르치지 않아 9학년 학생 중 1/3이 2학년 또는 3학년 수준의 글을 읽을 수 없다고 보고했다. 보고서는 읽기 수업의 모든 문제가 당시 10년 동안 음성학을 가르치지 않았기 때문에 발생한 것이라고 주장했다.[27] 그리고 진 철(Jeanne Chall)이 『읽기를 위한 학습(*Learning to Read*)』이란 제목의 광범위한 읽기 교재를 출간한 것도 1967년이었다. 명백하게 1960년대와 1970년대는 교육의 황금기가 아니었다. 그렇다면 1950년대가 교육의 황금기인가? 로드스타인이 본 1950년대의 교육은 다음과 같다.

1950년대는 냉전 체제의 시기였다. 그리고 그 중심에는 구 소련과 미국 사이의 치열한 경쟁이 있었고, 그것은 심각한 사건이었다. 1950년대는 (작가, 음악가, 배우 등과 같은) 의심스러운 지식인들에 대한 블랙리스트와 공산주의가 교육을 포함한 미국 사회 전반에 은밀하게 유입되어서 미국의 기관을 파괴시키고 그들의 가치를 약화시킬 것이라는 두려움이 있었던 매카시즘(McCarthyism)[5)]의 시기였다. 게다가 소련이 1957년 스푸트니크 1호와 2호를 발사하면서 냉전 체제는 절망 상태로 치달았다. 이때 미국은 우주 개발 전쟁에서 패배한 국가적 망신을 연약하고 무기력하며 비효과적인 공립학교의 철저한 실패의 탓으로 돌렸다.

그래서 미국 교육의 황금기를 찾으려 했던 로드스타인은 1940년대까지 거슬러 올라갔다. 그다음, 1930년대, 제1차 세계대전, 1900년대 초, 19세기까지 살펴보았다. 그러나 그는 미국 교육의 황금기를 그 어디에서도 찾을 수 없었다. 그가 찾아낸 것은 단지 오늘날 우리가 듣는 것과 똑같은 끝없는 불평의 순환뿐이었다. 예를 들면, 1902년에 『뉴욕 선(*The New York Sun*)』의 편집자는 "아이들이 학교에 가게 되면 적어도 몇 가지 내용은 반드시 배워야만 하는데, … 최소한 철자법, 글쓰기, 연산법은 선택사항이 아니다. 그들은 반드시 그것을 배워야만 한다."라고 주장했다. 그러나 1902년에 학교교육은 아이들이 즐거워하고 좋아하는 것을 배워야만 하는 보드빌 쇼(vaudeville show)[6)]처럼 보였다.[28] 오늘날 우리에게 너무나 익숙해져 버린 교육에 대한 끝없는 비판에도 불구하고 로드스타인은 윌 로저스(Will Rogers)의 진부한 격언을 인용하면서 "학교는 학교였던 적이 없고 앞으로도 그렇게 되지 않을 것이다."라고 결론지었다. 로드스타인의 표현처럼, '모든 사람들이 알고 있다고 생각하는 것' 이 문화적으로 깊이 뿌리박힌 우화임은 분명한 듯하다.

오늘날 우리는 끊임없이 급변하는 세계에 속해 있으며, 따라서 우리 교육 조직은 민첩성과 융통성을 갖추어야만 한다. 그래서 우리는 언제나 더 나은 것을 하기 위

---

5) 역자 주: 1950~1954년 미국을 휩쓴 일련의 반(反)공산주의 선풍을 가리킨다.

6) 역자 주: 음악이 있는 짧은 희극을 말한다.

해, 더 많이 얻기 위해 노력한다. 미국 교육에서 많은 것이 성취된 것은 사실이지만 아직 우리는 승리의 월계관을 쓰지는 못했고 많은 일이 남아 있다. 우리는 더 좋은 학교로 발전시키기 위한 노력, 교육의 기회를 동등하게 하기 위한 노력, 학교교육에서 더 많은 사회정의가 실현되기 위한 노력을 게을리 해서는 안 된다. 또한 이러한 현실에 대해 교육 리더들은 절망할 필요가 없다. 여전히 비판과 향상이 필요한 부분이 많이 남아 있지만, 우리가 그동안 잘해 왔으며 계속해서 잘할 것이라는 증거들 또한 많이 있기 때문이다. 그 증거는 우리가 사회적 · 정치적 · 경제적 · 문화적 측면에서 거둔 큰 성취뿐만 아니라 상상할 수 없는 영역에서 발생하는 사회적 변화에 적응하는 학교 스스로의 놀라운 회복력이다. 우리 사회에서 발생하는 사회적 변화들에는 계속되는 이민과 이주로 학교 내에서 빠르게 변화하고 있는 인구 통계, 선진화된 사회 · 정치적 정책, 특별한 도움이 필요한 아이들에 대한 교육, 그리고 성별, 인종, 민족 등의 문제를 다루는 데 있어서 지속적으로 요구되는 평등성 등이 포함된다. 비록 그 내용이 불완전할지라도 교육 리더들은 정당한 자신감, 낙천주의, 그리고 높은 의욕을 지니고 미래의 도전에 직면할 수 있고 직면해야만 한다. 만약 모든 도전이 기회로 작용하는 것이 사실이라면 교육 리더들에게 도전의 시작은 굉장한 기회의 순간이 될 것이다. 미국 교육에서 지금 진행 중인 구조상의 변화, 즉 과학적 패러다임의 변화에서 그 기회를 찾게 될 수도 있다.

교육에서의 패러다임 변화

우리는 교육에서 진정한 과학적 혁명의 한가운데에 놓여 있다. 중요한 패러다임 변화로는 교육 기회의 형평성에 대한 전통적 관점이 근본적으로 변화된 것을 꼽을 수 있다. 우리가 학교나 학교 내 교수-학습 프로그램을 조직하기 위해 사용하는 학습 이론은 인간 지능을 바탕으로 하는데, 패러다임 변화는 이러한 인간 지능의 본질에 대한 이해로 결정된다. 무엇이 지능인지에 관한 과학자들의 합의에 관한 패러다임은 교육 리더들에게 직접적이면서 중요한 의미를 내포하고 있다. 왜냐하면 패러다임은 교육이 이루어지는 현장에서 무엇보다 기본적인 교육의 토대이기 때문이다. 인간 지능의 본질에 관심을 갖고 있는 패러다임은 교육 리더들에게 요구되는 교육적 수월성에 대한 '비전'을 세울 수 있는 유일한 토대다. 패러다임은 우리가 학교를 어떻게 조직할 것인지, 학생들에게 무엇을 가르칠지, 어떻게 가르칠지, 교수-학습에 있어 학생들을 어떻게 집단화할 것인지, 그 밖에 교육 리더들이 책임질 수 있는 모든 것을 결정하게 한다. 그러므로 인간 지능에 관한 과학적 패러다임은 학교 리더가 가지고 있는 학교의 교육적 비전을 이끌어 내고 형성한다. 또한 인간 지능은 교육 리더십 전략을 개발하는 데 중요한 역할을 한다.

형평성을 위한 열정

미국 사람들은 다양한 방면에서 놀랄 만큼 열정적이다. 초기 미국인의 이상은 평등, 특히 기회의 평등이었다. 이러한 이상은 토머스 제퍼슨(Thomas Jefferson)이 독립선언서(The Declaration of Independence)의 서문에 쓴 고결한 문장에서 구체화되었다. "모든 인간은 동등하게 창조되었으며 그들이 양도할 수 없는 권리인 생명, 자유, 그리고 행복추구권을 창조주로부터 부여받았다는 것은 자명한 진리다." 이러한 내용이 미국에서 가장 존경받는 문서 중 하나에 쓰인 이후에, 미국인에게 성서[29]처럼 인식되는 평등의 개념은 후속 세대에게 환영받고 관찰되고 아름답게 꾸며졌다. 후대 사람들은 평등을 단순히 고귀하고 먼 목표로 생각하지 않고 실제 생활에서 실현될 수 있도록 끊임없이 노력했다. 결과적으로 오늘날 미국은 문자 그대로 '평등을 추구' 하고 있다. 투표권의 여부, 주택 소유의 여부, 직업 기회, 대출의 공정성, 학교교육의 접근성 등 무엇이든 결과의 차이는 불평등한 기회에 대한 충분한 법적인 증거로 간주된다. 결국, 미국은 아직 부족할지도 모르지만 그 자체의 완벽성을 위해 끝없이 전진하고 있는 놀랄 만한 평등주의가 실현된 사회이고 이 점이 미국의 중요한 특징이다.

미국 학교교육의 질과 효과성에 대한 현재의 무질서한 혼돈은 인류 평등주의적 이상이 제공했던 프리즘을 통해 보았던 과거와는 다른 관점을 지니고 있다. 학교 개혁을 넘어서 교육과 관련된 많은 안건들을 포함하는 적극적이고 격렬한 대중적 논란 속에서, 종종 모호하지만 그래도 가장 중요한 교육적 이슈는 교육 기회의 평등이다. 인종 차별 폐지에 중점을 두었던 학교에서 주어지는 기회는 더 이상 단순하게 동등하다고 이해되지 않는다. 오늘날 교육 기회의 평등은 각 개인에게 필요한 교육적 결과를 성취할 수 있는 효과적인 교수-학습에 동등하게 접근하는 것을 의미한다. 주목해야 할 점은 이 이슈가 지능의 본질에 대한 사람들의 이해를 중심으로 삼는다는 것이다.

지능에 대한 전통적 패러다임

1994년에 국제적 명성을 갖고 있으며 스스로를 과학의 주류라고 보는 52명의 학자들은 지능과학의 현재 패러다임과 전통적 패러다임에 대한 쿤의 주장에 대해 다음과 같이 서술했다.

1. 지능은 매우 일반적인 정신적 능력이다. 지능은 다른 많은 것 중에서 특히 논리적으로 생각하고, 계획하고, 문제를 해결하고, 추상적으로 생각하고, 복잡한 생각을 파악하고, 빠르게 배우고, 경험으로부터 배우는 능력을 포함한다. 이것은 단순히 책을 읽거나 편협한 학문적 기술을 습득하거나, 또는 시험을 잘 보는 것이 아니다. 이것은 우리의 주위를 파악하는 넓고 깊은 능력을 의미한다. 즉, '이해하는 것(catching on)', 어떤 것을 '논리적이게 하는 것(making sense)', 또는 무엇을 해야 할지 '파악하는 것(figuring out)' 이다.
2. 정의한 바와 같은 지능은 지능검사를 통해 측정한다. 지능검사는 심리학적 검사와 평가에서 가장 정확한(신뢰할 만하고 타당한) 것이며 창의성, 성격, 개성, 또는 다른 중요한 개인 간의 차이는 측정할 수 없고, 그러한 측정을 의도하지도 않는다.
3. 다양한 종류의 지능검사가 있지만 이러한 검사들은 모두 동일한 지능을 측정한다. 어떤 검사들은 단어나 숫자를 사용하고 (단어와 같은) 구체적인 문화적 정보를 필요로 한다. 또 다른 검사들은 도형이나 그림을 사용하며 (많은/적은, 열린/닫힌, 위/아래 등과 같은) 간단하고 보편적인 개념에 대한 지식을 필요로 하기도 한다.[30]

한 세기 동안 인지과학에서 널리 알려진 지능의 패러다임은 이러한 논의에 있어 특별히 두 가지 중요한 특성을 지니고 있다.

- 지능은 하나의 완전체(unitary whole)다. 즉, 복잡하면서도 단순한 하나의 현상(phenomenon)이다.
- 우리 몸의 체형이나 피부 색깔처럼 지능은 고정되고 변화하지 않는 개인적 특성이다.

그러나 무엇이 지능의 원천인가? 지능은 고정되어 있는 유전적 특성인가? 그렇다면 그것은 유전적으로 결정되는가? 아니면 지능은 영양 공급, 사회적 지지, 학습 기회 등의 환경적 요소에 의해서 발전할 수 있는 가능성이 있는가? 당연히 이러한 질문들은 우리가 이미 잘 알고 있는 '선천적 대 후천적'의 논쟁을 유발하고 있다.

지능에 대한 현존하는 전통적 패러다임은 약 100년 전인 1904년 알프레드 비네(Alfred Binet)가 프랑스 교육부 장관으로부터 학교에서 특별한 도움이 필요한 학생들을 구별하기 위한 방법의 개발을 요청받았을 때부터 전개되고 발전되기 시작했다. 비네는 즉각적으로 지능을 측정하는 방법을 고안하기 시작했다. 몸무게를 재고 아이들의 신체적 특성을 측정하는 것처럼 결과를 숫자로 나타낼 수 있도록 했다. 많은 학생들을 대상으로 똑같은 시험을 보게 하여 학생들의 점수 분포와 개인의 지능 점수를 비교함으로써, 우리는 개인의 점수가 같은 나이의 다른 많은 학생들의 점수의 평균보다 높은지 또는 낮은지를 파악할 수 있게 되었다. 이로써 정신연령의 개념이 생기게 되었는데, 예를 들면 만약 10세인 프랑수아(Francois)의 점수가 12세 아동의 평균 점수와 같다면 그는 12세의 정신연령—또래보다 2세나 많은—을 가져서 영리하다고 평가받는다. 그러나 만약 10세인 친구 헬렌(Hélene)이 8세 수준의 점수를 얻었다면, 그녀는 8세의 정신연령을 지니고 있기에 덜 영리하다고 평가받는다. 비네의 연구 이후 몇 년이 지나지 않아 독일의 한 심리학자는 지능지수(The intelligence quotient: IQ)를 산출하기 위해서 정신연령을 학생의 생활연령으로 나누고 그 값에 100을 곱하는 아이디어를 제안했다. 이를 적용해 보면 헬렌의 IQ는 80이고 프랑수아는 120이 된다.

만약 어느 한 연구자가 IQ에 대한 대규모의 조사 대상자들을 확보했다면 그들의 도수 분포는 이 책의 독자들이 익숙한 종 모양 형태일 것이라고 예측할 수 있을 것이다. 키, 신발 크기, 몸무게 등 개인을 측정한 어떤 자료의 분포라도 일반적으로 종 모양의 형태가 나타나므로 이와 같이 예측할 수 있다. 우리가 이러한 곡선을 정규분포곡선(normal curve of distribution)이라고 부르는 이유도 이 때문이다. 또는 종 곡선(bell curve)이라고도 부른다(왜냐하면 자유의 종과 같은 종의 단면과 어느 정도 닮았기 때문이다). 개인 측정을 통해 나타날 수 있는 정규분포곡선은 낮은 점수의 사람과 높은 점수의 사람은 적고 분포의 중심에 대부분의 사람들이 밀집해 있는 경향을 보여준다. 낮은 점수부터 높은 점수까지의 자료 분산은 수평의 축을 따라 나타난다. 이것은 명시된 목적을 위해 고안된 모양과 생김새에 따라서 펼쳐지거나 모일 수 있다.

분포의 단위는 표준편차(standard deviation)라고 불린다. 그리고 일반적으로 15 표준편차는 지능검사의 점수를 나열하기 위해서 사용된다. 표준편차가 작을수록 날카로운 아치형의 곡선을 만들며, 커질수록 낮고 둥근 곡선을 만든다. 어떤 경우에도 IQ의 분포 자료는 단지 도표 모양의 변화만 있을 뿐 일정하게 유지된다. IQ의 분포를 나타내는 전형적인 종 모양 곡선은 [그림 2-1]에서 볼 수 있다. [그림 2-1] 그래프 모양에서 볼 때 많은 인구의 IQ 분포는 전형적으로 종 모양의 곡선으로 나타난다.

[그림 2-1]의 점수 분포는 시험을 치른 학생의 약 68%가 평균 점수의 1 표준편차 안에 있음을 보여 준다. 이 집단을 '평균' 범위 내의 집단이라고 생각하는 많은 사람들은 시험을 치른 사람 중 약 16%가 평균 범위보다 낮은 지능을 가지고 있고, 16%의 사람들은 평균보다 높은 지능을 가지고 있다고 말한다. 한편으로는 '우수하고 영리한' 사람들을 확인하고, 다른 한편으로는 '우둔한' 사람들을 확인하기 위해서 우리는 이러한 분포를 흔히 사용한다. 이미 잘 알다시피 이러한 점수 분포는 학교에서뿐만 아니라 고용 정책에서, 그리고 다른 매우 중요한 문제들을 선택하는 의사결정에서 종종 사용되었다.

지능에 대한 새로운 패러다임, 혹은 워비곤 마을 신드롬

지능에 대한 전통적인 패러다임은 오랫동안 모든 학교 수준의 교육 리더들에게 큰 영향을 미쳤으며, 인지심리학에서 과학적 패러다임으로 지속되었다. 학교 리더들은 대개 이 패러다임과 이것이 내포하고 있는 학습 이론을 일반적으로 받아들였다. 따라서 그들은 조직화된 교육과정과 교수-학습을 위해서는 능력에 따라 학생들을 분리하는 몇 가지 수단이 선행되어야 한다고 보았다. 학생들 간 능력에 편차가 있음을 인지하고 이렇게 인식된 현실을 따르기 위하여 학교는 교수-학습을 위한 능력별 집단화 개념의 편차를 이용해 공통적으로 조직되었다. 예를 들면, 초등학교 수업의 우수성을 판별하는 전통적 기준은 교사들이 교실에서 교수-학습을 조직하기 위해 능력별 집단을 활용한다는 것을 증명하는 기술이다. 중 · 고등학교 수준에서 난이도에 따라 수업하는 것은 일반적이며 실질적으로 일정 작성 기술(scheduling techniques)을 활용하여 학생들을 구분하는 것도 일반적인 관행이다. 학생 수가 적은 교실에서는 이러한 관행이 통계적으로 지지받기 어려움에도 불구하고 대학 교수들은 자주는 아니지만 상대평가라 불리는 분포의 표준곡선에 따라 학생들에게 점수

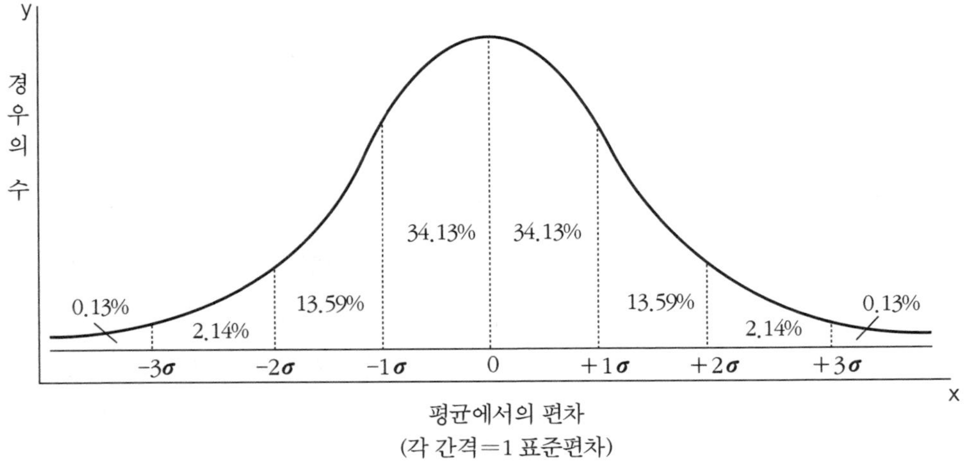

[그림 2-1] IQ의 분포를 나타내는 곡선

를 주려고 노력한다.

그러나 학교에게 '낙오학생 방지'를 기대했던 시기에는—적어도 미국에서—모든 학생들이 동등한 지능을 바탕으로 인생을 시작한다는 확신이 증가했다. 우리가 지적했던 것처럼 가난한 가정의 학생과 부유한 가정의 학생들의 학습 결과에는 현저한 격차가 존재한다. 그리고 격차를 줄이려는 노력에도 불구하고 그 격차는 쉽게 줄어들지 않았다. 가난한 사람들 중에는 소수 민족의 비율이 높기 때문에, 교육성취도의 차이는 인종적 문제의 특성을 내포하고 있다. 새로이 주목받는 관점에서 보면 학교의 업무는 각각의 학생들을 가르치는 것인데, 이때 평등은 단순히 모든 개인에게 학교에 출석하고 수업을 받는 기회를 부여하는 것이 아니라 모든 이들의 실질적인 학습을 과거에 그랬던 것보다 더욱 평등하게 해 주는 것이다. 이것은 중요한 변화 그 이상으로, 구조상의 변화라고 할 수 있다. 이것은 동등한 기회의 획득이 아니라 교육성취도의 평등 또는 결과의 평등을 기준으로 학교교육의 수월성을 평가하는 변화다.

그러나 우리는 어떻게 이것이 가능할 수 있냐고 이의를 제기할지도 모른다. 우리는 사람들 사이에 지능의 정규분포가 있다는 과학적 진실을 인정한다. 전 세계적으로 한 세기 이상 지능검사를 발전시키고 다듬는 데 헌신한 학자들은 지능검사의 시간과 분포는 정규분포곡선으로 예측하여 그릴 수 있음을 증명했다. 그렇다면 학교교육의 개입이 정규분포곡선과 현저하게 다른 교육적 성취도를 산출할 것을 기대하는 것은 합리적인가? 그러나 이것이 많은 사람들이 학교 개혁과 관련된 이슈에 접근할 때 바라는 점이라는 것은 명백한 듯하다.

회의적 시각에서 볼 때, 미국 학교에 대한 기대는 유머작가 개리슨 케일러(Garrison Keillor)가 라디오 쇼 '프레리 홈 컴퍼니언(A Prairie Home Companion)' 에서 작고 순수한 시골이며 미네소타의 신화적 요새인 워비곤 마을을 표현하면서 모든 여성들이 건강하고 모든 남성들이 잘 생기고 모든 아이들이 평균 이상인 마을이라고 한 것과 매우 비슷해 보인다. 이것은 유머의 전형이며 상식을 벗어난 생각이다. 그리고 이것은 그의 많은 라디오 청취자들의 감탄 어린 웃음에서 비롯된 것이다. 많은 교육자들에게 이것은 학교에 대해 제기되고 있는 새로운 요구가 비상식적으로 보인다는 것을 적절하게 비유한 것이다. '워비곤 마을 신드롬' 은 교육학자들의 전문적인 용어 가운데에서 표준이 되었다.

물론 중요한 점은 만약 학교가 적절하게 운영되고 있다면 모든 아이들과 학생들은 평균보다 높은 점수를 받아야 한다고 많은 교사들과 교육학자들이 생각한다는 것이다. 만약 우리가 현재 기반이 탄탄한 지능 이론의 패러다임이 근본적으로 잘못된 것이라는 가능성을 고려한다면 이 문제는 지금과는 명확히 다른 관점을 취하게 된다. 만약 이 경우에 미국 공립학교와 그들의 교육 활동이 지능의 본질에 대한 잘못된 이해에 근거해서 결국 잘못된 학습 이론을 조직했다는 것이 확실시된다면, 가난한 학생과 부유한 학생 간의 교육성취도 차이를 줄이려는 노력에도 불구하고 그들 사이에 격차가 오랫동안 지속되어 온 것은 놀랄 일이 아닐 것이다. 만약 새롭고 더욱 정확한 지능의 본질에 대해 이해할 것이 있다면, 교육 리더들은 지능의 본질이 무엇인지 배울 필요가 있으며 그들이 사용하고 있는 학습 이론에 대해 다시 생각해야 한다. 그리고 새로운 패러다임 속에서 학교를 어떻게 재조직해야 하며 학교 내에서 보다 효과적인 교육 활동을 어떻게 고안할 수 있는지 결정할 필요가 있다. 만약 새로운 패러다임이 기존의 패러다임을 대신할 수 있다면 우리는 과학적 혁명의 시작점에 서게 될 수도 있으며, 과학적 혁명은 교육 리더들에게 새로운 기회와 패러다임의 출현이 가능하도록 해 줄 것이다.

다중지능 이론

우선, 지능에 관한 전통적 패러다임의 근본으로 생각되는 핵심 이론 몇 가지를 간략하게 살펴보자.

- 지능은 종종 g 요소(일반적 지능이란 의미)라고 불리는 하나의 완전한 정신적 요소다. 지능검사는 이를 측정하도록 고안된 것이다.
- 지적 과정은 신경계적 과정이다. 그리고 인간이 태어날 때부터 지니고 있는 신경 체계는 이 과정의 질을 결정한다.
- 신경 체계는 선천적인 것이고 유전적 염색체에 의존한다. 그리고 이것이 기능하는 정도는 학교교육, 가난 등의 외부 환경에 따라 조금 변할 뿐이다. 그러므로 지능은 시간이 흘러도 상대적으로 안정적인 것이다.

이것은 헨리 H. 고더드(Henry H. Goddard)의 전통적 진술로서 요약된다. 그의 대표적인 걸작은 비네가 영어로 번역하였는데 고더드가 관찰한 것은 다음과 같다.

> 우리의 논지는 인간행동의 주요 결정 요인이 우리가 지능이라고 부르는 하나의 정신적 과정이라는 것이다. 이 과정은 타고난 신경 체계로 결정된다. 신경 체계로 얻어진 효과성의 정도와 개개인의 지적 · 정신적인 수준의 결과로 생기는 등급은 생식세포의 결합으로 이루어진 염색체의 종류에 따라 결정된다. 지능은 심리 과정을 파괴하는 심각한 사건을 제외하고는 후천적 영향을 적게 받는다.[31]

1920년에 이루어진 고더드의 연구는 두뇌와 정신의 활동에 관한 조사 연구를 촉발했다. 이것은 지능과 학습 이론에 대해 더 많은 이해를 가능케 했고 동시에 고더드의 믿음이 옳다는 확신에 대한 지속적인 반론을 양산해 냈다. 예를 들면, 장 피아제(Jean Piaget)와 후대의 제롬 브루너(Jerome Bruner)는 근본적으로 학교교육과 같은 외적 영향력이 인지 기능에 큰 영향을 미치지 않는다는 고더드의 주장에 맞섰다.

이 책의 많은 독자들은 학습을 아동발달의 일부분으로 간주하였던 스위스 학자인 장 피아제의 업적에 관해 알고 있을 것이다. 그는 학습을 점진적인 성장 과정이라고 묘사했다. 그리고 시간과 적절한 자극 및 지도가 주어진다면 개인은 처음에 배운 단순한 과정에서 고차원의 논리적 과정을 통합하게 되면서 논리적 사고는 점차 성숙되고 발전된다고 생각했다. 피아제의 업적은 교육학과 학교교사, 특히 1970년대와 1980년대 미국 학교교사의 업무에 많은 영향을 미쳤다. 구조주의 이론 체계를 만든 제롬 브루너는 피아제의 사상에서 많은 영향을 받았으며 20세기 후반에 교사들과 그들의 교수–학습 방법에 많은 영향을 미쳤다. 브루너의 사상에 따르면, 학습은 학생들이 기존의 지식을 바탕으로 새로운 개념을 만들어 내는 능동적인 과정이다. 이 과정은 학습자들이 정보를 선택 및 변형하고, 가정을 세우고, 새로운 생각과 정보를 학습하고 발견하는 논리적이고 인지적인 과정을 개발하는 것을 포함한다. 그러나 브루너의 관점에 기초한 학습의 실현을 위해서는 주의 깊게 구조화되고 숙련된 소크라테스 식(Socratic) 교수–학습 방법이 필요하다.

피아제와 브루너는 지적 기능이 고정되고 변화 불가능한 것이라는 개념을 분명하게 반박했다. 그들은 개인의 본래 경향을 북돋고 자극함으로써 교사와 학교가 학생들의 인지능력의 성숙과 발전을 촉진할 수 있다고 믿었다. 그들은 당시에 심리학을 명백하게 지배하고 있던 관점인 행동주의자들의 두 가지 확신에도 도전했다. ① 학습자의 내적 기능은 보이지 않고 조작할 수 없는 능력이기 때문에 우리는 그것을 다룰 수 없다. ② 보상과 처벌을 다루는 것은 성공적인 교수–학습 전략을 설계하는 데 중요한 요소다. 그러나 그들은 지능이 고정되어 있고 태생적인 것이며 개인의 유일한 특성이라는 믿음에는 직접적으로 반박하지 않았다. 이에 대한 직접적인 도전은 20세기가 거의 끝날 무렵 나타나기 시작한 후세대의 학자들에 의해 이루어졌다.

21세기에 접어들자 다니엘 골먼(Daniel Goleman)은 자기 확신, 자기 훈련, 끈기, 열정에 주목하면서 이러한 능력이 전통적인 IQ보다 삶의 성공에 더 중요하다는 관점을 피력하였다. 그는 이러한 능력을 사회적 · 감성적 지능(social and emotional intelligences)이라 부르면서 학생들에게 가르쳐야 한다고 주장했다. 더욱이 그는 뛰어난 성취와 리더십을 위해서는 지적 혹은 기술적인 면보다 이러한 능력들이 더 중요하다고 설명했다.

가드너의 다중지능 이론(MIT)

인간 지능의 본성, 정확히 말해 인간 지능에 대한 하워드 가드너(Howard Gardner)의 획기적인 업적을 살펴보자면, 그는 20세기에 심리학자들이 인간행동을 설명함에 있어 심리적 세계의 외부 대상에 중점을 두는 데서 벗어나 마음의 선입견, 특히 언어, 수학, 영상 예술, 신체 언어, 그리고 다른 상징과 같은 것들에 의존하는 인지적 생각을 강조하는 것으로 변화한 사실에 관심을 가졌다.[32] 인간의 생각과 행동을 설명하는 데 가드너가 크게 공헌한 것은, 그가 우리로 하여금 지능은 단일한 특성 또는 IQ 측정 결과를 그저 요약해 놓기만 하는 특성 집합체가 아니라는 새로운 생각을 하도록 했다는 것이다. 가드너는 서로 독립적이지만 각각의 다양한 방법으로 지적 활동에 참여할 능력을 갖춘 여러 종류의 지능이 있다고 설명했다. 많은 사람들은 의과대학에서 신경학을 가르쳤던 가드너가 뇌에 다양한 종류의 지능을 담당하는 구체적인 영역이 있다고 주장한 것이 설득력 있다고 생각했다. 가드너가 관찰한 것은 다음과 같다.

> 정신 측정학과 행동주의의 전성기에, 지능은 단일체이고 유전적이라는 믿음이 일반적이었다. 그래서 처음부터 백지 상태인 인간은 만약 적절한 학습 방법이 제공된다면 어떤 것이든 배울 수 있도록 훈련된 존재다. 오늘날 많은 연구자들은 정확히 그 반대의 주장을 믿는다. 그들이 믿는 주장은 서로가 매우 독립적인 다수의 지능이 존재한다는 것, 지능의 각 유형은 각각 강점과 한계를 지니고 있다는 것, 출생할 때 마음에 장애가 없는 것과는 거리가 멀다는 것, 그리고 초기 '순수' 이론에 반대되는 것이나 지능과 그 조화로운 영역 내에서 그 힘의 원천에 도전하는 것들을 가르치는 것은 생각보다 어렵다는 것이다.[33]

가드너는 다음과 같이 지능의 일곱 가지 주요 영역을 묘사했다.

- **언어적 지능**(linguistic intelligence): 언어를 이해하고 문장을 만들어 내기 위해 어떻게 단어를 조합하는지에 대한 능력. 작가, 시인, 언론인에게 중요한 능력이다.
- **논리적-수학적 지능**(logical-mathematical intelligence): 경향, 순서, 그리고 우리를 둘러싼 관련 없는 것처럼 보이는 사건들의 관계를 보는 능력과 이성의 논

리적 연쇄를 시작하는 능력. 이러한 지능에 적합한 직업으로는 과학자, 수학자, 기술자, 그리고 건축가를 생각할 수 있다.

나머지 지능들을 알아보기 전에 가드너의 믿음을 살펴봐야 한다. 가드너는 오늘날 조직되고 운영되는 학교에서 중요한 문제는 학교가 교육과정과 교수-학습을 언어적 지능과 논리적-수학적 지능 영역으로 제한하는 경향 때문이라고 믿었다. 이러한 영역에서의 학습은 특별히 존중받고 많은 사람들에게 고차원적인 것으로 인식되며 학교교육의 결과를 평가하는 데 중요하게 여겨진다. 그러나 가드너는 다섯 가지의 또 다른 지능이 존재한다고 주장한다. 이 지능은 우리의 문화 속에서 광범위하게 인식되고 학습과 사고를 하는 데 타당한 방법이다.

- **음악적 지능(musical intelligence)**: 음조, 멜로디, 음색, 가락 및 다른 음악적 상징을 식별하는 능력과 추론 등을 통해 이것들을 지적 활동에 통합하는 능력. 이러한 지능에 적합한 직업으로는 음악가, 작곡자, 가수 및 래퍼를 생각할 수 있다.
- **공간적 지능(spatial intelligence)**: 세계와 그 차원을 시각적인 특성을 통하여 정확하게 인지하고 사고하는 능력, 그리고 창조적인 방법으로 그것을 조작하고 변형하는 능력. 이것은 건축가, 예술가, 조각가, 사진사 또는 카메라맨 및 항해사에게 중요하다.
- **신체-운동 감각 지능(bodily-kinesthetic intelligence)**: 노먼 메일러(Norman Mailer)가 복서를 염두에 두고 말했던 것과 같이 신체적 움직임을 통제할 수 있는 능력, 물체를 능숙하게 다룰 수 있는 능력,[34] 그리고 어떤 사람이 자신의 생각을 표현함에 있어서 "재치와 스타일, 미적 재능을 지니고"[35] 이러한 것들을 언어로 결합하는 기술. 가드너는 마임(mime)을 예시로 들었는데, 특히 마르셀 마르소(Marcel Marceau)[7)]는 신체-운동 감각 지능을 분명하게 보여 주는 예다. 그뿐만 아니라 우리는 무용가, 피겨 스케이트 선수, 그리고 많은 운동선수를 떠올릴 수 있다.

---

7) 역자 주: 마르셀 마르소(Marcel Marceau)는 1923년 스트라스부르에서 출생하였으며, 프랑스의 대표적인 팬터마임 작가 및 연출가이자 배우다.

- **자기 성찰 지능(intrapersonal intelligence)**: 자기 속의 감정, 반응, 열망 등을 이해하고 평가하는 능력. 스스로를 지각하고 있는 개인은 자신의 감정을 이해하고 그 감정에 익숙하며 다른 감정들과 구별할 수 있고 세상에 대한 사고를 함에 있어 그러한 감정들을 사용할 수 있다. 앨리스 워커(Alice Walker), 유진 오닐(Eugene O' Neill), 마르셀 프루스트(Marcel Proust), 그리고 제임스 볼드윈(James Baldwin)과 같은 극작가와 소설가들을 생각해 보면, 그들 모두는 세계를 탐구하기 위하여 자서전적 주제를 사용했다. 마르셀 파뇰(Marcel Pagnol)부터 우디 앨런(Woody Allen)에 이르는 개성파 영화감독들은 개인적 편협성을 초월한 지혜의 소유자였다.
- **대인관계 지능(interpersonal intelligence)**: 사람들 사이에서 특히 그들의 기분, 기질, 동기, 그리고 의도에서 나타나는 차이를 인지하고 그것을 만들 수 있는 능력. 이 능력은 "능숙한 어른이 잠재적으로 그들의 지식을 활용하여 다른 사람들의 숨겨져 있는 의도와 욕망을 읽을 수 있도록 해 준다. 예를 들면, 서로 다른 개개인으로 이루어진 집단에 영향을 미치면서 자신이 의도한 바대로 행동하게 만드는 능력이다."[36] 눈에 띄는 예는 마틴 루터 킹(Martin Luther King, Jr.), 엘리너 루스벨트(Eleanor Roosevelt), 린든 존슨(Lyndon B. Johnson), 그리고 마하트마 간디(Mohandas Gandhid)다. 이 지능은 교육 리더십을 발휘하는 데 잘 활용되지만 교육행정 영역의 대학 프로그램에서는 거의 추구하지 않는 형태다.

지능에 대한 가드너의 설명은 조직 내에서의 행위방정식(behavioral equation)을 수행함에 있어 각 개인마다 상이한 내적 원천(inner source)을 사용한다는 중요한 측면을 강조한다. 이것은 비단 학생들에게만 해당되는 것이 아니라 교사 및 행정가와 같은 성인들에게도 적용되는 이야기다. 여기서 반드시 기억해야만 하는 것은 이렇게 개인별로 각기 다른 종류의 지능을 보이지만, 개인별 지능의 혼합형태 역시 매우 특이하여 집단별 개인차의 범위도 다양한 형태를 보인다는 것이다. 이러한 차이를 설명하는 데 실패한 교육적 게임 플랜(educational game plan)을 발전시키려는 접근은 시작부터 잘못된 것이다.

이러한 지능은 개인의 선택이나 선호의 문제가 아니라 인간의 특성이라는 것을 기억해야 한다. 가드너가 보여 주었듯이, 시간에 따른 신체적 성숙처럼 우리의 지능도 시간의 흐름에 따라 발달하지만 지능의 발달은 환경에 따른 학습에 크게 의존한다. 즉, 우리는 단순히 성숙해졌기(혹은 배울 '준비'가 되었기) 때문에 읽고, 쓰고, 계산하는 것을 배우는 것이 아니다. 그보다는 우리가 다른 사람들이 읽고, 쓰고, 계산하는 것을 보았기 때문이다.[37] 이것은 개인의 행동을 결정짓는 과정에서 개인과 환경 간의 상호작용의 중요성을 강조한다.

가드너의 통찰은 미국 교사들과 학교 리더의 실천을 강조하고 교육과정과 교수-학습을 조직하는 데 기초로 작용하여, 전국적으로 많은 학교에서 현재까지 사용되는 학습 이론에 심오한 영향을 미쳤다. 많은 학교들이 하버드 대학교의 프로젝트 제로(Project Zero)[8)]의 지원을 받은 '프로젝트 서밋: 다중지능 이론을 사용하는 학교〔Project SUMIT(Schools that Use Multiple Intelligences Theory)〕'라 불리는 연구에 참여했다. 프로젝트 서밋은 사례 연구, 교수 방법과 실천의 설명, 그리고 학교 성과의 향상을 위한 다중지능 이론(MIT)의 적용에 대해 더 배우고자 하는 사람들에게 유용한 여러 정보를 발표했다.

퍼킨스의 학습 가능 지능 이론(잠재력)

가드너는 지능이 하나의 완전한 인간 특성이라는 전통적 이론에 대해 신뢰할 만한 반대론을 명백하게 제기했다. 그리고 실제로 최소 일곱 종류의 지능이 있다고 확신했다. 이것은 교육학자들에게 있어 이전에 가능하다고 생각해 왔던 것보다 더 넓은 범위에서 학생들의 학습과 성취를 촉진하는 학교를 조직하고 교육과정을 만들고 교육 방법을 선택하는 학습 이론에 대해 중요한 부분을 제공했다. 하버드 대학교 교육학 전공 대학원에서 진행된 프로젝트 제로(Project Zero)에서 가드너의 동료로 함께 일한 데이비드 퍼킨스(David Perkins)는 지적 능력은 선천적이고 고정된 것이라는 전통적인 IQ 이론의 두 번째 근본 개념을 겨냥한 주장을 펼쳤다. 퍼킨스는 다음과 같이 말했다.

> 기존의 개념과 달리 IQ는 유동적이다! 많은 사람들은 지능이 고정되어 있고 유

---

8) 역자 주: 미국 하버드 대학교 교육대학원에서 1967년에 시작되어 현재까지 예술 교육을 연구하는 팀. 많은 학교, 기관과 연계하여 프로젝트를 진행 중이며, 특히 가드너의 다중지능 이론에 관련된 많은 연구가 이루어짐. 예술 교육은 타 분야에 비해 지식의 체계화가 덜하다는 것을 지적하여, '지식의 현 상태는 제로'라는 뜻으로 명명되었다.

> 전적으로 결정된 특성이라고 확고하게 믿는다. 역사적으로 많은 사람들이 어떤 인종은 근본적인 지적 능력에서 차이가 있다고 생각해 왔다. 오늘날 이러한 생각을 표현하는 것은 더 이상 주목받지 못할 일이지만 이 관점이 지속되고 있는 것은 사실이다. 보다 넓은 범위에서 지능이 고정되어 있다고 여기는 관점은 인간 수행능력에 대한 우리의 생각에 영향을 미친다. … 우리는 실패를 근본적인 능력이 부족해서 발생한 것으로 본다. 이처럼 어떤 사람이 괄목할 만한 성공을 거두면 우리는 그들의 재능을 칭찬하고 그들의 유전자를 부러워한다. 이상하게도 이러한 생각의 유형은 예를 들면 부모들이 성공에 대한 노력의 중요성을 강조하는 일본보다는 미국 문화에서 더 자주 나타난다. 어려운 문제 혹은 혼돈된 개념을 다루는 방법은 그것에 정통할 때까지 체계적으로 그 문제와 개념을 유지하는 것이다.[38]

퍼킨스는 지능이 하나의 단일한 특성이 아님을 강조한 가드너의 의견에는 동의하지만 가드너의 일곱 가지 지능 영역에 대해서는 동의하지 않았다. 그는 3개의 지능 영역이 있다고 믿는다.

- 첫 번째는 신경계적 지능(neural intelligence)이다. 이것은 전통적 패러다임에서 이론가와 정신측정학자가 주장했던 것처럼 지적인 행동에 대한 신경계적 효율성을 나타내는 것이다.
- 두 번째는 경험적 지능(experiential intelligence)이다. 이것은 지적 행동의 다양한 상황에 대한 개인 경험의 축적에 좌우된다.
- 세 번째는 반성적 지능(reflective intelligence)이다. 이것은 우리의 마음을 어떻게 지적인 방법으로 이용할 것인지에 대한 지식, 이해, 태도에 달려 있다.

퍼킨스는 두 번째와 세 번째 지능 유형은 지능이 학습될 수 없다고 주장한 전통적 IQ 이론을 지지하는 사람들이 인식하지 못한 것이라고 했다. 그러나 그들이 인식하지 못한 이 지능들은 학습 가능한 지능을 설명하는 중요한 영역이다. 퍼킨스는 “당신은 당신의 이웃, 야구경기 혹은 주식시장에 대해 익숙해질 수 있는 것과 마찬가지로 당신 주변에 대해서도 익숙해질 수 있다.” 고 주장했다. 또 “그러한 지식을 획득하기 위해서 사람들은 개념, 믿음, 감정, 그리고 활동의 유형을 획득하고 그들에게 익숙한 주요 사고 유형에 대해 배울 수 있다. 그럼으로써 문제를 해결하고, 의사결정하고, 설명하고, 지적인 것을 요구하는 활동들이 더 잘 이루어지게 된다." 이러한 분석은 '책을 통한 명민함(book smarts)'을 지닌 사람과 극복하기 어려운 환경 속에서 번창하고 성공하기 위해서 '다양한 생활을 통한 명민함(street smarts)'[9]을 체득한 사람의 능력 차이에 관한 오래된 이분법을 생각나게 한다. 이 관점에서 '명민하다'는 것은 현명하다는 것이다. 그리고 학교에서 오랫동안 강조해 온 지능과 학습에는 두 가지 면이 있지만, 단어를 이해하는 능력과 어떻게 그것들을 조합할 것인지에 대한 능력 또는 우리를 둘러싼 세상에서 순서의 논리적-수학적 경향을 이해하는 능력에 제한되는 것이 아니라고 퍼킨스는 주장했다. 이를 강조하기 위해서 퍼킨스는 「지구적 준비와 인적자원(Global Preparedness and Human Resources)」이란 제목의 보고서를 랜드 연구소(Rand Corporation)에서 출판했다.

> 이 보고서에서는 기업과 학문 분야의 사람들이 이 시대에 증대되는 도전에 대응하기 위해 필요한 것이 무엇인지를 조사했다. 그들의 대답을 보면 일반 인지 기술이 학문적(과목) 지식, 사회적 기술, 또는 개인적 특성보다 더 높이 평가받는다. 훌륭한 사고력은 가장 중요하게 여겨진다….[39]

이와 유사하게, 학교교육의 역할에 관한 국제적 연구는, 오늘날 국제적 경쟁 시장과 경제적 생산성에서의 성공은 숙련된 사고를 하는 사람들과 학습하는 노동자들에 의해서 결정된다는 점을 밝혀냈다. 그러나 미국 학교에서 우리는 다음과 같은 사실들을 발견했다.

> 10명의 젊은이들 중에서 긴 뉴스 칼럼의 주된 논쟁을 글로 요약할 수 있는 사람은 4명도 되지 않는다(백인의 25%, 흑인의 25%, 히스패닉의 20%). 100명의 젊은이들 중 단 25명만이 버스 배차표를 활용하여 주어진 출발과 도착 시간에 알맞은 버스를 선택할 수 있다(100명의 흑인 중 3명, 100명의 히스패닉 중 7명). 전체 집단 중 오직 10%만이 단위 가격 표시 정보에 기준한 생필품(식료품) 목록에서 가장 저렴한 물건을 선택할 수 있다(백인 중 12%, 흑인 중 1%, 히스패닉 중 4%). … 이러한 발견은 강력한 의사소통 기술과 복잡한 현실 문제를 이해하는 정교함이 요구되

9) 역자 주: (빈민가 등의 생활로 익힌) 어떤 처지에서도 살아나갈 수 있는 요령(지혜)을 의미한다.

는 환경 속에서 오직 극소수의 노동자만이 효과적으로 그 역할을 다하고 있음을 명확하게 보여 준다.[40]

물론 이러한 관찰은 이 책을 읽는 독자들에게 진부한 것이다. 왜냐하면 우리는 오늘날에도 필수적이고 앞으로 다가올 미래에 더욱 절실해질 교육적 성과를 심사숙고하고 있기 때문이다. 많은 사람들은 이렇게 관찰된 결과를 기회로 삼아 더 많은 읽기, 쓰기, 수학 학습과 더 강력한 교육적 기준, 더 많은 반복연습과 실천, 그리고 부담이 큰 시험을 치르기 위해 기본으로 돌아가자는 끈질긴 요구를 하고 있다. 퍼킨스는 이전과 매우 다르고 대중적으로 지지받는 방침을 제시하고 있는데 이는 실제 학습은 생각의 결과이기 때문에 학교는 생각하는 기술을 가르치는 데 보다 열중해야 한다는 것이다. 더 나은 생각을 가르치고 그로 인해 모든 학생들이 더 나은 학습을 하는 '스마트 학교(smart schools)'를 만들어야 한다고 그는 주장했다.[41]

스마트 학교

퍼킨스는 "어떻게 하면 잘 교육시킬 것인가에 대해서 우리가 알고 있는 것을 날마다 실행하며 노력하는 학교가 필요하다."고 주장했다. 우리는 이러한 학교를 '스마트 학교'—더 나은 교수-학습의 기회에 대해 깨닫고 있는 학교—라 부를 수 있다. 퍼킨스의 관점에 따르면 스마트 학교는 다음 세 가지 특징을 지니고 있다.

1. **많은 정보를 가지고 있다**. "스마트 학교의 행정가와 교사뿐만 아니라 학생들까지 인간의 사고와 학습에 대해서 확실히 많이 알고 있고, 이것이 어떻게 가장 잘 운영되는지를 안다. 그리고 그들은 학교 구조 및 협동 그리고 그것이 어떻게 가장 잘 운영되는지도 알고 있다."
2. **힘이 넘친다**. "스마트 학교는 정보 못지않게 정신도 요구한다. 스마트 학교에서는 학교의 구조, 경영 방식, 그리고 교사와 학생에 대한 대우에 있어 긍정적인 에너지 신장을 위한 측정이 이루어진다."
3. **사려 깊다**. "구성원들을 훨씬 세심하게 돌보고 깊이 염두에 둔다는 면에서 스마트 학교는 사려 깊은 곳이다. 먼저 스마트 학교의 사람들은 다른 사람들의 요구에 민감하고, 그들을 신중하게 대한다. 둘째로, 스마트 학교에서 교수-학습 과

정과 학교의 의사결정 과정은 모두 사고력 중심으로 이루어지는데, … 발생 가능한 모든 일의 중심에 사고력을 놓고 고려한다는 것은 중요하다."[42]

스마트 학교에 대한 이러한 세 가지 특징은 학교에서 교수-학습을 위한 비전을 창조하는 게임 플랜이라고 부르는 과정에 참여하는 교육 리더들에게 중요한 아이디어가 된다. 우리는 한편에서는 퍼킨스의 주장에 따라 교육 리더의 가치와 행동 사이의 중요한 연계를 강조했고, 다른 한편에서는 학교에서의 교육적 삶의 질을 강조해 왔다.

퍼킨스는 또한 많은 정보를 가지고 있고 힘이 넘치며 사려 깊은 스마트 학교의 특성은 혁명적인 것이 아니라고 말했다. 퍼킨스는 스마트 학교의 이러한 특성들이 적어도 존 듀이의 시대까지 거슬러 올라갈 수 있으며 진보주의 운동에서부터 생활적응 교육으로 유행이 바뀔 무렵인 1940년대 중반까지 핵심적인 학습 이론을 제공했던 진보주의 교육 운동의 중심에 위치할 수도 있다는 것을 선뜻 받아들이고 있다. 퍼킨스는 스마트 학교의 이러한 세 가지 특징은 매우 상식적인 것이지만 이 세 가지 특징이 학교에서의 일반적인 관례는 아니라고 지적했다. 이러한 논점은 학교에서 조직 행동을 이해하는 데 중요한 주제이기 때문에 이 책에서 계속 다루는 주제가 된다.

감성지능

오늘날 감성지능이 지능의 중요한 한 형태이며 개인이 가지고 있는 다중지능 중 하나로 인식되고 있다는 최근의 해석에 대해 간략하게 설명한 바 있다. 우리 문화에서 흔하고 진부한 표현 중 하나는 바로 전통적인 학교 교육과정에서 인정했던 '우수한 두뇌의 소유자'라는 것이다. 이들 우수한 두뇌의 소유자들은 "아무 노력 없이도 시험 성적이 좋은 사람인데, 그들은 지능검사에서 매우 높은 점수를 받지만 개인적 또는 업무적 삶에서는 그다지 좋은 성과를 거두지 못한다. 그들은 잘못된 방식으로 다른 사람들을 곤란하게 만들며, 성공이 그렇게 쉽게 이루어지지는 않는다."[43] 물론 우수한 두뇌를 가진 사람들의 뒤편에는 IQ검사나 학교 성적이 두드러지지는 않지만 다른 사람과 쉽게 어울리는 사회성을 가지고 있고 음악 또는 새로운 기술과 같은 창의적인 활동에 열중하며 팀의 구성원들에게 존경을 받는 사람들도 있다. 그들은 이러한 삶을 지속하며 살아갈 것이고 많은 학교 친구들이 놀랄 만큼 그 지역사회에서 존경받는 인물이 되며 또한 그들의 개인적인 삶과 직장 또는 전문적인 삶 에서 성공을 거둘 것이다.

당신은 20세기 초 이래로 오랫동안 인지과학자들의 관심 영역이었던 '책을 통한 명민함(book smarts)' 대 '일반 상식(common sense)'이라는 이분법을 알고 있을 것이다. 예를 들면, IQ검사 발전의 전성기인 1920년에 에드워드 손다이크는 일반적인 지능과 확실히 구분되는 것으로 인식되는 지능을 사회적 지능이라 명명하며 이 사회적 지능의 중요성에 대해 심사숙고했다. 20년 후인 1940년에 IQ검사의 창시자인 데이비드 웩슬러(David Wechsler)는 감성지능의 측정을 촉구했는데, 그는 일반적 지능에 대한 보다 완벽한 평가를 위해 사회적 지능을 일반적 지능의 지적인 영역에 포함시켜야 한다고 주장했다. 1948년 제2차 세계대전이 끝난 직후 리퍼(R. W. Leeper)는 '감성적 사고'가 '논리적 사고'의 발전과 밀접하게 관련되어 있다는 연구를 진행했다. 그러나 이때에도 IQ검사의 인기는 계속되었고 이러한 여러 탐구 결과에 의해 그 인기가 사그라지지는 않았다. 비록 지능의 감정적 영역에 대한 이해가 새로운 것은 아닐지라도 이것은 최근에야 담화의 주류가 된 것이다.

하워드 가드너가 1983년 다중지능에 대해 글을 쓰기 시작했을 때, 우리가 이미 설명했듯이, 그는 이전 학문을 차용했을 뿐만 아니라 자기 성찰 지능과 대인관계 지능의 능력과 의미를 새로이 상세하게 설명했다. 가드너는 감성적 지능과 사회적 지능이란 단어를 직접 사용하지는 않았지만 이 두 가지 지능이 어떻게 상호 연결되는지에 대해 계속 이야기했다. 이 지능들은 전통적으로 더 각광받았던 언어적 지능과 논리적-수학적 지능과는 현저하게 다른 것인데, 가드너는 많은 사람들이 삶에서 성취를 맛보는 데 이 지능들이 얼마나 결정적이고 중요한 역할을 하는지를 증명했다. 1990년에 뉴 햄프셔 대학교(The University of New Hampshire)의 피터 살로비(Peter Salovey)와 예일 대학교(Yale University)의 존 D. 마이어(John D. Mayer)는 '감성지능'[44]이라는 신조어를 만들어 냈다. 그들은 감성지능이란 "사고를 돕고, 감정과 감정의 의미를 이해하고, 그리고 감성 및 지적 성장을 촉진하기 위한 방법으로서 반사적으로 감정을 규제하고 인지하며, 감정을 평가하고 발생시키는 능력"[45]이라고 말했다.

『감성지능(*Emotional Intelligence*)』이란 책에서 다니엘 골먼은 이 주제를 몇 안 되는 인지주의 과학자들만 흥미를 가졌던 무명의 학문적 영역에서 오늘날 넓은 관심을 받고 있는 영역으로 확장시켰다. 그의 책은 오랫동안 베스트셀러 목록에 있었다. 골먼은 현대 신경과학 관련 연구를 위해 우리의 '두 마음'에 대해 묘사하면서, 뇌에 깊숙이 뿌리박혀 있는 이성과 감성이라는 두 마음은 쉽게 감지되지 않으며 이 둘은 우리가 사회를 인식하고 반응하는 방법을 만들기 위해 서로 상호작용한다고 생생하게 기술했다. 그는 감성적 능력은 고정적이거나 선천적인 것이 아니며 개인은 이성적 마음과 감성적 마음을 이용하는 방법을 배움으로써 효과적으로 일을 더 잘할 수 있다는 설득력 있는 주장을 했다. 만약 우리가 이 두 마음을 함께 활용하는 법을 배우지 않는다면 감성적 마음으로 인해 이성적 마음이 제대로 기능하지 못하게 될 수 있다고 골먼은 설명했다. 물론 이러한 해석은 많이 배우고 탁월한 개인이 리더로서 실수하는 것을 보는 것이 왜 흔한 일인지에 대해 설명해 준다. 골먼은 학교 교육과정의 새로운 접근으로서 이성적 지능과 함께 감성적 지능의 발전을 포함해야 한다고 주장했다. 그리고 그것은 교육적 성취에 있어 수월성의 의미를 완전히 새로운 개념으로 만드는 것이었다.

지속 가능성: 논쟁은 계속된다

"우리가 학교를 변화시키려고 노력하면 할수록 학교는 더 제자리를 지키며 변하지 않는다."라는 주장은 주목할 만한 것이다. 학교에서 의미 있고도 오래 지속될 수 있는 변화를 유발하는 것이 왜 어려운가? 변화를 위한 많은 노력이 있었지만 여전히 현재 많은 학교들이 우리의 부모님이 다녔던 학교와 매우 유사하다는 것은 많은 관찰자들에게 명백해 보이는 사실일 것이다. 이것은 현재 상황을 유지하기 위해 교사와 교장들이 음모를 꾸며 하나가 되었기 때문인가? 대부분의 많은 사람들은 이러한 음모에 전적으로 동조하고 몇몇 사람들만 이런 음모를 돕고 부추기는 결합에 대해 비판한다. 또한 교사와 교장은 단순히 무능력하며 그들은 해고되거나 교체되어야 하는 존재인가? 이에 대해서도 역시 많은 사람들이 동의한다. 사실 교장을 교체하는 것은 수행능력이 저하된 학교의 수행을 향상시키기 위한 NCLB 정책 중 맨 처음 승인된 처방 중 하나다. 게다가 도회지 학교구의 교육감들에게 학교 성과를 향상시키기 위해 학교구에서 취한 적극적인 행동의 증거로서 해고된 교장들을 언급하는 것은 점점 더 유행이 되고 있다. 주지사 마크 워너(Mark Warner)의 촉구로 버지니아 대학교는 우수한 교장들의 핵심 집단을 만드는 프로그램을 고안했다. 우수한 교장이란 전미에 걸쳐 학교구에서 '학교 재건 전문가(turnaround specialists)'가 되기 위해 특별한 훈련을 받는 교장들을 의미한다. 이 프로그램은 학교 재건 전문가들이 낮은 성취도를 보일 만한 '재건이 필요한' 여러 학교들을 돌아다니도록 고안되었다. 그러나 최근 연구는 이 전문가들에게 심각한 불신을 나타냈다. 왜냐하면 이런 식의 교장직의 계승은 회전목마에 비유되는 결과를 초래하기 때문이다. 즉, 학교의 성취도가 오르락내리락하는 동안 교장들은 이 학교 저 학교를 돌아다니게 되는 것이다.[46]

지속 가능성 1970년대, 1980년대, 1990년대 동안 미국과 캐나다의 고등학교를 대상으로 한 면밀한 종단 연구로 얻어 낸 주요한 발견은, 북미 사람들의 삶과 문화에 있어 역동적인 변화가 발생했던 격렬한 시기에 이곳의 학교들은 지속 가능성이 부족했다는 것이었다. 연구에 따르면, 교장이 한 학교에 재직한 기간이 평균 5년 이하였던 반면 교사는 더 오랫동안 한 학교에 머무르는 경향이 있었다. 교사들은 전형적으로 학교에서 내부자였고 반면 교장은 학교에 외부자로 와서 내부자가 되기 전에 떠나고 교사들은 그들이 떠나는 것을 기다릴 뿐이었다.[47] 이것은 학교 변화에 관한 문헌에서 종종 발견되는 사실이다. 즉, 교장이 부임하여 변화를 위한 시도가 시작되자마자 교장은 떠난다. 그렇게 되면 변화가 완성되고 결과를 얻기 전에 변화를 위한 노력을 포기하게 된다.

하그리브스(Hargreaves)는 "1990년대 중반부터 말까지, … 교사들은 그들의 리더를 학교에 대한 시각이 부족하고 학교에 대한 장기적인 관심보다는 학교 또는 교장 자신의 경력에 더 집착하며 그들의 계획을 장기간 추진하는 확신과 믿음이 충분치 않은 익명의 관리자로 바라보았다." 그는 NCLB 제정에 있어 해마다 반복되는 실패를 개선하기 위해 명시된 여러 사항 중 한 가지로 교장 해임이 포함되는데, 이는 도회지 교장의 지위에 대한 압력으로 작용하여 도회지 학교에서 지속 가능한 변화를 만들지 못하게 했다고 결론지었다.[48]

다른 많은 박식한 연구자들은 학교가 안정을 유지하려 하고 변화가 더디다는 사실 속에 존재하는 많은 미스터리를 간단히 발견해 내지 못해 왔다. 이것은 잘 발달된 문화를 지닌 모든 조직의 특성으로서, 조직 문화에 대한 정의에 따르면 한 조직의 문화는 시간의 흐름에 따라 단순히 지속되지 않고 시간이 흐름과 함께 강점과 정교함을 발전시킨다. 예를 들면, 많은 미국인들은 제너럴 모터스와 같이 한때 세계시장을 지배했던 미국의 자동차 제조 회사들이 왕의 위치에서 밀려나 파산에 이르기까지 천천히 수년에 걸쳐 돌이킬 수 없는 쇠퇴의 길을 가는 모습을 경악하며 지켜

보았다. 제너럴 모터스는 느린 속도로, 그리고 확실하게 계속되는 불가항력적인 하락세와 함께 수년에 걸쳐 공장 폐쇄, 다른 공장 설립, 새로운 모델과 새로운 브랜드 개발, 자동화 생산, 다양한 마케팅 수단 활용, 그 밖에 여러 가지 생각할 수 있는 모든 것을 미친 듯이 했다. 이는 제너럴 모터스의 악명 높은 관료적 문화 때문에 발생한 문제와 깊이 연관되어 있으며 만약 회사가 진정 회복되기를 원한다면 이러한 문화는 변해야만 했다. 예를 들면, 그들은 사람들이 어느 정도 만족할 만한 대안만으로 충분하다고 생각했다. 이것은 시장에서 '최고의 차'를 만드는 것이 필요하지 않았던 회사에 있어 하나의 핵심적인 신념이다. 그들은 시장에서 '충분히 좋은 차'를 만들면 된다고 믿었다. 2009년에 제너럴 모터스는 거대한 감축 후 파산에서 벗어나게 되었는데 많은 연구자들은 제너럴 모터스가 회사의 생존을 위해 반드시 필요한 문화(임무와 헌신에 대한 새로운 이해)를 변화시킬 수 있는 지점에 도달했는지 궁금하게 생각했다.

모든 학교는 강하고 지속적인 조직 문화를 가지고 있다. 그리고 어떤 문화라도 그 문화 속에서 살고 일하고 있는 사람들의 장기적인 신념과 행동을 형성하는 데 강력한 영향력을 미친다. 그러므로 지속 가능성을 학교 변화의 특성으로 추구하는 사람은 학교 문화와 그 문화의 지속적인 변화 과정의 개발에 대한 필요성에 주의를 기울일 것이다. 학교 리더가 학교에 참여한 뒤 아주 짧은 임기를 마치고 학교를 떠날 때마다 그들은 계속해서 학교의 외부자가 될 것이다. 이는 리더가 조직 문화 발전에 거의 영향을 미치지 못한다는 사실을 확실하게 해 준다. 이는 학교에서 변화 과정을 발전시켜야 할 필요성이 있음을 나타내며, 이 변화 과정은 지속적인 조직 안에서 삶의 한 측면이 된다.

행위 이론

행위 이론(theory of action)은 어떻게 이론적 지식이 실제 문제들을 해결하는 데 적용될 수 있는지에 관한 것으로서, 해당 이론이 설명하고 있는 주어진 진실의 본질에 대해 어떠한 판단을 하는가에 대한 이론이다. 예를 들어, 19세기는 미생물이 감염이나 질병을 야기할 수 있다는 이론이 외과 의사와 내과 의사들에게 점차 신뢰를 얻는 시기였는데, 그때 단순한 학문적 이론은 막이 내리고 행위 이론이 시작되었다.

의사들은 청결한 수술 방법의 가치를 점차 인지하기 시작했고 실제 수술에서 그러한 방법을 사용했다. 이와 같은 굉장한 발전은 1865년 석탄산(carbolic acid)이 위험한 미생물을 죽일 수 있는 효과적인 소독제라는 것을 발견한 조지프 리스터(Joseph Lister)의 업적에서 이루어졌다. 곧, 수술에서 표준 소독 방법으로 석탄산을 자유롭게 사용하게 되었다. 수술 도구, 심지어 환자에게까지 석탄산을 문지르고 뿌렸다. 이는 감염을 유발할지도 모르는 세균을 죽이는 것으로서, 오늘날의 기준으로 보면 매우 가혹해 보인다. 그러나 여전히 질병에 대한 세균 이론이 존재하던 그때, 의사들은 점차적으로 수술에서 이를 적용하는 방법을 변화시켰다. 소독의 개념은 수술이 시작될 때부터 수술 환경을 깨끗하고 세균이 없는 무균 상태로 유지하는 것 중 하나이기 때문에 이런 무균 방법은 이론을 적용하는 방식으로 널리 수용되었다. 외과의사들은 손을 씻고, 수술복을 입고 마스크를 썼다. 그리고 석탄산을 자유롭게 사용하는 것보다 더 나은 방법을 발견했다. 1874년 초에 로버트 우드 존슨(Robert Wood Johnson)은 의학적 실천의 세균 이론에 관한 리스터의 지식을 적용하여 즉석으로 사용 가능한 무균 붕대(ready-to-use dressing)를 개발했다. 1885년까지 그의 회사 존슨 앤 존슨(The Johnson & Johnson Company)은 무균의 접착 붕대를 제조했다. 이 붕대는 지금 어디서나 볼 수 있는 반창고의 선구자라 할 수 있다. 물론 오늘날 똑같은 세균 이론이 의사들의 행동을 좌우하지만, 수술 시 그들의 행동은 다르다. 현대 서양 의학을 신봉하는 사람들은 의사들이 수술할 때 사람들이 일반적으로 생각하는 일회용 고무장갑, 고압 처리 소독, 일회용 수술도구, 수술실의 멸균 환경 유지, 그리고 항생제의 사용을 선택하고 있다.

행위 이론과 실천 이론의 기본적인 상호작용을 묘사하기 위하여 우리는 현대 서양 의학 영역에서 단순한 예시를 택했다. 그러나 의학에서—교육, 조직, 그리고 리더십 영역과 마찬가지로—많은 실천 이론들이 실천가들에게 알려지기 위해 아이디어 시장에서 경쟁하고 있다는 것에 주목할 필요가 있다. 현대 서양 의학은 실제 수행되고 있는 의학 이론의 유일한 원천이라고 보기 힘들다. 오늘날 의학 실천에 대한 많은 대체 가능한 접근들이 있는데 각 이론은 그것 자체의 고유한 이론과 연구를 통해 지지받는다. 예를 들면, 많은 환자들은 일반 의사보다는 접골 요법(osteopathy)을 전공한 의사에게 진료받는 것을 더 선호한다. 심신 통합적 의학(holistic medicine)과 동종 요법 의학(homeopathic medicine)은 서양 지역을 넘어 전 세계에 걸쳐 대중적으로 주목받고 있다. 왜냐하면 이것은 고대 비서양 문화를 근거로 한 대안 의학의 실천 분야이기 때문이다. 침은 이미 널리 알려져 있고 몇몇 서양 의학 실천가들이 침술을 수술에서 활용할 방법을 찾고 있으며, 인도 요가 수행자의 마을에 한정되어 있다고 여겨졌던 이완 요법(relaxation therapy)은 현대 서양 의학에서 높이 칭송받는 많은 실천가들을 포함하여 여러 서양 국가에서 환영받고 있다. 신앙 요법의 다양한 형태들(종교적 신앙이나 실천에서 다양한 개념을 차용하여 이론적 기초로 삼는 것), 동종 요법, 그리고 민중 의학은 전 세계의 많은 사람들을 위한 의학적 실천의 기초로서 계속적으로 수용되고 있다. 의학을 실천하는 사람들은 자연에서 관찰된 사건을 설명하는 경쟁적인 많은 이론 중에서 어떤 것을 받아들이고 실천 활동에 사용할 것인지를 결정해야만 한다.

이론에 대해서라면, 미국 학교 행정가들과 관리자들이 세계에서 가장 회의적인 전문가에 속한다는 것을 논리적으로 설명할 수 있다. 그들은 하나의 집단으로서 학문적 이론가들의 생각을 상아탑적인 사고로 간주하여 거부하는 경향이 있다. 많은 학교 현장 행정가들은 학문적 이론가들의 사고는 혼란스럽고 복잡하며, 이론가들은 그들과 달리 업무에서 부딪치는 어려운 현실을 거의 이해하지 못한다고 생각한다. 많은 사람들은 이론이란 단어로부터 비현실적이거나 난해한 생각 또는 아마도 헛된 몽상의 이미지를 떠올린다. 때로는 도달하기 어려운 이상적 상태, 또는 추측, 심지어 어림짐작으로 여겨지기도 한다. 반대로 실천하는 교육행정가는 그들 스스로를 지나친 요구와 급변하는 환경에 직면한 존재로 본다. 이런 환경에서 문제를 해결하기 위한 행동은 필요하지만 임시변통을 위한 것은 허용되지 않는다. 이론이라는 단어를 듣고 많은 사람들은 무서움을 모르는 TV 속의 변호사를 떠올린다. 그는 '이번 사건에 관한 이론'을 가지고 있다. 이때, 그가 의미하는 이론이라는 것은 자신이 예리함이나 직감 같은 것을 가지고 있다는 것이다.

우리가 1장에서 설명한 것처럼, 이론이라는 단어는 관찰된 현상을 설명하기 위해 체계적으로 조직된 지식이라는 의미로 사용된다. 이론적 지식 사용의 대안은 전문적인 리더십 실제의 미로를 분별없이 허둥지둥 달리는 것인데, 그 리더는 모든 방법을 고려하면서도 달리는 와중에 올바른 선택을 하기를 바란다. 이러한 경우에 좋은 이론보다 더 실천적인 것은 아마도 없을 것이다. 왜냐하면 좋은 이론은 바쁘고 복잡한 세계에서 적절한 행동을 선택할 기초를 제공해 주기 때문이다. 이 세계에는 실제로 단순한 문제들은 거의 없고 시간은 항상 모자라며 모든 결정은 대부분 추가적인 결정이 필요하다. 이것은 교육 리더들이 보통 행하는 행정적 업무의 본질이 된다.

몇몇 학문적 이론화가 비전문가들의 시야를 넘어서 견지할 수 없는 희소성을 가지면서 엄청나게 복잡하다는 것은 사실이지만 이것은 모든 이론에 해당되는 것이 아니며 또한 명쾌하고 설득력 있는 이론에 포함되는 특성도 아니다. 예를 들면, 1666년—당시 훌륭한 수학자였던—아이작 뉴턴(Isaac Newton)이 과수원의 나무에서 떨어지는 사과를 관찰하고 그것을 직접 계산한 이야기는 중력의 법칙으로 알려졌다. 중력이란 얼마나 간단하고 절묘하고 설득력 있고—하나 더 추가하자면—이론적인 개념인가? 물체의 질량과 두 물체 속도 사이의 관계를 계산하는 방법을 이해하는 것은 우리들 다수의 능력을 뛰어넘는 것이다. 그렇지만 그 이론의 중심 개념은 우리가 살고 있는 세계를 이해하는 데 기초가 되었다.

그러나 우리가 일상생활에서 관찰하는 여러 평범한 사건들은 생각처럼 그리 단순하지 않다. 예를 들면, 여러 세대 동안 사람들은 일반적으로 우주의 중심이 지구라고 믿었다. 이러한 생각에 대한 증거는 그리스-이집트 천문학자인 프톨레마이오스에 의해 2세기에 발전되었다. 그리고 13세기 동안 전 세계적으로 감히 범접하지 못할 천동설로 정교화되었다. 물론 그 이론은 지구는 움직이지 않고 태양과 다른 행성들이 궤도를 그리며 돈다는 것이다. 그 시대를 살았던 많은 사람들에게 천동설을 지지했던 증거는 물건을 던졌을 때 아래쪽—우주의 중심이라고 생각했던 방향—으로 떨어지는 경향이 있다는 일반적인 관찰이었다. 지구에서 위를 올려다보면 태양이 지구를 돌아다니는 것을 쉽게 관찰할 수 있었다. 태양은 하늘의 저편으로 호를 그리며 움직여서 낮과 밤을 만들어 낸다. 쉽게 설명할 수 있는 일상적인 관찰을 천동설을 설명하는 데 사용하여 우리의 조상들은 이런 명백한 진리를 자신 있게 주장했다. 사람들은 아침에 태양이 떠오르고 그 태양이 하루 동안 지구 주위를 여행하고 저녁에 지는 것을 쉽게 볼 수 있다고 확신했다. 이러한 분명한 증거는 지구가 태양계의 중심이라는 이론을 강하게 뒷받침해 주었다.

그러나 1500년대 초기, 폴란드의 천문학자 코페르니쿠스는 천체의 사건들에 대한 주의 깊고 체계적인 관찰을 기록하고 출판했다. 전문가들은 사실 태양이 태양계의 중심이고 지구가 자전하면서 태양의 둘레를 공전한다는 것을 확신했다. 1632년 갈릴레오(Galileo)가 그의 망원경을 사용하여 직접 관찰한 것을 기본으로 한 『2대 세계 체제에 관한 대화(*Dialogue Concerning the Two Chief World Systems*)』를 출판하면서 이 이론은 확고해졌다. 비록 1633년 갈릴레오는 투옥되고 그의 연구 결과를 포기할 것을 강요받았지만 그의 소원은 이루어졌다. 즉, 태양계에 대한 코페르니쿠스의 지동설 관점은 심각한 도전에 직면하지 않게 되었고, 갈릴레오의 업적은 서양 과학 발전의 전환점이 되었다.

오늘날 이론에 대한 검증과 이론화 덕분에 우리는 하늘을 볼 때 일출과 일몰이라는 표현을 아직도 사용하지만 이는 그저 비유적 표현으로 사용하는 것이다. 우리들 중 대부분은 지구가 자전축을 중심으로 자전하고 태양 주위를 공전한다고 확신한다. 그럼으로써 우리는 무슨 일이 일어나고 있는지 보다 잘 이해하고 그것을 설명하며, 미래 사건의 예측을 이해할 수 있다. 현대 천제 이론은 이러한 수준에서 우리에게 유용할 뿐 아니라 그 이상의 중요성을 가진다. 예를 들면 과학자와 공학자들에게는 태양계를 이해하고 설명하는 기초적이고 명확한 방법을 제공해 준다. 또한 태양계와 그 이상의 우주를 탐구하는 큰 프로그램을 설계하고 실행하는 데 지속적으로 사용된다. 이러한 이론은 결코 쓸모없는 추측이 아니다. 현대 천체 이론은 1950년대 이후의 우주 탐사 성과의 이론적 바탕의 한 부분이며 또한 미래 우주 개발을 위한 우리의 계획이 구성된 것이기도 하다. 모든 좋은 이론처럼 이 이론도 현실에서 효과적으로 작용하고 있는 실제적 본질의 한 부분이다. 이 이론화는 우리 시대에서 지속적으로 탐구되고 확대되어 왔으며 그리고 미래 후손들에게 검증될 것이다. 사회심리학자의 창시자인 쿠르트 레빈의 말을 인용하면, 좋은 이론보다 더욱 현실적인 것은 없다.[49]

태양계에 관한 이론과 질병의 원인에 대한 이론을 살펴본 것처럼, 과학 기술 시대에서 우리의 삶은 이론적 이해의 풍부한 기초에 의존한다. 공기역학(aerodynamics) 이론은 공기보다 무거운 물체가 하늘을 날 수 있는 힘을 묘사하고 설명한다. 중학교 수준의 학생은 왜 강철로 만들어진 배가 물 위에 뜨는지에 관한 이론을 이해하고 있기 때문에 합리적으로 그 이유를 설명할 수 있다. 당연히 우리는 조직과 조직 속에서 일하는 사람들에 대한 이론을 가지고 있다. 우리가 자주 손을 씻어야 한다는 믿음, 규칙적으로 운동해야 한다는 믿음, 영양적으로 건강한 음식을 섭취해야 한다는 믿음을 뒷받침하는 이론적인 근거가 있는 것처럼 조직으로서의 학교를 이해하고, 어떻게 학교를 효과적으로 만들 것인지에 대한 이론적 근거가 있다.

만약 당신이 우연히 손을 베였다면 무엇을 할 것인가? 당신은 분명 베인 부분을 씻고 그 부분에 소독약을 바르고 반창고를 붙일 것이다. 대부분의 독자들에게 이것은 손을 베인 사람에게 일상적이고 특별할 것 없는 반응이다. 그러나 이것은 질병의 세균 이론과 이 이론으로부터 발전된 예방 실천법을 알고 받아들인 사람들에게만 일상적이고 특별할 것 없는 반응이다. 그런 사람들에게 질병의 세균 이론은 행동의 이론이다. 즉, 현상에 대한 이런 체계적 설명은 이론이 제공한 현실에 대한 설명과 양립하고 있기 때문에 감각적이고 논리적이며 합리적으로 보이는 행동을 취하도록 해 준다.

이론은 교육 조직의 본질에 대한 이해와 같은 복잡한 문제에 관해 체계적으로 생각할 수 있는 기초를 제공해 주기 때문에 유용하다. 이론은 우리가 네 가지 유용한 활동을 할 수 있도록 해 준다. 즉, ① 무슨 일이 일어나고 있는지 나타낸다. ② 그것을 설명한다. ③ 주어진 상황에서 미래 사건을 예측한다. 그리고 ④ (전문적 실천가에게는 필수적으로) 사건을 넘어서 통제할 수 있는 방법을 생각한다. 이런 활동은 학교 리더십의 전문적인 실천을 위한 토대가 된다. 우리가 행동의 이론을 받아들이고 내면화하며 실천할 때 그 이론은 우리의 실천 이론에서 중요한 요소가 될 것이다.

실천 이론

실천 이론은 전문적 실천을 바탕으로 하여 이에 대한 방향을 제공해 주는 행위 이론의 합성물이다. 실천 이론은 인과관계에 대한 하나의 개인적 이해다. 이것은 사실과 개인이 체험한 경험을 모으고, 조직하고, 통합하는 과정에서 시작된다. 리더가 해야만 하는 수백만 개의 일상적 의사결정과 행동을 응집하고, 통합하고, 굳건히 하고, 일관되게 만들고, 이해하는 것, 즉 무엇이 올바른지에 대해 확신하면서 리더를 망설임 없이 이끄는 것이 실천 이론인 것이다. 이 책의 독자들 대다수는 이미 명백하게 성공적인 교사이고 다른 리더십 역할을 확실히 신뢰해 왔던 사람들이라 보기 때문에 이 책의 목표는 학교에서 리더십의 지적인 토대를 더욱 발전시키는 것이다. 또한 그들의 다양한 행위 이론을 실천의 일관적인 이론으로 결합하는 것에 중점을 둔다. 교육 리더십에서 실천 이론을 위한 토대는 세 가지 지적 바탕이 있다.

- **학교에서 일하는 어른들 행동의 체계적 이해**: 이에 따라 우리는 동기, 의사결정, 갈등과 같은 인간행동의 이해 측면에 초점을 맞춘다. 행위 이론의 이 영역은 사람들의 행동을 이해하기 위해, 즉 조직적 삶의 상황적합적 맥락에서 그들이 기능했는지 아닌지를 이해하기 위해 시도했을 법한 다른 방법을 설명하고자 한

다. 우리의 이해를 돕기 위해 사용될 수 있는, 종종 서로 경쟁하는 인간행동에 대한 많은 이론이 존재한다.

- **사람들이 일하는 조직적 상황에 대한 이해**: 조직 이론에 속한 이 영역은 개인적으로 수행할 수 없는 일들을 이루기 위해 많은 사람들의 협동적인 노력을 조직하고 조정하는 문제에 접근하는 다양한 방법을 설명하고자 한다. 조직 문화의 연구에서 주된 관심사는 조직과 조직 구성원 사이의 역동적인 상호작용이다.
- **리더 행동**: 조직 이론의 이 접근은 어떻게 리더가 조직 구성원과 상호작용하는지를 설명한다. 이 접근은 그들이 팔로워(follower)뿐만 아니라 조직 내의 다른 참여자들에게도 리더로서 이해되고 받아들여질 수 있게 한다.

그러나 잘못 유도되어서는 안 된다. 잠재적 학교 리더들이 리더십을 뒷받침하는 지식에 대한 탄탄한 이해력을 갖추는 것은 중요하지만 지식 그 자체로는 충분하지 않다. 리더가 될 수 있는 우리 개인은 그 지식과 지식이 어떻게 실제로 사용되는지 각자 이해하여 일관성 있는 실천 이론을 발전시키고 명료화해야 한다. 이것은 학교 리더십에서 당신이 취해야 할 방법을 알려 주는 당신의 실천 이론이다. 실천 이론은 선택이 어렵고 긴급할 때, 당신이 무엇을 하고 하지 말아야 할지를 결정하도록 한다. 그리고 실천 이론은 리더로서 당신의 행동을 다른 사람에게 이해시킬 수 있고 신뢰를 주며, 따라서 가치 있게 만들어 준다.

이 책을 통하여 당신이 읽은 아이디어를 반영하고 학교 리더로서 실천하고자 하는 방법을 생각하는 데 그 아이디어를 사용할 수 있을 것이다. 이 반성적 사고 활동에 참여함으로써 당신이 단순히 어떤 생각을 아는 데 그치지 않고 전문적 실천에서 이러한 생각들을 어떻게 사용할 수 있을 것인지를 고민하는 고차원적인 생각으로 옮겨 가기 바란다. 예를 들면, 당신은 어떻게 직면하고 있는 문제와 이슈들을 사고를 통해 통합할 수 있을까? 학교 리더로서 당신이 만든 계획, 당신이 하는 행동, 당신이 제안하는 생각들을 발전시키는 쪽으로 그것들을 사용하는 방법은 무엇일까? 행위 이론을 발전시키고, 실천 이론을 형성하는 데 행위 이론을 통합한다는 개념은 교육 분야의 조직 이론 연구에 도움을 주었다.

게임 플랜: 코칭 비유

행위 이론에 대해 생각하고 그것을 실천 이론과 결합하는 방법의 예로는 스포츠 팀의 코치를 들 수 있다. 이것은 회사 및 산업 조직의 관리자들을 독자로 하는 많은 대중적인 책에서 선호하고 있는 비유다. 코치가 리더이자 이론가라는 것은 논란의 여지가 없다. 당신이 교육 조직의 학생이 되라고 요구받는 것처럼 무엇보다 모든 성공적인 코치들은 게임에 있어 한 명의 학생이 된다. 우리는 코치가 미래에 이길 수 있는 전략과 책략을 계획하고 발전시키는 데 기본이 되는 게임을 통하여 분석하고 생각할 수 있기를 기대한다. 우리는 스포츠 시합의 관객으로서 모든 팀들(미식축구, 농구, 하키, 또는 다른 스포츠)은 게임에 참여하는 모든 사람들에 의해 공유되고 이해된 게임 플랜에 따라 운영되어야 한다고 알고 있다.

코치는 계획을 지지하는 전략 개념으로 팀 선수들의 인간행동의 역동성을 이끌어내야 한다. 이것을 팀 구축(team building)이라고 부른다. 코칭을 받는 사람들은 게임 플랜에 대해 몰라야 한다. 추가적으로 집단의 각 개인은 게임 플랜에 개별적으로 헌신해야 하고 그 계획이 확실하고 효과가 있다고 믿어야 한다. 이러한 팀 구축을 위해 플레이 북,[10] 교실 수업, 개인 교습, 훈련 수업, 일대일 면담, 그리고 교사와 코치가 잘 알고 있는 여러 가지 교수-학습 기술들을 사용할 수 있다. 더욱이 이것은 신뢰, 협동, 높은 도덕심을 쌓는 팀 내 인간관계의 역동성의 발전을 포함하고 있다.

코치는 게임 진행에 대한 계획이 있다는 것을 팀 구성원이 어느 정도 이해할 것을 원하거나 가정하고 있지 않다. 코칭에서 중요한 부분은 모든 사람들이 게임 플랜을 이해하고 그것을 실행하기 위해 각자 무엇을 해야 하는지 확신하도록 하는 것이다. 궁극적으로, 코치들은 상황이 진척되고 조건들이 변화하여 압력이 느껴지는 혼란 속에서 행동의 의사결정을 위한 가이드로서 게임 플랜을 사용한다. 우리는 코치가 게임 플랜 없이 경기에 임할 것이라고 상상하지 못한다.

예측할 수 없는 진행과 빠르고 보이지 않는 변화들이 조직의 리더들 앞에 나타나는 것처럼, 이러한 변화는 지속적으로 코치들이 마주하는 것이다. 그러므로 게임 플랜의 필수적인 특성은 이것이 행동을 위한 가이드라는 점이다. 즉, 고정되거나 완고

10) 역자 주: 팀의 공수 작전을 그림과 함께 기록한 책.

하지 않으며 새롭게 나타나는 환경에 의해 계획은 쉽게 조정되고 적응된다. 사실 이 적응성은 실행 이론에서와 마찬가지로 게임 플랜에서 필수적인 요소다. 실효성 없는 게임 플랜의 사용을 계속해서 강요하기보다는 보이지 않았던, 새롭게 나타난 환경에 민첩하고 능숙하게 반응하는 적응성이 팀에게 더 유용하다. 이러한 맥락에서 당신은 실천 이론을 하나의 게임 플랜으로서 생각할 필요가 있다.

결론

이 책의 주된 목적은 학교 리더십에서 실천 이론 또는 게임 플랜을 발전시키고 시험하며 다듬는 장기적인 과정을 시작하도록 돕는 것이다. 학교에서 차이를 만들기 위한 기초로서 조직과 인간행동 사이의 상호작용을 이해하는 데 초점을 두는 동시에, 우리는 교육 조직에서 모든 행동을 결정짓는 중요한 요소(교육은 무엇을 해야 하는지, 그리고 학교는 어떻게 조직되고 운영되어야 하는지에 대해서 전통적 보수주의 관점을 가진 사람들과 보다 진보적인 관점을 가진 사람들 사이에 오랫동안 이어진 근본적 불일치)를 인식해야만 한다. 당신의 도전은 분명하고 헌신적인 지위에서 이러한 논쟁적인 이슈들을 학교 리더십을 위한 게임 플랜 또는 실천 이론으로 발전시키는 중요한 단계로 받아들이는 것이다.

생각해 볼 문제

1. 한번 자리 잡으면 스마트 학교로 발전하게끔 할 수 있는 조직 구조 혹은 일상의 묘사를 통해 퍼킨스가 언급한 스마트 학교의 세 가지 특징을 적용해 보아라.

2. 소수 학생과 다수 학생 사이의 학업성취도 차이를 줄이기 위해 오랫동안 지속되어 온 국가 정책의 경향은 교육의 국가적 목표 설정, 각 주의 교육 기준 설립, 고부담의 시험을 활용하는 강한 책무성 정책으로서 압박이란 결과를 초래했다. NCLB는 이러한 시험을 현실로 만들었다. 교육 리더십을 배우는 학생들은 이런 모든 것과 관련된 핵심 사

항을 알아야 하며 교육 전문가로서 여러 사람의 행동을 이끄는 입장이 되어야 한다. 당신은 현재 이러한 이슈들에 대해 어떤 입장을 가지고 있는가? 당신의 생각을 한두 문단으로 써 보라. 당신의 입장을 지지할 하나 또는 그 이상의 연구물을 참고문헌으로 사용하라.

3. 생각해 볼 문제 2에서 답한 당신의 행동을 이끄는 구체적인 이론을 확인하고 묘사하라.

4. **게임 플랜 활용하기** 게임 플랜은 일반적으로 두 가지 중요한 요소를 고려한다. 첫째는 전략과 책략이다. 이것들은 게임에 대한 당신의 분석을 바탕으로 목표 설정을 용이하게 한다. 둘째는 당신의 팀 구성원과 함께하는 전략과 책략 사이의 역동적인 관계다. 오늘날 교육 리더들이 처한 상황의 중요한 부분인 교육과 학교 개혁의 동시대적 논쟁을 반영하여 아래의 세 가지에 대한 당신의 행동을 한 단락으로 써 보아라.

   a. 이번 장의 내용 중에서 교육 리더로서 당신의 행동을 안내할 아이디어에는 어떤 것이 있는지 최소 한 가지 이상 논의해 보라.
   b. 당신의 선택에 대한 이론적 설명을 하라. 왜 그것이 중요한 방안인가? 교육 리더십을 위한 그 방안에서 행동적 결과는 무엇인가?
   c. 이러한 방안에 근거하여 당신의 행동이 어떻게 당신이 이끄는 사람들의 성취도를 향상시킬지 제시하라.

추천도서

Calkins, Andrew., William Guenther, and Grace Belifore. *The Turnaround Challenge. Executive Summary*. Boston: Mass Insight, 2007.
빌 앤 멜린다 게이츠 재단(the Bill & Melinda Gates Foundation)의 지원으로 컨설팅 회사에서 제시한 '학생들의 학업성취도를 눈부시게 향상시킬 수 있는 미국의 최고 기회'에 대한 보고서를 요약한 도서다. 매우 명쾌하고 단호하게 진술되었으며 모든 학교 리더들에게 추천한다.

Gardner, Howard. *The Disciplined Mind: What All Students Should Understand*. New

York: Simon and Schuster, 1999.
학교교육에 관한 문헌 연구에서 매우 보기 드문 자료다. 교육 전문가의 중심에 놓인 문제들에 대해 신중하고, 최상의 정보에 근거한 정교한 분석을 하고 있다. 가드너는 명확하게 하나의 입장을 고수했다. 이 입장은 교육에 대한 현대 진보-자유주의 관점을 정의하고, 전통-보수주의 접근의 관점과 차별성 및 다른 이슈를 명확히 했다. 가드너를 모르는 교육 리더들은 현대의 학교교육에 대한 핵심 논쟁을 구체화하는 데 많은 어려움을 느낄 것이다.

Goleman, Daniel., Richard Boyatzis, and Annie McKee. *Primal Leadership: Learning to Lead with Emotional Intelligence*. New York: Perseus, 2004.
이 책은 수십 년 동안 이루어진 세계적인 조직에 대한 연구를 바탕으로 주요 조직에서 감성적 지능의 힘에 대한 많은 사례와 중요 사건을 보여 준다. 10장 '현실과 이상적인 비전' 은 리더들이 조직의 미래에 어떻게 생명력을 불어넣어야 하는지를 이해하는 데 많은 도움을 준다.

Hamilton, Laura S., Brian M. Stecher, and Kun Yuan. *Standards-Based Reforms in the United States: History, Research, and Future Directions*. Santa Monica, CA: RAND Corporation, 2008.
NCLB 법안에 대해 다시 한 번 검토해야 할 시점에 미국 국립과학재단(The National Science Foundation)이 진행한 프로젝트로서, 교육에서 연방 정부의 역할 재모색(Rethinking the Federal Role in Education)에 관한 보고서다. 신뢰할 수 있는 이 프로젝트는 믿을 만한 자료를 바탕으로 우리가 법 제정 당시 어디에 있었고 어느 방향으로 가고자 했는지에 대해 종합적으로 개관하고 있다.

Hargreaves, Andy, and Ivor Goodson. Educational Change Over Time? The Sustainability and NonSustainability of Three Decades of Secondary School Change and Continuity. *Educational Administration Quarterly 42* .1 (February 2006): 3-41.
이 책은 가볍게 읽을 만한 자료는 아니며, 변화로 인한 손실의 정치적 · 역사적 · 장기적 관점을 무시하면서 가장 주류에 있는 변화 이론을 묘사한 전문적인 연구 보고서다. 이 책의 유일한 공헌으로는 중 · 고등학교를 비롯한 모든 수준의 학교의 성공적인 변화의 주요한 특성으로서 지속 가능성을 강조한 것을 들 수 있다. 중학교에서 모든 수준의 학교로의 확장은 논리적으로 이루어졌다.

Kohn, Alfie. *The Schools Our Children Deserve: Moving beyond Traditional Classrooms and "Tougher Standards."* Boston: Houghton Mifflin, 1999.
이 책은 미래의 미국 학교교육에 대해 중요한 시사점을 담고 있기 때문에 교육 리더라면 누구나 한 번은 읽어봐야 한다. 이전에 교사였던 쿤은 오늘날의 학교가 진실로 실패했는지 아니면 '좋았던 옛 시절'에 대한 어떤 낭만적 개념(쿤은 이를 '공격적 향수'라 부른다.)이 우리의 생각에 영향을 미치는지에 대해 의문을 가졌다. 풍부한 연구에 근거하여 쿤은 강경한 기준에 대한 요구는 어떻게 아이들이 실제로 배우는지, 그리고 왜 배우는지에 대한 이해의 부족을 반영하는 것이라고 주장했다.

Rothstein, Richard. The Way We Were? *The Myths and Realities of America's Student Achievement*. Washington, DC: The Brookings Institution, 1998.

이 책은 과거의 미국 교육이 오늘날의 미국 교육보다 더 낫고 효과적이었다는, 이른바 황금기에 대한 환상을 조심스럽게 비판하고 있지만 추억 여행보다 더 많은 것을 가지고 있다. 특히, 로드스타인의 유익한 토론은 미국 학교교육에서 리더가 되고자 하는 사람들에게 필독서가 되었다. 이 토론에서는 학교성취도 검사와 기본 능력에 대한 아이오와 검사(The Iowa Tests of Basic Skills)와 같은 시험의 상세한 내용, 위에서 언급한 시험들이 현재의 형태로 변화된 과정, 그리고 어떻게 그것들이 학생의 사회경제적 지위, 그리고 학교 내 중퇴율과 같은 요소들에 영향을 받는지 등에 관한 내용을 다룬다.

Rothstein, Richard. *Class and Schools*. NY: Economic Policy Institute, Columbia University, 2004.

로드스타인은 다수 집단과 소수 집단 사이에 존재하는 성취도 차이의 근본적 원인이 공립학교 교육자들이라고 주장하는 것은 근거 없는 믿음이라고 했다. 그는 자신의 주장을 강조하기 위해서 확실한 연구 증거를 사용했다. 그는 이러한 문제들을 해결하기 위해서는 단순히 학교의 변화만을 요구할 것이 아니라 사회경제적 상황을 다루는 공립학교 정책을 발전시켜야 한다고 주장했다.

CHAPTER 3

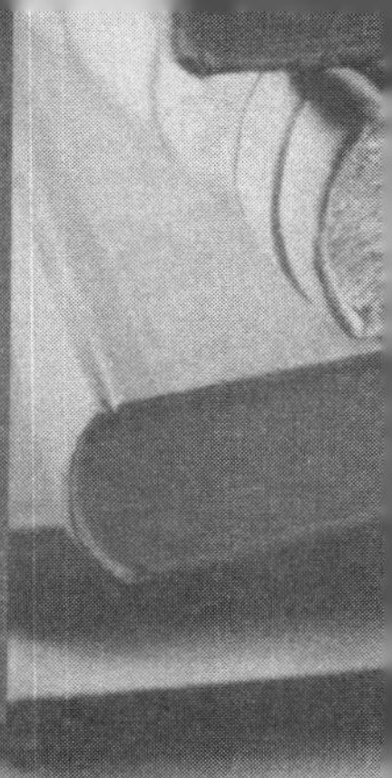

조직 사상의 주요 흐름

사례 행정에서의 철학적 불일치

제이슨(Jason)은 지역 주립대학교에서 교육 리더십을 전공하고 있는 석사 과정 신입생이다. 그는 공부를 마친 후에 교장을 거쳐 최종적으로는 그의 아버지와 같은 교육감이 되기를 희망한다. 그의 아버지는 그에게 학교의 교사들과 다른 전문가들을 어떻게 관리해야 하는지에 대해서 많은 이야기를 해 주었다. 그는 이런 아버지를 존경했으며 리더십에 관한 아버지의 가르침을 삶의 중요한 교훈으로 삼고 있다.

조직 개발(organizational development) 수업 첫날, 교수는 조직에서 중요한 의사결정을 하는 사람, 업무 절차를 변경하는 사람 등을 포함한 모든 이해관계자들 간의 리더십 개발의 중요성에 대하여 소개했다. 아무도 이의를 제기하지 않고 있을 때 제이슨이 손을 들고 이렇게 이야기했다. "죄송하지만 저는 교수님의 의견에 동의하지 않습니다. 저의 아버지는 20년 동안 성공적으로 교장직을 수행하셨으며 1980년에는 성공한 교육감이셨습니다. 아버지는 어떻게 학교를 운영해야 되는지에 대하여 저에게 말씀하셨고, 솔직히 교수님께서 말씀하신 모든 것에 동의하지 않으실 것입니다. 아버지께서는 학교의 교사들, 특히 단체를 구성하고 있는 교사들이 의사결정에 참여하였을 때 발생하는 여러 문제에 대해서 말씀하셨습니다. 그들은 항상 학교를 운영하려 들고 그들에게 조금의 기회를 주면 권력을 확장시키려고 했습니다. 아버지께서 말씀하시길, 관리자들은 의사결정의 권한을 항상 확보하고 있어야 하고 이것은 어느 누구에게도 빼앗겨서는 안 된다고 하셨습니다. 또한 관리자들은 목표를 세우고 진행 과정을 설계하며 교사들에게 어떻게 업무를 해야 할지 알려 주어야 한다고 하셨습니다. 다른 사람들이 의사결정에 참여함으로써 잘못된 결정을 내릴 수 있으며 또한 변화를 더디게 할 수 있습니다. 제 어린 시절의 교장 선생님들은 교육감이셨던 아버지를 위해서 일을 하였고 그들은 모두 아버지의 관리감독하에 있었습니다. 그렇기 때문에 우리 지역의 학교들은 매우 잘 운영되었습니다. 학생들은 모두 잘 배웠고, 오늘날 우리들이 겪고 있는 심각한 문제행동을 일으키는 사람은 없었습니다."

뮤리엘(Muriel)이 맞장구치며 말했다. "맞습니다. 이것이 현실 세계의 상황입니다. 저는 지금까지 9년 동안 학생들을 가르쳐 왔습니다. 그리고 지금 제가 하는 일이란 학년 회의에 앉아는 있지만 회의에 너무 깊이 연관되지 않도록 하는 것입니다. 저는 다른 사람들과 잘 지내지만 솔직히 이런 회의는 허례허식일 뿐입니다. 교장은 조언을 듣기 위해 동료 교사들과 이야기하는 등 매우 좋은 사람이지만 그는 항상 그가 원하는 대로 의사결정을 합니다. 제가 할 수 있는 것이라고는 회의가 끝난 후에 교실로 가서 문을 닫고 나만의 조용하고 개인적인 공간에서 아이들을 가르치는 것입니다. 가끔씩 들려오는 교내 안내방송에 방해받는 것 외에는 가르치고 있는 그곳이 나에게 가장 의미 있고 재미있는 공간입니다. 나에게는 아이들을 가르치는 것이야말로 모든 것이고 전부입니다."

1. 당신은 제이슨과 뮤리엘의 말에 동의하는가?
2. 만약 동의한다면, 당신의 의견을 이야기해 보시오.
3. 만약 동의하지 않는다면 그 이유를 말해 보시오. 교수가 지적한 것은 타당한가?
4. 학교가 과거에는 현재와 다르게 관리되었다는 제이슨의 말에 동의하는가?

지난 세기 동안 우리는 교육 조직에 대한 두 가지 본질적인 사고방식이 있다고 배웠다. 그중 하나가 전통적인 방식이다. 이는 조직을 위계적인 시스템으로 바라보는 방식으로, 권력과 지식이 중심부에 집중되어 있어 중요한 사항은 위에서부터 내려와 명령과 통제를 통해 아래로 전달되어 실행되도록 한다. 또 다른 방식은 20세기 전환기에 새롭게 등장한 것으로, 조직을 협동적 · 협의적 · 협력적 체제로 인식하는 것이다. 이는 좋은 아이디어가 조직 어디에나 존재한다고 본다. 이러한 아이디어는 조직에서 명령과 통제를 하는 사람들이 부하직원들의 능력이나 동기부여를 불러일으키는 행동을 했을 때 나타난다. 물론 지금 설명한 것보다 더 많은 내용이 있으며, 이번 장은 당신에게 이런 아이디어가 어떻게 발달되었는지에 대한 역사를 알려 줄 것이다. 이러한 배경 지식 없이는 학교 개혁에 대하여 현재 일어나고 있는 논쟁들을 제대로 이해하지 못할 것이다. 왜냐하면 이러한 논쟁은 교육적이라기보다는 정치적이며, 조직을 더 효과적으로 만드는 방법과 리더십에 관한 논쟁 등은 학자들이 가지고 있는 서로 다른 개념에서부터 발생했기 때문이다.

조직 행동

교육 리더들은 조직의 목표를 성취하기 위해서 다른 사람들을 통해, 또는 사람들과 함께 일을 하기 때문에 그 사람들의 행동을 이해하는 것이 성공의 기본 요소가 된다. 모든 인간의 행동은 그것이 일어나는 맥락에 의해 조정되고 중재된다. 사회적 · 윤리적 전통에 대한 문화의 영향력은 역사적으로 무엇보다도 중요한 것이며, 이는 다른 것들과 동떨어져 있기도 하고 매우 가깝게 연결되어 있기도 하다. 보통 하나의 맥락에서 다른 맥락으로 움직일 때 우리의 행동은 적절하게 변화될 수 있다. 예를 들면, 가족과 함께 집에서 조용한 시간을 가질 때, 취업 면접을 볼 때, 종교 활동을 할 때, 친구들과 편안하게 모일 때 등 때에 따라 우리의 행동은 바뀐다.

조직 행동은 과학적 연구와 실제 적용이 모두 필요한 분야다. 과학적 연구 분야로서 조직 문화는 조직의 사회적 · 문화적 맥락 속에서 개인과 집단의 행동을 설명하고자 하는 것이다. 교육 분야처럼 조직 행동도 간학문적인 분야로, 어떠한 단일 학문 분야의 한정적인 영역이라고 주장할 수 없다. 조직 행동을 공부하는 학생은 다수의 학문을 통해 적절한 조사 과정을 수행할 수 있어야 하며, 이러한 학문 분야들이 종합적으로 사회과학, 행동과학으로 나타나는 것이다.

사회과학은 조직 행동의 ① 지식과 이론의 인지적 기초, ② 과학적 적법성을 설명하는 연구 방법에서 나오는 학문 분야다. 그렇기 때문에 조직 행동 학자들은 5개의 사회과학 학문 분야(문화인류학, 사회학, 사회심리학, 정치학, 경제학) 중 하나 이상의 학문에 기초를 두려고 한다. 이 모든 학문 분야들이 조직 환경 내에서 사람들의 행동을 이해하려고 하지만 각 분야의 사람들은 그들이 속해 있는 학문 고유의 전통적인 연구 방법을 선택하고 문제를 정형화하려는 경향이 있다. 정치학자들은 조직의 구성원들이 연합하고 권력을 사용하는 방식에 초점을 맞춘다. 문화인류학에서는 조직 구성원의 소신과 가치가 지역의 관습이나 조직의 역사, 신화나 민화 등과 같은 가공물을 통해서 어떻게 드러나는지에 대하여 살펴본다. 사회심리학자들은 사람들이 조직 내의 사회 환경에서 영향을 받았을 때 보이는 행동을 연구하려는 경향이 있다. 그러나 이러한 학문 분야의 경계가 생각하는 것처럼 뚜렷하지는 않다. 실제 조직에서 조직 행동에 관한 문제를 기획, 실행 및 연구하다 보면 다양한 학문 간의 연구 방법과 아이디어가 상당히 겹치게 된다.

실제로 1930년대에 처음으로 등장한 협력적인 학제 간의 연구는 이후에 조직 문화 연구의 특징이 되었다. 조직 행동 연구의 역사에서 성공적인 협동 연구 중 하나는 쿠르트 레빈의 연구다. 레빈은 사회심리학자이자 문화인류학자인 마거릿 미드(Margaret Mead)의 원칙을 1940년대에 받아들였다. 사회심리학자로 알려진 레빈과 문화인류학자로 알려진 미드는 인간의 사회 행동을 연구하는 데 학제 간 협력을 했다. 집단이 의사결정을 하는 방법에 대한 그들의 선구적인 발견은 이후 조직 문화의 주요 개념이 되었다.

조직 문화는 또한 응용과학의 한 분야이기도 하다. 즉, 이것은 사회과학으로부터 조직의 성과를 개선시키는 데 실질적인 문제를 해결하기 위해 지식을 적용하고자 하는 전문적인 분야다. 예를 들어, 조직 행동은 미국 대학의 경영학과 학부와 대학원 과정에서 모두 연구하는 분야다. 물론 연구의 목적은 오늘날과 같은 세계적이고 빠르게 변화하며 경쟁이 심한 환경 속에서 기업 조직의 리더십과 경영을 개선하여 결과적으로 성과를 내기 위한 것이다. 이것은 고등교육을 실시하는 군(軍) 교육기관에서도 연구되었다. 이번 장에서는 교육의 행정과 리더십을 개선하기 위한 적용이라는 관점에서 지난 반세기 동안 사회과학이 정립해 온 몇몇 지식과 이론을 살펴보고자 한다.

조직 행동은 조직의 성과를 높이기 위해 사회적 · 문화적 환경에서의 인간행동에 대한 지식을 활용하고자 하는 사회적-과학적 연구이며 행정 실제에의 적용에 관한 분야라고 정의할 수 있다. 이와 같이 조직 행동은 사회과학자와 학교 행정가들이 불완전하게나마 학교 수행능력을 개선하기 위해 오래 지속한 학문적 연구와 항상 직면하는 현실적인 문제 사이의 틈을 메울 수 있도록 협력하게 해 준다.

조직과 행동

20세기 후반에 들어서면서 조직과 행동의 두 가지 개념은 점차 연결 관계를 형성하기 시작했다. 초반에는 조직에 대한 생각이 공학을 배경으로 한 사람들로부터 발생했다. 몇 세기 동안의 군대식 전통이 조직 개념 논리의 상당 부분을 차지했고 그것이 현재까지 계속되고 있다. 이러한 조직 개념들은 군대식 전통에서 기대되는 위계적 · 논리적 · 선형적, 그리고 권위적이고 규율적인 학문 구조를 강조했다. 이러한 개념들은 일반적으로 19세기 말부터 20세기 초까지 빠르게 성장한 산업 조직에 무

비판적으로 수용되었다. 이러한 조직을 설계하고 관리하는 사람들은 조직 구성원들을 기계적인 시스템 속에 배치하여 더 많은 효율을 창출하고 인간-기계 시스템을 운영하는 것에 초점을 맞춘 공학자들이었다.

20세기에 접어들면서 사회과학자들은 인간 환경을 조직의 특징 중 하나로 진지하게 고려하였고, 이러한 조직 생활은 어디에서든 관찰 가능하다는 것을 깨닫기 시작했다. 1930년대부터는 조직의 인간적인 측면을 심도 있게 다루는 과학적 연구가 시작되었다. 이 시기는 전례 없던 대공황과 산업사회의 노동-경영 투쟁 시기로 조직 행동에 관한 연구의 중요성이 더욱 커졌다. 1940년 이후 공학자들은 조직 이론가로 대체되었고, 이때부터 조직 분야에 관한 주요 학자들은 사회 · 행동 과학자로 구성되기 시작했다.

왜 조직 행동을 연구해야 하는가?

이 질문에 대해서 간단히 답하자면, 누군가가 교육 리더십을 성공적으로 이루고자 한다면 반드시 알아야 할 지식의 기반이 바로 조직 행동이기 때문이다. 결국 행정뿐만 아니라 리더십이라는 것은 조직의 목표를 달성하기 위하여 다른 사람들과 함께, 또는 다른 사람들을 통해서 무언가를 성취하는 것을 의미한다. 일반적으로 교장은 특별히 효과적이라고 판단된 교사들 중에서 선출되기는 하지만 임용된 이후에는 교수(teaching) 관련 업무를 거의 하지 않는다. 실제로 교실에서 수업하던 교사에서 학교 리더인 교장으로의 역할 변화는 경력의 큰 변화라 할 수 있다. 그렇기 때문에 업무를 처리하는 데에도 매우 다른 기술이 필요하고 그 결과에 따라 성공 여부가 판단된다. 즉, 이것은 말 그대로 교실에서의 교육을 떠나 새롭고 전혀 다른 직업 세계에 들어선 것을 의미한다. 종종 새롭게 임용된 학교 리더들은 학교법, 교육과정 이론, 교육 재정과 같은 교육행정과 관련된 전통적인 과제에 대한 지식이 그들의 성공을 보장해 주지 않는다는 것을 알게 된다.

교장으로 선임되고 나면 다른 사람들과 함께 또는 그들을 통해서 중요한 일을 하게 될 것이다. 교장은 개개인 또는 집단과 함께 상의하고 크고 작은 회의를 계획, 운영하며 수많은 사람들과 만나게 되는데, 이는 계획적일 수도 있지만 예정에 없던 긴급한 사항 때문일 수도 있다. 성공한 교사와 같이 지적인 성인들은 다른 사람들과 함께 또는 그들을 통해 효과적으로 일할 수 있을 만큼 똑똑하다. 그러나 만약 당신이 교사라면 당신은 이미 교장이 어떠한 일을 하고 있는지 지켜보았을 것이다. 교장들은 교사나 학부모의 동기를 유발하고 그들을 이끌며 학교 개혁이 필요한 시점에 학교와 지역공동체 안에서 역동적인 팀워크를 만들어 낼 수 있는 능력을 가지고 있지 않다. 이러한 실패의 주요 원인은 학교 조직의 모든 중요한 인적 측면을 다루는 데 있어 교장이 전략적 계획, 즉 실제를 기반으로 한 이론을 갖추고 있지 못하기 때문이다.

신규 임용된 많은 교장들은 도덕성을 증진시키고, 학교생활의 질을 높이고, 팀워크를 만들면서 학교의 성과를 개선하려고 한다. 뿐만 아니라 많은 사람들이 새로운 교육과정을 추가하고, 학교 구조의 개편과 같은 기술적인 변화를 시도하려 할 것이다. 그러나 교실에서의 경험과 대학원에서의 전통적인 수업만으로는 리더가 되는 데 부족하며 학교 리더십에 어떻게 접근하고 계획할 것인지에 대해 충분한 답을 주지 않는다. 그리고 자신의 일상적인 행동방식과 리더로서 진심으로 원하는 성과 사이의 관계에 대해 생각할 수 있는 시간이 부족하다.

교육에 있어서 조직 행동에 관한 공부는 우선 앞에서 이야기했던 주제들에 주의를 기울이면 도움이 될 것이고 당신이 직장에서 리더로서 어떻게 행동할 것인지에 대해 계획하는 것을 안내해 줄 것이다. 학교와 교육학(pedagogy)에 대한 일반적인 지식을 제외한다면, 교사가 교육 리더로서의 역할을 할 수 있게 하는 가장 유용하면서 전문적인 방법은 모든 업무 활동을 계획하는 것이다. 성공한 교사의 두드러지는 특징 중 하나는 업무를 수행함에 있어서 무엇을 하고 어떻게 해야 하는지에 대한 일관성 있는 심적 지도(mental map)뿐만 아니라 공식적으로 문서화된 계획을 세우는 능력에 있다. 그러나 놀랍게도 많은 사람들이 교장에 임용된 후에는 이러한 능력을 버리고 업무 중에 어떠한 위기 상황이 발생할 때까지 기다린다. 모든 교장들은 날마다 수많은 위기와 응급 상황이 발생한다는 것을 금방 알게 되며 이른 아침부터 저녁때까지 '불을 끄기' 위해 노력한다. 계속되는 시간 부족과 힘든 업무는 교장들에게 조직 행동과 그것이 학교 리더십에서 가지는 중요성에 대해 일깨워 주게 되며, 개인적으로 인간에 대한 관심과 리더십을 내면화하는 것을 우선순위에 두도록 요구한다.

산업혁명의 영향

우드로 윌슨(Woodrow Wilson)이 학술적으로 공헌했던 19세기가 끝날 무렵 서부 유럽과 미국의 기업인들은 산업을 통해 이익을 창출하기 위해 노력했다. 지금과 같이 산업이 성장하던 시기에 사람들은 점점 더 많은 이윤을 내기 위해 생산품의 단가를 낮추어야 한다는 사실을 알게 되었다. 그 방법 중 하나는 조립 라인과 같은 혁신적인 방법을 통해 대량 생산 체제를 갖추는 것이었다. 헨리 포드와 같은 초기 거대 기업가의 리더십은 이러한 기술적인 발견을 통해 알려졌다. 산업 팽창의 시기에 핵심 인재(key person)는 기술 발전의 중심인물이었던 과학자와 같은 기술자였다. 그들은 기계를 만들고 조립 라인의 세부적인 부분에서 그것들을 조합할 수 있는 사람들이었다. 이때가 기술 컨설팅의 시대이며 효율성에 매진한 시대였다.

프레더릭 W. 테일러와 과학적 관리론

프레더릭 W. 테일러(Frederick W. Taylor)는 행정학 전공 학생들에게 매우 잘 알려져 있는 학자다. 1800년대 말에 그는 미드베일 앤 베슬리헴(Midvale & Bethlehem) 철강회사의 기술자였으며 1900년대 초에는 미국 산업에서 상위 10위 안에 드는 기술고문이었다. 모두 알다시피, 테일러는 우드로 윌슨의 논문 「행정의 연구(The study of administration)」를 읽고 영향을 받았다. 그는 1900년에서 1915년까지 미국 전역에 있는 공장들의 실질적인 생산 문제를 해결하기 위해 일하는 동안 다음과 같이 과학적 관리론으로 알려진 네 가지 원리를 개발했다.

1. 세부적이고 서로 연관성 있는 업무로 분리하기 위해 과학적 측정 방법을 적용하고, 각각의 노동자들이 직무 방법을 결정하기 위해 일반적으로 해 왔던 주먹구구식 체제를 탈피한다.
2. 특정한 업무를 수행하기 위한 노동자를 선별하고 교육을 시키기 위해 과학적이고 체계적인 방법을 사용한다.
3. 관리자와 노동자 사이의 책임을 명확하게 구분한다. 관리자는 목표를 설정하고 계획 및 감독하며, 노동자들은 부여된 업무를 실행한다.

4. 관리자들이 목표를 정하고 이 목표 달성을 위해 노동자들이 협력하도록 규율을 정한다.

특히 테일러의 마지막 두 가지 원리에 주목해 보자. 이 원리는 공식적으로 관리자와 노동자의 역할을 매우 명확하게 구분짓고 있으며, 관리자와 노동자들 간의 하향식(top-down) 접근 방식의 수직적인 관계를 보여 준다. 이것은 테일러가 생각한 노동자-관리자 관계의 개념이라고 보기 어렵다. 그러나 조직과 관리의 기본적인 원리로 형성된 것은 관리자들의 믿음과 가정을 만드는 데 매우 큰 힘이 되었고 그 결과 관리자들의 협동과 팀워크 같은 견해가 나타났다. 테일러의 이 두 가지 원리는 학교 개혁을 위한 상향식(bottom-up) 접근 방식이나 문제를 해결하고 목적을 설정하고 계획하기 위한 협동적인 접근 방식과 같은 생각들에 저항하기 위하여 전통적인 권위주의 접근 방식에 찬성하는 여전히 많은 학교 행정가들과 교육위원회에 정당성을 부여해 주고 있다. 실제로 이후 75년 동안, 물론 현재까지도 과학적 관리론에서 테일러의 이 두 가지 원리는 관리 행동(management behavior)에 있어서 새롭고 신선한 아이디어들이 나타나고 진화하는 영역이다.

테일러의 과학적 관리론의 이론들은 산업체뿐만 아니라 가족 단위를 포함하여 모든 종류의 조직에서의 관리 이론으로 더욱 유명해졌다. 1950년대의 베스트셀러 『열두 개 세트로 더 싸게(*Cheaper by the Dozen*)』는 테일러의 가장 가까운 동료이자 시간동작 연구 전문가인 프랭크 B. 길브레스(Frank B. Gilbreth)의 가족생활의 모든 측면에 효율성이 얼마나 큰 영향을 미쳤는지 생생하게 말해 주고 있다. 테일러의 과학적 관리론의 원칙에서 그와 그의 동료들은 이 원칙이 보편적으로 적용될 수 있다고 주장하며,[1] 이는 공장 생산품의 단가를 낮추는 것이 근본적인 목적이라고 했다. 이 원칙들은 언론에서는 물론 사회 전반에 걸쳐 강박관념처럼 주창되었다.[2] 실제로 테일러의 생각은 직무에 대한 엄격한 규칙, 성과를 내기 위한 업무에의 집중, 노동자들 사이에서의 최소한의 인간적인 접촉, 성과 지급 체계의 엄격한 적용 등의 시간동작 연구를 이끌어 냈다.[3]

현대 조직 이론의 등장

테일러의 생각과 원칙의 적용이 미국인들의 삶에 거대한 충격을 주었던 시기에 프랑스 기업가 중 한 명은 그만의 매우 강력한 아이디어를 가지고 있었다. 즉, 프랑스인 앙리 페이욜(Henry Fayol)은 테일러와는 다소 배경이 달랐는데, 이것은 두 사람 간의 개념 차이를 이해하는 데 도움이 된다. 테일러가 본질적으로 기업체의 중간관리자 단계에 주된 관심을 가진 기술자라고 한다면 페이욜은 최고관리자의 배경을 가지고 있었다. 행정학 사상의 발달에 그가 기여한 부분에 대하여 간단하게 언급해 보면 그의 관점을 쉽게 이해할 수 있을 것이다.

1. 공장 조직의 연장선상에서 노동자를 바라보려 한 테일러와는 달리, 페이욜은 노동자들보다 관리자들에게 좀 더 관심을 가졌다.
2. 페이욜은 생산과 같은 조직 안에서의 다른 활동으로부터 행정 절차를 분리시켰다.
3. 페이욜은 다른 조직에서 행정 절차의 공통적인 요소를 강조했다.

페이욜은 훈련된 행정 집단이 점점 복잡해지는 조직의 활동을 개선시키는 데 본질적인 것이라고 생각했다. 첫째로, 1916년 초반 페이욜은 학교와 일터에서 행정적인 능력이 기술적인 능력과 같은 방식으로 학습되어야 한다고 주장했다.[4] 그는 이론적으로 부족한 부분에 대해 옳고 그른 행정적인 방법들을 발견할 수 있다고 했다.[5]

그의 가장 중요한 저서 『산업 및 일반 경영 관리론(*General and industrial management*)』[6]에서 그는 최초의 현대 조직 이론가로서 스스로를 정립했다. 그는 관리 활동을 다음의 다섯 가지 주요 기능으로 정의했다. 그것은 바로 ① 계획(planning), ② 조직화(organizing), ③ 명령(commanding), ④ 조정(coordinating), ⑤ 통제(controling)다. 그가 사용한 용어에서 명령과 통제는 현재 '지도(leading)'와 '결과의 평가(evaluating results)'로 정의된다. 초판 이후 60여 년이 지난 지금까지도 많은 사람들이 관리 활동에 대한 페이욜의 통찰력 있는 접근 방식이 실질적이고 유용하다고 생각하고 있다.

페이욜은 ① 명령 통일(unity of command), ② 권위(authority), ③ 계획(initiative), ④ 사기(morale) 등에 관한 14개의 원칙을 정의했다. 조직 관리 행동에 그의 사고를 독단적이고 일방적으로 적용하는 것을 피하기 위해 페이욜은 관리자들에게 유연성과 균형 감각이 매우 필요하다고 하였으며 특정한 상황에 이 원칙과 정의를 적용하고자 했다. 이것은 원칙의 통일된 적용을 강조하던 테일러와는 전혀 다른 해석이다.

관료주의 조직 이론의 등장

페이욜과 테일러의 시대에 서구 세계는 점차 조직 사회가 되어 가고 있었다. 1900년대 초반에 거대 기업 조직이 성장하면서 정부와 다른 조직의 삶의 측면도 그에 따라 성장했다. 상대적으로 단순한 산업사회 이전 시대의 사회적 · 정치적 구조는 현대의 산업사회에서는 적절하지 않다. 이러한 새로운 사회적 환경 속에서의 삶은 항상 전적으로 행복한 것은 아니었으며, 사회적 · 정치적 · 경제적으로 많은 갈등이 나타났다. 사람과 조직 간의 충돌에 대한 인식을 높이는 것은 이러한 새로운 세계(언제나 개인이 조직의 한 부분인 산업사회)에서 성공적인 삶을 살아가는 데 중요한 요소였다. 제1차 세계대전이 발발하기 몇 해 전에는 노동 불안, 혁명, 공산주의의 대두 등과 같은 갈등이 급격히 증가하여 매우 불안한 시기였다. 이러한 배경 속에서 독일의 사회학자 막스 베버(Max Weber)는 행정 체계에 있어서 가장 유용하고 그 영향력이 오랫동안 지속된 매우 뛰어난 연구를 했다. 그 당시에는 매우 획기적이었고 후대에는 없어서는 안 되는 중요한 것으로 입증된 관료제(bureaucracy)에 관한 연구였다.

사람들과 조직이 권위주의적 산업가와 굳게 자리 잡은 정치적인 체제에 의해 지배되던 시절, 베버는 관료제에서 희망을 보았다. 본질적으로 잘 운영되는 관료제는 권력자 개인의 갑작스러운 태도 변화가 발생하는 조직에 비해 훨씬 이성적이고, 공정하면서도 예측 가능하게 될 것이라는 희망이었다. 베버는 잘 운영되는 관료제가 매우 효율적일 것이라고 생각했다. 실제로 관료제는 이후 가장 효율적인 형태의 조직이었다. 이러한 관점이 관료제의 현대적 경험에 반영되지는 못했지만 베버는 잘 운영되는(well-run) 관료제가 몇 가지 이유에서 매우 효율적일 것이라고 확신했다. 한 가지 이유는 정부 관료들이 매우 잘 훈련된 기술적인 전문가들이고 각각 행정 업무의 특정적이고 제한적인 부분에서 매우 능숙하다는 점이다.

베버는 관료적인 조직이 개인적 요소의 개입, 비이성적인 사람과 감정적인 요소의 개입, 그리고 갈등이나 혼란을 최소화하여 관료적인 사람들이 자유롭게 업무를 수행할 수 있도록 해 준다고 보았다. 또한 결과적으로 조직의 구성원들에게 전문적인 서비스, 그리고 개인적인 것이 개입되지 않고 편파적이지 않은 서비스를 제공할 수 있다고 결론지었다. 베버는 이상적인 관료제에서의 행정원칙과 그 특징을 명확하게 제시하였다.

1. 기능적인 전문화에 기반을 둔 노동의 분리
2. 명확하게 정의된 위계질서의 권위
3. 고용자들의 권리와 의무를 포함한 규칙의 체계화
4. 업무를 처리하기 위한 절차의 체계화
5. 인간관계에서의 개인적인 감정의 배제
6. 기술 경쟁을 기반으로 한 선발과 승진[7]

베버의 우수성은 이상적인 환경에서 관료제가 갖는 장점을 인지함과 동시에 관료제의 위험성에 대해서도 세심한 주의를 기울였다는 사실에서도 드러난다. 그는 관료제의 위험성에 대하여 매우 강조했으며, 거대하고 통제 불가능한 관료제는 공산주의와 자유기업의 자본주의 양쪽 모두에 큰 위협이 될 수 있을 것이라고 경고했다.[8] 그는 행정의 발전을 유도하는 사고의 흐름을 이해하는 것이 이를 인지하는 데 도움이 될 것이라고 했다. 베버도 테일러와 페이욜과 같은 시기에 연구를 발표하였지만 1940년대에 영어로 번역되기 전까지 영어권 국가에 거의 알려지지 않았다. 이는 제2차 세계대전 이후까지 교육행정학에서 관료제에 대한 체계적인 연구가 광범위하게 받아들여지지 않았기 때문이다.

지금까지 우리는 당시의 엄청난 노력과 여러 학자들을 대변해 주는 세 사람의 사상에 대하여 논의했다. 1900년까지 이론과 원리에 필요하다고 간주되어 왔던 것이 조직 행정이 더 합리적이고 효과적인 것이 되기 위한 본질적인 것으로 점차 간주되기 시작했다. 미국인인 테일러는 가능한 한 효율적으로 전반적인 업무를 처리하기 위해, 행정을 세분화된 업무의 협동으로 보는 관점을 강조했다. 효율성이란 하나의 완제품을 생산하는 데 가장 적은 비용이 드는 것을 의미한다. 테일러는 기름과 전기를 사는 것처럼 노동도 과학적인 관리를 통해 사고팔 수 있는 상품이라고 생각했다. 그는 관리자가 구매해야 하는 최소한의 노동의 양을 줄일 수 있을 것이라고 생각했다.

프랑스인인 페이욜은 행정가로서 광범위하게 준비해야 하는 사항을 강조하였으며, 이를 통해 조직이 특정 기능을 더 효율적으로 수행할 것이라고 했다. 그는 행정가의 업무는 모두 중요하지만 기술자의 업무 중요도는 다르다고 생각했다.

독일인인 베버는 관료제가 수많은 고객들에게 서비스를 제공하는 거대하고 복잡한 기업의 요구에 맞는 조직 형태라고 생각했다. 베버에게 관료적인 개념은 계급 특권의 전통에 기반을 둔 관리자와 노동자의 관계 속에서 거대 조직의 갈등과 비합리성을 최소화하려는 노력이라고 할 수 있다.

고전적 조직 이론의 등장

테일러, 페이욜과 베버는 현대 조직 이론 초기의 주요 인물로 이들은 현대 조직 관리의 문제를 해결하기 위해 노력해 왔다. 이 시대에는 전반적으로 일치된 정확한 의견이 나타나지 않았다. 그러나 1910년부터 1935년 사이는 일반적으로 과학적 관리론의 시대로 여겨졌다. 과학적 관리는 학교를 조직화하고 관리하는 데 장기간에 걸쳐 매우 심오한 영향을 미쳤다. 레이먼드 캘러헌(Raymond E. Callahan)은 『교육과 효율성 예찬(*Education and the Cult of Efficiency*)』에서 미국의 교장들이 그 시대의 비즈니스 관리자들의 가치와 관행을 얼마나 빠르게 적용하였는지를 생생하게 묘사하고 있다.[9] 그는 효율성(낮은 단가), 자세하고 통일된 업무 과정의 엄격한 적용(학교 체제를 통해 교사들이 사용하는 시간에 따른 업무 처리 절차의 기준), 그리고 구체적인 회계 처리 절차를 강조했다. 몇몇 교육행정가들이 이 모든 것에 대해 의문을 제기했으나 교장들은 그들의 사회적 지위를 통해 이러한 가치를 선택하였고 추진에 힘을 싣게 되었다. 대표적으로 미국 교육을 선도한 학자 중 한 명인 엘우드 커벌리(Ellwood Cubberley)는 1916년에 집필한 중요한 저서에서 자신의 입장을 명확히 밝혔다. 학교는 원재료(학생을 의미)가 다양한 인생의 요구에 맞추어 하나의 상품으로서 다듬어지고 만들어지는 공장이라는 것이다.[10]

이러한 관점은 제1차 세계대전 이전부터 제2차 세계대전이 발발하기 직전까지 널리 확산되었다. 과학적 관리론의 개념이 성과를 내기 위해서는 업무의 과학적 연구가 요구되었기 때문에 교육행정 전공 교수들은 학교 리더들이 무슨 업무를 해야 하는지 설명하고 분석해야 했다. 예를 들어, 텍사스 대학교의 프레드 에이어(Fred Ayer) 교수는 학교 리더들을 대상으로 1926년부터 1년 동안 어떤 종류의 업무를 수행하였는지 조사했다. 거의 "모든 교장들이 이사회에 참석하고 보고서를 작성하였으며 교사들을 감독했다. 그중 80%는 매일 우체국에 다녀왔으며 50%가 매주 등사판 인쇄 기계를 사용했다. 또한 93%가 화장실을 점검하였고 관리인의 업무를 검사했다."[11] 각각의 개인이 학교 리더가 되기 위해 배우는 것은 예산과 난방 및 환기, 관리인의 업무와 위생 업무를 점검하는 것, 홍보물을 만들고 기록물을 보관하는 일 등이다. 결과적으로 교육행정학 교수들은 공통적으로 쓸고, 닦고, 기름칠하고, 왁스를 바르는 등 학교 시설을 유지하는 가장 저렴한 방법을 결정하는 연구를 수행해야 했다. 그래서 그들은 차기 학교 리더에게 관리인을 훈련시키기 위해 필요한 기술을 알려 줄 수 있게 되었다.

조직, 관리, 그리고 행정의 문제에 대한 연구가 윌슨과 페이욜의 예측대로 대학에서 더 명확하게 정립되면서 과학적 관리론의 원칙이 더 많은 관심을 받기 시작하였고 동시에 학자와 실천가들로부터 도전을 받기 시작했다. 특히 테일러와 그의 연구진들에 의해 형식화된 조직적 삶의 위계적이고 권위적인 개념이 힘을 얻으면서 노동자의 규율과 복종에 대한 조직의 요구와 업무를 통해 적절한 보상을 받고 만족을 얻으려는 개인의 요구 사이의 갈등이 증가했다. 이는 노동자의 불안이 증가함에 따라 1920년대와 1930년대에 공공연하게 드러났다. 그럼에도 불구하고 관리 전문가들은 조직 관리에 대하여 수직적인 위계질서를 개발하고 발전시키는 데에 초점을 맞추었다.

루터 굴릭(Luther Gulick)과 린들 어윅(Lyndall Urwick)은 올바르고 기능적인 조직을 발전시키는 데 유용한 '고전' 이론을 종합하고자 했던 많은 학자들 중 두드러지는 학자였다. 두 학자는 조직 요소가 기능, 지리적 장소 또는 동일한 기준에 따라 연관되고 짝지어질 수 있다고 설명하였다. 그리고 조직의 공식적인 그림을 통해 다양한 부서와 팀을 서로 연계시키는 중요한 방법을 강조했다. 굴릭과 어윅이 1937년[12]에 출간한 책은 제2차 세계대전[13] 이후 매우 큰 영향력을 발휘하였다.

과학적 관리론 대 고전 조직 이론

테일러는 그 시대에 급격히 증가한 대량 생산 공장의 기계 시스템을 완벽하게 설계하는 데 오랜 시간을 투자한 기술자다. 그는 기계 시스템의 선형적 논리, 예측 가능성, 신뢰성을 저해하는 인간의 특정 능력에 대한 개념을 정의하면서 관리에 대해 논했다. 그리하여 과학적 관리론은 구성원들을 일터에서 좀 더 믿을 만하고, 예측 가능한 상태로 만드는 것, 그리고 피로감과 같은 개인의 실패 요인을 줄이는 것에 초점을 맞추었다. 오늘날 우리가 흔히 말하는 인간-기계의 인터페이스에 초점을 맞춘 것이다.

과학적 관리론은 적합한 사람을 선발하여 그들을 기계에 맞게 훈련시키며 개인의 육체적인 한계에 맞추어 직무 요구사항들을 유지하는 것이 중요하다고 말하고 있다. 테일러는 노동자의 동기를 고려해야 한다고 강하게 주장하였다. 그가 생각하는 노동자의 동기는 오직 '돈'이다. 따라서 일을 하게 만드는 동기는 개인 노동자와 고용자 간의 경제적인 거래다. 보수는 업무의 난이도와 개인의 성과에 따른다.

현재의 기준으로 볼 때 테일러의 주장 중 상당수는 고루하고, 지극히 상식적인 논의라고 치부될 수 있다. 그러나 20세기 초반에 그것은 매우 새롭고 강력한 발상이었다. 사실 그것들은 미국 노동자들에게 심각한 위협으로 보이기도 했는데 이것이 돈의 흐름 안에서 인간적인 정신과 특징의 굴복을 요구했기 때문이다.

현재 우리는 테일러가 주장한 많은 부분을 받아들이고 있으며, 그의 이론은 당시로선 불가능했던 많은 것들을 가능케 했다는 점에서 우수하다고 할 수 있다. 테일러가 업무의 성과에 동기를 연결한 진정한 선구자라는 사실을 알면 많은 사람들이 크게 놀라곤 한다. 현재 돈이 유일한 동기유발 요소라는 것을 믿는 사람은 거의 없으나, 테일러 이전 시대에는 동기가 중요하다고 생각하는 사람 역시 거의 없었다.

테일러주의(Taylorism)와 대조적으로 고전 조직 이론은 조직의 개인 노동자보다 전반적인 것을 강조한 이론이다. 고전 조직 이론은 테일러와 달리 동기를 더 중요하고 좀 더 미묘한 개념으로 바라보는 경향이 있었다. 인간이 일을 하는 데 돈이 유일한 동기유발 요인은 아니라는 것이다. 고전 이론가들은 조직이 인간과 기계의 인터페이스보다 훨씬 더 큰 것이라고 생각했다. 그들은 조직을 사회적 관계, 상호 의존성, 돈보다 더 많은 것을 포함한 동기의 복잡한 망(web)이라고 생각했다. 이는 개인적인 만족을 위한 이상과 가치, 믿음, 요구를 포함하고 있다. 또한 베버와 페이욜과 같은 고전 이론가들은 노동의 분할, 조직의 위계, 권력, 권위의 정의된 체계 같은 조직적인 문제들에 대해서 고민했다. '정오의 출격(Twelve O' Clock High)' 과 '대부(Godfather)' 같은 영화를 보면 리더십, 동기, 고전적인 사상에 대해 많이 배울 수 있다.

고전 이론의 조직 개념

고전 조직 이론가들은 관리의 기반이 될 수 있는 몇 가지 정립된 원칙에 대해 설명하고 확인하고자 했다. 이들 중 가장 많이 알려진 것은 조직 구조에 대한 것이다.

예를 들어 조직에 관한 고전적 관점의 중심은 지배층의 개념이다. 고전 이론가들의 용어로는 계층화의 원칙(scalar principle)이라고 하며 실제에서는 일반적으로 계선 조직과 참모(line and staff)를 의미한다. 그 내용은 다음과 같다. 권력과 책임감은 조직의 가장 높은 계급에서 가장 낮은 계급의 사람에게 가능한 한 직접적이고 계속적으로 이어져야 한다는 것이다. 이런 일반적인 원칙은 현대의 조직 이론가에 의해서 오히려 확산되었다. 이것이 비판받았던 이유는 많은 고전 이론가들이 조직의 여러 요소들이 제한되어 있는 수평적인 관계에 이 개념을 적용하려고 하였기 때문이다. 그렇기 때문에 미국 학교구의 조직에서 부서들이 권위와 책임감을 나타내는 수직적인 선만으로 연결된 것처럼 보이는 것은 결코 우연이 아니다. 일반적인 학교구의 조직은 초등학교 교장이 중학교나 고등학교와의 상호 연결 없이 교육감에게 바로 보고하는 모습을 보여 준다. 사실 이러한 경우 세 단계(초등학교, 중학교, 고등학교) 사이에는 본질적으로 기능적인 교류가 없는 것이다.

고전 조직 이론의 또 다른 핵심은 명령 통일(unity of command)이다. 이것은 조직에서 어느 누구도 한 명의 교육감 이외의 누군가로부터 명령을 받으면 안 된다는 것이다. 페이욜은 이런 관점에서 테일러를 신랄하게 비판했다. 왜냐하면 테일러는 노동자들이 8명의 상사로부터 각각 명령을 받는 것을 승인한 기능별 직장제(functional foremanship)를 선호하였기 때문이다. 조직과 업무가 시간이 지나면서 더 복잡해짐에 따라 이 원칙은 변화하는 조건에 맞추어 여러 차례 수정되면서 많이 약화되었다. 학교구의 조직도는 이러한 원칙을 종종 반영하지만 실제로 적용되지는 않는다.

예를 들어, 몇 개의 학교에 임용된 초등학교의 음악 교사는 수업을 위해 한 학교에서 다른 학교로 이동하면서 시간을 보낸다. 학교구의 조직이 이 음악 교사를 음악 교과의 책임자로 보고하더라도, 또한 그 교사가 공식적으로 책임자로 평가받는다고 하더라도 학교에서 일을 할 때 그 교사는 실제로 교장의 지시에 따른다. 이러한 상황에서 그 음악교사는 최소한 두 명의 상급자로부터 지시사항을 전달받으며, 그들 모두로부터 책무성을 요구받게 된다. 심지어 교장과 책임자가 서로의 관심과 의도를 조정하거나 동의하지 않는다고 하더라도 이러한 상황은 마찬가지다.

의사결정이 필요할 때는 예외적인 규칙(exception principle)이 적용되는데, 이에 따르면 의사결정은 규칙과 진행 절차의 기준 및 행정 매뉴얼처럼 구성원들에게 위임된 형태로 진행될 수 있다. 이것은 고위관리직의 구성원들을 규칙에서 예외적인 상황을 다뤄야만 하는 일상으로부터 해방시켜 준다. 이 원리 또한 광범위하게 수용된 것으로서 권한위임과 모든 결정 사항들이 조직의 가장 낮은 단계에서부터 이루어져야 한다는 개념을 내포하고 있다. 이것은 고전 이론에서 가장 일반적으로 적용될 수 있는 원칙이다.

통솔의 범위(span of control)는 고전 조직 이론의 주요 사상을 폭넓게 논의하고 있다. 이 개념의 핵심은 감독자나 행정가에게 보고할 수 있는 사람의 수를 한정시키는 것이다. 이 원칙의 상당 부분은 스트레스가 많고 불안정하며 긴급 상황에서 신뢰할 수 있는 통제와 협조 체제가 필요한 군대 조직에서 비롯되었다. 다른 종류의 조직에 이 개념을 적용하는 것은 이해보다는 많은 논란을 야기한다는 문제가 있다. 많은 이론가들이 행정가에게 보고하는 사람의 수는 보통 3~6명과 같이 적을수록 좋다고 이야기하지만 대부분의 회사에서는 의도적으로 행정가에게 다수의 사람들을 책임지도록 하고 있으며 구성원들에 대한 의사결정을 강요하도록 대표권을 주고 있다.

고전적 및 신고전적 행정 개념

조직과 행정의 관료제 및 과학적 관리론과 관련된 고전적인 행정의 개념은 20세기 초반에 발전되어 한동안은 별다른 도전을 받지 않았다. 그런데 고전적인 접근 방법을 갑자기 각광받다가 사라진 개념으로 보는 것은 바람직하지 않다. 관료제는 지금까지도 여전히 발전하고 있다. 국세청과 교통부 같은 정부의 관료 체제를 이러한 예로 들 수 있다. 그러나 행정가뿐만 아니라 많은 학자들은 관료주의 조직이 아닌 경우에도 고전적인 관점이 행정의 실제에 가장 좋은 기반이 된다고 믿고 있다. 다수의 책무성 프로그램, 경쟁 기반의 프로그램, 그리고 목표관리 기법 등은 고전 조직 개념에 따라 운영되고 있다. 예전의 고전적 개념의 새로운 등장은 흔히 신고전주의(neoclassical) 또는 신과학주의(neoscientific)로 언급되고 있다.

인간관계론

과학적 관리론의 원칙이 많은 관심 속에서 산업에 적용될 시점에, 사람들은 생산

효율성에 대한 인간 요인의 영향에 대하여 보다 명확하게 규명할 필요를 느끼기 시작했다.

웨스턴 일렉트릭 컴퍼니는 당시로선 매우 진보적인 회사 중 하나였다. 이 회사는 생산의 효율성을 최대화할 목적으로 조명의 최적 수준을 결정하기 위해 국가 연구위원회(National Research Council)와 협력했다. 실험 대상은 시카고에 있는 웨스턴 일렉트릭 컴퍼니의 호손(Hawthorne) 공장이었다. 이 연구에는 교육자로 잘 알려진 엘턴 메이요(Elton Mayo)를 비롯한 유능한 연구진이 포함되었다.

이 독창적인 연구는 훌륭하게 설계, 수행되었으며 조명의 수준과 노동자의 생산 결과물에는 어떠한 직접적인 관계도 없다는 것을 밝혀냈다. 테일러의 원칙에 따르면 둘 사이의 관계는 분명히 나타나야 하는데 그렇지 않았으므로 이 연구에서 해답을 얻었다기보다는 더 많은 의문점들이 제기되었다.

웨스턴 일렉트릭 컴퍼니 연구

웨스턴 일렉트릭 컴퍼니 연구(보통 호손 연구라고 불림)[1]로 알려진 이 실험은 매우 간단하다. 연구의 가정은 여직원들이 앉아 있는 각각의 조립 공정 라인에 생산성을 가장 높일 수 있는 조도의 수준이 있다는 것이었다. 이것을 알아내기 위하여 실험이 설계, 진행되었다.

1927년, 연구자들은 노동자들을 두 집단으로 나누었다. 하나는 통제 집단으로 실험을 위해 변화된 요소 없이 이전과 똑같은 상태에서 업무를 하도록 설계했다. 다른 하나는 실험 집단으로 여기에는 서로 다른 크기의 전구를 설치하였다. 처음에는 노동자들에게 익숙한 낮은 조도 아래에서의 생산량을 확인하였고 이후에는 점차 조도를 높여 가며 생산량을 기록했다. 그 결과 생산량이 증가한다는 것을 알았다.

두 집단의 차이는 조도의 변화뿐이기 때문에 노동자의 생산성과 조도 사이에 일반적인 관계가 있는 것처럼 보였다. 즉, 조도의 수준이 생산량 변화의 원인일 것으로 추정되었다. 이 실험의 가정은 조도를 높임에 따라 생산량이 증가한다는 것이었

1) 역자 주: G. E. 메이요(G. E. Mayo)와 그의 동료들은 1924년부터 1932년까지 미국의 전화기 제조회사인 웨스턴 일렉트릭 컴퍼니의 호손 공장에서 근무하는 직원들을 대상으로 작업 능률 향상에 대한 실험을 했다. 이 연구는 생산성을 향상시키기 위해서는 물리적 · 경제적 조건보다는 인간관계 및 비공식 조직이 더 중요하다는 것을 보여 주었다.

다. 그렇다면 조도를 제한할 경우 생산량은 더 이상 증가하지 않을 것인가? 조도의 최고 수준이라는 것이 가능한 것일까? 만약 조도를 과도하게 높이면 생산량은 줄어들 것인가? 연구자들이 최고의 성과를 내기 위해 필요한 최적의 조도 수준을 찾는다는 의도로 이 연구를 시작했기 때문에 이러한 질문에 대한 확인은 후속 연구를 통해 이루어져야만 했다. 연구자들은 또다시 무슨 결과가 나타나는지 확인해 보기 위해 조도를 높였고 생산량은 또 증가한 것으로 나타났다.

과학적 관리론에서 테일러의 원칙은, 노동자들로부터 최대의 생산량을 얻기 위한 조명의 최대량이 있다고 명확하게 주장했다. 그러나 호손 연구는 최대 생산량과 관련 있는 최적의 조도를 찾아내지 못했다. 작업 공간의 조도를 높였을 때 노동자들의 생산성이 증가하였지만 조도가 일정하게 유지되었을 때도 생산량은 계속 증가하는 것으로 나타난 것이다. 이에 혼란스러워진 연구자들은 조도를 낮추었을 때 생산량이 줄어드는지에 대하여 연구했다. 그동안에도 통제 집단에서는 연구에 참여하기 전과 동일한 양을 생산했다. 이 실험은 어떠한 가정도 확실하게 증명하지 못했다. 그리고 무언가가 계속 진행되었지만 연구 참여자들은 그것이 무엇인지 몰랐다.

이때 현대 조직 행동에 있어서 중요한 순간이 도래하게 된다. 초반의 연이은 연구로 얻은 놀라운 결과에 대해 숙고한 후 연구진은 더 포괄적인 작업 환경 개념과 그것이 인간의 행동에 미치는 영향을 명확하게 나타내는 6개 질문을 제시했다. 이 문항들은 작업 환경과 그것이 인간행동에 미치는 영향력에 대한 개념의 확대를 명확하게 보여 주었다. 또한 생산성은 노동자의 육체뿐만 아니라 태도나 신념과 연계되어 있으리라는 인식을 확장하였다. 호손 연구를 지속시킨 질문은 다음과 같다.

1. 노동자들은 정말로 피곤해지는가?
2. 휴식 시간이 바람직한가?
3. 노동 시간의 단축이 바람직한가?
4. 자신의 업무나 회사에 대한 노동자들의 태도는 어떠한가?
5. 노동 장비의 변화가 효과적인가?
6. 왜 오후에 생산량이 줄어드는가?

이것은 매우 단순하고 직설적인 질문인 것 같지만 이에 대한 대답은 육체적인 것보다 좀 더 정신적인 측면이 강할 것이다. 이러한 궁금증은 행정학 역사에서 가장 지대한 영향을 미친 실험을 시작하게 했다. 즉, 호손 연구로 이어졌고 완전히 이해할 수는 없었지만 몇 가지 사항들을 알게 되었던 것이다. 기대했던 바는 아니었지만 이 연구를 통해 발견한 주요 결과 중 하나는 생산성을 결정하는 중요한 요소로 사람에 관한 변수를 인지했다는 점이다. 이를 바탕으로 1920년대에는 인간관계론의 기초가 정립되었다.[14]

이제 행정가들은 새로운 개념을 현실적으로 사용할 수 있게 되었다. 그것은 ① 도덕, ② 조직 역동성, ③ 민주적 감독, ④ 인간관계, ⑤ 동기부여 등의 행동 개념이다. 특히 감독관들은 인간관계의 개념을 강조하며 민주적 절차, 참여, 동기부여 기술, 리더십의 사회측정법 등을 강조했다.

사회측정법

인간관계론은 사회과학자와 행동과학자, 특히 조직 속에서 상호작용을 하는 개별적 인간행동에 관한 연구를 해 온 집단역학자들의 관심의 대상이 되었다. 수많은 연구들이 인간 집단의 본성에 대해 이해하고, 그것이 어떻게 작동하는지에 대해 좀 더 이해하기 위한 기초를 닦았다. 집단역학자의 초반 연구를 잘 보여 주는 것이 제이콥 모레노(Jacob Moreno)의 연구로, 그는 사회측정법의 기술을 정립하고 발전시켰다. 모레노는 집단 내에서 서로 좋아하고 싫어하는 사람들 간의 그룹이 비공식적인 하위 그룹 형태로 존재한다는 것을 인식했다.[15] 모레노는 노동자들이 가진 매력에 대한 정보를 모으는 기법을 개발하였고, 면담과 단순 설문조사 방법을 이용하여 자료를 수집했다. 이런 정보를 바탕으로 인간 집단의 비공식적이고 사회적인 움직임을 나타내는 소시어그램(sociogram)[2)]을 만들었다. 5명으로 구성된 집단의 일반적인 소시어그램은 [그림 3-1]과 같다. 이를 활용하여 집단의 구성원들에게 '어떤 사람과 가장 일하고 싶은가'라는 식의 간단한 질문을 던지면서 집단의 비공식적이고 사회적인 구조에 대하여 알아낼 수 있다.

2) 역자 주: 조직 내의 인간관계를 계량 사회학적으로 나타낸 도식 및 도표를 의미한다.

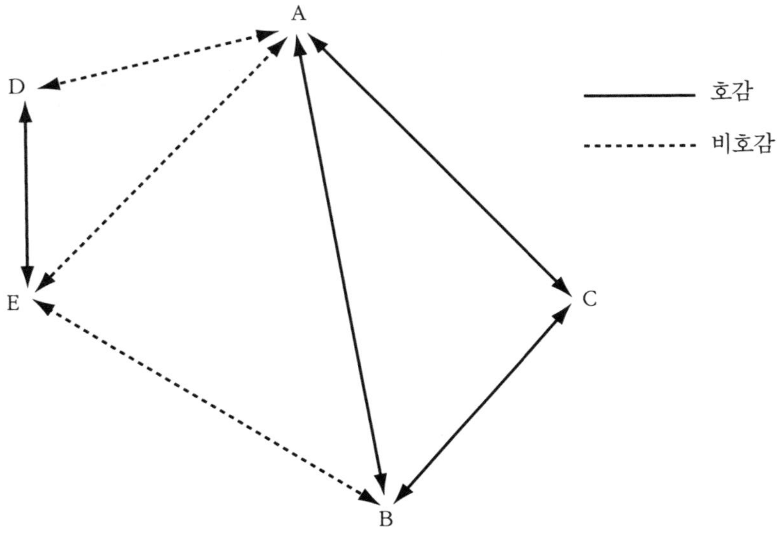

[그림 3-1] 5명 집단의 간단한 소시어그램

집단에서의 행동 양식

인간관계론 접근법에서 나온 또 다른 결과물은 로버트 베일스(Robert Bales)의 연구다. 그는 집단의 구성원들의 상호관계 패턴을 분석하는 체계적인 기법을 개발했다. 본질적으로 베일스의 상호작용 분석 기법은 개인들 사이의 논의에 대한 핵심 사실들을 기록하는 방식으로 구성되어 있다. 기록되는 내용들은 특정 개인 간의 논의가 얼마나 자주 일어나는지, 누가 먼저 시작하는지, 두 사람 간의 이야기인지 또는 전체에 전달되는 내용인지 등에 관한 것들이다.[16] 베일스의 연구는 다른 사람들이 집단의 상호작용 패턴을 공부하는 데 사용할 수 있는 기법을 알려 줄 뿐만 아니라 유용하다고 증명된 집단에 대하여 일반화할 수 있는 장점도 있다.

예를 들어, 베일스는 성공적인 집단은 두 가지 핵심 역할을 하는 사람들을 포함하는 경향이 있다는 것을 최초로 언급했다. 이것은 집단이 과업을 성취하는 데 집중하는 누군가(또는 집단 내의 몇몇 개인)가 필요하며, 동시에 모든 성공적인 집단은 집단 내에서 생산적인 인간관계를 유지시키는 데 관심을 가진 또 다른 이들을 필요로 한다는 것이다. 과업 지향(task orientation)과 관계 유지 지향(maintenance orientation)으로 분류되는 집단행동의 이 두 가지 관점은 집단 기능의 역동성을 이해하기 위한 중요한 가치다.

집단 기능으로서의 리더십

조직을 연구하는 사람들은 리더십에 대해서 상당한 관심을 보여 왔다. 그리고 사회과학자들은 고전적인 관점과는 달리 리더십이 부하들에게 인식된 공식적이고 법적인 권위를 가진 개인 또는 '위대한 사람들(great people)'의 것이라고 생각하지 않았다. 대신 리더십은 부하들과 역동적으로 상호작용하는 절차로 여겨졌다. 예를 들어, 벤저민 월먼(Benjamin Wolman)은 구성원들이 집단의 요구를 만족시키고 동시에 책임감을 갖춘 능력(또는 권력) 있는 사람을 리더로 선발하고자 하는 경향이 있다는 것을 발견했다.[17] 베일스는 리더십을 부여하는 과정에서 개인적인 호감보다는 개인이 조직에 공헌할 수 있는 아이디어를 기반으로 하여 구성원들이 이를 수행할 수 있도록 도와줄 수 있는지의 여부가 중요하다는 점을 강조했다.[18] 헬렌 제닝스(Helen Jennings)는 지배적이거나 공격적인 사람은 집단의 구성원들에게 리더로 인정받기 어렵고 오히려 집단에서 배제되거나 고립된다는 사실을 밝혀냈다.[19]

이런 몇 가지 예시들은 인간관계론이 논의된 시기에 많은 사람들이 수행했던 사회학적 · 심리학적, 그리고 사회심리학적 연구 사례라고 할 수 있다. 실제로 이 시기는 사회심리학이 과학적이고 학문적인 분야로 주목받게 된 시점이다. 레빈은 이 시기에 조직 행동 연구, 그중에서도 집단의 의사결정 분야에 대하여 많은 연구를 했다.[20] 특히 레빈은 그 이후의 학자들에게 큰 도움이 되는 이론적인 관점과 중요한 견해를 발전시켰다. 그와 그의 제자들의 연구는 개인의 성장 훈련(personal growth training), 즉 T-groups 또는 감수성 훈련(sensitivity training)의 실험 방법에 영향을 주었다. 그리고 그 훈련은 7장에서 논의할 조직 발전의 현대적 실제에 대한 기반이 되었다.

무자퍼 셰리프(Muzafer Sherif)는 인간의 사회 체제로서의 폭력조직(street gangs)에 대한 연구를 통해 연구 방법과 통찰의 표본을 제공했고 나아가 초기의 사회심리학 교재를 만들었다.[21] 조지 호먼스(George Homans: *The Human Group*, 1950), 펠릭스 뢰슬리스버거(Felix Roethlisberger: *Management and Morale*, 1950), 윌리엄 풋 화이트(William Foote Whyte: *Human Relations in the Restaurant Industry*, 1948), 프리츠 레들(Fritz Redl: *Group Emotion and Leadership*, 1942), 필립 셀즈닉(Philip

Selznick: *The Leader as the Agent of the Led*, 1951), 앨빈 W. 굴드너(Alvin W. Gouldner: *Studies in Leadership*, 1950) 등은 인간 조직의 행동에 대한 이해와 사상에서 큰 동향을 만들어 낸 이 시기에 많은 이론과 연구물을 발표한 대표적인 학자들이다.

미국 교육에서 인간관계론이 장학사나 초등학교의 교장과 같은 관리자 계급에 미친 영향과 비교해 보았을 때 교육감과 같은 고위 행정가들에게 미친 영향력은 미미했다. 일반적으로 교육감은 위계적인 통제나 권위, 공식적인 조직과 같은 고전적인 개념을 계속적으로 강조하는 반면에 관리자들은 도덕성, 집단의 응집력, 협력, 비공식 조직의 역동성과 같은 인간관계 개념을 강조했다. 미국학교행정가협회(American Association of School Administrators: AASA)와 미국교육과정감독및개발협회(Association for Supervision and Curriculum Development: ASCD)와 같은 대표적인 조직의 발간물이나 회의록을 살펴보면 대부분 교육행정가로서의 역할에 대해 예산과 정치, 통제, 상명하달 방식에 의한 권력의 비대칭성 등을 강조하는 사람이 있는 반면에, 참여와 의사소통, 지위-권력 관계를 중요하게 생각하지 않고 교수 활동과 교육과정에 관심을 갖는 행정가들이 있다는 것을 알 수 있다. 이러한 차이점은 행정가들이 인간관계론을 어느 정도 받아들였다는 것을 의미하며 이는 1980년대까지 계속되었다.

조직 구조의 역설

많은 사람들은 조직에 대해 뿌리를 내린 나무, 혹은 높이 솟아 있는 빌딩과 같이 유형의 실체가 존재하는 것으로 생각했으며, 이러한 조직 구조에 대해 많은 논의와 연구를 진행해 왔다. 그러나 조직은 실재하지 않으며 마음속의 개념으로만 존재하고 있는 사회적 관례 또는 관습일 뿐이다. 그리고 이것은 뚜렷한 개념을 가지고 있지만 만져지지는 않기 때문에 그 무게를 느끼거나 만지거나 측정할 수는 없다. 조직은 단지 인간의 발명품이자 이에 대한 개념일 뿐이다. 만약 당신이 조직에 대하여 다른 내용을 배우지 않았다면 이것은 기본적으로 알아야 할 사항이다. 조직은 우리가 생각하는 것, 그리고 다른 사람들이 생각하는 것일 뿐 그 이상의 무엇도 아니다.

조직 이론화 운동

조직의 고전적인 접근 방식과 관료주의적인 접근 방식은 조직의 구조와 사람들에 대한 위계적인 통제 논리를 강조했다. 뿐만 아니라 조직의 개념을 거의 살아 있는 생물체처럼 실질적이고 만질 수 있는 실체로 구체화했다. 조직에 관한 초기 문헌에서 조직은 공식적 조직을 의미했다. 오늘날 이러한 견해는 일반적으로 구조주의(structuralism)라고 알려져 있다. 구조주의 학자는 적절한 구조화가 조직의 성과를 개선시켜 줄 것이라고 생각한다. 우리가 작은 학교구를 큰 학교구로 통합하거나 단위학교 책임경영제(school-based management)를 적용하거나 중학교를 설립하여 초등학교와 고등학교 간의 간극을 조정할 때, 구조주의 학자들의 아이디어는 행정이 실현될 수 있도록 안내자의 역할을 해 준다.

그러나 조직은 그 구조를 강화하고 설명하기 위한 공식적 조직과 규칙 및 규정을 가지고 사람이 살고 있는 곳이다. 조직 내의 사람들은 그들의 인간적인 신념, 태도, 가정, 희망, 두려움 등을 가지고 있다.

이러한 사람의 내면적인 상태는 종합적으로 조직이 실제로 무언가를 만들어 가는 데에 도움이 된다. 그러므로 심리학적 사고가 조직과 행정 연구에 필요하다. 조직에 대한 이러한 개념을 강조하는 사람들은 조직 내 구성원들 사이의 관계 변화가 조직의 성과에 큰 영향을 미칠 것이라고 확신한다. 이것은 1960년에 비공식적(informal) 조직 또는 조직의 인간적인 측면(human side) 등으로 명명되었으며, 오늘날에는 조직에 대한 인간 중심적 접근(people approaches)이라고 한다. 의사결정 과정에 조직의 구성원들을 참여시키고자 하고, 구성원들의 동기부여를 위한 욕구에 적절하게 관심을 기울이며, 팀워크를 통한 협동성을 향상시키고자 할 때 우리는 인간 중심적 접근을 사용하게 된다.

그러나 1937년부터 5년 동안, 제2차 세계대전 이후 행정의 사상과 실제에 새로운 영향력을 미친 3권의 중요한 책이 발간되었다. 첫 번째는 1938년에 발간된 체스터 바너드(Chester Barnard)의 『관리자의 기능(*The Function of the Executive*)』이다. 뉴저지(New Jersey) 벨 전화 회사(Bell Telephone Company)의 부회장이었던 바너드는 윌슨의 논문 「행정의 연구(The Study of Administration)」가 발간된 이후 다양한 사상의 학파들에 나타나 있는 개념들을 선택하여 통합하였으며 자신만의 수많은 새로운 관점들을 소개했다. 그는 호손 연구를 수행했던 과학자와도 많은 이야기를 나누었다. 이 책에서 다루는 논의와 가장 밀접하며 그가 한 공헌들 중에서 가장 중요한 것 중 하나는 바로 공식적 조직과 비공식적 조직 간의 관계를 이해하는 것의 중요성을 설명했다는 것이다. 이런 선구적인 연구에서 바너드는 ① 행정 조직의 형식적·공식적·구조적 측면만을 강조하는 것은 환상에 불과하며 ② 경영진이 노동자의 영감과 요구, 조직의 목적과 요구 사이의 관계를 중요시해야 한다는 점을 지적했다.

이듬해(1939년)에 펠릭스 J. 뢰슬리스버거(Felix J. Roethlisberger)와 윌리엄 J. 딕슨(William J. Dickson)의 『관리와 노동자(*Management and the Worker*)』라는 두 번째 책이 발간되었다. 이 두 학자는 공식적 조직과 비공식적 조직 사이의 역동적인 상호작용에 대한 새로운 관점을 발표했다. 호손 연구에서 수집된 자료를 근거로 저자는 비공식적 조직이 놀라울 정도로 복잡하며, 노동자들의 행동뿐만 아니라 자신들이 통제 기능을 한다고 생각하는 관리자와 감독관의 행동까지 통제할 수 있는 힘을 가졌다고 설명했다. 그가 설명한 개인적인 욕구, 비공식적 집단, 사회관계에 대한 강조는 사회과학자들에게 즉각적인 지지를 받았으며 공식적 조직에서 인간관계 개념을 고려한 '관리의 철학(philosophy of management)'을 이끌어 낼 수 있었다.[22]

세 번째 책은 1947년에 발간된 허버트 A. 사이먼(Herbert A. Simon)의 『행정 행동(*Administrative Behavior*)』이다. 정치과학, 심리학, 경영학의 다양한 배경을 가진 사이먼 교수는 제목에서도 나타나듯이 의사결정과 같은 주요한 행정 절차들에서 인간행동의 중요성을 밝히려고 했다. 이 책은 다른 책들보다 더 신선하고 새로운 행정의 개념을 정립하였으며, 저자는 제2차 세계대전 이후에 이와 같은 새로운 접근법에 가능성을 두었던 사회과학자들과 행동과학자들 사이에서 선두 자리에 서게 되었다.

비록, 고전주의적 인간관계 접근법들을 지지하는 연구자들이 이후에도 계속 존재하였지만 가장 활발한 행정 연구는 새로운 행동에 관한 개념들을 확장시키고 발전시키는 영역에서 이루어지고 있었다. 여러 학문 분야 또는 학문 전통을 가진 과학자들은 이후에도 지속적으로 연구 및 이론들을 발표했다. 1950년대와 1960년대에 발간된 유명한 책들은 다음과 같이 저자들의 학문 전통에 따라 크게 분류하여 그 안에서 연도별로 정리할 수 있다. 이것은 각 분야 발전의 개요를 보여 주는 것이기도 하다.

• 심리학과 사회심리학

- Alvin W. Gouldner, ED., *Studies in Leadership*(1950)
- Chris Argyris, *Personality and Organization*(1958)
- Bernard M. Bass, *Leadership, Psychology, and Organizational Behavior*(1960)
- Muzafer Sherif, ED., *Intergroup Relations and Leadership*(1962)
- Rensis Likert, *The Human Organization: Its Management and Value*(1967)

• 사회학

- Amitai Etzioni, *A Comparative Analysis of Complex Organizations*(1961)
- Peter M. Blau and W. Richard Scott, *Formal Organizations*(1962)
- Charles Perrow, *Organizational Analysis: A Sociological View*(1970)

• 인류학

- William Foote Whyte, *Men at Work*(1961)
- Eliot Dismore Chapple and Leonard R. Sayles, *The Measure of Management*(1961)
- Harry F. Wolcott, *The Man In the Principal's Office*(1973)

• 정치학

- Victor A. Thompson, *Modern Organization*(1961)
- Robert V. Presthus, *The Organizational Society*(1962)
- Marilyn Gittel, *Participants and Participation: A Study of School Policy in New York City*(1967)

• 경영학

- Douglas Mcgregor, *The Human Side of Enterprise*(1960)
- Rensis Likert, *New Patterns of Management*(1961)

– Alfred J. Marrow, David G. Bowers, and Stanley E. Seashore, *Management by Participation*(1967)

인간관계론과 조직 행동

인간관계라는 용어는 목적을 달성하기 위한 모든 상황에서 사람들 간의 상호관계를 의미하는 포괄적인 개념이다. 그렇기 때문에 이것은 사회적인 동호회, 회사, 학교, 정부기관 또는 그 밖의 모든 사회 집단을 포함하여 두 명 이상의 사람들이 행복하고 생산적인 삶을 함께 살아가는 것을 추구하는 경우에 적용된다. 인간관계의 주제가 되는, 인간의 상호관계를 규제하는 사회적 구조(예를 들어 정부, 회사 등)는 아마도 공식적이고 명확하며 쉽게 드러날 것이다. 그렇지만 그것은 비공식적이고 때로는 불분명한 경우도 있어 정확하게 묘사하기가 어려울 수도 있다. 감옥의 수감자들 간의 권력 구조, 학교 직원 또는 이웃 간의 사회적 체제 등이 그 예다.

조직 행동은 인간관계의 일반적인 개념보다 좀 더 자세한 개념이다. 조직 행동은 공식적인 조직 환경 속에서 인간행동을 예측하고 이해하며 기술하고자 하는 규칙이다. 규칙으로서 조직 행동의 주요 특징은 구체적으로 다음과 같다. ① 조직은 그 구성원들의 행동에 지대한 영향을 주는 맥락적 환경과 배경을 형성한다. ② 조직의 내부 환경은 조직이 속한 더 큰 맥락에 의해 영향을 받는다(예를 들어, 조직을 지탱하는 사회적 · 정치적 · 경제적 · 기술적 체제). 인간행동을 유발하고 형성하는 데에 큰 영향을 미치는 조직의 내부 환경과 맥락은 물질적이고 실체적인 것일 뿐 아니라 살아 있는 인간 체제의 사회적이고 심리학적인 특징을 포함한다.

관리와 행정은 최대의 효과성을 얻기 위해 조직의 내부적인 조정을 감수해야 할 책임이 있다. 인간관계 연구 초기에는 관리자와 행정가들이 조직 내 구성원들의 인간관계를 이야기할 때, 조직 구성원이 보이는 행동의 근원과 조직 자체가 서로 연결되어 있음에도 불구하고 마치 그 두 가지가 분리된 것처럼 이야기하는 것이 일반적이었다. 반면에 현대 행정학에서 목표 지향적인 조직 행동은 결과 중심의 조직에 필수적인 것으로 여겨지며, 협동적인 노력이 관리 정책과 행정 시스템으로 인해 방해를 받아서는 안 된다고 생각한다.

20세기 중반까지 교육행정 영역은 행정학이 전문 연구 분야로서 크게 발전해 나아가는 것에 그리 영향을 받지 않았다. 왜냐하면 교육행정학 수업에서 다루어지는 내용들은 학문적 사고와 연구의 중심으로부터 크게 벗어나 있었기 때문이다. 일류 대학에서조차 교육학과는 같은 캠퍼스 내의 경영대학 또는 행동과학을 다루는 타 학과와 거의 접촉을 하지 않았다. 전통적으로 교육행정 분야에서는 교육감이 수업을 진행했고, 그들의 지식은 최일선에서 힘들게 얻은 오랜 경험에서 나온 것이었다. 교육행정학 관련 수업은 행정가들이 과거 경험으로부터 나온 문제해결 중심의 실제에 관심을 갖는 경향이 있었다. 과목의 내용은 동질적인 학생들이 모여 있는 학교구 안에서 문제해결을 위한 행정가들의 기법을 공유하는 것이 중심이 되었다.

20세기 초반의 교육행정학 연구는 현재의 문제나 수합된 의견에 대한 기술 연구로 이루어지고 있었다. 교육행정의 연구 중에서 이론적 가설을 검증하는 것은 거의 없었고, 또한 행동과학자로부터 발전된 식견이나 연구 방법을 포함한 것도 거의 없었다. 밴 밀러(Van Miller)는 다음과 같이 말했다.

> 행정학과 관련된 많은 연구물은 과거 중심의 연구를 해 왔다. 행정 경험의 교환이 아주 많이 이루어진 데 반해 과학적으로 연구된 것이 얼마나 적은지를 생각해 보면 놀랍기만 하다. 최근에 교육행정과 관련하여 흥미로운 사실은 교육행정이 직업 분야뿐만 아니라 연구와 개발의 한 분야가 되었다는 점이다.[23]

1950년대 중반에 이르러 조직에 관한 새로운 개념이 교육행정학을 공부하는 학생들에게 광범위하게 받아들여졌다. 새로운 개념은 ① 조직의 구조적 특징과 ② 개인의 개별 특성 간의 상호 관계를 인지하고 있다는 것을 특징으로 하고 있다. 이것은 조직 구조와 사람들이 역동적으로 상호 연관되어 있는 일터에서 인간의 행동을 이해하고자 한 것이다.

이러한 관점을 활용하여 조직론자들은 학교 체제와 같이 조직을 사회 체제(social systems)로 개념화하기 시작했다. 인간 집단(human group)[24]은 대부분 인간의 사회 체제(길거리 갱에서부터 취미 클럽, 교회 신자들까지 다양한 집단을 포함하여)를 구성한다는 점이 사실일지라도, 제2차 세계대전 이후에 나타나기 시작한 개념은 조직이 사회 체제의 특정한 유형을 구성한다는 것을 보여 주고 있다. 본질적으로 조직은 분명하고 상대적으로 공식적인 구조를 가지고 있다. 예를 들면 회사의 볼링 팀, 점심을 같이 먹는 비서들과 같은 비공식적 사회 체제와 달리 학교 체제와 학교(모두 공식적인 조직)는 다음과 같은 특징을 가지고 있다.[25]

1. 구체적인 목표를 지향한다.
2. 목표를 달성하기 위한 업무는 하위 과업으로 분리되어 조직에서 지위에 따라 공식적인 업무로 사람들에게 할당된다.
3. 지위는 공식적 조직에서 위계적으로 조정되고, 권력관계는 명확하게 설정되어 있다.
4. 일반적이고 공식적인 조직의 규칙은 사람들이 공식적인 능력 범위 안에서 해야 할 일들을 정해 주고, 조직 내 구성원 간의 상호작용을 형성하고 그 범위를 설정해 준다.

1950년대 중반부터 ① 조직 구조의 특징, ② 그 조직 내 개인의 특성(궁극적으로 '욕구'), ③ 업무에서의 행동 등 이들 사이에서의 관계를 더 잘 이해하기 위한 노력이 이루어졌다. 예를 들어 리더 행동에 관한 많은 연구들이 1950년대와 1960년대에 수행되었는데 이러한 연구를 통해 리더십을 이해하는 데 기반이 되는 두 가지 특징적인 행동이 있다는 일치된 결과를 얻었다. 여기서 두 가지 특징적인 행동이란 ① 집단의 업무에 구조를 부여하는 행동(예를 들어 언제, 누구에 의해서 어떤 일이 수행되었는가)과 ② 인간으로서 부하직원을 배려했을 때 그 부하직원에게 인지되는 행동을 의미한다. 경험적으로 얻어낸 이러한 통찰력은 학교 또는 학교 체제뿐만 아니라 기업, 공장, 군대 등 다른 많은 종류의 조직에서도 널리 적용되었다.[26]

이러한 관점에 대한 경험적 연구로부터 얻어 낸 일반화는 다른 리더십 유형보다 사람에 대한 배려와 조직의 구조 둘 다를 강조하는 리더십 유형이 더 효과적이라는 것이다. 이러한 방식으로 조직의 욕구와 개인의 욕구를 모두 충족할 수 있을 것이다. 이 시기의 유명한 사회 체제 모델을 이용한 전형적인 연구 중 하나는 다음과 같은 결과를 보여 주었다. 사람에 대한 배려를 강조하는 교장이 업무 집단에서 구조의 역할을 강조하는 교장보다 교사들을 전문가로 바라보는 경향이 더 강하다는 것이다.[27]

1955~1970년까지 교육행정학 분야에서는 수많은 이론이 정립되었고 상당히 많은 연구물들이 쏟아져 나왔다. 교육행정학은 공립학교 체제와 학교에 이론을 적용함으로써 사회 체제의 기본 개념에 대해서 연구했다. 사회학적 연구 방법을 사용하는 닐 그로스(Neal Gross)는 뉴 잉글랜드(New England)의 교육위원회 위원들과 교육감들의 의사결정 과정에서 합리성을 밝히고자 했다.[28] 다니엘 그리피스(Daniel

Griffiths)는 행정가들의 의사결정 행동의 중요성에 대해 이해할 수 있도록 교육행정에서의 의사결정에 대한 획기적인 연구를 수행했다.[29] 예를 들어, 그리피스의 연구에 기초한 많은 연구들 중의 하나는 다음과 같이 제안했다. 만약 행정가들이 (실제로 최종 의사결정을 하는 일보다) 의사결정의 명확한 과정(process) 및 절차(procedure)를 수립하는 데에 그들의 역할을 한정한다면 행정가들의 행동은 조직 구성원에게 보다 잘 수용될 수 있을 것이다.

학교에서의 커리큘럼 변화의 과정을 이해하는 데 특히 홍미를 가졌던 연구 팀은 다음과 같은 질문에 대해 연구를 수행했다. 주어진 학교 체제에서 행정가와 교사는 의사결정 역할과 책무성에 대한 그들의 인식에 어느 정도 동의하거나 또는 동의하지 않는 경향을 보이는가? 이와 같은 복잡하고 종합적인 연구에서 얻어지는 많은 결과들 중에서 가장 두드러지는 것은 교육감이 조직의 구조를 만드는 것보다 구성원들을 배려하는 것이 보다 가치 있는 행동이라는 점이다.

교육행정가를 양성하는 대학원의 프로그램은 곧바로 조직 행동에 대한 행동과학 및 사회과학의 영향을 반영했다. 리더십, 동기부여, 의사결정, 조직 문화, 갈등 관리, 조직 변화 등과 같은 새로운 행동적 관점의 특징을 지닌 교육과정이 예산에 대한 수업, 법, 학교 장비 및 시설, 설비 등을 대신하여 개설된 사례가 많았다. 이는 곧 교장론, 일반행정 및 인사행정에 관한 교재를 집필하고자 하는 학자들에게 기준이 되었으며, 학자들은 조직 행동 연구와 책에서 기술된 특정 개념의 연관성을 정립하기 위해 노력했다. 많은 교수들은 연구와 컨설팅에서 교사의 현직 교육 활동의 설계뿐만 아니라 학교에서의 실제 문제를 분석을 하기 위해 이 새로운 개념을 사용했다.

결론

학술지, 저명한 언론지 또는 실천가들 사이에서 오늘날 일어나고 있는 학교 개혁과 교육 리더십에 대한 논쟁은, 조직으로서 학교의 본질과 학교에서 일하는 구성원들의 행동에 대해서 상당히 대립되는 아이디어를 가지고 있다. 이러한 논쟁은 조직을 위계적이고 관료적인 체제로 이해할 것인지 아니면 통합적이고 협동적인 체제로 이해할 것인지에 대한 더 큰 논쟁에 뿌리를 두고 있다. 20세기 초반 호손 연구가 발표되면서 시작된 이 논쟁은 집단의 역동성, 그리고 인적자원의 개발과 성장에 의해 지속적으로 발전되어 왔다. 인적자원의 개념은 교육 분야뿐만 아니라 군대와 기업에도 지속적으로 영향을 미쳤으나 리더와 경영자 위치에 있는 많은 사람들은 위계적인 권력관계의 고전적인 개념을 고수하려는 경향이 있었다. 교육학을 공부하는 학생들은 이를 반드시 인식하고 있어야 한다. 그리고 이러한 쟁점사항들을 확인하여 교육 리더십에서 전문적인 실행이 가능하도록 하는 것에 대해 개인적인 의견을 명확히 하는 것이 특히 중요하다.

조직 행동에 관한 인적자원 접근법을 이해하기 위한 노력은 다양한 이론적 관점들을 발전시켰으며, 이를 통해 교육 리더들은 그들이 직면한 쟁점사항에 대해 분명히 인식할 수 있게 되었다. 이 새로운 관점에 대해서는 4장에서 이야기할 것이다.

생각해 볼 문제

1. 이 장에서 다룬 과학적 관리론, 관료주의적 조직 이론, 고전적 조직 이론과 관련된 개념에 대하여 살펴보시오. 오늘날 학교에 맞는 개념은 무엇이라고 생각하는가? 왜 그 이론이 지금까지 효과적이라고 생각하는지 설명해 보시오.

2. 조직은 과학적 관리론, 관료주의적 조직 이론, 고전적 조직 이론 및 인간관계론의 요소들을 지니고 있다. 이 장에서 설명된 개념을 사용하여 당신이 속한 조직의 관리 모델에 대해 설명해 보시오. 당신의 학교 또는 업무 환경에서 조직에 가장 효과적인 관리 모델이 존재한다고 생각하는가? 만약 그렇다면 그 이유를 설명해 보시오. 당신이 생각한 관리 모델로 어떠한 성과가 나타날 것이라고 생각하는가? 만약에 이것이 바람직하지 않은 조직 모델이라면 대안을 제시해 보시오.

3. 당신이 속한 학년, 부서 및 학교에서 교사와 행정가의 소시어그램을 그려 보시오. 어떤 것이 비공식적인 관계 구조를 분석하는 데에 가장 도움이 되는가? 얼마나 많은 비공식적 집단이 있는지, 그리고 그 집단의 크기는 어떠한지 결과를 분석해 보시오. 그것들은 영향력을 가지고 있는가? 그것들은 조직과 동떨어져 있는가? 그것들은 학교의 공식적인 의사결정 구조와 연관되어 있는가?

4. **나만의 게임 플랜 만들기** 3장에서는 조직과 행동을 이해하는 두 가지 접근법에 대해 기술했다. 하나는 고전적인 개념(조직은 위계적이고 관료주의적인 특성을 가짐)에서 나온 것이고 다른 하나는 인간관계론의 관점(조직은 공동체적이고 협동적인 특성을 가짐)에서 나온 것이다. 학교 개혁이 진행되는 지금도 두 가지 관점은 여전히 존재하고 있으며 리더인 당신의 관심을 얻기 위해 서로 경쟁하고 있다. 학교에서 리더십을 발휘하기 위한 당신의 계획을 써 보시오. 이 두 가지 개념에 대해 설명하고 쟁점과 관련하여 당신의 생각을 표현해 보시오.

- 조직과 인간행동에 대한 이 두 가지 관점 중 당신은 학교의 리더로서 문제를 분석하는 데에 어떠한 관점이 더 유용하다고 생각하는가? 당신은 업무를 수행하는 과정에서 이러한 생각들을 어떻게 설명하겠는가?
- 앞에서 논의한 것과 현재 학교에서 발생하는 인간관계의 문제들(동기부여, 학생의 성취도, 사기 등) 사이에는 어떤 연관성이 있다고 보는가?

추천도서

Callahan, Raymond E. *Education and cult of Efficiency.* Chicago: University of Chicago Press, 1962.

이 책은 20세기 초반의 사건들에 대하여 설명하고 있다. 이때는 미국 기업의 리더들이 조직적 가치와 목표를 세우기 위해 전 지역에 걸쳐 학교 이사회를 압박하여 공립학교를 발전시키려고 하던 시기다. 만약 당신이 뿌린 대로 거둔다는 것을 믿는다면 이 환상적인 책에서 강력한 메시지를 찾을 수 있을 것이다.

Etzioni, Amitai. *Modern Organizations.* Englewood Cliffs, NJ: Prentice-Hall, 1964.

현대의 조직 사고의 개념에 대하여 매우 명쾌하고 읽기 쉽게 설명하고 있다. 조직 행동에 관한 문헌 중에서 진정한 고전이라고 할 수 있다.

Morgan, Gareth. *Images of Organizaion.* Beverly Hills, CA: Sage Publications, 1986.

이 책은 조직에 대한 일곱 가지 다른 관점에 대해 설명하고 있으며 기계, 정치 체제, 문화 등 조직에 대한 비유를 적절히 사용하고 있다. 저자는 각각의 비유를 사용하여 여러 조직의 장점과 단점에 대하여 설명하고 있다.

Rothewell, William J., and Roland L. Sullivan. *Practicing Organizational Development: A Guide for Consultants* (2nd ed). Hoboken, NJ: Pfeiffer: A Wiley Imprint, 2005.
이 책은 1995년에 처음 발간되었으며, 우리 책에서 중요하게 다룬 마거릿 휘틀리(Margaret Wheatley), 에드거 샤인(Edgar Schein), 로버트 태넌바움(Robert Tannenbaum)이 쓴 교재들의 주요 내용을 간추린 부분이 포함되어 있다. 또한 학교가 조직 발전 과정을 수행할 수 있도록 이론과 체험 활동, 사례 등을 다루고 있다.

CHAPTER 4

조직 이론

사례 두 교장에 관한 일화

메이비스

교원들은 메이비스(Mavis)를 매우 유능하고 똑똑한 리더로 생각하고 있다. 메이비스는 학교 목표 달성에 관심을 보이는 각종 위원회가 의사결정의 권한을 갖는 조직을 구성하기 위해 교원들과 협력하고 있다. 위원회로는 교육과정, 규율, 직원 연수, 조직/계획, 개혁 등에 관한 각종 위원회 및 필요시 구성되는 임시 위원회 등이 있다. 교원들이 이 위원회 중에서 참여하고 싶은 3개의 위원회를 고르면, 리더십 위원회에서는 그들 중에서 업무 지향적이고 매우 협조적이며 다른 동료를 지원하고자 노력하는 교원을 선발하게 된다. 그리고 메이비스와 리더십 팀이 위원회 임무에 대해서 가장 체계적으로 알고 있는 구성원을 위원회의 의장으로 선택한다. 선발된 의장들은 학교 운영위원회에서 일을 하며 모든 위원회가 협력하여 학교의 전반적인 목표를 향해 나아갈 수 있도록 최선을 다한다. 팀의 리더들과 교장의 리더십 위원회 또한 학교 운영위원회에서 활동한다.

찰리

교원들은 찰리(Charley)를 매우 체계적이고 결단력 있는 사람으로 인식한다. 그는 이 학교에서 15년간 교장으로 재직해 왔다. 학교 조직은 학년별 팀으로 구성되어 있다. 찰리는 과도하게 많은 각종 위원회 때문에 교원들이 교수 계획을 세우는 데 필요한 시간을 낭비하고 있다고 생각한다. 각각의 학년별 팀은 찰리를 한 달에 한 번 만난다. 찰리는 이 회의를 위해 계획을 세우고, 각 팀에서 아이디어를 얻은 후 최종 결정을 한다. 그는 팀들을 총괄하는 것이 학교가 전반적 목표들에 도달해 가는 데 필요한 일이라 확신한다.

1. 두 교장이 구성한 각 조직의 구조를 분석하시오. 어떤 구조가 학교 목표를 달성하는 데 있어서 더 효과적인 결정을 내릴 것이라고 생각하는가? 그 이유는 무엇인가?
2. 당신이라면, 어떤 교장과 함께 근무하고 싶은가? 그 이유는 무엇인가?

1장에서 우리는 리더가 학교를 조직으로 생각할 때 갖게 되는 두 가지 주요한 이론에 대해 강조했다. 하나는 전통적인 관료제 이론이고 다른 하나는 최근에 대두되고 있는 인적자원 이론이다. 우리는 또한 맥그리거의 X 이론과 Y 이론을 자세히 설명했는데 이는 리더가 조직에서 일하는 사람들에 대해 가지고 있는 매우 다른 가정들을 명확히 보여 준다. 리더들은 이러한 가정에 따라 서로 다른 두 가지 접근 방식 중 하나를 택한다. 이 장에서 우리는 1장에서 언급했던 세 가지 기초적인 조직 이론을 바탕으로, 이를 확장시켜 널리 적용되는 여섯 가지의 이론적 개념은 간단히 설명하고 논의해 보도록 하겠다.

조직의 이론적 모형들을 묘사하는 것은 텔레비전에서 축구 시합 해설자가 사용하는 설명용 도표의 전자 버전과 상당히 유사하다. 그들은 시합의 전반적인 기본 개념을 제시하고 설명한다. 하지만 그러한 개념들은 사람들의 행동에 존재하고 있는 불확실성과 예측 불가능성의 맥락 안에서 이해되어야 한다. 모형들은 조직이 어떻게 운영되는지, 조직의 문제를 다루는 데 있어 어떻게 효과적인 리더가 될 수 있는지에 관한 정신적인 로드맵으로서 유용하다. 우리는 조직의 문제를 실질적으로 분류하는 데 그러한 로드맵을 사용할 수 있다. 그러므로 이론과 모형은 조직 행동과 관련된 중요한 문제들을 명확히 하는 데 도움이 된다. 그러나 이러한 이론과 모형이 조직 운영기제(mechanism)를 있는 그대로 묘사하는 것은 아니기 때문에 잘못 이해될 때도 있다.

예를 들어, 몇몇 사람들은 조직의 체제 이론을 구식 시계장치에 비유하며 열광적으로 이야기하곤 한다. 구식 시계장치에서는 정확하게 예측 가능하도록 시계추가 움직이고 톱니바퀴가 돌아가며 스프링이 풀어진다. 이에 따라 다른 부품들 역시 정확히 예측 가능하도록 동시에 움직여서 바람직한 결과, 즉 정확한 시간을 알려 준다. 그러나 이러한 간결함, 정확함, 체계, 질서, 그리고 확실성을 추구하는 사람들에게는 안타까운 일이지만 조직, 특히 교육 조직은 인간에 관한 논의이기 때문에 기계론적 관점에 따라 간결화될 수 없다. 우리가 인간 사회 체제에 대해 이해하는 것은 효과적으로 그것을 다루기 위한 기본이 된다.

조직 구조와 인간

반세기 이상 조직 이론에서 지배적이었던 중요한 주제 중 하나는 조직 구조와 인간 사이의 상호작용이었다. 예를 들어, 조직의 구조는 조직에서 인간행동의 주요한 결정 요인이라고 할 수 있다. 이와 관련하여 한 연구에서는 다음과 같이 기술하였다.

> 교정학(penology) 분야 또는 청소년 교화 시설이나 정신병동, 인간 교화 시설에서 끊임없이 제기된 불만 중 하나는 더 나은 직원에 대한 필요성이다. 그들의 문제는 고급 인력의 부족에서 비롯된다고 알려져 있다. 더 자세히 말하자면, 경비원이나 시설 보모, 잡역부로 채용할 수 있는 유형의 사람들은 교육 수준이 너무 낮고 인간을 너무 단순하게 생각하며 가혹한 경향이 있다. 이러한 사람들은 또한 지시와 훈육이 모든 문제를 해결할 수 있다고 믿는다.[1]

그러나 이 연구에서 페로우(Perrow)는 다음과 같이 이전 연구의 결과를 기술하고 있다. 청소년 교화 시설 지원자가 입사 시험을 치를 당시에는 상당히 계몽적이고 관대한 것으로 나타났지만 그들이 한동안 시설에서 일한 후에는 덜 관대하게 되었고, 범죄 원인과 비행청소년 처리와 관련하여 가혹하고 비계몽적인 관점을 보였다는 것이다. 즉, 조직의 힘이 구성원들의 관점, 태도, 그리고 더 나아가 행동을 형성한다는 것을 볼 수 있었다.

그럼에도 불구하고 많은 조직 이론 관련 문헌들에서는 조직 구성원이 조직의 구조를 형성하는 경향이 있다고 믿고 있다. 기존 문헌에서는 조직 내 의사결정, 지도성, 갈등 관리 등의 상황에서 조직 구성원의 행동이 조직의 구조, 가치, 그리고 관습에 미치는 영향력에 초점을 맞추고 있다. 특히, 조직의 수행능력을 향상시키는 전략들에 많은 관심을 기울여 왔다. 그러한 노력은 효과적인 조직 행동을 이끌어 내는 방안을 모색함에 있어 조직 구조에 변화를 주기보다는 조직 내 사회 환경의 특성과 질을 바람직한 방향으로 변화시키기 위해 조직 구성원들을 관리하는 전략에 초점을 맞추어 왔다. 다시 말해, 우리는 학교의 조직 문화와 이를 변화시키는 것에 대해서 논의해야 할 것이다.

일반 체제 이론

조직 행동을 기술하고 설명하고 예측하려는 시도는 모든 과학적 사고가 그렇듯, 대개 체제 이론에 의존한다. 일반 체제 이론은 생물학자인 루트비히 폰 베르탈란피(Ludwig von Bertalanffy)가 처음으로 기술한 것으로 알려져 있다.[2] 일반 체제 이론의 기본 개념을 서술하는 방식 중 하나는 다음과 같다.

> 유기체는 상호 의존적인 구조와 기능의 통합 체제다. 유기체는 세포로 구성되어 있고 세포는 상호 협조적으로 작용해야 하는 분자들로 이루어져 있다. … 각 분자는 다른 분자들이 무엇을 하고 있는지 알아야 한다. 각 분자는 메시지를 받을 능력이 있어야 하고 규칙에 따르도록 충분히 훈련되어 있어야 한다. 당신은 규칙을 규정하는 법에 관해 잘 알고 있으며, 우리의 생각들이 어떻게 발달해 왔는지, 그리고 그 생각들 중 가장 조화롭고 건전한 것이 어떻게 생물학의 기초인 개념체(conceptual whole)로 융화되어 조화를 이루게 되는지를 알고 있다.[3]

위 내용은 현재 물리학과 사회과학에서 일반적으로 사용되는, 복잡한 상황에 대해 생각하는 기초적인 방식을 보여 주고 있다. 생물학에 대한 위 서술에서 유기체 대신 조직을, 세포 대신 집단을, 분자 대신 개인을 대입시키면 조직에 대한 적절한 비유가 된다.

> 조직은 상호 의존적인 구조와 기능의 통합 체제다. 조직은 집단으로 구성되어 있고, 집단은 상호 협조적으로 일해야 하는 개인들로 이루어져 있다. 각 개인은 다른 사람들이 무엇을 하고 있는지 알아야 한다. 각 개인은 메시지를 받을 능력이 있어야 하고 그 내용에 따르도록 충분히 훈련되어 있어야 한다.[4]

간단한 예를 들어 보자. 어린아이는 가까운 연못을 어른들 눈을 피할 수 있는 멋진 놀이터로 생각할지도 모른다. 어부는 그곳을 물고기를 잡을 수 있는 훌륭한 장소로 생각할지도 모른다. 농부는 작물에 물을 공급할 수 있는 좋은 수원으로 생각할 것이다. 그러나 생물학자는 연못을 상호 의존적인 생물들이 연못을 포함하는 더 큰 환경(예를 들어, 공기와 햇빛)에 의존하고 있는 하나의 생물 체제로 보는 경향이 있다. 연못을 이해하고 설명하는 데 있어 우리가 각기 다른 수준의 이해력을 가지고 있다는 것은 명백하다. 그러나 생물학자들이 연못을 하나의 체제로 생각할 경우 많은 양의 물을 퍼 올리는 것이나 물고기의 개체수가 증감하는 것과 같이 연못에서 일어날 일들에 대해 좀 더 정확히 예측할 수 있다는 점에서 분명 이점이 있다.

인과관계를 다루는 데 있어서의 이러한 이점은 조직 문화에 대한 연구에서 체제 이론을 매우 영향력 있게 만들었다. 우리 문화에서는 다양한 사건들이 하나의 원인으로 인해 발생했다고 보는 경향이 있다. 그러나 실제로는 비교적 단순한 사건이라도 원인은 복잡한 경우가 종종 있다. 우리는 이러한 사실을 받아들이기를 꺼려하거나 거부하며 대신 문제에 단순한 인과관계 논리를 적용하려 한다.

이는 자동차 사고에 대한 미국 의회의 관점에서도 나타난다. 의회는 자동차를 교통사고의 주원인으로 주목한다. 이러한 관점에서 논리적 사고의 흐름은 다음과 같이 나타난다. 만약 우리가 자동차 제조업체들로 하여금 자동차 설계를 개선하고 특정한 기계적 안전장치를 장착하도록 요구한다면 결과적으로 고속도로에서의 대형 참사는 줄어들 것이다.

그러나 자동차 사고가 실제로는 훨씬 복잡하고 상호 관련된 다양한 변수들에 의해 일어난다는 것이 좀 더 면밀하게 이루어진 연구에서 밝혀졌다. 자동차 설계는 한 가지 원인이지만 도로 상태, 사회 관습과 운전자의 정신적 상태 등 무형 변수들에서도 그 원인을 찾을 수 있다. 이러한 각 조건들을 살펴볼 때, (예를 들면, 왜 도로는 그러한 방식으로 지어졌는가? 왜 운전 중에 휴대폰 통화를 하는가? 왜 운전자는 길을 양보하지 않는가?) 우리는 각각이 복잡하게 얽혀 있는, 서로 관련되어 있는 요소들의 일부분이라는 것을 알게 된다. 다시 말해, 자동차 사고를 줄이는 방법은 원인이 되는 요소들의 복잡한 하위 체제에서 상호 관련된 요소들을 분석해야 알 수 있다.

체제 이론은 어떤 현상이 하나의 원인에서 기인한다고 보는 경향을 경계한다. 마찬가지로, 우리는 차가 잘 작동하지 않을 때, 종종 문제에 대한 체제적 접근을 한다. 즉, 우리는 엔진을 구성하는 하위 체제(예를 들어 점화장치 체제, 연료 공급 체제, 배기관 체제)의 기능과 상호 관련성을 이해하고 있는 사람으로부터 정비를 받는다. 바로

글상자 4-1

피터 센게(Peter Senge)와 다섯 가지 원리

변화, 모호성, 빠르고 확실한 조직의 성과에 의해 지배되는 세계에서는 새로운 사고방식이 요구된다. 그러한 조건 안에서 학교는 빠르게 배워야 한다. 지난 몇 년간 발행된 여러 저작물에서 피터 센게는 교육 조직이 학습하는 조직이 되는 데 체제적 사고(systems thinking)가 얼마나 중요한지를 밝혀내려 노력했다. 센게는 체제적 사고가 다른 네 개의 원리와 통합되는 것이 중요하다고 생각했기 때문에 그것을 다섯 가지 원리라고 불렀다. 네 개의 다른 원리는 개인적 숙련(personal mastery), 정신 모형(mental model), 팀 학습(team learning), 그리고 공유된 비전 형성(building a shared vision)이다. 센게는 "모든 학교구, 지역사회, 또는 교실에 주목할 만한 체제가 무수히 많을 것이다. 학교구의 관리 과정, 특정 정책의 영향, 노동과 관리 사이의 관계, 교육과정 개발, 학생 지도에 관한 접근법, 그리고 교직원들의 지배적 행동 양식 등이 그 예다. 모든 아이들의 삶이 체제이며, 모든 교육 관행 역시 체제다."* 라고 말한다. 센게는 이러한 복잡한 환경 속에서 체제적 사고의 경험이 있는 사람들은 관심의 지속기간이 짧은(short-attention-span) 문화에서 더 많은 영향력을 가지고 행동할 수 있다고 생각한다.

* Peter Senge et al., *Schools That Learn: A Fifth Discipline Fieldbook for Educators, Parents, and Everyone Who Cares about Education* (New York: Doubleday/Currency, 2000, p. 78)에서 발췌.

이러한 하위 체제(subsystems)와 복합적 인과론(multiple causation)적 개념은 체제 이론(system theory)의 핵심이다.

사회 체제 이론

체제는 크게 두 가지 유형으로 나눠질 수 있다. 환경과 상호작용하는 개방 체제(open systems), 그리고 환경과 상호작용하지 않는 폐쇄 체제(closed systems)가 바로 그것이다. 사회 체제 이론은 일반적으로 개방 체제를 다룬다. 학교 같은 사회 체제가 환경과 상호작용하지 않는다는 것을 상상하는 것은 거의 불가능하다. 사람들이 특정 학교나 학교 체제를 폐쇄 체제로 묘사하는 경우 대개 그 조직에 대한 지역사회의 영향을 축소하고 그 조직이 더 큰 현실 세계와 관련이 없는 것처럼 간주하려는 경향이 있다. 이와 반대로 우리는 건설적인 변화에 저항하는 둔감한 학교 체제를 폐쇄

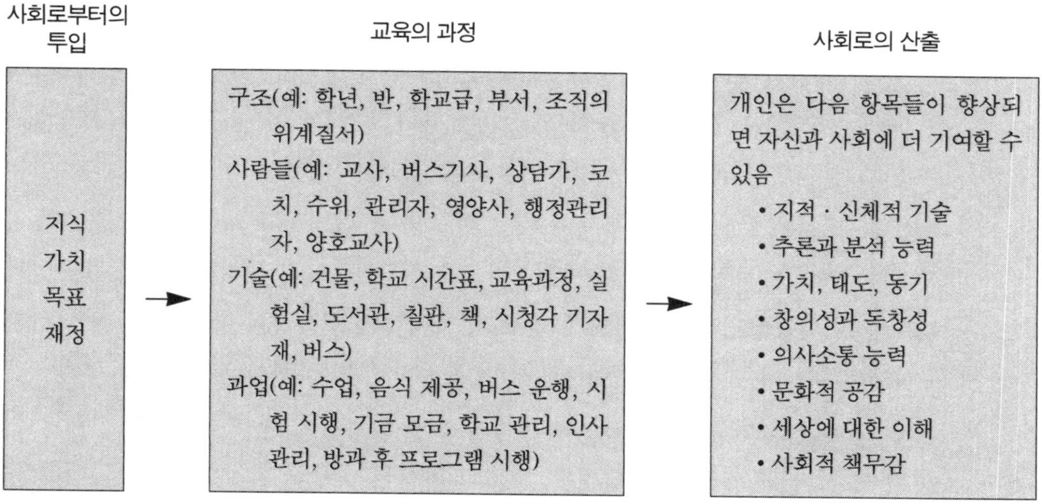

[그림 4-1] 투입-과정-산출 체제로서의 학교

체제로 묘사한다. 물론 이러한 경우 폐쇄 체제적 관점이 약간의 신뢰성을 갖기는 하지만 이는 현실적으로 불가능하다. 학교와 학교가 속한 더 큰 환경과의 투입-산출 관계는 이 둘 사이의 끊임없는 상호작용으로 설명된다.

[그림 4-1]은 이러한 상호작용 과정을 다음 세 가지를 포함하여 보여 준다. ① 더 큰 사회적 환경으로부터의 투입(예를 들어 그 사회에 존재하는 지식, 사회적 · 공동체적 가치, 요구되는 목표, 가능한 예산), ② 우리가 학교라 부르는 사회 체제 안에서 일어나는 과정(조직 구조, 사람, 기술, 과업의 하위 체제 포함)과 그 과정으로부터의 결과, ③ 사회로의 산출(개인과 집단의 학습 형태)이 있다.

이러한 의미에서 사실상 학교가 폐쇄 체제가 되는 것은 불가능하다. 최근 들어 교육자들은 학교와 환경 사이의 상호작용의 정도와 중요성을 점점 더 많이 인식하고 있다. 이러한 경향은 개념상 책무성과 지역사회의 관여라는 이름으로 일어나는 대부분의 일과 관련되어 있다.

상황적합적 접근(a contextual approach) 이러한 투입-산출 개념은 종종 선형적 모형이라고 불리며, 실제 세계가 어떻게 돌아가는지를 설명하려 한다. 이런 개념은 논리적이고 합리적이며 질서 있는 것처럼 보이지만 실제로는 우리를 현혹시키는 개념이다. 이것은 오히려 비용 효과성과 같은 효율성의 개념에 더 적합하다. 투입의 가치는 산출의 가치에 연결될 수 있고 결국에는 상대적인 비용 효율성에 도달될 수 있다. 오랫동안 이 개념은 주요 프로그램과 기술들의 상대적 효과성(relative effectiveness)을 분석하는 데 주로 사용되어 왔다. 하지만 이 이론적 모형은 우리가 교육 조직이 운영되는 방식에 대하여 이해하는 데 거의 도움이 되지 않았다. 예를 들어 이 모형은 학생들과 교사들이 매일 학교에 갈 때, 그들의 주된 관심은 학교의 형식적 · 공식적 목표를 달성하는 것이라고 가정한다. 그러나 직접적으로 관련되어 있지 않은 사람들조차도 조금만 살펴보면, 학생들과 교사들이 학교에 갈 때 이러한 공식적 목표보다도 실제로 자신들에게 더 중요한 그들 자신의 신념, 목표, 희망, 관심사, 그리고 스마트폰이나 아이팟 등과 같은 통신기기를 가지고 학교에 간다는 것을 알 수 있다. 분명 교사와 행정가, 그리고 학생들이 학교의 규칙, 규정, 그리고 규율에 순응하게 되는 미묘한 방식은, 거리감 있고 모호한 교육 목표를 달성하는 데 헌신하기보다는 불안하고 복잡한 환경에서 살아남는 것과 더 관련이 있다.

교육 조직과 그 조직에 있는 사람들의 행동을 이해하는 데 좀 더 유용한 접근법은 그 안에서 실제로 일어나고 있는 일에 초점을 맞추는 것이다. 그러므로 우리는 조직이라고 부르는 체제의 내부 운용을 살펴보는 데 관심을 두기로 했다. 이렇게 하기 위해 우리는 조직을 상황 또는 맥락을 만드는 전체 체제로 봐야 할 필요가 있다. 그러한 상황 또는 맥락에서 조직을 특징짓는 인간행동의 전체적 양상이 드러나게 된다. 이러한 접근법으로 우리는 환경을 만들고 유지하는 체제로서의 조직을 연구할 수 있다. 이 환경에서 복잡한 일련의 인간 상호작용(집단과 개인 모두)이 규칙성과 예측 가능성을 가지고 일어난다. 이러한 관점에서 교육 조직을 이해할 때는 인간행동과 조직의 특징인 상황(환경, 생태) 사이의 관계를 살펴볼 필요가 있다. 앞으로 6장에서 더 자세히 기술하겠지만, 조직이라 부르는 체제의 조직 문화(풍토, 생태, 기풍)는 우리가 조직을 이해하는 데 있어 매우 중요하다.

조직 행동의 범위는 주로 학교구 혹은 인간 사회 체제(human social system)로서의 학교에 집중되는 경향이 있다. 조직 행동을 연구하는 몇몇 과학자들은 학교가 사실상 폐쇄적 사회 체제일 수 있다는 착각을 부지불식간에 부추겨 왔다. 예를 들어, 앤드류 핼핀(Andrew Halpin)과 돈 크로프트(Don Croft)는 학교의 조직 풍토에 대한 그들의 저명한 연구에서 "조직의 내적인 특징이 외부의 영향으로부터 독립적인 기능을 하는 것으로 보고 그러한 내적인 특징에 초점"[5]을 두었다. 그들은 또한, 그들이 '조직 풍토'[6]라고 부르기로 한 것의 선별된 특징을 대표하는 학교의 개요를 묘사하기 위해 개방과 폐쇄라는 용어를 사용했다. 이것은 어느 정도는 연구자들의 편의를 위한 것이었다. 사실상 조직이 환경으로부터 분리되어 있다고 가정(직접적으로든 아니든)하지 않고는 체제에서 사람들의 행동을 연구하고 논하기는 어렵다. 실제로 학교에서의 조직 행동에 관한 많은 연구들은 학교가 외부 환경의 영향으로부터 독립적으로 기능하고 있다고 가정한 채 학교의 내적 기능에 초점을 맞추고 있다. 즉, 학교를 폐쇄 체제로 보고 있는 것이다.[7]

타고 있는 초는 개방 체제의 전형적인 예다. 초는 환경에 영향을 주며 환경에 의해 영향을 받지만, 스스로를 통제하며 독자성을 유지한다. 만약 문이 열리면 초는 바람에 깜빡일 것이다. 하지만 초는 그것에 적응하고 바로 정상 위치로 돌아올 것이다. 물론 이것은 환경적 변화(바람)가 그 체제를 파괴(즉, 촛불을 끄는 것)하지 않을 정도로 그렇게 강하지 않다는 전제하에서 이루어지는 가정이다.

그러나 사회적 체제를 이렇게 피상적인 수준으로나마 설명하는 것 역시 그렇게 단순하지 않다. 우리는 조직(체제)을 환경(상위 체제) 안에 존재하며 그 안에 하위 체제(행정 체제와 같은)를 가지고 있는 것으로 생각할 수 있다. [그림 4-2]는 관계없어 보이는 원으로 제시된, 다양한 체제와 하위 체제의 경계를 보여 준다. 그러나 이 경계들은 체제와 환경 간의 상호작용을 허용하며, 그 경계를 넘나들 수 있다는 것(투과성)을 명심해야 한다. 이러한 관점을 [그림 4-3]과 같이 그림에 이름을 붙여서 적용해 볼 수 있다. 그러면 체제 내에서 서로 연관된 부분들 사이의 상호작용적이고 적응적 관계를 방해하는 요소가 조직의 전반적 기능에 위협이 될 수 있다는 점이 명백해진다. 그러한 방해 형태 중 한 예로, 경계의 투과성이 사라져 체제를 폐쇄적으로 만들고 환경의 변화에 둔감하게 만드는 것을 들 수 있다.

그렇다면 사람들 개개인은 이 중 어떤 곳에 속하는가? 여기서 다시 그림에 이름을 붙임으로써 그 관점이 학교 내에서 일하는 사람들에게 적용될 수 있는 방식을 더욱 명확하게 명시할 수 있다. 개인은 조직에서 독자적으로 기능할 뿐 아니라 그 조직의 사회적 체제 안에서 어떤 특정한 역할을 담당한다. [그림 4-4]에서 그려진 가상적 상황에서, 개인은 존 F. 케네디(John F. Kennedy) 고등학교의 화학부서에서 교사의 역할을 하고 있다. 이러한 상황은 조직 행동을 분석, 예측, 그리고 통제하는 데 관심이 있는 많은 사람들에게 유용한 의미를 줄 수 있다.

개인이 조직에서 독특한 역할을 수행한다고 생각하면 우리는 조직 생활에서 사람들의 관여와 그로 인한 행동의 복잡성에 대해 고민을 하게 된다. 인간으로서의 요

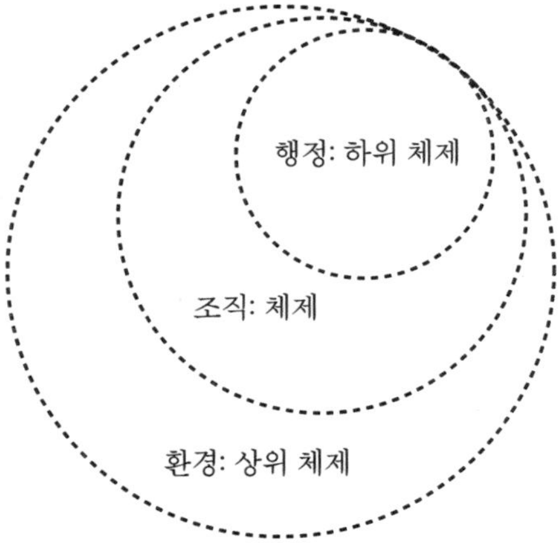

[그림 4-2] 개방적 사회 체제로 간주되는 조직

출처: Daniel E. Griffiths, "Administrative Theory and Change in Organizations," *Innovation in Education*, ed. Matthew B. Miles (New York: Teachers College Press, 1964), p. 430. © 1964 by Teachers College, Columbia University. 저자 승인 후 옮김.

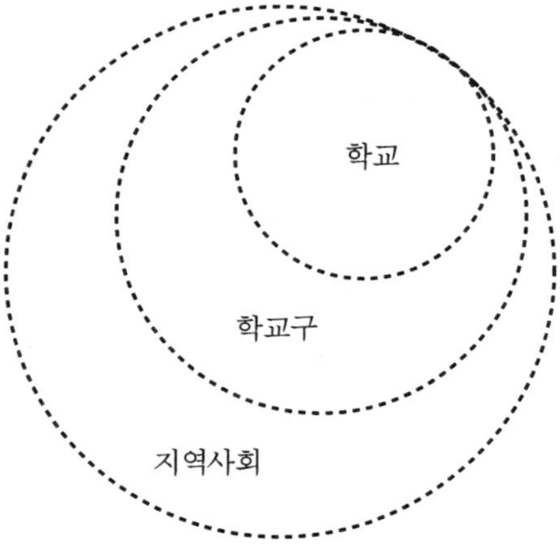

[그림 4-3] 학교에 대한 사회 체제적 관점

구, 욕구 및 재능을 가진 개인이 공식적인 역할을 맡게 되면, 개인은 일정 부분 그 역할을 스스로 만들고 또한 일정 부분 그 역할에 의해 형성되기도 한다. 조직 환경에서 특이한 개성을 가진 사람들의 역동적인 상호작용은 역할 이론의 영역이다.

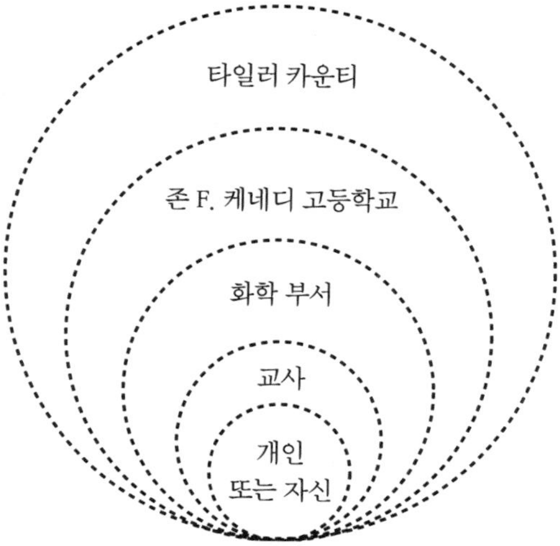

[그림 4-4] 가상의 학교 조직에서 개인을 보는 사회 체제적 관점

역할 이론

조직에서 사람들의 면대면 대인관계 행동을 분석하면서 어빙 고프먼(Erving Goffman)[8]은 실제 상황과 무대 위 연극 공연 사이에 주목할 만한 유사성이 있음을 찾아냈다. 조직에 있는 사람들은 수행해야 할 명확한 역할을 가지고 있으며 많은 상호작용 요소는 각 역할에 어떤 종류의 '수행(performance)'이 필요할지 결정하는 데 도움을 준다. '배우(actor)'는 각자 자신의 역할을 해석해야 하고, 이러한 해석은 개인이 자신의 역할에 어느 정도 의미를 부여하는가에 달려 있다. 그러나 조직의 일부분으로서 역할을 수행하는 중 나타내는 행동은 무대 위 연기자와 마찬가지로 어느 정도는 다른 사람들과의 역동적 상호작용에 의해 영향을 받는다. 또한 역할 수행은 감독의 기대와 상황을 통제하려 하는 다른 사람들에 의해 좌우된다. 아마 배우들은 어느 정도는 이러한 기대, 즉 동료와 다른 관계자들의 기대에 부합되게 행동하려 할 것이다. 고프먼은 역할을 공식적으로 수행하는 조직 구성원은 무대 위의 배우와 같다고 묘사했다. 그러나 무대 뒤에는 다른 행동의 기준이 있다는 것을 지적한다. 예를 들어, 학생과 학부모 앞에서의 행동 중 특정한 유형은 교사 휴게실 같은 사적인 장소에서 나타나는 교사 행동과는 다르다는 것이다.

역할 갈등

역할 갈등의 원인은 매우 다양하며 이는 개인이 최적화된 역할을 수행하는 데 방해가 된다. 역할 갈등은 역할을 맡은 사람, 즉 보통의 경우 행정가가 구성원들과 공감하며 그들을 이해하는 한편으로 조직의 규칙을 수호하고 교원단체에 속한 교사의 문제를 다루는 교육위원회를 지지해야 하는 역할 때문에 발생한다. 많은 행정가들은 열정적으로 교사 집단 안에서 신뢰, 자신감, 사기를 고취시킨 후에 교사들에 대한 공식적인 평가를 수행해야 하거나, 학교의 목표와 마찰을 일으키는 것처럼 보이는 고충 처리 절차에 참여해야 할 때 이러한 종류의 갈등을 느낀다고 한다.

역할 모호성

역할에 대한 지시가 모호하거나 모순적인 요소를 가지고 있을 때 역할 모호성이 야기된다. 역할 모호성은 행정(administration)과 감독(supervision) 사이의 차이를 유지하려 할 때 흔히 나타난다. 전자는 대개 계선 권한(line authority: 관리자가 부하에게 지휘, 명령하는 권한)으로 나타나고, 후자는 직원으로서의 당연한 책무로 여겨진다. 그러나 감독자(supervisor)들은 종종 교사에 대해 위계적 권한을 가지고 있는 것으로 여겨지며, 가끔은 그들 스스로도 역할에 대한 자신들의 신념에 반하는 권한을 행사하도록 조종된다고 느낀다. 그리고 이러한 것은 그들이 교사들과 좀 더 적절한 동료 관계를 갖는 것을 방해한다.

위에 기술된 것과 같은 역할 갈등과 역할 모호성은 긴장과 불확실성을 야기한다. 이는 일관성 없는 조직 행동과 주로 관련되어 있다. 결과적으로, 이러한 예측 불가능하고 일관성 없는 행동은 상호 보완적인 역할을 수행하는 사람들 사이에 더 많은 긴장과 마찰을 일으킨다. 모호성과 긴장 때문에 자신들의 역할을 수행해야 하는 사람들은 종종 자신들에게 주어진 상황에 잘못된 방식으로 대처하게 된다.

우리는 어떤 상황에서의 갈등이나 모호성에 대해, 농담을 하는 식으로 사회적으로 용인 가능한 회피 행동을 찾는다. 그러나 이러한 종류의 회피가 용인되지 않는 조직에서는 다소 정교하고 상호 이해 가능한 회피 형태가 존재할 것이다. 문제에 대한 논의를 교묘하게 회피하거나 대화를 짧게 하는 방식 등이 그 예다. 흔한 회피 전략은 의례적인 행동에서 나타나는데, 이러한 행동은 여러 집단이 실제적 갈등을 최소화한 채 역할을 수행할 수 있도록 해 준다. 의사소통에 있어서의 모호성, 과장, 복잡한 구조, 진부한 표현, 이해하기 힘든 어휘 등은 많이 쓰이는 회피 전략 중 하나나다.[9]

역할군[1)]

역할군이라는 개념은 조직에서 사용되기 때문에 역할 이론의 개념을 명확히 하는 데 도움이 된다. 작업 집단을 관찰하려 할 경우 우리는 참여자들을 다양한 방식에 따라 하위 집단으로 분류할 수 있으며 그중 한 방식이 역할이라는 측면에서 그러하다. 다음의 그림들에서 제시한 역할군의 경우, 중심축이 되는 역할 수행자는 관리자로 간주될 수 있다.[10] 조직의 위계상 이들에게는 보고의 대상이 되는 상급자가 있기 마련이다([그림 4-5] 참조). 이러한 상급자는 집단에서 중요한 사람들이고, 이들은 여러 방식으로 자신의 역할 기대를 전달한다. 그러나 관리자들에게도 하급자들 혹은 보고하는 사람들이 있다. [그림 4-6]에서 나타나는 것처럼, 하급자들 또한 관리자 집단에게 중요한 사람들이고 그들 또한 관리자들에게 역할 기대에 대해 이야기한다. 그러므로 역할 수행자의 위치는 중심적인 것이 되고 전달된 역할 기대는 다소 갈등을 유발할 수 있다.

그러나 역할군은 세 번째 관련 집단인 역할 수행자들의 동료들이 추가될 때까지는 불완전하다. [그림 4-7]에서와 같이 하급자 및 상급자와의 관계에 동료들이 추가됨으로써 관리자가 비로소 중심적 역할 수행자가 된다. 이 그림을 통해 우리는 상급자 2명, 하급자 4명, 동료 6명, 즉 총 12명이 역할 송신자(role senders: 역할 기대를 관리자들에게 알리는 사람) 역할을 한다는 것을 알 수 있으며, 이를 통해 대인관계의 역동성이 역할군에서 복잡하게 작용하고 있다는 것을 알 수 있다.

의심할 여지없이, 그러한 상황에서는 역할 모호성뿐만 아니라 몇 가지 역할 갈등이 존재할 것이다. 로버트 칸(Robert Kahn)과 그의 동료들은 역할 갈등과 역할 모호성, 그리고 근무 상황에 대한 구성원들의 태도와 집단 구성원들의 행동 기능 간의 상관관계를 설명하고 측정하기 위해 역할 이론의 조작적 개념을 사용해 왔다.[11] 그러므로 역할군은 개인이 조직에 기여한다는 사회적 상황을 고려할 때 중요한 개념이며 개인과 조직 사이의 관계를 개념화하는 유용한 방식이다.

1) 역자 주: 하나의 사회적 지위에 따르는 일련의 역할들을 의미한다.

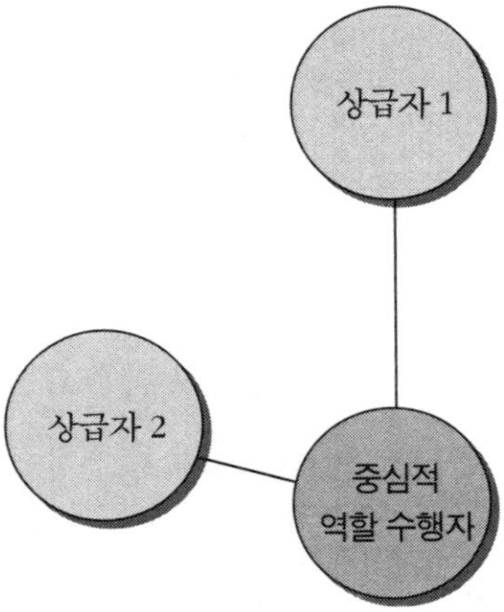

[그림 4-5] 작업 집단에서 역할 수행자와 상급자의 관계.

출처: Warren G. Bennis, *Changing Organizations* (New York: McGraw-Hill Book Company, 1966), p. 193. 저자 승인 후 옮김.

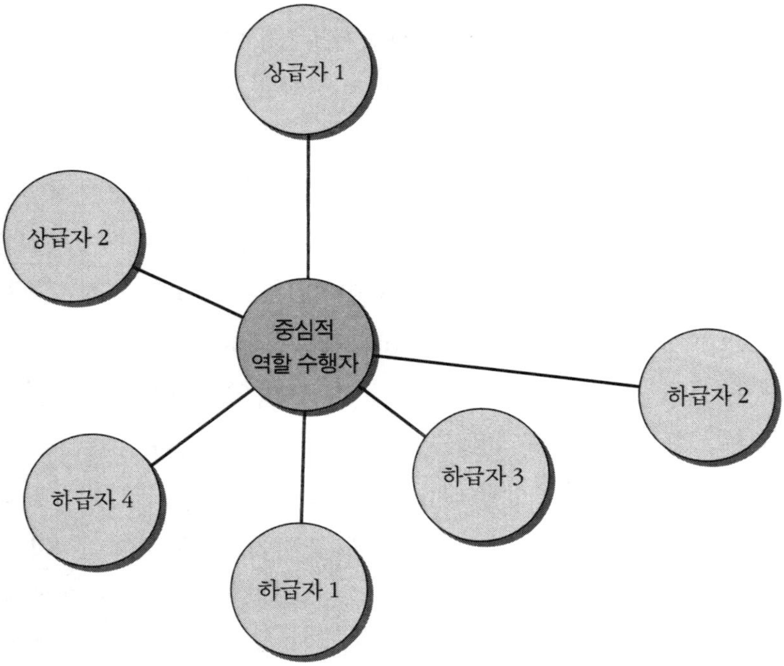

[그림 4-6] 작업 집단에서 역할 수행자와 상급자 · 하급자의 관계

출처: Warren G. Bennis, *Changing Organizations* (New York: McGraw-Hill Book Company, 1966), p. 193. 저자 승인 후 옮김.

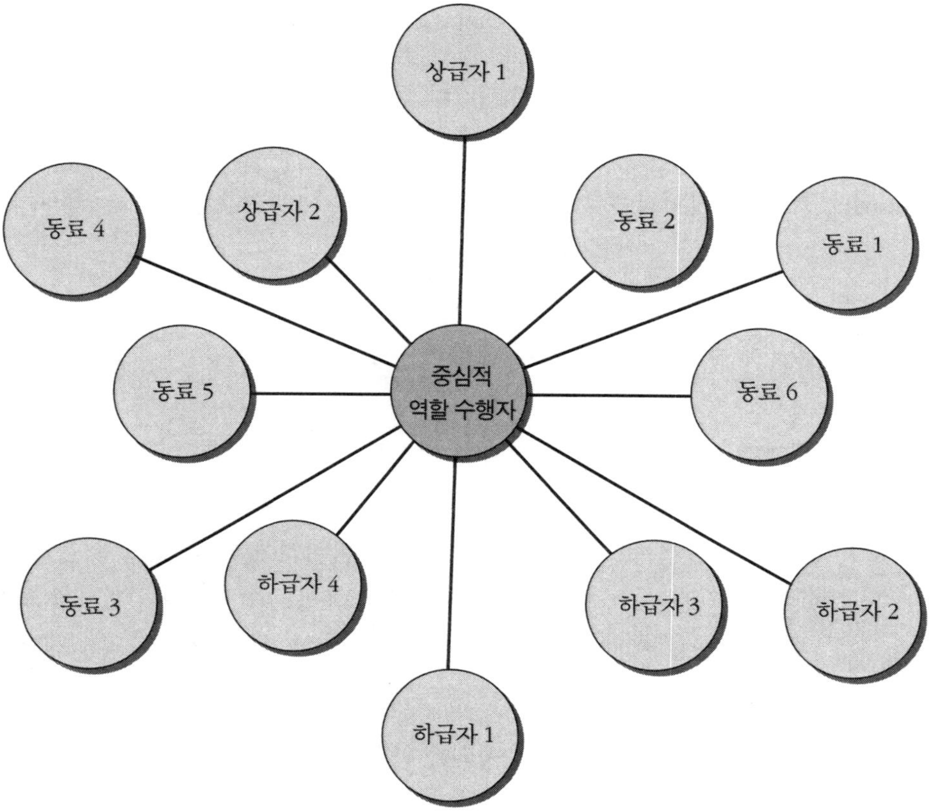

[그림 4-7] 역할군의 실례

출처: Warren G. Bennis, *Changing Organizations* (New York: McGraw-Hill Book Company, 1966), p. 193. 저자 승인 후 옮김.

역할 이론에 관한 지식과 그 개념을 아는 것 자체로는 별로 소용이 없다. 그러나 우리가 조직의 작업 집단에서 마주하게 되는 대인 행동 중 몇 가지를 분석하는 데 있어 이 구조는 매우 유용할 수 있다. 예를 들어 리더가 집단이 제 기능을 하기 위해 필요한 역할을 수용하고, 개발하고, 할당하는 것을 촉진하는 데 관심을 갖는 것 등이 여기에 해당된다.

집단에서의 기능적 역할

어떤 집단이 효과적으로 기능하기 위해서는 다음 세 가지 유형의 역할이 구성원

들에 의해 수행되어야 한다.[12]

1. **집단 과업 관련 역할**(group task roles): 이 역할은 집단이 해결해야 할 문제를 선택하고, 문제를 정의하고, 이러한 문제에 대한 해결책을 찾도록 돕는다.
2. **집단 구축 및 유지 관련 역할**(group building and maintenance roles): 이 역할은 집단의 개발 및 향후 유지를 촉진시킨다.
3. **개인적 역할**(individual roles): 이 역할은 집단 구성원들이 개인으로서 가지는 특유한 욕구를 만족시킬 수 있도록 해 준다.

집단 과업 관련 역할은 그 집단이 업무를 달성하도록 도와준다. 리더는 이러한 역할을 자신의 필수적인 역할로 생각하거나 집단의 다른 구성원들에게 할당되도록 해야 한다. 집단 과업 관련 역할에는 ① 행동 개시 및 아이디어 기여, ② 정보 탐색, ③ 집단으로부터 의견 탐색, ④ 정보 전달, ⑤ 의견 제시, ⑥ 집단 구성원들 간의 작업 조율, ⑦ 집단이 목표에 집중하도록 돕는 것, ⑧ 평가자로서의 역할, ⑨ 집단이 행동하도록 자극, ⑩ 집단의 일상적 시설 관리에 주의 기울이기, 그리고 ⑪ 기록 등이 포함된다. 이러한 역할들이 생겨나고 수행되는 환경을 만들어 주는 것은 집단의 리더에게 중요한 책무다.

같은 방식으로 리더는 다른 특정한 역할들이 잘 수행되도록 하여 그 집단이 계속 유지되면서 효과성을 증대시킬 수 있도록 해야 한다. 집단의 구축 및 유지와 관련된 역할은 구성원들이 시간의 낭비 없이 조화롭게 일할 수 있는 풍토와 과정을 만드는 데 도움을 준다. 여기에는 ① 과업을 지속하도록 격려, ② 아이디어 차이, 개인차를 조정, ③ 의사소통 촉진10〔예를 들어, 말 없는 사람들이 의견을 개진하도록 돕는다든가, '발언권(air time)'을 균형 있게 배분하는 것〕, ④ 집단에 높은 성과 기준 부여, ⑤ 집단에 과정과 활동에 대한 피드백 제공 등과 같은 역할들이 포함되어 있다. 이러한 역할들은 집단 과업 관련 역할과는 본질과 기능에 있어 명백한 차이가 있다. 물론, 집단의 구성원 개인이 한 가지 역할 이상을 맡거나 두 명 이상의 구성원이 하나의 역할을 분담할 수도 있다.

사회 체제 이론과 관련한 역할

앞서 논의한 내용들은 사회 체제를 좀 더 넓은 관점에서 이해할 수 있게 도와준다. 그리고 기본적인 개념은 바로 조직이 사회 체제로 이해될 수 있다는 점이다.

사회 체제는 개념적으로 독립적이고, 현상학적으로 상호작용한다는 두 가지 특징을 가지고 있다. 다시 말해 첫째, 교육기관은 체제의 목표를 달성하기 위한 특정 역할과 기대를 가진다. 둘째, 체제는 특정한 개성과 욕구를 지닌 개인으로 구성되어 있으며 그들은 소위 '사회적 행동'이라고 불리는 상호작용을 한다.

교육기관에서 주어진 특정 역할의 행동을 이해하기 위해서 우리는 역할에 대한 기대와 욕구에 대해 이해해야 한다. 욕구와 기대 모두 행동에 대한 동기로 인식될 수 있으며 욕구는 개인의 성향으로부터, 기대는 조직의 요구로부터 나타나게 된다. 우리가 말하는 사회적 행동은 최종적으로 이러한 두 가지의 동기로부터 나타난다고 할 수 있을 것이다.

우리가 지금까지 논의한 일반적인 모형은 [그림 4-8]과 같이 표현될 수 있다. 규범적인 조직 차원의 축은 그림의 상단에서 제도, 역할, 그리고 기대로 나타나며, 각각은 다음으로 이어지는 분석 단위가 된다. 이와 유사하게 개인 차원의 축은 그림의 하단에서 개인, 인성, 욕구-성향 등으로 구성되며, 마찬가지로 각 요소는 이어

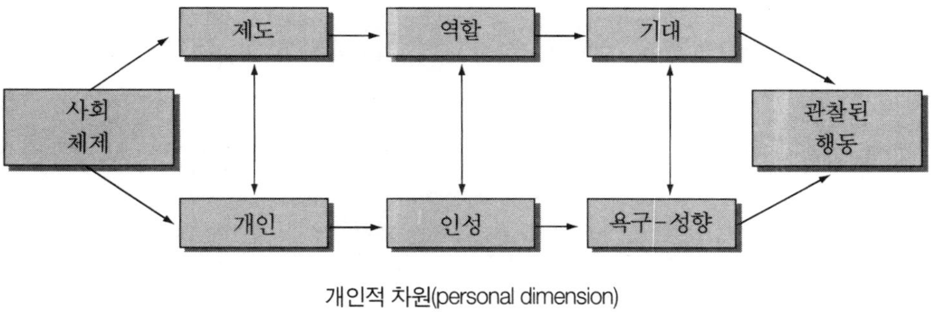

[그림 4-8] 사회 체제로서의 조직 모형(게첼스-구바 모형)

출처: Jacob W. Getzels and Egon G. Guba, "Social Behavior and the Administrative Process," *The School Review,* 65 (Winter 1957), 423-441.

지는 분석 단위가 된다. 어떠한 행동은 규범적 차원과 개인적 차원 모두와 관련되어 동시에 이루어진다. 즉, 사회적 행동은 개인이 가지는 요구와 그 행동에 대한 기대로 구성되는 환경에 개인이 잘 대처해 나감으로써 형성될 수 있다.[13]

각각의 행동은 규범적 차원과 개인적 차원에서 동시에 발생하며 서로 충돌할 수 있다. 그렇다면 두 차원은 어떻게 상호작용하는가? 각각의 어떠한 부분이 조직 문화에서 나타나는 것인가? 물론 이것은 개인과 교육기관의 역할에 따라 다르며 두 가지 차원에서 상호작용하는 함수로 표현될 수 있을 것이다. 제이콥 게첼스(Jacob Getzels)는 이를 표현하기 위해 다음과 같은 공식을 만들었다.

$$B = f(R \cdot P)$$

B = 관찰된 행동
R = 제도적 역할
P = 역할 수행자의 인성[14]

조직으로서의 학교는 개인에게 제공할 특정 공간(office)과 직위(position)를 형성한다. 공간과 직위는 조직의 규범적 차원으로 표현될 수 있으며, 조직에게 주어진 역할 기대는 다양한 방식으로 나타날 수 있다. 기대되는 역할은 자세하게 정리된 직무에 관한 내용 기술부터 풍습이나 전통에 의해 형성된 미묘하지만 강력한 힘을 가진 집단 규범에 이르기까지 다양하다. 이를 통해 조직은 직무에 관한 공식적인 최소 수준의 목표치를 형성하고, 직무에 어울리는 의상, 대화법 등 역할 행동에 대한 구체적인 기준을 제공한다.

그러나 특정 공간과 직위에서 구성원들은 조직의 개인적 차원에서 나타나는 인성과 욕구를 함께 갖는다. 매우 공식적인 조직의 경우에도 개인은 그들의 역할에 대한 기대를 보다 효율적으로 충족시키기 위해 다양한 방식으로 업무 공간을 형성하고 조정한다.

개인의 욕구와 제도의 요구가 조정되고 통합되는 메커니즘이 바로 직무 집단(work group)이다. 직무 집단 내에서는 역동적인 상호관계가 형성되는데 이는 개인 간의 관계뿐만 아니라 개인과 조직 간에도 형성된다. 조직의 역할 형성, 사회 체제에서 풍토의 개발, 구성원들의 특성 등은 각각 서로 활발하게 상호작용하며, 조직 문화는 이러한 상호작용의 생성물로 이해될 수 있다.

그렇다면 조직 문화의 얼마나 많은 부분이 기대된 역할과 개인의 욕구로 설명될 수 있을 것인가? 즉, 조직의 역할과 개인의 인성 간의 함수인 "$B = f(R \cdot P)$"에서 어떠한 가치들이 R과 P에 포함될 수 있는가? 이러한 문제를 그림으로 설명하면 [그림 4-9]와 같다. 그림에서 보듯이 역할은 다른 집단의 사람들에 비해 특정 집단의 사람들에게 더 큰 영향을 미칠 수 있다.

예를 들어, 권위주의적 특성을 가진 개인과 그들의 영향력에 대한 연구는 상당히 많다.[15] 이러한 개인들은 안정적이고 묘사 가능한 특성을 가지고 있으며 그들의 관점으로 세상을 변화시키고자 한다. 권위주의적인 사람은 상대적으로 단순한 이분법적인 사고를 하는 경향이 있고 흑백논리로 세상을 바라보며 추상적이거나 모호하지 않은 분명한 아이디어를 선호하는 등의 특성이 있다. 모호한 환경에서 불안정한 상태에 처해 있는 권위주의적인 사람은 타인을 신뢰하지 않고 환경을 통제하고자 한다. 이러한 행위자는 강력하고 통제가 가능한 역할을 추구하는 경향이 있다. 이러한 역할을 맡은 행위자는 비교적 일관되게 독단성을 보이며, 복잡한 문제에 대한 절대적인 해결 방안과 개인의 만족을 위해 권력을 행사하는 경향을 보인다.

서로 다른 조직에서의 서로 다른 역할이라는 관점에서는 어떤 역할 행위자들이 [그림 4-9]의 a 지점에 가까워져야 함을 시사한다. 즉, 역할에 있어 개인의 인성 반영이 최소화될 수 있도록 제한하는 것이다. 반대로 어떤 종류의 역할에 있어서는 [그림 4-10]에서 보듯이 개인의 인성이 상당히 반영되어야 한다. 군인의 경우 정해진 규정에 따라 행동해야 하고 개인의 욕구 반영은 상당히 제한적일 수밖에 없는 반면, 예술가는 조직의 규제를 최소화하여 개인의 독특한 욕구를 표현할 수 있는 매우 창의적인 행동을 보장받아야 한다.

균형 상태

사람들은 특정한 욕구를 충족시키기 위해 조직에 참여한다. 아마도 조직은 다양한 구성원들의 역할을 통해 그 목적을 성취할 것이다. 게첼스-구바(Getzels-Guba)의 사회 체제 모형은 다양한 역할을 하는 '행위자(actors)'들의 상호작용을 통해 조직의 욕구와 개인의 욕구가 이루어진다는 점을 강조하고 있다. 여기에서 조직과 개인이 형성하는 거래적 관계가 조직의 요구와 개인의 욕구 사이에 균형 상태를 유지

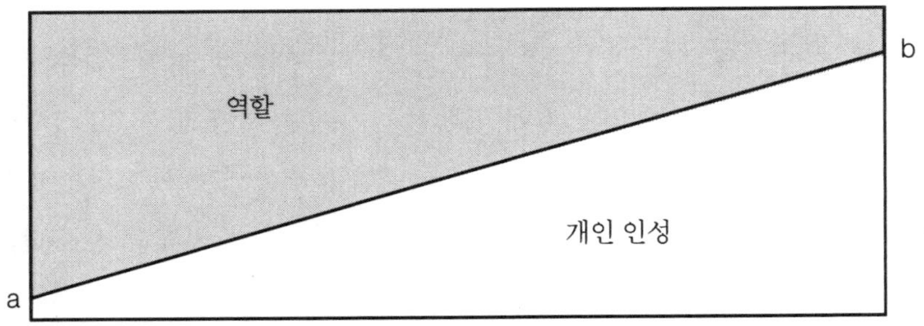

[그림 4-9] 조직 행동에 있어 역할과 개인 인성의 상호작용, B=f(R · P)

출처: Jacob W. Getzels, "Administration ad a Social Process," in *Administrative Theory in Education*, ed. Andrew W. Halpin, p. 158. 저자 승인 후 옮김.

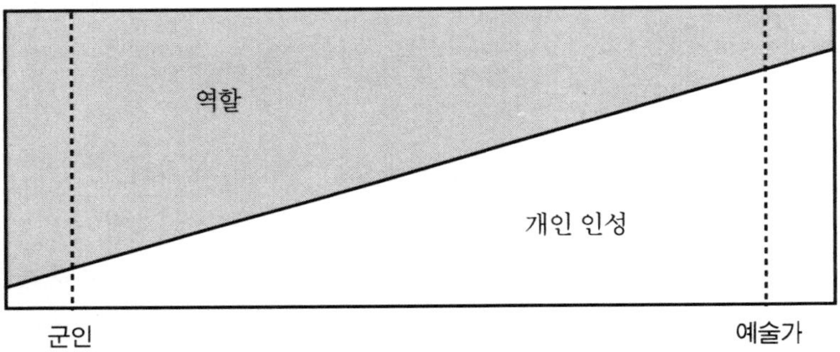

[그림 4-10] 조직 문화에 있어 역할 및 개인 인성 비교(군인과 예술가)

출처: Jacob W. Getzels, "Administration ad a Social Process," in *Administrative Theory in Education*, ed. Andrew W. Halpin, p. 158. 저자 승인 후 옮김.

할 수 있도록 해 주는 것이다. 이러한 균형 상태가 유지되는 한 조직과 개인의 관계는 만족스럽게 유지될 것이며 상대적으로 조직은 생산적일 것이다.

기초적인 단계에서 조직과 개인의 균형 상태는 베들레헴 철강회사의 노동자 슈미트의 사례(Schmidt at Bethlehem Steel)에서 잘 나타난다. 테일러(Taylor)의 설명에 따르면[16] 슈미트는 공장에서 철강을 나르면서 하루 10시간에 12.5톤을 운반하며 1.15달러의 급여를 받는다. 회사는 노동을 하는 사람을 필요로 하며 이러한 요구는 노동자들에 의해 충족된다. 이와 같은 요구와 만족의 교환관계가 유지되는 한 조직은 적절히 운영될 것이다. 테일러는 슈미트의 노동량을 47.5톤으로 증가시키기 위해 힘든 작업에 과학적 관리 원리를 적용하였고, 노동자의 욕구와 동기부여의 균형관계를

글상자 4-2

개별 기술적(idiographic)-규범적(nomothetic)

조직학에 관련된 인간의 사회적 행동에 관한 연구 분야에서는 일반적으로 두 가지의 분석 방법이 사용된다. 하나는 일반적으로 사실이며 모든 상황에 적용할 수 있고 지속적으로 반복 가능한 과학적인 원리와 규칙을 발견하는 것이다. 이러한 방법을 규범적(nomothetic, 고대 그리스어로 '법칙'을 의미하는 nomos와 '규정하다'라는 의미의 thetos에서 유래됨)인 접근 방법이라 한다. 다른 하나는 이와 반대되는 것으로 개별 기술적(idiographic, 역시 고대 그리스어로 '개인'을 의미하는 idios와 '보여 주다'라는 의미의 graphos에서 비롯됨)인 접근 방법이라 한다.

개별 기술적 방식은 조직 내의 구성원에 초점을 두며, 조직 간에 그리고 서로 다른 시대에서, 심지어 같은 역할 안에서도 서로 다른 개인의 특성을 강조한다. 이에 반해 규범적 방식은 조직의 공식적인 구조(조직 구성, 운영 매뉴얼, 규칙 및 법칙 등)를 중요시하며, 이러한 것들이 다른 조직, 다른 시대에서도 적용 가능한 것으로 본다. 일반적으로 우리는 조직의 구조를 '규범적'인 것으로, 인간적인 측면을 '개별 기술적'인 것으로 본다. 이러한 용어의 개념은 역사학, 심리학, 지리학, 그리고 다른 인간 과학 연구에서도 널리 사용되고 있다.

위하여 급여를 1.15달러에서 1.85달러로 증가시키게 되었다. 슈미트와 회사에 있어 욕구와 동기부여가 상호 만족스럽게 형성되었으며 슈미트는 이후 몇 년 동안 그 작업을 계속하게 되었다.

체스터 바너드(Chester Banard)는 이러한 균형 상태를 개인과 조직의 상호관계에서 참여를 지속시킬 수 있는 만족감의 조화로 설명하고 있다. 그는 효과성(effectiveness)을 협동을 통한 인지된 목표의 성취로 설명하였으며, 효율성(efficiency)은 개인에게 적절한 수준의 만족감을 제공함으로써 참여를 지속시킬 수 있는 조직의 역량으로 보고 있다.[17]

바너드는 조직이 개인에게 '생산적인 결과물(productive results)'을 분배함으로써 협동을 유발한다고 설명하고 있다. 생산적인 결과물은 물질적 또는 사회적인 것일 수도 있으며 둘 다를 포함하기도 한다. 어떤 사람에게는 물질적인 만족이, 또 다른 사람에게는 사회적인 이익이 필요할 수도 있다. 각 개인에게 필요한 물질적 · 사회적 이익의 비중은 제각각이다.[18] 바너드는 '적절한 수준의 만족'이란 조직 내 개인의 인성과 환경에 따라 달라진다는 점을 지적하고 있다. 어떤 사람들은 돈과 같은 물질적 보상에 만족을 느끼고 그것을 얻기 위해 다소 위험하고 불편하며 힘든 일을 자처하기도 한다. 즉, 부정적인 측면이 많은 역할이라도 물질적 보상이 충분히 이루어진다면 사람들은 그러한 유인가에 만족할 것이다. 그러나 한편으로는 이유를 막론하고 수고를 감수하면서까지 더 많은 수입을 얻지 않으려는 사람들도 있다.

최근 교육행정 분야에서 교육감과 학교장의 역할에서 이러한 관계를 관찰할 수 있다. 교육감에게 높은 급여로 보상을 주더라도 많은 사람들은 그 역할에 매력을 느끼지 못하고 있으며, 현직에 있는 사람들도 대학이나 다른 분야로 이동하려고 한다. 장시간의 노동, 어려운 요구사항들, 그리고 극심한 압박 등이 교육감의 업무에 장애요소가 되고 있다. 또한 성취나 충족에 대한 보상도 거의 없는 편이다. 교육감에 적임자인 사람들을 유인하기 위해 학교구는 그들이 실감할 수 있는 물질적 · 심리적 보상을 제공해야 할 것이다.

미국에서는 한때 낮은 급여, 열악한 시설, 문화생활 부족 등과 같은 이유로 지방에 있는 학교에서 근무할 우수한 교사를 모집하는 데 어려움을 겪어 큰 문제였던 적이 있다. 물론 현재 이러한 상황은 개선되어 지방에 있는 학교들은 교사들에게 많은 보상을 제공하고 있으나, 경제적 수준이 낮은 열악한 환경의 도시 지역 교사들에게는 금전적 또는 성취감 면에서 여전히 적절한 유인가가 제공되지 못하고 있다.

체제 이론의 관점에서 조직의 균형 상태를 논의할 때, 우리는 개인과 조직의 욕구 관계뿐만 아니라 조직 자체가 더 큰 체제의 한 부분이라는 것을 명심해야 한다. 학교와 학교 체제 사이의 관계와 같이 체제가 개방적이라면 조직은 환경을 포함한 외부 체제와 활발히 상호작용할 것이다. 게첼스-구바의 사회 체제 모형의 확장 모형은 학교가 더 큰 환경과 상호작용한다는 것을 보여 준다. 환경의 변화는 조직이 정적으로든 동적으로든 변화하게 만들 것이다. 이러한 반응이 정적이라면 원래의 상태를 유지할 것이다. 그러나 조직의 내부 체제가 재정비되거나 외부 환경 변화에 따라 목표가 조정된다면 역동적인 균형 상태가 이루어지게 된다. 즉, 역동적인 균형 상태는 적응 과정을 통해 체제를 지속적으로 유지시켜 준다.

항상성

생물학 용어인 항상성은 조직에도 적용되며, 개방 체제가 자기통제를 통해 균형을 유지시키려는 경향을 뜻한다. 생물학적 유기체는 그 특성을 보존하고 정체성을 유지하려고 한다. 그러나 동시에 유기체는 제한된 범위 내에서 환경 변화에 적응하고 살아남으려는 보상 메커니즘을 지니고 있다. 사람에게 있어서 항상성 과정은 일정한 체온과 혈압을 유지시키려는 경향을 포함한다. 우수한 의사소통 체제 및 의사결정 과정과 같이 학교 체제와 학교에 있어서의 항상성 메커니즘은 학교가 외부 환경의 변화에 효과적으로 대응하고 적응할 수 있도록 해 준다.

피드백

피드백은 간단히 말해 배우와 관객 사이의 의사소통 수단이다. 관객들이 열광적일 때 배우들 역시 유사한 반응을 보이는 것처럼 이것은 배우와 관객이 정보를 주고받는 방법이다. 피드백의 핵심적인 개념은 정보의 순환과 행동이 실제로 상호 영향을 주고받는다는 것이다. 따라서 연결고리(loop)라는 용어가 피드백과 연관되어 자주 사용되고 있다. 이러한 순환은 행동에 영향을 미치고 정보가 의사결정에 영향을 주며 다시 새로운 정보와 지침이 행동에 영향을 미치게 된다. 과정의 핵심 요소는 감각기관이며 이를 통해 정보를 얻을 수 있다.[19]

정확한 피드백 정보를 선택하기 위한 민감한 감수성(sensitive antennas)이 없거나, 의사결정권자에게 피드백 정보를 정확히 전달하지 못하는 체제는 환경 변화에 적절하게 대응하기 어렵다. 이러한 체제는 환경에 대해 역동적이기보다는 정적인 균형상태를 유지하려는 경향이 강한 반면에 자기조정(self-correcting) 능력과 항상성 과정은 부족하다.

사회 체제 관점에서 조직은 개방 체제로 정의된다. 이는 조직이 내부적으로 하위체제를 가지며 동시에 상위 체제의 한 부분이 된다는 의미다. 조직은 상위 체제와 상호작용하며 투입과 산출의 과정을 거친다. 또한 조직은 환경(상위 체제)에 영향을 미치며, 반대로 환경의 변화에 영향을 받기도 한다.

조직은 상위 체제, 즉 환경을 무시 또는 이에 대항하거나 그것으로부터 조직을 격리시키면서 변화에 저항한다. 또는 이를 부정하기도 하며 항상성을 통해 환경 변화에 적응하도록 노력하기도 한다. 현대사회와 같이 빠르고 강력한 변화의 시대에서 피드백 체제가 약하거나 항상성이 미흡한 조직은 성과가 떨어지고 분열될 것이다.

체제는 매우 상호 의존적이며, 상호작용하는 하위 체제로 구성되어 있다는 체제 이론의 핵심을 우리는 반드시 기억해야 한다. 이것은 개방된 사회 체제로서의 학교가 최소한 두 개 이상의 하위 체제로 구성(조직 또는 기관 체제, 사람 체제)되어 상호작용한다는 게첼스-구바의 모형에서 명확히 설명된다. 조직 행동의 역동성을 이해하려는 시도의 초기에는 그의 모형이 유용했으나 그 자체로는 불완전했다. 1980년대 중반에 이르러 조직은 두 개 이상의 하위 체제를 지니고 있으며, 조직 행동의 분석은 더 복잡한 개념화가 필요하다는 것이 명백해 보였다. 현재 유용한 접근법 중 하나는 조직을, 예를 들어 학교 체제 혹은 학교를 사회 기술적 체제(sociotechnical systems)로 개념화하는 것이다.

사회 기술적 체제 이론

조직은 하나의 목적 혹은 여러 목적들을 달성하기 위해 존재하며, 특정 과업을 완수함으로써 그 목적을 달성하게 된다.[20] 물론 논리상으로 조직은 임무를 달성하기 위해 적절하게 구조화된 장비와 인력을 갖추고 있다. 예를 들어 학교구의 주요 목적은 학교, 통학수단, 급식체계 등을 운영하는 데 있다. 학교구는 사람을 고용해야 하고 법적으로 요구되는 서비스를 제공해야 하며 단체협상을 해야 할 수도 있다. 학교구는 그들의 목적을 달성하기 위해 내부적으로 수많은 과업을 설정해야 한다.

우리는 수많은 하위 과업과 운영상 필요한 과업들을 달성하기 위해 조직을 구성한다. 즉, 조직에 구조를 부여함으로써 조직 질서, 체제 및 기타 특성을 형성하도록 하는 것이다. 구조는 권위와 협력 관계의 유형을 형성하며 그 역할을 규정한다. 구조에는 최고관리자와 중간관리 · 감독자, 상급자와 일반 근로자가 있으며, 각자는 그들의 합법적 권위와 그 범위를 이해하고 있다. 구조는 넓은 범위에서 정보의 흐름과 이를 통해 의사결정에 기본이 되는 의사소통 유형을 정해 준다. 구조는 또한 조직의 과업 달성에 초점을 맞춘 과업 흐름의 체제를 결정해 준다.

조직은 기술적 자원, 즉 운영을 위한 도구를 가지고 있어야 한다. 이러한 의미에서 기술은 컴퓨터, 절삭기, 교재와 분필, 전자 현미경 등 전형적인 하드웨어만을 의미하는 것이 아니라 조직의 과업 달성을 위한 체계적인 절차, 활동 계획, 문제를 풀 수 있는 고안물을 포함하고 있다. 따라서 교사의 수업계획, 학교의 교과목 운영계획, 그리고 학교구의 교육과정 지침 등이 교육 조직의 기술에 해당된다.

물론 최종적으로 조직은 사람을 보유하고 있어야 한다. 조직의 과업 성취에 대한 그들의 기여는 궁극적으로 그들의 행위, 즉 조직 행동을 통해서 나타난다. 이러한 행동은 선택하고 지시하며 의사소통하고 결정을 내리는 것이다.

네 가지 내부 조직의 요소인 과업, 구조, 기술, 그리고 사람([그림 4-11])은 시대와 조직에 따라 다양하게 나타난다.[21] 조직 내에서 네 가지 요소는 밀접하게 상호작용하며 다른 요소들을 형성한다. 여기서 변수들의 상호 의존성이 의미하는 것은 어느 조직에서든지 상당한 변화가 한 요소에서 일어나면 다른 요소가 이에 적응하려고 변화하는 것을 말한다. 학교구나 학교 내부 요소의 본질과 상호 관계를 결정하는 것은 그 조직이 상위 체제의 변화에 대처하는 데에 있어 중요한 요인이 된다.

예를 들어, 학업을 중요시하는 고등학교에서 재능 있는 학생들의 입학을 시험을 통해 제한한다고 가정해 보자. 만약 교육위원회가 다양한 학생들의 욕구가 충족될 수 있도록 종합고등학교 형태로 변화해야 한다고 결정할 경우, 조직의 목표는 당연히 바뀌게 될 것이며 이러한 새로운 목표를 합리적으로 달성하기 위해서는 반드시 내부적인 조정이 필요할 것이다. 이러한 변화는 많은 경우 본질적으로 보상적인 측면이 있다. 한 예로, 사업 분야 진로에 관심이 있는 학생들을 수용할 경우 우선 경영

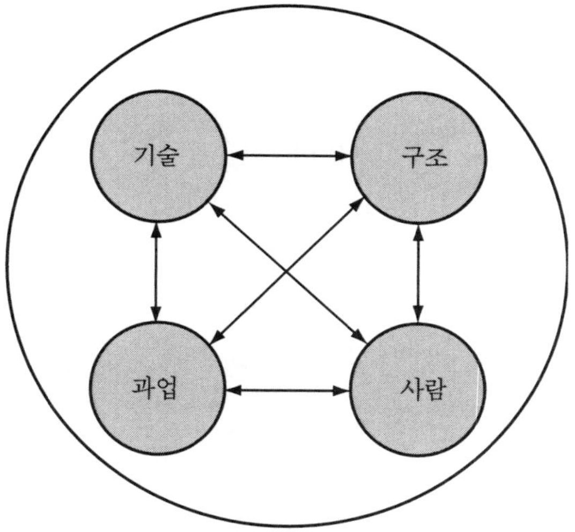

[그림 4-11] 복잡한 조직 내 하위 체제들의 상호작용

출처: Harold J. Leavitt, "Applied Organizational Change in Industry: Structural, Technological and Humanistic Approaches," in *Handbook of Organizations,* ed. James G. March. p. 1145.

학 교과목이 필요하고(과업), 이를 위해 교육 장비가 갖추어져야 한다(기술). 또한 교육이 가능한 사람을 배치하고(사람), 경영교육 부서가 생겨야 한다(구조). 그러나 어떠한 경우 교육위원회의 지시를 통한 변화는 보상적이라기보다 그 반대의 결과를 초래할 수도 있다. 예를 들어 구성원 중 일부가 이러한 변화에 저항할 경우 이전의 협조적이고 생산적인 행동은 무관심과 갈등으로 바뀔 수 있으며, 이는 학교 내의 일반적인 의사소통 형태를 무너뜨릴 수 있다. 결국 구조적인 변화가 나타나는 것이다.

컴퓨터 기반의 포괄적인 교육 시스템이 학교에 도입되는 것과 같이 기술적인 변화는 부작용을 야기하기도 한다. 즉, 기술의 변화는 학교의 목표를 바꿀 수 있으며 이로 인해 새로운 것을 얻을 수도 있지만 동시에 전통적인 과업이 없어질 수도 있다. 조직 구성원과 관련된 변화는 기술적인 능력을 가진 새로운 인물을 선발함으로써 불필요한 업무를 줄이고 새로운 업무를 도입하는 등의 변화를 유도할 수 있다. 의사결정 과정과 관련된 이러한 변화와 새로운 부서의 도입 등은 기술적인 변화 자체를 통한 구조적 변화를 동반하게 된다.

따라서 학교구 또는 학교는 내부 과정을 조율하는 데 있어 사람, 구조, 기술, 과업이라는 네 가지 하위 체제의 역동적인 상호작용에 주의를 기울여야 한다. 그러나 하나의 변수를 통해 중대한 변화가 일어난다면 이는 곧 다른 변수들에도 영향을 미치게 된다. 기본적으로 기술적인 변화 노력은 조직 구성원들의 행동에 보상적 또는 그 반대의 영향을 미치게 되며, 조직 내의 구조적인 변화를 낳게 된다. 따라서 학교에 중요한 구조적 변화를 추구하는 사람은 조직의 구성원들과 그들이 변화에 어떻게 반응하는지에 대해 예측해야 한다.

다양한 행정적 계획을 수립하고 다양한 전술과 절차를 하나의 전략에 포함하여 분류하는 것이 쉽다 하더라도, 조직 내부의 하위 체제 간에 공존하는 연관성이 있다는 것을 인식해야 한다.

[그림 4-12]의 도식화된 다이어그램은 학교 시스템의 주요 내・외부 관계를 나타내는 것으로 과업, 기술, 구조의 하위 체제 등에 포함된 몇 가지 예시를 보여 주고 있다. 사람의 하위 체제를 개념화할 때 구성원들에게 주어진 이름 또는 직업과 같은 역할만으로는 충분하지 않다는 것에 유의해야 한다. 내부 조직 기능의 역동성과 관련하여 개인이 가지는 가치, 신념, 지식 등은 개인이 존재하고 있는 것만큼 중요하며 이러한 문제들을 다루기 위해 조직에는 규정, 고충 해결 절차, 인사 정책 등과 같은 공식화된 방법들이 있다. 그렇기 때문에 사람의 하위 체제는 유일하게 논리성이

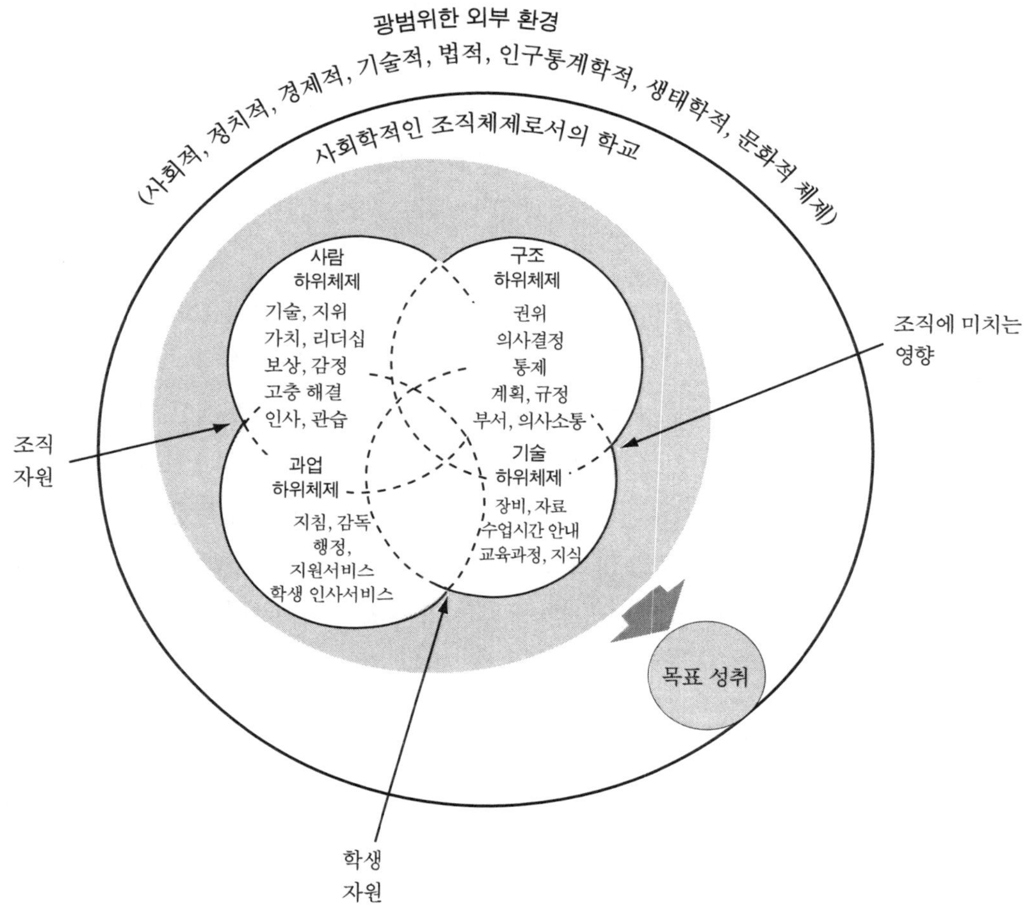

[그림 4-12] 학교 체제 및 학교의 내부 방식을 결정하는 조직의 네 가지 하위 체제

출처: Robert G. Owens and Carl R. Steinhoff, *Administering Change in Schools* (Englewood Cliffs, NJ: Prentice-Hall, 1976), p. 143.

없는, 즉 비합리적이지는 않지만 정서적인 조직이라고 할 수 있다.

상황 이론

조직과 관련한 이론, 사상, 연구 및 경험 등은 개인이 어떤 입장에 있느냐에 따라 다르게 정립된다. 예를 들어 전통적인 조직 접근법을 지지하는 사람은 조직 계층에 따른 권위의 서열이 조직 개념의 핵심이라고 생각하는 반면, 인간관계론의 입장에 있는 사람은 다른 접근법보다 지원, 협조, 인간 중심의 리더십과 참여도가 높은 관리 스타일을 선호한다. 행동주의자들은 앞의 두 가지를 적절히 유지하고 각각의 주요 요소를 통합할 수 있는 생산적이고 최선인 방법을 추구한다. 결과적으로 수년 동안 두 가지 입장이 서로 경쟁, 발전하면서 조직에 그중 하나를 적용시키고자 할 때 혼합된 결과를 보이게 되었다. 이 세 가지 방식 중 어느 하나도 모든 상황에 적용될 수는 없다.

학교 체제의 행정에 관한 고전적 혹은 신고전적으로 정의되는 전통적인 접근법은 조직의 위계적인 모형만을 사용하는 것이 아니라 이성적 · 논리적, 그리고 잠재적인 강력한 통제 체제를 강조하기도 한다. 그리하여 의사결정은 위계상 가장 위에서 이루어지고, 실행은 가장 아래에서부터 이루어지게 된다. 개념적으로 이상적인 상태에서 전체 조직은 위계적으로 유지되는 질서, 체제, 규율 등의 특징을 갖는다. 맥그리거의 X 이론에서 논의된 바와 같이 전통적인 개념은 단단한(강제적인) 또는 부드러운(조종 가능한) 형태에 모두 적용될 수 있다는 점을 기억해야 한다.

합리적 계획 모형

기획예산 제도(Planning-Programing Budget System: PPBS), 프로그램 평가-검토 기법(Program Evaluation and Review Technique: PERT), 목표관리법(Management by Objectives: MBO), 영 기준 예산 제도(Zero-Based Budgeting: ZBB)와 같은 합리적 계획 모형은 방위 산업체에서 '대규모의 함대' 또는 기술적으로 복잡한 체제의 무기를 제작하고 유지할 목적으로 만들어졌다. 사회적 체제와 다른 현대의 합리적 체제의 개념과 기술은 전통적이고 관점에 따라 고전적으로 보일 수 있으며, 운영에 있어서는 기계적(mechanical)인 특징을 지닌다. 조직은 체제 관리에 있어 다음과 같은 사항이 기반이 되는 경우 기계적이라고 할 수 있다.

1. 권리, 책무성, 방법 등에 있어 자세한 설명이 가능하여 매우 차별화 및 전문화된 과업
2. 위계적인 감독을 통한 협조와 통제
3. 최고관리자의 통제를 받는 외부 환경과의 의사소통
4. 강력하고 하향식(top-down)의 명령 체계

5. 권위-복종 관계의 리더십 스타일
6. 위계상 최상위 단계에 주어진 의사결정의 권위

기계적(mechanical)이고 유기적(organic)인 체제의 개념은 조직 이론 연구에서 폭넓게 논의되어 왔다.[22] 이러한 개념은 '관료적-인간적' '민주적-권위적'과 같이 이분법적인 방식에서 벗어나 특정한 조직 상황을 분석하고 논의하는 데 도움이 된다. 오늘날 학습 조직이라 불리는 유기적인 조직 체제는 다음과 같이 체제를 관리하는 접근법을 강조하고 있다.

1. 사람들과의 상호작용, 과업 단계에서의 조정에 의한 기능적 변화 등을 통한 과업 및 책무성에 대한 지속적인 재평가
2. 책무성과 상호 의존성이 공유된 사람들과의 상호작용을 통한 협조 및 통제
3. 상대적으로 광범위하고 조직 내부에 공개되어 있는 외부 환경과의 의사소통
4. 조직 내에 널리 퍼져 있는 조직 권위의 기반인 상호 신뢰, 컨설팅, 그리고 정보 공유
5. 높은 수준의 신뢰 관계와 집단의 문제해결을 특징으로 하는 팀 리더십 스타일
6. 조직 내 모든 단계에서 이루어지는 의사결정에 대한 책무성 공유

공교육 조직에 관한 두 가지 관점은 서로 양립할 수 없는 방식으로 오랫동안 대립해 왔다.

> 이것은 오랜 동안 우리와 함께해 왔다. 윌리엄 제임스(William James)는 이를 '단단하고 거친' '부드럽고 다정한' 등으로 묘사했다. 학교에 대한 이러한 묘사는 조수와 같이 위로 올랐다가 아래로 내려가고, 파도와 같은 밀물과 썰물의 움직임을 보이고 있다. 이는 해변에 잔해를 남기기도 하고 때로는 해안선을 변화시키기도 한다. 그러나 이러한 경쟁 구도와 관계는 학교 내부에 거의 영향을 미치지 않는다.
>
> 1960년대에 이 두 가지 모형은 관심을 끌기 위해 경쟁했다. 그러나 혁신적인 변화가 두 가지 모형에 의해 나타났다. 학교구에 의해 학교가 개방되고, 교사들에게 교실을 개방하도록 요구된 것이다. 그러나 이러한 변화도 1970년대 후반에 "기본으로 돌아가자"라는 구호 아래 모두 바뀌었다. 이 구호는 언론과 방송매체, 그리고

> 학부모-교사협회(PTA)에 의해 채택되었다. 학교 안에서보다 학교 밖에서 이러한 혼란스러운 상황이 두드러지게 나타났다. 이와 관련하여 목표에 대한 책무성, 경쟁 중심의 교사교육, 그리고 고등학생들에 대한 시험 등의 법안이 채택되는 등 수많은 활동이 이루어졌다. 이러한 활동은 2~3년 동안 이루어졌고, 3~5년 동안 강력하게 유지되었다가 이후 그 중요성이 점차 사라져갔다. 무엇보다도 교육학자들이 이러한 변화에 상당한 헌신을 했다는 점이 나는 가장 마음에 걸린다. 실제로 교육학자들은 위와 같은 변화들을 받아들이고, 그 때문에 좋다고도 할 수 없는 명성을 잠깐 동안 얻게 된다. 또한 대개 그들은 단지 약간만 변화에 뒤처진 채, 다른 박자가 강하게 들어올 때쯤 앞 박자에 맞추어 열의 넘치게 움직인다.[23]

미국의 교육행정에 있어 이와 같은 수사(修辭)와 관점의 변화(과거의 기계적 · 관료적 · 위계적 관점에서 현재의 인간관계론적 · 인본주의적이며, 앞으로는 더욱 조작적이고 부드러운 기계적 관점으로 이어지는)는 역사적으로 고통스러운 결과를 초래했다. 많은 교육감, 교장, 그리고 기타 교육 관련자들은 이러한 현실을 경험하였다. 결국 이론은 어떠한 변화도 가져오지 못한다고 생각하여 이론적이거나 분석적인 방법 대신에 실천가들에 의해 절충적이고 실용적이라고 설명되며 실제 학교 현장에서 작동하는 접근법을 선택했다. 이것은 조직 연구에 대한 잘못된 이해일 뿐만 아니라 체계적인 행정의 실제로부터 확고하게 굳어진 지식 기반에서는 어떠한 교육행정도 발전될 수 없다는 것을 보여 주는 사례다.

조직에 대한 상황적합적 접근은 기존과 다른 관점을 보여 준다. 즉, 모든 환경에서 사람들을 조직하고 관리하는 최선의 방법은 없으나 특정 상황에서 가장 효과적인 조직 구조와 관리 방법을 고안할 수는 있다고 보았다. 상황적합적 접근에서 조직 행동을 가장 잘 이해하고 효과적으로 다루는 방법은 주어진 상황에서 주요 변수를 분석하는 것이다. 효과적인 행정가의 행동, 즉 조직 목표에 대한 성취도를 높이고 일과 학습 문화를 개선하며 갈등 상황을 최대한 생산적으로 조정하는 등의 행동은 정해진 방식(예를 들어 규범적 또는 개별 기술적 방식)에 의한 것이 아니다. 이것은 주어진 상황에 맞는 행동 양식을 보여 주는 것이다. 간단히 말해 학교에서의 조직 행동에 대한 상황적합적 접근법은 다음 세 가지를 전제로 한다.

1. 학교구 또는 학교에 대해 일반적으로 통용되는 조직 또는 관리 방법은 없다.

2. 조직하고 관리하는 모든 방법이 주어진 상황에서 똑같이 효과적이지는 않다. 효과성은 상황에 맞는 설계 또는 양식이 적절하게 주어지느냐에 달려 있다.
3. 조직을 설계하거나 행정 양식을 선택하는 것은 중요한 상황에 대한 주의 깊은 분석을 기반으로 이루어져야 한다.

상황 이론과 관련한 개방 체제

상황 이론은 '조직과 관리에는 통용되는 원칙이 있다는 관점'과 '각각의 조직은 고유하며 각각의 상황은 별도로 분석되어야 한다는 관점'의 중간쯤에 위치해 있다.[24] 상황적합적 접근법은 이론과 실제의 차이를 조절하고자 하는 어느 정도 합리적인 이론적 발전을 보여 준다.[25] 상황 이론은 복잡한 문제 또는 쉬운 방법에 대해 이미 만들어진 정답을 제시하는 것이 아니라 조직 체제의 구성 요소 간의 상호작용 및 상호 연관성을 분석하는 새로운 방법을 제시하고 있다는 점에서 공헌한 바가 있다.[26] 중요한 일련의 관계는 개방 체제인 조직과 외부 환경의 상호작용을 통해 발생하는 것이다.

조직은 다양한 환경 상황에 따라 내부 하위 체제를 변화시켜 대응할 수 있도록 하는 개방 체제다.[27] 환경은 조직에 갑작스러운 변화를 요구하는 경향이 있기 때문에 불명확한 환경에 잘 대처하는 조직은 그렇지 않은 조직과 내부적으로 비교가 된다. 즉, 성공적인 조직은 다양한 하위 요소들 간에 높은 수준의 통합이 가능하다. 이러한 조직은 의사결정에 대한 참여, 부서 간의 명확한 관계, 그리고 갈등 상황에 대해 잘 대처할 수 있는 방법 등을 가지고 있다. 상대적으로 안정적인 환경의 조직과 달리 변화와 불안정한 환경에 처해 있는 조직은 갈등 관리, 의사결정, 욕구 충족 등에 있어서 효과성을 보이기 위해 조직을 체계화해야 한다.

환경이 변화함에 따라 조직은 적절한 구조와 행정 체제로 대응해야 할 필요가 있다. 안정적인 기술과 환경은 엄격하고 명확한 과업, 방법, 직무 기술 등을 특징으로 하는 기계적인 조직을 필요로 한다. 반대로, 불안정하고 변화하는 기술과 환경에 처한 조직은 상대적으로 유연한 조직을 요구하며 수직적인 의사소통보다는 수평적 의사소통을, 영향력을 행사하는 데 있어 위계적 권력보다는 전문적 권력을, 직접적인 지시보다는 정보의 교환과 느슨한 형태의 책무성을 강조한다.[28]

기술적 변화에의 대응

미국의 학교가 최신 기술을 충분히 활용하는 데 실패했다고 비판하는 사람들은 컴퓨터, 화이트보드 및 기타 장비 등의 하드웨어적인 기술만을 고려하고 있으며, 학교에서 널리 사용되는 소프트웨어 기술에 대해서는 잘 이해하지 못하고 있다. 기술(technology)이라는 단어는 연속되는 수업에 있어서의 절차, 예를 들어 수업 시간, 사람, 수업 자료 및 정보를 생성하고 관리하는 등의 계획과 같은 '소프트웨어'를 포함하고 있다. 따라서 기술이 학교교육에 적용될 때에는 교육과정 가이드로서 학교 시간표, 실험실 및 음악 연습실, 평가 프로그램, 학생 분류 및 촉진 방법 등 다양한 형태를 포함해야 한다. 학교에서 활용되는 기술들은 앞에서 언급했듯이 학교 전체의 사회 기술 체제에 있어 행동에 상당한 영향을 미치다.

그러나 일반적으로 기술은 학교 체제 밖에서 발전하며, 그 영향력은 개방된 사회 기술적 체제와 환경과의 상호작용의 결과로 나타난다. 새로운 기술의 발전은 학교 내부의 조정에 영향을 미쳐 상황을 변화시키는 경향이 있다. 실제로 기술의 발전은 조직으로서의 학교 체제 또는 학교를 포함하는 커다란 환경의 한 측면이라고 할 수 있다.

외부 환경과의 상호작용

사회 기술적 체제로서의 학교 체제 또는 학교는 그 외부 환경과 끊임없이 역동적인 상호작용을 하고 있다. 여기서 말하는 환경은 학교구 또는 학교의 상위 체제로서 우리 문화의 사회적 · 정치적 · 경제적 체제를 말한다. 따라서 전체 인구에서의 노인의 비율과 같은 인구통계학적인 변화, 개인의 자유에 대한 태도의 변화, 여성의 평등권, 사회적 이동성(mobility)의 변화, 학교성취도에 대한 불만족, 법률과 관련한 철학의 변화, 납세자의 저항 증가, 교사의 노조 구성, 권위와 관습에 대한 불신 등의 변화는 학교 조직이 대응해야 할 주요 환경이다.

조직의 내부적인 조정은 상당 부분 환경의 상황에 따라 달라진다. 환경의 변화를 통해 조직 체제는 조직 내부의 조정에 따른 변화에 대응한다. 이러한 내부 조정은 역동적인 상호작용을 하는 하위 체제, 즉 성취해야 할 과업, 조직의 구조, 과업 성취를 위한 기술, 인간 사회 체제 등을 통해 가장 잘 이해할 수 있다.

학교의 사회적 · 정치적 · 문화적 환경이 영향력을 갖는 방법의 하나는 성취해야 할 목표를 설정하는 데에서 찾을 수 있다. 교사들이 목표 설정에 참여한다 하더라도 그 과정은 최종적으로 정치적인 범위 내에서 이루어진다. 예를 들어 주 입법부는 학교의 목표 설정에 있어 중요한 역할을 한다. 학교에서의 졸업 또는 진급 등과 관련하여 최소한의 기준만 법에 규정된 경우 학교의 성취도 목표는 크게 영향을 받게 된다. 연방 정부의 법 또한 모든 학생에 대한 학교의 교육 목표에 직접적이고 광범위하게 영향을 미친다. 연방 정부의 개입은 최근 몇 년 동안 증가하고 있으며 향후에도 그 영향력은 계속 강화될 것으로 보인다.

이 외에도 예산 승인과 세금 징수, 학교운영위원 선출 등과 같은 다른 정치적인 과정 역시 학교의 목표에 영향을 미치는 요인이다. 잠재적인 정치적 영향력은 조직의 목표를 수정하고 재평가하는 요인이 된다. 물론 법적인 개입도 학교의 목표를 변화시키는 수단이 된다. 연방 법원이 학교구 간의 차별을 없애도록 명령하거나 차별이 없어지도록, 예를 들어 학교구 내 또는 학교구 간의 교통편과 같이 수단을 구체화하는 등의 상황은 쉽게 관찰될 수 있다. 법원은 또한 교육과정의 변화, 평가 절차, 교원 선발 및 업무분장 등에 대해서도 변화를 요구할 수 있다. 이와 같이 학교 조직 환경에 관한 앞의 예들은 조직의 내부 기능에 영향을 미친다. 조직은 변화에 자연스럽게 적응할 수도 있고 이에 저항할 수도 있을 것이다.

지역의 개별 학교구에서 기본으로 돌아가고자 하는 지지와 움직임은 학교운영위원회와 행정 직원들로 하여금 지역사회와 함께 새로운 교육 목표와 계획을 설정하도록 하는 촉진제가 되었다. 결과적으로 학교는 교육과정을 개정하고 교수법에 변화를 주었으며 학년 구조를 조정하고 새로운 교재를 채택했다. 즉, 조직 환경의 변화에 내부적인 조정이 이루어진 것이다.

그러나 학교는 외부의 변화에 저항하고 현재의 상태를 유지하려는 경향이 강하며 새로운 환경 상황의 정도나 힘에 대해 인지하지 못하기도 한다. 인종차별 폐지, 평등, 차별 철폐 등의 역사적 사건에 비추어 볼 때, 학교는 중대하고 심각한 법적·정치적 활동에도 불구하고 더 큰 환경에 적절하게 대응하기보다는 환경의 변화를 피하기 위해 조직 체제를 차단해 왔다는 것을 알 수 있다. 상황적합적 접근의 관점에서 이는 실제 상황으로부터 학교 또는 학교 체제를 격리시키는 경향을 보여 주는 것이다. 조직 행동의 관점에서 이러한 부정적인 결과는 장기적으로 가장 효과성이 떨어지거나 역효과를 일으키는 리더십과 행정 스타일을 초래할 수 있다.

상황 이론과 학교에서의 조직 행동

기능상 학교 행정의 실제에 대해 상황적합적 접근법을 사용하는 것은 아주 특이하거나 높은 수준의 철학적 방법을 필요로 하는 것은 아니다. 그러나 이 접근법을 통해 행정가들은 그러한 상황에 처했을 때 선택할 수 있도록 관련된 상황들을 분석할 필요가 있다. 행정은 조직의 목표를 성취하기 위한 개인과 집단을 통해 움직이기 때문에 기본적으로 다음과 같은 질문을 던져야 한다. 조직의 목표를 달성하기 위해 이러한 상황에서 조직 구성원들로부터 얻을 수 있는 가장 생산적인 활동은 무엇인가? 물론 이 질문에 있어 중요한 가정은 행정가의 직무 스타일에 따라 구성원들로부터 다양한 반응을 얻게 될 것이라는 점이다.

예를 들어 행정가들이 자주 부딪히는 문제는 리더십에 관한 것이다. 목표를 설정하고 조직 구성원들에게 지시하며 지시한 대로 잘 하고 있는지 확인하는 사람이 좋은 리더인가? 또는 목표 설정에 구성원들을 참여시키며 방법과 수단을 결정하고 과정과 결과를 평가하는 데 도움을 받는 리더가 좋은 리더인가? 공립학교의 행정가에게 있어 '지시적(directive)' 리더십과 '협동적(collaborative)' 리더십 중 어느 것이 더 좋은가?

이러한 문제에 대한 상황적합적 접근은 '선(good)'이라는 단어를 명확히 규정하면서 시작해야 한다. 행정가의 의도는 조직 목표의 달성을 극대화하는 데 있으므로 선(good)은 '효과적인 것'으로 재정의될 것이다. 그렇다면 다음과 같은 질문으로 이어진다. 어떠한 리더십 스타일이 가장 효과적인가? 즉, 이것은 무엇이 학교 체제 및 학교의 목표 달성에 가장 큰 공헌을 할 수 있는지에 대한 문제다.

현대의 역동적인 리더 행동에 관한 연구는 가장 효과적인 리더십 스타일이 없다는 것을 명확히 보여 주고 있다. 리더십 유형의 효과성은 주어진 상황에서 중요한 사건에 대한 적절한 대처 여부에 달려 있다. 리더의 권력, 팔로워와의 관계의 질, 과업의 명확한 구조, 의사결정에 필요한 협조의 정도, 그리고 기술 수준과 팔로워의 동기부여 등은 여러 가지 상황 요소 중의 일부이며, 이것은 행정가에 의해 평가될 수 있고 다양한 대안들을 통해 예측할 수 있는 결과와 관련된 요소다. 상황적합 관점에서 효과적인 리더는 학교의 목표 달성에 가장 큰 공헌을 할 수 있는 팔로워들의 행동을 이끌어 내기 위해 리더십 유형을 상황에 맞출 수 있다.

상황적합적 접근법을 지향하는 것은 동기부여, 의사결정, 조직 변화, 조직 문화 및 갈등 관리의 문제를 다루는 데 있어 도움이 된다. 이 책의 다음 장부터는 학교 내 조직 행동의 다양한 측면에 대해 탐색하고자 한다.

결론

개방된 사회 체제 이론은 현대 조직 행동 분석에 있어 기본이 되고 있다. 게첼스와 구바의 모형과 같은 사회 체제 이론은 조직 행동을 조직의 요구와 구성원 개인의 욕구 간의 상호작용의 기능으로 개념화하는 데 유용한 방법을 제공해 왔다. 게첼스와 구바의 모형은 조직의 내부적인 역동성을 강조했지만, 그 모형의 확장된 형태는 조직 체제와 그 외부의 더 큰 환경, 즉 상위 체제 간의 역동적 관계를 명료하게 제시해 주고 있다.

역할 이론은 학교 및 학교 체제에서 개별 기술적-규범적 관계에 대한 자세한 이해를 도울 수 있을 뿐만 아니라 인간관계에 대한 많은 것들도 설명해 주고 있다. 역할 이론은 조직 전체를 설명하는 데 다소 부족하지만 대인관계에 대한 설명 및 개인과 조직의 관계를 구조화하는 데에는 유용한 이론이다.

사회 기술적 개념은 사람의 행동을 형성하도록 해 주는 교육 조직에서의 구조, 과업, 기술 및 인간적인 측면 등을 이해하는 데 도움이 된다. 예를 들어 전형적인 고등학교에서 사람들의 일상적인 생활은 스케줄에 의해 모든 것이 좌우되고 때로는 그 가능성조차도 결정된다. 건축가는 사람들의 심리적 반응을 일으키고 행동을 형성하는 건물을 짓는다. 교실에서 최신식 책상을 쓰는지, 구식의 책상을 쓰는지를 결정하는 것 역시 행동에 영향을 미친다. 개개인의 수업을 규정하는 교육과정 또한 행동에 영향을 미친다. 학생들의 통학버스에 대한 요구도 조직으로서의 학교 그리고 학교 구성원들의 행동에 영향을 미치게 된다.

그러나 교육 조직이 개방 체제라는 사실은 행동과 관련한 추가적인 결과를 가져온다. 예를 들어 학교는 내부적인 조정이 필요한 두 가지 주요한 외부적 힘을 안고 있다. 그중 하나는 학교는 학교라는 것이다(The school is a school). 이는 학교가 다른 학교들과 다르다기보다 보편적으로 다른 학교들과 유사하다는 의미다. 교원 연수기관, 인가 협회, 대학 입학 자격, 산학협력 제품, 연례회의의 연설자 등을 통해 나타나는 전문적인 기준과 기대는 외부로부터 요구되는 전문성의 기준이며, 이러한 것들이 학교가 무엇인지를 행동주의적 용어로 정의해 주고 있다.

두 번째는 학교가 외부로부터 광범위한 사회 · 문화적 영향을 받고 있으며, 학교 내에서의 행동 기준을 형성하고 있다는 것이다. 여기에는 지역사회의 기준, 전통, 법원의 판결, 법률, 그리고 서양 문화와 같은 더 넓고 일반적인 개념들이 포함된다. 좀 더 구체적으로 말하자면, 젊은 사람들의 새로운 문화는 서양 국가들에 많은 영향을 주었다. 학교는 개방 체제이기 때문에 학교의 환경은 내부 기능에 강력한 영향력을 미쳐 왔다. 학생들이 보는 TV, 인터넷 비디오, 마약문화, 성과 결혼 및 가족에 대한 새로운 개념 등은 학교생활의 새로운 특성을 형성했다. 이러한 모든 것들은 사람들이 어떤 것에 대해 인식하고 가치를 부여하며 그것에 반응하는 방식 등을 결정하는 데 강력한 영향을 미치는 조직 문화를 형성한다.

따라서 개방된 사회 기술적 체제로서 교육 조직의 개념은 독특한 특성을 가지며 상위 체제와 상호작용하는 조직의 내부적인 조정을 확인할 수 있도록 해 준다. 이는 학교 문화에 대해 논의할 때 굿래드(Goodlad)와 같은 학자들이 취하는 관점이다. 현대의 조직 이론에서 이 개념은 상황 이론과 연결된다. 상황 이론은 조직 문제를 다루는 데 있어 일반적으로 최선의 방법은 없다는 이론이다. 조직 행동에 있어 상황적합 접근법은 현재의 상황을 진단하고 분석하기 위해 조직 행동의 역동성을 체계적으로 이해해야 한다는 점을 강조하고 있다.

조직 이론은 조직의 본성과 조직 구성원들의 행동에 대한 가정을 뒷받침해 주는 체계적인 지식을 제공해 준다. 다른 학자들의 비실용적인 이론과는 달리, 조직 이론은 때로는 직관적이고 실험 과정이 없더라도 전문적인 업무를 하는 행정가들에게 꾸준히 활용되어 오고 있다.

관료제 이론은 교육 조직에 대한 가정을 발전시켜 왔으며 가장 널리 사용되는 관점이다. 그러나 웨스턴 일렉트릭 컴퍼니 후속 연구들이 진척되고, 학교 현장의 문제에 대한 관료주의적 해결책이 기대했던 것만큼 효능을 발휘하지 못하게 되면서 인적자원개발 이론이 점차 발전되어 더 많은 곳에서 받아들여지게 되었다. 1960년대 이래로 인적자원개발 이론은 느슨한 결합(loose coupling) 개념과 같은 새로운 관점의 등장으로 상당한 영향력을 발휘하고 있다.

오늘날의 일반적인 관점에 따르면, 학교는 그 특성상 교사의 수업 행동을 관리하는 데에는 인적자원 접근법을, 학교의 보다 일상적인 관리 업무에 있어서는 관료주의적 접근법을 사용하려는 경향을 보인다. 두 이론적 접근법은 인간의 본성에 대한 서로 다른 가정을 가지고 있으며 조직 구성원을 관리하는 효과적인 방법이다. X 이론과 Y 이론이 그 예다.

생각해 볼 문제

1. 본 장에서 기술한 역할 이론과 게첼스-구바 모형을 활용하여 당신이 속한 조직을 하나의 사회 체제로서 분석해 보시오. 또는 사회 체제로서의 학교에 대한 게첼스와 델런(Thelen)의 확장 모형을 활용하여 분석해 보시오. 당신의 조직 내에 집단의 역할, 개인의 역할, 그리고 조직의 목표 행동을 정의 또는 지시할 수 있는 조직의 기대(organizational expectations)를 간단하게 정의하시오. 조직의 효과성을 개선할 수 있는 어떤 역할이나 기대를 발견할 수 있는가?

2. **나만의 게임 플랜 만들기** 4장으로 돌아가 조직에 대한 서로 다른 두 관점(관료적 vs 인적자원개발)을 확장시켜 보시오. 리더십 전략을 설정하는 데 있어 어떠한 관점을 선택하여 교육 조직을 분석하겠는가? 당신의 전략 설정에 사회 기술적 체제를 활용하여 최소 세 가지 이상의 예시를 들어 제시하시오.

추천도서

다음의 두 가지 추천 도서는 연이어 읽어볼 필요가 있다. 첫 번째로 윅(Weick)의 책은 미국의 교육 사상에 전반적으로 영향을 미쳤으며 24년 뒤에 쓰인 엘모어(Elmore)의 책은 21세기의 상황에 맞추어 윅의 사상을 재해석한 것이다.

Weick, Karl E. "Educational Organizations as Loosely Coupled Systems." *Educational Administration Quarterly* 21(1976): 1-19.

윅은 느슨하게 결합된 체제의 개념을 도입하지는 않았지만, 이 책에서 학교를 조직으로 보는 큰 변화의 토대를 마련했다는 점에서 반드시 읽어 보아야 할 고전이다.

Elmore, Richard E. *Building a New Structure for School Leadership*. Washington, D.C.: The Albert Shanker Institute, 2000.
위의 논의는 잘못된 것이라는 확신에 기반하여 오늘날 학교의 조직적인 문제들에 관한 면밀한 분석들이 이루어졌다.

Firestone, William A., and Bruce L. Wilson. "Using Bureaucratic and Cultural Linkages to Improve Instruction: The Principal's Contribution." *Educational Administration Quarterly* 21(Spring 1985): 7-30.
학교장이 교사의 수업행동에 영향을 줄 수 있는 두 가지 방법으로 전통적인 관료주의적 방식과 문화적 방식에 대해 논하고 있다. 이 책은 그러한 문제에 대해 충분히 연구할 수 있도록 해 주는 훌륭한 참고도서가 될 것이다.

Flood, Robert Louis. *Rethinking the Fifth Discipline: Learning Within the Unknowable*. New York: Routledge, 1999.
과학적 사고에 대한 근대적 접근의 기저를 이루는 사상체계에 대해 소개한 책이다. 이 책은 비전문적인 용어들로 기술되었기 때문에 쉽게 논의가 가능하다. 플루드(Flood)는 체제적 사고법을 과학적 환원주의, 정신주의, 유신론 등 다른 종류의 사고법과 비교했으며, 계몽주의 시대와 관련하여 역사적인 연관성을 보여 주고 있다. 이 책은 교육 연구에서 과학적 방법이 강조되는 것에 대한 이해가 필요한 교육 리더들에게 추천할 만하다.

Meyer, John W., and Brian Rowan. "The Structure of Educational Organizations." In John W. Meyer and W. Richard Scott, eds., *Organizational Environments: Ritual and Rationality*. Beverly Hills, CA: Sage Publications, 1983.
사회적 관점에서 학교를 분석함으로써 전통적인 기존의 관료주의적 논리와 질서에 대응하고 있는 책이다. 이 장을 집필하는 데 있어 이 책 전체를 참고하였으므로 학생들에게 매우 흥미로울 것이다.

Meyer, Marshall W. *Theory of Organizational Structure*. Indianapolis: Bobbs-Merrill Educational Publishing, 1977.
사회학자인 마이어(Meyer)는 이 책의 78쪽에서 최초로 조직 이론의 다양한 기능에 대해 다루었다. 그는 전통적인 관료주의적 개념과는 다른 조직 구조의 이론에 대해 기술하고 있다.

CHAPTER 5

조직의 인간적 측면

사례 전환기의 매디슨 고등학교

프랜시스 와인스타인 박사(Dr. Frances Weinstein)는 근래 들어 새로운 호칭으로 불리는 것을 좋아하게 되었다. 왜냐하면 최근 주립대학교에서 교육학 박사학위를 취득했기 때문이다. 그녀는 매디슨(Madison) 고등학교의 교장으로 취임한 것에 대해 매우 명예롭게 생각하고 있으며 도전정신으로 가득 차 있다. 매디슨 고등학교는 예전만큼은 아니지만 여전히 우수하다고 소문난 학교다. 레날도 카레라스(Renaldo Carreras) 교육감은 매디슨 고등학교가 예전에 누리던 영광을 되찾는 것이 그녀가 해야 할 일이라고 말했다. 사실 와인스타인 박사는 자신이 있었다. 왜냐하면 그녀는 대학원 재학 시절 동안 학교 효과성과 관련된 연구에 중점적으로 관심을 가졌고, 월링포드(Wallingford) 고등학교에서 교감으로 재직하던 시절에도 행정실무상의 어려운 문제를 해결하는 데 탁월한 능력을 선보인 경험이 있었기 때문이다.

매디슨 고등학교가 설립될 당시 초대 교장이었던 웬트워스(Wentworth) 교장은 명예롭게 은퇴했다. 그리고 그 학교의 모든 교원들은 웬트워스 교장이 적절한 시기에 은퇴했다고 생각했다. 카레라스 교육감은 매디슨 고등학교와 관련하여 가장 고민하고 있는 안건들에 관해 와인스타인 박사와 이야기를 나누었다. 그 안건들을 구체적으로 살펴보면 첫째, 학생들의 출석률이 저조하며 점점 낮아지고 있는 것, 둘째, 학업성취도 점수가 지속적으로 하락하고 있는 것, 셋째, SAT(Scholastic Aptitude Test) 점수 역시 지속적으로 하락하고 있는 것, 그리고 마지막으로 학생들의 중도탈락률이 계속해서 높아지고 있는 것이었다.

와인스타인 박사는 매디슨 고등학교에서의 첫 일 년을 그럭저럭 잘 보냈다. 그녀는 정교하게 잘 계획된 전략대로 학교를 운영하였고, 부임 첫 학기에 아래의 네 가지 업무를 수행했다.

1. 매디슨 고등학교가 현재 어떠한 상황인지 파악하고, 카레라스 교육감이 개선하기를 기대하는 저조한 성과 지표들을 확인하는 것
2. 119명의 교사와 상담가 등 교원 사이의 동료관계를 파악하고 개선시킬 것
3. 학부모들과 주요 지역 인사들에게 학교를 대표하여 자신을 소개하는 기회를 가질 것
4. 매디슨 고등학교의 저조한 성과 지표들 기저에 놓여 있는 쟁점들을 진단하고, 이를 개선하기 위해 교장 부임 2년차에 실시할 실천방안을 세울 것

매디슨 고등학교의 다른 교원들 역시 카레라스 교육감이 지적한 네 가지 성과 지표들에 대해 걱정하고 있었다. 그들은 학생들이 수업에 지각하는 문제와 마찬가지로 결석률이 증가하는 것 역시 큰 문제라고 걱정했다. 게다가 쉬는 시간 동안 복도, 학교매점, 그리고 일부 교실에서의 규율은 거의 무질서에 가까웠다. 이뿐만 아니라 학생들 사이에서 새로운 경향이 나타나고 있었는데, 그것은 바로 정시에 학교에 도착해서 '출석' 체크를 한 후 본인이 좋아하는 한두 개의 수업(예를 들어 체육, 기술 등)만 듣고, 점심식사 후 나머지 다른 수업들에는 참석하지 않는 것이었다.

와인스타인 교장은 3월 교원회의에서 '신입생 아카데미(freshman academy)'라는 프로그램을 개발할 것이라고 발표하면서 직무를 시작했다. 교원회의는 학교에서 규모가 큰 편에 속하는 집단 강의실에서 실시되었는데, 이는 참석자들과 함께 토론을 진행하기 위해서였다. 그 강의실은 원형으로 설계되어 있었고 의자가 계단식으로 배열되어 있었으며 강의실 중앙에 강연석이 준비되어 있었다. 와인스타인 교장은 파워포인트 화면을 사용하여 '신입생 아카데미'에 관한 아이디어를 자세히 소개했다. 집단토론은 평소와 다르게 매우 활발하게 진행되었다. 토론 중에는 '신입생 아카데미'에 관해 의심이 섞인 몇몇 목소리와 더불어, 과연 그 프로그램이 매디슨 고등학교에 적합한지에 대한 의구심이 제기되었다. 많은 교원들의 관심은 과연 그러한 프로그램이 학사일정 내에서 진행이 가능할지에 집중되었다. 게다가 일부 사람들은 그 아이디어는 완전히 목표와 동떨어져 있다고 주장했다. 왜냐하면 매디슨 고등학교에서 발생하고 있는 새로운 문제들은 인구통계학적(demographic) 변화에 따른 것이었기 때문이다. 점점 더 많은 저소득층 가족들이 매디슨 고등학교가 속한 학교구 쪽으로 이사하고 있다는 사실과 점심 보조금을 받는 학생 수가 증가하고 있다는 사실이 이를 뒷받침해 준다.

교원회의를 마무리지으면서 와인스타인 교장은 교원들에게 '신입생 아카데미'가 실제로 시행되기 전에 구성원들과 충분히 토론할 기회를 갖겠다고 밝혔다. 그리고 와인스타인 교장과 상담가들, 그리고 행정담당 교감은 즉시 다음 학년도 계획을 세우는 일에 착수하였고, 교장은 이 계획의 효과에 대해 확신했다. 그녀는 '신입생 아카데미' 아이디어의 핵심을 다음과 같이 요약했다. "나는 우리 아이들이 중학교에서 고등학교로 진학하면서 새로운 환경 변화에 잘 적응할 수 있도록 도와줄 것입니다. 그리고 학생들이 스스로 찾아가 그들의 고민을 털어놓을 수 있는 '보살핌 교사단(cadre of caring teacher)'과 학교 상담가들을 제공할 것입니다. 또한 학생들이 중도탈락할 가능성을 낮출 수 있도록

학업적으로 그들을 도와줄 배려심이 충만한 문화를 조성할 것입니다."

와인스타인 교장은 다음과 같이 열정적으로 이야기를 끝맺었다. "우리는 매디슨 고등학교를 학생들이 머무르고 싶어 하는 장소로 만들 것입니다. 왜냐하면 학생들은 이 학교 안에서 그들이 관심을 받는다는 것을 알기 때문이죠. 우리는 좀 더 전인적인 관점에서 접근할 필요가 있습니다. 단순히 학생들을 수업에 참석시키고, 학생들이 스스로 최선을 다하기만을 바라는 것은 옳지 않습니다. 여러분들은 '아카데미'에 참석하는 아이들에게 개별적인 책무성을 갖게 될 것입니다. 이것이 바로 당신이 지금 만들 수 있는 변화입니다. 우리에게는 이 변화를 위해 많은 돈, 시간, 그리고 별도의 훈련이 필요하지 않습니다. 왜냐하면 여러분들은 이미 전문성을 갖춘 교사들이며 이 아이들을 어떻게 도울 수 있을지 알고 있기 때문입니다."

와인스타인 교장은 부임 2년 차인 그다음 학년도 초기에 '신입생 아카데미' 프로그램을 열정적으로 시작했다. 그녀는 이 프로그램을 잘 운영하고 발전시키기 위해 상당한 시간, 에너지, 그리고 개인적 관심을 쏟았다. 그러나 시간이 지나감에 따라 그녀는 좌절하기 시작했다. 왜냐하면 학교에서 신입생들을 다루는 방식에서 어떠한 변화도 찾아보기 어려웠기 때문이다. 상담가들과 마찬가지로 교사들 역시 '신입생 아카데미' 아이디어는 큰 영향력을 발휘하지 못할 것이라고 솔직히 밝혔고, 아쉽게도 학교의 상황을 보여 주는 지표들 역시 그러한 교원들의 판단이 옳다는 것을 확인시켜 주었다. 교사와 상담가들은 평소에도 학생들에게 많은 관심을 갖고 지원해 왔었다고 확신했기 때문에 '신입생 아카데미'라는 새로운 아이디어는 받아들여지지 않았다. 교사들은 학교의 변화에 대한 부담과 책임이 자신들에게 미뤄지고 있다고 여겼으며 그 프로그램이 효과적으로 운영되는 데 필요한 변화를 위한 추가적인 시간이 없다고 생각했다.

1. 매디슨 고등학교에서 진행된 변화 과정을 분석하라. 교장이 추진한 변화에는 어떠한 잘못이 있었는가?
2. 당신은 더 효과적일 수 있는 다른 접근법을 제안할 수 있는가?
3. 이 장을 다 읽은 후, 특히 '효과적인 학교의 다섯 가지 기본 가정'을 중점적으로 읽은 후, 당신의 아이디어를 검토하고 새롭게 배운 개념을 적용시켜 보라.

이전 장에서는 조직과 조직 구성원들에 대한 사고의 몇 가지 체제적 방법, 즉 조직의 체제 이론 영역에 관해 소개했다. 게첼스-구바(Getzels-Guba) 모형과 같은 다양한 사고방식이나 이론을 학습하는 것은 교육행정을 공부하는 학생들에게 필수적이었다. 그러나 이 장에서 우리는 이러한 사고방식이 갖는 몇 가지 한계점에 대해서 살펴볼 것이다. 비록 그러한 사고방식 덕분에 조직도를 활용하여 조직 구조와 조직 구성원들에 대해서는 좀 더 상세하게 설명할 수 있었지만, 이러한 사고방식의 가장 큰 한계점은 바로 조직 구성원들의 생활보다는 관료적인 통제를 강조하는 행위 이론(theory of action)을 지지하는 경향을 보인다는 것이다.

이 장에서는 조직 패러다임의 매우 중요한 변화의 측면을 설명할 것이다. 이러한 변화는 정제되고 완성된 관료주의적 관리 전략 및 기술을 강조하는 전통적 근대주의(traditional modernism)에서 탈피하여, 조직 수행에서 구성원들의 성장과 발전을 통한 내부(within)로부터의, 혹은 상향식(bottom-up)의 개선 가능성을 강조하는 접근으로의 변화를 의미한다. 이러한 패러다임의 가장 중요한 개념은 바로 인적자본(human capital)의 구축이다. 시간이 지나감에 따라 조직 구성원들이 좀 더 개인적·전문적으로 성장하고 발전할 때 조직은 더욱 효과적으로 변모한다. 같은 맥락에서 조직 구성원들 역시 그들의 개인적인 업무뿐만 아니라, 조직 내의 협력적인 업무에서도 구성원으로서 더욱 능숙하고 효과적으로 참여하게 된다.

조직 본질의 재개념화

이 책은 실제 교육 조직에서 조직 구성원들의 행동을 이해하는 문제에 대해 다루고 있다. 이것은 바로 교육행정이 맞닥뜨리고 있는 가장 핵심적인 문제다. 왜냐하면 교육행정은 '조직 목표 달성을 위해 다른 구성원과 함께, 그리고 다른 구성원들을 통해 개별적으로 혹은 집단적으로 함께 노력하는 것' 으로 정의될 수 있기 때문이다. 행정의 실제적(administrative practice) 관점에서 우리는 다음과 같은 필수적인 질문에 대해 고심할 필요가 있다. 다른 구성원들과 함께, 그리고 다른 구성원들을 통해서 가장 효과적으로 일하는 방법은 무엇인가?

이것은 심오한 학문적인 질문이 아니다. 이 질문에 어떻게 대답하느냐는 당신이 부서장으로서, 교장으로서, 교육감으로서 혹은 다른 직위의 사람으로서 어떻게 학교 행정을 이끌어 나가느냐 하는 문제의 핵심이라 볼 수 있다. 이것은 그리 간단치만은 않은 질문이다. 교사들은 학생, 학부모들과 함께 지내 오면서 인간은 매우 복잡하고 독특하며 동시에 모순적인 존재라는 것, 또한 인간의 행동은 종종 당황스럽거나 이해하기 어렵다는 것을 알게 되었다.

우리는 20년 전에 비해, 학교 역시 모든 조직들과 마찬가지로 매우 복잡하고 혼잡한 곳이라는 것을 훨씬 더 잘 이해하고 있다. 학교는 최상의 상태에서도 모순과 양면성, 모호함과 불확실함으로 가득 차 있는 곳이다. 이러한 이해는 우리로 하여금 학교 행정가들이 부딪히고 있는 대부분의 중요한 문제들이 단순명료한 기술적 해결책만으로는 해결될 수 없다는 것을 깨닫게 해 준다.

이는 학교 행정가들만의 고유한 문제가 아니며, 학교라는 조직에만 국한된 사항도 아니다. 이것은 바로 모든 직업과 조직에서 일반적으로 고민하고 있는 문제인 것이다. 도날드 숀(Donald Schön)이 '전문적 지식의 확실성에 대한 위기(crisis of confidence in professional knowledge)'를 어떻게 묘사하였는지 살펴보자.

> 전문적 업무(professional practice)를 지형학에 비유해 보자. 여기에 늪을 내려다보고 있는 높고 단단한 지대가 있다. 이 고지대에 있는 문제들은 연구에 기반 한 이론과 기술의 적용을 통해 어렵지 않게 해결할 수 있다. 반면 저지대 늪에는 이러한 기술적 해결책만으로는 해결되지 않는 지저분하고 혼란스러운 문제들이 산재해 있다. 그러나 이러한 상황이 갖는 아이러니는 고지대의 문제들은 크게 보았을 때 개인이나 사회에서 상대적으로 덜 중요하면서도 전문적인 관심(technical interest)은 큰 반면, 저지대 늪에 놓여 있는 문제들은 인간들이 가장 심각하게 고민하고 있는 문제들이란 사실이다. 현장의 행정가들은 이제 선택해야만 한다. 상대적으로 덜 중요한 문제들을 엄격한 기준에 따라 해결하는 고지대에 남아 있을 것인가, 아니면 중요한 문제들이 산재해 있는 저지대 늪으로 내려갈 것인가…?[1]

지금까지 여러 해 동안 교육행정학자들은 교육 문제에 있어 기술적(technical) 해결책에 초점을 맞춰 왔다. 본질적으로 기준(standards)을 정해야 한다고 주장하는 사람들은 주(州) 차원에서 실시되는 학업성취도 평가와 직접적으로 연결되는 구체적인 교육과정의 기준을 설정하면, 지역행정가들과 교사들은 주(州)에서 요구하는 성취 결과를 달성하기 위해서라도 학교를 개편해 나갈 것이라 믿는다. 왜냐하면 학업성취도 평가는 주(州) 전역에 걸쳐 모든 학생들이 필수적으로 치러야만 하는 평가이며, 다양한 집단들의 높은 이해관계(high-stakes)가 얽혀 있고, 매우 객관적인 평가이기 때문이다. 이 전략을 지지하는 사람들은 이를 보통 '교육적 기준을 제정하는 것'으로 받아들인다. 그 밖에 또 다른 인기 있는 기술적 접근으로는 컴퓨터와 인터넷과 같은 전자 기술(electronic technology), 마그넷 스쿨, 차터 스쿨 혹은 학교 선택의 또 다른 형태와 같은 구조적 기술(structural technology), 그리고 교실에서의 새로운 교육학적 기법의 고안과 같은 교수 기술(instructional technology) 등이 있다.

이러한 다양한 기술들을 옹호하는 많은 사람들이 채택한 학교 및 학교 개혁에 관한 관점에서는 가르치는 일을 일상화된 노동으로 간주한다. 즉, 생산 조직으로서의 학교라는 이미지를 강하게 관철시킨다. 만약 이러한 관료적 통제가 적절하게 체계화된다면 그러한 관료적 통제하에서 이루어진 노동은 논리상 원하는 결과를 도출해야만 한다. 학교에 대한 이러한 관점을 지지하는 사람들은 강의, 지시적 형태의 워크숍, 혹은 형식을 갖춘 회의 등과 같은 공식적인 연수를 통해서만 교사들이 학습할 수 있다고 믿어 왔다. 또한 이러한 모든 공식적인 연수는 학교에 어떠한 문제가 도사리고 있고 교사들이 그 문제들을 효과적으로 해결하기 위해 필요한 것들이 무엇인지 잘 알고 있는 외부 전문가에 의해 통제되고 총괄된다. 그렇기 때문에 우리는 그동안 학교가 직면할 모든 문제들을 예측하고 해결하기 위한 연수 프로그램들이 개발되는 것을 보아 왔다. 또한 동시에 이러한 연수 프로그램을 기획하고 진행하는 '전문' 상담가들이 자신들의 지식을 팔고 높은 컨설팅 비용으로 주머니를 채운 뒤 재빨리 떠나 버리는 것도 목격해 왔다.

그러나 도날드 숀이 저지대 늪에 있다고 묘사했던 중요한 교육적 문제들은 일반적으로 잘 정의되어 있지 않고 이해하기 어려우며 매우 복잡한 형태를 보인다. 그렇지만 이러한 복잡한 문제들은 보통 우리가 잘 알아차릴 수 있는 관점에서 이해되고 체계화되는 경향이 있다. 당신이 감지하는 문제들은 주로 스스로의 배경, 가치, 그리고 관점으로부터 발견된다. 숀은 다음과 같이 관찰했다.

> 예를 들어, 영양학자(nutritionist)는 개발도상국의 어린이들 사이에서 발생하는 영양실조에 관한 막연한 걱정들을 적절한 식단 선택의 문제로 구체화시킨다. 그러나 농학자(agronomist)는 이 문제를 식품 생산의 관점에서 바라본다. 또한 유행병학자(epidemiologist)는 영양소에 대한 요구를 증가시키거나 영향 흡수를 저해하는 질병의 관점에서 이 문제를 바라본다. 인구통계학자(demographer)는 농작물의 생산능력보다 앞서 있는 인구 증가 측면에서, 엔지니어(engineer)는 적절치 못한 식품 저장과 분배의 관점에서, 그리고 경제학자(economist)는 불충분한 구매력 및 토지와 부의 평등치 못한 분배의 관점으로 이 문제를 바라본다.[2]

행정학자가 교육 문제를 다루기 위해 접근하는 방법은 주로 어떻게 자신들의 선택을 개념화할 것인지 혹은 어떻게 그 문제들을 체계화할 것인지에 초점이 맞추어진다. 아동들의 영양실조 사례에서 나타나듯이, 문제를 해결하는 방식은 매우 다양하다. 그러나 사람들이 문제를 이해하고 체계화하는 능력과 사람들에게 익숙한 체계는 제한되어 있다. 또한 저지대 늪에 도사리는 명확하지 않은 문제들을 해결하기 위해 필요한 전문가들의 관점과 영감을 이끌어 낼 틀(frame)의 수와 다양성도 제한적이다. 우리가 이미 설명했듯이, 지난 세기 동안 하나의 관점이 교육 조직에 대한 사고를 지배해 왔다. 그것은 바로 구조적 관점(structural perspective)이다. 이것은 위계적 통제, 관료적 사무실, 조직도, 그리고 표준 운영 과정과 같은 규칙과 규율 등의 개념으로 우리에게 더 익숙하다.

1975년 이후 조직에 관한 사고는 조직 운영의 기저 원리라고 믿었던 기계적인 특성을 강조한 공식적인 이론들에서 벗어나 조직의 인간적인 측면을 상당히 강조하는 방향으로 크게 변화했다. 이러한 변화는 동시다발적으로 발생한 몇 가지 요인들의 결합으로 촉발되었다. 이러한 요인들 중 하나가 바로 지적(intellectual)인 측면이다. 즉, 이것은 실제 조직이 무엇인지에 대한 근본적인 개념을 새롭게 분석한 것이라고 할 수 있다.

조직 이론의 새로운 패러다임

앞에서 언급했듯이 1950년대 초부터 1970년대 중반까지는 교육행정 영역에서 많은 이론과 연구들이 소개되었다. 보통 교육행정에서는 이 시기를 이론화 운동(theory movement)의 시대라고 부른다. 그러나 많은 이들은 1970년대까지 소개된 이론과 연구들이 실제 학교 안에서 구성원들이 경험하는 것만큼 학교를 잘 묘사하지 못하고 형편없는 결과들만 양산해 왔다는 우려를 나타내기 시작했다. 그 당시 많은 연구들과 유수(有數)의 대학들에서 출판한 학술지 등은 조직으로서의 학교를 논리-실증주의적(logical-positivist) 관점을 기반으로 이해하려는 사람들에 의해 장악되고 있었다. 다시 말해, 그들은 학교 조직 실제의 기저에 놓여 있는 합리적 · 논리적, 그리고 체계적인 질서를 가정하면서 그것이 반드시 발견되어야 한다고 보았다. 또한 논리-실증주의자들은 연구에 있어 새로운 발견은 측정, 표집, 준(準)실험 방법, 그리고 정량 방법을 강조하는 연구 방법을 통해서만 가능하다고 생각했다. 이러한 가정과 발견의 방법은 교육 실천가들의 훈련 과정을 개선하는 유일한 방법이라고 여겨져 왔다. 예를 들어, 웨인 호이(Wayne Hoy)와 세실 미스켈(Cecil Miskel)은 "일반화된 지식으로 가는 길은 주관적 경험과 성찰이 아니라 철저한 과학적 연구로만 가능하다."[3]고 주장했다.

그러나 1974년에 이르러 T. 바 그린필드(T. Barr Greenfield)는 실천가들과 학자들 사이에서 새로이 소개되고 있는 조직 이론들에 관해 심각한 우려를 제기했다. 그러한 우려의 핵심은 숀이 이야기한 '저지대 늪'을 이해하기 위해 진행하던 연구들에서 드러났다. 교육 조직과 조직 구성원들의 행동을 이해하고자 하는 학자들은 객관적이고 수리적인 설명을 강조하면서 점점 경직되기 시작했다. 그러나 무엇보다 가장 심각한 문제는 바로 그들이 조직을 독립적으로 존재하고, 체계적인 법과 원리에 의해 통제될 수 있는 견고한 유형의(tangible) 독립체로서 생각하고 있다는 것이었다. 그린필드는 "속된 말로, 우리는 조직이 실재인 것처럼 이야기한다."[4]고 언급했다. 그러나 조직은 실제로 존재하는 것이 아니다. 그는 "조직은 사회적 실체로서 고안되었다."[5]고 밝혔다. 조직은 유형물, 혹은 독립적인 실체라기보다는 오직 사람들의 마음속에만 존재하는 사회적인 실체인 것이다. 그러므로 우리가 조직이 무엇인가를 스스로 시행하는 것처럼 말할 때, 또는 조직 체제가 어떠한 방식으로 '행동한다' 고 표현할 때, 우리는 조직을 의인화하고 있는 것이다. 조직의 핵심은 조직 내에 존재하는 인간이다. 비록 인간의 마음속에서는 마치 조직이 그렇게 행동하는 것처럼 구체화할지라도 실제로는 인간이 선택하고 행위하며 행동하는 것이다.

그럼에도 불구하고, 우리는 종종 학문적인 가정이 현장에서 개인이 학교 행정 업무를 통해 얻는 경험과 뚜렷한 차이가 있다는 증거를 지속적으로 만나게 된다. 학교 현장과 관련하여 학문적인 관점과 실천가의 관점 사이에 나타나는 차이점은 대학의 교원 양성 과정에 대해 실천가의 지지가 부족한 이유를 잘 설명해 준다.[6] 예를 들어, 이러한 차이점은 교장에 대해 연구한 학문적인 문헌들과 교장들이 실제 현장을 바탕으로 스스로 작성한 설명들 사이에서 두드러지게 나타난다.[7]

- 교장들은 구체적인 일상의 경험들을 묘사하는 반면, 학자들은 이론과 추상적인 관계들을 강조한다.
- 교장들은 상징, 예시, 그리고 이야기 등을 통해 의사소통을 하는 반면, 학자들은 모형과 과학적 언어를 사용하여 의사소통한다.

- 교장들은 합리성의 한계를 잘 알고 있는 반면 학자들은 문제를 정의할 때 합리적이고 공식적인 용어의 사용을 강조한다.
- 교장들이 학교를 인간적 · 감정적 용어를 사용하여 구성원들의 일상적 기복을 고민하고 축하하는 장소로서 묘사할 때, 학자들은 무감정적(detached) · 객관적 관점에서 그것을 설명한다.
- 교장들은 학교를 모호하고 심지어 혼돈이 가득한 장소로 보는 반면 학자들은 합리적이고, 질서 정연한 이미지로 묘사한다.

질적 연구 방법의 등장

일찍이 1964년에 노벨상을 수상했으며 전(前) 하버드(Harvard) 대학교 총장이자 제2차 세계대전 동안 국방위원회(National Defense Research Committee)의 의장을 역임했던 제임스 브라이언트 코넌트(James Bryant Conant)는 1950년대 미국 학교들에 관한 연구를 수행할 당시, 그가 화학분야에서 오랫동안 사용했던 가설-연역적 방법(hypothetico-deductive way)을 멀리할 필요가 있다는 것을 알게 되었다. 대신에 그는 귀납적 추론법(inductive reasoning)을 사용해 연구하는 것을 배워야만 했다. 왜냐하면 교육문제의 본질은 과학적 문제의 본질과는 매우 달랐기 때문이다. 그는 『두 가지 사고방식: 과학 및 교육과의 만남(*Two Modes of Thought: My Encounters with Science and Education*)』이라는 저서에서 과학과 교육 영역에 적절한 사고방식 유형을 소개하고 각 방식의 차이점에 관해 논의했다. 이 책에서 그는 "초 · 중등학교와 대학들에서 실제로 일어나고 있는 현상들은 응용 사회과학으로 분류되거나 혹은 사회과학 분야에서 현재 영향을 미치고 있는 실용적 기술(practical art)로 분류될 수 있다."고 밝혔다.[8]

1963년, 칼 로저스(Carl Rogers)는 인간행동과 그러한 행동이 발생하는 맥락에 관한 '지식 획득을 위한 세 가지 방법(three ways of knowing)'을 소개했다.

1. **주관적 지식 획득**: 이것은 "모든 일상생활에서 기본적이다."
2. **객관적 지식 획득**: 로저스는 객관적이라고 하는 것은 실제로 그 자체가 객관적이라기보다는, 관찰된 상황의 '진실'에 대해 판단을 내릴 자격이 있는 신뢰할

만한 동료들 사이에서 더 많은 합의가 이루어지게 되면 그것이 객관적인 것이라 했다.

3. **대인관계적 혹은 현상학적 지식 획득**: 우리는 개인의 생각을 살펴봄으로써 혹은 독립적인 여러 관찰자들이 추정한 생각을 통합적으로 검토함으로써 개인의 감정 상태를 알 수 있다. 로저스는 이러한 상황을 묘사하기 위해 한 가지 예시를 제시한다. 당신은 동료가 슬프거나 좌절한다고 느낄 수 있다. 어떻게 당신은 그 생각을 확신할 수 있는가? 한 가지 방법은 직접 그 사람에게 감정적인 방식으로 물어보는 것이다. 또 다른 방법은 기다리면서 다른 이들이 그 동료의 감정 상태에 대해 개인적으로 관찰하거나 느낀 것을 어떠한 방식으로 언급하는지 지켜보는 것이다.

   로저스는 어느 정도 견고한 행동과학 영역에서 이와 같은 세 가지 지식 획득의 방법 중 단 하나의 방법만을 사용하고 다른 방법들을 간과하기보다는, 세 가지 방법을 적절히 혼용하여 사용하는 것이 바람직하다고 믿었다.[9]

25년 후인 1988년, 아서 블룸버그(Arthur Blumberg)는 교육 조직에 대한 이러한 유형의 생각을 더욱 풍부하게 발전시켰다. 그는 학교 행정을 과학(science)이라기보다는 기술(craft)로 여기고, 장인(craft-workers)들이 일하는 것과 같이 지식과 이해에 대해 생각하는 것이 유용하다고 제안했다. 그는 기술은 중요한 측면에서 과학과 다르다고 주장했다. 기술은(그는 하나의 예시로 도예를 들었다.) 도구와 재료들을 가지고 매일같이 연습함으로써 습득될 수 있다. 그리고 그 과정에서 현장가들은 '알아내는 능력(a nose for things)', 함께 사용하는 재료들의 본질에 대한 친밀감, 무엇이 받아들일 만한 결과를 구성하는지에 대한 감각, 과정에 대한 직감, 무엇을 언제 해야 하는지에 대한 이해, 그리고 행동의 필요성에 대한 느낌 등과 같은 것들을 개발해야 한다. 블룸버그는 과학의 개념에서 기술의 개념으로 진화하는 것을 통해 사람들은 교육에서 조직 행동에 관한 지식 획득의 새롭고 유용한 방법들을 발견하게 될 것이라고 설득력 있게 주장했다.[10] 그러나 그동안 학교 내 행동을 이해하기 위한 연구들에서 사용해 왔던 실용적인 관점을 지지한 많은 사람들과 마찬가지로, 블룸버그 역시 기술에 비유한 접근법이 논리-실증주의의 구속으로부터 빠져나오려 했던 로저스, 코넌트, 그리고 그 밖의 다른 학자들이 범해 왔던 또 다른 이론적 접근에 지나지 않았다는 것을 깨닫지는 못했다.

1980년대에 이르러 이러한 모순을 인식하게 된 많은 교육학 전공 학자들은 전통적인 공식적 이론화와 준실험 연구법의 한계점을 피하고 학교에서의 인간행동을 연구할 수 있는 더 좋은 방법을 찾기 시작했다. 그들은 설문지를 보내고 통계적 자료를 정리하는 대신에 학교로 직접 가서 실제로 어떠한 일이 일어나고 개인들이 어떠한 대화를 나누는지 관찰하기 시작했다. 이는 학교 구성원들이 어떻게 그들의 삶을 경험하고 있는지 이해하기 위한 것이었다. 그러한 연구의 결과들은 실제 학교의 일상에서 일어나는 사건에 대한 생생하고 풍부한 서술적 묘사를 쏟아냈고, 이것은 학교 조직 일상의 특성인 혼돈, 모순, 모호함, 그리고 일반적인 혼란 등을 분명하게 밝혀냈다.

실제로, 질적 혹은 민속지적 방법(qualitative or ethnographic methods)이라 불리는 연구 방법을 사용한 연구들은 1980년대 교육 개혁 운동의 지적 근간이 되었다. 매우 고상해 보이지만 '유의미한 차이점(significant differences)'을 도출하지 못하는 부수적인 통계 연구는 사람들 사이에서 무슨 일이 일어나고 있는지, 그리고 그들이 어떻게 그러한 경험에 반응하는지 통찰하고 이해하는 생생하고 풍부한 연구들로 대체되었다.

이것은 조직 행동을 연구하고 사고하는 방식에 있어서 큰 변화였다. 이 변화는 학교 내 조직 행동을 이해하는 데 있어 오랫동안 지속해 왔던 논리-실증주의의 확실성을 버리고 뚜렷하고 새로운 방향으로 전환케 했다. 이러한 새로운 사고의 몇 가지 특징들을 알아보기 위해 지금부터 전통적인 조직 이론이 무너졌을 당시 출현하기 시작한 조직 관련 논의들에 대해 간단히 살펴보고자 한다.

이완 결합 체제로서의 교육 조직

우리는 학교 체제 혹은 학교를 고전적인 구조적 용어들을 통해 고찰하거나 묘사하곤 한다. 예를 들어, 강력한 중앙 통제와 명령의 영향을 받기 쉬운 단위들이 위계적으로 연결된 피라미드로서 학교 체제를 묘사한다(보통 관료적 조직 그리고 군대 조직이 이렇게 묘사된다). 그러나 조직에 대해 공부하는 학생들은 학교 체제와 학교는 실제로 구조적 이완성의 특징을 갖는다는 사실을 꽤 오래전부터 알고 있었다. 지역구 내 학교들은 상당한 주체성과 자유를 갖고 있고, 교실 내 교사들은 교장의 아주 일반적인 수준의 통제와 지시만 받는다. 이러한 특성은 학교의 과업, 고객, 그리고 기술의 본질에 비추어 보았을 때 기능적으로 불가피한 것이라고 할 수 있다.[11] 이것은 다음과 같은 방식으로 생생하게 묘사되어 왔다.

> 당신이 색다른 축구 경기에서 심판, 코치, 선수 혹은 관중 중 하나라고 상상해 보자. 경기장은 둥근 형태다. 원형 경기장 주변으로 여러 개의 골문이 무작위로 흩어져 있다. 사람들은 언제든지 게임에 참여하거나 경기장 밖으로 나갈 수 있다. 또한 그들은 원할 때마다 공을 던져 넣을 수 있고 또 원할 때마다 몇 번이고 "저건 내 골대야!"라고 말할 수 있다. 전체 경기는 경사진 곳에서 이루어진다. 그리고 이 경기는 이치에 맞는 것처럼 진행된다. 만약 당신이 지금 이 예시에서 심판 대신 교장, 코치 대신 교사, 선수 대신 학생, 관중 대신 학부모, 그리고 축구 경기 대신에 학교로 대체한다면, 당신 역시 학교 조직에 대하여 인습에 얽매이지 않고 색다른 묘사를 하고 있는 것이다. 이러한 묘사의 미학은 교육 조직 내부의 다양한 현상들을 관료적인 시각을 통해 바라보는 것보다 더 많은 것들을 포착할 수 있게끔 한다.[12]

우리는 학교가 수행하는 다양한 활동들에 관한 관례적인 설명과 실제적인 이미지를 대조할 수 있다. 즉, ① 기획, ② 목표설정, ③ 비용-수익 분석, 분업, 직무 기술(記述), 사무실 내 권위, 그리고 지속적인 평가와 보상 체제 등과 같은 합리적 과정의 적용 등은 실제 이미지와 차이가 있다. 기존의 관례적인 관점이 갖는 확실한 문제는 그러한 방식으로 운영되는 학교를 찾는 것이 실제로는 거의 불가능하다는 것이다. 대부분의 교육 조직 구성원들은 이와 같이 간단한 합리적 개념들만으로는 체제가 기능하는 방식을 완전히 설명하지 못한다는 것을 알고 있다.

많은 교육 조직들이 기존의 합리적인 개념으로 설명되는 것을 거부하기 때문에 우리는 '이완(느슨한) 결합(loose coupling)' 개념과 같이 좀 더 정확히 이해할 수 있는 더 새롭고 독특한 사고에 대해 진지하게 고민하게 된다. 일반적으로 이완 결합이라는 용어는 조직의 하위 체제(그리고 그 체제에서 수반되는 활동들)가 서로 연결되어 있을지라도 각각은 그 자신 고유의 정체성과 개별성을 지키고 있다는 것을 의미한다. 예를 들어, 조직도(organization chart)에서 보면 고등학교의 진로지도실(guidance office)은 관련 사항을 보통 교장실에 보고하는 것처럼 보인다. 그러나 실제로는 상대적으로 상호작용이 적거나 서로에게 느리게 반응하는 등 그 연결고리는 매우 느슨하다. 요약하자면, 그 연결고리는 상대적으로 약하고 덜 중요하다. 그래서 조직의 응집을 위한 결합을 '느슨하다'고 묘사하는지도 모른다.

이중 체제로서의 교육 조직

이완 결합(loose coupling)의 개념은 이전에는 잘 이해되지 않았던 학교 및 기타 교육 조직의 독특한 특성을 설명하는 데 매우 효과적이었다. 그러나 이 개념 역시 모든 것을 완전히 설명하지는 못했다. 학교에서는 느슨하게 결합된 현상들만큼이나 관료적이거나 고전적인 조직의 경향도 쉽게 찾아볼 수 있다.

조직을 연구하는 학자들 사이에서는 일반적인 합의가 오랫동안 지속되어 왔다. 그것은 바로 교육 조직은 어떠한 특정 측면에서는 느슨하게 결합되어 있고, 또 다른 측면에서는 고도의 관료적 특성을 보인다는 것이다. 이러한 특성은 조직과 조직 구성원의 행동을 이해하는 데 매우 중요하다. 예를 들어, 샌프란시스코(San Francisco)의 34개 학교구 내 188개의 초등학교를 대상으로 진행한 연구 결과를 살펴보자.

> … 교수 활동에 대한 점검은 개별 학교에 위임되고 실제로는 아주 가끔씩만 이루어진다. 예를 들어, 인터뷰에 응했던 34명의 교육감들 중 단 한 명만이 학교구 차원에서 교사들을 직접 평가한다고 밝혔다. 교장들과 동료 교사들은 특정 교사의 직무를 점검하고 논의할 기회를 갖지 않는 것처럼 보였다. 교장을 대상으로 한 설문조사에서 응답자의 85%는 교사들과 일상에서 함께 일하지 않는다고 응답했다. 게다가 교사들 사이에서 이루어지는 상호작용에 대한 증거도 거의 발견되지 않았다. 다수의 교장들은 동 학년 교사들 사이의 일상적인 직무관계는 없다고 보고했다. 또한 83%의 교장들은 다른 학년 교사들 사이의 직무관계 역시 없다고 밝혔다. 이러한 측면은 교사들의 교수 행동과 관련하여서도 잘 드러난다. 응답자의 3분의 2는 그들의 교수 행동이 다른 교사들에 의해 가끔(한 달에 한 번 이하) 관찰된다고 답했고, 응답자의 절반은 교장들에 의한 수업관찰 역시 비슷한 빈도로 이루어진다고 밝혔다.[13]

상당량의 기타 연구들에서도 학교 행정가의 장학 활동이 빈번하지 않다는 결과를 분명히 보여 주었다. 즉, 교사들은 하루 종일 고립되어 다른 성인들과 거의 상호작용 없이 근무하고, 상급자는 거의 교실을 방문하지 않거나 혹은 방문한다 하더라도

주로 총괄평가(summative evaluation)의 목적으로 방문하곤 한다.[14]

물론 통제는 직접적인 감시(공립학교 구성원들이 보통 '장학' 이라 부르는)가 아닌 다른 방법에 의해서 이루어질 수도 있다. 예를 들어, 학생의 학습을 평가하는 것, 교육과정을 폐쇄적 · 구체적으로 상세하게 운영하는 것, 그리고 다음 학년에 올라가기 전에 전 학년 과정을 확실히 학습하는 것 등이 바로 학교가 교수 과정을 강력하게 통제하는 방법에 속한다. 이러한 방법들은 낙오학생방지법(No Child Left Behind: NCLB)의 핵심이다.

그러므로 학교의 핵심 활동인 교수-학습 활동은 행정가들에 의해 직접적으로 통제되지 않는 범위에서 느슨하게 결합되어 있다고 볼 수 있다. 행정가들이 학교의 교수 프로그램에 대하여 일반적인 책무성은 갖고 있을지라도 교사의 교수 행동과 학생의 학습을 감시하는 능력은 상대적으로 제한되어 있다. 예를 들어, 위에서 언급한 샌프란시스코 연구 결과에 의하면 단지 12%의 교장들만이 교사들이 사용하는 교수법을 통제할 수 있는 실질적인 결정권을 갖고 있다고 밝혔고, 4%만이 교사들이 사용하는 교수법을 결정하는 데 영향력을 미친다고 보고했다.[15] 이러한 결과는 다른 연구들에서도 지속적으로 동일하게 나타났고, 이것이 바로 NCLB가 '연구 기반 전략(research-based strategies)' 에 초점을 두기 시작한 이유 중의 하나가 되었다. 다시 말해, NCLB에 따라 보조금을 수혜하기 위해 주(州) 정부는 관할 학교 학생들의 학업성취도 결과가 개선되었음을 나타내는 양적 연구에 기반을 두고 프로그램을 실행하고 있음을 보여 주어야만 했다.

반면에, 행정가들은 교사의 직무를 구조화하는 것과 같은 관료적인 방법을 사용하여 학교에서 이루어지는 교수 행동에 간접적으로 영향을 미칠 수 있다. 시간 통제(the control of time)는 그러한 방법들 중 하나다. 시간표, 특별수업과 다른 활동을 위해 학생들이 수업에 빠지는 빈도, 교실수업의 방해 빈도, 그리고 교사에게 요구되는 행정 업무의 부담 등과 같은 요인은 교사들의 교수 행동에 영향을 미친다. 그리고 이것들은 핵심 인물인 행정가들에 의해 영향을 받는다. 또한 학생을 반에 배정하는 것(몇 명씩 그리고 어떠한 종류로) 역시 상당 부분 행정가들로부터 영향을 받게 되고, 교사의 직무 행동에도 제약을 준다. 분반(grouping)은 행정가가 교수 과정에 영향을 미칠 수 있는 또 다른 방법이다. 예를 들어, 학생들은 비슷한 성향끼리 혹은 다른 성향끼리 무리지어질 수 있다. 또한 교사들은 홀로 독립적인 교실에서, 교수 팀에서, 혹은 부서에서 근무할 수 있다. 또한 교장은 자원의 통제(control of resources)

를 통해 교사의 교수 행동에 영향을 줄 수 있다. 예를 들어 교사 공간, 장비의 사용 권한, 복사기 사용 권한, 그리고 심지어 종이와 필기구와 같은 일상적인 기초 물품들의 사용 권한을 통제하는 것이다. 이러한 관료적 수단들이 어떠한 측면에서는 교사의 교수 행동에 매우 효과적인 영향력을 발휘하지만 얼마나 많은 학생들이 학습하고 있는가의 관점에서 본다면 상대적으로 그 영향은 간접적이다. 그러므로 학교의 핵심적 기술 활동은 (사람들이 고전적인 관료적 조직에 기대하는 것과는 반대로) 느슨하게 결합되어 있다. 그러나 비교수적 활동은 일반적으로 강하게 결합되어 있다. 적정한 시기에 보수를 지급하는 것, 통학버스의 배치, 재정관리, 그리고 학생의 정보(예를 들어 출석)는 행정가들에 의해 면밀히 통제되는 수많은 비교수적 활동 중 하나이며 이것들은 강하게 결합되어 있는 것으로 서술되곤 한다. 행정가들이 교사의 교수 활동을 통제하는 데 있어 모호한 권위 수준을 보였던 것과 비교하여, 설문조사에 응한 82%의 교장들은 일정 관리에 대한 의사결정을 내리고 있었고, 75%는 학생을 학급에 배치하는 것에 대한 결정권을 갖고 있었다. 또한 88%의 교장은 (단독으로 혹은 학교구 내 다른 학교 행정가들과 협의하에) 새로운 직원을 고용하는 데 있어 결정권을 갖고 있다고 밝혔다. 이러한 활동은 교사들이 직접적인 행정 감독에 의해 면밀하게 통제되는 것이므로 학교가 강하게 결합되어 있다고 볼 수 있는 측면이다.

어떤 사람들은 교사의 교수 행동을 통제하는 데 있어 느슨함은 잘못되었다고 주장하며 고전적인 관료적 사고의 전통에 따라 통제를 좀 더 강화해야 한다고 주장할 수도 있다. 오늘날의 많은 학자들 역시 이러한 관점을 견지하였고, 최근에 주지사, 입법부 및 일부 주 교육부에서 표준화와 교육적 요구를 좀 더 강화하자는 취지로 학교에 새로운 요구사항과 제한을 부과한 것도 이러한 관점에서 설명될 수 있다. 이것은 종종 교육과정에 필수적인 교수 방법을 추가하고, 학생과 교사 모두에게 더 많은 시험을 요구하며, 교수법을 좀 더 상세하게 구체화하는 일들을 포함한다. 그러나 여기에서 제기되는 쟁점은 학교가 느슨하게 결합되어야 한다거나 또는 강하게 결합되어야 한다는 것이 아니다. 우리의 관심은 교육 조직의 조직적 특성을 (누군가가 바라는 대로라기보다는) 있는 그대로 더 잘 이해하는 데 있다. 이를 통해 우리는 교육 조직 내 구성원들의 리더십과 학교의 미래를 향한 그들의 비전을 좀 더 명확하게 이해할 수 있다.

우리는 조직을 관리당국과 같이 공식적인 메커니즘을 통해 배타적으로 통제를 실시하는 곳으로 생각할 수 있다. 그러나 강력한 통제는 더 유용한 방법으로 이루어질 수도 있다. 그것은 바로 훨씬 더 감지하기 힘들고 간접적인 방법을 통한 것이다. 예를 들어 긍정적인 조직 문화를 개발하는 방법 등이 이에 속한다. 이를 이해하는 것은 학교와 대학을 면밀히 파악하여 효과적으로 운영할 수 있는 통찰력을 제공해 줄 수 있다.

인적자본의 구축

자본은 일반적으로 현금, 원자재, 부동산, 기계 및 장비와 같은 유형 자산과 아이디어, 발명 및 창조품과 같은 지적 자산으로 분류된다. 그러나 경제학자들은 인적자본(human capital)의 개념에 대해 오래전부터 이해하고 있었다. 즉, 인간의 지식(기술, 태도 및 사회적 기술 등)도 인간 경영의 측면에서는 자산이다. 그러므로 조직에서 사용 가능한 인적자원은 인적자본의 한 형태라고 할 수 있다. 실제로 인적자본은 시간이 지남에 따라 또는 어떻게 관리하느냐에 따라 가치가 증가하거나 감소할 수 있는, 즉 잠재적으로 높은 가치가 있는 자산으로 밝혀졌다.

이러한 개념을 사회, 국가 및 지역에 적용해 보면, 왜 어떠한 사회는 광물이나 수력과 같은 풍부한 유형 자산을 갖고 있음에도 불구하고 다른 사회들에 비해 상대적으로 낮은 생산성을 보이는지 설명할 수 있다. 높은 교육 수준과 직무 기술을 갖춘 사람들로 이루어진 사회는 직장의 규율에 따라 배치되어 열심히 일하고 생산성 향상에 높은 가치를 두는 사회적 전통을 가진 사람들로 구성되어 있으며, 그렇지 못한 사회와 국가에 비해 더 부유하게 되는 경향이 있다.[16] 1776년 미국의 독립 선언 시기(the birth of our nation)로 돌아가 보면, 애덤 스미스(Adam Smith)는 『국부론(*Wealth of Nations*)』에서 추가적인 기술을 갖춘 노동자 양성을 통한 인적자본개발의 가치를 처음 언급했다. 그러나 실제로 이러한 개념이 더 주목받기 시작한 것은 노벨상 수상자인 경제학자 시어도어 슐츠(Theodore Schultz)가 1963년 그의 저서에서 이 개념이 수학적으로 옳다는 것을 증명하면서부터다. 슐츠는 그의 논문에서 미국 내 경제 성장의 3분의 1이 노동과 물리적 자본의 증가에 따라 이루어졌다고 밝혔다. 그러나 그가 발견한 나머지 '잔차(residual)'는 노동자의 교육에 대한 투자에 따른 것이라고 밝혔다.[17] 이 개념은 제2차 세계대전 후 서유럽에서 진행된 미국의 대외 원조계획인 마셜플랜(Marshall Plan)에서 좀 더 정교하게 드러났다.

제2차 세계대전 후 대부분의 유럽 지역은 황폐해져 있었다. 많은 공장들은 문을 닫았고 설비들은 파괴되거나 노후화되었으며 통화 체제는 큰 혼란에 빠져 있었다. 또한 유통과 교통 체제는 거의 붕괴되었고 많은 도시와 마을은 잔해에 뒤덮이게 되었다. 그 결과, 실업률은 걷잡을 수 없이 증가하였고 빈곤은 일반적인 현상이 되었으며 모든 곳은 절망으로 가득했다. 조지 C. 마셜(George C. Marshall)과 해리 S. 트루먼(Harry S. Truman)은 주저하고 있는 의회를 설득하여 대규모의 재정지원을 실시했다. 이것을 이른바 마셜플랜이라고 부른다. 이 계획을 통해 사람들이 직장으로 돌아와서 다시 한 번 생산적으로 일할 수 있도록 통화와 금융 체제, 도시, 공장, 그리고 교통과 의사소통 체제를 재건하고자 했다. 이 계획의 핵심은 재건에 필요한 인적자본이 이미 서유럽 국가들에 있다는 것이었다. 서유럽인들은 이미 교육을 잘 받은 사람들이었고 높은 수준의 직무 기술과 관리 능력을 갖고 있었다. 그들은 일하기를 원했고, 또한 양질의 직무와 성취에 자부심을 느끼는 오랜 전통을 갖고 있었다. 이러한 인적자본과 상당한 착수 비용의 투입이 있었기에 서유럽 국가들은 빠르게 재건될 수 있었으며, 시민들 역시 전쟁 발발 이전보다 더 높은 생산성을 달성할 수 있었다. 제2차 세계대전 이후 미국은 몇몇 중요한 법안들을 제정함으로써 1950년대와 1960년대 동안 미국 경제의 커다란 진전을 이끌 수 있었다. 그 법안들 중 하나는 1944년에 발의된 제대군인 재정착법(Servicemen's readjustment Act)으로, (보통 GI Bill로 알려진) 이 법은 전쟁에서 돌아온 퇴역군인들을 위해 (다른 혜택들과 함께) 고등교육비를 지원했다. 이 법은 1950년까지 고등교육기관의 등록률을 두 배로 증가시키는 데 기여했다.

인적자본을 구축한다는 개념은 사회를 개선하고자 했던 역사적 노력의 기저가 되었다. 즉, 이러한 사회 개선은 해외원조를 통해 제3국의 물리적 · 경제적 부분을 포함하는 사회 기반 시설을 확충하는 것뿐만 아니라 교육의 확산을 통해서도 이루어졌다. 오늘날, 생활수준을 높여서 번영하는 사회로 거듭나고자 하는 많은 개발도상국들, 특히 태평양 연안에 있는 일본(Japan), 한국(South Korea), 대만(Taiwan), 홍콩(Hong Kong), 태국(Thailand), 싱가포르(Singapore) 및 중국(China)과 같은 국가들은 인적자본 개념의 영향을 잘 보여 주는 좋은 예다. 미국의 꽤 많은 기업가들은 인적자본의 투자로서 교육 개혁을 언급하고 있으며, 이러한 인적자본의 관점을 통해 미국의 교육을 개혁할 필요가 있다고 주장한다. 이 개념은 조직에 대한 생각을 적용하는 데 적합할 뿐 아니라 인적자원 관리 개념의 핵심에 놓여 있다.

행정가들은 관례상 건물, 장비 및 재정 등과 같은 학교구의 재정적 · 물리적 자산에 대해서만 책무성을 강조했다. 연간 예산을 계획하고 승인하는 과정, 그다음으로 회계 연도의 과정에 따른 예산 관리, 마지막으로 재산을 관리하는 공식적 회계는 모든 학교구에서 익숙하면서도 중요한 활동이다. 또한 과세기금(tax-levy funds)이 불합리하게 사용되는 것을 인정하는 것 혹은 잘못 사용하거나 방치해 둠으로써 자산 상태가 악화되도록 하는 것은 명백히 잘못된 경영의 증거로 여겨져 왔다. 그러나 1970년대에 들어서면서 조직 이론가들뿐만 아니라 회계사들 역시 조직 내 인적자원의 잘못된 관리가 조직의 효과성에 어느 정도 부정적인 영향을 미칠 수 있다는 것을 깨닫기 시작했다.

잘못된 관리의 한 가지 형태는 바로 인적자원을 과도하게 많이 사용하는 것이다. 이를 해소하고자 기구 축소, 외주, 외부용역 계약, 비정규직 · 파트타임 노동자 고용, 그리고 인건비를 삭감하기 위한 다른 형태의 노력들이 나타났다. 또한 조직 내 구성원들의 기술, 능력, 동기 및 헌신의 가치를 적절하게 배치하지 못하는 것도 인적자원을 잘못 관리하는 예 중 하나다. 게다가 인적자원을 잘못 관리함으로써 발생하는 부정적 영향은 단시간 내에 뚜렷하게 드러나지 않기 때문에 더욱 중요하다.

미국 내의 평균적인 학교구에서는 연간 운용 예산의 80% 이상이 인건비와 관련 비용에 할당되어 있다. 즉, 과세기금의 상당 부분이 학교 기업의 인적자원을 위해 지출되는 것이다. 행정가들은 다른 자산들을 관리하는 것과 마찬가지로 인적자원의 질과 효과성을 유지할 책무성도 가진다. 그러므로 인적자원 역시 효과적으로 관리되어야 하며 이를 성공적으로 수행하게 되면 학교구 내 인적자원의 가치는 시간이 지날수록 증가하게 된다. 그러므로 사람들은 자신들의 기술, 동기, 태도 및 지식 수준이 정체되거나 악화되거나 감소되지 않도록 노력해야 한다. 그리고 더 나아가 시간이 지남에 따라 개발되고 개선될 수 있도록 관리해야 한다. 이렇게 조직의 인적자원 가치를 개발하고 증가시키기 위한 관리 방법이 바로 인적자본을 구축하는 과정이다.

자산으로서의 인적자원

인적자본을 구축함에 있어, 구성원들이 퇴사하지 않고 조직에 남아 있다는 것만으로 그 조직의 인적자원 상태가 양호한 편이라고 판단하기는 어렵다. 예를 들어,

이와 관련된 연구들을 살펴보면 예산을 구축하고 관리하는 과정이 종종 개인과 집단의 불화, 무관심, 긴장, 중압, 공격성, 그리고 만연하는 실패감을 유발하는 등의 상당한 부담을 만들어 줄 수 있는 것으로 보인다. 물론 이러한 반응은 역효과를 불러일으킬 수 있다. 그리고 그 역효과적인 행동은 예산 결정이 이루어지는 과정이 아니라 리더와 행정가들이 예산을 담당하는 직원을 고용하는 데 필요한 리더십과 직접적으로 관련되어 있다.[18]

렌시스 리커트(Rensis Likert)는 "만약 언쟁, 불신, 그리고 양립할 수 없는 갈등이 더욱 악화된다면 인간경영의 가치는 퇴색될 것이다. 그러나 그러한 차이점들을 건설적으로 사용하고 협력적인 집단 작업을 조직할 수 있는 능력을 개선시킨다면 그 인적조직은 더 가치 있는 자산으로 거듭날 것이다."[19]라고 언급했다. 예를 들어, 많은 문제들은 낮은 사기, 불충분한 노력, 협력의 부족, 불평, 그리고 구성원의 이직 등과 같은 조직 내 부정적인 풍토에 뿌리를 두고 있다.[20] 그러므로 파괴적인 조직 문화를 야기하기 쉬운 조직의 내적 특성은 행정가들이 어떻게 그들의 직무를 수행하는지 결정하는 것에서 비롯된다. 실제로 이것은 고군분투하거나 실패하고 있는 조직들에서 공통적으로 관찰되는 행정가들의 행동이며, 이러한 행동은 불필요한 역기능적인 감정 및 행동을 야기하곤 한다.

리더십의 이면 요셉 블라제이(Joseph Blase)와 조 블라제이(Jo Blase)는 2002년 출판된 그들의 연구 보고서 『리더십의 이면(*The Dark Side of Leadership*)』에서 행정가들이 인적자원을 잘못 관리한 사례에 관하여 이야기하고 있다.[21] 저자들은 미국과 캐나다에서 6개월 이상 지속적인 학대(abuse)를 경험한 50명의 교사들을 대상으로 질적 연구를 진행했다. 그리고 이 연구는 교장의 학대로 인한 후유증이 비교육 분야의 문헌들에서 보고된 직장상사의 학대로 인한 후유증과 일치한다는 것을 발견했다.[22] 교사들 중 5명은 남성이었고 나머지 45명은 여성이었으며, 교사들은 학년뿐만 아니라 대도시, 도시 외곽, 시골 학교와 같이 학교 소재지에 있어서도 고르게 분포되어 있었다. 이러한 교사들은 28명의 남성, 22명의 여성 교장으로부터 학대를 당했다고 밝혔다. 요셉 블라제이와 조 블라제이에 따르면, 이러한 학대는 그들이 1단계라고 지칭한 교사의 의견을 무시하는 것과 같은 낮은 수준에서부터, 매우 높은 학대성을 보이는 3단계까지 연속성을 가진다는 것을 발견했다. 예를 들어 〈글상자 5-1〉은 교장이 저지르는 가학적 행동의 단계를 보여 주고 있다. 이러한 행동의 부정적 영향은 개인과 학교를 파괴할 수 있다. 〈글상자 5-2〉는 학대의 부정적인 결과의 예시를 보여 주고 있다.

글상자 5-1

교장의 교사 학대 예시

- 1단계(간접적, 보통 수준의 공격)
  - 교사의 사고, 요구 및 감정을 무시하는 것
  - 특정 집단의 교사들만을 선호하는 것
  - 교사를 고립시키거나 지원하지 않는 것
  - 자원을 제공하지 않거나, 승인, 기회, 신용대출을 거부하는 것
- 2단계(직접적, 심화되는 공격)
  - 공적(학생, 부모, 혹은 동료들 앞에서) 및 사적인 비판(2단계에서 가장 만연하는 학대)
  - 감시(예: 인터컴을 통한 도청)
  - 방해 행위(예: 다른 사람들을 보조금으로 돕는 것을 방해하는 것)
  - 절도(예: 교사의 일기를 허락 없이 보는 것)
  - 교사의 교수지원을 파괴하는 것(예: 교수-학습센터를 해체시키는 것)
  - 불합리한 요구를 하는 것
- 3단계(직접적, 심각한 공격)
  - 분노를 촉발시키는 행동(공적인 회의 혹은 사적으로)
  - 위협(예: 평가에서 불리한 영향을 미칠 것이라고 위협하는 것)
  - 불필요한 견책
  - 불공정한 평가
  - 학생을 부적절하게 대하는 것(대부분 학생들이 '잘못된 행동'을 했을 때 발생함)
  - 교사에게 직무를 그만두도록 강요하는 것(예: 재배치, 퇴직)
  - 교사가 발전하는 것을 방해하는 것(예: 교사에게는 긍정적인 추천서를 쓴 것처럼 거짓말하고 부정적인 추천서를 보내는 것)
  - 성희롱
  - 인종차별(흑인 · 백인 교사 모두에게 발생할 수 있음. 이것은 부정적인 학교 풍토를 가져올 수 있음)

글상자 5-2

교장의 교사 학대의 결과 예시

- 충격, 방향감 상실, 모욕감, 고립, 자아존중감의 저하, 죄책감 등을 포함하는 심리적 · 감정적 대응
- 불안감, 두려움, 화, 침체 등을 포함한 장기간 지속되는 만성적인 심리적 · 감정적 문제
- 신체적 · 생리적 문제
- 제대로 된 학교 수준의 의사결정을 할 수 없는 등 불완전한 학교
- 교사들의 퇴직

요셉 블라제이와 조 블라제이는 다음과 같이 밝혔다.

> … 그러한 가학은 교사의 전문성과 개인의 삶에 매우 해로운 영향을 미친다. … 교장의 이러한 가학은 그 교사가 받은 충격, 방향감 상실, 굴욕감, 상처받은 자아존중감 문제 등의 개인적 차원을 넘어서, 학교 내 인간관계와 교실에 해를 끼치고, 학교의 모든 의사결정에 악영향을 미친다. 덧붙여, 교장의 학대는 만성적인 두려움, 불안감, 화, 그리고 침체 등과 같은 여러 가지 심리학적 · 감정적 문제를 야기할 수 있다.[23]

교장들이 저지르는 모욕적인 가학의 영향을 개인이 막을 수는 없다. 가학적인 교장들은 "교사들의 전반적인 참여 수준뿐만 아니라 교원들 사이의 혁신적이고 협력적인 발전 역시 악화시킨다."[24] 또한 학교생활에 대한 교사들의 자발적 참여를 저해하며, 설사 필수적으로 참석이 요구되는 회의에 어쩔 수 없이 얼굴을 비춘다 하더라도 적극적 참여를 기대하기 어렵다. 이 연구는 교장과 상사가 강압적이거나 교묘한 계략을 통해 권력을 오용하는 것은 학교 개혁을 위한 전략 실행에 부정적인 결과를 가져온다고 밝힌 다른 연구들[25]과 의견을 같이한다.

요셉 블라제이와 조 블라제이는 최근 연구[26]에서 172명의 교사들(남성 51명, 여성 121명)을 대상으로 설문조사를 실시했다. 교장의 가학적 행동이 교사 자신, 직장, 그리고 가족들에게 어느 정도 수준의 악영향을 미치느냐에 관한 질문에 응답자의 79%

는 최소한 그들 자신에게는 중간(moderate) 정도의 악영향을 미친다고 응답하였으며, 49%는 심각하거나(serious) 혹은 매우 강력한(extensive) 악영향을 미친다고 응답했다. 직장에 미치는 악영향의 정도는 중간 정도의 악영향이 75%, 심각하거나 혹은 매우 강력한 악영향을 미친다는 응답이 49%로 자기 자신에게 미치는 악영향에 대한 응답과 비슷한 분포를 보였다. 그들의 가족에게 보통 정도의 악영향을 미친다고 응답한 교사는 58%였고, 31%는 매우 심각한 악영향을 미친다고 응답했다. 가학에 대한 스트레스에 대처하기 위해 50%가 넘는 교사들이 가장 많이 응답한 세 가지 대처 전략은 첫째, 교장을 피한다(80%), 둘째, 지지받거나 아이디어를 교환하기 위해 다른 사람과 이야기한다(77%), 셋째, 교장의 학대를 참는다(61%)였다. 많은 대처 전략들이 회피적이고 순종적인 유형을 보여 주는 것과 비교하여 자신의 입장을 교장에게 주장하는 유형(45%)도 나타났다. 이렇게 자신의 입장을 주장하는 집단은 보통 남성, 선임교사(senior teacher), 교육 노조 구성원이었다. 그러나 가장 놀라운 결과는 가장 많은 수의 응답자(77%)가 교장의 가학으로 인하여 학교를 떠나고 싶다고 응답한 것이다. 가학의 유형은 50%가 넘는 응답자에 의해 다음과 같이 나타났다.

1. 직무 관련 성취에 대해 나를 인정하지 않거나 칭찬하지 않는다(70%).
2. '특정(select)' 교사들만 편애한다(63%).
3. 나를 위협하곤 한다(59%).
4. 학생 그리고/혹은 학부모와 상호작용이 어려울 때 도와주지 않는다(57%).
5. 나를 무시하거나 모욕한다(55%).
6. 시간 활용에 대해 간섭하고 나를 사사건건 감시한다(54%).
7. 나의 개인적인 문제에 대해 무관심하다(53%).
8. 불합리한 요구를 한다(52%).
9. 나의 의견에 귀 기울이지 않거나 반응을 보이지 않는다(52%).

교육 리더십을 연구하는 학자들은 교장의 잘못된 인적자원 관리가 교사와 학교에게 해로운 영향을 미칠 수 있다는 것을 인지해야만 한다. 요셉 블라제이와 조 블라제이가 진행한 이러한 유형의 연구를 수행하는 것은 어렵기 때문에(예를 들어, 학대의 경험을 이야기해 주는 교사들을 찾는 것, 그들을 제보자로서 보호해 주는 것 등) 잘못된 관리 행동을 보이는 교장의 비율은 정확하게 알려져 있지 않다. 그럼에도 불구하고 우리가 이 연구를 소개하는 이유는 어떠한 리더도 이런 식으로 교원, 학생, 학부모들을 잘못 관리해서는 안 된다고 생각하기 때문이다. 또한 2002년에 발족하여 2010년 현재 천 명이 넘는 교사와 학부모가 가입되어 있는 '교사학대 방지를 위한 협회(National Association for Prevention of Teacher Abuse)'와 같은 단체(www.endteacherabuse.org)가 필요할 일이 없어야만 할 것이기 때문이다.

인적자원개발 행정가들이 그들의 행동, 정책, 그리고 실제 집행 사이의 긴밀한 관계를 깨닫는 것과 조직 관리에서 인간적인 측면이 갖는 영향력에 대해 아는 것은 끊임없이 제기되는 어려움이다. 회계사들은 돈이나 부동산과 같은 유형 자산을 다루는 문제에 있어서, 관리자들이 책임을 맡고 있는 유형 자산들이 갖고 있는 가치의 효과를 보여 줌으로써 그들이 결정한 것들의 핵심결과를 숫자로 제시할 수 있다. 또한 건물 관리를 소홀히 할 경우 큰 대가를 치를 수 있다는 것, 현명하게 구매함으로써 재정을 절약할 수 있다는 것, 그리고 실내 온도를 낮춤으로써 연료비를 경감할 수 있다는 것을 보여 줄 수 있다. 그러나 실제 행정 사례와 인적자원의 영향력 사이의 인과관계를 보여 주는 것은 매우 어렵다. 지역 납세자 연맹(local taxpayer association)은 예산을 줄이기 위해 교직 관련 예산을 가차 없이 삭감하는 냉정한 행정가들을 지지할지도 모른다. 그러나 예산을 삭감한 후 학생들의 학업성취도가 하락하고 중도탈락률이 증가한다면 그 비용은 어떻게 할 것인가? 교육감이 노동계약 협상 시 강경하게 대응한다면 노조 반대 주민들은 고무될지도 모른다. 그러나 만약 억울함과 분노심이 교사의 동기를 약화시키고 행정가와 교사 사이의 협력관계가 흔들린다면, 그 비용은 어떻게 할 것인가? 미국회계학회(American Accounting Association)는 사업 및 영리 조직에서 인적자원과 같은 문제를 다루는 방법을 개발하는 데 많은 노력을 기울였다. 이를 인적자원회계(human resources accounting)라고 한다. 인적자원회계와 관련하여 계속해서 제기되는 핵심 문제는 인간의 태도, 동기, 직무 행동에 대한 관리 행동의 영향력은 측정하거나 계량화하기 어렵다는 것이다. 그러나 이러한 작업들은 조직 행동을 이해하는 데 도움이 되는 개념을 발전시키는 데 기여했다.

인적자원은 가치가 있다. 실제로 교육 조직의 경우 인적자원은 조직의 높은 수행능력을 창출하고 유지하기 위한 가장 가치 있는 자원이다. 만약 조직 내 인적자본을 형성하는 인적자원들을 자산과 같이 여기고 다룬다면 현재보다 미래에 더 큰 가치를 갖게 될 것이다. 이것은 자산의 핵심적인 본질이다. 그러므로 우리는 새로운 구성원들을 모집하고 고용하는 데 지출한 비용, 훈련시키고 지원하는 데 지출한 비용, 전문적인 성장과 개발을 장려하는 데 필요한 비용, 그리고 세심하고 체계적으로 관리하는 비용을 사람에 대한 투자로서 생각할 수 있고, 결국 투자에 대한 수익으로서 그들이 더 높은 생산성을 가져올 것이라고 기대할 수 있다.

그러나 일반적으로 시간이 지나감에 따라 학교의 인적자원은 그 가치가 증가하기보다는 하락한다고 가정한다. 예를 들면, 학교교육에 관심을 두는 많은 사람들은 학교 교원들이 우리가 종종 '소진되었다(burned out)' 고 표현하는 연령이 높은 교사들로 구성되어 있다고 불평한다. 이것은 교사들을 현실에 안주하고 무신경하게 만드는 정년보장의 결과라고 생각된다. 이 문제에 대한 처방으로 사소한 이유로도 교사를 해고할 수 있도록 하는 법안이 요구되고 있다. 만약 이것이 사실이라면 단지 비용적인 측면뿐만 아니라 더 심각한 측면에서 학교의 효과적인 수행에 부정적인 영향을 미칠 수 있다. 또한 우리는 이러한 법안이 요구되는 원인이 무엇인지도 물어야만 한다. 교사들은 기본적으로 이기적이고 무신경하며 한 번 정년을 보장받으면 전문적인 책무성 따위는 신경 쓰지 않는 사람들인가? 교직은 어떠한 측면에서 젊은 사람들만의 게임이기 때문에 어느 시점이 되면 교사들은 나이 들었다는 이유로 해고되어야만 한다는 것인가? 우리가 조직 행동에 대해 알고 있는 것들은 이러한 가정 중 어떠한 것도 뒷받침하지 못한다. 그에 반해, 조직 문화에 대한 연구들은 지원적인 조직 환경에서 지속적으로 개인 성장과 전문성 신장을 촉진시킨다면 교사는 시간이 지나감에 따라 몰라보게 효과적으로 변모할 가능성이 높다는 것을 결과로 제시하고 있다. 이러한 결과는 보통 효과성이 매우 높다고 알려진 학교 사례들에서 발견된다. 이러한 성장을 강화시키는 조직 환경을 조성하는 것은 학교를 담당하고 있는 사람들, 즉 학교 행정가들의 책임이다. 이것은 학교에서 인적자본을 구축하는 과정이라고 할 수 있다.

권위 전달자로서의 조직 문화

모든 직장들과 마찬가지로, 학교 및 대학과 같은 교육 조직은 독특한 조직 문화를 갖고 있다. 이러한 관점에서 조직 문화(organizational culture)라는 용어는 조직 내 사람들에게 무엇은 허용되고 무엇은 허용되지 않는지를 알려 주는 규범(norms), 조직

이 다른 것들보다 더 소중히 여기는 가치(values), 조직의 구성원이라면 반드시 지켜야만 하는 게임의 규칙(rules), 그리고 조직의 피고용인과 고용주들이 함께 조직을 운영해 가는 철학(philosophy) 등을 의미한다. 이러한 조직 문화의 요소들은 시간에 걸쳐 조직 내 구성원들이 함께 노력하면서 생성된다. 그리고 그 요소들은 조직의 역사 속에서 발달하며 그 역사의 일부로서 존재했던 구성원들에 의해 지켜진다.

교육 조직의 문화는 교사가 된다는 것의 의미를 이해하는 데 기본이 되는 가정과 인식 등을 형성해 준다. 문화는 가르치는 것이 어떠한 의미를 갖는지, 어떠한 교수법이 사용 가능하고 또 사용이 허락되는지, 학생들은 어떠한지, 학생들에게 무엇이 가능하고 가능하지 않은지 등을 교사에게 알려 준다. 그리고 과업에서 교사들이 조직 내 자신의 헌신을 규정하는 데 큰 역할을 담당한다. 또한 과업을 수행하기 위한 교사의 에너지, 조직 충성도와 헌신, 그리고 그것이 상징하는 것, 조직에 대한 유대감과 조직의 이상 등을 환기시켜 준다. 이것은 단순히 조직 내 교사들이 그들의 행동을 지배하는 규칙과 규범을 따르는 것이 아니라 그들 자신의 개인적 가치와 조직의 이상을 받아들이고 조직 목표를 달성하는 일에 의지를 불태우게 한다.[27]

그렇다면 교육 조직에서 더 큰 효과성을 가져오는 특정 종류의 조직 문화가 있는가? 이 질문에 대한 답은 '그렇다'이다. 이에 관한 좀 더 자세한 내용은 제6장에서 다루게 될 것이다. 조직의 수행을 개선하기 위한 가장 중요한 요인들 중 하나는 바로 조직의 문화를 바꾸는 것이며, 이는 오늘날 일반적으로 받아들여지는 사실이다. 예를 들어, 테렌스 E. 딜(Terrence E. Deal)과 그의 동료들은 경쟁시장에서 덜 성공적인 회사와 높은 수행능력을 보이는 회사의 차이는 강력한 조직 문화의 유무라고 주장했다.[28] 토마스 J. 피터(Thomas J. Peter)와 로버트 H. 워터맨 주니어(Robert H. Waterman, Jr.)는 베스트셀러가 된 그들의 저서에서 성공적인 미국 회사들은 그들과 경쟁하는 다른 회사들과는 분명히 다른 구체적이고 설명 가능한 문화를 갖고 있는 것이 특징이라고 밝혔다.[29] 이와 유사하게 로자베스 모스 칸터(Rosabeth Moss Kanter)는 그녀가 '개방 문화(open culture)'라고 부르는 문화를 가진 조직은 그렇지 않은 조직에 비해 좀 더 혁신적이고 성공적이었다고 설명했다.[30] 에드거 샤인(Edgar Schein) 역시 리더십을 발휘하는 행정가의 능력과 조직 문화의 관계에 대해 서술했다.[31] 교육 조직 내 조직 문화의 역할에 대해 관심을 갖고 있는 연구자들(이 책의 다른 장에서 논의됨)은 조직 문화가 이윤 창출을 위한 기업에서와 같이 효과적인 교육 조직을 만드는 데 있어 강력한 요인이라고 강하게 주장했다.

효과적인 학교의 다섯 가지 기본 가정

20년 넘는 기간 동안 연구자들은 효과적인 학교의 특성에 대해 연구해 왔다. 그들의 연구에서는 주로 비효과적인 학교들과 비교하여 효과적인 학교들은 어떠한 경향을 보이는지 살펴보고 있다. 이렇게 축적되어 온 연구 결과에 따르면 효과적이고 높은 수행능력을 보이는 학교들은 다음 다섯 가지의 기본 가정에 따라 조직되고 운영되고 있었다.[32]

1. 학교가 할 수 있거나 해야만 하는 일이 무엇이든 간에 학교의 주요 목적은 바로 가르치는 일이다. 학교의 성공은 학생의 지식, 능력 및 태도의 발전 정도를 기준으로 측정되어야 한다.
2. 학교는 교수–학습의 전반적인 환경을 제공해 줄 책무를 지닌다.
3. 학교는 반드시 통합적으로 다루어져야 한다. 일부 학생들의 요구에만 관심을 갖거나 교수 프로그램의 통합성 저해를 개선하기 위한 부분적인 노력들은 실패하기 쉽다.
4. 학교의 가장 중요한 특징은 학교 도서관의 크기나 물리적 시설들의 연식과 같은 물질적인 것들이 아니라 교원들의 태도와 행동이다.[33]
5. 아마도 가장 중요한 것은 학교가 학생의 학업성취에 대한 성공과 실패에 대한 책무를 갖고 있다는 점이다. 학생들은 그들의 민족성, 성별, 집안 혹은 문화적 배경, 가족 수입과 관계없이 학습할 수 있어야 한다. "집안이 어려운 학생들이라고 해서 별도의 교육과정이 필요한 것은 아니며, 그들의 가난 역시 기본적인 능력 습득에 실패한 것에 대한 변명이 되지 않는다." 스튜어트 퍼키(Stewart Purkey)와 마셜 스미스(Marshall Smith)는 "학교들 간의 차이는 학생의 학업성취도에 영향을 미치고 이 차이는 학교 교원들에 의해 관리가 가능하다."[34]고 주장했다.

그러므로 효과적인 학교의 개념은 교육 희생자를 비난하던 경향, 즉 낮은 학업성취도를 보인 학생을 비난하던 전통적인 사고방식에서 180도 전환했다. 효과적인 학교의 대표적인 특징 중 하나는 바로 상대적으로 덜 성공적인 학교들에 비해 학교가 학생의 교육적 요구를 들어주기 위해 더 많은 책무를 갖는다는 것이다. 물론 이것은 교육현장의 행정가들이 여전히 받아들이기 어려운 개념이다. 그럼에도 불구하고 이 개념은 효과적인 학교 연구에서 밝혀진 중요한 교훈임에 틀림없다.

그러나 여전히 의문은 남는다. 학생들의 교육적 요구를 충족시키기 위해 학교들이 수행하고 있는 것은 구체적으로 무엇인가? 효과적인 학교와 관련하여 1980년대 중반에 이루어진 연구들을 예리하게 분석한 퍼키와 스미스의 글에서 인용한 다음의 내용을 살펴보자.

> 가장 설득력 있는 연구는 학생들의 학업성취가 학교 문화에서 큰 영향을 받는다고 말하고 있다. 문화는 거버넌스, 의사소통, 교육의 실제와 정책 등이 제도적으로 분명한 구조 속에 존재하는 가치, 규범 및 역할들로 구성되어 있다. 성공적인 학교들은 교수-학습에 유익한 풍토와 '기풍(ethos)'을 생산하는 문화를 갖고 있다. … 협력적인 기획, 공유된 의사결정, 그리고 실험과 평가 시 우호적인 분위기의 협동적인 직무 수행 등의 전략들이 전체적인 학교 문화에 영향을 줄 때, 학교를 변화시키기 위한 노력은 가장 생산적으로 오랫동안 지속될 수 있다.[35]

퍼키와 스미스는 이러한 연구 결과를 통해 효과적인 학교들이 갖고 있다고 여겨지는 13가지 조직적 · 운영적 특성들을 규명했다.[36] 그 특성들은 크게 두 가지로 나뉜다. 첫 번째는 적은 비용으로 단기간 내에 행정 행위를 통해 실행할 수 있는 아홉 가지 특성이다.

1. 개별 학교가 더 큰 책무성을 갖도록 권장하고, 교육적 문제해결에 있어 더 큰 자유를 가질 수 있도록 하는 단위학교 책임경영과 민주적 의사결정
2. 특정 교육 문제를 규명하고 해결하는 데 있어 학교의 능력을 신장시키기 위한 학교구의 지원(이것은 학교 단위 리더십과 협력적인 문제해결의 지지와 신장을 장려함과 동시에 중앙관리자들의 감시와 관리의 역할을 경감시키는 것을 포함)
3. 행정가에 의해서뿐만 아니라 행정가, 교사 및 다른 관련자들의 통합 조직에 의해서도 발휘될 수 있는 강한 리더십
4. 응집력 높은 학교 문화의 발전을 촉진하는 교원 안정성
5. 학생들의 교육적인 요구를 통합적으로 다루고 학업에 소요되는 시간을 늘리기

위한 계획적이고 조직화된 교육과정
6. 학교의 조직적 · 교수적 요구와 교사들 스스로 중요시하는 요구를 연결할 수 있는 학교 차원의 교원연수
7. 학부모 참여(특히 숙제, 출석, 훈육을 지원하는 것)
8. 학업 목표 달성에 대한 학교 차원의 인식(학업성취의 개선과 수월성의 기준을 달성하는 측면에서)
9. 교수–학습에 필요한 시간에 대한 강조(예를 들어 간섭이나 방해를 줄이고, 학습을 위한 집중된 노력을 우선적으로 강조하며, 교수 활동을 재구조화하는 것)

물론 이러한 요소들만이 효과적인 학교의 특성은 아니며 또한 가장 중요한 특성이라고 말할 수도 없다. 그러나 이 요소들은 단기간 내에 실천하기에 상대적으로 쉽고 큰 비용이 들지 않으며, 네 가지 특성들로 구성된 다음의 내용들을 장기적으로 개발할 수 있는 환경을 조성해 준다. 이 특성들은 시간이 경과함에 따라 문제를 해결하고 효과성을 증진하기 위한 학교의 능력을 강화시킨다.

10. 일체감, 지식과 아이디어의 공유 장려, 그리고 학교 내 합의 도출과 같은 협력적인 기획과 동료적 관계
11. 교사와 학생들 모두가 소외감을 느끼지 않게 하고 상호 공유(mutual sharing) 개념이 강화되는 집단의식
12. 협동, 동료의식 그리고 집단의식을 바탕으로 공동의 목적하에 조직 내 구성원들이 결속되게끔 하는 공유된 명확한 목표와 높은 성취 기대
13. 학생, 교사, 직원 및 기타 성인들의 집단으로서 학교의 진지함과 목적성을 보여 주는 질서와 규율(공유된 목표, 협동, 의견일치에 있어 상호 합의에 초점을 둠)

분명히 두 번째로 열거된 중요한 학교의 특성들은 첫 번째 제시된 특성들에 비해 좀 더 복잡하다. 또한 장기간에 걸쳐 성취해야 하고 일단 성취했다 하더라도 계속해서 유지하기가 어렵다. 그러나 이러한 특성들은 학교생활의 핵심으로서, 상호 결합하여 교육 효과성을 개선하기 위한 큰 힘을 발휘한다. 물론, 교육 효과성을 증진하기 위한 큰 힘은 끊임없는 문답의 과정을 통해 학교 내 구성원들의 응집성을 강화하는 규범, 가치, 신념과 같은 학교 문화 속에서 발전된다. 대부분은 아니지만 많은 학교

들의 개선을 위한 계획은 단지 상대적으로 좀 더 간단한 첫 번째 특성들만을 '자리 잡게' 하려고 노력하며, 좀 더 복잡한 두 번째 특성들을 기반으로 문화를 재정비하는 것에 대해서는 진지하게 생각하지 않는다는 점에서 비난받을 수 있다.

이러한 두 번째 특성들은 칼 글릭먼(Carl Glickman), 스티븐 고든(Stephen Gordon), 그리고 조비타 로스-고든(Jovita Ross-Gordon)이 '학교-개선 연구(school-improvement research)' 라고 불렀던 그들의 연구[37]에서 발견된다. 그들은 이러한 학교-개선 연구가 효과적인 학교의 특성을 계속 유지함으로써 학생과 학교의 성과를 개선할 수 있는 방안을 제시한다고 주장했다. 그들은 학교 개선에 관한 여러 문헌을 검토하고 가장 중요한 요인들을 발견했다. 그 요인들은 두 번째로 제시된 특성들을 기반으로 학교를 발전시키려는 책무가 바탕이 된 것들이었다. 〈글상자 5-3〉에 이러한 요인들이 제시되어 있다.[38] 학교를 개선하기 위해 두 번째로 제시된 효과적인 학교 특성들을 본받은 학교들은 인적자원을 가치 있게 여기며 인적자원을 전문직으로서 다루고 전문성 개발을 통해 그러한 인적자원을 지속적으로 개선시킨다.

글상자 5-3

학교 개선을 위한 요인들

- 교사 리더십을 포함하는 다양한 원천의 리더십
- 개별 학교의 상황과 문화에 대한 고려
- 학부모 참여
- 공유된 비전과 지속적인 검토
- 시간, 도덕 및 기술적 지지를 포함한 내적 · 외적 지원
- 교수-학습의 강조
- 지속적인 분석, 심사숙고, 성장을 포함한 끊임없는 전문성 개발
- 교수 활동 관련 대화
- 교사 협동
- 현장 연구를 포함한 민주적 · 협동적 연구
- 일관성 있는 프로그램을 위한 개선 활동들의 통합
- 다양한 측정도구들을 사용하는 개선 노력에 대한 실증 기반(data-based) 피드백

전문성 개발

조직 내 인적자원을 가치 있게 여기는 리더들은 조직 구성원들의 지식 기반을 개선하는 것이 효과적인 조직으로 발전시키는 데 있어서 가장 중요하다는 것을 알고 있다. 전문성 개발과 관련된 예산은 예산삭감 결정 시 가장 먼저 축소되는 경향이 있지만, 훌륭한 리더라면 구성원의 전문성을 계속해서 개발하기 위해 할 수 있는 모든 노력을 다 할 것이다. 왜냐하면 그러한 리더들은 조직 구성원들이 인적자원을 계속해서 개발할 수 없다면 조직은 퇴보하거나 혹은 그 자리에 정체되어 버릴 것이라는 것을 잘 알고 있기 때문이다. 다음의 연구들은 이러한 내용을 뒷받침해 준다. 예를 들어 린다 달링-해먼드(Linda Darling-Hammond)가 진행한 연구를 살펴보면 교사의 준비 상태와 자격증은 학생들의 읽기와 수학 과목의 학업성취도와 가장 높은 상관을 보였다. 참고로 이것은 학생의 사회경제적 지위와 언어 배경 등이 모두 통제된 상태에서 얻은 결과다.[39] 달링-해먼드는 다음과 같이 결론지었다.

> 좀 더 엄격한 자격증 체제, 더 생산적인 교사교육 프로그램, 그리고 더 효과적인 전문성 개발 전략을 창출하기 위해 진행 중인 개혁이 교수-학습에 강한 영향을 미친다는 증거들이 쏟아져 나오고 있다. 이 관점은 교사가 예리한 진단적 시각과 곤란한 내용을 잘 숙지시킬 수 있는 다양한 레퍼토리를 지니게 하여, 궁극적으로는 다양한 학습자들을 가르칠 수 있는 교사의 능력을 강화시킨다.[40]

교사 준비 과정, 자격증 및 전문성 개발의 중요성을 이해한 의회는 학교구에게 '충분한 자격을 갖춘 교사(highly qualified teachers)'를 확보하고 있다는 것을 증명하도록 요구했다. 충분한 자격을 갖춘 교사란 반드시 학사학위를 소지하고 있어야 하고, 교직 과정을 이수한 자격면허를 갖고 있으며, 그들이 가르치는 각 과목에 대해 잘 알고 있다는 것을 증명할 수 있는 능력을 갖춘 교사를 말한다. 학생들을 위한 충분한 자격을 갖춘 교사들을 보유하고 있는 지방교육기관들(local education agencies: LEA)을 보조하기 위해 NCLB의 제2조(Title II)는 학교 내 인적자원개발을 위한 보조금에 관한 내용을 포함하고 있다. 이것은 전문성 개발을 위한 기금지원과 같은 내용을 의미한다. 예를 들어 교육을 전공하지 않은 개인들에게 제2의 경력을 개발할 수 있도록 교사 자격증 취득을 위한 대안적인 방법을 제공하는 것, 우수한 교사, 교장 및 다른 인적자원들을 모집하고 유지시키는 것 등이 이에 속한다. 그러나 제2조에서 좀 더 논쟁의 여지가 많은 부분은 성과를 내지 못하는 교사들(marginal teachers)의 퇴직을 용이하게 만드는 교사정년 체제(teacher tenure system) 개혁을 위한 기금 조성, 교사 자격증 취득을 위해 관련 과목의 지식을 중심으로 교사에 관한 시험을 실시하는 데 필요한 기금 조성, 그리고 성과급(merit pay)은 교사의 수행능력을 신장시킬 것이라는 신념하에 능력주의 성과제도(merit-based performance system)를 개발하는 LEA를 위한 기금 조성 등이다.

학교의 리더가 NCLB 제2조의 기금을 사용할 수 있는지와 상관없이, 전문성 신장을 통한 인적자원의 개발은 가장 중요한 부분이다. 그러나 모든 교육자들은 그들이 견뎌 내야만 했던 형편없는 학교 내 연수 프로그램에 관한 안 좋은 기억을 갖고 있다. 그러므로 교사들이 해당 학교구나 학교의 전문성 개발 계획을 비판하는 것은 당연하다. 그러나 만약 연수 과정 내에 훈련해야 할 내용들이 적절하게 계획된다면, 그리고 그 훈련이 학교구와 학교의 개선 목표에 초점을 두고 있는 것이 확실하다면, 그리고 단순히 일회성 세미나가 아니라 지속적인 연수 프로그램으로서 제공된다면 전문성 개발은 매우 효과적으로 이루어질 수 있다. 이와 같은 특성들은 〈글상자 5-4〉 '효과적인 전문성 개발 프로그램의 특성' 에 잘 나타나 있다.[41]

조직 구성원들의 개발을 통해 인적자원을 개선하는 것은 리더의 책무다. 전문성 개발과 관련된 예산의 삭감 여부와 상관없이 교장은 교원들에게 학습할 수 있는 기회를 제공하기 위한 방법을 찾아야만 한다. 심지어 매우 빠듯한 예산 속에서도, 일정 조정과 수업보상 등의 방법을 사용해서라도 교원 개발을 위한 효과적인 방법을 제공해야만 한다. 교사들이 서로를 관찰하게 하고 무엇이 관찰되었고 어떻게 그것을 개선할 수 있는지에 관하여 토론할 수 있도록 하는 것은 매우 효과적인 학습 방법이다. 비용은 적게 들면서도 훌륭한 학습 기회를 제공하는 이와 같은 방법들은 교원들에 의해서도 더 개발되어야 한다. 심지어 예산이 삭감되더라도 우리의 목표는 바로 인적자원을 개발하는 것이다.

글상자 5-4

효과적인 전문성 개발 프로그램의 특성

- 계획, 집행 및 평가 프로그램에 참여자를 포함시키는 것
- 학교 차원의 목표는 학교 개선의 기초가 되지만, 개인과 집단의 목표 역시 학교의 목표와 통합될 수 있음
- 장기적인 기획과 개발
- 학교 개선과 교수법 개발에 관한 통합 연구와 적절한 사례
- 프로그램 개발 및 실행, 시간과 다른 자원들의 제공과 같은 행정적 지원
- 성인학습의 원리 고수
- 변화 과정 전반에 관해 개인적 관심을 표명하는 것을 포함하여 변화 관련 연구에 관심을 갖는 것
- 학교나 교실에서 학습 전이를 알아보고 지지하는 것
- 지속적인 평가와 피드백
- 학교 문화의 일부로 자리 잡은 지속적인 전문성 개발

결론

1887년 여름, 프린스턴(Princeton) 대학교의 조교수였던 우드로 윌슨(Woodrow Wilson)(훗날 미국의 대통령)이 『정치학 연구(*Political Science Quarterly*)』에 게재한 「행정 연구(The Study of Administration)」는 행정에 관한 진지한 연구의 시초라고 할 수 있다. 그 이후 한 세기 동안 조직을 연구하는 학자들은 체계적인 연구를 통해 조직과 조직 내에서 근무하는 구성원들의 행동을 더 잘 이해하기 위하여 그전에 해 보지 않았던 것들을 시도하면서 고군분투했다. 그 과정에서 두 가지의 장기적인 경향이 나타났는데 이는 우리가 지금 어디에 있고, 어디로 가야만 하는지에 대한 토대를 만들었다.

행정과학을 이루기 위한 노력 초기의 행정과학 탐구에 있어 행정적 사고와 실제

는 깊이 있고 안정적인 원리의 탐색을 기초로 해야 한다고 여겨졌다. 그리고 그것을 위한 노력은 기초적이고 합리적인 논리, 체제, 그리고 조직의 기반이 되어야 한다는 신념으로 채워졌다. 이러한 것들은 측정도구를 사용한 객관적 · 중립적인 과학 연구와 수리적 용어로 표현한 서술을 통해 발견된 것 같았다.

이러한 경향이 발생하면서 행정의 실제에 접목시키기 위한 체계적인 원리들을 과학적으로 도출할 수 있다고 생각하게 되었다. 그러나 동시에 20세기 중반까지 많은 관찰자들은 과학적 발견의 과정으로 안내하는 조직 내 체제와 합리성의 가정들에 대해서는 물론 가정되었던 질서와 논리적 체계가 존재하고 있는지에 관해서도 의문을 제기했다. 이러한 의문은 두 가지 주요 관찰로부터 야기되었다. 첫째, 현장 행정가들은 그들이 경험하는 조직 생활의 실제와 학문적으로 제시되는 조직 생활의 이론 사이에 연관성이 거의 없다는 것을 발견했다. 둘째, 통찰력 있고 섬세한 관점들이 뚜렷한 증거를 갖지 못함으로 인해 '과학적' 가정들을 보다 타당한 것으로 지지하게 되었다.

이러한 논리-실증주의 패러다임에 대한 공식적인 도전은 1974년에 책으로 출판되기 시작했다. 소위 이론화 운동이라 불리는 것들이 무너졌고, 오늘날 교육행정을 공부하는 학자들은 여전히 발전 중인 새로운 패러다임에 편승하기 시작했다. 이 새로운 패러다임은 우리가 조직을 구체화하고 독립적인 방법으로 존재하고 있는 실체로서 여기게 하는 의인화를 거부했다. 조직은 실제로 오직 사람들의 마음속에만 존재하는 사회적 발명인 것이다. 우리는 수리적 용어로 조직을 분석하는 것이 아니라 인간의 관점에서 조직을 이해하는 방법을 생각하게 되었다. 이제 조직이 아니라 사람이 행동하거나 생각하는 것이라는 사실을 받아들이고 있다.

조직 연구에 대한 두 번째 세기가 시작될 무렵, 행정의 과학화를 이끌어 낼 시기가 도래했고 그러한 과학이 실제로 개발될 것이라고 심각하게 믿는 연구자는 거의 없다. 그러나 이것이 우리가 조직 문화의 기본적인 원리를 개발하거나 조직 생활의 이해를 높이는 데 실패했다는 것을 의미하지는 않는다. 오히려 한 세기 이상의 기간 동안 우리가 이루어 낸 인고(忍苦)의 이론들과 연구들은 행정가들이 실제 사용할 수 있는 풍부한 지적 유산들을 발전시켜 왔다. 그러나 이것들은 초기 학자들이 기대했던 논리적 정확성과 수리적 확신을 갖춘 것은 아니다.

조직의 인적 측면의 중요성 조직 연구가 이루어진 첫 번째 세기 동안 가장 강조된 내용은 바로 현재 무엇이 가장 명백한 것이냐에 대한 관심일 것이다. 조직을 이해하기 위한 핵심은 인간적 · 사회적 차원을 이해하는 데 있다. 초기 학자들은 주로 권력의 위계(hierarchy of power)로서 조직 구조를 강조해 왔다. 그들은 하위계층의 사람들은 권력과 권위를 가진 상위계층의 사람들에게 순종하는 것이 정당하다고 생각했다. 20세기 중반 웨스턴 일렉트릭 컴퍼니 연구가 완료된 후, 조직을 공부하는 학자들은 더글라스 맥그리거(Douglas McGregor)가 훗날 '경영의 인간적인 측면'이라고 묘사한 것들을 이해하기 시작했다. 이것은 인간의 동기, 갈망, 신념, 가치 등이 조직을 이끌고 개발하는 데 기울이는 노력의 효과성을 결정하는 놀라운 힘이라는 것에 대한 깨달음이었다.

우선, 위계적 권위의 합법성에 대한 확신은 여전히 널리 받아들여지고 있다. 조직의 인간적인 측면은 노동자들이 그들의 무력함에 대한 저항을 경감시키고, 개선해 나아가는 방안으로서의 '인간관계(human relation)'로 이해된다. 행정가들에 의해 설명되는 인간관계의 개념은 전형적으로 조직 구성원들을 조직의 권위에 굴복시키기 위한 개량적 유인책을 의미했다. 그 유인책은 건강보험계획에서부터 일상생활에서 마주칠 때마다 공손하게 대하는 것, 쾌적한 근무환경을 제공하는 것, 그리고 그들의 직무에 대해 노동자들이 정당성을 부여하는 것까지를 모두 포함한다. 그러나 인간관계의 시대를 거쳐 오면서도 행정가들은 그들이 구성원에게 민주적으로, 심지어 친절하게 대할지라도, 조직의 권위는 여전히 위계적이고 권력을 하향식으로 사용하는 것이 본인들의 권리라는 생각을 놓지 못하고 있었다.

그러나 조직 연구와 더 큰 바깥세상에서 이루어진 '세기의 전투'는 중앙집권적인 권위와 개인의 자유 사이에서, 그리고 단단하게 자리 잡은 권력 엘리트 계층과 평범한 사람들 사이에서 벌어진 투쟁이었다. 한때 존중받았던 모든 종류의 조직은 의심과 적대감의 대상이 되었고 종종 억압적인 것으로 묘사되곤 한다. 전통적인 하향식 권력의 위계를 통해 조직의 규율을 생성하고 유지하는 능력은 국가 수준에서부터 학교구에 이르기까지 모든 조직에서 급속히 사라지고 있다. 그 큰 배경은 전통적인 정치적 헤게모니가 붕괴된 1980년대 동유럽과 구(舊) 소련 그리고 남아프리카 국가들에서부터 나타나기 시작했다. 즉, 많은 사람들은 중앙집권화된 조직적 제약에서 벗어난 권력과 자유를 요구했으며 그들 자신의 삶과 운명에 대해 통제할 수 있기를 원했다.

미국의 교육 영역에서 이러한 논쟁은 끈질기게 반복되어 왔다. 이것은 중요한 교육적 결정을 내릴 수 있는 교사들의 권한을 증대시키고, 협력적인 의사결정을 촉진시키며, 동료들 간 성장을 장려하는 학교 문화를 창출하기 위한 학교의 재구조화를 요청하는 반복적인 주제였다. 또한 이는 학교의 수행능력을 개선하기 위한 노력이었다. 이것은 전통적인 사고로부터의 탈피였고, 또한 관료적 구조, 권력의 상명하달 및 중앙통제가 전통적인 조직 이론들이 예상했던 조직적인 결과를 가시적으로 생산하는 데 실패했다는 확신을 기반으로 한 것이었다.

우리는 어디에 있으며 어디로 가야 하는가 오늘날 조직에 대한 전통적인 관료적 접근과 조직의 인간적인 측면을 강조하는 새로운 접근은 평행선상에 있으며, 이들은 종종 교육행정가들의 관심과 충성을 위해 경쟁하곤 한다. 관료적 접근은 교육 조직에서 과거로 사라진 것이 아니며 여전히 많은 사람들은 상명하달식으로 변화를 이끄는 것이 학교를 개혁할 수 있는 가장 효과적인 방법이라고 확신한다. 반면, 조직과 행정 영역에서 비관료적 접근들은 최근 들어 빠르게 지지를 얻고 있다. 이 두 가지 접근들은 다가오는 미래에도 아이디어 시장에서 계속적으로 경쟁할 것이다. 그리고 그 경쟁에서 더욱 강해지기 위해 인적자본 구축의 개념을 강조할 것이다. 왜냐하면 이것은 현재의 상황에 가장 잘 부합하는 개념이기 때문이다.

생각해 볼 문제

1. 이 장에서 우리는 세상에 대한 학문적 관점과 현장 전문가의 관점의 간극에 대해 지적했다. 열정적인 리더로서, 이러한 간극에 대한 당신의 의견은 어떠한가? 어떻게 당신의 의견이 조직 운영에 영향을 미치게 할 수 있는가?

2. 조직 문화에 대한 양적 연구 논문과 질적 연구 논문을 찾아보자. 연구 설계와 자료 수집 방법의 차이점을 비교하고 대조해 보라. 이러한 논문들에서 그 결과를 서술해 보라. 각 논문의 연구 방법은 조직을 이해하는 데 있어 어떻게 유용한가? 당신의 관점에서 어떠한 연구 패러다임이 가장 적절한가?

3. 마이어(Meyer)와 로완(Rowan)의 연구 결과를 떠올려 보자. 당신의 조직에서 리더

십이 어떻게 교사의 교수 행동에 영향을 주는 관료적 수단으로서 사용되는지 분석해 보자. 이러한 생각들은 효과적인가? 교수법에 더 효과적인 영향을 줄 수 있는 다른 아이디어를 제시해 보자.

4. 효과적인 학교와 학교 개선의 특성에 관한 연구를 이용하여, 당신의 학교가 현재 갖고 있는 특성과 그렇지 않은 특성을 규명해 보자. 당신의 학교가 갖고 있는 특성은 효과적인가? 만약 효과적이라면, 왜 그러한가? 만약 효과적이지 않다면, 효과성 증진을 위한 당신의 제안은 무엇인가?

5. 효과적인 전문성 개발의 특성을 떠올려 보자. 이러한 특성을 바탕으로 하는 당신 학교의 전문성 개발 계획에 대해 서술해 보자.

6. **나만의 게임 플랜 만들기** 전국지에 게재된 다음의 광고(단, 이름과 정보는 변경됨)를 참고하라.

COLUMBIA-PROSPECT

2011년 7월 1일 공석

교장

알렉산더 헤밀턴(Alexander Hamilton) 고등학교

뛰어난 교원, 아끼지 않는 지원, 의욕적이고 훌륭한 학생들이 가득한
명문 고등학교의 교장선생님으로 지원해 주세요!

만약 당신이…

- 교육적 수월성에 비전을 가지신 분이라면
- 협력적인 분이라면
- 똑똑하고, 정확하면서도, 자기반성적인 분이라면
- 모든 학생들이 주에서 제시한 기준에 충분히 도달할 수 있다고 믿는 분이라면
- 유머감각이 풍부하신 분이라면
- 학생과 교원이 함께 존중하고 감사하는 교육환경에 어울리는 것을 즐길 수 있는 분이라면
- 역동적이고 능력 있는 교원들을 이끌고 함께 배우기를 소망하는 분이라면

알렉산더 헤밀턴 고등학교가 당신의 꿈을 이루어 드립니다.

자기소개서와 이 직책에 대한 당신의 관심을 한 장 분량으로 작성하여 보내 주세요.
기한은 2011년 7월 30일까지입니다.

Columbia-Prospect Search c/o Regional Services P.O. Box 834
Moorestown, PA 33908

전화문의 사절. 서면답신만 가능
AA/EOE[1)]

당신이 이 광고의 교장공모에 관심이 있다고 가정하자. 당신이 세워온 전략들을 검토하고 이 책의 제6장을 읽고 난 후 광고에서 요구하는 이력서 초안을 준비해 보자.

이력서 한 장 안에 모든 내용(머리말, 본문, 그리고 서명란까지 포함해서)을 다 작성해야 하기 때문에 당신은 광고에 나온 모든 내용을 담을 수 없다. 그렇기 때문에 이력서 작성 시 당신이 중요하다고 생각하는 부분들과 여기에 당신이 장점으로서 드러낼 수 있는 몇 가지 요소만을 선택해서 작성해야 한다.

다른 사람들은 이 문제를 어떻게 다루는지, 그리고 그들은 왜 그렇게 선택했는지 토론해 본다면 재미있는 활동이 될 것이고 아마도 좋은 학습 기회가 될 것이다.

추천도서

Blase, Joseph, and Jo Blase. *Breaking the Silence: Overcoming the Problem of Principal Mistreatment of Teachers*. Thousand Oaks, CA: Corwin Press, 2003.

이 책은 상사들의 학대와 괴롭히는 행동에 관한 연구들을 소개한다. 저자는 이 장에서 연구 결과로 보고된 것들을 구체화하여 교장의 교사에 대한 학대에 관해 자세히 논의한다. 그들은 이것을 '교육 리더십의 이면(the dark side of educational leadership)' 이라고 부른다.

Meyer, Marshall W., and associates. *Environment and Organizations*. San Francisco: Jossey-Bass, 1978.

사회학에서 조직에 대해 오랫동안 가져 온 관점은 바로 고전적인 관료적 전통의 구조주의다. 이 중요한 저서는 그전통으로부터의 탈피를 소개하고 사회학에서 떠오르고 있는 새로운 조직 이론들을 소개하고 있다. '교육 조직의 구조(The Structure of Educational Organizations)' 라는 장은 매우 유익하므로 적극 추천한다.

---

1) 역자 주: 차별 철폐 조치 및 기회 균등을 실시하고 있는 고용주를 가리킨다.

Mink, Oscar G., Barbara P. Mink, and Keith Q. Owens. *Developing High Performance People: The Art of Coaching*. Reading, MA: Addison-Wesley Longman, 2000.

저자들은 코칭을 다른 사람들이 자신의 권력을 경험할 수 있도록 장려하는 기술로 설명한다. 리더들이 어떻게 코칭 기법을 사용하여 오늘날 학교 개혁 노력이 요구하는 높은 수행 중심 환경을 조성할 수 있는지를 보여 주려고 했다. 어떻게 사람들이 직무를 배우고 성장해 가느냐를 이해하는 것부터 시작하여 직원들이 업무를 수행함에 있어 가로막는 장벽들을 헤쳐 나가는 것, 자율관리 집단(self-managed team)에서 다른 이들과 함께 참여하는 것, 그리고 조직의 수행을 개선하는 방향으로 전환하는 것 등을 도와주는 주제들을 다룬다.

Mintzberg, Henry. *The Structuring of Organizations*. Englewood Cliffs, NJ: Prentice-Hall, 1979.

이 책은 조직을 설계하고 구축하는 것에 대한 오늘날의 문제들에 관해 체계적이고 종합적이며 명료하게 논의한다. 조직의 다섯 가지 특성들과 이들이 행정에 주는 시사점에 대해 서술하고 있다.

Parker, Glenn M. *Cross-Functional Teams: Working with Allies, Enemies, and Other Strangers*. San Francisco: Jossey-Bass, 1994.

이 책은 주로 협력 관리에 관해 다루고 있지만, 미국 내 공립학교 교육에서 협력팀을 관리하고 이끄는 것과 관련하여 기억해 둘 만한 가치가 있는 몇 가지 예시들을 특별히 소개하고 있다. 이 책은 의사소통의 장벽을 극복하고, 집단 사이를 연결하며, 원활하고 생산적인 협동을 이루어 내기 위해 함께 일하는 것 등의 조언과 실질적인 안내를 제공하는 설명서다.

Peters, Thomas Jr., and Robert H. Waterman, Jr. *In Search of Excellence: Lessons from America's Best-Run Companies*. New York: Harper & Row, 1982.

오랜 시간 동안 베스트셀러 목록에 있었던 이 책은 어떻게 근대 조직 이론이 경쟁적인 기업 세계에서 사용되는지 알고자 하는 사람들을 위한 필독서다. 경영과 산업 영역에 초점이 맞추어져 있지만, 교육 영역에서도 생각해 볼 만한 거리를 많이 제공한다.

CHAPTER 6

조직 문화와 조직 풍토

사례 두 개의 학교, 두 개의 다른 문화

케네디 초등학교

케네디(Kennedy) 초등학교의 교장인 린다 숀펠드(Linda Shoenfeld)는 매우 조직적인 사람이다. 린다는 교장직을 책임감 있게 성공적으로 수행하기 위해서는 일상적인 학교운영뿐만 아니라 교원들이 제 기능을 다할 수 있도록 하는 것에도 신경 써야 한다고 믿는다. 학교 내 기준은 매우 명확하고, 직무는 리더, 직원, 교사 및 비전문직 직원들 사이에서 정교하게 분장되어 있다. 린다는 그녀 사무실 벽 한편에 적어 놓은 좌우명으로 유명해졌는데, 그것은 바로 "잘 관리되지 않는 학교는 절대로 성공할 수 없다."이다.

린다는 또한 교장들은 논리적인 결정을 내려야만 한다고 믿는다. 그녀는 질서 정연하고 예측 가능한 것들을 좋아한다. 그리고 변화는 반드시 느리게, 그리고 순차적으로 이루어져야 한다고 믿는다. 그녀는 교원들이 문제를 올바로 분석하고, 자료를 효과적으로 사용하고, 올바른 결정을 내리기 위해 교장과 상의할 필요가 있다고 언급해 왔다. 그녀는 다른 교장들과 이야기를 나누고, 전문가 회의에 참석하며, 교장을 위한 전문 학술지를 구독한다. 그 결과 어떻게 하면 학교를 효과적으로 운영할 수 있는지에 대해 매우 풍부한 지식을 갖고 있다. 그녀는 이러한 지식을 학교 수업 시간표, 교사 일정표, 예산 분배, 신규 프로그램 개발과 같은 결정을 내리는 데 사용한다. 린다는 그녀가 내린 결정이 학생들을 위한 가장 좋은 길이라는 것을 교사들에게 확신시키기 위해 그동안 쌓아 온 그녀만의 노련함을 활용한다.

린다는 모든 이들을 존중하며 대부분의 교원들 역시 그녀를 인간적으로 좋아한다. 교원들은 린다가 오늘날의 케네디 초등학교가 있게끔 하는 데 큰 역할을 하고 있다고 믿는다. 또한 그들이 의사결정 과정에 좀 더 많이 개입하기를 바라면서도, 일관성 있고 의지할 수 있으며 공정한 리더와 함께하고 있다는 사실만으로도 감사해하고 있다.

존슨 초등학교

존슨(Johnson) 초등학교의 마가리타 로페즈(Margarita Lopez) 교장은 새로운 아이디어와 실험을 잘 고안하고 시도하는 인물로 알려져 있다. 그녀는 책 주문이나 기타 행정 업무와 같은 학교 관리적 측면에는 큰 신경을 쓰지 않고 다른 이들에게 위임한다. 마가리타의 리더십 철학은 그녀가 다른 구성원들이 본인의 일들을 잘 해낼 수 있도록 도와주기 위해 존재한다는 것이다. 마가리타는 누구라도 조직의 리더가 될 수 있으며 그들의 아이디어들은 존중받아야만 한다고 생각한다. 이러한 그녀의 생각은 종종 교사들과의 관계에서 갈등을 초래하기도 하지만 그럼에도 불구하고 마가리타는 전문가들 사이에서 발생하는 약간의 갈등과 의견 충돌은 조직을 위해 긍정적이라고 믿는다. 그녀의 리더십 유형이 혼란스러운 상황을 불러올 수 있다고 일부에서 생각한다는 것을 마가리타는 잘 알고 있지만 그녀는 조직은 혼란 속에서 학습할 수 있으며, 그러한 과정이 없다면 학교는 정체 상태에 머무를 것이라고 생각한다. 마가리타는 그녀의 직무가 혼돈 속에서 새로운 질서를 세우는 것이라고 본다. 그리고 이 과정을 가능케 하기 위해서는 모든 사람들을 이해시켜야 하고, 아이디어를 이론 및 연구 결과와 연계시켜야 하며, 끊임없이 거듭되는 변화와 개선을 꾀해야만 한다고 생각한다.

학교 교원들은 마가리타가 좋은 리더라고 생각한다. 그들은 마가리타가 학교와 관련하여 의사결정을 내릴 때 본인들의 목소리에도 귀를 기울여 주는 것에 매우 감사함을 느낀다. 그들은 학교가 앞으로 나아가기 위한 끊임없는 변화의 과정 속에 놓여 있다는 것을 안다. 그러나 그들은 그들 주변에서 일어나는 이러한 끊임없는 변화 속에서 그녀 덕분에 가끔씩 안도감을 느끼곤 한다.

1. 각 학교 교장의 긍정적인 요인과 부정적인 요인은 무엇인가?
2. 이 학교들은 근무하기에 어떠한 점에서 다른 조직인가?
3. 당신은 어떠한 교장과 좀 더 일하고 싶은가? 그 이유는 무엇인가?

조직 환경은 조직 행동에 영향을 미치는 핵심요소다. 왜냐하면 조직 생활에서 구성원의 행동은 개인의 동기 욕구, 특성(성격, 지능, 믿음, 인식) 및 환경 간의 상호작용으로부터 야기되기 때문이다. 이러한 상호작용은 $B=f(p \cdot e)$[1]로 나타낼 수 있다. 교육 조직의 리더들이 자신의 능력과 재량권을 충분히 발휘한다 하더라도 구성원의

1) 역자 주: 이 방정식에 관해서는 1장의 역자 주 4)번을 참조하라.

의지와 동기를 이끌어 내기란 쉽지 않다. 그러나 조직 환경을 변화시키는 것은 상대적으로 용이하다.

그러나 우리는 조직과 조직 환경은 사회적으로 구성된 실체이지만 유형의 것은 아니라는 사실을 기억할 필요가 있다. 물론 일반적으로 우리가 학교를 이야기할 때에는 학교 건물과 학교를 구성하고 있는 물리적 독립체인 가구, 기자재, 파일 및 기타 물품 등을 말하기도 한다. 그러나 이것을 조직이라 부를 수는 없다. 조직은 사람들의 눈과 마음속에 존재한다. 그러므로 실제 조직은 사람들이 그럴 것이라고 생각하는 형태와 매우 유사하다.

행정가와 조직의 리더들은 주로 구성원들의 행동을 조정하거나 자신들의 영향력을 행사하여 조직 목표를 달성하는 데 관심을 두고 있다. 우리는 이미 이 책의 초반부에서 이 주제에 접근하기 위한 두 가지 대조적인 사고 방법을 바탕으로 한 서로 다른 이론적 접근법에 대해 언급했었다. 하나는 전통적인 관료주의적 접근법이고, 다른 하나는 인적자원개발을 통한 인적자본의 구축 개념을 기반으로 하는 접근법이다. 이러한 두 가지 접근법은 제5장에서 상세하게 소개되었다.

교육행정가들이 조직 구성원들의 동기와 같은 내적 상태에 영향을 주기 위해서는 직접적인 방법보다는 간접적인 방법을 사용해야 한다. 창의력, 팀 구성, 참여적 문제해결을 지지하는 조직 환경, 즉 조직 구성원의 개인적 성장을 촉진할 수 있는 조직 환경을 조성함으로써 학교 리더는 전통적인 조직 환경에서 억압되거나 좌절되었던 내적 동기의 강력한 에너지에 다가갈 수 있다. 물론 우리가 여기서 논의하고자 하는 것은 단순한 물리적 환경이라기보다는 조직의 사회-심리학적 환경을 의미한다. 이것이 바로 조직 풍토와 조직 문화다.

인적자원개발

조직 구성원들의 내적 상태는 그들의 행동을 이해하는 데 매우 중요한 요소다. 비록 직접적인 선행 조건들로 인해 행동이 일어나긴 하지만 구성원들의 내적 상태인 인식, 가치, 신념 및 동기 등에 의해서도 행동이 유발된다. 다시 말해, 조직 구성원들은 단지 행동의 선행 사건들에서만이 아니라, 오랜 시간에 걸쳐 쌓아 온 경험을 바탕으로 학습된 관점에서 조직의 사건들을 바라보게 된다. 그러므로 교육 조직의 리더는 구성원들이 조직에 사회화되는 데 필요한 원동력과 과정에 더 많은 관심을 가져야만 한다. 구체적으로 어떻게 구성원들이 조직과 관련된 인식, 가치 및 신념을 발전시키는지, 구성원들의 내적 상태는 행동에 어떠한 영향을 미치는지를 살펴보아야 한다. 현대 조직 행동 관련 문헌에서 이러한 것들이 바로 조직 풍토와 조직 문화의 영역으로 규정된다.

사실 조직 풍토와 조직 문화는 새로운 개념이 아니다. 조직 연구에 관해 연구한 문헌들을 살펴보면 오래전부터 이 개념들이 존재해 왔다는 것을 알 수 있다. 1930년대 웨스턴 일렉트릭 컴퍼니 연구까지 거슬러 올라가 보면 노동자들에게 소속감, 능숙함 및 성취감을 느끼게 하는 몇몇 경영관리 방법은 다른 방법들보다 노동자들의 더 큰 만족을 이끌어 내면서도 그전에 비해 더 높은 생산성을 보이는 것으로 나타났다(3장, 11장 참고). 1940년대 초, 쿠르트 레빈(Kurt Lewin)은 몇몇 동료 및 학생들과 함께 상당수의 연구를 진행했다. 이 연구들의 목적은 조직이 계획적인 중재(interventions)를 통해 좀 더 효과적으로 발전될 수 있다는 것을 증명하기 위함이었다. 그리고 이러한 중재는 관리자와 노동자들의 사회적 규범(social norms)을 변화시키기 위해 고안된 것들이었다. 이와 관련된 초기 연구들 중 아마도 가장 괄목할 만한 것은 남자 잠옷을 생산하는 웰던 사(Weldon Manufacturing Company)가 하우드 사(Harwood Manufacturing Corporation)와 합병된 후 이루어진 연구라고 할 수 있을 것이다.[1]

조직의 상징적인 측면들을 구성하고, 구성원의 사고와 행동을 형성하는 미묘하고도 규정하기 힘든 무형의 거대한 무의식적인 힘을 설명하기 위해 오랜 시간에 걸쳐 수많은 다른 용어들이 사용되어 왔다.[2] 1930년대 후반, 체스터 바너드(Chester Barnard)는 문화란 일터와 그들의 삶에 의미를 부여하기 위해 사람들이 생성해 낸 사회적 마찰(social friction)이라고 정의했다.[3] 1940년대 필립 셀즈닉(Philip Selznick)은 제도(institution)라는 용어를 조직 내 연대감, 의미, 헌신 및 생산성을 향상시키는 무엇이라는 의미로 사용했다.[4] 1970년대 마셜 마이어(Marshall Meyer)와 그의 공동 연구자들 역시 비슷한 의미로 사용했다.[5] 1960년대에 조직 풍토(organizational climate)라는 용어는 조직학을 공부하는 학생들 사이에서 큰 인기를 끌었는데 이는 앤드류 핼핀(Andrew Halpin)과 돈 크로프트(Don Croft)가 초등학교를 대상으로 수행한 연구 덕분이었다.[6] 또한 버나드 클라크(Bernard Clark)는 1970년대에 수행된 대학 관련 연구에서 조직 서사(organizational saga)라는 용어를 사용했다.[7] 그리고 마이클 루터(Michael Rutter)와 그의 동료들은 고등학교의 효과성을 결정하는 '기풍(ethos)'의 중요성을 지적했다.[8] 이와 같은 연구들은 학습된 사고 유형(learned pattern of thinking)을 묘사하고 설명하고자 하는 수많은 연구들의 예시다. 학습된 사고 유형은 행동에 반영되고 행동 속에서 강화된다. 또한 쉽게 관찰되지는 않지만 개인의 행동 결정에 강력한 영향을 미친다. 이러한 사고의 유형과 행동은 조직을 안정적으로 유지하며, 조직의 확실성을 높이고, 질서와 예측 가능성을 굳건히 하며, 조직 내 의미를 부여한다.[9]

조직 문화와 조직 풍토의 정의 및 성격

여러 학교를 방문하다 보면 정확하게 규정하기는 쉽지 않지만 두드러지는 그 학교만의 독특한 특성들을 감지할 수 있는 감각을 갖게 된다. 이러한 독특한 특성과 성향은 우리가 학교 안에 있을 때 더 분명하게 감지되며 학교를 단순히 설명해 주는 것이 아니라 학교 그 자체를 말해 준다. 우리는 지금까지 수많은 용어들로 조직의 독특한 성향들을 정의해 왔다. 때때로 사람들은 학교의 이러한 독특한 특성을 논할 때 기운(atmosphere), 풍취(personality), 분위기(tone) 혹은 기풍(ethos) 등의 용어를 사용한다. 그러나 조직 풍토(organizational climate)라는 단어는 조직의 독특한 특성을 비유하기 위해 일반적으로 많이 사용되어 왔다. 그렇다면 조직 풍토란 도대체 무엇인가? 그리고 그것은 어떻게 형성되는가?

풍토(climate)는 일반적으로 학교 전체 환경의 특성으로서 정의된다.[10] 그러나 우리는 그러한 특성들이 무엇인지 이해할 필요가 있다. 이러한 이해를 다지기 위한 초석으로서 레나토 타기우리(Renato Tagiuri)의 연구를 먼저 살펴보겠다. 타기우리는 조직의 전체적인 환경, 즉 조직 문화는 네 가지 측면으로 구성된다고 밝혔다.

1. 생태(ecology)는 조직의 물리적 · 물질적 요인들을 의미한다. 예를 들어, 조직의 크기, 연식, 설계, 시설 및 건물의 상태 등이다. 또한 조직 내에서 구성원들이 사용하는 기술(technology)을 의미하기도 한다. 여기서 기술이란 책걸상, 칠판, 승강기 및 조직 활동을 위해 사용되는 모든 것을 의미한다. [그림 6-1]을 살펴보자.

학교의 생태
물리적 · 물질적 요인들

건물과 시설
- 건물의 연식
- 건물의 크기
- 건물의 설계
- 장비와 가구
- 건물의 상태
- 관련 시설

기술
- 일정의 관리 및 순서 개발
  (예시: 타종시간표, 교육과정의 범위와 순서)
- 정보 및 의사소통
- 발명품
  - 책
  - 컴퓨터
  - 비디오
  - 영화
  - 칠판
- 교육학적 창작물
  - 학생 조편성
  - 교수법
  - 시험

[그림 6-1] 학교의 생태를 조성하는 특성 예시

2. 환경(milieu)은 조직에서 사회적 측면을 의미한다. 이것은 조직 구성원들과 관련된 거의 모든 것들을 포함한다. 예를 들어, 얼마나 많은 구성원들이 있는지, 그들이 어떠한 사람인지에 대한 것들이다. 여기에는 인종, 민족, 교사 보수 수준, 학생들의 사회 · 경제적 수준, 교사의 학력 수준, 학교 구성원들의 사기와 동기, 직무만족도, 그리고 조직 구성원들의 기타 성향들까지 모두 포함된다. [그림 6-2]를 살펴보자.

학교의 환경
인간 사회 체제 요인들

기술	사기
동기	조직의 크기
직무만족도/보상	인종, 민족 그리고 성별
지위	학생의 사회 · 경제적 수준
감정	교사의 학력 수준
가치	리더십

[그림 6-2] 학교의 환경을 조성하는 특성 예시

3. 사회 체제(조직)〔social system(organization)〕는 조직의 유기적 · 행정적 구조를 의미한다. 이것은 학교가 조직되는 방법, 의사결정이 이루어지는 방법과 의사결정 과정에 참여하는 사람, 사람들 사이의 의사소통 유형(누가 누구에게 무엇에 관해 이야기하는지), 어떠한 직무 조직이 존재하는지 등에 대한 내용을 포함한다. [그림 6-3]을 살펴보자.

학교의 조직
조직 구조적 요인들

교수(instruction)
장학
행정
지원 서비스
학생 개인 서비스
의사결정의 실제

조직의
의사소통 유형
통제 기제
위계 및 동료 협력관계의 유형
기획 활동
공식적 구조
(예시: 부서, 규칙 강조)

[그림 6-3] 학교의 조직을 조성하는 특성 예시

4. 문화(culture)는 조직 구성원의 특성인 가치, 신념 체제, 규범 및 사고방식 등을 의미한다. 그것은 바로 '행위의 방식(the way we do things around here)' 이다. [그림 6-4]를 살펴보자. 이와 같은 조직의 환경적 측면은 이 장의 뒷부분에서 자세히 다루게 될 것이다.

학교의 문화
심리사회적 특성들

가정
가치
규범
사고방식
신념 체계

역사
우상
신화
의식 절차
인공물
예술
보고 들을 수 있는 행동 유형

[그림 6-4] 학교의 문화를 조성하는 특성 예시

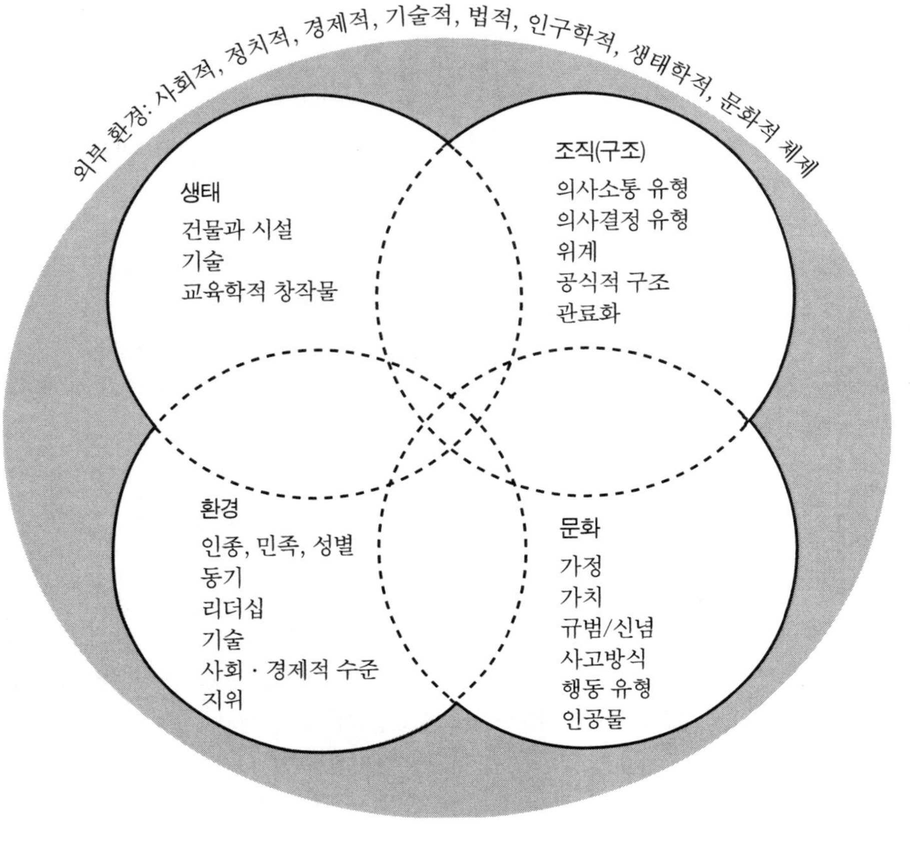

[그림 6-5] 조직의 네 가지 하위 체제

* 생태, 환경, 조직 및 문화는 조직 내에서 역동적으로 상호작용하며, 조직 스스로도 외부 환경과 역동적으로 상호작용한다.

[그림 6-5]에서 보듯이 이러한 네 가지 측면 혹은 하위 체제들은 역동적으로 상호 관련되어 있다. [그림 6-5]를 제시하면서 우리는 타기우리가 그의 원 저서에서 사용했던 용어인 사회 체제(social system)를 조직(organization)이라는 단어로 대체했다. 왜냐하면 이 용어가 조직이 실제로 포함하는 내용들을 더 잘 표현해 준다고 생각하기 때문이다. 풍토의 많은 조직적 측면들은 행정가들이 직접적으로 통제하거나 강한 영향력을 행사할 수 있는 요인들로 구성된다. 행정가들이 그 요인들을 조직하는 방식과 조직 풍토 사이의 긴밀한 관계에 대해 이해하는 것은 매우 중요하다. 사회 체제가 어떠한 면에서는 통제할 수 없는 자연스러운 질서를 그대로 전달한다면, 조직은 조직 내의 질서를 좀 더 명확하게 만들어야 하는 행정가들의 책무

성을 강조한다.

그러나 근래의 관점은 네 가지 하위 체제가 조직 풍토의 특성과 질을 조성하는 데 동일한 영향력이 있다고 보지는 않는다. 최근의 연구들은 조직 풍토의 특성과 질을 규명함에 있어 조직 문화에 가장 큰 중점을 둔다.

조직 문화 연구

조직 관련 연구에서 조직 문화 영역은 한동안 주변부에 머물러 있었다. 그러나 1981년에서 1982년 사이, 조직 문화 영역이 핵심 연구 분야로 떠오르게 되면서 그 위상이 바뀌게 되었다. 이는 매우 극적인 변화였다. 그것은 바로 당시 출판되었던 두 권의 책 덕분이었는데, 그중 하나는 1981년에 출판된 윌리엄 오우치(William Ouchi)의 『Z 이론(*Theory Z*)』이다. 이 책은 조직 행동 연구자들의 열렬한 지지 덕분에 꽤 오랜 시간 동안 비소설 부문 베스트셀러 목록에 있었다.[11] 이 책이 출판되었을 당시 미국의 회사 관리자들은 일본 회사들과의 경쟁으로 인한 어려움을 해결할 수 있는 방안을 암중모색(暗中摸索)하고 있었다. 그 방안의 하나로서 일본계 미국인이었던 오우치는 두 국가의 경영관리 스타일을 비교 및 대조했다. 그리고 그는 실제 일본의 경영관리가 미국의 스타일과는 꽤 다른 경향을 보인다는 것을 발견했다. 또한 차이점 중의 일부는(사회적 차이로 인해 전부는 아니지만) 미국의 회사에서도 유용하게 적용될 수 있다는 것을 알게 되었다. 맥그리거(McGregor)의 X 이론(Theory X)과 Y 이론(Theory Y)에서 힌트를 얻어 오우치는 그의 이론을 Z 이론이라 명명하고 새로운 대안으로 제시했다. Z 이론은 아래와 같은 인적자원개발(HRD)의 주요 가정을 기반으로 하고 있다.

> 이 이론에서 노동자들에 대한 Z 문화의 헌신(commitment)은 그 어느 가치보다도 중요하다. Z 이론은 모든 노동자의 삶이 하나의 완전한 것이라고 가정한다. 즉, 노동자들이 지킬과 하이드처럼 오전 9시부터 오후 5시까지는 기계로서의 삶을 살고, 그 앞뒤의 시간은 인간으로서의 삶을 사는 것이 아니라는 것이다. Z 이론은 인간 중심적인 근무조건을 제공하는 것은 단순히 회사의 생산성과 이윤 창출에만 도움이 되는 것이 아니라 노동자들의 자아존중감(self-esteem) 형성에도 도움이 된다고 주장한다. 지금까지 미국 관리자들은 기술(technology)이 생산성 향상을 이

끌어 낸다고 가정해 왔다. 그러나 Z 이론은 이러한 가정 대신에 우리의 관심을 상호 협력 속에서 이루어지는 인간관계로 전환할 것을 요구한다.[12]

1982년, 또 하나의 연구보고서가 베스트셀러 순위에 등장했다. 그것은 『초우량 기업의 조건(*In Search of Excellence*)』[2)]이라는 제목의 책으로 미국에서 성공한 62개의 기업이 공통적으로 갖고 있는 여덟 가지 경영관리 특성에 관해 논하고 있다.[13] 이 책을 살펴보면 여덟 가지 경영관리 특성에 영향을 미치는 일관된 주제가 발견되는데, 그것은 성공한 회사들이 절차, 통제 체제보다는 기업의 가치와 문화의 힘을 더 강조한다는 것이다. 이러한 힘은 구성원들을 하나로 통합하게 하고, 공동의 임무에 헌신하게 하며, 구성원들에게 창의력과 활기를 불러일으킨다. 이러한 가치들은 보통 공식적으로 혹은 글로 전달되기보다는 이야기, 신화, 전설, 그리고 은유 등의 형태로 조직에 스며든다. 그리고 회사의 구성원들은 그러한 조직 문화를 자연스럽게 깨닫게 된다. 이 책에서 저자는 "뛰어난 기업들은 그 회사의 기본적 신념을 보여 주는 이야기, 전설, 그리고 신화들을 수집하거나 이야기하는 사람들을 부끄러워하지 않는다. 프리토-레이(Frito-Lay)는 서비스에 관한 이야기를, 존슨앤존슨(Johnson & Johnson)은 질에 관한 이야기를, 쓰리엠(3M)은 혁신에 관한 이야기를 하곤 한다."라고 밝힌다.[14]

미국에서는 왜 조직 문화에 관한 논의가 그렇게 오랫동안 주변부에만 머물렀을까? 그리고 왜 오늘날에는 주요 관심사가 되었을까? 첫 번째 질문에 대한 한 가지 대답은 바로 조직의 기반을 이루는 구성원들에 대해 오랜 시간 동안 안이하게 생각해 왔다는 것이다. 이에 반해 기술(technology), 재정, 조직 구조, 규칙과 규정, 정책 결정은 행정가와 관리자들의 관점에서는 매우 명백한 것들이었다. 인간이 측정할 수 있고 계량화할 수 있으며 통제할 수 있는 것들은 모두 명백한 것으로 여겨졌다. 이러한 관점에서 볼 때 조직 내 인간은 부드러운 존재들이다. 그리고 가치, 신념, 문화 및 행동규범 역시 목적 달성에 있어 상대적으로 덜 명백한 것들로 여겨져 왔다.

그러나 이러한 논의는 문화가 무엇인지 명확하게 이해하는 데 도움을 준다. 문화란 조직 구성원, 조직 구조 및 행동 규범을 설정하는 통제 체제와 상호작용하는 공유된 가치 및 신념 체제다. 실제에서 공유된 가치(shared values)는 '어떠한 것이 중

---

2) 역자 주: 이동현(2005) 역.

요한지'를 의미하고, 신념(belief)은 우리가 '어떠한 것을 옳다고 생각하는지'를 의미하며, 행동 규범(behavioral norms)은 '여기서 우리가 어떻게 행동하는지'를 의미한다. 이러한 개념을 잘 이해하고 활용하는 기업들이 성공하게 되고, 각 개념의 의미가 좀 더 명확해지면서 조직 문화의 개념은 관리자와 행정가들 사이에서 갑자기 실질적으로 중요해졌다. 피터스(Peters)와 워터맨(Waterman)은 이에 관해 "오늘날 우리 주변에서 문화는 가장 '부드러운(softest)' 것으로 여겨진다. 인류학자와 사회학자와 같이 문화 영역에 선견지명(先見之明)을 가진 분석가들을 과연 누가 신뢰하겠는가? 아마도 경영자들은 그들을 신뢰하지 않을 것이다. 그러나 조직에서 문화는 여전히 견고한(hardest) 것 중 하나다."라고 언급했다.[15]

미국 경영자들은 불확실한 시대에 적절히 대응할 수 있는 조직으로 거듭나는 데 있어, 혁신적이며 열심히 일하는 분위기를 저해하는 조직 문화는 가장 큰 걸림돌이 될지도 모른다는 것을 깨닫게 되었다. 그러한 교훈을 교육행정가들 역시 깨닫게 되었다. 재정축소, 불안정한 공적 보조, 이익 갈등으로 분산된 학교구, 비효과적 조직에 대한 만연한 비난 등에 직면하면서 자연스럽게 그들 역시 교육 조직에서 문화가 갖는 시사점에 관심을 집중하게 되었다.

조직 문화와 조직 풍토의 비교 및 검토

문화(culture)와 풍토(climate)라는 용어는 조직 구성원들의 행동이 발생 직전의 관련 사건들 간 상호작용에 의해서뿐만 아니라 조직 환경의 보이지 않는 힘들과의 상호작용에 의해서도 영향을 받는다는 것에 관한 추상적 개념이다. 좀 더 자세히 설명하자면 문화는 조직의 행동 규범, 가정, 그리고 신념을 의미하는 반면, 풍토는 그러한 규범, 가정, 그리고 신념을 반영하는 조직 구성원들의 인식을 의미한다.

조직 문화　많은 문헌들에서 조직 문화에 대해 다양한 정의를 내리고 있지만 학자들은 비교적 일치된 의견을 가지고 있다. 학자들 간의 이러한 합의는 문화가 무엇이고, 어떻게 문화가 조직 풍토와 연관되어 있으며, 또 이 둘은 어떻게 다른지 이해하는 데 도움을 준다. 조직 문화는 조직 내에서 지속적으로 영향을 미치는 내·외적 문제들을 해결하는 데 있어 매우 중요하다. 또한 조직 문화는 조직의 새로운 구성원들에게 조직 문제들을 인식하고, 사고하며, 느끼는 올바른 방안으로서 제시된다.[16]

문화는 오랜 시간에 걸쳐 발전한다. 그리고 그 발전의 과정 속에서 더 깊은 의미를 내포하게 된다. 그러므로 "그러한 해결 방안은 결국 실재의 본질, 진실, 시간, 공간, 인간의 본성, 인간 활동 및 인간관계에 대한 가정(assumptions)을 낳는다. 그리고 어느 순간 그것들은 당연하게 받아들여져서 마침내 스스로 인식하지 못하게 된다."[17] 그러므로 "문화는 집단을 더욱 단단하게 하나로 만들 수 있는 공유된 철학, 관념, 가치, 가정, 신념, 기대, 태도 및 규범으로 정의될 수 있다."[18] 여기서 집단은 조직을 의미한다. 학교를 예로 들어 보자. 그러한 상호 관련된 모든 특성들은 어떻게 의사결정을 하고 문제를 해결하는지에 대해 교사, 행정가 및 다른 조직 구성원들이 내·외적 합의를 이끌어 내는 방식과 관련된다. 이것이 바로 "기존의 수행 방식(the way things are done around here)"[19]이다.

"가장 중요한 것은 … 문화의 개념은 무의식적(혹은 반의식적) 사고의 학습된 유형이라는 것이다. 그리고 그 사고는 조용하지만 강력하게 사람들의 경험을 형성하고 행동은 그 사고의 영향을 받으며 강화된다."[20] 사고의 이러한 유형, 즉 조직 문화는 "안정감을 제공하고 확실성을 기르며 질서와 예측 가능성을 견고히 하고 의미를 창조한다."[21] 또한 다음과 같은 훨씬 간단한 상식적 수준의 정의를 내린다. "조직 문화는 게임의 규칙들이다. 일체성을 강조한 규정집에서 행간의 보이지 않는 의미가 바로 조직 문화다."[22] 혹은 "문화는 구성원들이 그것을 경험한 후 내린 결론으로 구성된다. 또한 조직 문화는 조직 내에서 무엇은 해야 하고 무엇은 하지 말아야 하는지에 대해 구성원들이 믿고 있는 것들로 이루어진다."[23]

인류학자들과 사회학자들이 조직 혹은 사회의 문화는 구성원들의 행동을 관찰함으로써 추측할 수 있다고 주장할지라도, 엄밀히 말하자면 우리는 그 행동을 연구하는 것은 아니다. 단지 우리는 그러한 행동을 관찰함으로써 사람들의 지식, 신념, 관습 및 습관의 체제에 대한 이해를 발전시켜 나갈 수 있다. 그것은 더 큰 사회 혹은 조직이더라도 가능하다. 그러므로 조직 문화 연구에 있어서 우리는 사람들이 사용하는 인공물과 기술을 살펴보고 사람들이 말하는 것을 들으며 행동하는 것을 관찰한다. 그리고 이를 통해 그들이 경험하는 일상의 사건들을 이해하는 데 사용하는 사고 유형, 신념 및 가치를 발견하고자 한다. 그러므로 조직 문화는 조직에서 샘솟는 가치와 특성의 원천에 관한 연구라고 할 수 있다.

조직 문화 정의의 두 가지 주요 주제 조직 문화를 묘사하고 규명하는 연구들에서 조직 문화 정의에 관련하여 지속적으로 언급되는 주요 주제는 두 가지다. 하나는 규범이고, 다른 하나는 가정이다. 규범과 가정은 일반적으로 조직 문화의 중요한 요소로 간주된다.

- **규범**: 조직 문화가 행동에 영향을 주는 주요 방법 중 하나는 사회 체제가 제도화하고 시행해 온 규범과 기준들을 통해서다. 개인은 이것들을 "구성원들이 무엇을 … 해야만 하는지를 구체적으로 명시한"[24] 조직 규범으로 받아들인다. 다시 말해 규범은 "조직 구성원들에게 합법적으로 받아들여져 온 행동의 규칙들"[25]인 것이다. 물론 그것들은 명문화되어 있지 않다. 그렇지만 이 규칙들은 조직 내에서 좋은 평판을 받기 위해서는 어떠한 행동을 해야만 하는지에 대해 조직 구성원들이 공유하는 믿음을 의미한다.[26]
- **가정**: 이러한 행동 규범의 근저에는 가정들(assumptions)이 자리 잡고 있다. 그러한 가정들은 규범과 문화의 기반이 되는 것이다. 이러한 가정들은 조직 구성원들이 진실 혹은 거짓으로 받아들이는 것, 합리적 혹은 비합리적이라 여기는 것, 그리고 가능한 것 혹은 불가능한 것으로 여기는 것들을 다루고 있다. 우리는 이러한 것들이 논쟁이나 토의의 대상이 될 수 있는 가치가 아니라는 에드거 샤인(Edgar Schein)의 의견에 동의한다. 즉, 가정들은 무의식 속에서 암묵적으로 당연하게 받아들여지며, 고려되거나 함께 논의 되기보다는 옳은 것 그리고 협상 불가능한 것으로 받아들여진다.[27] 조직에서의 문화적 규범은 이러한 가정들을 기반으로 형성된다. 문화적 규범들은 비공식적이며 명문화되어 있지 않다. 그러나 행동에는 매우 명시적이며 강력한 영향력을 발휘한다.

조직 문화의 탐색

에드거 샤인은 조직 문화가 밀접하게 관련되어 있는 세 가지 각기 다른 개념들로 구성된다고 주장했다. 이에 따르면 조직 문화는 다음과 같이 설명될 수 있다.

1. 조직 문화는 조직의 내 · 외적 문제를 해결하는 데 있어 핵심이다. 문화는 조직 내에서 지속적으로 영향을 미쳐 왔기 때문에 새로운 구성원들에게 조직과 관련된 문제들을 인식하고 사고하며 느끼는 올바른 방안으로서 제시된다.

2. 이것들은 결국 실재의 본질, 진실, 시간, 공간, 인간 본성, 인간 활동 및 인간관계에 대한 가정으로 발전한다.
3. 시간이 지나면서 조직 구성원들은 이러한 가정을 당연하게 받아들이며 결국 이것들을 인지하지 못하게 된다. 실제로 문화의 힘은 당연하게 받아들여지고, 무의식적이며, 검증되지 않은 가정들에서 발생한다.[28]

문화는 오랜 시간에 걸쳐 발전하게 되며 이러한 발전의 과정에서 상당히 깊은 의미를 갖게 된다. 그러므로 문화는 공동체를 더욱 단단하게 해 주는 공유된 철학, 관념, 가치, 가정, 신념, 기대, 태도 및 규범으로 정의될 수 있다.[29] 학교는 교사, 행정가 및 다른 구성원들이 어떻게 의사결정하고 문제를 해결하는지에 관해 암묵적 혹은 명시적으로 합의를 이끌어 내는 이러한 상호 관련 요소들을 모두 갖고 있는 것으로 보인다. 그것이 바로 '기존의 수행 방식'[30]이다. 조직 문화에 대한 대부분의 정의들에서 나타나듯이, 조직 문화는 사람들의 경험을 조용하지만 강력하게 형성하는, 그리고 행동에 의해 반영되고 강화된 무의식적 사고의 학습화된 유형으로 개념화된다.[31]

샤인의 모형([그림 6-6]을 보자)에 의하면 조직 문화에서 가장 명백하게 표면적으로 드러나는 것은 볼 수 있고 들을 수 있다. 이러한 것들은 도구, 건물, 예술작품 및 기술과 같은 인공물들이며, 연설과 같은 인간행동의 유형도 포함된다. 그것들은 쉽게 관찰될 수 있으며, 일반적으로 관찰, 면담 및 문헌 분석과 같은 자연스러운 현장 연구 방법을 통해 연구되어 왔다. 그러나 이러한 인공물들은 쉽게 관찰될 수 있을지라도 그것은 문화의 상징물에 불과하다. 문화는 쉽게 관찰되지 않고 심지어 관찰하는 사람들도 문화가 무엇인지 쉽게 깨닫지 못한다. 그러므로 우리가 관찰하는 인공물과 표면적 행동을 이해하기 위해서는 그것들이 내포하고 있는 의미를 해독해야 한다. 물론 이것은 매우 어려운 작업이다.

이렇게 공공연하게 관찰할 수 있는 문화의 창작물 아래에 위치한 두 번째 단계에는 조직의 가치가 놓여 있다. 이것들은 때때로 사명, 철학 및 신조의 형태로 명문화되어 표현되기도 한다. 우리가 조직의 기본 가정을 이해하는 데 있어 이와 같은 가치들을 이해하는 것은 매우 효과적이지만 그럼에도 불구하고 이것들은 단지 문화의 본질인 기본 가정을 반영하고 있을 뿐이다.

세 번째이면서 가장 마지막 단계는 바로 문화의 본질이다. 당연하게 받아들여지

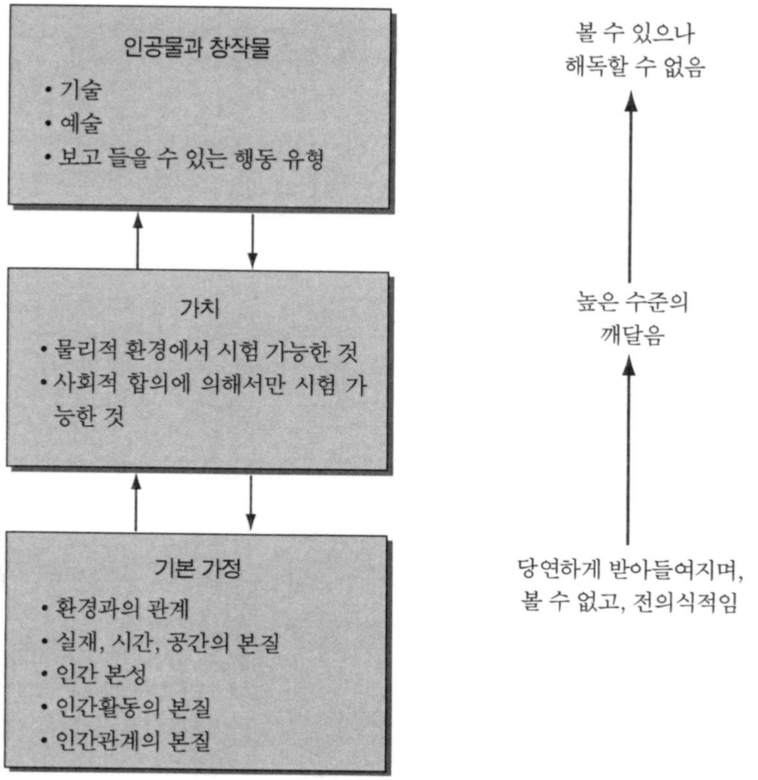

[그림 6-6] 문화 단계에 관한 샤인의 모형

출처: Edgar H. Schein, *Organizational Culture and Leadership* (San Francisco: Jossey-Bass, 1985), p. 14. (Figure 1). 저자 승인 후 옮김.

는 가정들은 보이지 않고 무의식적이다. 이것들은 실재의 본질, 시공간과 같은 환경, 인간 본성, 인간 활동의 본질 및 인간관계의 본질을 다룬다. 조직 구성원들이 깨닫지 못하는 이러한 가정들은 유형화된다. 그러나 이것들은 연구의 과정에서 표면으로 드러나지 않는 한, 여전히 암묵적이고 무의식적이며 당연한 것으로 남게 된다.

조직 문화는 어떻게 형성되는가?

학교의 조직 문화는 오랜 시간에 걸쳐 나타나고, 형성되며, 교차되고, 중복되는 상징적 요소들에 의해 정의된다. [그림 6-7]을 살펴보자.

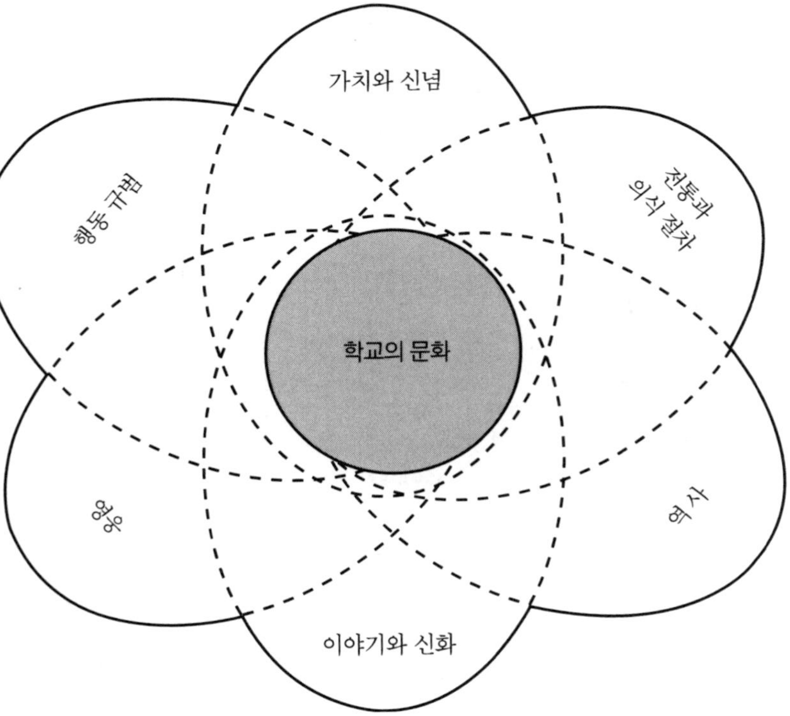

[그림 6-7] 학교 문화를 중복되는 상징적 요소들로 묘사

시간이 흐름에 따라 점차 발전해 나아가는 학교의 전통과 의식 절차는 그 학교의 역사를 담고 있는 이야기와 신화 속에서 조직의 새로운 구성원들과 기존 구성원들에게 동일하게 이야기되고 회자되며 덧붙여진다. 이러한 것들은 학교에 있는 구성원들의 가치와 신념을 내포하며, 학교를 특징짓는 규칙이나 규정보다 때로는 더 강력하게 행동 규범을 형성하고 유지하도록 만든다. 또한 학교의 영웅들은 학교 문화 전파에 있어 매우 중요하다. 왜냐하면 그들은 이러한 상징적 요소들을 좀 더 구체화하며 그 요소들을 활성화시키기 때문이다.

문화가 일반적으로 그러하듯이, 조직 문화에 있어 중요한 사실은 그것이 세대를 통해 지속된다는 것이다. 각 학교는 다른 문화를 갖는다. 왜냐하면 각 학교의 역사는 고유하며 학교가 미래를 향해 나아갈 때 그 역사 역시 지속적으로 함께 발전하기 때문이다. 누군가가 학교의 문화를 바꾸고자 한다면 그는 학교 역사의 과정을 바꾸어야만 한다. 그리고 그 효과를 극대화할 수 있는 지점은 바로 학교의 조직 문화를 정의하고 형성하는 상징적 요소들 내에 있다.

상징주의와 문화

조직 문화는 조직 행동을 관찰하여 추론한 내용을 기반으로 연구되어 왔다. 그러나 그렇다고 해서 조직 문화 연구의 초점이 개인행동에 영향을 미치는 환경에 국한되지는 않는다. 이러한 연구는 환경의 요소는 무엇인지, 어떻게 그것들이 개발되는지, 그리고 이러한 요소들이 (실제로) 조직의 어휘, 문법 및 구문을 형성하기 위해 서로 어떻게 연관되는지를 이해하는 데 도움을 준다. 상징주의 연구는 조직 문화 연구의 핵심이다. 여기서 조직 문화란 의식 절차, 신화, 전통, 의례 및 언어를 통해 한 세대에서 다음 세대로 전수되는 인간의 의미 및 가치를 의미한다.

학교 풍토는 조직의 본질〔'이곳의 실체(What things are really like here)'〕에 대해 구성원들이 갖고 있는 인식이다. 그렇다면 그러한 인식은 어떻게 발전하고, 의사소통되며, 전달되는가? 구성원들이 인식하기에 학교는 어떠한 특정 가치를 갖고 있고, 특정 장점을 찬미하며, 구성원들의 행동에 깊은 영향을 미치는 명시적인 기준과 실제를 갖고 있는 것으로 보일 수 있다. 그러나 어떻게 해야 이러한 것들이 명시적으로 드러나며 구성원들과 의사소통할 수 있게 되는가? 예측 가능하고 바람직한 방향으로 행동에 영향을 미치고 행동을 통제하기 위해 조직이 사용하는 기제는 무엇인가? 이와 같은 질문에 대해 사회와 마찬가지로 학교에서도 제도화된 절차와 상징을 통해 대답한다. 이러한 것을 이해하는 것은 문화를 이해하는 데 필수적이다.

예를 들어 대부분의 사회에서 결혼식은 강력한 상징들로 구성되어 있다. 그 상징들은 불가피한 경우를 제외하고는 비교적 옳고 적합하다고 여겨지는 수많은 행동을 수반한다. 이것은 결혼한 부부가 어디서 살 것인지, 가족 구성원들이 어떻게 새로운 역할(예를 들어 시어머니)을 담당하게 되는지, 그리고 부부 사이에 역할 분담을 어떻게 해야 하는지 등을 포함할 것이다. 그러므로 세대를 통해 전수되어 온 의식과 의례로 상징되는 결혼제도는 사람들과 그 사회에서 중요하다고 여기는 가치에 관한 의사소통을 낳는다. 그리고 이러한 유형의 행동은 단순히 의사소통하는 것 이상으로 다양한 행동을 수반한다. 이러한 행동들은 의사소통 참여자들에게는 일상적으로 느껴지거나 심지어 지루해 보일 수도 있지만, 실제로는 무엇이 옳고 그른지 혹은 어떠한 것이 가능한지 등에 대한 참여자들의 인식을 발전시키는 데 큰 영향을 미친다.

이와 유사하게 전형적인 미국 고등학교의 교원이 된다는 것 역시 많은 의무와 기대를 동시에 수반한다는 것을 의미한다. 이러한 의무와 기대 중의 일부는 일일 시간표(수업 시간표)에 의해 확실하게 나타난다. 일일 시간표는 하루 종일, 그리고 거의 매 순간 누가 어디에 있어야 하며, 무엇을 해야 하는지에 대해 조직 구성원들에게 강력한 신호를 준다. 많은 교육자들에게 이와 같은 일일 시간표는 학교 문화에 원래부터 존재했던 매우 당연한 것으로서 아무런 의문 없이 받아들여지며, 학교 그 자체를 규정하는 가장 중요한 상징으로 여겨진다. 그것은 고등학교의 강력한 문화 특성이며, 구성원들이 행동하는 것, 가능하다고 보는 것, 그리고 학교생활에서 중요시되는 가치 등에 지대한 영향을 미친다. 이와 같이 일일 시간표는 미국 고등학교들의 조직 풍토를 생성하는 수많은 강력한 문화적 상징들 중 하나다.

조직 풍토

조직 풍토(organizational climate) 연구는 조직 내 환경의 여러 가지 측면에 대해 개인이 가지고 있는 인식(perception)에 관한 연구다. 예를 들어 학교 조직 풍토 연구의 창시자인 앤드류 핼핀과 돈 크로프트는 초등학교에서 발견되는 '리더십의 자질과 집단행동'에 대해 실험 연구를 진행했다.[32] 이를 위해 연구자들은 표본 초등학교의 교사들에게 개인의 상호작용에 관한 인식에 대해 묘사하도록 요구했다. 여기서 개인의 상호작용이란 위계 구조 내 직무역할에 따른 교장의 행동, 개별 교사들의 개인적 특성, 집단의 구성원으로서 개별 교사들의 사회적 욕구, 그리고 사기(士氣)와 같은 학교 내 교사들의 집단 특성 등과 같은 요인들로부터 야기된 것이다. 핼핀과 크로프트 연구 결과에서 가장 주목할 만한 것은 초등학교의 조직 풍토를 체계적으로 묘사했다는 점인데 이러한 묘사는 설문지 중 인식을 물어보는 문항들을 통해서 가능했다.

만족의 개념은 보통 조직 풍토의 개념과 긴밀하게 연결되어 있다. 즉, 조직 환경에 대한 구성원의 인식이 어느 수준일 때 구성원들은 만족하는가? 구성원들의 인식과 만족 사이의 연관성에 관한 내용들은 풍토를 연구하는 몇몇 기법(techniques) 속에 내재되어 있다. 그럼에도 불구하고 많은 연구들에서는 구성원들이 현재 인식하고 있는 상태와 바람직하다고 여겨지는 상황 사이의 차이를 직접적으로 밝혀내고자 했다.

조직 풍토에 관한 연구는 구성원들의 인식을 직접적으로 알아보는 방법에 크게 의존하고 있다. 이 연구들은 대부분 질문지를 사용하고 응답자들은 그들의 인식에 관해 응답한다. 면담법이 그러한 정보를 수집하기에 좀 더 효과적인 수단이 될 수 있음에도 불구하고 많이 사용되지는 않은 채 질문지의 개발만이 계속해서 강조되었다.

또한 학교 조직 풍토에 관한 초기 연구 대부분은 교사 또는 때때로 교장이 포함된 성인들을 대상으로 자료 수집을 한 것이었다. 그러나 최근 학교 풍토 연구에서 이러한 경향은 교사와 교장과 같은 성인보다는 학생들의 인식을 조사하는 방향으로 전환되어 가고 있다.

문화와 풍토의 정서적 측면

조직 문화는 조직 풍토의 개발에 매우 강력한 영향을 미친다. 조직 문화(심지어 무형일지라도)가 구성원들이 상황을 인식하는 방식에 영향을 주고 상황을 이해하는 것을 돕는다는 점을 고려한다면, 문화가 구성원의 태도와 감정에도 영향력을 미친다는 것은 명백해진다. 미국 내의 성공한 회사와 그렇지 못한 회사를 비교하는 연구에서 로자베스 모스 칸터(Rosabeth Moss Kanter)는 조직 문화와 조직 풍토의 영향력에 대해 논의했다. 그 연구는 높은 성과를 보이는 회사들은 자부심의 문화(culture of pride)와 성공의 풍토(climate of success)를 갖고 있다는 것을 밝혀냈다.

'자부심의 문화'는 "개인과 조직 사이의 감정적이고 가치 있는 헌신이 있다는 것, 즉 사람들은 의미 있는 곳에 '소속되어 있다'고 느끼고, 그들의 조직에 대한 공헌을 통해 소중한 가치를 깨달을 수 있는 것"으로 정의된다.[33] 다시 말해 성취의 경험을 가진 가치 있는 조직에 소속되어 있다는 자부심, 그리고 그 조직에서 단순히 노동자가 아닌 구성원으로 존재한다고 느끼는 것이 조직 구성원으로서의 자신감을 더욱 북돋게 하는 것이다. 여기서 자신감이란 조직이 개인의 창의적인 새로운 시도를 지지해 줄 것이라는 자신감, 계속해서 조직을 잘 운영해 갈 것이라는 자신감, 그리고 개별 조직 구성원은 자신의 직무 영역에서 매우 효과적이고 성공적인 수행능력을 보일 것이라는 자신감 등을 의미한다.

칸터의 연구는 통합적인(integrative) 조직에서 자부심의 문화가 더 자주 발견된다고 밝혔다. 여기서 통합적인 조직이란 기업의 일체성을 강조하고, 조직이 수행하는 것들에 대해 더 넓은 시각으로 바라보며, 다양성을 고취시키는 동시에 전통적으로 수행해 온 것들에 대한 도전정신을 자극하는 조직을 의미한다. 이러한 조직들은 더 넓은 분야에서도 성공하는 경향을 보이는데 그것은 조직 문화가 성공의 풍토를 육성하기 때문이다.

반대로 칸터는 덜 성공적인 조직을 분산(segment)된 것으로 묘사했다. 분산된 조직에서는 구성원들이 그들 자신이 속한 작은 과업 영역을 벗어나서는 어떠한 일이 발생하고 있는지 알기 어려우며, 전체 조직에 영향을 미치는 문제들을 다루기도 어려워한다. 구성원들은 고립되고, 위계화되며, 조직 내에서 이루어지는 중요한 의사결정 과정에서 배제되고, 단지 그들에게 직접적으로 관련되어 있는 사소한 사건들에만 집중하게 된다. 이러한 조직에서 구성원들은 자신이 속한 조직에 대해 자부심을 갖기 어렵다. 왜냐하면 그들은 조직 그 자체 그리고 조직이 무엇을 하고 있는지에 대해 거의 알지 못하기 때문이다. 그러므로 그러한 조직은 성공의 풍토가 아닌 다른 무언가의 풍토로 특징지을 수 있다.

다양한 문화

대부분의 조직은 조직 전반에 걸친 조직 문화와 함께 개별 직무현장의 조직 문화도 갖고 있다. 다시 말해 조직 문화를 논의함에 있어 우리는 하부 조직도 독특한 문화를 갖고 있음을 깨달아야만 한다. 예를 들어 중앙행정조직, 고등학교, 중학교 및 초등학교가 소재한 학교구를 생각해 보자.

학교구 내 교육위원회와 최고 수준의 행정가들은 조직으로서의 학교구가 조직 문화, 즉 구성원들의 행동에 반영되고 강화되는 공유된 이해, 가정 및 신념 등을 갖고 있다는 것을 이해하고 있을지 모른다. 그러나 그들은 각 학교 역시 개별적인 독특한 문화를 갖고 있다는 점을 이해해야만 한다. 한 학교의 문화는 전체 학교구의 조직 문화에서 나타나는 교장의 특성을 반영하기도 하지만 어떠한 측면에서는 다르게 나타나기도 한다. 다양한 학교들의 조직 문화 역시 다르게 나타나며, 중앙 조직의 문화 역시 그 학교구의 학교 문화들과는 상이한 형태를 보일 것이다.

좀 더 자세히 설명하기 위해 학교구 내 고등학교의 조직 문화를 살펴보자. 우리가 이미 언급했듯이, 각 학교는 전체적인 조직 문화를 갖고 있는 동시에 하부 조직들의 개별적인 직무현장의 문화도 갖고 있다. 예를 들어, 학교의 지도 · 상담부의 상담가들의 역할은 학생들이 올바른 인간관계를 맺고, 학생들이 본인의 삶을 고려하여 적절한 의사결정을 내리며, 자신의 삶을 책임질 수 있도록 성장 및 성숙하는 것을 장려하며 도와주는 것이라고 볼 수 있다. 상담가들은 학생들의 문제를 열린 마음으로 해결하기 위해 학생들과 높은 신뢰를 쌓고자 한다. 그러나 다른 측면에서 살펴보면, 지도 · 상담부는 출석과 규율에 대해 관리할 책무 역시 갖고 있다. 상담가들 또한 학생에 대한 제재는 공정하게 이루어져야 한다는 공유된 이해를 받아들여야만 한다. 그렇게 행동하지 않았을 때에는 처벌을 받을 수 있다는 점, 책임자로서 실수 없이 행동해야 한다는 것 역시 공유된 이해 중 하나다. 학생들이 규율에 따라 행동해야 한다고 생각할 수 있게 하는 것은 바로 학교의 책무다. 이와 같이 학교의 개별 부서들은 어느 정도 학교 전반의 문화를 반영하지만 그들만의 독특한 문화를 형성하기도 한다.

학교구와 각 학교에서 다양한 문화가 공존할 수 있다는 것은 그리 놀라운 사실이 아니다. 왜냐하면 큰 조직이 문화를 형성하는 것과 같은 활동을 조직 내 하부 조직 역시 하고 있기 때문이다. 학교 혹은 부서와 같은 하부 조직은 공동의 관심, 목적 및 가치를 공유하는 사람들과 정기적으로 만남을 가진다. 그들은 직접 만나서 사람들끼리 사회적 소속감을 형성하고 과업이 잘 수행될 수 있도록 공유된 협력적인 노력을 장려한다. 이러한 하부 조직의 기능은 단 하나의 조직 문화를 위에서부터 아래로 전달하기보다는 조직 내에 더 다양한 문화가 개발될 수 있도록 적절한 자극을 제공하는 것이다.

실제로 X 이론 행정가들은 조직 문화를 조직 상위 계층에서 개념화하고 관리하며 조직 권한 체제에 따라 실행해야 하는 것으로 여기는 경향이 있다. 그러나 조직의 고전적 개념과 맥락을 같이하는 이러한 관점은 문제가 있다. 왜냐하면 사람들이 갖고 있는 가정을 변화시키거나 그들이 갖고 있는 가정을 지시적인 방법으로 다른 사람들과 공유하게끔 강요하는 것은 어렵기 때문이다. 이에 반해 Y 이론 행정가들은 조직 내에 다양한 문화가 공존할 수 있다는 것을 좀 더 쉽게 받아들이는 경향이 있다. 조직 내에서 다양한 문화를 발전시키는 것은 인적자원개발에서 이야기하는 참여적 기법의 사용을 통해 촉진될 수 있다.

조직 행동 영역에서 소개되는 그 어떠한 개념도 조직 문화만큼 사회 체제(social systems) 개념과 깊게 관련되어 있지는 않다. 조직 문화는 분명 구성원의 행동을 이끌어 내고 형성하는 데 매우 중요한 것이며, 여기에서 개인-환경 상호작용(person-environment interaction)의 개념이 나온다.

조직 풍토는 어떻게 형성되는가?

[그림 6-8]은 학교의 조직 풍토가 네 가지 변인들의 역동적인 상호작용에 의해 생성된다는 것을 보여 준다. 그 네 가지 변인은 생태(ecology), 환경(milieu), 조직(organization) 및 문화(culture)다. 학생들과 마찬가지로 학교의 다른 구성원들 역시 이러한 상호작용을 경험한다. 조직에 대한 그들의 인식은 불가피하게 경험들에 의해 형성된다. 그러므로 그들은 학교가 무엇을 상징하는지, 어떠한 것이 가치 있고 어떠한 것이 그렇지 않은지, 말로 표현하지 않아도 무엇이 진실인지, 말로 표현되는 것 중에는 어떠한 것이 진실이고 어떠한 것이 거짓인지를 이해하게 된다. 이미 언급한 바와 같이, 이러한 모든 하부 체제가 조직 풍토의 형성에 영향을 미칠지라도 일반적으로 각 하부 체제가 모두 동일한 영향력을 갖고 있다고 여기지는 않는다. 그러나 학교의 조직 풍토를 변화시키기를 원하는 학교 지도자들에게 생태, 환경, 조직 및 문화라는 네 가지 변인은 변화를 이끌어 내는 지렛대가 된다. 이러한 하부 체제들의 상호작용적 역동성을 기반으로, 한 변인의 변화는 다른 변인들의 변화를 이끌게 될 것이다.

오랜 기간 동안, 현장에 있는 사람들과 마찬가지로 많은 학자들 역시 조직을 재구조화하고 노동자들을 재교육시키며 새로운 직원을 고용하거나 새로운 건물을 짓는 것 혹은 새로운 기술을 도입하는 방법을 통해 조직 변화를 이끄는 데 주력해 왔다. 왜냐하면 이와 같은 요인들을 변화시킴으로써 조직 내 다른 하부 조직들 혹은 전체 조직에 걸친 전반적인 변화를 이끌 수 있다고 기대했기 때문이다. 그러나 21세기 초에 이르러서는 교육현장의 리더들과 마찬가지로 대부분의 조직 이론가들 역시 조직

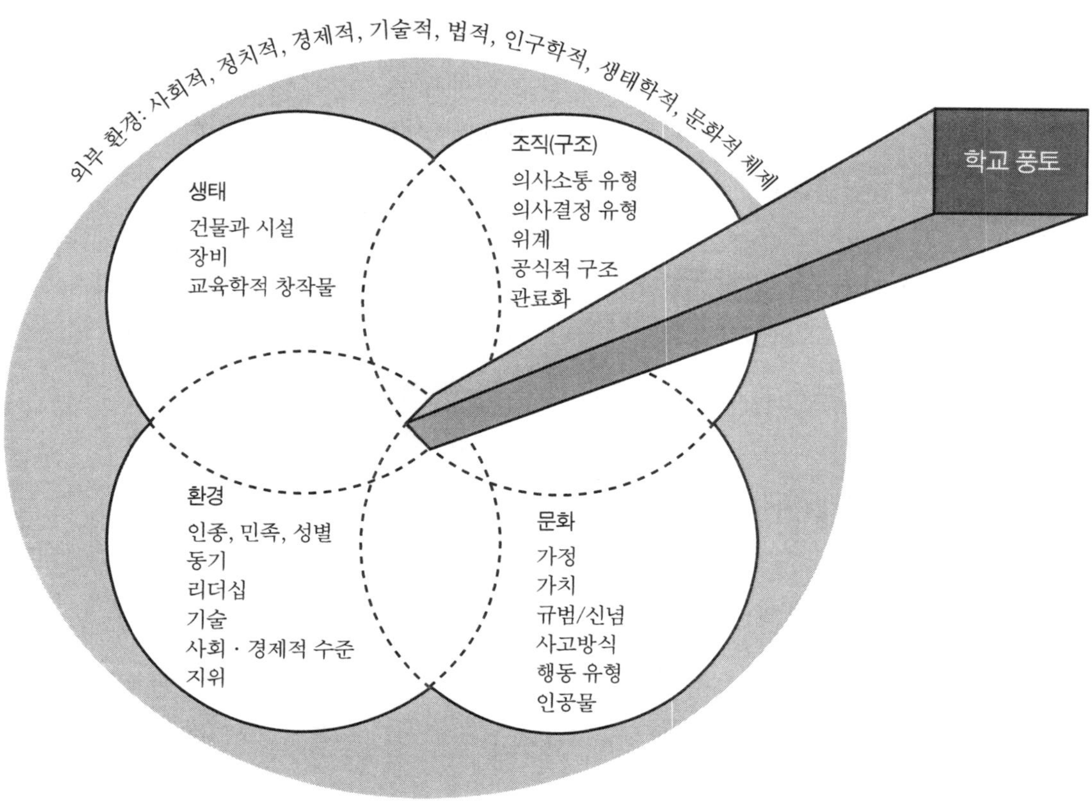

[그림 6-8] 네 가지 핵심 조직 요인들의 중복과 상호작용으로 조성되는 조직 풍토

* 학교의 조직 풍토는 네 가지 내적 측면 혹은 하위 체제(생태, 환경, 조직 및 문화)의 상호작용의 결과물이다.

문화가 조직 변화의 진로를 결정하는 데 매우 중요한 것이라는 사실에 동의하게 되었다. 심지어 몇몇 학자들은 조직 문화가 가장 강력한 결정 요인이라고 믿었다.

집단 규범

조직 문화가 행동에 영향을 미치는 중요한 방법은 바로 사회 체제가 제도화하고 시행하는 규범 혹은 기준을 이용하는 것이다. 이러한 것들은 집단 규범(group norms)으로서 개인에게 다가가게 된다. 여기서 집단 규범이란 "구성원들이 … 해야만 하는 것을 구체적으로 상세화해 놓은 형태의 아이디어"[34]를 의미한다. 다시 말해 이것은 "집단 구성원들이 합법적인 것으로 생각해 온 행동의 규칙"[35]이다. 집단은 개인이 집단 규범에 순응하도록 압력을 가하곤 한다. 그리고 이러한 집단 규범은 집단 구성원이 이해하는 것보다 훨씬 더 많이 집단 구석구석에 스며들어 있다. 이러한 압력은 어떠한 측면에서는 의무라고 느껴지기도 한다. 이것은 집단이 어떠한 의견이나 행동을 승인하고 강화하기 위해 이루어지는 집단의 지원과 같이 긍정적인 형태로 나타나기도 한다.

특히 만약 개인이 집단 구성원의 존중(esteem)과 수용(acceptance)을 중요한 가치로 여기고 집단 역시 높은 응집력을 보인다면 집단의 기준과 기대에 따라 행동해야만 하는 압력은 실제 개인의 인식에 영향을 줄 수 있다. 어떤 이는 이것을 집단의 기대 관점에서 보기도 한다. 그러므로 집단과 개인의 상호작용은 단지 보이는 행동보다 훨씬 더 깊은 곳까지 스며들게 된다. 그것은 인식, 가치 및 태도 형성에 큰 영향을 미친다.

개인-환경 상호작용

조직 문화와 관련한 대부분의 논의는 쿠르트 레빈의 연구 결과에 기반을 두고 있다. 그는 우리가 인간의 행동에 대해 논의할 때는 행동이 발생하는 전반적인 상황을 함께 고려해야 한다고 주장했다.[36] 전반적 상황(whole situation)이라는 용어는 개인과 환경 모두를 의미하는 것으로 정의될 수 있다. 즉, 행동은 개인과 환경의 상호작용(person-environment interaction)의 함수 결과다. 이것은 우리가 이미 알고 있듯이 $B=f(p \cdot e)$로 표현된다. 결과적으로 조직 문화를 개념화하기 위해서는 개인과 조직 환경을 상황의 필수 요소로서 생각할 필요가 있다. 왜냐하면 개인과 조직 환경은 절대로 분리될 수 없는 요소들이기 때문이다.

집단은 조직 구성원으로서의 개인이 직면하는 환경에서 매우 중요한 부분이다. "행동이 유기체(organism)와 환경의 상호작용의 결과라는 가정은 일반적으로 받아들여진다." 그러나 "환경의 개념은 심리학자들이 실증적으로 다루기 매우 어려운 부분이다."[37] 그 이유 중 한 가지는 조직의 공식적 모형(조직도와 같은)은 합리적으로 깔끔하게 잘 정돈되어 있지만 조직 구성원들은 종종 그 모형에서 정해 준 대로 행동하지 않기 때문이다.[38] 또한 조직 환경 내에서 개인의 행동은 단순히 개인의 개별 특성뿐만 아니라 그들이 처해 있는 전체 상황에 의해서도 영향을 받기 때문이다.[39]

조직 문화의 관점은 우리로 하여금 사람들이 상호작용하는 환경은 구성원들이 인지하고 있는 환경요소들보다 훨씬 더 많은 것으로 구성되어 있다는 것을 이해하게 해 준다. 조직의 역사와 전통을 이해하는 것은 조직 문화를 이해하는 데 있어 매우 중요한 측면이다. 왜냐하면 조직 구성원들은 그것을 받아들이도록 사회화되어 있기 때문이다. 그러므로 조직의 전통 속에 내재해 있는 가치와 기대에 대한 구성원들의 이해와 수용은 모든 구성원들이 볼 수는 없지만 조직 내에 분명히 존재하는 것이다. 조직은 보통 공식적 · 비공식적인 사회화 과정을 통해 이러한 가치와 기대를 전수하고 강화하기 위해 상당한 노력을 기울인다.

미국의 많은 고등학교들에서 교사와 행정가들은 카네기 학점 이수 단위를 기초로 학교 시간표를 구성하는 방법 외에 다른 방식으로 그들의 일을 조직하여 개념화하는 데 어려움을 느낀다. 실제로 미국 고등학교의 일일 시간표에서 블록제 방식으로 학점을 관리하는 전통은 매우 시간 중심적(time honored)이다. 그래서 카네기 이수 단위제의 블록제 방식은 교사들의 전문적 활동에 가장 큰 영향을 미침에도 불구하고 그것이 무엇인지 알고 있는 교사가 별로 없기는 하지만 어쨌든 당연한 것으로 받아들여진다.

카네기 이수 단위제는 1905년에 카네기 교육진흥재단(Carnegie Foundation for the Advancement of Teaching)이 고등학교에서 이루어지는 교수법의 표준화 방안으로 개발한 것이다. 이를 통해 대학들은 지원자들의 서류를 비교하는 데 소요되는 시간을 크게 절감할 수 있었다. 그것은 과거에도 그리고 현재에도 결국 시간의 문제다. 다시 말해 한 과목의 한 학점은 학생들이 120시간 동안 출석할 것을 요한다. 이러한 시간 계획이 갖는 의미는 매우 명백하다. 예를 들어, 만약 어떤 사람이 48분 정도 길이로 수업 계획을 짜고자 한다면 수업 사이의 쉬는 시간까지 포함하여 1학점을 채우기 위해서는 1년 동안 최소 150번의 만남이 필요하다. 이것은 다음과 같은 생각을 기반으로 하고 있다. 전통적인 수업 시간표는 교사와 학생의 행동을 통제하기 위한 권력 행사의 방법일 뿐만 아니라 학교가 어떠하고 어떠해야만 하는지에 대한 구성원들의 인식을 형성하고, 무엇이 가능한지 혹은 가능하지 않은지를 정의하며, 무엇이 옳고 그른지에 관해 지시하는 방법으로서 사용된다. 이것은 미국 중등교육에서 매우 강력한 전통이다. 이것은 종종 학교의 질과 훌륭한 교수 과정과 연관되어 논의되기도 한다. 또한 그것은 교사가 학생이었을 당시의 경험, 대학 교육과정 및 전문가로서의 고유 경험에 의해 계속적으로 강화된다. 그것은 조직 구성원들의 행동을 결정하고 형성하는 비가시적이고 무형인 환경의 일부로서 조직 문화에 항상 존재하는 원동력에 관한 묘사다. 카네기 이수 단위제는 의도한 목적이 달성된 후에도 오랫동안 유지되면서 조직 내의 사고와 행동에 영향을 주는 문화적 인공물의 전형적이고 질긴 지속성을 보여 준다.

오랜 시간 동안 교육자들은 교실에서 소비하는 시간이 학생들이 받는 학습의 종류와 질을 측정하는 가장 유용한 지표인지에 대해 의심해 왔다. 그러나 법과 규칙들은 이것이 계속해서 지표로 사용되도록 지지해 주었고, 교실에 머무르는 시간은 사람들이 학교의 교수 프로그램의 '질(quality)'과 연관지을 수 있는 중요한 요인 중 하나가 되었다. 카네기 이수 단위제는 중등학교에서 국가 수준의 질(quality)을 표준화하는 요소 중 하나로 88년 동안 건재해 왔다. 1993년에 펜실베이니아(Pennsylvania) 주 교육위원회는 최초로 1990년대 말까지 카네기 이수 단위제 사용을 폐지하는 대신에 학생들이 성취해야 할 새로운 학업 목표를 제정하기로 합의했다. 그러나 그러한 움직임은 강렬한 반대에 부딪히게 되었다. 심지어 카네기 재단이 펜실베이니아 주 교육위원회의 이러한 움직임을 바람직한 방향이라고 인정했음에도 불구하고 큰 성과를 거두지 못했다. 물론 오늘날 많은 미국의 고등학교들은 블록 시간표(block schedules)라 불리는 새로운 시간표를 만들기 위해 노력하고 있다. 블록 시간표는 다양한 과목에 따라 상이한 교육적 요건에 맞추어 교수 시간을 정하고 교사와 학생이 교실에서 함께할 수 있는 방법의 변화를 모색하기 위한 새로운 시도였다.[40] 블록 시간표는 일반적으로 교사가 진행하는 강의뿐만 아니라 토론, 팀 활동, 개인 비평 및 그 밖의 교수 기법을 이용한 수업에 더 많은 시간을 할당한다.

이러한 측면에서 볼 때 전통(tradition)이라는 용어가 새롭게 출현하는 문제들을 해결하기 위해 반복되는 고리타분한 해결책의 의미로만 사용될 필요는 없다. 어떠한 조직은 새로운 문화적 전통이라고 불릴 수 있는 것들을 창조하기 위해 노력한다. 새로운 문화적 전통은 조직이 당면한 문제들에 대한 신선한 해결책을 모색함에 있어 과거의 관습을 철폐하고 고유성(originality)과 창의성(creativity)의 가치를 강조하는 노력을 통해 형성된다. 최근에는 용기 있는 도전정신과 새로운 발명을 가장 큰 가치로 생각하는 실리콘밸리와 기타 다른 지역들의 컴퓨터 관련 회사들에서 젊은 기업가 정신으로 무장한 이러한 경향이 상대적으로 쉽게 발견된다. 애플 컴퓨터와 구글은 이러한 경향의 대표적인 조직으로서, 다른 회사들 사이에서 가장 빈번하게 인용되곤 한다.

행동 주변장의 개념

로저 바커(Roger Barker)는 환경이 조직 구성원의 행동 유형을 이끌어 내고 형성하는 데 매우 큰 영향을 미친다는 점을 이론화했다.[41] 실제로 '생태심리학(ecological psychology)' 이라고 알려져 있는 그의 관점에 따르면 환경의 영향력이 매우 크기 때문에 조직 구성원들 사이의 개별적 차이점들이 퇴색된다. 특정 조직에서 구성원들은 일정하게 독특한 행동 유형을 보이는 경향이 있는데, 결과적으로 그러한 행동은 특정 조직에 '소속(belonging to)' 되었기에 보이는 행동 유형이라고 할 수 있다. 그러므로 바커는 조직 행동은 끊임없이 상호작용을 하는 물리적 · 심리적 환경과 조직 구성원의 복잡한 관계를 함께 고려하는 행동 주변장(behavior setting)의 관점에서 가장 잘 설명된다고 주장했다.

이와 관련하여 고등학교의 크기와 재학생의 행동 사이의 관계에 관한 주목할 만한 몇몇 초기 연구들이 있다. 예를 들어 로저 바커와 폴 검프(Paul Gump)는 학생들이 교과 외 활동과 야외 활동에 참여하는 정도는 학교의 크기와 직접적인 관계가 있다고 밝혔다.[42] 유사한 연구에서, 레오나드 베어드(Leonard Baird)는 야외 활동의 학생 참여도와 학생의 학업성취도 역시 학교의 크기와 연관되어 있으며, 학교가 위치해 있는 지역의 유형(예를 들어 소도시, 교외 지역 혹은 대도시)과도 연관되어 있다고 주장했다.[43] 또 다른 연구에서, 베어드는 성공적인 대학생활은 대학 크기와 상관이 있을 뿐 학생의 출신 고등학교 크기와는 상관이 없다고 밝혔다.[44]

1970년대에 이루어진 학교 개혁 및 개선 움직임은 규모에 집중한다는 점에서 주목할 만하다. 포드(Ford) 재단의 지원을 받아 제임스 B. 코넌트(James B. Conant)가 진행한 연구에 따르면 미국은 더 큰 학교를 건설하고, 더 큰 학교구를 만들고 있었다. 그 당시에는 더 클수록 더 좋다는 것으로 받아들여졌는데, 그 이유는 재정 측면에서 가시적인 '규모의 경제(economies of scale)' 에 따라 학교는 더 다양해지고 더 풍부한 자원을 사용하며 학생들에게 더 많은 기회를 제공할 것으로 여겼기 때문이다. 그러나 1990년대 중반에 이르러 2,000명에서 5,000명 혹은 그 이상의 학생들이 있는 큰 규모의 고등학교들은 디킨스 소설의 빈민보호소(workhouse)[3)]와 같이 유혈 폭력, 중

3) 역자 주: 영국의 작가 찰스 디킨스(Charles Dickens)가 1837년 발표한 소설 『올리버 트위스트(*Oliver Twist*)』에 등장하는 빈민보호소(workhouse)를 의미한다. 주인공 올리버는 이 빈민보호소에서 태어나 열악한 생활을 하던 중 이곳을 탈출하게 된다.

퇴, 학업실패 및 소외 등의 문제에 시달린다는 것을 알게 되었다. 반면에 정원이 400명 정도로 제한된 작은 규모의 학교들에서 일반적으로 학생들의 행동 문제가 더 적게 나타났고 더 높은 출석률과 졸업률을 보이며 때때로 더 높은 학업성취도를 달성하기도 했다.[45] 뉴욕, 필라델피아, 덴버, 시카고 및 샌프란시스코 등 전국 각지의 도시에 소재한 학교들은 좀 더 성장 중심적인 행동 주변장을 구축하고자 했다. 이를 위해 각 학교들은 빌 앤 멜린다 게이츠 재단(Bill and Melinda Gates Foundation)과 기타 재단들의 재정적 보조를 기반으로 여러 가지 다양한 아이디어들을 시도하였다. 그 아이디어들은 분리된 건물에서 작은 학교를 세워 운영해 보는 것에서부터, 학교 내 학교(schools-within-a-school) 계획을 시도하는 것에 이르기까지 매우 다양했다. 또한 일부 학자들은 실험적으로 '차터 스쿨(charter school)'을 운영해 보았다. 차터 스쿨은 공립학교에게 부담으로 작용하는 법적 · 관료적 제약으로부터 벗어남으로써 새로운 학교상을 보여 주도록 지지되고 장려되었다.

바커의 연구는 세이모어 사라손(Seymour Sarason)의 『학교의 문화와 변화의 문제(*The Culture of the School and the Problem of Change*)』라는 책에 상당한 영향을 주었다. 이 책은 우리가 학교 구성원들에게 미치는 영향을 변화시키려고 하기 전에 미국 공립 고등학교의 특성인 활동, 집단규범 및 질적 수준을 변화시킬 수 있는 방법을 탐색할 필요가 있음을 명확하고 설득력 있게 제시하고 있다.[46] 사라손이 '학교의 문화'라고 부르는 이러한 환경(milieu)은 계획되거나 고의적으로 창조될 필요는 없다. 왜냐하면 환경은 학교 내 구성원들의 활동(예를 들어, 강의, 수업 참석, 시간표에 따른 교실 이동), 환경의 물리적 요소(예를 들어, 벽, 가구, 칠판, 운동장) 및 관찰되는 일시적 규칙(예를 들어, 수업의 길이, 일일 시간표와 학사일정의 유형) 등으로부터 발생되기 때문이다.

이러한 구성원들의 활동, 물리적 환경 및 일시적 규칙들 사이에 일어나는 상호작용의 영향은 일반적이고 상대적으로 안정되어 보일 뿐 아니라 조직 구성원들의 행동을 형성하는 강력한 힘을 갖고 있는 것으로 보인다. 사라손은 이러한 관점을 새로운 조직 환경을 기획하고 구성하기 위한 시도로 확장했다. 이러한 새로운 환경은 조직의 목적이라는 관점에서 더 기능적이고 생산적인 행동 유형을 이끌어 낼 수 있을 것이다.[47]

상호작용-영향 체제

조직 행동의 핵심 개념은 조직의 상호작용-영향 체제(the interaction-influence system)다. 우리는 조직 구조의 기본적인 기능은 바로 과업(누가 누구를 담당할 것인지, 어떠한 방법을 사용할 것인지, 무엇에 대한 것인지)을 수행하기 위한 인간의 상호작용 유형을 개발하는 것이라는 점을 기억해야만 한다. 과, 팀, 학교 및 부서 등은 전형적으로 공식적 구조인 반면, 우정 집단(friendship group), 서로 근접한 거리에서 일하고 있는 무리 및 휴식 시간에 몰려다니는 무리 등은 전형적으로 비공식적 조직이다. 이렇게 조직 내 일상적인 업무를 함께 수행하는 구성원들 사이의 상호작용은 조직 행동에 대한 강력한 규범을 형성한다.

조직의 상호작용-영향 체제는 상호작용 과정과 조직 구조를 동시에 다룬다. 이 두 가지는 역동적인 측면에서 개별적으로는 생각될 수 없는 상호 의존적 요소들이다. 직무현장에서 조직 행동을 구축하는 데 있어 상호작용-영향 유형은 개인의 행동을 이끌어 내고 형성하는 개인과 환경 사이의 관계와 유사하다.

상호작용-영향 체제에서 상호작용 과정은 의사소통, 동기, 리더십, 목표설정, 의사결정, 협동, 통제 및 평가를 포함한다. 조직 내에서 상호작용을 주고받는 이러한 방식(그러한 특성과 질)은 인간행동을 이끌어 내고 형성하는 데 매우 중요한 영향을 미친다. 교육 조직의 문화를 설명하는 노력은 결국 조직의 상호작용-영향 체제의 특성을 묘사하는 노력과 같다.

학교 조직 문화의 성격과 평가

조직 문화 연구는 전통적인 연구자들에게는 골치 아픈 문제다. 왜냐하면 문화의 중요한 요소들은 감지하기 힘들고 눈에 드러나지 않으며 조직 구성원들에게 너무 익숙해서 당연하면서도 비가시적인 것으로서 받아들여지기 때문이다. 조직에서 의미 있는 역사적 사건들, 그러한 사건들이 오늘날의 행동에 주는 시사점, 조직의 영웅들이 현대적 사고에 미치는 영향 및 전통과 조직 서사의 영향과 같은 자료들을 수집하고, 정리하고, 요약하는 것은 인쇄된 설문지와 그에 맞는 통계적 분석법 등만으로는 해결하기 어려운 문제다. 시간이 흐름에 따라, 독립적으로 연구하였던 많은 연구자들이 보여 주었던 것처럼, 조직 내부로 들어가 사람들과 이야기를 나누고, 구성원들이 중요하다고 여기는 것들을 찾아내고, 그들이 사용하는 언어를 포착하며, 그들의 가정, 믿음, 가치 등을 내포하고 있는 상징물을 발견하고 연구하는 것이 반드시 필요하게 되었다. 이러한 이유에서 조직 문화를 연구하는 학생들은 전통적인 질문지 유형의 연구보다는 질적 연구 방법을 더 많이 사용하는 경향을 보인다. 이러한 경향에 대해 많은 교육학과에서 격렬한 논쟁을 벌였다. 왜냐하면 질적 연구 방법을 강조하는 이러한 경향은 교육학자들에 의해 오랜 시간 동안 자연스럽게 사용되어 왔던 좀 더 전통적인 방식의 통계적 연구 방법(실험 연구 혹은 더 많은 경우 설문지 연구 등의 유형)과 대조적인 것으로서 연구 방법의 인식론적 가치를 강조했기 때문이다.

조직 문화와 조직 효과성의 관계

효과성의 관점에서 볼 때 조직 목표의 달성에 있어 다양한 조직 문화가 과연 다른 결과를 가져올까? 이 질문에 대한 대답은 간단하지 않다. 왜냐하면 조직 효과성을 측정하는 것은 그 자체로 매우 복잡한 작업이기 때문이다. 또한 많은 관리자들은 부하직원에게 명령조(command sense of the term)로 지시하고 통제할 필요가 있다고 생각해 왔고 이에 대한 논쟁은 감정적인 경향을 띠는 경우가 많다.

앞에서 논의되었듯이, 일반적으로 인정된 연구 관례와 '증거를 기반으로 한 법칙들(rules of evidence)'은 이러한 논쟁의 핵심을 형성한다. 통제된 실험 연구와 같은 합리적인 연구 설계에서 인과관계 연구가 가장 잘 이루어질 수 있다는 사실은 오랜 시간 동안 과학적 논리로서 받아들여졌다. 물론 실험 연구에서는 연구 설계 시 관련 변인들을 통제해야만 한다.

실험실 환경에서 엄격하게 통제되는 실험 연구는 조직 내 학생이 조직 행동의 개념화를 이끌어 내는 것에 대한 심리학적 개념을 뒷받침하는 연구 결과를 제공할 수 있다.[48] 그러나 현실에서 실제 조직 연구는 그러한 통제가 불가능한 조건에서 진행된다. 예를 들어 이미 상당한 연구가 이루어진 "흡연이 인간에게 암을 유발한다"는 주제도 이와 유사한 상황이지만 흡연이 암을 유발하는 단일 요인이라는 것을 증명하는 통제된 실험 연구는 없다. 흡연과 인간의 암 발생 사이의 인과관계를 (강하게) 시사하는 연구들은 일반적으로 설문 연구(많은 경우 종단 연구로 설계된)와 같은 비실험 연구와 동물들에게 실시되는 통제 연구였다. 일반적으로 많은 사람들은 흡연과

암 발생 사이에 강한 연관성이 있다는 사실을 인과관계를 나타내는 것으로 받아들인다. 그러나 엄격하게 이야기하자면, 증거의 과학적 규칙의 관점에서 이것은 증명된 것이 아니다. 왜냐하면 혹자는 이 증거가 통제된 실험 상황에서 완전히 증명될 때까지 인과관계는 결론으로서 받아들여질 수 없다고 주장할 수 있기 때문이다.

이것은 조직 문화와 조직 효과성 사이의 관계에서도 마찬가지다. 이 경우에도 변인들이 완전히 통제된 실험 연구의 과학성을 기대하기란 불가능하다. 그러므로 이 논의는 유의미한 변인들 사이에 연관성이 존재한다는 정도로 한정되어야만 한다. 조직 행동을 연구하는 많은 학생들은 조직 문화의 변수를 정의하고 묘사하거나 가능한 연관성을 제시하는 데 있어 이와 같은 관점의 논의 대신에 스스로를 만족시키는 수준의 정제된 기법(refining techniques)을 사용해 왔다.

인과관계

렌시스 리커트(Rensis Likert)는 조직의 성취(organizational performance)와 조직의 내적 특성과의 연관성을 찾고자 했다. 그는 조직의 성취는 인과관계(cause and effect)로 이루어진 세 가지 연결고리에 의해 결정된다고 했다.

그 연결고리의 첫 번째는 바로 행정의 통제하에 있는 원인변수 혹은 예측변수(causal variables)다. 행정(경영)은 조직 구조의 형태를(기계적 형태 혹은 유기적 형태, 관료적 형태 혹은 융통성 있는 형태) 선택할 수 있다. 이와 유사하게, 행정은 리더십 유형(예를 들어, 권위주의적 유형 혹은 참여적 유형)도 선택할 수 있으며, 운영의 철학(예를 들어, 팀워크 혹은 지시, 문제해결 혹은 규칙 준수)도 선택할 수 있다. 행정이 가능한 선택요소들을 결정하는 이러한 과정은 조직 내 경영 체제의 본질(즉, 체제 1, 2, 3, 4)을 결정하는 데 매우 중요하며 큰 영향력을 발휘한다. 이러한 선택들은 조직의 상호작용-영향 체제, 즉 조직 본연의 특징을 반영하는 조직 문화를 형성하는 것처럼 보인다.

매개변수(intervening variables)는 이러한 원인변수들로부터 직접적으로 도출되는 것으로서 행정가들이 하는 선택이다. 동기, 의사소통, 조직이 기능하는 데 있어 그 밖의 중요한 측면들이 이 매개변수에 따라 결정된다.

물론 조직의 성공 측정치인 결과 변수(end-result variables)는 조직의 내적 기능의 본질과 질을 결정한다.

이 분석은 예를 들어 시어도어 사이저(Theodore Sizer)의 「호레이스의 협상(Horace's Compromise)」,[49] 어네스트 보이어(Ernest Boyer)의 「고등학교(High School)」,[50] 그리고 존 굿래드(John Goodlad)의 「학교라 불리는 곳(A Place Called School)」[51]과 같이 미국의 공립학교에서 진행된 질적 연구 결과들과도 잘 부합한다. 그리고 『초우량 기업의 조건(*In Search of Excellence*)』, 『Z 이론(*Theory Z*)』, 『협력문화(*Corporate Cultures*)』, 그리고 『변화의 주체(*Change Masters*)』와 같은 기업 관련 연구와도 잘 부합된다. 로자베스 모스가 자신의 저서에서 이미 언급했으며 우리가 앞서 논의한 것과 같이 창의적인 회사들은 자부심의 문화와 성공적인 풍토를 그 특징으로 한다. 그러한 특징은 바로 조직 규범의 성공 중심적인 노력을 지지하고 조직 생활에 있어 리더가 제정한 가치들을 따르는 문화와 풍토를 갖고 있다는 것을 의미한다.

근래의 많은 연구들에서도 학교 문화와 결과(outcome)는 밀접한 상호 관련성을 갖고 있는 것으로 나타났다. 그러한 연구 중 하나인 런던 도심 소재 12개 학교를 대상으로 한 연구[52]에서는 다음과 같은 질문을 제기했다.

1. 학교에서 학생들의 경험이 효과가 있는가?
2. 학생들이 어떠한 학교에 재학하느냐가 중요한가?
3. 만약 그렇다면, 그러한 학교의 중요한 특징은 무엇인가?

학교의 학업성취도를 측정하기 위해 연구자들은 세 가지 종속변수를 사용했다. 그것은 학생의 행동, 학생 출석률, 그리고 공립학교의 정기적인 학업성취도 평가 결과다. 이 연구는 다음과 같은 결과를 도출했다. 첫째, 다양한 중등학교에서 학생들의 행동, 출석률 및 학업성취도 평가 결과에는 유의미한 차이가 있었다. 둘째, 학교 간의 이런 차이는 해당 학교 학생들의 사회경제적 혹은 민족성의 차이로는 설명되지 않았다. 그러나 분명한 것은 특정 학교의 학생들이 다른 학교의 학생들과 비교했을 때 더 바르게 행동하고 더 많은 것을 성취하는 것으로 나타났다는 점이다. 셋째, 학생 행동의 이러한 차이는 학교 전체의 학업성취도(결과물) 평가 결과와 관련되어 있다. 학생의 행동과 학업성취도 사이의 차이는,

> … 학교의 규모, 건물 연식, 혹은 전용면적 등의 물리적 요인에 의해 발생하는 것이 아니었으며 행정 상태 혹은 조직(예를 들어, 구조)의 차이에 의한 것도 아니었

> 다. 학교가 운영 초기에 가망 없고 그다지 매력적이지 않은 상태일지라도 좋은 결과물을 내는 것은 충분히 가능하다. 그리고 어느 정도 차별화된 행정 방식의 맥락 내에서 … 결과물에 있어서 학교 간의 차이는 그 조직의 사회적 제도로서의 특성과 체계적으로 연관되어 있다.[53]

이 연구의 독립변수는 학교에서의 교사 행동, 학업성취도에 대한 강조, 학생들에게 성공에 대한 보상을 제공하는 것, 학생들이 책임감을 가질 수 있는 범위 등이었다. 연구자들은 이러한 모든 요소들이 외부 통제에 의해 수정되기보다는 교원들에 의해 교정되는 것이 훨씬 더 수월하다고 지적한다. 요약해서 말하자면, 이 연구에서 조직 문화(그들이 '기풍'이라 부르는)는 학생 행동과 학업성취에 매우 중요한 요소로 밝혀졌다. 리커트가 이미 언급한 바와 같이, 이 연구 역시 조직 문화는 조직을 관리하는 사람들의 통제에 달려 있다고 지적했다.

조이스 엡스타인(Joyce Epstein)은 학교에 대한 학생들의 전반적인 만족도를 알아보기 위하여 학생들이 학교 숙제 및 활동에 대하여 나타내는 헌신(commitment) 정도와 교사에 대한 학생의 태도를 연구했다.[54] 엡스타인은 이 두 가지가 학생들이 인식하는 학교에서의 삶의 질에 대해 설명할 수 있다고 생각했다. 물론 이러한 인식은 조직 구성원으로서 학생들의 행동에 나타난다. 이 연구를 위해 엡스타인은 모든 학교급(초등학교, 중학교, 고등학교)에서 사용할 수 있는 27개의 문항으로 구성된 설문지를 개발하고 인증을 받았다.

루돌프 무스(Rudolf Moos)는 미국 내 중등교육기관과 대학을 대상으로 대규모의 연구를 진행했다. 그의 연구 결과는 학생들의 학습과 발달은 조직 문화의 특성으로부터 유의미한 영향을 받는다는 것이었으며 이는 기존 연구들의 결과와 일치하는 추가적인 실증 자료로서 제시되었다.[55] 약 500개 이상의 교실과 10,000명의 중등학교 학생들을 대상으로 한 중등교육기관 연구 결과에서 그는 학업성취도를 상승시키는 교실문화의 특성을 규명할 수 있었고, 반면 학생들의 스트레스를 증가시키고 그들을 소외시키며 이로 인해 학습능력의 저하를 초래하는 교실 문화의 특성 역시 규명할 수 있었다. 그는 각 교실마다 독립변수인 경쟁에 대한 스트레스, 규칙의 강조, 교사의 지지적(supportive) 행동, 혁신적 활동의 허용 정도 등과 같은 맥락적 영향에서의 분산(variances)을 측정했다. 그런 다음 무스는 이 측정값을 학생 결석률, 취득 성적, 학습에 대한 학생의 만족도, 교사에 대한 학생의 만족도와 같은 종속변수의 측정값과 비교하여 상관관계를 살펴보았다.

대학 연구에서 무스는 225개의 생활 집단(예를 들어, 남녀 공용 기숙사, 남학생 혹은 여학생 기숙사, 클럽 등)의 10,000명 이상의 학생들을 대상으로 연구했다. 그는 설문조사를 통해 다양한 집단의 독특한 특성들을 살펴보았다. 이 특성들은 예를 들어 지성(知性)에 대한 강조, 사회적 활동 및 집단 통합 등이었다. 그런 다음 그는 이러한 독립변수들이 자기 자신에 대한 인식, 개인적 관심과 가치, 열망 및 학업성취도 등과 같은 종속변수에 대해 어떠한 영향을 미치는지 측정했다.

결론적으로 무스는 개인-환경 상호작용의 본질과 특성이 중등학교 교실과 대학 내 생활환경 등과 같은 교육적 환경에서 학생의 학습과 발달에 큰 영향을 미친다는 것을 밝혔다. 그의 연구에서 매우 흥미로운 점은 어떻게 조직 문화와 인간행동이 집단의 상호작용-영향 체제에 의해서만이 아니라 교실설계, 활동 시간표 및 건물의 배치 등과 같은 다른 환경적 요인들에 의해서도 영향을 받는지를 증명하고자 시도한 것이다. 그의 관점에 따르면 조직 문화의 인과관계에 대한 이러한 정보는 우리로 하여금 중요한 변수들(예를 들어, 경쟁, 지성 및 공식적 구조)을 통제함으로써 특정 학습 환경을 창조하고 관리할 수 있게 한다. 결국 이 결과는 우리가 학생들에게 그들이 원하는 가장 적합한 환경, 그리고 그들이 가장 편안해하고 성공할 수 있다고 느끼는 환경을 조성해 줄 수 있다는 것을 의미한다. 무스는 이것이 학생의 무관심, 소외, 무단결석 및 중도탈락 등과 같은 문제를 해결하기 위한 효과적인 행정적 정책과 교육적 전략을 개발할 수 있는 매우 실질적인 지식이라고 주장한다.

네 가지 관리 체제

조직 문화에 대해 광범위하게 연구해 오면서, 렌시스 리커트는 네 가지 경영 체제에 대해 규명했다. 각 체제는 조직 특성의 관점에서 측정된 것과 같이 조직 풍토와 리더십 행동의 관점에서도 묘사될 수 있다. [그림 6-9]에서 나타나는 것과 같이, 착취적-권위적(혹은 처벌적-권위주의적) 체제라 불리는 체제 1은 고전적 관리 이론, 동기의 X 이론 관점 및 지시적 리더십 유형을 기반으로 하고 있다. 체제 2는 온정적-권위적(혹은 자애적-권위주의적) 체제다. 체제 2는 직무 관련 문제에 있어 다른 구성원들에 비해 상대적으로 소외되는 구성원들이 존재하는 환경에서 구성원과 리더 사

체제 1: 착취적-권위적(exploitive-authoritative)	
동기적 힘(motivational forces)	**의사소통 유형**(communication pattern)
돈과 지위에 대한 두려움과 욕구를 자극한다. 이러한 두려움과 욕구를 상쇄시키는 다른 동기들은 무시한다. 태도는 적대적이며, 상사에게는 복종적이고 부하를 업신여긴다. 불신이 만연하고, 상위 계층을 제외하고는 책무성을 거의 느끼지 않는다. 직무, 동료, 상사 및 조직에 대해 불만족한다.	상사와의 의사소통은 거의 없다. 상호 의사소통도 거의 찾아보기 힘들다. 위에서 아래로 전달되는 약간의 의사소통만 있을 뿐이다. 그마저도 부하들이 보기에는 상사의 의심으로만 보인다. 왜곡과 기만이 만연되어 있다.
상호작용-영향 과정(interaction-influence process)	**의사결정 과정**(decision-making process)
협력적 집단 활동은 이루어지지 않으며 상호 영향력도 거의 없다. 아래로 보통 수준의 영향력 행사만이 일어나며 이러한 영향력은 보통 과대평가된다.	의사결정은 부분적이고 정확하지 않은 정보를 바탕으로 조직의 최상위 계층에서 이루어진다. 그리고 그 결정은 동기적 가치에 거의 영향을 미치지 않는다. 모든 결정은 개인 간에 이루어지며 집단적으로 결정하는 것은 장려하지 않는다.
목표-설정 과정(goal-setting process)	**통제 과정**(control process)
명령이 내려지고, 이에 대해 표면적으로는 순종하지만 내부적으로는 저항이 발생한다.	오직 최상위 계층에서만 통제한다. 통제 자료는 종종 왜곡되고 위조된다. 비공식 조직이 존재하며 그 조직은 실제 통제를 경감시키면서 공식 조직과 대응한다.
체제 2: 온정적-권위적 (benevolent-authoritative)	
동기적 힘	**의사소통 유형**
돈에 대한 욕구, 지위나 권력을 원하는 자아동기 혹은 두려움을 자극한다. 그리고 이러한 것들을 상쇄시키는 동기들은 자극하지 않는다. 태도는 때때로 적대적이며 때로는 조직과 우호적이고, 위에는 복종적이지만 아랫사람에는 거들먹거린다. 그리고 동료 간에는 경쟁적으로 적대감을 보인다. 관리자들은 종종 목표를 달성하는 것에 대해 책임감을 느끼지만 순위에는 책임감을 느끼지 않는다. 직무, 동료, 상사 및 조직에 대해 불만족을 느끼거나 약간의 만족을 느낀다.	상사와의 의사소통은 거의 없다. 상호 의사소통도 거의 찾아보기 힘들다. 많은 양의 아래로의 의사소통만이 있으며 부하들은 이 의사소통을 여러 가지 감정으로 바라본다. 몇몇은 왜곡되고 걸러진다.
상호작용-영향 과정	**의사결정 과정**
협력적 집단 활동은 거의 일어나지 않으며, 비공식적 수단을 제외하고 상사에게 영향을 미치는 일 역시 거의 일어나지 않는다. 아래로 보통 수준의 영향력 행사만이 일어난다.	정책은 조직의 최상위 계층에서 결정된다. 그리고 집행에 관련된 몇몇 결정은 보통 수준의 적절하고 정확한 정보를 기반으로 하위 계층에서 이루어진다. 이러한 의사결정 과정은 동기적 가치에 거의 영향을 미치지 않는다. 정책결정은 개인 간에 이루어지며 집단적으로 결정하는 것은 장려하지 않는다.
목표-설정 과정	**통제 과정**
명령이 내려지고 그에 대한 언급을 할 수 있는 약간의 기회가 주어진다. 겉으로는 그 명령을 받아들이지만, 내부적으로 종종 반항한다.	대부분의 통제는 상위 계층에서 이루어진다. 통제자료는 종종 불완전하고 부정확하다. 보통 비공식 조직이 존재하며, 부분적으로 실제 통제를 경감시킴으로써 공식 조직에 대응한다.

체제 3: 협의적 (consultative)	
동기적 힘	**의사소통 유형**
돈에 대한 욕구, 자아동기 및 개인 내 다른 동기들을 자극한다. 동기적 힘은 보통 서로 강화된다. 태도는 대체로 우호적이며, 대부분의 사람들은 책임감을 느낀다. 직무, 동료, 상사, 그리고 조직에 대해 중상 이상의 만족감을 느낀다.	상향식과 하향식 의사소통이 전반적으로 잘 이루어진다. 상호 의사소통도 원활하다. 약간의 왜곡과 걸러짐이 존재한다.
상호작용-영향 과정	**의사결정 과정**
중간 정도의 협동적 집단작업이 이루어진다. 상사와의 상호작용이 보통 수준이며 부하직원과의 상호작용의 대부분도 보통 수준으로 이루어진다.	대부분의 정책은 상위 계층에서 결정되고 더 상세한 결정들은 하위 계층에서 이루어진다. 이 정책들은 정확하고 적절한 정보들을 바탕으로 이루어진다. 동기증진에 좋으며, 약간의 집단 중심적 의사결정이 이루어진다.
목표-설정 과정	**통제 과정**
목표가 정해지거나 명령이 내려지는 것은 부하들과의 토론 후에 정해진다. 결과는 보통 표면적 · 비표면적으로 모두 받아들여지나 몇몇은 상황에 따라 암묵적으로 저항한다.	통제는 최상위 계층에서 이루어지지만 몇몇 대표적인 것들은 하위 계층에서도 이루어진다. 비공식 조직이 존재할 수 있으며, 부분적으로 공식 조직에 저항하고 실제 통제를 경감시킨다.

체제 4: 참여 집단적(participative group)	
동기적 힘	**의사소통 유형**
두려움을 제외한 집단 활동에서 나오는 모든 동기적 힘을 자극한다. 동기적 힘은 서로를 강화시킨다. 태도는 꽤 호의적이며 신뢰의 문화가 일반적이다. 모든 계층의 사람들은 꽤 책임감이 강하며 전반적으로 높은 만족감을 보인다.	정보는 모든 방향으로 자유롭고 정확하게 움직인다. 현장에서 정보를 왜곡하거나 거르는 어떠한 강압도 없다.
상호작용-영향 과정	**의사결정 과정**
많은 양의 협력적 집단 활동이 이루어진다. 상당량의 진정한 영향력이 수직적 혹은 수평적으로 오고 간다.	중복되는 집단들에 의해 연결되고, 충분하고 정확한 정보를 기반으로 조직 전반에 걸쳐 의사결정이 이루어진다. 집단 활동을 장려하는 분위기가 만들어진다.
목표-설정 과정	**통제 과정**
목표는 비상시를 제외하고는 집단 참여에 의해 설정된다. 구성원들은 표면적으로든 비표면적으로든 목표를 충분히 받아들인다.	광범위한 실제와 통제 기능에 대해 책임감을 느끼고, 비공식 · 공식 조직이 일치한다. 그리고 실제 통제에 대한 어떠한 경감도 일어나지 않는다.

[그림 6-9] 리커트의 네 가지 경영 체제

출처: David G. Bowers, *Systems of Organization: Management of the Human Resource* (Ann Arbor: University of Michigan Press, 1976)에서 발췌, pp. 104-105. 승인 후 옮김.

이의 일대일 관계를 강조한다. 협의적(consultative) 체제라 불리는 체제 3은 의사결정 과정에서 구성원들과 개별적으로 협의하곤 하는 리더들의 참여적 리더십 유형을 강조한다. 조직 체제의 참여적(participative) 혹은 집단 상호적(group interactive) 모형인 체제 4는 인간의 기능을 Y 이론의 개념을 사용하여 설명하고, 모든 중요한 조직 과정에서 집단 상호작용을 강조한다.

리커트가 관찰한 것과 같이,

> 우리는 학교의 상호작용-영향 네트워크에 대해 논의할 때, 외부로부터 영향을 받는 갈등에 관한 언급 없이 학교 내부의 문제와 갈등만을 건설적으로 다루기란 불가능하다는 것을 알고 있다. 게다가 학교의 현재 의사결정 구조는 갈등을 건설적으로 해결하기보다는 오히려 악화시키는 상호작용의 유형을 보이곤 한다.
>
> 예를 들어, 교사회의는 거의 항상 체제 2에서 언급한 것과 같이 이기고 지는 승패대립(win-lose confrontation)의 성격을 보인다. 보통 소규모 집단에서 진행할 수 있는 체계적 · 순차적 문제해결은 대규모 회의에서 진행되지도 않고 진행될 수도 없다. … 진정성 있고 똑똑한 사람들의 상호작용을 격렬하고, 감정적이며, 승-패 대립이 난무하는 것으로 전락시키는 로버트(Robert)의 의사규칙(rules of order)[4]의 엄청한 능력을 지켜보기란 여간 고통스러운 것이 아니니다.[56]

리커트는 약 50명에서 100명 사이의 교원들이 함께하는 회의에서 창의적인 문제해결 방법을 발견할 가능성은 거의 없다고 지적했다. 그러한 대규모 집단에서 구성원들은 파벌을 만들어 마치 의회처럼 교묘한 책략을 사용하여 격렬하게 언쟁하는 반면 집단 전체에 의해 최종적으로 채택된 행동에 대한 진정한 헌신과 같은 것은 거의 찾아보기 어렵다.

이 문제에 관한 리커트의 관점에 대해 논의함에 있어, 데이비드 바워스(David Bowers)는 이것은 조직이냐 혹은 조직이 아니냐를 이해하는 첫걸음이라고 지적했다.

> 조직은 단순히 물리적 시설이나 장비가 아니다. 조직은 단순히 여러 직위를 모은 것도 아니고 이러한 직위를 가진 사람들의 집합체도 아니다. 조직은 또한 직무

4) 역자 주: 로버트가 고안한 의사규칙(rules of order)은 회의 주재 시 참고할 수 있는 규칙들을 정리해 놓은 것으로, 미국에서는 회의 진행 시 이 규칙의 진행 양식을 따르는 것이 일반적이다.

> 의 연속 혹은 기술적 운용도 아니다. 분명한 것은 조직은 앞서 언급한 모든 것들의 통합이지만 근본적으로 그 이상의 무엇인가를 갖고 있다는 점이다. 조직의 기초적 구성 요소는 바로 관리자와 그가 직접적으로 책임지고 있는 구성원들로 구성된 면대면(face to face) 집단이다. 조직은 가장 기본적으로 직무 흐름의 피라미드에서 중복되는 구성원에 의해 함께 연결되는 집단의 구조(structure of group)로 구성된다.[57]

그러므로 조직은 면대면 직무 집단을 기초 단위로 하는 피라미드 구조로서 개념화된다. 면대면 직무 집단을 기초 단위로 하는 피라미드 구조란 직장에서 구성원들이 그들의 관리자와 함께 상호작용(의사소통, 영향, 동기화)하는 것을 의미한다. 예를 들면 부서의 부서장과 교사, 도서관장과 사서 및 도서관 지원인력, 학년주임 교사와 담임교사 등이다. 그러한 집단들은 개인의 참여를 촉진하는 효과적인 집단 과정의 발달을 이룰 수 있을 만큼 충분할 정도로 작고, 효과적이고 창의적인 결정을 내리기 위해 수행하는 직무들이 충분히 밀집되어 있다. 그러한 집단들의 조직이 잘 유지되기 위해서는 집단 간의 효과적인 의사소통이 요구된다. 또한 주요 직무를 담당하는 집단들은 효과적으로 연결되어 있어야만 한다. 리커트는 조직 내에서 위쪽을 향해 연결되어 있는 집단들, 즉 조직 피라미드에서 아래쪽에 위치한 집단들은 조직의 상위 계층과 의사소통하고 영향을 주고 받는 능력을 갖추는 것이 특히 필수적이라고 주장했다.

> 관리자가 조직을 성공적으로 관리하고자 한다면 자신의 상위 계층에 대해 영향력을 행사하는 능력이 필수적이다. 자신의 직무 집단을 효과적으로 이끌기 위해 관리자들은 자신의 상위자에게 영향을 미칠 수 있어야 한다. 즉, 그들은 관리자로서, 동시에 하위자로서의 역량을 모두 갖출 필요가 있다.[58]

그러므로 모든 관리자 혹은 모든 행정가들은 필연적으로 두 가지 면대면 직무 집단의 구성원이다. 그 두 가지 면대면 직무 집단 중 하나는 관리자 혹은 행정가가 책임을 지고 있는 집단이고 다른 하나는 책임을 다할 의무가 있는 집단이다. 전체 조직은 직무상 중복되는(공통되는 부분을 갖고 있는) 직무 집단들의 계획된 체제로 구성된다. 또한 그러한 직무 집단들은 각 집단으로부터 역할을 부여받은 개인들에 의해

서로 연결된다. 이러한 개인들은 집단 사이에서 '연결침(linking pin)'의 역할을 담당한다. 이 역할은 조직의 계층 사이에서 그리고 조직을 넘어서서 의사소통, 의사결정 및 기타 영향을 주고받는 과정들을 촉진시키는 것이다.

물론 미국 학교에서 그러한 구조가 새로운 것은 아니다. 예를 들어 전통적 고등학교 교장의 내각(cabinet)[5]에는 각 부서와 내각을 연결하는 부장교사가 포함되어 있다. 다음으로, 교장은 보통 다른 학교 교장, 교육청, 그리고 교육감 등으로 구성된 '확장된 학교구'(종종 이 또한 내각이라고 불림)의 구성원이다. 다음으로 교육감은 교육위원회에서 교육감 내각에 연결된다([그림 6-10]을 보자). 그러나 리커트는 다음과 같이 언급했다. 첫째, 이러한 조직 체제는 학교구 조직(초등학교도 포함하여)의 모든 구성요소를 포함하기 위해 확장되거나 정교해질 수 있다.[59] 둘째, 더 중요한 것은 그러한 조직 배열이 더 기능적인 상호작용-영향 체제의 발달을 촉진할 수 있다는 것이다. 다시 말하자면 이 체제를 특징짓는 것은 전통적이고 지시적이며 하향식인 직계 참모조직 개념이 아니라 자유로운 의사소통, 조직의 위아래 그리고 안팎으로 영향을 주고받는 것, 그리고 모든 수준의 문제에 대한 집단 활동적 접근이라고 할 수 있다.

요약하면 "조직의 상호작용-영향 체제의 효과성과 어려운 문제들을 다루는 이러한 체제의 능력은 조직 구조를 구성하는 직무 집단의 효과성과 다양한 연결고리가 허용하는 범위에 의존한다."[60] 그러므로 구조(예를 들어, 연결되고 중복되는 집단들)와 영향을 주고받는 체제(예를 들어, 지시적 혹은 협동적) 사이의 역동적인 상호 의존성은 의사결정 과정에서 참여를 강조하게 된다. 협동적인 상호작용-영향 체제 개발을 원하는 사람은 그러한 관점을 지지하는 구성원들의 기술과 동기를 개발시킬 리더십 혹은 행정 유형을 개발하는 것에 매진해야만 한다. 다시 말해, 그는 체제 1에서 체제 4로 나아가기를 원하고 있는 것이다. 이것은 제5장에서 이미 논의한 동기에 관한 주요 논의들과 그 맥을 같이 한다.

---

5) 역자 주: 내각(cabinet)은 일반적으로 총리(總理)와 각원(閣員)으로 구성된 합의체를 의미한다. 그러나 여기에서는 'principal's cabinet' 은 교장의 행정적 권한에 영향을 받는 집행적 성격의 구성원 혹은 부서의 합의체를 의미한다.

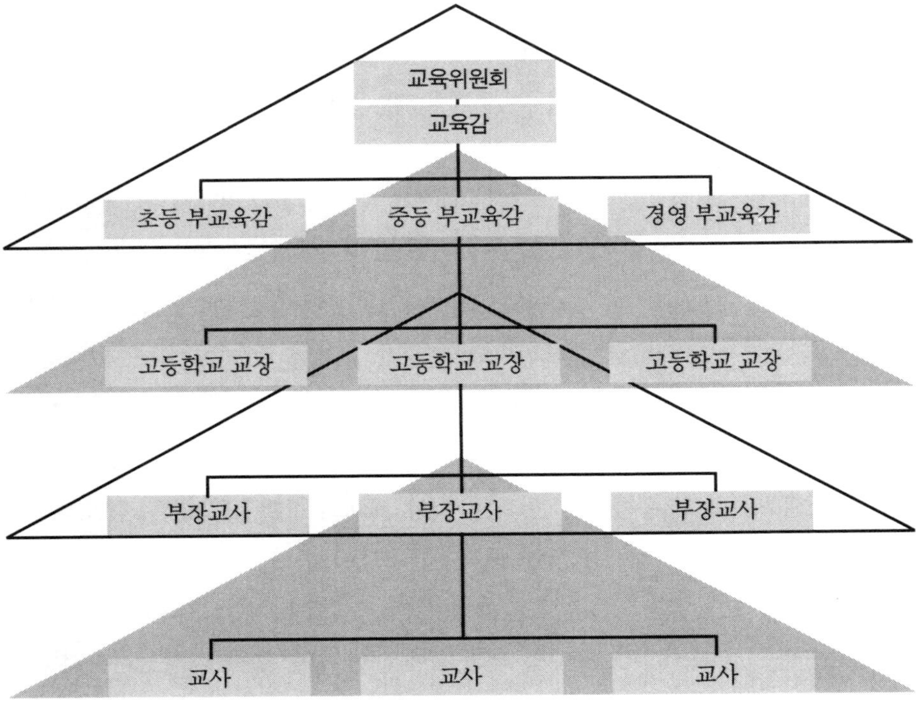

[그림 6-10] 중간 규모 학교구의 의사결정 구조에 적용할 연결점 개념

결론

조직 문화의 개념은 조직 행동과 조직 효과성의 분석에서뿐만 아니라 학교의 일상생활 속 리더십에서도 매우 중요한 부분으로 대두되어 왔다. 조직 문화는 집단 내 고질적인 문제들을 해결하기 위한 핵심이며, 그렇기에 새로운 구성원들이 들어오면 이러한 문제들과 관련하여 인식하고, 생각하고, 느끼는 올바른 방법으로서 조직 문화를 가르쳐 왔다. 시간이 지나감에 따라 조직 문화가 갖고 있는 의미는 매우 깊어져서 그것은 가정, 가치, 신념, 규범, 그리고 심지어 조직 구성원들의 인식으로 정의되기도 했다. 시간이 흐름에 따라 구성원들이 문화를 인식하지 못하게 되더라도 문화는 여전히 그들의 조직에서 강력한 의미를 창조하며, '게임의 규칙(the rules of the game)'이 된다.

학교 관련 연구들에서는 조직 문화가 교육 조직의 질을 결정하는 기본적 요소라는 것을 강하게 믿어 왔다. 문화는 직접적으로 연구될 수는 없지만, 직장 내에서 공통적으로 사용되는 언어, 인공물의 사용, 관습 및 상징물과 같은 관찰 가능한 행동 및 사물을 통해 추측될 수 있다.

환경의 보이지 않는 측면에 대한 구성원들의 인식을 의미하는 조직 풍토는 조직 문화를 반영한다. 조직 풍토에 관한 연구는 일반적으로 참여자들의 인식을 알아보기 위해 설문지를 사용한다. 학교 조직 풍토에 관한 연구에서 근래 나타나는 경향은 오직 성인만을 연구대상으로 삼던 것에서 학교의 학생들까지도 연구에 포함시키는 방향으로 전환되어 가고 있는 점이다.

조직 문화의 연구가 교육 조직 행동 연구의 핵심으로 대두됨에 따라 전통적인 통계적 설문 연구 방법을 대체하기 위해 참여관찰, 개방형의 비구조화 면담과 같은 질적 연구 방법의 활용도가 증가하게 되었다. 질적 연구 방법을 통해 연구자들은 학교 조직 문화를 풍부하고 상세하게('두텁게') 묘사할 수 있게 되었고, 이러한 연구는 학교 내에서 어떠한 일이 실제로 일어나고 있는지를 알아보기 위해 필수적이었다. 이러한 방법이 전통적인 통계 방법과 비교하여 조직 문화 연구에 있어서는 상대적으로 최근에 대두된 방법일지라도, 사실 질적 연구 방법은 교육행정과 마찬가지로 인류학과 사회학에서 오랜 시간 동안 존중받아 온 연구 전통에서 도출된 것이다. 학교 내에서 이루어지는 관찰 연구와 같은 질적 연구 방법은 합리주의자들의 개념과는 연구의 본질상 상당한 차이점을 보이는 개념을 기초로 하고 있다. 또한 질적 연구 방법은 전통적인 양적 연구 방법과는 명확히 구분되면서도 질적 연구 방법만의 분명한 절차와 엄격함의 규칙을 보인다.

회사와 교육 조직 등에서 이루어진 많은 조직 문화 관련 연구들은 조직의 효과성과 연관되어 있다. 많은 연구들은 회사의 업무수행(시장점유율, 판매량, 이윤과 같은 관점에서)과 회사 간 혹은 회사 내 조직 문화 사이의 관계에 대해 논의한다. 교육 영역에서도 이와 비교할 만한 유사한 논지가 존재한다. 물론 낙오학생방지법(No Child Left Behind: NCLB)의 출현 이래로 학업성취도 평가결과는 학교의 기능수행에 관해 정치적으로 유일하게 받아들일 수 있는 측정 지표로서 대두되었다.

학교와 다른 교육 조직들에서 연구된 결과들로부터 도출된 상당량의 실증적 증거들은 학생들의 학습과 발달의 관점에서 이러한 조직들의 효과성은 조직 문화의 질과 특성으로부터 유의미하게 영향을 받는다는 것을 보여 준다. 그 연구들은 지원,

개방적인 의사소통, 협동 및 지성 등을 강조하며 성취와 성공을 보상하는 학교들이 경쟁, 제약, 제한, 규칙 및 표준화된 운영 체제 등을 강조하고 순응에 대해 보상하는 학교들에 비해 더 나은 결과(학업성취, 출석, 중도탈락, 좌절, 그리고 소외의 관점에서)를 보인다는 것을 명백하게 제시했다. 각 연구들을 통해 조직 문화에 영향을 미치는 중요한 요인들을 살펴보다 보면 우리는 조직 문화를 의도적으로 기획하고 관리할 수 있다는 것을 깨닫게 된다. 물론 학교와 학교 체제에 대한 자신감이 떨어지고, 수행에 대한 책무성 요구가 높아지는 요즘과 같은 시대에 이러한 연구들이 제시하는 시사점을 행정실무 측면에서 과도하게 강조하기는 어렵다.

생각해 볼 문제

1. 학교 풍토에 관해 이 장에서 소개한 그림과 논점을 사용하여 어떻게 당신 학교의 상호작용–영향 체제가 풍토에 영향을 주는 조직 행동을 불러일으킬 수 있는지 분석해 보자. 다시 말해, 학교 풍토를 구성하는 요소들과 연결되어 있고 영향을 받는 일상생활에서의 상호작용을 우리는 어떻게 시작하면 좋은가?

2. 리커트의 네 가지 관리 체제를 사용할 때 당신이 속한 학교를 어떠한 체제로 특징지을 수 있을까? 즉, 어떠한 체제가 당신 학교를 설명하는 데 가장 적합한가? 당신의 선택을 설명할 수 있는 하나 혹은 두 개의 구체적인 예시를 들어 이야기해 보자.

3. **나만의 게임 플랜 만들기** 이 장은 학교의 조직 문화를 형성하고 규명하는 여러 가지 중복되는 상징적 요소들을 설명하고 있다. 사람들이 학교에 대해 이야기하는 신화와 이야기, 종종 회자되는 영웅담, 학교의 역사와 전통 및 학교의 일반적인 관습들이 상징적 요소들 사이에 있다. 당신이 잘 알고 있는 학교를 생각해 보고 아래의 상징적 요소들 중 세 가지를 선택해 보자.

   a. 영웅
   b. 이야기
   c. 신화
   d. 관습
   e. 전통

f. 역사
g. 가치
h. 신념

당신이 선택한 세 가지 요소들이 어떻게 해당 학교에서 나타나는지 각각 한 단락으로 묘사해 보자. 세 단락을 기술한 후 당신이 작성한 것과 다른 사람이 작성한 것을 비교해 보자. 그리고 학교의 조직 문화에 대해 다르게 관찰한 것에 관해 토론해 보자.

4. 먼저 다음의 보고서를 읽어 보자. Oakland Community Schools Organizations, *Building a District-Wide Small Schools Movement* (Annenberg Institute for School Reform at Brown University, April 2009). 이 보고서는 인터넷을 통해 내려받을 수 있다. 웹 주소는 http://www.annenberginstitute.org/pdf/Mott_Oakland_high.pdf이다.

이 보고서는 오클랜드, 캘리포니아 학교구와 오클랜드 커뮤니티 조직 사이의 파트너십에 대한 이야기를 하고 있다. 그리고 어떻게 그 파트너십이 도시의 한 구역에서 10개의 작은 학교들 사이에서 형성되는지 보여 주고 있다. 이 보고서는 43,000명의 인구가 있는 도시에서 어떻게 과업이 성취될 수 있는지, 그리고 어떻게 그 과정과 결과가 체계적으로 연구될 수 있는지를 보여 준다.

거대하고 복잡한 조직적 변화 조정에서 사용된 연구 방법을 설명하는 마지막 부분은 이 책의 독자들이 가장 크게 흥미를 가질 만한 부분이다. 우리는 또한 보고서 13페이지에 오스틴, 시카고, 로스엔젤레스, 필라델피아, 뉴욕 및 마이애미에서 진행된 지역 조직화 전략(community-organizing initiatives)의 사례 연구 목록을 나열하여 당신의 관심을 집중시키고자 했다. 이러한 사례들이 학교 변화에 직접적으로 초점을 맞추고 있지 않을지라도 어떻게 지역사회 조직화가 이루어졌는지에 대해 많은 부분을 이야기하고 있다.

a. 학교의 규모가 홀로 학교의 문화와 풍토에 영향을 미칠 수 있다고 생각하는가?
   1. 만약 그렇다면 왜 그렇게 생각하는지 설명해 보자.
   2. 어느 정도의 규모가 너무 크다고 할 수 있나? 왜 그렇게 생각하는가?

b. 지역사회를 조직하는 것이 작은 학교들을 만들 수 있는 유일한 방법인가? 어떠한 대안을 더 생각할 수 있는가?

c. 규모가 큰 학교들 대신 작은 규모의 학교들을 설립하는 것에는 어떠한 단점이 예상되는가?

d. 고등학교와 초등학교가 동일하게 규모의 제한을 갖고 있어야 하는가? 그 이유는 무엇인가?

추천도서

Branden, Nathaniel. *Self-Esteem at Work: How Confident People Make Powerful Companies*. San Francisco: Jossey-Bass, 1998.

우리는 효과적인 리더가 되는 데 필수적으로 요구되는 조건으로서 건강한 자아존중감(self-esteem)보다 개인 특성이 더 중요하다고 주장하기 어렵다. 당신의 자아존중감은 당신의 사고 과정, 감정, 열망, 가치, 목표 및 사건을 해석하는 방식에 엄청난 영향을 미친다. 자기존중과 자신감은 자아존중감의 중요한 측면들이다. 그리고 그 요소들은 당신이 학습할 수 있는 능력, 적절한 결정을 내리는 것, 그리고 변화에 효과적으로 대응하는 것과 밀접하게 관련되어 있다. 실제로 브랜든은 자아존중감이 당신의 행동을 이해할 수 있게 해 주는 가장 중요한 핵심요소라고 믿는다. 이 책은 독자들로 하여금 자아존중감 개념을 이해하도록 하고 어떻게 그것을 발달시킬 수 있는지에 관한 유용한 조언을 제공한다. 이것은 교육 조직의 리더가 되기를 원하는 사람, 거대한 변화를 겪고 있는 오늘날의 학교에서 책무를 다하기를 원하고 학교를 더욱 발전시키기 위해 조직 문화를 개발하고자 노력하는 사람들에게 매우 중요하다.

Combs, Arthur W., and Donald L. Avila. *Helping Relationships: Basic Concepts for the Helping Professions,* 3rd ed. Boston: Allyn and Bacon, 1985.

교육 조직의 리더들은 보통 그들 자신을 행정가로 생각한다. 이러한 관점에서는 그들이 조직 권위의 위계상에 있는 직원일 뿐이며 그 이상도 그 이하도 아니다. 그러나 만약 학교를 변화시키는 강력한 방법이 조직 문화를 발전시키는 것이라고 생각한다면, 창의성, 변화 및 심리사회적 성장을 장려하고 지지해야 하고 이러한 행위는 학교의 전문성 제고를 돕는 역할을 하고 있다는 것을 의미한다. 명령에 의해서는 조직 문화의 변화를 이끌어 낼 수 없다. 조직 문화의 변화는 내부로부터, 즉 내부의 개별적 사람들로부터 그리고 내부의 집합적인 사회 집단으로부터 이루어져야 한다. 콤스와 에빌라는 촉진자가 조력자의 역할도 할 수 있음을 이해할 수 있도록 도와주었으며 이러한 역할을 교육행정의 과정에서는 거의 찾아보기 힘들 것이라고 단언했다.

Deal, Terrence E., and Kent D. Peterson. *The Principal's Role in Shaping School Culture*. Washington, DC: U.S. Department of Education, Office of Educational Research and Improvement, 1990.

몇몇 학자들이 학교 문화를 의도적으로 변화시킬 수 있는지 혹은 변화시켜야만 하는지에 관해 여전히 논쟁하고 있을지라도, 다양한 실증적 증거들을 기반으로 하는 실용주의적 실천가들은 중요한 문제가 이 주제를 변화시킬 수 있는지 혹은 변화시켜야 하는지가 아니라 어떻게 그 변화를 이루어 낼 수 있는지가 되어야 한다고 말한다. 이 저서는 간단한 용어들로 그 과정을 설명하고 독자들에게 '어떻게 효과적인 문화를 창출할 것인가' 라는 10점 척도의 프로그램을 제공한다.

Fullan, Michael, and Andy Hargreaves. *What's Worth Fighting for in Your School?* New York: Teachers College Press, 1996.

이 책은 교장과 교사들이 학교 개혁에 대해, 특히 오랜 시간 동안 교실에서 거의 고립되다시피 개별적으로 근무해 왔던 교사들의 관점에서 학교 문화에 대해 좀 더 깊게 생각할 수 있는 기회를 제공한다. 저자들은 학교의 업무를 개선하고자 하는 교사들의 협력과 협동을 촉진하는 학교 문화 개발을 위한 중요한 사례들을 제공한다. 그리고 저자들은 어떻게 교장이 그러한 과정을 지지하고 촉진하는지 탐색한다.

Levine, Sarah L. *Promoting Adult Growth in Schools: The Promise of Professional Development*. Boston: Allyn and Bacon, 1989.

이 책은 학교 교사들의 전문직으로서의 삶을 진단하는 것으로 시작한다. 그리고 많은 이들이 지적했듯이 교직은 고립되어 있고 개인의 성장과 발전을 저해하고 있다는 사실을 보여 준다. 이러한 이유들로 인해 교사들은 불만족하고 보람을 느끼지 못하게 되며, 결국 학교의 효과성에 부정적인 영향을 미친다. 그러나 레빈은 학교 교장들과 다른 사람들이 이러한 상황을 변화시키고 학교 안에서 근무하는 성인들의 성장을 강화시키는 환경으로서 학교를 발전시키기 위해 무엇을 해야 하는지에 대해 논의한다. 유용하고 실질적인 조언이 다수 포함되어 있다.

Nixon, Bruce C. *Making a Difference: Strategies and Real-Time Models to Transform Your Organization*. New York: AMACOM, 1997.

닉슨은 엄청나게 빠른 변화 속에서 창의적이고 민첩하게 대응하기를 원하는 현재의 요구에 충족하기 위해서는 위계적인 조직들이 조직화와 직무 수행에 있어 좀 더 협동적이고 힘을 실어 주는 방식으로 변모해야 한다고 역설한다. 기업의 리더들을 주 대상으로 하긴 했지만 이 책은 조직 발전 방법이 어떻게 조직 운영의 일상에서 구축될 수 있는지에 관해 훌륭하게 묘사한다(따라서 real-time이라는 용어가 책 제목에 사용되었다.). 어떻게 문화가 변화될 수 있고 조직이 '개선될 수' 있는지에 대해 실질적인 영감을 제공한다.

Rubin, Hank. *Collaboration Skills for Educators and Nonprofit Leaders*. Chicago: Lyceum Books, 1998.

전면적인 조직 개편의 과정, 즉 조직 문화와 풍토의 변화를 꾀하는 과정에서 증가하는 협력과 팀 구축 및 공동체 내의 개인 간 응집력에 관한 요구 등에 관해 논의하고 있다. 그러나 리더들은 이러한 성격의 조력 업무를 하기 위한 특정 기술들을 어디서 배워야 하는가? 루빈은 협력적 리더십에 관한 학위 과정은 없다고 지적한다. 위 질문에 대한 답은 바로 직무 과정 속에서 이러한 방법을 배워야만 한다는 것이다. 그리고 이 책이 바로 그러한 리더들을 도와줄 수 있다. 이 책은 학교와 비영리조직에 대해 알고 이해하는 사람들에게 실질적이고 통찰력 있는 책으로 다가갈 것이다.

Tieger, Paul D., Barbara Barron-Tieger, and Marly A. Swick. *The Art of Speedreading People: How to Size People Up and Speak Their Language*. New York: Little, Brown, 1999.

다른 이들을 이해할 수 있는 능력과 '모국어(native language)'로 그들과 대화할 수 있는 능력은 리더에게 굉장히 큰 자산이라는 사실에 별다른 의문이 제기되지는 않는다. 이 책은 개인 특성 유형과 같은 심리학적 개념으로부터 시작되는 문제들에 관해 다룬다. 예를 들어 외향형인가 혹은 내향형인가? 감각형인가 혹은 직감형인가? 사고형인가 혹은 감정형인가? 판단형인가 혹은 인식형인가? 저자는 이러한 관점을 사용하여 자기 자신을 더 잘 이해하도록 돕는다. 그리고 함께 의사소통하는 다른 사람들을 이해하고 그 의미를 해석하는 데 이러한 기술이 어떻게 활용될 수 있는지를 보여 준다. 협력적·동료적, 그리고 상호 존중하는 방식으로 다른 사람들과 함께 혹은 다른 사람을 통해서 일하는 것을 선택한 리더들에게 이것은 매우 강력한 방법이다.

CHAPTER 7

조직 변화

사례 매디슨 고등학교의 변화

애런 콜먼(Aaron Coleman) 교육감은 학생 비행 등으로 인해 각 학교에 문제가 발생할 때마다, 항상 리카도 '릭' 바스케스(Ricardo 'Rick' Vazquez)에게 도움을 요청했다. 릭은 어려움을 겪고 있는 학교로 뛰어들어 학생들의 문제 행동에 냉정하게 대처함으로써 교육위원회의 노여움으로부터 세 번이나 애런을 구명해 주었다. 그는 학생과 교원에게 똑같이 '강압적으로 행동하기'와 같은 간단명료한 접근을 했다. 즉, 학생들은 규칙을 따라야만 했고, 기대되었고, 교직원들은 학생들이 규칙을 따르게 하기 위해서 동일한 방식으로 훈육하여야만 했다. 애런은 릭이 몇 년 전까지 주의 복싱 연맹전에서 인기 있고 성공한 미들급 클럽 복서였다는 '비밀'을 잘 알고 있었다. 그는 아이들에게 전혀 폭력을 행사하지 않았고, 모든 아이들은 역할 모델로서 그를 존경하는 이웃의 어른들로부터 그에 대한 이야기를 들었다. 그리고 아이들은 릭이 매일 운동을 하며 체력 관리를 하고 있다는 사실에 대해 존경심을 느꼈다. 그는 아이들에게도 역시 역할 모델이었다.

릭은 언제나 그랬듯 교육감의 사무실로 활기차게 걸어갔다. 애런은 그에게 매디슨 고등학교의 교장직을 부탁하려고 했다. 최근, 메디슨 고등학교에서 지난 학기에 처음 발생한 문제행동이 어떻게 심각해졌는지에 대한 헛소문이 가득했었다. 대기실의 직원은 친근한 미소로 맞이하면서 그에게 손을 흔들며 인사했다.

그가 교육감의 비서인 칼리의 책상으로 다가갔을 때 그녀는 따뜻하게 환영해 주며 일어서서 손을 내밀어 악수를 청했다. "바스케스 씨, 자 안으로 들어가세요. 교육감님께서 기다리고 계세요. 잠깐

이면 전화 통화가 끝날 거예요." 릭은 인정받은 사람 또는 승자를 대하는 듯한 이러한 대우를 좋아했다.

릭은 넓고 전망이 좋은 사무실로 들어갔고 책상 앞에 있는 안락한 가죽 의자에 털썩 앉았다. 그리고 항상 그랬듯이 잎이 무성한 푸른 나무들을 배경으로 깃발이 펄럭이는 앞 잔디밭의 확 트인 장면을 감탄하며 바라보았다. 애런은 전화기를 내려놓으며 릭을 따뜻하게 맞이했다. "안녕하시오, 릭. 당신은 나의 상황을 바꾸어 주겠죠. 그거 알아요? 당신은 항상 곤란한 처지에 있는 나를 도와주었죠. 이번에는 매디슨 고등학교에서 당신을 필요로 해요. 교육위원회는 학생성취도, SAT 점수, 출석률, 학부모 참여 등 모든 영역이 부족하다는 것을 이유로 나를 압박하고 있어요. 그리고 당신도 알다시피, 위원회 구성원들은 '문제행동'에 대해서 너무 많이 듣고 있어요. 학교는 정말 엉망이고 난 이 상황을 정리해야 돼요."

릭은 한때 일류였던 매디슨 고등학교를 더 높은 수월성 비전을 가진 새로운 학교로 이끄는 중요한 변화를 위해 다시 한 번 자신이 선택된 것 때문에 기분이 좋았다. 그는 "나는 일을 하기 위해 존재하는 사람이에요, 애런. 부탁할 일이 있으면 언제든 말씀하세요. 이 일은 쉽지 않을 거예요. 이 문제를 잘 해결하려면 시간이 걸릴 것이고 다른 자원들도 필요하겠지만 난 몇 년 안에 이 학교를 살릴 거예요."

"릭, 그게 문제예요. 우리는 몇 년이라는 시간이 없어요. 난 이번 학년 말에 교육위원회에게 중요한 결과를 보여 주어야 해요. 그리고 이번 첫 번째 학기 말까지는 우리가 목표한 몇 가지 진전을 보여 주었으면 해요. 가용 자원으로 내가 할 수 있는 최선을 다하겠지만, 당신이나 매디슨 고등학교를 특별히 봐줄 수는 없어요. 그러니 나를 많이 믿지는 말아요. 당신은 학교에 뛰어들어야 해요. 그리고 이러한 문제들을 해결할 수 있는 변화를 만들어야 해요. 교사 배정과 관련된 일을 하시되 노조 문제를 신중하게 다루어 주세요. 교육위원회처럼 교사들에게 시달리고 싶지 않아요."

릭은 문제를 해결할 시간과 자원이 부족해서 약간 망설이기도 했지만 이렇게 중요하고 힘든 일을 하는 데 그가 선택되었기 때문에 그가 교육감의 신뢰를 받고 있다는 것을 느꼈다. 그는 경쟁력을 갖춘 사람이었고 승자가 되기 위한 기회를 한 번 더 얻게 된 것을 반겼다. 그는 매디슨 고등학교의 교장직을 승낙했다.

1. 우리가 릭에 대하여 알고 있는 것을 바탕으로 그가 매디슨 고등학교를 변화시키기 위해 어떻게 접근할 것이라고 생각하는가? 그의 접근법이 지속 가능한 변화를 가져올 것이라고 생각하는가? 왜 그렇게 생각하는가?
2. 릭은 매디슨 고등학교의 미래를 위해 새롭고 더 높은 비전을 가지고 있다고 생각하는가? 당신은 개인적으로 그 비전을 받아들이고 공유할 것인가?
3. 당신은 릭이 매디슨 고등학교에서 효과적인 변화를 가져오기 위해 무엇을 해야 한다고 생각하는가? 그리고 당신은 그가 직원들과 함께 어떻게 일을 해야 한다고 제시하겠는가?
4. 릭은 교육감과 함께 어떻게 일을 해야 하는가?

학교에서 변화를 계획하고 관리하거나 개혁해야 할 필요가 있을 때, 조직으로서의 학교와 그 학교에서 일하고 있는 사람들의 행동에 대하여 우리가 아는 능동적인 방법을 전부 동원해서 모든 것들을 검토해야 한다. 사실 학교에서 변화를 계획하고 관리하는 데 있어서 근본적인 이슈는 학교의 조직 문화에 중요한 변화를 가져올 필요가 있다는 것이다. 즉, 리더는 계획되고 관리된 조직의 변화를 촉발하기 위해서 효과적인 수단을 찾아내야 한다.

미국 학교교육의 비평가들은 학교가 변화가 없는 관료제 조직이고, 높은 성과를 달성하기 위한 요구에 민첩하게 대응하지도, 적응할 수도 없다고 묘사하는 경향이 있다. 이러한 관점에 대하여 타당한 이유가 있기는 하지만 학교는 또한 오랜 변화의 역사적 산물이다. 학교 문화유산의 일부로서 대대로 전해진 이 역사는 현재 학교 문화의 변화에 대한 몇 가지 기본 가정을 발전시키는 데 있어서 효과적이었다. 조직에서 이러한 기본적인 문화적 가정은 보통 의심 없이 받아들여지고 거의 논의되지 않는다. 그렇지만 이것은 조직에서 일하는 사람들의 신념과 가치를 형성하는 데 영향을 미치기 때문에 상황을 변화시키기 위한 방법을 생각하는 데 있어서 중요하다. 학교가 과거와 단절하고 높은 성과를 내는 조직으로 변화할 수 있게 하는 대담하고, 새롭고, 창의적인 방식을 개념화하기 위하여, 우리는 학교에서 일하는 사람들의 능력을 형성하는 학교 문화의 기초와 관련된 중요한 요소에 관해 이야기하려 한다. 이를 논의하기 위한 출발점으로서 최근 학교교육의 역사에서 변화의 전통을 만들었던 몇 가지 주요한 주제들에 대하여 간단히 알아보고자 한다.

미국의 연방헌법에는 교육에 대한 언급이 없기 때문에 각 주는 그 주의 헌법에 따라 공립학교 교육을 제공할 의무가 있었다. 19세기에 서부가 개발되고 확대됨에 따라, 공립학교 교육은 많은 주에서 주요 관심사가 되었고 연방 정부는 그에 관여하지 않았다. 각 주는 지역 학교구를 만들었고 이 지역 학교구는 지역 학교 교육위원회를 만들었는데 이것은 주의 헌법에서 학교교육과 관련하여 규정하는 의무를 관리하고 통제하기 위한 것이었다. 대체로 그 시대는 농경사회였으며 지역사회가 작았을 뿐만 아니라 지역사회 간의 거리가 멀었고, 교통과 통신이 기술적으로 단순한 체제였다는 중요한 제한점들이 있었기 때문에 이것은 그 당시 적절한 조치였다. 지역 학교구는 운영 자금을 위하여 직접적 또는 간접적으로 그 학교구 내의 재산(예: 토지, 건물, 가축 등)에 대한 세금을 부과하여 징수했다. 또한, 지역 학교구는 주의 비교적 제한적이지만 대체로 관대한 감독 아래에서 활동했다. 그러나 서부로의 확장, 과학, 기술 및 산업의 발전, 이민자 증가, 도시화 경향과 같은 사회 · 경제적 변화는 19세기 중반까지 학교를 완전히 새로운 모습으로 변화시켰다. 이와 함께 그 당시의 다른 주요한 사회적 · 정치적 변화들은 체제상 교육의 역할을 재정립함에 있어 새로운 관심을 유발했다. 돌이켜 생각해 보면, 우리는 이미 1857년에 미국의 학교교육에서 시작된 구조적 변화를 볼 수 있었으며, 그때 이후로 지금까지도 지속되고 있는 변화를 위한 동력을 얻고 있다.

1857년 미국의 남북전쟁 전, 버몬트 주의 저스틴 스미스 모릴(Justin Smith Morrill) 하원의원은 1860년 인구조사를 기준으로 하원의원 1명당 30,000에이커의 국유지를 무상으로 제공하는 법안(모릴법, Morrill Act)을 하원에 제출했다. 토지는 사용되거나 판매될 수 있었고, 수익금은 구학문(舊學問)뿐만 아니라 농업 및 기계 교육〔이런 이유로 Florida A&M University와 같이 A&M(농업 및 기계)을 대학교 명칭에 사용하게 됨〕, 과학 및 군사 전략을 가르치기 위한 교육기관인 무상토지불하 대학(land-grant colleges)을 설립하기 위한 기부금으로 사용되었다. 무상토지불하 대학이 지닌 특수성은 그 기저에 있는 두 가지 핵심 개념에서 도출되었다. 하나는 전통적인 과목들을 그 당시에 부상했던 과학과 기술처럼 좀 더 실용적인 과목들과 병행하며 공부하는 것이다. 그리고 다른 하나는 이 대학들이 납세자들의 부담을 바탕으로 주의 공기업으로서 소유되고 운영된다는 것이다. 그 당시 미국 고등교육기관들은 사회적 특권의 지위를 높이기 위해서 유럽 전통에 따른 교육을 원했던 부유한 가정 자녀들의 요구를 만족시키는 사적 전유물이었기 때문에 이러한 대담하고 혁신적인 움직임은 잘 받아들여지지 않았다. 반면, 새로운 무상토지불하 대학은 전통적인 교양교육과좀 더 실용적인 기술교육의 병행을 원했던 노동자 계층의 요구를 만족시켰다. 모릴법은 처음 제정에서부터 서서히 알려지면서부터 정치적 어려움을 겪었다. 처음으로 의회의 상하 양원에 의해 법안이 통과되었을 때에는, 1861년 보수적인 대통령이었던 제임스 뷰캐넌(James Buchanan)에 의해 거부되었다. 그리고 남북전쟁 동안 남부 의원들이 의회에 불참했던 1862년, 법안이 다시 의회에서 통과되었고 에이브러햄 링컨(Abraham Lincoln) 대통령에 의해 법률로 제정되었다. 이것은 연방 정부의 획기적인 개입이었고, 직접적으로 미국의 고등교육을 변혁시켰을 뿐만 아니라 초 · 중등교육을 포함하는 교육에 대한 연방 정부의 개입(오늘날과 같은)의 새로운 확대를 예고하는 것이었다. 첫 번째 모릴법이 통과된 후 각 주들은 교육에서 영향력을 가진 파트너를 얻은 것과 같았다.

그러나 이 사건의 배후에는 눈에 보이지 않는 중요한 문제가 있었다. 이것은 적어도 18세기 초 이래 오늘날까지 계속되고 있는 미국 교육 논쟁의 핵심에 있기도 하다. 우리가 의문을 가질 수 있는 당면 문제들은 다음과 같다. 왜 저스틴 모릴 의원, 미국 의회, 에이브러햄 링컨 대통령은 모두 무상토지불하 대학의 설립이 정부를 위해 필요하다고 동의했는가? 그것이 어떤 중요한 공공이익을 제공할 것인가? 이 문제들에 대한 대답들은 여기에서 충분한 논의를 하기에 너무 복잡하지만 한 가지 중요한 쟁점은 분명하다. 그것은 교육의 목적에 대해 지속적인 관심을 가지는 것이다. 예를 들어, 누가 교육의 혜택을 받는가? 교육은 돈이 있고 교육을 받을 여유가 있는 사람들에게만 유용한 사유재인가? 또는 교육을 받는 사람들뿐만 아니라 전 국민에게 유익한 공공재인가? 후자라면, 공공이익은 어떤 종류의 교육을 요구하는가?

이것은 1749년 벤저민 프랭클린(Benjamin Franklin)이 필라델피아에 아카데미(academy)를 설립하고자 제안했을 때 제기했던 문제들이었고 그는 해결책을 제시했다. 프랭클린의 아이디어인 아카데미는 대담하고 새로운 발상이었다. 그는 아카데미가 말하기 · 철자법 · 작문 · 문법을 포함한 영어, 산수 · 수학 · 천문학 · 회계와 같은 과목들, 고대 그리스어와 로마어로 된 교재의 영어 번역본을 포함하는 역사, 필체, 장식 예술 등을 가르치는 데 초점을 맞추어야 한다고 생각했다. 그리고 아카데미의 교실은 지도와 지구본, 수학 교구, 과학과 물리학 실험을 위한 기구와 기계, 천체 역학, 표본, 건축, 예술 등에 대한 사진들을 갖추어야 한다고 생각했다. 이러한 접근은 그 당시 1635년에 세워진 명문 보스턴 라틴 스쿨(Boston Latin School)과 같은 전통적이고 고전적인 학교교육과는 근본적으로 차이가 있었다. 보스턴 라틴 스쿨은 뒤이어 설립된 다른 라틴 스쿨과 함께 고대 그리스어와 라틴어 교재를 다루는 고전과 인문학을 강조했고, 영어를 열등하고 가치 없는 학문이라고 생각했다. 미국에서 1세기가 넘는 기간 동안 이와 같은 학교들은 학생들이 고대 서적을 유창하게 읽고 번역할 수 있으며 그 내용을 원어로 토론할 수 있도록 교육시키기 위하여 노력했다. 보스톤 라틴 스쿨과 이와 같은 다른 학교들은 소년들이 정부 부처 및 신학, 법학, 의학과 같은 직업 분야에서 일할 수 있도록 고전적 교육과정을 제공하기 위하여 특별히 설립되었으며, 그 당시 많은 사람들은 보스톤 라틴 스쿨이 이러한 목적을 위해 매우 잘 운영되고 있다고 생각했다.

그러나 백 년이 지난 후 상황은 달라졌고 학교는 새로운 요구들로 인해 압력을 받았다. 학교교육을 위한 프랭클린의 새로운 생각은 계몽주의 시대가 한창일 때 발표되었으며 중산층 운동의 모든 새로운 사고들을 구현했다. 그 당시 프랭클린은 세계적으로 유명한 계몽주의 학자 중 하나였다. 그는 소년들이 필라델피아뿐만 아니라 서양에서도 그 당시 급성장하고 있던 상업, 산업 및 무역의 실질적인 업무를 수행할 수 있도록 그들을 교육시킬 학교가 필요하다는 것을 인지했다. 그가 필요하다고 생각했던 학교는 교회 성직자들을 위한 것이 아니라 회계 사무실에서 일하고, 세계를 돌아다닐 선박을 설계하고, 건조하고, 항해하며, 산업 공정과 기술을 발달시키고, 정부 서비스에 대한 요구를 충족시키며, 미술과 과학에서 더 발전된 연구들을 할 수 있는 사람들을 위한 것이었다. 다른 사람들 역시 이러한 필요성을 느꼈고, 미국 학교교육의 아카데미 운동은 그의 교육적 개념을 받아들였던 초기 발전의 시대의 미국인들을 통해 번창하고 확산되었다.

이러한 주제와 물음에 대한 역사는 수세기 동안 그리고 오늘날까지 끊임없이 나타나고 있는 교육과 학교교육의 성장과 발전 과정을 보여 준다. 교육 목표는 사회, 문화, 경제가 발전함에 따라 계속해서 변화하고 발전한다. 이것은 오늘날은 물론 미래에도 계속될 것이다. 우리는 여기에서 다음과 같은 몇 가지 기본적인 특징들을 가진 조직 변화에 대해 이야기하고자 한다.

- 변화는 명확하고, 새롭고, 더 높은 조직 성과를 달성하기 위하여 계획되고 통제된다. 변화는 계획되지 않은 조직의 추이와 대조를 이룬다. 조직의 추이는 전통적으로 많은 조직에서 변화로 간주되어 왔으며 시간이 흐름에 따라 발생되는 것이다. 한편, 계획되고 통제되는 변화는 보통의 조직 혹은 심지어 낮은 성과를 보이는 조직을 높은 성과를 내는 조직으로 변혁시키고자 한다.
- 변화는 단지 부분에 국한되는 것이 아니라 전체 학교나 학교구의 모든 조직을 포함한다.
- 변화는 조직을 이전보다 더 강하고, 더 건강하고, 더 회복력이 빠르고, 더 적응력 있게 만들면서, 현재는 물론 미래에도 더욱 효과적으로 대응하기 위하여 조직의 역량을 증가시킨다. 이것은 일시적으로 문제를 해결하려는 것과는 매우 다른, 계획적이고 지시적인 조직 변화다.
- 변화는 시간이 지나도 지속 가능하다. 따라서 역사적으로 학교의 특징이었던 유행을 따르는 변화와 구별되는 영속성을 가진다.

미국에서 학교 개혁(school reform), 종합적 학교 개혁(comprehensive school reform), 총체적 학교 개혁(whole school reform) 등의 용어는 상호 교환적으로 사용되며, 앞에 서술된 네 가지 개념을 포함한다. 이 용어들이 공유하고 핵심적으로 정의하는 개념은 개혁이 전체 학교 조직이나 체제를 중요한 방식으로 변화시키거나 개선하고자 한다는 것이다. 이러한 개념은 전체 조직에서 서로 연관된 부분들이 역동적으로 상호작용한다는 본질을 인정하는 체제 중심적 사고에서 비롯된 것이다. 우리는 상호 의존하는 전체 안에서, 다른 부분에 영향을 미치지 않고 학교의 한 부분만을 변화시킬 수 없다. 조직의 다른 부분에 영향을 거의 미치지 않는 미세한 변화는 서투른 수선에 불과하다.

학교 개혁은 높은 성취 목표를 달성하는 데 효과적이도록 전체 조직의 역량을 증가시키는 것을 의미한다. 일반적으로 학교 개혁은 학생들의 전반적인 학업성취에 중요한 향상을 가져오지 못하고 되풀이되며 소규모의 단편적인 변화만을 보여 준 미국 학교교육의 긴 역사적 전통과 직접적인 대조를 이룬다. 역사적으로 학교들은 수년간 소규모로 일어난 많은 변화에도 불구하고 안정되고 겉으로 보기에 변화하지 않은 것처럼 남아 있는 놀라운 능력을 증명한 반면, 현대의 학교 개혁은 전체로서의 학교의 조직 성과를 높이기 위해 노력한다. 비영리 조직뿐만 아니라 기업 및 산업 조직을 다루는 조직 연구의 광범위한 분야에서는 일반적으로 이러한 변화를 조직 변화라고 부른다. 많은 사람들은 학교 개혁과 조직 변화(organizational change)라는 두 용어 모두 조직을 변혁하기 위해 실수나 부정행위를 바로잡는 것과 같은 도덕적인 영향을 미친다고 믿는다.

낙오학생방지법(No Child Left Behind: NCLB)이 등장하면서 학생들의 연간 학업성취 향상(Adequate yearly progress: AYP)을 보여 주는 데 실패한 학교를 엄격하게 처벌한다는 조항과 함께, 미국 학교들은 계획되고 통제되며 규제받는 조직 변화의 필요성에 중점을 두었는데, 이는 유례없는 일이었다. 물론 바라는 결과를 달성하기 위해서는 리더들이 학교를 계획하고 규제하고 통제하는 효과적인 전략들을 만들기 위해서 조직 변화의 과정을 이해할 필요가 있다. 분명히, 이러한 새로운 시대는 리더들이 과거와는 매우 다른 방식으로 조직 변화에 접근할 것을 요구한다.

교육 조직은 사회 변화를 위한 수단일 뿐만 아니라 사회의 젊은 구성원들을 위해 전통적인 가치들을 보존하고 전달해 줄 것으로 기대된다. 동시에 젊은 구성원들이 빠르게 변화하는 직업 분야는 물론 항상 변화하는 세계에 대처할 수 있도록 도와준다. 따라서 학교를 비롯한 다른 교육 조직들은 변화에 직면해야 할 뿐만 아니라 안정과 변화의 통합에도 대응해야 한다. 그리고 학교의 변화를 원했던 많은 관찰자들은 상황에 변화가 생길수록 학교 자체는 그대로 유지된다는 것을 계속해서 지적했다. 매튜 마일즈(Matthew Miles)는 우리에게 이 점을 상기시켜 준다.

> 조직으로서의 학교가 가진 다양한 측면과 학교 구성원의 가치 지향은 역사에서 찾아볼 수 있으며 유전적 특성을 구성한다. 이러한 특성은 학교의 모호한 사명과 더불어 학부모를 비롯한 그 밖의 다른 사람들로부터 받는 외부의 압력에 대한 취약성에도 불구하고 지속성과 균형을 유지하는 데 도움을 주기 때문에 학교에 있어 중요하다. 그러므로 구체적인 학교의 실천을 변화시킬 수 있는 가능성은 있지만 기본 가정 및 구조와 같은 핵심을 변화시키기는 훨씬 더 어려울 것이다.[1]

이것은 리더가 학교를 변화시키기 위한 전략적 계획에 사용할 수 있는 유용한 개념이다. 이는 생물학에서 가져온 개념으로 유전자형과 환경의 상호작용이 독특하고 가시적인 적응적 특성을 나타내는 동시에, 어떻게 개별 산물의 유전적 구조가 지속적으로 확인되는 특성을 만들어 내는지를 설명해 준다. 이 개념은 학교가 다른 유형의 조직과 구별되는 전통, 가치 및 신념과 같은 유전적인 핵심에 의해 특징지어지는 조직이라는 것이다. 학교는 학교의 정체성과 중요한 특성들을 유지하기 위하여 유전적인 성향을 가지는 것처럼 보인다. 그러나 학교는 가시적인 표현형적(phenotypical)[1)] 특성의 출현을 야기하면서 항상 변화하는 환경과 상호작용하고 이러한 환경에 의해 형성된다. 이것은 학교 개혁가들이 많은 것들을 변화시키고 있음에도 불구하고 왜 항상 제자리인가에 대해 분노하는 이유를 설명하는 데 도움이 된다.

학교 개혁과 변화

1983년 「위기에 처한 국가(A Nation at Risk)」[2]의 출간과 함께 시작되었던 학교 개혁 운동이 건국 이래 공립학교의 중요한 핵심 가정과 구조를 변화시키기 위한 가장

---

1) 역자 주: 생물학에서 주로 사용되는 용어로서 유전자와 환경에 의해 형성된 생물의 형질을 의미한다.

영향력이 크고 지속적이며 단합된 국가적 노력이었다는 것은 분명하다. 이 보고서가 발표된 이래 "국가는 공립학교를 개혁하고 재구조화하기 위해 마술 같은 방법을 찾고 있다. 우리는 모든 종류의 묘책들을 통하여 교육적으로 희망이 없는 학교를 희망이 있는 학교로 만들기 위하여 노력해 왔고, 여전히 노력하고 있다."[3] 수년간 학교 개혁에 대한 담론은 교육을 재구조화하고, 학교의 다른 모습을 보여 주고, 학교를 재건시키며, 우리의 교육 목표들을 다시 세우는 것과 같은 광범위한 변화들을 위한 대담한 요구를 하면서 활기를 띠었다. 그러나 이러한 노력들에도 불구하고 미국의 학교에서 실제적인 변화가 일어나지 않자, 세이모어 사라손은 개혁을 위한 노력의 시간 동안 직면했던 학교의 다루기 힘든 부분들에 대해 곰곰이 생각해 보았다. 그리고 변화의 전략이 스스로 변화하지 않는 한 교육 개혁의 실패[4]는 예견되어 있다고 주장했다.

사라손의 분석 요점은 학교가 다루기 힘든 것처럼 보였다는 것이다. 왜냐하면 개혁 노력을 실행하기 위해 선택된 전략들이 중요한 핵심가정과 전략들, 즉 학교의 조직 문화를 유의미하게 변화시키는 데 비효과적이었기 때문이다. 그는 조직 문화의 핵심은 권력, 특히 권력의 장악에 있다고 설명했다. 특히 이것은 권력이 계급에 따른 지위에 의해 부여되거나 거부되는 권위인지, 아니면 조직의 모든 지위와 모든 계급에서의 상호 협력에서부터 나오는 것인지에 관한 것이다. 따라서 사라손은 만약 우리가 학교에서 중요한 변화가 일어나기를 원한다면 사람들의 가정과 신념을 형성할 문화의 권력, 동기를 부여하는 권력, 학교를 이끌기 위한 시도에서 사용되는 권력, 중요한 의사결정에 참여하기 위한 권력, 학교에서 조직 문화를 일으키는 권력과 타협을 해야 한다고 파악했다.

일반적으로 개혁을 이끄는 과정에서 진전(progress)을 보이는 데 실패했던 개혁 운동의 전략과 전술에는 무엇이 있는가? 사라손은 학교 개혁에 있어서 문제점은 학교에서 권력관계를 다루는 것을 피하는 것이라고 지적하였고 교육 변화를 가져오기 위해서는 권력관계를 다루는 것이 핵심이라고 보았다.

권력관계와 학교 재구조화

학교 개혁은 말 그대로 학교에 새로운 모습을 가져온다는 의미로서,[5] 근본적인 방식으로 학교를 변화시키는 것이다. 일반적으로 이러한 개념을 '재구조화(restructuring)'

라고 한다. 그러나 문제는 어떻게 학교가 재구조화될 수 있는가다. 핵심은 학교에서 권력관계를 변화시키는 데 있다. 어떻게 그러한 변화를 가져올 수 있을까? 공립학교는 궁극적으로 교육위원회, 주 입법부 및 미국 의회와 같은 대표적인 정치적 기관들을 통하여, 즉 국가에 의해 통제되기 때문에 학교에 변화를 가져오기 위한 정치적 전략들은 매우 효과적일 수 있다. 일반적으로 정치적 변화 전략들은 권한을 통해서 학교에서의 권력관계를 변화시키기 위하여 노력한다. NCLB는 그 전형적인 예라고 할 수 있다. 이 법은 학교에서의 광범위한 목표, 시험, 변화 등을 규정된 보상과 처벌을 이용해 실시하고자 하는 법이다. 의회와 부시 행정부는 이 법이 미국 내 106,000개의 유치원과 초·중등학교의 기능에 근본적인 변화를 가져올 것이며 결과적으로 교수적 효과성에 진전을 갖고 올 것이라고 생각했다. 분명히 법적인 위계 권력을 행사하는 사람들은 명령을 통해 학교 내의 권력관계를 변화시킴으로써 학교의 변화를 요구할 수 있다.

한편, 다른 조직들처럼 학교는 내부로부터 변화될 수 있다. 예를 들어, 사라손은 변화 과정에서 모든 사람들을 조직에 참여시킴으로써 권력관계를 변화시키는 방식에 찬성했다. 그리고 그러한 전략은 교육 조직에서의 조직 변화와 관련된 우리의 사고에 두 가지 중요한 기여를 한다고 주장했다.

- 변화 전략은 조직을 관련 없는 부분의 집합이 아닌 전체로서 개념화해야 한다. 이것을 전체로서의 학교구에 적용하면, 변화 전략은 학교구가 초등학교, 중학교, 고등학교와 같이 상호 연관된 부분들로 구성된 체제라는 점을 받아들여야 한다. 그리고 이 개념의 핵심은 조직을 구성하는 각 부분들의 체제적 관계다.
- 변화 전략은 모든 사람들의 개인적이고 직업적인 발전을 촉진하는 명백한 교육적 근거가 되어야 한다. 사라손은 "나는 교육적(educational)이라는 단어를 사용한다. 왜냐하면 개인적인 성장을 위하여 그들의 지식과 헌신을 확대하고자 하는 목표를 가지고 있기 때문이다."라고 설명했다.[6]

요약하면, 사라손은 두 가지의 다른 전략 대안들이 교육 조직을 변화시킬 수 있으며, 여기에 이의를 제기하는 학생은 별로 없을 것이라고 지적했다.

- 외부에서부터 그리고 하향식으로 교육 조직을 변화시키는 전략

- 내부에서부터 그리고 상향식으로 변화를 가져오는 전략

우리의 선택은 다음과 같다.

- 학교의 문화적 가정과 구조에 대한 내부의 핵심을 변화시키기
- 조직의 공식적 · 구조적 측면을 변화시키기

문제는 두 가지의 접근법 중에서 어느 것이 더 효과적인가다.

교육 개혁의 목표

예를 들어, 교육 개혁을 통해 학교에 어떤 종류의 변화를 가져오려고 하는가? 우리는 어떤 내부의 가정들을 변화시키려고 하는가? 사라손은 학교 변화에 대한 문헌에서 흔히 사용되는 수사학적 내용의 분석을 통해 내부의 핵심 가정에서 주요한 변화를 구성하는 다섯 가지 목표를 열거했다.

- 다른 사회 계층과 인종 배경을 가진 학생들 간의 교육 성취 격차 줄이기
- 학생들이 학교교육을 제한적이고 지루하거나 심지어 그들과 관련이 없는, 강제적인 의무로 보는 것이 아니라 개인적으로 흥미를 갖고 동기를 찾는 과정으로서 경험하게 하기
- 학생들이 단순 암기법을 배우거나 추상적인 개념을 외우는 것이 아니라, 학습을 상호 연계시키고 개인적 목표를 부여하는 방식으로 얻게 되는 지식 및 기술을 습득할 수 있게 하기
- 인간의 업적, 과거 및 현재에 대하여 관심과 호기심 불러일으키기, 현재가 과거를 어떻게 반영하고 있는지 학생들이 알고 싶게 만들기, 즉 학생들 자신의 개인적 · 사회적 정체성 및 시민으로서의 정체성을 확대하는 방법을 알고 싶게 만들기
- 학생들이 직업 선택의 영역에 관해 숙지함은 물론 빠르게 변화하는 직업 세계와 학교교육의 관련성을 이해하도록 돕기[7]

만약 이러한 목표들이 교육 개혁 목적의 상당 부분을 아우르고 있다면, 미국의 학교 개혁 운동에서 왜 이들을 달성하기 위한 전략 및 전술과 관련하여 의견이 분분할까? 5장에서 설명했듯이, 왜 학교 개혁에 대한 세 가지의 주요한 접근법들 간에 논쟁이 일고 있을까? 그 해답은 사람들이 문제를 개념화하는 방식이 다르기 때문이다. 즉, 이것은 행위 이론에 달려 있다고 할 수 있다. 이 책의 12장에서는 학교 개혁 운동에 관해 좀 더 자세히 다루게 될 것이다. 이에 앞서 학교, 회사, 군대를 비롯한 어떠한 종류의 조직에서도 이용 가능한 조직 변화에 대한 주요한 전략과 전술이 무엇인지 확인하고 간략하게 논의해 보기로 한다.

미국 교육의 변화 전통

역사적으로 미국에서 학교의 변화는 대체로 자연적인 확산 과정으로 여겨진다. 즉, 새로운 아이디어와 실천은 어떤 유행으로 나타났고, 학교에서 학교로 그리고 학교구에서 학교구로 확산되었는데 이러한 확산은 계획되지 않은 것이었다. 그 결과 학교는 매우 천천히 변화했다. 1950년대 후반 폴 모트(Paul Mort)는 그 당시 전국의 학교들이 새롭게 개발한 교육의 실제(educational practice)를 받아들이고, 널리 알리는 데 약 50여 년이 걸렸고, 일반적인 학교는 그 당시의 가장 좋은 교육의 실제를 받아들여 시행하는 데 약 25년 뒤처져 있다고 주장했다.[8]

자연적 확산 과정

모트는 미국 학교의 이러한 무계획적인 확산 과정을 다음과 같이 설명했다.

> 교육 변화는 매우 천천히 진행된다. 국가 전체로 확산될 것으로 예견되는 변화는 보통 15년이 흐른 뒤에야 학교 체제의 3%에서 발견되었다. 실제의 확산이 3% 지점에 도달한 후 그 속도는 가속화된다. 그 후 추가적인 20년의 기간 동안은 대개 평균 크기의 주 지역에서 최대한의 확산이 이루어진다. 국가 전체로 보았을 때 확산 속도는 그렇게 느리지 않다는 증거도 있다.[9]

이것은 유치원의 도입과 확산을 통해서도 알 수 있다. 독일을 통해 처음 미국에 사립 유치원이 소개된 지 거의 20년 후인 1873년, 세인트루이스에 첫 번째 공립 유치원이 설립되었다. 1950년대 중반까지 유치원 교육은 바람직한 교육의 실천이자 전문 분야로서 확립되었고 연방 정부 기금으로 운영되는 헤드스타트(Head Start)와 같은 프로젝트는 유치원 교육이 발전할 수 있는 원동력이 되었다. 그러나 세인트루이스에 유치원이 소개되고 나서 94년 후인 1967~1968년에도 전국 학교구의 46%에서만이 어린이들을 위한 유치원 교육이 이루어졌다.[10]

수년 동안 모트는 미국에서 교육 변화의 선구적인 연구자로 여겨졌다. 그의 연구의 주된 발견은 학교 체제가 혁신적인 실천을 실행하는 데 있어서 얼마나 많이 뒤처져 있는지 결정하는 주요인은 재정 지원의 수준 또는 충족성이라는 것이었다. 모트는 컬럼비아 대학교(Columbia University)의 사범대학에서 교수이자 연구자로서 한동안 열정적인 시간을 보낸 후, 지식의 보고이자 헌신적인 학생들로 가득했던 그 대학을 떠나게 된다. 참고로 그 학생들은 학교의 변화와 혁신을 이끄는 주요인인 학교 행정가들의 사고에 크게 영향을 주었다. 대체로 모트의 영향 때문에 학생 일인당 교육비는 교육 혁신을 택하는 학교 유형의 가장 신뢰성 있는 예측변수로 여겨져 왔다. 수년 동안 이것은 비용-교육의 질 관계로 알려졌고 공립학교의 경제적 지원에 관한 주 입법부의 결정에 큰 영향을 미쳤다.

교육에서 비용-교육의 질 관계에 대한 체계적인 기초는 펜실베이니아(Pennsylvania) 주의 학교 연구에서 시작되었다.[11] 학교 산출물의 측정과 비용 사이의 관계를 다루는 많은 연구들이 뒤를 이었는데 그중 대다수는 고비용이 우수한 학교 산출의 다양한 지표들과 관련되어 있다는 생각을 입증했다. 그러나 학생 일인당 비용이 높은데도 여전히 열등한 학교가 존재하고 있다는 사실은 펜실베이니아 주 학교 연구 이전에 이미 알려져 있었다.[12] 이 사실을 조사하기 위하여 1938년 이래로 많은 연구들이 실행되었다. 대부분의 사람들은 비용과 품질이 선형 관계라고 생각하는 경향이 있었다. 즉, 더 많은 재정이 더 높은 교육의 질을 보장해 주기 쉽고 이윤 체감점(point of diminishing returns)이 없다는 것이다. 그러나 1965년 이후 교육에서는 비용-품질 관계가 사실상 곡선으로 이루어져 있고, 따라서 추가 비용을 들이고도 학교의 결과물을 증가시키는 데 실패하는 지점이 있을 가능성에 관심이 쏠리게 되었다.[13] 부가적인 경비가 학생의 성취를 높이는 경우, 비용은 특정한 대상들, 특히 사회적으로 혜택을 받지 못하는 학생들을 목표로 한다.[14]

계획적-관리적 확산

돈이 소비되는 전략은 학생 일인당 비용과 같은 종래의 지표보다 학교의 변화에 더 큰 영향을 미칠지도 모른다. 스푸트니크(Sputnik) 사건 이후 공립학교를 변화시키려 했던 시도들 중 잘 알려진 것 하나는 매사추세츠 공과대학의 재커라이어스(J. R. Zacharias) 교수를 중심으로 물리교육연구위원회(Physical Science Study Committee: PSSC)에 의해 실시된 프로젝트였다.[15] 물리교육연구위원회는 미국 공립학교의 자연과학 교수법을 개선하고자 했다. 전통적인 교수법을 통해서 수천 명의 교사들을 재훈련시키고, 모든 규모의 학교구를 위한 새로운 교육과정을 개발하며, 필요한 교수 자료들과 용품들을 구입하도록 지역 교육위원회를 설득하려면 50년이 걸렸을지도 모른다. 그러나 이 프로젝트에서는 프로젝트 실시 후 10년 이내에 물리교육연구위원회의 교육과정을 제공하지 않는 학교는 시대에 뒤떨어지는 것으로 간주되었다.

이와 같이 빠르고 대중적인 채택은 3단계의 전략에 의해 이루어졌다. 이 3단계는 ① 새로운 교육과정 개발하기, ② 고등학교 과학 교사들에게 폭넓고 빠르게 새로운 교육과정에 대한 지식 확산하기, ③ 지역의 학교에 채택된 새로운 교육과정 도입하기다. 이 전략은 많은 새로운 아이디어를 사용했다. 물리교육연구위원회는 가능한 곳이라면 어디든 지역 학교구를 거치지 않고서 새롭고 효과 있는 방식으로 자금을 투자했다. 첫째, 전일제의 전문적인 팀을 고용하기 위해 2년 반 동안 450만 달러를 지출하여, 적용하기 쉽고, 자체적인 교육과정 패키지를 실제로 개발하고 시험했다. 이 패키지는 영상 수업, 교과서, 교사 지침서, 시험 및 실험실 안내서와 기구로 이루어져 있었으며, 전체 패키지가 한꺼번에 거의 모든 고등학교에 적용될 수 있도록 통합된 단위로 구성되어 있었다. 둘째, 물리 교사들은 연구소에 다니며 새로운 기술을 소개받고 재정 보조금과 급료를 받았다. 매년 전국적으로 40개 연구소를 이러한 목적으로 이용할 수 있게 되었다. 셋째, 물리교육연구위원회는 주로 국가방위교육법(National Defense Education Act)을 통해서 연방 정부에 필적하는 자금을 제공함으로써 지역 교육위원회가 학교를 위해 교육과정 패키지를 구입하도록 설득했다. 이러한 물리교육연구위원회의 개입은 연방 정부가 이끄는 '외부로부터의' 그리고 '하향식'의 변화 전략 모델로서 오랫동안 기여했다.

계획적인 변화의 세 가지 전략

다음 세 가지의 주요한 전략적 방향은 조직 변화를 계획하고 관리하는 데 유용하다.

1. 경험적-합리적 전략(empirical-rational strategies)
2. 권력적-강제적 전략(power-coercive strategies)
3. 규범적-재교육 전략(normative-reeducative strategies)[16]

경험적-합리적 전략

새로운 아이디어를 계획하지 않은 채 학교 단위에 전달하는 전통적인 과정은 새로운 아이디어와 실천을 빠르게 확대하기 위해 계획하고 관리하여 전달하는 전략으로 바뀌었다. 많은 조사와 연구는 이러한 전략에 노력을 기울여 왔으며 이러한 전략들은 연구 결과를 교육 실천과 더욱 밀접하게 관련짓는 데 초점을 맞춘다. 이러한 연결을 위해 연구자와 현장 전문가(연구 소비자)는 더욱 생산적이고 협력적인 관계를 형성해야 하며, 따라서 의사소통을 향상시켜야 한다.

교육학에서 이와 같은 접근은 새로운 지식의 과학적인 생산과 그러한 지식을 일상생활에서 활용하는 것을 계획적인 변화의 핵심으로 본다. 이를 지식 생산 및 활용(knowledge production and utilization: KPU)이라고 한다. 전략을 실행하기 위한 다양한 모형들이 수년에 걸쳐 제안되고 시행되었다. 여기서 전략 실행을 위한 모형이란 독창적으로 만들어 낸 지식 또는 새롭게 발견된 지식을 실제에 적용하는 일련의 과정을 명료하게 정리한 프로세스를 개발하고자 하는 모든 시도를 의미한다. 그 목표는 학교에서의 관행을 변화시키기 위해 걸리는 시간을 줄이기 위하여 이론과 실천 사이의 차이를 좁히는 것이다.

연구, 개발 및 확산(research, development, and diffusion: R, D, and D) 변화에 대한 지식 생산 및 활용의 개념을 실행하기 위한 다양한 모델들은 중요하게 여겨지는 단계의 수에 따라 다른 명칭으로 나타난다. 예를 들어, R&D 모델에 대해 어떤 사람들은 연구를 실행해야 한다는 것을 그 밖의 다른 사람들은 그 연구로부터 몇 가지 유용한 상품을 발전시켜야 한다는 것을 제시한다. 다른 모든 지식 생산 및 활용 모델에서처럼 여기에서 연구는 즉각적인 당면 문제에 대한 적용 가능성에 관계없이 새로운 지식에 대한 발명이나 발견으로 생각된다. R&D 연구에서는 연구의 질과 타당성이 가장 중요하다. 그러나 모델은 연구 과학자가 연구 결과를 유용한 상품으로 발전시키는 데 적합한 자격을 언제나 갖추고 있지는 않다는 것을 인정한다.

R&D의 개발 단계는 설계 문제의 해결, 실행 가능성 고려 및 비용과 같은 요인들을 포함한다. 근본적으로 개발은 연구를 실용적으로 이용할 수 있는 상품으로 바꾸는 것을 의미한다. 개발이 이루어지는 분야는 학교 건물에서부터 학생이 앉을 의자까지, 교과서에서부터 종합적인 패키지 교육과정까지, 또는 교수법에서부터 미식축구 헬멧의 새로운 유형까지 다양하다. 자유 기업 사회에서 대체로 이 단계는 재정 자원과 사업 수완을 가지고 있는 이윤 추구 기업들의 영역이었다.

R, D, D에서 확산은 세 번째 단계이며 독특한 것으로 여겨진다. 근본적으로 R, D, D를 위한 마케팅 활동이라고 할 수 있다. 이 단계의 목표는 합리적인 비용으로 매력적이며 쉽게 이용할 수 있는 형태의 신상품을 만드는 것이다.

물론 궁극적인 목적은 새로운 아이디어를 사용할 수 있게 만드는 것이다. 그래서 일부 사람들은 채택을 분리하여 다루는데, 이러한 점을 강조하기 위해 연구, 개발, 보급 및 채택(research, development, dissemination, and adoption: R. D. D. A)이라고 부르기도 한다. 데이비드 클라크(David Clark)와 에곤 구바(Egon Guba)가 명확하게 언급했듯이,[17] 채택 과정은 간단하지 않다. 그들은 ① 새로운 상품이 일부 제한된 방식으로 검사되는 시도(trial), ② 만약 시험의 결과가 희망적이라면 지역의 상황을 개선하고 적응하는 과정을 의미하는 설치(installation), 그리고 마지막으로 만약 모든 것이 잘 진행된다면, ③ 혁신이 시스템의 필수적인 부분이 되는 제도화(institutionalization)의 세 단계 과정을 설명했다. 제도화에 대한 검사는 외부의 지원과 격려가 중단되었을 때 발명품의 지속적인 이용 여부를 알아보는 것이다([그림 7-1] 참조).

농업 모델 농업에서 계획적이고 통제된 변화를 겪은 미국의 경험이 교육에서의 지식 생산 및 활용 전략을 지지하는 사람들의 사고에 영향을 주었다는 사실은 아무리 강조해도 지나치지 않을 것이다. 농촌 지역을 연구하는 사회학자들은 일찍이 사회 체제를 통하여 새롭고 더 나은 농업 실천을 빠르게 확대할 수 있는 과정과 관계

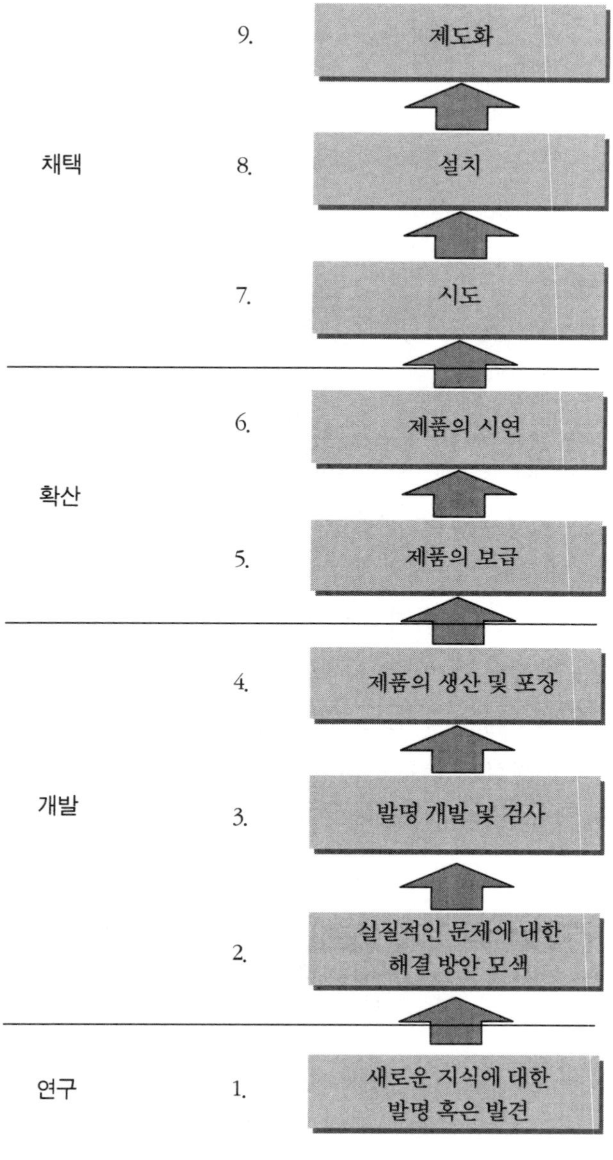

[그림 7-1] 변화의 연구, 개발, 보급 및 채택(R. D. D. A) 모델의 개념

를 발견했다. 무상토지불하 대학, 농업 시험장 및 자치주 기관의 네트워크 발전은 농부들이 생산품을 신장시키고 생산 비용을 낮추는 실질적인 문제에 있어서 새롭지만 증명된 지식을 사용하는 데 도움을 주는 광범위한 체제의 가시적인 핵심 부분 중 일부다. 새로운 지식과 기술이 광범위하게 사용되는 속도의 측면에서 농업과 공립학교를 비교할 때, 농업은 학교보다 앞서 혁신을 채택했다는 것을 알 수 있다. 따라서 교육을 변화시키기 위한 지식 생산 및 활용의 접근법에서 주로 발견되는 많은 모델 구성과 형식적인 과정 개발은 농업 모델을 교육 분야에 적절하게 적용하기 위한 노력을 근거로 한다.

1950년대 후반에 접어들면서 연방 정부의 활동은 이러한 방향으로 증가되었다. 예를 들어, 1958년 국가방위교육법(National Defense Education Act: NDEA)은 1960년대에 나타났던 일련의 혁신적인 교육과정 패키지의 생산을 촉발했다.[18] 1965년 초·중등교육법(Elementary and Secondary Education Act: ESEA) 제4조에 따라 전국에 20개의 지역 교육 연구소와 10개의 교육 연구 및 개발 센터가 설립되었다. 교육자료정보센터(Educational Resources Information Center: ERIC) 또한 1960년대 연방 정부의 지원으로 설립되었다. 이와 같은 전국에 걸친 스무 개의 정보 기관, 즉 지역 교육 연구소 사이의 네트워크는 교육에 종사하는 사람들을 위한 연구와 개발 활동의 원활한 의사소통을 촉진하기 위해 노력한다. 국가교육연구소(National Institute of Education: NIE)는 1972년에 공립학교 교육을 개선하기 위해 적용할 수 있는 지식의 연구, 실험 및 보급을 촉진하는 목적으로 조직되었다. 1979년 연방 정부의 행정부에서 내각 수준의 교육부 창설은 교육의 지식 생산 및 활용(KPU)에 대한 광범위한 질서, 체제 및 통제를 위해 이러한 기관이 필요하다고 생각하는 많은 사람들에 의해 지지되었다. 따라서 미국은 과거의 전통적이고, 비교적 계획적이지 않으며, 분산되고, 지역적이며, 소규모적인 활동 방식 대신 연방 정부의 리더십을 통하여 교육의 계획된 지식 생산 및 활용을 체계화하고 자극하는 방식으로 바뀌었다.

변화를 위한 지식 생산 및 활용 접근법들의 가정과 함의 변화를 위한 지식 생산 및 활용의 접근법들은 중요한 두 개의 가정에 근거한다. 첫째, 잠재적인 사용자들은 새로운 지식(생산품, 기술)이 바람직하다고 생각할 것이고, 둘째, 새로운 지식은 사용자들 자신에게 이득이 될 것이라는 것이다. 즉, "좋은 아이디어가 교육을 개선하기 위해 사용될 것이라는 신념" 이다.[19] 로버트 친(Robert Chin)이 변화에 대한 경험적-합리적 전략으로 설명한 것이 대표적이다. 즉, 새로운 지식이나 실천이 경험적으로 우수하다고 증명되면 이성적으로 채택될 것이라고 기대한다.[20] 이는 서구의 과학적·기술적 문화의 전통과 가치에 맞는 전략이다.

새로운 아이디어가 채택되기 위해서는 사용자들이 접근할 수 있도록 실용적인 형태로 구체화되어야 한다. 예를 들어, 간편한 용기를 사용하고 익숙한 기구로 처방을 쉽게 할 수 있을 때 지역의 내과의사는 새로운 '특효약'을 환자들에게 사용한다. 점점 더 학교는 논증할 수 있는 효과적인 개념들에 근거하고, 학교의 요구를 충족시키는 데 충분한 종합적 교육 패키지를 공급하기 위하여 비교적 완전한 전달 체제를 제공받고 있다. 이러한 경향은 종종 혁신으로 간주되며, 학교를 혁신하는 데 있어 발생하는 어려움에 관심이 집중되곤 한다.

혁신(innovation)이라는 용어는 조직 변화와 안정에 관한 문헌에서의 오용으로 인해 그 가치가 떨어졌다. 일부 사람들은 혁신을 단순히 '변화(change)'의 동의어로 사용한다. 예를 들어, 바넷(H. G. Barnett)은 "혁신은 실재하는 형태와 양적으로 다르기 때문에 새로운 것으로 인식되는 생각, 행동이나 상황"이라고 주장했다.[21] 그러나 이러한 광범위한 일반화가 조직 변화에 적용될 경우 혁신의 본질을 전달하지 못한다. 사실, 일반화는 혁신을 '조직의 흐름'과 구별하는 데 실패했다. 조직의 흐름은 지배적인 특성이 변화인 문화가 있는 조직에 널리 퍼져 있는 필연적이고, 계획되지 않고, 점진적인 변화다. 혁신은 도입되고, 시도되고, 사용되고, 포기되는 빈도 때문에 교육 분야에서 부정적인 시각으로 비춰지기도 한다.

이 책에서 혁신이라는 용어는 조직이 ① 현재의 목표를 좀 더 효과적으로 달성하거나 ② 새로운 목표를 달성하는 데 도움을 주기 위하여 계획한 신선하고, 신중하고, '명확'한 변화를 가리키는 데 사용된다. 여기서 '명확'의 개념이 중요한데, 그 이유는 "교육에서 혁신은 보통 정의되고, 특정하며, 명시적인 특성을 갖기 때문이다."[22] 따라서 대개 사람들은 ① 개념, ② 운영상의 절차, ③ 우리가 이름을 붙이는 관련 기술(예를 들어, 마그넷 스쿨, 대안교육, 촉진 및 교정학습을 위한 직접교수 체제 읽기 프로그램, 개인적으로 규정된 교육, 최소한의 능력 검사)의 측면에서 구체적으로 명시될 수 있는 것으로서 혁신을 인식한다. 따라서 모든 조직의 변화가 혁신으로 설명될 수 있는 것은 아니다. 앞에서 간단히 살펴보았듯이 많은 바람직한 조직의 변화는 여기에서 사용된 용어의 의미처럼 꼭 혁신적인 것은 아니다.

그러나 지식 생산 및 활용과 R, D, D와 같은 변화에 대한 경험적-합리적 전략들이 혁신에 초점을 맞추는 경향이 있다는 것은 강조되어야 한다. 이는 우수한 아이디어가 학교 밖에서 발전되고 궁극적으로 학교 안에서 확립된다는 개념이다. 따라서 학교에서 적용함에 있어서 혁신을 전달하고 확립하는 문제들에 대한 많은 염려가 있다. 확립 단계에서 혁신을 지지하는 사람들은 혁신을 경험적으로 증명된 것으로 보고 채택을 이성적인 것이라고 생각한다. 반대로, 그들은 학교 수준에서의 확립에 대한 장애물을 비합리적인 것으로 보는 경향이 있다. 이러한 관점에서 경험적 합리주의자들은 광범위한 의미에서의 교육적 변화에 관심을 두기보다는 채택의 과정을 촉진하는 조직적 변화에 더 큰 관심을 둔다.

그 외의 경험적-합리적 전략 이 논의를 단순화하기 위하여 우리는 네트워크의 확대를 구축하고 응용 연구를 장려함으로써 기초 연구를 실천과 연결시키는 하나의 경험적-합리적 전략에 초점을 맞추었다. 이것은 전형적으로 주 교육부가 지역의 교육 연구소와 연계하고, 대학과 학교구의 협력단을 발전시키면서 연구 및 개발 센터를 만드는 것과 관련이 있다. 변화를 위한 그 외의 경험적-합리적 전략은 다음과 같다.

- **인적 선발과 교체**: 이 전략은 새로운 인력을 추천하고 고용하기 위한 기준을 변화시키는 것뿐만 아니라 해고, 조기 퇴직, 개편, 이직을 통해 '불필요한 인원을 감축하는 것'을 포함한다. 학교 개혁을 지지하는 많은 사람들은 이 전략의 사용을 옹호하지만 만성적인 교사 부족에 직면하고 있는 많은 행정가들은 이 전략에 문제가 많다고 생각한다.
- **유토피아 사상**: 미래학자들은 미래에 관한 예측도를 높이기 위한 과학적 기술을 개발하려고 한다. 물론 그들의 노력은 미래를 예측하는 능력이 현재의 의사결정에 도움이 될 수 있다는 매우 합리적인 전제에 근거한다. 미래에 존재할 수 있고 대안이 될 수 있거나 되어야 하는 것들을 조명하기 위한 그들의 경험적-합리적 시도는, 무슨 일이 일어나든지 받아들이기보다는 바라는 목표를 향하여 사건의 진행을 지시하기 위한 계획된 노력으로 이어진다.

권력적-강제적 전략

변화를 위한 권력적-강제적 접근법은 사용자들로부터 승낙을 받기 위해 제재(sanctions)를 사용한다는 점에서 경험적-합리적 전략과 상당히 다르다. 제재는 대개 정치적·재정적·도덕적 제재다. 권력적-강제적 관점에서 합리성, 이성 및 인간관계는 권력 행사를 통하여 직접적으로 변화를 가져오는 능력에 비하면 부차적이다.

정치적 권력을 행사하는 하나의 방법은 입법 절차를 통해 법률을 제정하고, 행정 명령을 발표하고, 법률적 판단을 내리는 정치적 기관에 대한 통제권을 갖는 것이다. 이것은 흔히 정치적 기관에 대한 강제적 영향력을 높이기 위한 재정적 제재를 수반한다. 이러한 전략이 미국에서 얼마나 인기 있는지는 교육 정책 입안자 및 행정가들이 (불복종할 경우 제재가 뒤따르는) 입법, 사법 결정, 정부 규제에 대해 주목하고 그로 인해 많은 시간을 소모하고 있다는 사실에서 알 수 있다. NCLB는 권력적-강제적 변화의 한 예라고 할 수 있다.

로버트 친과 케네스 벤(Kenneth Benne)은 변화를 가져오기 위한 또 다른 권력적-강제적 전략으로서 권력 엘리트의 재구조화를 제시했다.[23] 우리 사회는 변화를 위해 비교적 제한된 집단이 강력한 권력을 행사하는 권력 구조를 가지고 있다. 고정적이고 필연적으로 존재하는 권력 구조를 수용하지 않고 권력 구조를 변화시키는 것은 가능하다. 권력이 새로운 다른 사람에게로 이동하거나 더 많은 사람들 사이에서 좀 더 평등하게 확대된다면 새로운 목표들을 달성하는 것은 가능하다.

이러한 가능성은 재정을 통제하는 교육위원회, 행정직, 이사회와 같이 학교와 관련된 핵심적인 의사결정 집단에서 대의권을 얻기 위한 소수 집단과 여성들의 활동을 통해 입증되었다. 그리고 오랫동안 권한이 없고 의존적인 상태에 머물렀던 교사들이 노동조합을 결성함으로써 행정가 및 교육위원회와의 권력관계를 재조정하고 더 큰 변화를 이끌어 내고자 한 것에서도 나타난다. 또한 신체적 · 교육적 · 정서적 문제를 가진 사람들의 교육 복지에 초점을 두는 정치적 연합체의 발전에서도 나타나는데, 이러한 정치적 연합체의 활동에서 기인한 일련의 법률과 사법적 판단은 교육적인 의사결정에 관한 핵심 분야의 권력 구조를 재편성하게 되었다.

규범적-재교육 또는 조직의 자기혁신 전략

변화에 대한 경험적-합리적 전략과 권력적-강제적 전략은 공통된 가정을 가지고 있다. 첫째는 좋은 아이디어는 조직 외부에서 가장 잘 개발된다는 것이고, 둘째는 조직이 변화하려면 외부의 영향력이 필요하다는 것이다. 두 전략은 조직이 일반적으로 안정을 강조하고 변화에 저항한다는 개념을 내포하고 있다. 그러므로 조직은 외부에 의해 변화되어야 한다. 그러한 전략적인 변화가 특정한 조건에서 효과적이라는 것은 의심의 여지가 없다. 그리고 시간이 지나면서 교육 조직은 안정을 유지하고 경험적-합리적, 권력적-강제적 활동들을 억제함으로써 변화에 대한 이러한 외부의 영향에 저항할 수 있는 강하고 유연한 문화를 발전시켰다는 것 또한 의문의 여지가 없다.

학교의 조직 변화에 대한 전략으로서의 NCLB와 재커라이어스의 물리교육연구위원회 사이에 나타나는 중요한 차이점에 주목할 필요가 있다. 물리교육연구위원회는 계획적이고 관리된 변화에 대한 경험적-합리적 접근법의 한 예다. 그들은 신중하게 계획하고 조정한 패키지 교육과정, 교사 훈련, 전국적으로 교실에서 사용하기 위한 교수 자료들을 만들고 보급함으로써 교육 성과를 향상시키려고 했다. 그리고 학교와 교사들에게 교육 개선을 위한 실용적인 개념, 능력, 기술을 제공했다. 물리교육연구위원회 프로그램에 참여한 교사들은 참여를 통해 전문적으로, 개인적으로 보람을 느꼈다. 반면, NCLB의 변화 전략은 물리교육연구위원회의 것과는 전혀 달랐다. 연방 정부는 학교가 법에 규정된 학생 성취에 관한 표준화 시험에서 더 높은 점수를 받도록 정치적 · 재정적인 영향력을 직접적으로 발휘했다. 학교와 학교에 속한 교사들은 이러한 연방 정부의 강제에 적절하게 대응하기 위한 방법을 가까스로 찾아 왔다. 이러한 전략에 참여한 교사들은 위협을 느끼고 의욕을 상실하는 경향이 있었다.

교육에서 이러한 두 가지 연방 프로그램의 개입은 학교의 조직 변화에 대한 경험적-합리적 전략과 권력적-강제적 전략 간의 이론적이고 실제적인 차이점들을 분명하게 보여 준다. 또한 이 프로그램들은 한 가지 전략을 선택하기 위한 결정을 내릴 때 조직과 행동에 대한 경쟁적인 대안 이론들이나 해석들이 신중하게 선택되어야 함을 보여 준다.

교육 변화를 지지하는 연방 정부의 랜드 연구 이러한 좌절감에 대한 본질과 정도는 미국 교육부(U.S. Office of Education) 주관으로 랜드 연구소(Rand Corporation)가 실행한 연구에 나타난다. 이 연구에 대한 관심은 그 당시 의회의 지배적 분위기를 반영한 국가교육연구소의 발표에 잘 표현되어 있다.

> 연방 정부는 교육 문제의 연구와 발전을 위해 10년 반이 넘는 기간 동안 10억 달러 이상을 지출하였고 학교와 학교구의 학자금 지원에 수십억 달러를 넘게 사용했다. 그러나 문제는 계속되고 있고, '이와 같은 혁신은 유의미한 차이를 가져올 수 없다'는 반복된 연구 결과는 사람들에게 학교 개선의 가능성에 대한 좌절감을 가져왔

다. 우리에게 너무나 익숙한 국가의 행동 양식은 교육에서도 분명하게 드러나기 시작했다. 우리는 '할 수 있다는 속전속결'의 사회에서 살고 있다. 문제에 대한 해답은 프로그램이다. 만약 한 프로그램이 실패한다면 다른 프로그램을 시도할 것이고 전체 프로그램이 실패한다면 싫증을 느끼고 더 새로운 프로그램을 시도할 것이다.[24]

이러한 발표는 2005년에 연방 정부의 전국 학업성취도 평가(National Assessment of Educational Progress: NAEP)[2)]에 의해 NCLB의 효과성에 대한 첫 번째 전국 평가가 이루어진 후에 나왔다. NAEP 연구는 1990년 이후의 수학과 읽기 검사 결과를 비교하였고, 2003년과 2005년에 NCLB에 따라 이루어진 전국적인 평가 결과도 비교하였다. 이 연구에 따르면 낙오학생방지법은 복합적인 성과를 거둔 것으로 나타났다. 이 법의 주요 목표 중 하나는 백인과 소수 민족 학생들 사이의 성취도 차이를 줄이는 것이었지만 2005년 NAEP에서는 큰 효과를 발견하지 못했다. 2005년에는 1990년에 비해 4학년과 8학년의 수학 점수가 향상되었지만 NCLB 이전인 1990년대 초기의 개선율과 비교해 보면 이 법의 시행 이후에 나타난 개선율은 높지 않았다. 또한 2005년 NAEP 연구에서는 NCLB 시행 이전의 학업성취가 시행 이후에 비해 오히려 더 높은 것으로 나타나 우려를 낳았다.

랜드 연구소는 이러한 결과의 원인을 알아보기 위하여 공립학교에 혁신적인 실천방법을 소개하고 확대하도록 설계된, 연방 정부 기금으로 운영되는 프로그램들에 대하여 연구했다. "변화를 촉진하기 위한 이러한 프로그램들은 보통 연방 기금을 학교구에 '종잣돈'으로 임시 제공한다. 만약 혁신이 성공적이면 학교구는 다른 출처의 기금을 사용하고 있는 프로젝트의 일부나 전체 프로젝트를 포함시키고 확대 실시할 것"이라고 했다.[25] (혁신에 대한 채택과 제도화에 관하여 본 장의 앞 부분에서 논의한 내용을 상기해 보고 [그림 7-1]을 다시 참고하라.)

이 연구는 다음의 연방 프로그램을 통해 지원받은 18개 주의 293개의 관련 프로젝트에 대한 연구를 포함한다.

1. 초 · 중등교육법 제3조(ESEA, Title III)-혁신적인 프로젝트
2. 초 · 중등교육법 제7조(ESEA, Title VII)-이중언어 프로젝트

---

2) 역자 주: 주요 핵심 과목에 대한 학생들의 학업성취도를 평가하는 시험을 의미한다.

3. 직업교육법(Vocational Education Act), 1968년 개정, Part D–시범 프로그램
4. 읽기 프로그램에 대한 권리(Right to Read Program)

이 연구는 두 가지의 주요 쟁점에 초점을 맞추었다. 첫째는 학교에서 변화를 촉진하거나 촉진하지 않는 전략 및 환경의 유형이고, 둘째는 연방 정부의 '종잣돈'을 모두 사용한 후 시도되고 채택되어 왔던 혁신의 제도화를 촉진하거나 막는 요인들이다.[26]

우리가 굳이 여기서 이렇게 규모가 크고 복잡한 연구를 요약하려 하지 않아도 가장 핵심적인 결과는 분명하다. 학교구들이 성공적으로 혁신을 채택하고 시행한 정도의 차이는 혁신 그 자체의 본질이나 연방 정부의 재정 지원의 양에 의해서가 아니라 지역 학교구와 학교 자체의 조직 및 관리 특성에 의해 설명된다. 예를 들어,

> 성공적으로 혁신을 실행한 경우 일반적으로 그 학교구는 '문제해결' 지향으로 특징지어졌다. 즉, 그 학교구는 연방 정부의 자금을 지원받기 전에 문제를 확인하고 대처하기 시작했다. 반대로, 실패했을 경우에는 '기회 감염적(opportunistic)' 지향과 관련이 있었다. 이러한 학교구는 새로운 연방 프로그램에서 사용할 수 있는 자금으로 예산을 단순히 보충했을 뿐이었다.[27]

또한 혁신적인 프로그램을 성공적으로 실행한 학교구들은 다음과 같은 특성을 보여 주었다.

- 지역 환경에 적용할 수 없는 일관된 혁신을 거부하는 경향이 있었다.
- 다른 지역에서 개발된 교수 자료들을 채택하기보다는 자신의 지역에서 사용할 자료들을 개발하는 데 더욱 몰두했다.
- 프로젝트 초기에 일회성의 계획을 세우기보다는 지속적인 계획과 재계획을 세우는 것에 열심이었다.
- 초기의 일회성 훈련이나 외부 전문가가 필요하다고 판단한 훈련보다는 프로젝트 자체에서 또는 참여자들에 의해 제기된 필요에 의한 지속적인 훈련에 집중했다.
- 프로젝트를 위한 일관성 있는 기술적 지원은 외부 '전문가'가 하루 이틀 방문하여 단발성으로 돕는 것 대신 학교구 내의 전문가를 활용하여 이루어졌다.

• 혁신적인 프로젝트는 학교구와 학교 수준에서 학교구의 교육감이나 교장과 같은 핵심적인 행정가들로부터 강력한 지원을 받았다.

요약하면, 이 연구는 경험적-합리적 전략과 권력적-강제적 전략을 목표로 하고 있는 학교 체제와 학교의 조직 특성은 학교의 효과성 및 역량을 결정하는 데 있어서 중요하다는 관점을 뒷받침해 준다. 이 관점은 응용행동 과학자들이 오랫동안 주장한 것이기도 하다. 국가교육연구소 보고서에 따르면, 생산성 향상은 새로운 책무성 체제를 확립하고, 행정가들에게 향상된 구매 기술을 가르치며, 우수한 기술을 활용함으로써 해결될 수 있는 문제가 아니라 사람들이 일하는 곳의 조직 문화(문제해결과 의사결정 구조, 변화에 대한 인센티브, 협력적인 계획과 시행을 관리하는 능력, 상호간의 지원과 의사소통, 관련 훈련들에 대한 기회 등)를 개선시킴으로써 나타난다.[28]

지역 학교구와 학교 수준에서 이러한 개발은 그것이 어떻게 생산, 포장, 확산되었는가에 관계없이 지식의 효과적인 활용에 필요한 전제 조건이다.

> 현장 전문가들에게 지식과 상품을 전달하는 통로가 아무리 좋다고 할지라도 학교와 학교구가 자신들의 문제에 대한 해결책을 적극적으로 찾고, 해결책을 자신들의 특정한 상황에 맞게 조정하고, 조직 스스로 선택된 해결책의 필요조건에 적응할 때까지 이러한 지식과 상품은 느리게 확대되며 효과적으로 사용되지 않을 것처럼 보인다.[29]

규범적-재교육 전략 규범적-재교육 전략의 관점은 변화를 위한 세 번째 중요한 전략 방향의 본질을 보여 준다. 조직의 자기혁신으로 알려져 있는 규범적-재교육 전략은 조직과 사람에 대한 이해의 측면에서 경험적-합리적 또는 권력적-강제적 전략의 관점과 다르다. 두 전략은 근본적으로 고전적이거나 관료적이며, 조직을 만들 때 사람을 고려하지 않는 경향이 있다. 그러나 규범적-재교육 전략의 관점에서 조직 이론은 "조직을 만드는 인간의 활동보다는 조직에 대한 인간의 반응을 다룬다."[30]

또한, 변화에 대한 규범적-재교육 전략은 조직의 상호작용-영향 체제(태도, 신념, 가치, 즉 문화)에 대한 규범을 조직에 있는 사람들의 협력을 통하여 좀 더 생산적인 규범으로 바꿀 수 있다고 생각한다. 앤드류 핼핀(Andrew Halpin)은 이를 '폐쇄적 풍토에서 개방적 풍토로의 이동' 으로 설명했고, 조지 스턴(George Stern)은 조직 문화의 발전 압력을 높이는 것이라고 했다. 렌시스 리커트(Rensis Likert)는 관리 체제가 체제 1(system 1)에서 체제 4(system 4)로 이동한다고 말했다(6장 참조).

조직 건강 효과적인 조직은 지속적으로 다음의 세 가지 필수적인 핵심 활동을 실행해야 한다.

1. 조직의 목표를 달성하라.
2. 내부적으로 조직 자체를 유지하라.
3. 조직의 환경에 적응하라.[31]

위의 핵심 활동들은 건강한 조직을 정의하는 특성들이다. 따라서 조직은 효과적이고 안정적이어야 하지만 적절하게 변화할 수 있어야 한다. 조직마다 이를 달성하기 위한 역량은 다르다. 즉, 위의 핵심 활동의 달성 수준은 조직 건강의 다른 정도를 보여 준다. 건강한 조직(healthy organization)은 "조직의 환경에서 살아남을 뿐만 아니라 장기간에 걸쳐 적절하게 대응하며, 지속적으로 생존하고 대처하는 활동을 개발시키고 확대한다. 단기간의 활동은 효과적일 수도 있고 비효과적일 수도 있지만 지속적인 생존, 적절한 대응 및 성장을 하고 있다."[32]

반면, 건강하지 않은 조직(unhealthy organization)은 지속적으로 비효과적이다. 이러한 조직은 특별히 위협적인 상황의 대처에 집중하는 요란한 프로그램, 또는 다른 위기관리 기술 등을 통해 조직 환경에 효과적으로 대응할지도 모른다. 그러나 장기적인 관점에서 건강하지 않은 조직은 환경에 대응하는 능력이 점차 떨어지게 된다. 즉, 시간이 지남에 따라 상황에 대응하는 조직의 능력이 감소하고 제대로 기능을 하지 못하는 경향이 있다.

조직 성과에 대한 일회성 산출량이나 시간 단위 분석(time slice)은 조직 건강을 측정하는 데 신뢰성이 낮고 정확하지 않다. 중요한 것은 변화에 대응하고 미래에 적응하는 조직의 지속적인 능력이다. 이러한 능력은 시간의 측면에서 가장 잘 볼 수 있다. 조직 건강에 대한 몇 가지 구체적인 지표들이 있는데 그중 중요한 지표는 다음과 같다.

1. **목표에 대한 집중(goal focus)**: 이것은 조직의 사람들이 달성할 수 있는 적절한

목표에 대해 이해하고 열정적으로 참여하는 정도다.

2. **의사소통의 적절성**(communication adequacy): 이것은 수직적이고 수평적인 내부의 의사소통 혹은 환경과의 외적인 의사소통에서 나타나는 특성이다. 의사소통을 억제하고 혼란시키는 잡음 및 왜곡과는 상반되는 것으로 의사소통의 편의성을 의미한다.
3. **권력의 적절한 분산**(optimal power equalization): 이 측면의 중요한 요소는 협력 대 강압의 문제다. 구성원들은 조직의 목표를 위하여 일하도록 강요받거나 요구받는가? 아니면 조직의 구성원들은 목표를 수용하고 받아들이는가?
4. **인적자원의 활용**(human resources utilization): 이것은 조직의 구성원들이 일을 통해 성장하고 발전하고 있다는 것을 느낄 수 있도록 직원들을 효과적으로 이용하는 것이다.
5. **응집성**(cohesiveness): 이것은 참여자가 조직을 좋아하는 정도, 그리고 협력하는 방식에 영향을 주기 위하여 계속 조직에 참여하기를 원하는 정도다.
6. **사기**(morale): 이것은 행복과 만족감으로 나타난다.
7. **혁신성**(innovativeness): 이것은 더 성장하고, 발전하며, 시간이 지남에 따라 더욱 차별화되는 새로운 절차와 목표를 고안하려는 경향이다.
8. **자율성**(autonomy): 자율적인 조직은 외부의 자극에 수동적으로 반응하는 '환경의 도구' 이기보다는 외부의 요구와 조화를 이루어 자신의 행동을 결정하는 경향이 있다.
9. **적응성**(adaptation): 건강한 조직은 변화하고, 고치고, 환경보다 더 빨리 적응할 수 있어야 한다.
10. **문제해결의 적절성**(problem-solving adequacy): 이것은 최소한의 노력으로 지속적인 문제해결을 이루는 것뿐만 아니라 문제를 감지하고 인지하기 위한 메커니즘을 포함한다.[33]

조직의 자기혁신 많은 조직들이 조직을 유지하는 데 급급하고 관료주의적인 경직성이 증가되며 전통적인 실천을 강화하면서 시간이 지남에 따라 위축되는 경향이 있다는 것은 흔히 관찰되는 것이다. 이러한 조직은 빠르게 변화하는 사회에서 건강하지 않은 것처럼 보인다. 외부 환경의 요구와 기대 속에서 변화와 일정한 거리를 유지함으로써 지속적 적응의 필요를 외면하고 조직의 유지를 강조한다는 점에서 그렇다.

리커트는 처음으로 조직의 자기혁신에 대한 개념을 종합적으로 설명했다.[34] 그는 창의성을 자극하고 조직 구성원들의 성장을 촉진하며 조직 문제의 해결을 촉진하는 방식으로 조직의 상호작용-영향 체제가 관리됨을 설명했다. 고든 립트(Gordon Lippitt)는 모든 조직이 단계별로 다른 혁신을 요구하는 활동 주기(출생-청소년-성인)를 가진다는 관점에 근거하여 자기혁신의 과정에 대한 잘 발전된 접근법을 후에 설명했다.[35] 매튜 마일즈(Matthew Miles)와 데일 레이크(Dale Lake)는 교육개발을 위한 협력 프로젝트(Cooperative Project for Educational Development)[3)]에서 이러한 개념을 학교 체제에 적용하는 과정에 대해 설명했다.[36]

조직의 자기혁신은 효과적인 변화를 학교에 강요할 수 없으며 지속적인 문제해결을 위한 내적인 역량을 발전시켜야 한다고 가정한다. 조직의 혁신 과정은 ① 나타나는 문제들을 감지하여 확인하고, ② 목표, 목적, 우선순위를 설정하며, ③ 타당한 대안적 해결책을 만들어 내고, ④ 선정된 대안을 실행하기 위한 역량을 증가시키는 것을 포함하고 있다. 혁신 과정이 목표로 하는 결과는 전통적인 절차와 관료제를 강조하는 학교 문화를 조직 구성원들이 변화를 계획하고 달성하기 위해 필요한 지식을 갖추어야 한다는 관점을 적극적으로 지원하는 학교 문화로 바꾸는 것이다.[37] "교육 변화를 위한 최적의 단위가 학생, 교사, 교장이 주요 참여자로서 늘 생활하고 있는 단일 학교"라는 사실은 잘 알려져 있다.[38]

자기혁신 학교는 세 가지의 근본적인 특성을 갖추고 있다. 첫째, 자기혁신 학교의 문화는 변화를 위한 적응성과 대응성을 지원한다. 이러한 문화는 개방적인 의사소통, 특히 상향식 의사소통을 지원하며 문제해결을 우선순위로 둔다. 둘째, 자기혁신 학교는 명백하고 분명하며 잘 알려진 일련의 과정을 마련하여 참여자들로 하여금 체계적이고 협력적인 문제해결을 위해 질서 정연하게 움직일 수 있도록 한다. 셋째, 자기혁신 학교는 문제를 해결하기 위해 내적인 에너지, 아이디어, 자원에 의존하는 기관이 아니다. 오히려 문제를 해결하는 데 이용할 적절한 아이디어와 자원에 대해

3) 역자 주: 일곱 개의 대학과 국립훈련연구소(National Training Laboratory: NTL)의 연구자들이 15개 학교 체제의 효과성을 향상시키기 위하여 연구 프로젝트에 참여했다. 프로젝트는 15개 학교 체제의 약 5,000명의 성인과 6,000명의 5학년, 11학년 학생들이 응답한 설문지 자료를 바탕으로 학교의 계획적 변화의 문제점들을 분석하였고, 계획적 변화에 대한 몇 가지 전략의 결과들을 평가했다. 그리고 학교 체제의 활동을 이해하는 것과 관련된 일련의 변수들을 만들었고, 각 변수를 측정하는 도구를 개발하였으며, 조직의 자기혁신에 대한 개념을 밝혔다(Lake et al., 1968).

언제 어떻게 접근해야 하는지를 아는 학교다.[39]

학습 조직 일부 조직, 특히 낮은 성과를 보이는 조직은 그들의 외부 환경과 분리되어 있다는 것을 감지하지 못한다는 특징이 있다. 그들은 외부 환경의 변화를 예상하고 적응할 수 있는 능력이 거의 없다. 학교의 경우 이러한 특성은 세계적으로 급격한 기술의 변화가 나타날 때, 그리고 지역 인구에 급격한 변화가 발생할 때(미국에서처럼) 대개 관찰되고 있다. 오늘날 우리가 직면하고 있는 조직들처럼 빠르게 변화하는 환경 속에서 학교 조직은 생존을 위해 점점 재빠르고 민첩해져야만 한다. 그러므로 조직 환경에서 야기된 문제들을 감지하고 예측하며 문제의 해결책을 찾기 위한 능력 개발이 요구된다. 이것은 협력적 또는 교육적인 조직이 환경 변화에 민첩하게 적응하기 위해 학습한다는 학습 조직(learning organization) 개념의 부분이다. 학습하고 적응하기 위해 조직의 역량을 증가시키는 이러한 과정을 조직 발전(organizational development)이라고 한다.

조직 발전은 학교구와 학교의 자기혁신 역량을 증가시키는 접근법이다. 이것은 다음과 같은 방식으로 정의되어 왔다.

> 학교구에서의 조직 발전은 행동 과학 개념을 이용하여 명확하게 공식적 · 비공식적 절차, 과정, 규범 및 구조의 변화에 초점을 맞추고, 체제 자기 연구 및 개선에 대한 일관성 있고, 체계적으로 계획되고, 지속적인 노력을 하는 것이다. 조직 발전의 목표는 조직의 기능과 실행을 향상시키는 것뿐만 아니라 개인 생활의 질을 향상시키는 것도 포함한다.[40]

조직 발전의 주요 목표는 조직 자체의 기능을 향상시키는 것이다. 조직의 생산성과 효과성을 향상시키는 것은 대체로 조직의 구조, 업무, 기술 사용, 인적자원, 그리고 목표 등에 대해 더 나은 결정을 하기 위해 조직의 능력을 개발시키는 것과 관련이 있다. 이에 대한 주요 접근법은 조직의 목표뿐만 아니라 중요한 문제에 대해 좀 더 효과적으로 의사결정을 하기 위하여 조직 구성원들의 참여를 최대화하는 조직 내에 과업 지향적인 문화를 발전시키는 것이다. 조직 발전은 새로운 프로그램이나 교육과정의 채택, 조직의 재구조화, 새로운 목표에 대한 헌신을 이끌기도 하지만, 새로운 프로그램을 채택하기 위한 결정이 학교와 학교 체제의 효과성을 향상시키는 데 있어서 첫 번째로 고려되는 것은 아니다.

조직 발전은 조직이 쇠퇴하는 것은 불가피하다는 믿음을 거부한다. 그 대신 조직은 역량을 증가시키고 변화에 적응하며 시간이 흐르면서 목표 달성을 향상시킬 수 있도록 자기혁신의 특성들을 발전시켜야 한다는 관점을 가진다. 체제의 자기혁신에 대한 이러한 개념은 조직을 긴급사태와 변화로 인해서 무력하게 흔들리는 것이 아니라 변화를 시작하기 위해 자체의 능력을 증가시키고, 내부 환경에 더욱 영향을 미치며, 시간이 지나면서 새로운 환경에 적응하고 새로운 문제를 해결하기 위한 능력을 발전시키는 것으로 이해한다. 더 중요한 것은 시간이 흐르면서 목적과 방향에 대해 커져 가는 의식을 발전시키는 능력이다. 이 관점은 활력과 창의적인 독창성을 증가시킴으로써 나타나는 활성화된 체제에 대한 것이다.

자기혁신 개념은 조직 발전(development)과 조직 개선(improvement) 간의 중요한 차이점이다. 조직 발전에서 목표는 단지 당면한 문제를 극복하고 조직의 기능이 새로운 '결빙(frozen)' 상태에 도달하게 한다는 의미가 아니라 지속되는 기간 동안 조직의 끊임없는 발전을 조성하는 조건, 능력, 과정, 문화를 조직 체제로 형성한다는 개념이다. 이것은 지속적인 변화가 정립되는 데 있어 근본적인 개념이다.

조직 발전은 복잡한 사회 기술적인 체제로서의 조직 개념에 근거한다. 조직에 대한 이러한 관점은 조직 체제 전체와 조직의 인적 · 구조적 · 기술적 · 업무적 구성 요소와 같은 하위 체제에 대한 역동적인 상호 관련성을 강조한다. 예를 들어, 학교는 사회 기술적인 체제이며, 역동적인 상호관계에 있는 학과, 학년 수준, 비공식 집단, 팀 및 작업 집단과 같은 하위 체제로 구성된다. 또한 학교는 학교구와 그 지역사회와 같은 더 큰 체제의 하위 체제가 된다.

이러한 관점은 조직 변화의 관리와 관련된 사람들에게 근본적으로 영향을 미치는데 이는 특정한 기본 가정들로 해석되기 때문이다.

1. 장기적으로 유지되는 영향력을 지닌 변화를 실현하기 위해서는 전체의 일부 또는 하위 체제가 아니라 체제 전체를 변화시켜야 한다.
2. 4장에서 설명했듯이 구성 요소 하위 체제의 역동적인 상호 관련성과 독립성으로 인하여 하나의 하위 체제에서 일어난 중요한 변화는 다른 하위 체제에서 보상적 혹은 보복적인 변화를 가져온다.
3. 사건들이 각자 별개로 일어나거나 하나의 원인만을 갖는 경우는 드물다. 조직

의 체제 개념은 상호 관련된 집단, 쟁점, 문제, 원인, 현상 및 요구와 같은 일을 다루는 것의 중요성을 강조한다. 조직은 복잡한 체제로 이해되는데, 하나의 인과관계를 현상의 탓으로 하거나 일을 독립된 사건으로 다루는 것은 그것들에 대한 이해를 차단할 수도 있다.

4. 조직 체제는 인간행동의 벽이나 막에 의해서가 아닌 존재하는 양식에 의해 정의된다. 역장 분석(force-field analysis)에 대한 설명에서 알 수 있듯이, 이러한 양식은 지속적으로 역동적인 평형 상태에 있다(정적인 것이 아니다). 그러므로 행정가가 필요로 하는 중요한 정보는 과거나 다른 조직에서 나온 일반화된 역사적 자료를 분석하는 것보다 특정 시기의 영향력에 대한 특정 분야를 분석하는 것에서부터 얻어지게 된다. 역장 분석은 이 장의 후반부에서 설명할 것이다.

조직 발전에 대한 주요 관심은 직무, 기술, 구조 차원보다는 조직의 인간 사회 체제에 관한 것이다. 구체적으로, 상급자와 하급자가 서로를 대하는 방식, 작업 집단이 서로 관련되어 있는 방식, 그리고 조직 구성원들이 조직의 문제를 확인하고 그 해결책을 찾기 위해 참여하는 정도 등과 같은 행동에 영향을 미치는 신념이 조직의 풍토로 자리 잡은 조직 문화에 초점을 맞춘다. 의사소통에 대한 태도, 가치, 느낌, 그리고 개방성은 조직 발전의 전형적인 관심사들이다. 사람들이 무엇을 생각하는지, 어떻게 열린 의사소통을 하는지, 어떻게 갈등을 다루는지, 그리고 사람들이 일에 참여하고 있다는 것을 어느 정도 느끼는지가 중요하다. 왜냐하면 이러한 종류의 관심사는 얼마나 많은 일을 처리하고 얼마나 잘하는지를 결정하는 데 영향을 미치기 때문이다. 자신의 생각을 잘 밝히지 않는 사람들은 새로운 아이디어를 제시하거나 의심이나 비평을 하는 데 있어 신중을 기하기 때문에 문제를 진단하고 해결책을 찾기 위한 조직의 역량에 거의 기여하지 않는다. 대부분의 학교 문화는 더 높은 지위에 있는 사람에게 의사결정을 맡기고 문제를 제기하는 하급자에게는 눈살을 찌푸리는 경향이 있다.

대체로 학교 문화는 중요한 의사결정에 있어서 진부한 의제를 다루는 교사 회의나 교육감의 형식적인 등장처럼 개방적이고 자유롭고 활발한 참여를 최소화하는 조직 행동을 조심스럽게 형성한다. 이러한 특성을 지니고 있는 조직은 비교적 유연하지 않고 느리게 변화하며 빠르게 변화하는 환경에서 방어적인 경향이 있다.

조직의 효과성 향상을 위해 노력하고 있는 조직에서 이용할 수 있는 자원들 중 하나는 조직의 사람들이다. 참여자들이 보이지 않고 이해할 수 없는 권력에 의해 무기력하게 조종된다고 느끼도록 만드는 것보다 사람들을 관련 있고 관심 있는 참여자가 되도록 장려함으로써 조직은 조직의 구성원으로부터 장점, 활력 및 독창성을 이끌어 낼 수 있다.

조직의 사회 체제적 성향은 체제의 특정 부분을 변화시키려면 그 외의 다른 부분에도 영향을 미쳐야 함을 의미한다. 예를 들어, 전체 과정과는 상관없는 관리(management)를 통해 조직을 변화시킨다고 생각할 수 없다. 조직 변화는 '그들'(교사와 다른 하급자)을 변화시키는 '우리'(행정가)나 심지어 '그것'('우리'로부터 분리된 일부 독립체로서의 조직)을 변화시키는 문제가 아니다. 리더는 조직 체제의 모든 하위체제들이 역동적이고 상호작용하는 방식으로 적절하게 연결되도록 하기 위해 발전 과정에 참여하는 적극적인 파트너라고 할 수 있다. 이것은 보다 효과적인 조직에서 확인할 수 있는 특성들 중 하나다.

조직 발전 관점은 조직이 위계적이며 이러한 모습이 계속될 것이라고 가정하고 있다. 관리자가 관찰자로서만 조직에 참여하면서 조직의 효과성을 향상시킨다는 명목으로 무엇인가를 하고 있다는 것을 인식했을 때, 조직 구성원들은 매우 경계할 것이며 조직에 대해 전면적으로 헌신하려 하지 않을 것이다. 반면, 관리자가 일에 착수하고 헌신하며 가시적인 방식으로 참여하는 데 관심을 보이면, 조직 구성원들은 그 일을 타당하다고 보는 경향이 높으며 스스로 참여하려 하는 높은 동기 유발을 보인다. 어느 조직에서든 조직 구성원들은 자신의 감각을 예민하게 세우고 있는 경향이 있다. 왜냐하면 그들은 그 감각을 통해 관리자 집단에게 실질적으로 중요한 것이 무엇인지를 나타내는 신뢰성 있는 지표들을 찾아내고자 하며, 공식적인 발표를 두고 일어날 수 있는 잡음이나 소음을 무시하고자 하기 때문이다.

사회 기술적 관점 관리에 대한 참여적인 접근법을 경험하지 않은 사람들은 참여적 관점을 부드럽고 관대한 것으로 여기는 반면, 그것이 조직을 특징짓는 구조, 규율 및 권력과 양립할 수 없다고 생각한다. 그러나 사실 필요한 것은 새롭고 더 효과적인 관리에 대한 접근법이다. 즉, 더 기능적이고 행정적인 구조를 강조하며 더 효과적인 조직 문화를 추구하는 접근법이다. 새로운 구조가 과거의 구조보다 더 유연하고 적응력이 높을지라도 그것이 분명하지도 않고 잘 정의되지도 못할 이유는 없다. 또한 더욱 효과적인 일과 관련된 행동에서 명확하고 정확한 묘사와 정의에 있어 결핍이 발생하는 것도 아니다.

리더가 의사결정 과정에 교원과 직원의 더 많은 참여가 필요하다고 인식하거나 더욱 유기적이고 자기혁신적인 방향으로 조직을 변화시키고자 하는 것은 체제, 질서정연한 절차, 그리고 통제를 포기해야 한다는 것을 의미하는가? 물론 아니다. 오히려 그 반대일 것이다. 기계적인 조직의 엄격한 위계적 구조의 특성을 대체하기 위해 더욱 잘 적응할 수 있는 의사결정 방식의 발달을 강화시키고 촉진시킬 수 있는 조직 구조를 제공하는 것이 필요하다.

그러나 조직체제의 발전적 측면에서 변화라는 것이 조직 구조에 대한 전통적인 관점과 관련된 명확성, 질서 및 통제를 명확하지 않고, 질서 정연하지 않으며, 자유방임적인 행정으로 바꾼다는 것을 의미하는 것은 아니다. 우리가 행정적으로 추구하는 것은 직무 분석, 구조적 처리 방식, 기술의 선택과 이용, 직원에 대한 개인 및 집단의 선발과 전문적 발전을 위한 더욱 새롭고 기능적인 기반이다.

역장(力場) 분석 조직의 학습 환경을 다루는 방법을 잘 이해하기 위하여 이것을 어떻게 다루고 분석할 수 있을까? 역장 분석(force-field analysis)은 연구자와 행정가 모두에게 유용한 분석적 접근법으로 입증되었다.[41]

기본적으로 이러한 접근법은 사회적이거나 조직적인 현재의 상황을 두 개의 대립되는 힘 사이에서 균형이 일어나는 평형 상태로 본다. 추진력(driving forces)이라고 하는 변화를 위한 힘이 있으며, 이는 억제력(restraining forces)이라고 하는 변화하지

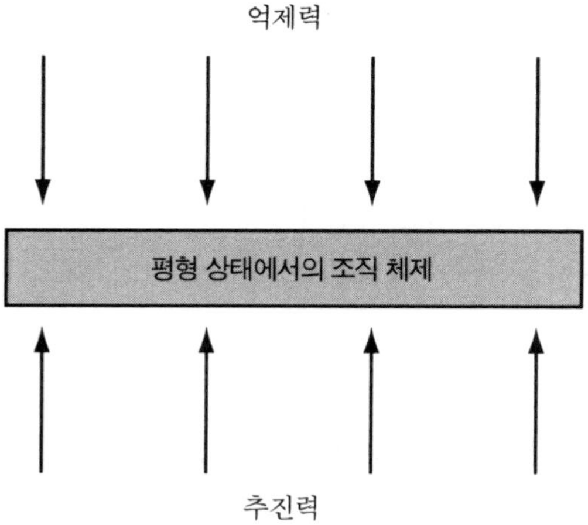

[그림 7-2] 평형 상태에서의 역장

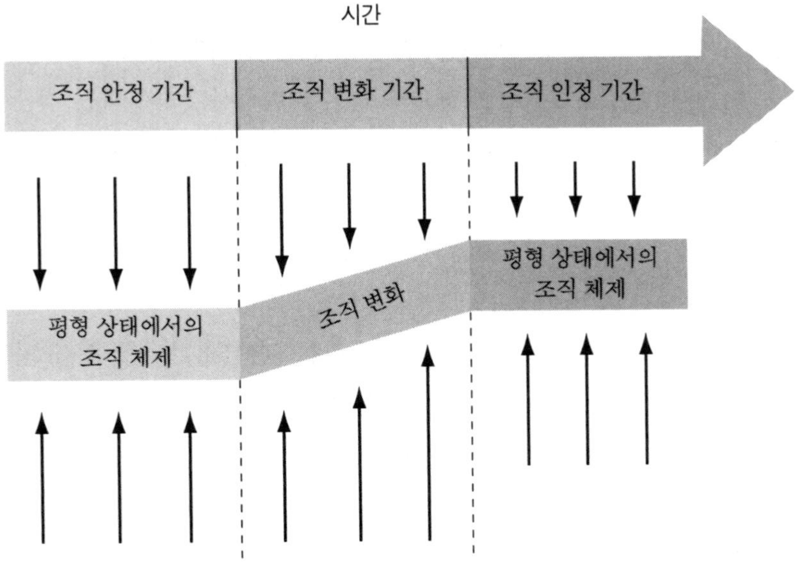

[그림 7-3] 새로운 평형 상태에 도달할 때까지 조직 변화를 가져오는 역장의 불균형

않으려고 남아 있는 힘과 반대된다. 이러한 두 개의 대립되는 역장이 균형을 이룰 때, [그림 7-2]에서 보듯이 변화가 없는 평형 상태(equilibrium)를 이룬다. 이 힘들 중 어느 하나가 제거되거나 약화될 때, [그림 7-3]에서 보듯이 평형 상태가 깨지고 변화가 일어난다. 매우 단순한 수준에서 본다면 이러한 불균형은 새로운 작업 기술의 도입이나 참여자들에 의한 새로운 기술 습득의 결과를 낳을 수 있다. 그러나 조직은 일반적으로 평형 상태를 특징으로 하는 근본적으로 안정된 독립체다. 불균형은 다시 조직을 새로운 평형 상태로 이끌 수 있는 재조정을 가져온다. 이러한 간단한 개념은 대규모 조직에 적용됐을 경우 매우 복잡해질 수 있다. 그러나 조직의 변화나 안정을 가져오기 위하여 조직을 더 잘 이해하려는 행정가들에게는 실질적인 도움이 될 수도 있다. 억제력과 추진력을 확인하는 분석적 과정은 가장 기본적인 단계의 매우 간단한 접근법에서부터 정교한 기술까지 포괄하고 있다.

역장 분석의 창안자인 쿠르트 레빈(Kurt Lewin)은 역장 분석의 일반적인 사용을 위해 기본적인 세 단계의 변화 전략을 제시했다. 조직 변화를 위해서 첫 번째로 필요한 것은 바로 역장의 평형 상태를 깨뜨리는 것이다. 즉, 조직은 해빙(unfrozen)되어야 한다. 일단 조직이 해빙되면 새로운 수준으로 조직을 이동시키기 위한 변화(change)의 시작이 가능하게 된다. 그러나 어떻게 허술한 변화가 될 수 있고, 어떻게

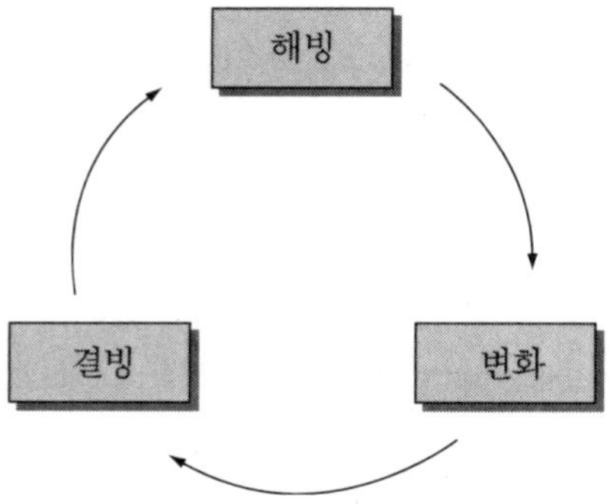

[그림 7-4] 조직의 생활 주기로서 세 단계의 변화 과정

조직이 옛날 방식으로 쉽게 돌아갈 수 있는지에 대해 교육행정가보다 더 잘 아는 사람은 없다. 그러므로 세 단계의 변화 과정에서 세 번째 단계는 재결빙(refreezing)이다. 이것은 변화의 장기적인 유지를 보호하고 지켜 주는 것을 제공하는 하나의 제도화 과정이다. 물론 재결빙은 새로운 현상 유지(status quo)를 만들 수 있다. 레빈의 관점에서 희망했던 유연성의 정도는 '안정되고 순환하는 인과관계의 과정과 동등한 조직 구조'를 확립함으로써 만들어질 수 있었다.[42] 해빙(unfreezing)은 엄격하고 저항적인 조직에서 충격적인 경험이 될 수도 있지만 [그림 7-4]에서 제시했듯이 시간이 흐르면서 더 큰 조직의 유연성을 달성하기 위한 생활 주기의 정상적인 한 부분으로 형성될 수도 있다.

역장 분석의 가치는 진단적이라는 데 있다. 이를 통해 추구하는 변화를 달성하기 위한 구체적 실천 계획을 준비할 수 있기 때문이다. 이러한 계획의 성공은 대부분 제안된 행동의 결과가 인지되는 명확성 정도에 좌우된다. 직무, 기술, 구조, 그리고 인간이라는 네 가지 주요한 조직 하위 체제 중에서 오직 인간만이 다른 조건들과 다르게 반응하는 능력을 가지고 있다.

위대한 예술과 문학은 사랑, 신뢰, 용기, 의무 등에 고무된 사람들의 영웅적인 업적들에 대한 묘사로 가득하다. 조직에 관한 많은 문헌들은 사람들의 무관심, 분노, 좌절, 불안과 더불어 조직의 목적 달성을 막기 위한 그 사람들의 권력과 관련되어 있다. 비록 행정가들이 학교에서 실행될 직무, 조직의 구조, 사용되는 기술과 깊이 관련이 있을지라도 이들 중 아무도 행위를 위한 계획에 저항할 수 있는 능력을 가지고 있지 않다. 인간이라는 하위 체제만이 그 능력을 가지고 있다.

그러나 행정가가 변화에 대한 반대, 예를 들어 노골적인 저항, 무관심, 회의 등을 완고한 행동으로 간주하는 것은 생산적이지 못하다. 만약 행정가들이 '추진력의 증대'를 변화를 위한 노력의 배후에 있는 사람을 얻기 위한 권위와 권력의 증대된 이용으로 해석한다면, 변화에 반대하는 사람들의 강한 반발이라는 결과가 생길 수 있다는 것을 쉽게 예상할 수 있다. 압력은 반대 압력을 만들어 내고, 행정가의 강제적 권력이 매우 제한적인 학교 환경에서 역장의 균형은 이러한 접근법에 의해 깨지지는 않을 것이다. 적어도 압력이 결국에는 완화됨에 따라 조직은 저항력의 압력 때문에 옛날 방식으로 후퇴하려는 경향이 있을 것이라고 예상할 수 있다.

학교 상황에서는 저항력을 변화의 과정에서 합법적인 개방성으로 바꾸도록 돕는 것이 더욱 효과적이다. 생각을 숨기는 대신에 표현할 수 있는 문화를 창조하고 열린 의사소통을 할 뿐만 아니라 이의를 제기할 권리를 가치 있게 생각하며, 변화의 힘을 반대하는 사람들이 저항을 야기하는 문제들을 조사하고 처리하는 데 도움을 줌으로써, 제안된 행동에 대한 예측하지 못한 결과는 계획 과정으로 바뀔 것이고, 무엇보다도 저항 수준이 감소될 것이다.

반대가 의사결정을 형성하는 데 도움이 되듯이, 반대의 관점들 또한 그 과정에서 형성되고 변경된다. 이러한 종류의 참여를 도모하기 위해서는 다음의 특성을 가지고 있는 발전적이고 성장 지향적인 조직 문화가 요구된다.

1. 지적 · 정치적 · 심미적으로 자극이 된다.
2. 개인과 집단의 성취를 강조한다.
3. 개인의 존엄성에 높은 가치를 둔다.
4. 엇갈리는 생각과 관점에 대하여 개인적인 판단을 배제하고 받아들인다.
5. 조직 내 충돌이 일어났을 때 승-패보다는 문제해결을 지향한다.

변화의 영향을 받을 사람들에게 최대한의 참여를 제공하는 질서 있는 문제해결 과정의 확립은 여기서 제시된 협력적인 접근법을 발전시키기 위해 필요하다. 비록 사람들의 관점이 중요할지라도 효과를 발휘하기 위해서는 구체적인 과정이 동반되어야 한다. 즉, 요구되는 풍토를 만들고 의사결정에 도달하는 방식이 이해되고 실행 가능하다는 것을 보장해 주어야 한다. 새로운 조직 문화의 개발과 더불어 개방적이고 협력적인 의사결정을 위해 요구되는 집단 능력을 구축하는 것은 분명한 훈련과 실천을 필요로 한다. 이러한 목표들은 인지적인 이해와 결정만으로 달성되지 않으며, 새로운 통찰력, 새로운 가치와 헌신, 문제를 해결하는 상황에서 가장 잘 교육받고 학습된 새로운 집단 과정 능력의 개발을 요구한다.

새로운 조직 문화의 창조, 즉 일하고 문제를 해결하기 위한 새로운 환경은 참여자들이 과거와 다르게 행동하고 사건에 대하여 새롭고 더 효과적인 대응을 개발할 것을 요구한다. 모든 교육자가 예리하게 인식하고 있듯이, 인간의 역할을 하는 데 있어서 이러한 변화들은 새롭고 좀 더 효과적인 일 처리 방식에 대한 학습 결과로서 자주 일어나지는 않는다. 기회는 새로운 행동이 실천적으로 발전될 수 있는 곳에서 제공되어야 한다. 요컨대, 실천적 학습(learning by doing)이 요구되며, 이는 재교육을 통해 직무 지향적인 행동을 새롭고 좀 더 생산적인 규범으로 발전시키는 것을 목표로 한다.

새롭고 더욱 효과적인 업무 수행의 수준이 강제 없이 그리고 행정적인 에너지와 경계에 대한 지속적인 소모 없이 지속될 수 있을 때, 변화는 시간이 흐르면서 조직 내에서 쉽게 안정되고 유지된다. 이는 행정가가 변화가 달성되었는지 아닌지 판단할 수 있는 하나의 실질적인 기준이다.

조직 변화를 위한 적절한 계획은 이러한 현실을 고려하여야 한다. 또한 의미 있는 방식에서 조직 변화의 목표는 장애물과 소요되는 시간과 같은 도전에 직면한다는 것을 인식해야 한다. 이런 문제점들에 대한 해결책을 가지고 있다고 주장하는 사람들이 꽤 있지만 빠르고 쉬운 해결책은 없다. 이러한 점에서 허세이(Hersey)와 블랜차드(Blanchard)의 경고는 매우 적절하다.

> 지식의 변화는 가장 쉽게 일어나며 태도의 변화가 뒤따른다. 태도의 구조는 긍정적이거나 부정적인 방식에 따라 감정적으로 관리된다는 점에서 지식 구조와 다르다. 행동의 변화는 위의 두 가지 변화 수준 중 어느 것보다 더 어렵고 많은 시간이 걸린다. 그러나 집단이나 조직의 행동 변화는 아마도 가장 어렵고 많은 시간이 걸리는 부분일 것이다.[43]

조직 발전의 효과성에 대한 연구

풀런, 마일즈, 깁 테일러(Gib Taylor)는 학교의 조직 발전에 대한 주요 연구 보고에서 학교 체제와 학교의 자기혁신 및 문제해결 역량을 개발시키기 위한 활동을 평가하는 데 있어서 문제점은 많은 변화 프로젝트들이 성공을 위해 요구되는 계획, 범위 및 지속적인 노력이 결여된 부분적이고 불완전하며 단기적인 활동이라는 사실에 있다고 지적했다.[44] 예를 들어, 교사들을 위한 며칠 간의 '인간관계 훈련'이나 몇 시간 동안 외부 자문 위원을 이용하는 것은 조직 발전 프로젝트 목록 중 하나다. 이러한 활동은 조직 구조나 의사결정 과정을 변화시키기 위한 의도가 거의 또는 전혀 없이 갈등을 줄이거나 조직 문화의 불쾌한 측면들을 개선하기 위한 시도로서 제한적 의미를 지닌다.

오리건 대학교(University of Oregon)에 있는 교육 정책 및 관리 센터(Center for Educational Policy and Management: CEPM)의 연구자들은 이 분야에서 가장 종합적인 연구 및 개발 활동들 중 하나를 실행했다. 그들은 조직 발전이 학교구나 학교에서 성공적인지 아닌지 평가하는 데 있어서 변화를 위한 노력의 피상적인 주장들을 받아들이는 것은 위험하다고 경고한다.

> 우리는 결과를 찾는 것이 간단하지 않다는 것을 경험상 알고 있다…. 연구자가 하나 이상의 학교들이 몇 가지 특정한 새로운 일 처리 방식을 '도입했거나' '채택했다고' 주장할 때, 과학 학술지의 편집자들과 자금을 제공하는 사람들은 상세한 서류를 요구한다. 팀티칭과 같은 새로운 구조가 학교에 도입되거나 채택되는 방식의 깊이와 다양성에 당황한 교장은 혁신이 학교에 도움이 되지 않았다는 사실을 장황하게 숨길 수 있다. "작년에 팀티칭을 채택했던 학교에서…" 또는 "우리는 내년에 X 학교에 팀티칭을 도입할 것이다…."와 같은 이야기를 의심 없이 받아들여서는 절대 안 된다.[45]

존 굿래드(John Goodlad)는 "바라던 방식으로 학교의 실천을 변화시키려는 믿음직한 혁신의 거듭된 절망적 실패를" 목격한 후에,[46] 교육에서 개인적이고 제도적인 혁신의 문제를 다루는 5년 동안의 연구 개발 리더십 프로젝트에 착수했다. 그는 교

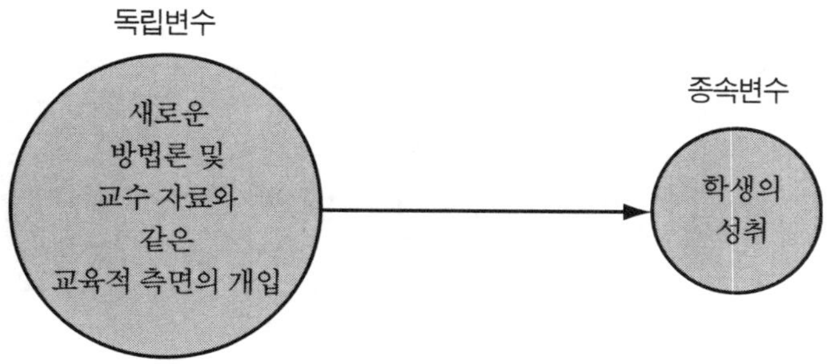

[그림 7-5] 수업과 학생 성취에 초점을 맞춘 목표-수단의 관계에 대한 전통적 모델

출처: John I. Goodlad, *The Dynamics of Educational Change* (New York: McGraw-Hill Book Company, 1975), p. 113. 승인 후 옮김.

육 변화를 연구하기 위한 전통적인 모델은 특정한 교육적 개입(학급 규모나 교수법과 같은)을 다루고 학생 성취에서의 변화를 찾는 것이라고 지적했다. [그림 7-5]에서 보여 주듯이, 이러한 연구 설계는 종속변수로 학생 성취를, 독립변수로 수업(예를 들어, 교수법과 교수 자료)을 사용한다. 그러나 굿래드는 장기간에 걸쳐 교수법의 개혁을 시도하고 발전시키는 것의 어려움에 대해 관찰한 후 깨달음을 얻게 되었다. 그 깨달음이란 "이러한 어려움을 설명하는 핵심이 바로 기대, 승인, 보상을 통해 어떠한 실제를 계속하고자 하는 학교의 정칙(定則)이라는 것이며, 개인으로서 교사들은 대개 이러한 고정된 양식들에 반대해서는 성공할 수 없고 새로운 실천을 지속하기 위한 학교 수준의 구조와 과정을 만들 수도 없다"는 것이었다.[47] 이는 학교의 전체 문화에 대해 초점을 맞출 필요가 있음을 시사한다. 따라서 "우리는 실제적 교육과정,

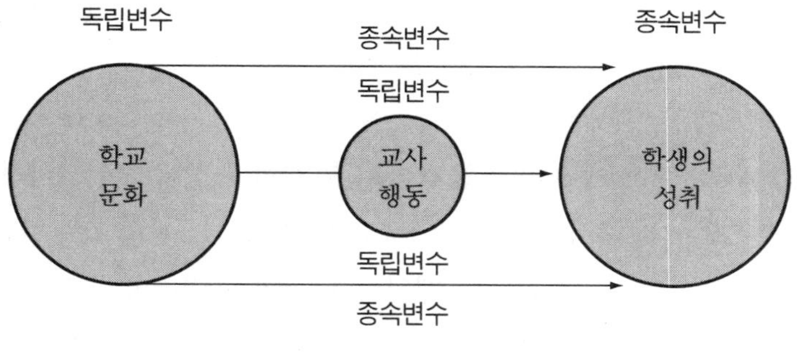

[그림 7-6] 학교교육 및 학습을 향상시키기 위한 목표-수단-효과 관계 패러다임

출처: John I. Goodlad, *The Dynamics of Educational Change* (New York: McGraw-Hill Book Company, 1975), p. 117. 승인 후 옮김.

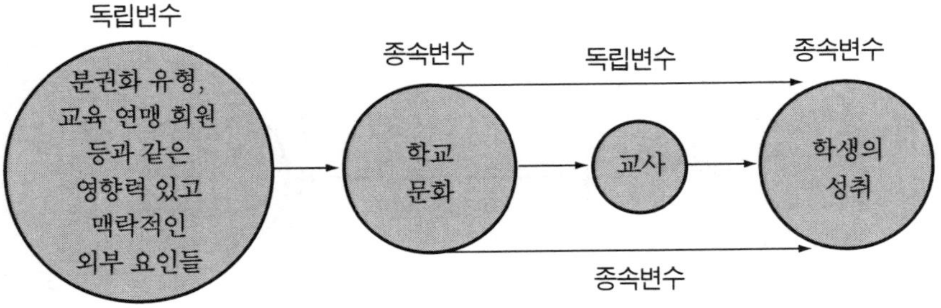

[그림 7-7] 전체 학교 문화의 변화와 함께 교육 실천을 향상시키고 연구하기 위한 패러다임

출처: John I. Goodlad, *The Dynamics of Educational Change* (New York: McGraw-Hill Book Company, 1975), p. 114. 승인 후 옮김.

성문화되거나 성문화되지 않은 규칙, 언어 및 비언어적 의사소통, 물리적 재산, 교육의 고정된 양식, 교장의 리더십 행동 등과 같은 학교의 문화를 구성하는 모든 것들을 볼 필요가 있다."[48] 이로써 학교 문화를 독립변수로 하는 연구 설계가 나타난다. 그리고 교사 행동과 학생 성취 둘 모두 그 문화에 대한 종속 변수로 여겨지지만 동시에 학생 성취는 교사 행동에 대한 종속변수로 볼 수 있다([그림 7-6] 참조).

굿래드는 [그림 7-7]에서 나타난 관계가 정확하게 학교 현실의 중요한 구성 요소들을 제시한다 할지라도 학교에 대한 실질적인 연구를 하기에는 설계가 너무 복잡하다고 판단했다. 그래서 그는 [그림 7-6]에서 보여 주듯이, 학교 문화에 영향을 주는 요인들에 대한 연구에 착수하였다.

굿래드 연구의 중요한 전제는 다음과 같다. "학교 전체가 변화의 영향을 받고 스스로 변화할 수도 있다고 생각해야 하며, 학교의 문화적 특성이 변화함에 따라 사람들도 학교에서 그렇게 변화한다."[49] 연구의 대상이 되는 학교는 성공하기 위해서 내부적 필요성, 즉 변화를 열망하는 욕구를 보여 주어야 한다는 것이 기본 가정이다. 실험상의 주된 개입은 대화, 의사결정, 행위, 평가(dialogue, decision making, action, and evaluation: DDAE)라고 불리는 네 단계의 과정에 참여시키기 위해 교원을 훈련시키는 것이다. 대화, 의사결정, 행위 및 평가는 근본적으로 학교에서 자기 혁신을 발전시키는 것을 목표로 하는 개입이다. 굿래드 연구의 중요한 부가적인 특징은 5년 동안의 리더십 프로젝트에 참여하고 있는 학교들이 실험 기간 동안 서로에게 상호 지원 및 양육을 제공할 수 있도록 연합되었다는 것이다. 그는 다음과 같이 보고했다.

> 높은 수준의 대화, 의사결정, 행위 및 평가를 보여 주는 학교에서는 더 협력적인 교수 준비, 교사들 간의 더 많은 친선 네트워크, 교사들 간의 더 많은 직무 지향적인 의사소통이 있었다. 교사들은 의사결정에서 특히 전체 단위로서의 학교와 관련되는 영역에서 더 많은 영향력을 가졌다. 그리고 교장의 리더십 질이 더 높았으며 교장의 영향력은 주로 그들의 능력에 의해 결정되었다. 높은 수준의 대화, 의사결정, 행위 및 평가를 보여 주는 학교의 교장은 학교에 대한 교사의 영향력을 바람직한 조건으로 보는 경향이 더 많았다. 이 학교들은 학교 풍토의 지표에서 더 높게 평가되었다. 반대로 낮은 수준의 대화, 의사결정, 행위 및 평가를 보여 준 학교에서는 좀 더 독립적인 교실들이 있었다. 교사의 영향력은 학교 전체보다는 소수의 사람들에게만 제한적으로 나타났고, 교장은 학교 전반의 의사결정에 대한 교사의 영향력을 바람직하지 않은 것으로 보는 경향이 많았다. 교장의 영향력은 주로 보상을 줄 수 있는 지위와 권력에 의해 결정되었다.[50]

높은 수준의 대화, 의사결정, 행위 및 평가를 보여 준 학교의 특성은 지속적인 성장과 자기혁신을 위한 중요한 가능성과 관련된 것처럼 보였다. 이러한 학교를 방문한 사람은 하나의 혁신만을 찾아 구분하기 힘들 것이다. 그 이유는 시청각 교재 사용, 새로운 교육과정 자료, 조정되고 신축성 있는 교실 공간, 연령 통합이나 무학년 집단 및 수업, 수업 프로그램에서 학부모 자원봉사자의 이용, 팀 기획, 팀티칭 및 팀 평가 등의 여러 혁신적인 것들이 폭넓게 지지되고 있기 때문이다.[51]

이러한 종류의 관찰은 자기혁신 학교의 특성이다. 자기혁신 학교는 특정한 혁신을 이용하기 위한 외부 기관과의 합의 때문이 아니라, 지속적으로 체계적인 문제해결에 참여하고 이용 가능한 모든 것으로부터 적절한 기술을 선택할 수 있기 때문에 성장하고 발전하는 조직이라고 할 수 있다.

새롭게 나타나고 있는 두 가지 문제점

이 글을 쓰고 있을 때는 학교가 NCLB에 포함되어 있는 표준화 기반 학교 개혁(school reform)의 많은 이론적인 전제들을 시행하기 위해 엄청난 노력을 한 지 9년이 되는 해였다. NCLB의 바탕을 이루는 일반적인 이론이 분명하게 제시되지는 않왔지만, 두 가지 가설은 단순하고 간단한 것처럼 보인다. 만약 학교가 학습을 위한 높은 기준을 설정하고, 학생 개개인이 그 목표를 달성하는 정도를 결정하기 위한 측정 가능한 기준들을 명시한다면,

1. 학생 개개인의 학습 결과는 향상될 것이다.
2. 역사적으로 유색 인종 및 저소득층 학생들과 또래들의 성취도 차이는 2013~2014년까지 없어지게 될 것이다.

이 책의 독자들도 잘 알고 있듯이 학교 변화에 대한 새로운 이론으로서의 NCLB는 실제적인 시행을 위해서는 많은 기술적인 문제들을 찾아내 해결할 필요가 있었다. 2010년 중반까지의 결과에 대한 엇갈린 형성 평가는 실망스러웠으며, 이것은 두 가지의 새로운 문제를 유발했다.

1. 학교 혼자서 NCLB의 목표를 달성할 수 있는가?
2. 학교 개혁만으로 충분한가? 아니면 완전히 새롭고 다른 종류의 조직으로서 학교의 다른 모습을 어느 정도 보여 주는 것이 필요한가?

학교 홀로 개혁을 할 수 있는가?

성취도 차이는 오랫동안 지속되었고(NCLB를 만들게 된 근본적인 이유였음) 역사적으로 학교가 그 차이를 줄일 수 없었기 때문에 사람들은 학교 스스로 목표를 달성할 수 없다고 생각했다. 앤디 하그리브스(Andy Hargreaves)는 다음과 같이 관찰했다.

> 21세기에 들어서면서 가난한 사람들을 위해 더 나은 기회를 지원하고 만들기 위한 공유된 사회적 책임에 따라 학교와 교사가 모든 학생들의 성취를 높이고 학생들 간의 차이를 줄여야 된다는 기대가 나타났다. 평등성에 대한 담론은 학업성취도의 수치상의 차이를 줄이기 위한 요구로 변질되었다. 책임감은 광범위한 지역사회에서 학교로 이동되었다. 우리는 "변명할 거리는 없다! 실패는 선택이 아니다!"라는 진언(mantras)을 너무 자주 듣는다.[52]

사실 학교 효과성에 대한 수십 년간의 연구는 학생들의 성취도 차이가 대체로 학교 외부의 요인들 때문이라는 주장을 뒷받침해 주는 증거들을 보여 주었다. 즉, 가족과 가정생활, 학생들이 살고 있는 지역사회, 그리고 사회 그 자체에 학생 간의 성취도 차이를 만드는 요인이 있었다.[53] 그리고 하그리브스는 "학교는 중요한 차이를 만들 수 있고 또 만들기도 하지만 전부 또는 대부분이 그렇지는 않다. 학교는 홀로 뛰어나게 잘할 수 없으며, 함께 일할 지역사회와 사회를 필요로 한다."고 덧붙였다.[54]

이러한 연구에 대한 증거들과 함께 거의 십 년간의 NCLB 관련 경험으로부터 얻게 된 특별하지 않은 결과들을 고려해 볼 때, 행로 변경이 연방 정부가 통제하는 사업의 미래를 위한 것인지 아닌지를 생각해 볼 필요가 있다. 하그리브스는 "더 큰 전문적인 책무성은 증가된 학부모의 책임감과 일치해야 한다."고 주장하면서, 학부모는 TV와 DVD를 끄고 자녀들과 이야기하고 함께 놀아야 된다는 오바마 대통령의 주장에 동의한다. 그는 교사들이 모든 것을 할 수 없다고 말했다. 학부모들 또한 그들의 역할을 해야 한다.[55]

하그리브스는 모든 책임감을 학부모들에게 떠넘기려고도 하지 않았다. 수년간 지역 사회의 조직자로 일했던 오바마 대통령은 어린이들을 교육시키는 데 무엇보다 중요한 부분인 학교의 개념을 잘 이해했다. 미국인들은 공립학교에서 지역사회의 지원과 참여가 필요하다는 것을 오래전부터 이해하고 있었다. 지역사회는 가족만을 의미하는 것이 아니라 어린이들의 학습 경험을 지원하고 풍부하게 할 수 있는 공공의료 서비스, 사회 복지 사업, 종교 기관을 비롯한 지역사회의 모든 것들을 포함한다. 공립학교는 지역사회의 부분이었고 지역사회는 미국 공립학교 전통의 중요한 부분이었다.

풀 서비스 학교 풀 서비스 학교(full-service schools)라 불리는 새로운 학교 개념을 발전시키기 위해서 20년 동안 성장해 온 운동이 있다. 이 운동은 새롭고 실질적인 방식으로 모든 아이들을 가르치는 개념을 포괄하는 학교를 지향한다. 풀 서비스 학교는 지역사회의 자원과 파트너가 됨으로써 학생들의 지적인 요구뿐만 아니라 정신 및 신체적 건강에 대한 요구도 충족시키기 위하여 노력한다. 현재 풀 서비스 학교(자주 지역사회 학교라고 불리는)에 대한 청사진은 없으며, 지역사회에 따라 다른 형태를 가지고 있다. 그러나 풀 서비스 학교는 건강과 치아 검사 및 서비스, 약물 남용, 정신건강 및 상담(개인과 가족 모두)과 같은 일부 또는 모든 영역의 서비스를 지원하기 위하여 지역사회 파트너에게 의존한다. 다양한 조직 양식에서 이러한 종류의 서비스는 이를 필요로 하는 어린이들에게 쉽게 접근할 수 있는 지역사회의 자원 기관에서 전문가를 통하여 학교에 제공된다.

이러한 풀 서비스 학교의 예는 부유한 뉴욕 주의 웨스트체스터 카운티(Westchester County)에서 찾아볼 수 있다. 많은 사람들은 포트 체스터 시가 수년 동안 그 카운티에서 빈곤 지역이었다는 사실에 놀라워한다. 건강 보험이 없는 어린이들이 77%에 이르는 포트 체스터의 토마스 에디슨 초등학교는 수년 동안 보건소를 만들어 나갔다. 이 보건소에서는 지역사회의 의료 기관에서 일하는 의료 전문가들이 어린이들에게 주요한 건강관리, 치아 및 영양에 대한 상담을 해 준다. 에디슨 초등학교가 구축한 또 다른 파트너십을 통하여 학생들과 그 가족들은 정신건강 상담자와 이중언어 가족 사회복지사의 서비스도 제공받는다. 에디슨 초등학교는 학생들의 시험 성적이 향상되었을 뿐만 아니라 더 많은 이민자 가족들이 학부모-교사협회에 참여하였음을 보고했다.

초기의 풀 서비스 학교 운동은 의료에 초점을 맞추었다. 학교보건 국가위원회(National Assembly on School-Based Health Care)[4]은 미국 내에서만 1,700곳의 풀서비스 학교를 보고하였으며, 현재 운동이 성장하고 있는 가운데 많은 학교들은 광범위한 지역사회 기반의 서비스를 제공하려고 노력한다.

학교 개혁으로 충분한가?

NCLB의 지난 역사와 결과를 지켜봐 온 다른 한편의 사람들은 매우 색다른 결론을 내리곤 한다. 그것은 바로 학교 개혁이라는 것이 그리 간단하게 이루어지는 것이 아니며, NCLB의 목표를 달성하는 것도 충분한 것이 아니라는 주장이다. 논쟁의 핵심은 학교란 현재 나타나는 것처럼 기본적으로 결점이 많은 조직이며, 단순히 점진적인 개선, 변화, 그리고 수정으로 개혁되지 않는다는 점이다. 즉, 우리는 조직으로서

4) 역자 주: 학교보건 국가위원회(National Assembly on School-Based Health Care: NASBHC)은 1995년 일반대중에 의해 설립되었으며 학교 기반 보건소들(school-based health centers: SBHCs)을 확대하고 강화하기 위한 국가 정책, 프로그램 및 재정 지원을 지지한다. 또한 훈련 및 기술적인 도움을 지원한다. 비전은 모든 어린이들과 청소년들이 건강하게 성장하여 그들의 가능성을 최대한으로 실현하는 것이며, 그 사명은 학교 기반 보건소를 발전시키고 지지함으로써 어린이와 청소년의 건강 상태를 향상시키는 것이다(출처: NASBHC 홈페이지).

의 학교를 재발명해야 하며, 오늘날 우리가 알고 있는 것과는 매우 다른 형태로 변모시켜야 한다. "우리의 교육 체제는 절대로 오늘날 혹은 가까운 미래의 학생들이 갖출 필요가 있는 결과물을 제공하기 위해 고안된 것이 아니다. 교육 체제는 기본적으로 매우 다른 세상을 준비하기 위해 만들어졌다. 이러한 목적에 적절히 부합하기 위해서 우리는 학교를 변혁시킬 교육 체제에 대해 다시 생각하고, 재고안해야 한다."[56]

학교를 변혁시킨다는 것은 무엇을 의미하는가? 여기 한 가지 유사한 예가 있다. 1960년대 IBM의 실렉트릭 타자기는 손으로 치는 기존의 타자기를 능가하는 극적인 기술적 향상이었다. 그러나 실렉트릭 타자기가 IBM 개인용 컴퓨터를 만들어 낸 직접적인 계기는 아닐 것이다. 개인용 컴퓨터는 '개선된 타자기' 이상이다. 또한 인쇄로 작성하는 모든 것에 대한 새로운 발명이다.[57]

개혁의 과정은 리더에서 시작된다. 리더는 미래에 학교가 나아가야 할 방향에 대한 새로운 비전을 구상한다. 그리고 학교 문화를 재정의하는 핵심 가치와 신념을 재고함으로써 개혁을 시작할 수 있다. 우리는 각 교실에 격리되어 단독으로 실천에 참여한 교사들에 초점을 맞추는 것에서부터 비차등적이고 협력적인 전문적 사업에 이르기까지 전문적인 교수 활동의 실천이 학교에서 정의되고 설명되는 방식에 대하여 이야기하고 있다.

> 역사적으로 전문직으로서의 교육은 다른 전문직과 비교하여 상대적으로 어느 정도 자율성을 약속했다. 교육 조직은 자율성과 개인의 전문 지식을 보존하기 위하여 조직되었다. 많은 우수한 교사들은 4학년 북미 원주민 단원, 월반 교실의 생물 수업, 혁신적인 휴대용 컴퓨터 프로그램과 같이 오랜 시간에 걸쳐 직접 만들고 개선한 학습 단원에 자부심을 가지고 있다. 이러한 성공은 개인적이고 심지어 교사 정체성의 근원이 되었는데 그 결과 교육자들이 자신의 실천을 검토받도록 공개하고, 동료들과 노력의 결실을 공유하거나 다른 사람들로부터 건설적인 비판을 구하는 것이 어렵게 되었다. 이와 더불어 다른 이유들로 인하여 교사는 전문적인 실천과 규범에 대한 대중적이고 집단적인 지식 기반이나 교수-학습 실천에 대한 협력적인 조사에 거의 참여하지 않는다.[58]

조직 문화의 이러한 변화는 어떤 학교에서든지 올바른 방향으로 나아가는 주요한 변화가 될 것이다.

결론

학교에서 조직의 변화를 계획하고 관리하는 데 있어서 세 가지의 기본적인 전략들을 선택할 수 있다.

1. 경험적-합리적 전략은 더 나은 아이디어를 체계적으로 생각해 내거나 발견하여 학교에 유용한 형태로 이용할 수 있도록 함으로써 변화가 조성될 수 있다는 개념에 근거하고 있다. 이 전략을 지지하는 사람들은 목표로 하는 학교에 새로운 실천을 도입하는 과정에서 부딪히는 어려움들로 인하여 자주 당황하게 된다. 대표적인 어려움은 새로운 아이디어를 무시하고, 저항하거나 거부할 뿐만 아니라 실제 실행될 때까지 변화될 수 있도록 아이디어나 실천을 수정하는 것이다.
2. 권력적-강제적 전략은 조직을 변화하게 만드는 제재의 사용(또는 잠재적인 사용)에 근거한다. 2001년 NCLB는 학교가 표준화 검사 결과에서 규정된 개선 사항에 대한 요구를 따르도록 하기 위해 실천할 필수 시간표, 보고 준수를 위한 요건 및 다양한 제재와 보상을 포함한다. 그렇기에 이는 권력적-강제적 전략의 요약본이라고 할 수 있다.
3. 규범적-재교육 전략은 학교 조직이 학교의 문제해결 능력을 향상시킴으로써 학교 내 변화를 이끌어 낼 수 있다는 아이디어에 근거한다. 이것은 보통 위계적인(관료적 · 기계적 · 고전적) 조직과 관련된 규범에서부터 좀 더 창의적인 문제해결 규범에 이르기까지 학교 문화(상호작용-영향 체제)에 대한 규범적인 가치의 변화를 요구한다. 조직의 자기혁신을 가져오기 위한 기술과 과정은 조직의 문제를 체계적으로 연구하고 진단하는 것은 물론 이 문제를 해결하는 데 있어서 각 학교 구성원들의 능력을 개발하고 향상시키는 데 초점을 둔다. 조직 발전이라는 용어는 학교의 자기혁신 역량을 증가시키기 위한 이러한 기술들에 폭넓게 적용된다.

희망하는 성공 수준을 달성하기 위해 경험적-합리적 및 권력적-강제적 전략 적용의 확장된 실패가 광범위한 좌절과 우려를 초래할 때까지, 학교가 자기혁신을 위한 역량을 개발하도록 도와야 한다는 것은 조직 문화 분야 외에서는 널리 알려지지 않았다. 학교의 조직 건강을 개선함으로써 학교를 방어적이기보다는 좀 더 주도적으로 만들 수 있다. 또한 학교가 새로운 아이디어를 채택하고 사회의 변화하는 목표를 실행할 수 있게 해 준다.

학교라는 조직은 기업, 군대, 비영리 분야와 같은 다른 종류의 조직들과 다르다. 학교는 안정과 변화에 대한 문제를 다루는 방식에 영향을 미칠 수 있는 특성들을(반드시 독특하지는 않은) 가지고 있다. 예를 들어, 학교는 대체로 출석하도록 강요당하는 학생들로 이루어져 있다. 변화를 계획하는 데 있어서 다음 여섯 가지의 특별한 특성들을 고려해야 한다.[59]

1. 학교의 목표는 어렵고 불확실한 효과성 측정과 함께 분산되어 있고, 종합적이고 심지어 추상적인 용어로 서술되어 있다.
2. 교육적인 실천의 바탕을 이루는 취약하고 특정한 과학적 기반으로 인하여 학교의 기술적 역량은 낮다.
3. 학교는 느슨하게 연결된 체제이며 이는 조직화 문제를 가져온다. 활동은 항상 명확하게 목표와 연결되어 있는 것이 아니며 통제(예를 들어, 책무성)는 확립되기 어렵다.
4. "조직의 외면은 불만스러워하는 이해관계자들에게 너무 얇고 쉽게 투과할 수 있는 것처럼 보인다."는 점을 고려하면 학교에서 분명한 경계를 둔 경영은 어렵다.[60]
5. 학교는 '가정적인' 조직이다. 경쟁이 없고, 비교적 보호된 환경에서 유지되며, 중요한 변화를 위한 별도의 대가는 거의 없다.
6. 학교는 제한되고 분권화된 체제의 부분이다. 100,000개가 넘는 건물들이 미국의 15,000 학교구에 있으며, 명목상 자율적이지만 국가의 많은 통제를 받는다(예를 들어, 학력 검사를 위한 기준, 국정 교과서 시장, 승인 및 증명 요건, 법규 및 판례법).

이러한 조직 환경에서 1920년대 웨스턴 일렉트릭 컴퍼니 연구(Western Electric Studies)까지 이어지는 실제 경험과 연구의 유산은 학교에서 인간 지향적인 변화 전략들을 개발하고 향상시키기 위한 실질적인 필요성을 강조한다.

생각해 볼 문제

1. 당신이 잘 아는 학교나 조직에서 일어났던 중요한 변화를 생각해 보라. 쿠르트 레빈의 역장 분석 개념을 이용하여 변화 과정 이전과 변화 과정 동안에 변화를 위해 조직을 해빙하고 운영하는 데 도움을 주었던 추진력과 억제력을 알아보자.

2. 1번 문제를 위해 선택한 예에서, 변화 과정을 계획하고 관리하기 위한 로버트 친의 전략적 방향들(경험적-합리적, 권력적-강제적, 또는 규범적-재교육) 중 어느 것이 사용되었는지 결정하라. 본 장의 내용을 바탕으로 어떻게 변화 과정이 당신이 알아본 방향으로 일어났는지에 대하여 구체적인 예를 제시하라. 긍정적인 조직 문화를 위한 변화를 가져오는 데 있어서 그 과정은 성공적이었는가? 왜 성공적이었는가? 아니면 왜 성공적이지 못했는가?

3. 학교에 대한 조직의 특성과 효과를 조사한 연구 논문을 찾아보라. 연구의 목적, 변수, 연구 방법, 연구 결과를 알아보고 간단히 요약해 보라. 이 정보를 동료 학생들과 공유하라. 수업에서 긍정적인 영향을 미치는 조직의 특성들을 열거해 보라.

4. **나만의 게임 플랜 만들기** 초등학교 교장을 찾는 다음의 광고에 대하여 생각해 보라.

> "각 어린이는 대단히 가치가 있는 개인이고
> 충분한 잠재력을 개발시킬 자격이 있다."
>
> **서니 아일스 초등학교 학교구**
> **(K-6 ADA 21,350)**
> **사우스 플로리다의 걸프 코스트**
>
> 문화적 · 민족적으로 다양한 학교구인 서니 아일스는
> 다음의 자질을 가진 우수한 지원자를 찾습니다.
>
> 학생 지지자 · 높은 도덕성 · 비전 · 활동성 · 인간성 · 동정심 · 책임감 · 협력성 · 변화 관리자 · 교육 리더 · 효과적인 전달자
>
> **초등학교 교장**
> 급여: 84,000~87,500달러
> 특별 수당 지급
> (207일)

급구

충원될 때까지 공석

이 자리에 관심이 있는 분들은 어떻게 자신의 경험, 배경, 열정, 목표가 어린이들의 삶에 긍정적인 영향을 줄 수 있는지 설명하는 에세이를 제출해야 합니다.

연락처

로날드 커비

부교육감, 인적자원부

(741) 327-2100 · 팩스 (741) 327-9601

다음의 웹사이트로 방문해 주세요.

http://www.siesd.k12.fl.us

(일자리 공시 웹 페이지를 보시려면 '인적 관리' 배너에서 화면을 아래로 내린 후 고용 기회를 클릭하세요.)

평등고용

다양한 문화적 배경이 있고, 이중언어를 구사할 수 있는 분들께서 지원하기를 권장합니다.

추천도서

Argyris, Chris. *Knowledge for Action: A Guide to Overcoming Barriers to Organizational Change*. San Francisco: Jossey-Bass, 1993.

조직 변화에 대하여 가장 존경받는 학자들 중 하나인 아지리스는 조직 내 동료 간의 대인관계 문제해결 능력을 향상시키기 위한 실질적인 안내를 해 준다. 협동적인 행동을 향상시키고 업무에서 권한위임을 실행하기를 원하는 교육 리더에게 매우 유용하다.

Darling-Hammond, Linda. *A Blueprint for Creating Schools That Work*. San Francisco: Jossey-Bass, 1997.

미국 학교교육의 유명한 학자이자 관찰자인 달링-해먼드는 지나친 관료화와 번거로운 절차로 인하여 교사들이 가르칠 시간이 거의 없다고 생각한다. 그녀는 학생들을 가르치는 대신 '처리'하는 학교의 '공장 모델'을 비판하면서, 이것이 세계의 다른 곳에서 공부하고 있는 동년배들과 비교하여 상대적으로 미국 학생들이 부족한 이유라고 믿는다. 그리고 우수한 교사들을 증가시키기 위한 학교의 개혁을 지지하고 학교 내부로부터의 변화를 장려한다. 저자는 자료를 수집하기 위해 일선에서 일하고 있는 사람들과 많은 인터뷰를 했으며 학습자 중심 학교에 초점을 맞추고 있다.

Dryfoos, Joy G. *Full Service Schools: A Revolution in Health and Social Services for Children, Youth, and Families*. San Francisco: Jossey-Bass, 1994.

드리푸스는 학교가 모든 학생들이 학습할 수 있는 장소가 되었다는 것을 인정하면서, 지역사회 서비스가 청소년들이 책임감 있고 생산적인 성인으로 성장할 수 있도록 학습하는 데 도움이 되는 조직화된 방식으로 학교와 협력해야 한다고 믿는다. 가정과 학교와 같이 학생들을 양육하고 교육시키는 데 책임이 있는 전통적인 기관들은 더 이상 홀로 그 역할을 할 수 없다. 지역사회의 전통적인 기관들은 도움을 필요로 하며, 이러한 도움을 주는 제일선에는 지역사회 기관이 있어야 한다. 만약 최첨단의 교육을 실시하고 있는 학교에 대해 알고 싶다면 이 책을 읽어야 한다.

Hargreaves, Andy, and Michael Fullan (eds.). *Change Wars*. Bloomington, IN: The Solution Tree, 2009.

이 책은 학교의 변화에 대하여 현재 벌어지고 있는 국제적인 논쟁에 주목하면서 '변화 전쟁'에 적극적으로 참여하고 있는 13명의 권위자들이 가진 서로 다른 통찰력에 대한 요약본이라고 할 수 있다. 책은 다음과 같이 시작한다. "세계, 그들의 동료, 또는 그들 자신에 어떤 변화를 가져오려고 노력하는 사람이라면 누구나 어떻게 그 변화를 가져오는지에 대한 이론을 가지고 있다. 이 이론은 암묵적이거나 명시적이고, 자각하고 있거나 맹목적으로 계획적일 수 있다. 그러나 이론은 어떻게 그리고 왜 사람들이 변화하는지, 변화하기 위해 사람들에게 어떠한 동기를 부여하고 지원하는지에 대한 지식, 경험, 신념, 그리고 가정이다." (p. 1) 이 책은 행동의 변화 이론에 대한 많은 실질적인 측면들을 설명해 준다.

Kohn, Alfie. *The Schools Our Children Deserve: Moving beyond Traditional Classrooms and "Tougher Standards."* Boston: Houghton Mifflin, 1999.

Amazon.com은 이 책을 다음과 같이 설명한다. "교사에서 작가로 변신한 알피 콘은 허쉬와 같은 전통 교육 분야의 거장을 거론함과 동시에, 기초로 돌아가기 운동(back-to-basics movement)의 연장선에서 학업성취기준을 상향조정하고 더욱 까다롭게 하고 있는 모든 주 정부의 정책 사례를 공격한다. 미국의 학년과 점수제에 대한 저명한 비평가인 콘은 시험과 개인교습의 왕이라고 할 수 있는 스탠리 캐플란, 그리고 공립교육의 아버지인 존 듀이를 대신하고 있는 정치가와 교육자들을 비난하는 상세하고 체계적인 논문을 작성했다." 장래의 교육 리더가 꼭 읽어야 할 책이다.

Senge, Peter. *The Fifth Discipline: The Art and Practice of the Learning Organization*. New York: Doubleday & Company, 1990.

셴게는 교육을 위한 산업 시대의 조립 라인 모델이 우리가 상상할 수 있는 이상의 학교를 형성해 왔음을 관찰한다. 이 학교는 평생 학습자가 아니라 더 이상 존재하지 않는 세상을 준비하는 사람들인 '인식아(knowers)'의 세대를 생산한다. 그는 코머 스쿨 개발 프로그램(Comer School Development Program)[5]이 미래에 필수적이라고 할 수 있는 학습자 중심 교육을 만드는 데 선구자 역할을 한다고 설명한다. 셴게는 과학에서부터 정신적인 분야에 이르는 범위를 다루면서 왜 학습 조직을 가지는 것이 중요한지 보여준다. 이 책은 매우 대중적이며 모든 교육 리더의 주목을 받을 만하다.

5) 역자 주: 학교 개발 프로그램(School Development Program: SDP)은 예일 아동 연구 센터(Yale Child Study Center)의 정신과 의사 코머(Comer)와 그의 동료들이 뉴헤이븐(New Haven) 지역의 공립학교들과 협력하여 발전시켰으며, 어린이, 청소년 및 성인 발달의 원리에 근거를 둔 연구 기반의 종합적인 K12 교육 개혁 프로그램이다(출처: 예일 의학대학원 홈페이지).

CHAPTER 8

리더십

사례 노스 리버 중학교의 리더십

노스 리버 중학교(North River Middle School)의 교장인 클리프 제임슨(Cliff Jameson)은 그가 재직 중인 학교의 주 정부 시험 결과를 교육감과 논의하기 위해 접견실에 앉아서 기다리고 있다. 하지만 그는 교육감과 시험 결과에 대해 논의하고 싶지 않았다. 왜냐하면 학교의 점수는 작년과 마찬가지로 이전 해와 비교하여 떨어졌으며, 게다가 그의 학교는 낙오학생방지법(No Child Left Behind: NCLB)이 요구하는 연간 학업성취 향상도(Adequate Yearly Progress: AYP)를 달성하지 못하였다. 이 때문에 클리프는 자신이 곧 교장직에서 해임될지도 모른다는 생각에 두려웠다.

교육감인 린다 톰슨(Linda Thomson)은 그녀의 방문을 열고 클리프를 그녀의 사무실 안으로 들어오게 했다. "방문해 주셔서 감사해요, 클리프 씨" 그녀는 말문을 열었다. "저는 당신이 교사들과 잘 지내고, 그들이 당신을 좋아한다는 것을 알아요. 당신이 리더로서 어떤 부분에서는 틀림없이 잘하고 있다는 증거겠죠. 하지만 제가 걱정하는 부분은 당신 학교의 지난 2년간의 표준화 시험(standardized test) 점수와 연간 학업성취 향상도예요. 작년에 우리가 이것에 대하여 이야기했을 때 성적 향상에 대한 당신의 계획은 가능성이 있어 보였어요. 당신이 보기에 일이 어떻게 진행되었는지 말씀해 주세요. 그리고 왜 점수가 오르지 않았을까요?"

"린다, 먼저 설명할 기회를 주셔서 감사합니다," 클리프가 말하기 시작했다. "작년에 새 학기를 시작하면서 저는 각 학년의 교사들을 만나 보았고 어디에서 문제가 발생했는지 알아내기 위해 그들이 제시한 자료들을 살펴보았습니다. 저는 그들에게 작년 한 해 동안 시험점수를 올리지 않으면 우리 학교구의 새로운 평가 체계에 따라 징계를 받거나 해임될 것이라고 명시했습니다. 저는 우리 학교의 읽기 점수를 살펴보면서, 교내 워크숍을 열어 우리 학교가 교과목 분야에서 읽기를 어떻게 가르치면 되는지에 대해서 논의하고 교사들에게 도움을 주어야 한다는 것을 분명히 알 수 있었습니다. 또한 제가 각 교실을 방문했을 때 많은 수의 학생들이 수업에 참여하지 않는 것을 확인할 수 있었습니다. 그래서 이 문제를 해결하기 위해 학급 운영에 도움이 될 만한 현직 연수를 기획하였습니다. 그 밖에 우리가 중점을 둔 중요한 분야는 아이들이 주 시험에 대비할 수 있도록 하는 것이었습니다. 이를 위하여 저는 시험에 직접적으로 관련 있는 교과목들에 대한 시험 대비용 소프트웨어와 자료를 제공하여 도움을 주었습니다."

"당신은 교사들로부터 무엇이 잘못되었고 무엇이 효과적일지에 대한 의견을 수렴했습니까?" 린다가 물었다.

"물론입니다," 클리프가 대답했다. "저는 교사 개개인에게 아이디어가 있으면 저에게 보내 달라고 하였습니다. 그리고 다음 회의에서 그것에 대해서 논의하자고 하였습니다. 하지만 돌아오는 피드백은 거의 없었습니다. 그나마 들어온 의견도 정곡을 찌르는 것은 없었습니다. 우리는 학년 초에 필요한 모든 교내 연수를 실시하였습니다. 그리고 저는 교감 선생님들과 함께 모든 교실을 방문하여 교사들이 기본적인 것들에 중점을 두고 수업을 하고 있는지, 학생들이 수업에 잘 참여하고 있는지, 그리고 그들이 시험을 치를 준비가 되어 있는지를 확인하였습니다. 학교의 상황을 분석해 본 결과에 따르면 우리는 우리가 할 수 있는 일을 다 했습니다."

"그래서 당신이 생각하기에 무엇이 잘못된 것 같은가요, 클리프?" 린다가 물었다.

"글쎄요, 제가 말씀드렸다시피 우리가 교실을 방문하여 보니 교사들이 연수받은 것을 충분히 따르지 않고 있더군요. 그리고 시험에 대비하기 위해서 제공한 자료들도 사용하지 않고 있었고요. 하지만 돌아오는 새해에는 모든 것이 달라질 것입니다."

"클리프, 솔직하게 말씀드리겠어요. 만약에 올해에도 점수가 내려간다면 저는 당신을 교장직에서 물러나게 할 수밖에 없어요." 그리고 린다가 물었다. "노스 리버 중학교의 상황을 개선하기 위한 당신의 계획은 무엇인가요?"

"먼저, 우리는 작년과 동일한 교내 연수 프로그램을 운영할 것입니다. 하지만 올해에는 교사들이 현직 연수 프로그램에 더 집중할 수 있도록 체험 중심 활동을 제공해 줄 수 있는 전문 외부강사를 초빙할 예정입니다. 사람들은 그냥 앉아서 보는 것보다 직접 체험하면서 더 잘 배우니까요. 둘째로, 과거에 저는 평가에 너무 관대했습니다. 저는 백분위 점수로 5점 이상 시험점수가 내려간 교사들에 대해서 근신처분(probation)을 내릴 겁니다. 이것은 그들에게 경각심을 일깨워 줄 것이고 조금은 동기부여가 될 겁니다. 그리고 마지막으로 저는 행정 팀과 교실을 좀 더 자주 방문하여 계획한 일들이 잘 진행되고 있는지 점검할 겁니다. 린다, 저는 제가 이 학교를 변화시킬 수 있다고 생각해요. 그리고 제가 좋은 리더라는 것을 교장의 위치에서 다시 한 번 증명할 수 있는 기회를 주시면 고맙겠습니다."

1. 당신은 클리프 제임슨의 리더십 행동을 어떻게 특징지을 것인가? 그는 훌륭한 리더인가?
2. 클리프는 교사들에게 무엇이 잘못되었는지 피드백을 달라고 요청하였다. 하지만 그는 돌아온 피드백이 얼마 되지 않았고, 그것들 중 어느 것도 적합하지 않다고 생각했다. 당신은 이런 일이 왜 발생했다고 생각하는가? 그는 교사들로부터 더 많은, 혹은 더 유용한 피드백을 얻기 위해 어떤 방법을 써야 했는가?
3. 클리프는 교사들로부터 받은 얼마 되지 않는 피드백 중 어떤 것도 정곡을 찌르진 못했다고 말했다. 이러한 현상을 통해 교사들이 정말로 그에게 이야기하고자 했던 것이 무엇이었다고 생각하는가?
4. 교육감의 입장에서 교장이 학교의 목표를 달성할 수 있도록 지도 계획을 세워 보시오.

동전의 양면처럼 리더십과 의사결정은 불가분의 관계에 있다. 리더십은 독주(獨奏)가 될 수 없다. 이번 장에서 우리가 살펴보겠지만, 정의에 따르면 리더가 리더십을 발휘할 수 있는 유일한 방법은 다른 사람들, 즉 팔로워(follower)들을 통해서다. 따라서 리더십은 언제나 합주(合奏)일 수밖에 없다. 리더십 이론을 주제로 하는 이번 장에서는 리더십 발휘를 위해 다른 사람들과 관계를 맺는 방식을 결정할 때 선택해야 하는 범주를 개념화하는 데 중점을 두고 있다. 현대의 리더십 이론은 이런 행위 결정을 하는 데 중립적이지 않으며, 팔로워들과 일하는 몇 가지 방법들이 다른 방법들보다 더 효과적이라는 내용을 포함한다.

반면, 의사결정 이론은 실행하기로 결정된 리더십 이론의 다양한 선택들에 대해 초점을 맞춘다. 그렇기에 의사결정 이론을 다룬 다음 제9장과 이번 장은 서로 긴밀하게 연관되어 있다.

적응적 리더십

급변하는 현대사회에서 학교와 특히 학교 리더들은 외부 환경 변화에 조직이 신속하고 능숙하게 대처할 수 있도록 움직여야 한다. 조직 이론의 주요 개념 중 하나는 리더십 전략을 선택할 경우 조직 환경의 변화와 안정의 역할이다.

물론 학교 학생들의 학업성취능력을 향상시켜야 한다는 의견은 이전보다 더 큰 지지를 받고 있으며, 이를 위해 학교 행정가들의 효과적인 리더십이 필요하다는 의견도 같이 강조되고 있다. 그러나 리더십의 본질에 대해 생각하고 이해하는 데에는 다양하지만 가끔 서로 대립하는 이론들이 존재한다. 리더십에 대한 한 가지 유명한 개념 혹은 이론은 전통적인 하향식(top-down) 유형으로, 이는 최상의 아이디어는 조직의 상부에서 나오며 이러한 아이디어는 조직 하부로 전달되어 실행되어야 한다는 것이다. 이러한 리더십에 대한 전통적인 이해는 고대 로마 군대에서 찾을 수 있으며, 현재에는 낙오학생방지법(No Child Left Behind: NCLB)이 좋은 예다.

이러한 접근법을 2001년 미국 연방법에 법제화하려고 했던 사람들은 학생들의 학업성취도를 향상시키기 위하여 학교와 교실에서 정확히 무엇을 행해야 하는지를 알고 있다고 확신했다. 그리고 이러한 그들의 신념은 NCLB에 분명하게 명시되어 있다. 이 법은 읽기를 가르치는 데 발음 중심 교수법(phonics)의 사용을 의무화하고, 표준화 시험을 통해 규칙적으로 학업 상태를 확인하며, 학생들의 학업성취도를 향상시키는 데 실패한 학교에 대해서는 처벌적 제재를 가하도록 하였고, '과학적 연구(scientific research)'에 의해 효과성이 입증된 교수 방법을 사용하도록 강력히 주장하고 있다. 미국 학교교육 역사의 흐름과 일치하지 않는, 중앙정부로부터 온 이러한 하향식 권력의 행사(practice of power)를 주장하는 사람들은 그것을 교육적인 그리고 정치적 리더십의 실행이라고 설명하기도 한다.

그러나 리더십에 대한 현대의 학문적 사상은 오늘날 조직이 변화와 복잡성, 그리고 불확실성 등의 특징을 갖는 환경에 민첩하게 반응해야 한다고 보고 있다. 마가렛 위틀리(Margaret Wheatley)는 양자물리학과 생태계에 대하여 연구한 뒤 혼돈 이론(Chaos Theory)이라는 용어를 교육 조직과 리더십에 대한 연구에서 사용하여 대중화시켰다. 그녀는 조직이 대면하고 있는 불안정하고 예측 불가능한 상황 속에서 조직을 이끌어 갈 새롭고 더 나은 방법이 필요하다는 것을 지적했다.[1] 기본적으로 이러한 상황 속에서 리더들은 상이한 두 가지 문제와 마주치게 되며 이를 해결하도록 요구받는다.

- 몇몇 문제들은 기술적(개별적)이다. 이런 문제들은 단순하거나 상대적으로 명확하며 기술적인 전문성을 적용함으로써 해결할 수 있다. 그리고 그 결과는 어느 정도 확신을 가지고 예측할 수 있다. 이러한 문제들은 보통 기술적으로 능력 있는 개인들에 의해 해결될 수 있고, 리더십의 하향식 적용이 바람직하다.
- 다른 문제들은 적응적(출현적)이다. 이러한 문제들은 당연히 매우 복잡하고 제

대로 파악되지 못한 요인들을 포함하고 있어 어떠한 행동 방침도 예측 불가능하다.[2] 적응적 문제의 대표적인 예에는 범죄와 빈부 격차 문제의 개선, 교육 개혁의 실행 등이 있다. 이러한 문제를 해결하기 위해서는 리더십 과정에 대한 지식을 가지고 있으며 조직의 다양한 수준에 있는 사람들이 문제에 접근할 수 있어야 하며, 동시에 이런 참여와 협력을 촉진시킬 수 있는 리더십 과정이 요구된다. 따라서 적응적 문제를 다룰 때의 리더십은, 우리가 앞으로 이 장에서 더 상세히 설명하겠지만, 오래도록 반복되는 과정 속에서 사람들 사이의 협력을 필요로 한다.

오늘날 학교들이 직면하고 있는 문제들, 특히 학교 개혁과 관련된 문제점들은 명백히 적응적 문제들이고 따라서 이 장에서 논의될 적응적 리더십(adaptive leadership)의 개념과 기술이 필요하다. 하지만 우리는 우선 리더십의 근본적인 것들에 대해 살펴볼 필요가 있다. 많은 문헌들이 리더십과 관리를 이분화하여 논의했는데, 우리의 논의도 여기에서부터 시작된다.

리더십과 관리

사람들이 미국 학교 개혁에 대해 설득할 때 '단순한 관리'가 아닌 리더십이 필요하다고 말한다. 이것은 관리와 리더십 사이에 차이점이 존재하며, 또한 상호 배타적이라는 것을 보여 준다. 이러한 관점은 한 사람이 업무를 관리하는 것이지 다른 사람을 관리(manage)하는 것이 아니고, 사람들을 지도(lead)하는 것이지 업무를 이끄는 것이 아니라는 사실에서부터 유래되었다. 예를 들어 우리는 재정, 재고품, 그리고 프로그램 등을 관리하지만, 사람들은 이끌고 지도한다. 즉, 관리(manage)하는 것과 지도(lead)하는 것 사이에 질적인 차이가 있으며, 일부 사람들은 이 두 가지가 상호 배타적이라고 주장한다. 예를 들어 워렌 베니스(Warren Bennis)와 버트 나누스(Burt Nanus)는 "관리자란 일을 올바르게 하는 사람이고 리더들은 바른 일을 하는 사람이다."[3]라고 말했다. 몇몇 사람들은 현재의 교육 리더십의 부재가 경영 대학들뿐만 아니라 교육 대학들에서도 오래도록 주창해 온 '경영비법'의 존재를 믿기 때문이라고 비난하고 있다. 이러한 경영비법의 특성은 구조와 규칙, 그리고 간접적 의사소통을 강조하는 반면 아이디어와 사람들의 감정을 무시하고 리더십에 다른 이들이 직접적으로 참여하는 것을 기피한다. 이는 학교의 기본적 업무인 교수 과정(teaching)이 사람들의 관심과 괴리되는 관리의 전문화(professionalization of management)라는 결과를 낳았으며, 또한 리더십을 규칙, 계획, 관리 통제, 운영 규정 등으로 개념화했다.

이러한 특성은 학교교육과 교수-학습을 교육 서비스 제공과 혼동하는 사람들이 사용하는 언어에서 자주 나타난다. 그들은 상인들이 상품 유통에 대해서 이야기하거나 패스트푸드 식당 주인이 음식을 차릴 때 중요한 것을 설명할 때처럼 냉정한 태도(cool detachment)로 이야기한다. 따라서 우리는 학교에서 종종 다음을 목도한다.

> … '옳은 일'을 하는 대신 '주어진 일을 올바르게' 하는 것에 대해 강조한다. 학교의 개선을 꾀하는 계획들은 실제의 개선 성과를 대체하게 되었다. 교원평가 체제의 점수는 좋은 교사들을 대체하는 의미가 되었다. 연수나 교내 워크숍 등의 점수의 축적은 실행에서의 변화를 대신하고 있다. 훈육 계획안은 학생 통제를 대체했다. 목적과 본질은 리더십 스타일로 대체되었다. 동료 사이의 평등한 관계는 합의적 관계로 대체되었다. 협력관계는 헌신을 대체하게 되었다. 순응은 결과를 대체하게 되었다.[4]

미국 공교육 사업이 1945년부터 1985년까지 수십 년 동안 현저하게 더 관료화되었다는 데에는 의심할 여지가 없다. 오늘날 사람들은 이른바 관리(management)라는 리더십의 관료적 개념을 강조하고 있다. 이러한 근시안적 관점이 수정되어야 한다는 점과 모든 수준의 교육기관에서 리더십이 매우 필요하다는 데에는 의문의 여지가 없다. 그러나 우리가 관리의 리더십을 비난하고 다른 유형의 리더십으로 대체할 때에는 신중해질 필요가 있다.

모든 교육 리더는 반드시 관리 능력이 있어야 한다. 가드너(Gardner)는 리더들은 종종 자원을 분배하며 예산을 다루고 사람들이 조직의 비전을 향해 일을 할 수 있게끔 사업을 조직해야 한다고 지적했다.[5] 그는 모든 지도자들은 숙달된 관리자가 될 필요가 있으며 조직의 비전이 실현되기 위해서는 반드시 이루어져야 하는 조직의 일상적이고 내부적인 일들에 대해서도 다룰 줄 알아야 한다고 주장하였다.

학교는 여전히 대규모로 조직되어 있고 관료제를 기반으로 운영된다. 그러나 현대사회에서 관료제는 공장과 같이 부정적으로 인식되며 사용된다. 대다수의 교육행정가들은 일상적 업무의 관리라는 측면에서 자신의 업무를 개념화한다. 분명 이러한 현실은 학교 조직 운영에서 관리를 강조하면서 학교에서의 리더십 개발을 방해한다. 그 때문에 미국 학교들은 더 많은, 그리고 더 나은 리더십을 필요로 한다. 그러나 교장이 리더가 되어야 하지만 관리자가 되지 말아야 한다는 주장은 잘못된 것이다. 교장은 두 가지 역할을 모두 수행해야 하기 때문이다.

권력과 리더십

세상에는 리더십에 대한 방대한 양의 연구가 존재한다. 그리고 그 문헌들은 리더십에 대한 수백 가지 정의를 내리고 있다. 그러나 문헌들의 대다수는 다음 두 가지 요인에 대해서 일반적으로 동의한다.

1. 리더십은 집단적 기능이다. 그것은 두 명 이상의 사람들이 상호작용할 때 발생한다.
2. 리더들은 의도적으로 타인의 행동에 영향을 주려고 한다.

따라서 리더십의 개념에는 항상 사회적 상호작용을 통해 영향력을 행사하는 것이 포함된다. 리더십을 이해하기 위해서 우리는 관련된 사회적 상호작용의 본질과 특성을 면밀히 살펴보아야 한다. 여기에서 중요한 것은 권력이다. 다시 말해, 어떠한 종류의 권력이 수반되고 어떻게 그것이 행사되는가의 문제다.

조직을 이끄는 사람들은 반드시 권력(power)이 있어야 한다는 것을 이해해야 한다. 왜냐하면 권력이란, 사람들이 협력하여 일을 할 때 생각을 현실로 바꾸는 행위를 시작하거나 유지하는 기본적인 힘이기 때문이다. 권력을 갖지 못한 리더란 존재할 수 없다.[6] 이 장에서 논의되듯이, 리더십을 발휘하는 데 있어 권력의 행사가 반드시 억압적일 필요는 없다. 그 이유는 다음과 같다.

다른 사람에게 영향을 주기 위하여 사람들이 사용하는 권력에는 다양한 종류가 있다. 그리고 그 권력은 다양한 원천으로부터 나온다. 리더십에 대하여 이해하기 위해서는 지도(lead)하는 사람의 권력과 명령(command)하는 사람의 권력에는 차이가 있다는 것을 알아야 한다. 이 두 개념은 서로 자주 혼동하기가 쉽다. 리더십과 명령의 차이는 권력이 어디로부터 유래되었는지에 따라 달라진다.

명령과 구별되는 리더십

위계질서가 있는 조직에서 직위를 가진 사람들은 합법적으로 명령할 수 있는 권리인 직무권한을 행사한다. 예를 들어 학장, 교육감, 혹은 교장 등이 이에 해당하며, 이들의 직무권한은 위계질서를 기반으로 공적인 위치에 있는 사람들에게 부여된 법적 권력(legal power)에 기초한다. 법적 권력은 상급자에 의해서 부여된 것이기 때문에, 적어도 이론상으로는 구성원들이 그것을 통제할 수 없고 복종해야 한다. 물론 미국 교육 조직의 현실에서 이러한 절대적 권력은 거의 발견되지 않는다. 왜냐하면 그런 종류의 권력이 행사되면 사람들은 종종 억압받고 있다고 생각하기 때문이다. 예를 들어 교원 노조는 교육위원회와 학교구의 행정가들이 교사들에 대해 권력을 자의적으로 행사하는 것을 중재하고 제한하기 위하여 특별히 만들어졌다. 교원 노조의 이러한 활동이 매우 효과적이라는 데에는 의심할 여지가 없다.

반면에 리더들의 권력은 공유된 합의를 통해서 리더의 영향력과 지시를 수용한 팔로워들에 의해 자발적으로 부여된 것이다. 리더들은 공식적인 기관이 부여한 법적 권력을 행사하지 않는다. 대신 그들은 팔로워들이 스스로 그들에게 위임한 권력을 행사한다. 왜 팔로워들은 리더에게 권력을 이양할까? 아마도 욕구의 최상위 단계에서 팔로워들이 리더의 아이디어에 매료되어서일 수도 있고, 그들이 리더의 가치와 신념을 공유해서일 수도 있고, 또한 한정된 자원을 놓고 다른 집단과 갈등하는 상황에서 팔로워들이 리더를 대표자로서 지지하기 때문일 수도 있다.

공적 조직의 권력과 리더의 권력의 차이점을 이해하는 중요한 단서는 누가 권력을 통제하느냐에 달려 있다. 팔로워들은 그들이 자발적으로 리더에게 보냈던 자신들의 지지를 철회할 수 있다. 반대로 자신들의 지지를 더욱 증대시키기도 하는데, 이것은 리더의 권력을 향상시키는 길이기도 하다. 예를 들어 마틴 루터 킹 목사(Rev. Dr. Martin Luther King, Jr.)는 20세기의 가장 훌륭하고 영향력 있는 지도자로 널리 알려져 있다. 그러나 그는 그를 따르는 사람들의 행동을 통제하는 어떠한 법적 권한도 가지고 있지 않았다. 그럼에도 불구하고 킹 목사는 그를 따르는 사람들의 행동뿐만 아니라 국가의 정책에도 영향을 주는 비범한 권력을 가졌다.

킹 목사가 제시했던 것들은 아이디어, 즉 일련의 가치와 신념, 그리고 바람직하고 공명정대하며 도덕적으로 완벽한 미래에 대한 비전이었다. 이러한 비전은 그의 모든 사고와 가치에 구체화되어 있다. 이러한 목표를 같이 달성하려는 소망을 가진 팔로워들은 능동적으로 그에게 강한 지지를 보내었다. 그렇기 때문에 킹 목사는 공동의 목적을 위해 수많은 사람들을 동원할 수 있었고, 중대한 사건들을 시작할 수 있는 영향력 있는 사람이었다. 그러나 그는 억압자는 아니었다. 그는 인문학에 능통했던 마하트마 간디(Mohandas Gandhi)를 연구하면서 리더십에 대해 많이 배우게 되었다. 간디의 업적은 리더십의 효과성에 대한 기념비가 되었다. 그는 식민주의의 억압에 맞서 1947년에 승리를 거두었다.

권력은 계급이 있는 공직자들에게 적어도 강제적인 지배와 강압을 할 수 있는 법적 권한을 부여한다. 이것은 리더십이 아니라 상급자로서의 행동(superordination)이다. 우리는 이 두 가지를 구분해야 한다.

> 상급자로서의 행동은 부여된 권한(vested authority)인 반면, 리더십의 원천은 위임된 권한(entrusted authority)이다. 권력이 제도(institution)에 있을 경우 권한은 상급자에게 부여되고 그들 각자의 직급에 따라 하급자들은 상급자에게 복종해야 한다.
>
> 팔로워들 자신들에게 권력이 내재되어 있을 경우 권한(authority)은 리더에게 위임(entrusted)되고, 팔로워들은 리더에게 협력하며 팔로워들은 이러한 결정을 바꿀 수 있다. 상급자는 합법적으로 하급자에게 강요(compel)할 수 있다. 그러나 리더는 합법적으로 팔로워십(followership)을 유도해 낼 수밖에 없다. 상급자와 하급자의 관계는 강제적(compulsory)이지만, 리더와 팔로워의 관계는 자발적(voluntary)이다.[7]

리더가 비록 다양한 종류의 권력을 행사하지만 리더는 팔로워와 연계하여 자신의 목표뿐만이 아니라 그들의 중요한 목표도 달성하기 위하여 노력한다. 따라서 "인간에 대한 리더십은 특정한 목적이 있는 사람들이 집결하였을 때 나타난다. 이때 팔로워들의 동기를 유발하고 만족시키기 위하여 제도적 · 정치적 · 심리적 및 기타 자원이나 타인을 두고 경쟁이나 갈등을 하게 된다."[8] 제임스 맥그리거 번스(James MacGregor Burns)에 의한 이러한 리더십 정의는 우리가 현시점에서 받아들일 만한 것이다.

권력의 정의

권력은 다른 사람에게 영향을 주는 역량이라 여겨진다.[9] 이처럼 다른 사람에게 영향을 주기 위하여 다른 종류의 권력이 사용될 수 있다. 전통적으로 그리고 일반적으로 받아들여지는 다섯 가지의 권력 원천에 대해 존 프렌치(John French)와 버트람 레이븐(Bertram Raven)은 다음과 같이 설명했다.[10]

- **보상적 권력(reward power)**: 보상을 통제함으로써 다른 사람들이 권력을 가진 사람에게 순응하도록 유도한다.
- **강압적 권력(coerce power)**: 잠재적으로 처벌을 할 수 있는 자원을 통해 다른 사람들이 순응하도록 유도한다.
- **전문적 권력(expert power)**: 다른 사람들이 간절히 원하는 지식을 보유함으로써 그들로 하여금 권력 행사에 순응하면서 지식이나 혜택을 얻도록 유도한다.
- **합법적 권력(legitimate power)**: 조직 내의 직위에 따르는 권한을 갖게 되면 조직의 다른 사람들은 그러한 권한에 복종할 의무가 있다고 인식하게 된다.
- **준거적 권력(referent power)**: 권력을 가진 사람은 개인적인 카리스마나 다른 사람들에게 칭송받는 아이디어나 신념을 지니고 있다. 그러므로 다른 사람들은 권력을 가진 사람과 어울리면서 가능한 한 그와 비슷해지고자 하게 된다.

리더가 가진 권력의 힘은 그 권력이 근거하는 원천의 범위에 달려 있다. 권력의 원천이 하나뿐인 리더는 다양한 원천을 가진 사람보다 근본적으로 약한 권력을 행사할 수밖에 없다. 교원 노조의 등장과 교사들의 헌법상의 권리에 대한 해석이 확대되면서부터 많은 학교 교장들은 그들의 지도력이 약해졌다고 인식한다. 교사들에게 순응하도록 강요하는 교무실에서의 공식적 권력은 교사들에 대한 보상을 통제하는 권한이 줄어들면서 눈에 띄게 감소되었다. 실제로 교장들의 강압적 권력의 감소는 리더십의 필요를 증가시켰다. 영향력 있는 학교 리더들은 여전히 중요한 권력의 원천(source of power)을 가질 수 있다.

- 많은 교사들은 교장들이 조력 행동을 할 때 가치 비판적이지 않고, 우호적이며, 협력적이고, 교사들의 자기개발에 관심을 갖는다면 그러한 조력 행동이 매우

유용하다고 생각한다.[11] 교장의 행동이 충분히 유용하다고 믿을 경우 교장에 대한 그들의 지지는 증가하고, 그 결과 교장의 지도력은 따라서 증가한다.

- 교사들은 조직을 소중하게 여기기 때문에 조직 내의 공식적 직위에 따른 권한을 계속해서 인정한다. 그들은 대개 공식적으로 조직 내의 고위직에 있는 사람들의 합법적 권력을 따른다.
- 교사들은 교장이 사전 승인을 위해 미리 수업 계획서를 제출하도록 요구하는 등 교수법 전문가인 척하거나, 가부장적이고 비판적인 태도로 자신이 참관한 수업에 대해 전문가인 것처럼 비평하는 것에 대해 분개하며 이를 거부한다. 반면에 교사들은 참신한 생각을 가진 교장들에게는 호의적인 지지를 보낸다. 교사들은 상호 공통의 문제를 규명하고 해결하기 위해 함께 일할 수 있는 협력적이고 협조적인 방법을 사용하는 전문가로서의 교장을 권력이 있는(powerful) 것으로 보고 인정하는 경향이 있다. 그러한 방법들은 교사들에게 개인적으로 매슬로의 동기부여론에서 이야기하는 높은 수준의 보상을 주며, 개인적으로 자기개발을 지속할 수 있도록 도와준다.
- 다른 사람들이 수용하고 공유하고 싶어 하는, 참신하고 흥미로운 아이디어와 함께 미래에 대한 비전을 가진 교장들은 준거적 권력을 형성한다. 교사들은 자신의 비전을 일관되고 생생하게 표현하는 교장을 존경하는 경향이 있다. 이러한 교장은 열정을 불러일으키고, 아이디어를 형성하고 발전시키기 위한 대화에 다른 사람들을 참여시킨다. 또한 비전과 개인들의 열망 사이에 의미 있는 연관성을 찾도록 도와주고 앞으로 펼쳐질 새롭고 더 나은 미래의 일부가 되도록 독려하는 특성을 가진다. 이것은 리더가 되고자 하는 교장들에게 중요한 권력의 원천이 된다.

직위에 따른 권력과 팔로워들이 자발적으로 리더에게 위임한 권력으로 분류되는 이러한 두 종류의 권력은 상호 배타적일 필요는 없다. 대학의 학장은 교수의 재임용과 정년에 대한 결정에 대하여 상당한 법적 영향력을 가지고 있으나, 동시에 교수진들로부터 강한 지지를 받는 리더이기도 하다. 부여된 권력을 누가 통제하는지가 리트머스 시험지가 된다. 비록 그의 직위에 따른 권한이 줄어들지 않았음에도 불구하고, 교수진으로부터 지지를 잃은 학장은 팔로워들에게 영향을 주고 목표 달성에 필요한 권력을 상당 부분 잃게 된다. 미국의 대통령들은 직위에 따른 공식적인 권력과 자신들의 힘을 기꺼이 위임하기로 한 지지자들로부터의 권력을 동시에 가지고 있다. 예를 들어 워터게이트 사건 후 리처드 닉슨(Richard Nixon) 대통령의 대통령직 상실은 대통령으로서의 공식적인 법적 권력과는 상관이 없었다. 다만 팔로워들의 지지 없이는 대통령직을 지킬 수 없었기 때문이었다.

폐기된 2요인 리더십 이론

교육 리더십에 대한 1960년대부터 1990년대까지의 형식주의적인 이론화는 대부분 폐기되었다. 반면에 우리가 앞서 논의한 번스의 통찰력은 리더십 분야에 상당한 영향력을 끼쳤으며, 리더십에 관한 사람들의 이해의 폭을 넓혀 주었다. 번스 이전의 리더십 관련 연구의 접근방식은 일반적으로 리더의 행동을 2차원적으로 정의했다.

- 첫 번째 차원의 리더 행동 유형은 일의 달성을 강조한다. 이러한 행동은 종종 구조 주도(initiating structure)라고 불리는데, 이는 그것이 종종 업무를 구조화하기 때문이다. 이 행동 차원에서 리더는 자신과 구성원 사이의 관계를 설명하고, 수행해야 할 과업을 구체적으로 명시하며, 잘 정의된 조직의 유형과 의사소통의 채널, 절차, 일정, 그리고 책무성을 정하기 위해 노력한다. 이것은 종종 생산 강조(production emphasis) 혹은 과업 강조(task emphasis)라고 불린다.
- 다른 차원에서 리더는 자신과 팔로워 사이의 관계에서 친목, 상호 신뢰, 존경, 그리고 온정 등을 개발하는 것을 강조한다. 이러한 행동은 보통 타인에 대한 배려 혹은 관심이라고 불린다.

버나드 배스(Bernard Bass)는 리더들이 '인간 중심'(즉, 타인에 대한 배려 강조)이거나, 혹은 '과업 중심'(즉, 규칙과 과업의 수행 과정 강조)인 경향이 있다고 했다.[12]

> 과업 중심의 리더들은 구조를 만들고, 정보를 제공하며, 무엇이 수행되어야 하는지 결정하고, 규칙을 만들며, 순응에 대한 보상을 약속하고, 불복종 시 처벌로 위협한다. 팔로워 중심의 리더들은 팔로워들로부터 조언, 의견, 그리고 정보를 구하고 판단을 점검하고 팔로워들과 의사결정을 공유한다…. 과업 중심의 리더들은 그들

이 결정한 것에 팔로워들이 순응하도록 권력을 사용한다. 팔로워 중심의 리더들은 팔로워들이 일정한 범위 내에서 의사결정을 할 수 있도록 독려한다.[13]

2차원적인 이론은 리더십이 이러한 두 가지 행동들이 섞여 있는 혼합물로 구성되며, 효과적인 리더가 되느냐의 여부는 다양한 상황 속에서 가장 적합한 행동조합을 선택하는 것에 달려 있다고 주장한다. 일반적으로 사람들은 이러한 두 가지 행동 성향 중 하나를 다른 하나보다 더 선호하는 경향이 있다. 적어도 미국의 학교 리더들은 이런 두 가지 종류의 리더십 행동 차원을 가지고 있다. 학계에서 비난받고 있는 리더 행동에 대한 이러한 개념에 대해 리더십을 공부하는 학생들이 비판하고 싶을 때면 항상 과업 지향적이거나 항상 인간 지향적인 지도자는 없다고 주장한다.

리더십을 이해하는 2차원적 접근 방식은 리더십 유형을 강조한다. 예를 들어, 과거의 교육 리더들은 독재적 리더십 스타일이라고 불리는 과업 지향적 혹은 관리적 차원의 리더십을 강조했고 소수의 사람들만이 배려를 강조한 민주적 리더십을 주창했다. 이러한 경향으로 인해 많은 비난이 뒤따랐지만 어쨌든 다양한 리더 유형들은 독재적이거나 또는 민주적이거나, 혹은 과업 지향적이거나 인간 중심적이거나, 명령적이거나 또는 협조적이거나 하는 경향이 있는 것으로 설명된다. 어떤 사람은 리더의 성격에 부합한다고 생각하는 리더십 유형을 채택하기도 하고, 다른 사람은 리더가 일하는 상황에 따라 리더십 유형을 선택한다. 이런 모든 것들은 리더십 연구를 과학적 수준으로 끌어올리려는 노력을 제한하였고 거기에 취약점이 존재한다. 오늘날 교육계에서는 리더십을 공식이나 처방으로 간단히 정리하는 것이 불가능하고 대신 복합적이고 모순된, 즉 골치 아픈 인간 조직에서 일상적으로 자주 나타나는 인간 변수와 혼란 등에 맞춰야 한다는 인식이 급속히 퍼지고 있다.

가장 잘 알려진 2요인 리더십 이론들에 대해서 좀 더 알고 싶은 독자들을 위해 다음의 이론들과 각각에 관련된 저자를 소개한다.

- 오하이오 주립대학교 리더십 연구 및 리더 행동 설문지(The Ohio State Leadership Studies and the Leader Behavior Description Questionaire-LBDQ)(Hemphill & Coons[14]; Stogdill[15])
- 관리망 이론(Managerial Grid)(Blake & Mouton[16])
- 상황 이론(Situational Leadership Theory)(Hersey, Blanchard, & Johnson[17])

• 상황적합 이론(contingency Leadership theory)(Fiedler[18])

팔로워와의 관계로서의 리더십

우리가 사람들을 이끌고 나아가려고 할 때 우리는 그들의 환경의 일부가 되며 따라서 B = *f*(p · e)와 같이 그들의 조직 행동 방정식의 일부가 된다. 그러므로 리더들은 그들이 사용하고자 하는 리더십 유형이나 기술은 물론 팔로워와의 관계의 질과 종류에 대해서도 그다지 걱정하지 않는다. 리더십은 한 사람이 다른 사람에게 행하는 것, 다른 사람을 대하는 태도도 아니다. 그것은 다른 사람들과 함께, 혹은 그들을 통해서 조직의 목적을 달성하는 것이다.

리더들이 다른 권위자들과 구별되는 차이점은 리더와 팔로워 사이의 독특한 관계에 있다. 리더는 팔로워와 다음과 같은 방식으로 연관된다.

- 조직이 어느 방향으로 나아가야 하는지와 어떻게 목표에 도달할지에 대한 비전을 팔로워들과 공유하면서 그들을 결속시킨다.
- 더 나은 미래를 계획하고 만들어 가는 데 팔로워들이 기여하도록 독려한다.
- 작업 환경을 조성하여 계획한 목표가 조직의 중심 가치가 되도록 한다.
- 팔로워들이 비전을 현실로 실현시키는 데 필요한 일을 좀 더 용이하게 수행하도록 돕는다.

리더들이 어떻게 이러한 과업을 달성할까? 그것은 첫째, 그들이 생각하는 리더십이 무엇이냐, 즉 리더와 팔로워 사이의 관계의 특성(character)과 질(quality)에 달려 있다. 이것은 리더가 되려는 사람들이 주위 사람들과 그들이 일하는 세계, 그리고 우리의 모든 문화적 신념과 가치가 발생한 세계에 대해서 가지고 있는 근본적인 가정에서부터 출발한다.

더글라스 맥그리거(Douglas McGregor)의 개념을 사용하자면, 팔로워십에 대한 X 이론의 가정을 수용하는 사람들은 갱단이나 매장에서 자신들의 부하를 내려다보는 전형적인 보스에 대한 고정관념으로 리더십을 바라볼 것이다. 이러한 리더들은 명령을 내리고, 감시하고, 일이 진척되도록 계속해서 독려한다. Y 이론의 가정을 수용하는 사람들은 리더십을 조직의 목적에 도달하고 조직의 미션을 달성하기 위하여 다른 사람들과 협력하고 과업을 달성하기 위하여 팔로워들과 열정을 공유하며, 그들을 격려하고 지지하며, 문제를 해결하기 위해 도움을 주는 것으로 본다. 오늘날 미국에서, 교육계에 종사하며 X 이론의 가정에 동의하는 사람들은 4장에서 이미 언급했듯이 X 이론의 부드러운 행동(theory X soft behavior) 뒤에 자신을 숨긴다. 그렇게 함으로써 그들은 자신들이 무관심하고 비민주적으로 보이는 것을 피할 수 있다. X 이론의 부드러운 행동은 몇 가지 심각한 도덕적 · 윤리적 문제를 야기하는데 그에 대해서는 이 장의 후반부에서 다룰 것이다.

리더십을 이해하는 중요한 열쇠는 팔로워들이 가진 인간 본성과 리더들이 그것을 어떻게 연관지을 것인지에 대한 독자 스스로의 개념을 이해하는 데 있다. 예를 들어 인간 본성에 대한 니콜로 마키아벨리(Niccolo Machiavelli)의 전제는 15세기 지배 계급의 한 청년에게 충고를 하면서 나왔다. 마키아벨리의 고전인 『군주론(*The Prince*)』은 한때 교육행정학을 공부하는 학생들의 필독서였고 오늘날에도 널리 읽히는 책이다. 이 책에 의하면, 사회 지배 엘리트 계층 구성원으로서 권력을 물려받은 사람들에 의해 행해지는 리더십은 리더의 개인적 목적(agenda) 달성을 위해 직위에 따른 권력의 무자비한 사용, 거짓과 속임수의 사용, 그리고 타인의 걱정에 대한 무관심을 필요로 한다고 가르치고 있다.

리더십에 대한 이러한 마키아벨리식 관점은 여전히 일반적으로 유지되고 있다. 그러나 이 관점은 조심스럽게 사용되거나 신중한 용어로 표현되며 우리 시대의 민주적 요구에 적당히 순응한 것처럼 보이기 위하여 X 이론의 부드러운 행동으로 위장된 채 사용되기도 한다. 이 관점의 주된 생각은 리더십이란 대개 다른 사람들에게 명령하고 그들을 통제하는 것이다. 예를 들어, 이 관점이 회사의 관리 계급에 있는 다수의 사람들을 대상으로 하고 있다고 생각해 보자.

> 리더는 팔로워가 있을 경우에만 리더일 수 있다. 만약 우리가 조직 구성원들에게 무언가를 하도록 시켰는데 그들이 그것을 하지 않는다면 명백히 그들은 우리의 지도를 따르지 않은 것이다. 만약에 우리가 무언가를 이루기를 원하는데, 팔로워들이 그것과는 동떨어진 것을 하고 있어 목적을 달성하지 못한다면 이 역시그들이 우리의 지도를 따르지 않는다는 것을 의미한다. 다음에 제시하는 두 가지는 우리가 리더가 될 수 있는 방법이다. 하나는 우리가 어떠한 특정 행위를 원할 수 있다는 것이

고, 다른 하나는 어떠한 특정 결과를 원할 수도 있다는 것이다. 그리고 우리가 바라는 특정한 결과를 얻는 정도에 따라 우리의 리더십을 측정할 수 있다.

> 팔로워는 리더를 만족시키기 위하여 리더가 원하는 것을 할 경우에만 팔로워가 된다…. 우리는 모두 사회적 동물이고, 따라서 우리는 우리의 상사를 즐겁게 해 주려고 한다…. 결국 우리는 상사를 위해 업무를 달성한다. 우리는 우리의 부모님을 위해 자라고, 우리의 교사를 위해 배우고, 우리의 감독을 위해 승리한다. 우리들 중 가장 독립적인 사람도 자신의 업무가 상사를 위한 선물이라고 표현한다.[19]

이 설명은 팔로워들의 인간으로서의 본성과 리더가 어떻게 그것을 리더 자신들과 연관짓는지에 대한 저자의 가정을 상당 부분 설명해 주고 있다. 반면, 리더십에 대한 가정을 현대의 군대 관점에서 설명한 H. 노먼 슈와츠코프(H. Norman Schwarzkopf)[1)] 장군의 글을 살펴보자.

> 당신이 전쟁에서 부대원을 지휘할 때 당신은 사람들을 이끌고 있는 것이다. 유능한 리더는 소대의 선봉에 서 있을 때 그의 소대만을 보지만, 진정으로 훌륭한 리더가 소대의 선봉에 서 있다면 그는 44명의 개인들을 본다. 이들 소대원 각각은 희망을 가지고 있고, 포부를 가지고 있으며, 살고 싶고, 또한 더 좋은 일을 하고 싶어 한다.[20]

위의 글은 지금은 고전인 막스 베버(Max Weber)의 관료제 연구 속에 숨겨진 인간 본성에 대한 관점과는 매우 다르다. 베버의 연구는 20세기 초반에 나타났지만 미국에는 제2차 세계대전 이후에나 알려졌다. 우리는 다음 장에서 베버의 관점에 대하여 논의할 것이다.

인간 본질에 대한 이해의 중요성

20세기에 들어서면서 등장한 거대한 기업들은 유럽 사회를 변화시켰다. 막스 베버는 거대화되는 정부, 사업, 그리고 산업 조직이 요구하는 새로운 종류의 리더십을

1) 역자 주: 걸프전을 이끈 미군 대장이다.

오래된 귀족정치가 제공해 줄 수는 없다고 보았다. 마키아벨리의 『군주론』의 시대와 베버가 살았던 시대의 게르만 융커(German Junker)[2] 회원들이 누렸던 사회 특권 계급의 절대 권력을 대체하기 위해서, 그리고 세계 여러 곳에서 등장하는 현대 산업, 상업, 그리고 정부 조직에서 전통적인 귀족주의적 통치(권력) 행사를 거부하기 위해서 베버는 위계적으로 조직된 사무실로 구성된, 통솔이 잘되고 규율이 있는 조직의 출현을 지지했다. 이러한 조직에서는 법적으로 배당된 권력과 권한이 위에서 아래로 내려졌다. 3장에서 논의되었듯이 베버는 이러한 조직 유형을 지지하면서 관료제(bureaucracy)라고 칭했다.[21]

귀족주의 통치와 대조적으로 관료조직의 '법(law)'은 문서화된 규칙과 규범(rules and regulations)이나 회사의 공식 내규(official standard operating procedures), 작성된 메모, 지휘 계통, 상급자와 하급자의 위계에 대한 개념 등을 포함하고 있다. 법은 합리적이고, 논리적이며, 비인격적이고, 공식적이며, 예측 가능하고, 체계적인 조직의 비전(vision)이고, 그 조직을 구성하는 인간들의 본성과 욕구에 대한 믿음을 반영한다. 관료제 이론은 매슬로의 욕구위계에서 낮은 욕구 수준이 충족되었을 때 사람들이 더 동기화된다고 주장하며, 이에 따라 급여와 복리후생, 직업 안정성, 그리고 승진 등을 강조한다.

베버의 연구는 세계에서 가장 널리 퍼져 있고 신뢰할 수 있는 조직 이론으로서 관료제의 성립과 유지에 큰 영향을 주었다. 그러나 대학에서 관료주의 조직의 미덕(virtues)에 대해서 배운 사람들은 인간 본성에 대한 특징을 정의한 『프로테스탄트의 직업윤리(*Protestant Work Ethic*)』를 쓴 사람이 바로 사회학자이자 신학자인 막스 베버, 그 자신이라는 것을 알고 있다. 베버는 프로테스탄트 문화가 다른 문화에 비해 우월하다고 보았으며, 소위 프로테스탄트 윤리라 불리는 특정한 도덕적 · 윤리적 기본 강령에 의해 프로테스탄트주의(Protestantism)가 뒷받침된다고 스스로 확신하였으며 그 시대의 다른 사람들도 확신시켰다. 따라서 실제로 베버는 직업 세계에 구현되고 명료화된 관료제가 인간 본성에 대한 프로테스탄트 신학의 관점을 반영한다고 보았으며, 이 두 가지 개념은 서로 밀접하게 연관되어 있다고 생각했다.

다시 $B=f(p \cdot e)$가 의미하는 조직 문화의 개념에 대해서 생각해 보자. 리더십을 행사할 때, 리더는 구성원들이 일상 업무 중 상호작용하는 조직 환경의 본성과 질에

2) 역자 주: 보수적인 정치 성향을 띠고 독일 정부에 영향력을 미쳤던 19세기 프러시아 귀족계급의 정치 집단이다.

영향을 주기 위하여 결정해야 하는 선택권의 집합체(array of options)를 가진다. 어떻게 결정할지는 한편으로는 무엇이 바람직한 행동인지에 대한 개인의 이해에 달려 있고, 다른 한편으로는 조직의 환경에서 그것들이 어떻게 유도될 수 있는지에 달려 있다. 예를 들어, 만약 마키아벨리가 현대 교육 조직의 현실을 이해한다고 가정하면, 리더십에 대한 그의 조언은 그럴듯하고 실용적으로 보일 것이다. 다른 한편으로 만약에 학교를 관료주의적 조직이라 본다면, 당신은 사람들이 근무할 수 있는 관료주의적 조직환경을 형성하기 위해 노력할 것이다.

그러나 만약에, 당신이 Y 이론의 개념을 받아들인다면, 당신은 높은 수준의 동기를 불러일으키고, 그것을 지지할 수 있는 환경을 만들 것이다. 또한 구성원들이 자신들의 일에서 만족을 찾을 수 있도록 최선을 다해 노력할 것이다. 그러한 성장 촉진적인 환경에서 조직의 구성원들은 개인의 성장과 발전뿐만이 아니라 조직의 성장과 발전에 참여하게 될 것이다. 즉, 끊임없이 변하는 세계 속에서 스스로 문제를 규명하고 해결할 수 있는 능력을 증진시키는 건강한 상태가 될 것이다. 그러한 조직환경의 중요한 부분이 바로 제임스 맥그리거 번스가 변혁적(transforming)이라 설명하였던 리더십 유형이다.[22]

변혁적 리더십

변형적인 혹은 변혁적인 리더십에 대한 생각은 제임스 맥그리거 번스(James MacGregor Burns)[23]에 의해 개념화되었으며 이후 학자들의 사고에 직접적으로 영향을 주었다. 번스의 통찰력(insights)은 후에 버나드 배스(Bernard Bass)[24]에 의해 발전되고 정교화되었다. 또한 이렇게 정리된 개념들은 워렌 베니스(Warren Bennis),[25] 로자베스 모스 칸터(Rosabeth Moss Kanter),[26] 그리고 주디 로스너(Judy B. Rosener)[27] 등의 연구의 근간이 되었다. 이 학자들이 주로 기업 리더들에 대해서 연구한 반면, 토마스 서지오바니(Thomas Sergiovanni)는 변혁적 리더십의 개념을 학교 개혁을 비판하는 데 사용했다.[28]

변혁적 리더십과 거래적 리더십의 비교 및 검토

번스가 시도한 분석의 핵심은 전통적인 거래적 리더십을 좀 더 새로운 개념의 변혁적 리더십과 비교 · 대조한 것이다. 리더십이란 단순히 다른 사람들에게 권력을 휘두르는 것과는 다르다는 것을 지적하면서, 번스는 리더십에 기본적으로 두 가지 종류가 있다고 설명했다. 가장 흔하게 사용되는 리더십의 종류는 리더와 팔로워 사이의 보상적(quid pro quo) 관계, 즉 거래 관계에 기본을 두고 있다. 거래적 교육 지도자들은 직업과 그 직업의 안정성, 정년, 호의적 평가 등을 팔로워들에게 제공하고 그 대가로 팔로워들은 지도자들에게 후원, 협력, 그리고 순응을 제공한다.

반면, "변혁적 리더들은 팔로워들의 숨겨진 동기를 찾고, 그들의 고차원적 욕구를 충족시키려고 노력하며, 그들이 최대의 능력을 발휘할 수 있도록 한다. 변혁적 리더십은 리더와 팔로워가 서로를 고무하고 독려하는 관계를 낳는다. 이러한 관계를 통해 팔로워들은 리더가 되고 리더는 도덕적 행위자(moral agent)로 변화될 수 있다."[29] 이러한 관계는 1990년대 교육계에서 많은 주목을 받은, 제3의 좀 더 고차원적인 리더십 유형인 도덕적 리더십 개념을 불러온다.

도덕적 리더십

도덕적 리더십은 다음의 세 가지 연관된 개념을 포함한다.

- 첫째, 리더와 그를 따르는 사람들 사이의 관계는 단순한 권력관계가 아니라 상호간에 서로의 욕구, 염원, 그리고 가치 등을 진실되게 공유하는 관계다. 이러한 공유의 진정성은 팔로워들의 참여가 스스로 결정한 선택이냐 아니냐에 따라 검증될 수 있다.
- 둘째, 팔로워들은 리더들의 계획을 받아들일 자유를 가진다. 그들은 누구를 왜 따를 것인지에 대한 정보에 근거를 둔 선택을 할 수 있는 능력을 가진다. 좀 더 자세히 설명하자면, 변혁적 리더십의 개념은 팔로워들이 자발적으로 리더십 과정에 참여함을 의미한다. 다른 무엇보다, 팔로워들은 권력과 권한을 리더에게 자발적으로 주고, 이를 다시 철회할 자유가 있다. 따라서 변혁적 리더십의 높은 단계인 도덕적 리더십에서 팔로워들은 반드시 선택 가능한 다른 리더들에게 접

근할 수 있어야 하며 그들이 수용할 수 있는 대체 계획과 프로그램에 대해서 알고 있어야 한다.

- 셋째, 리더들은 리더와 팔로워 사이의 합의를 도출하는 데 있어 팔로워들에게 그들을 대변하고 헌신할 것임을 분명하게 밝힐 책임이 있다. "따라서, 도덕적 리더십은 단순히 설교나, 경건하게 말하기, 혹은 사회적 동조성을 주장하는 등의 행위가 아니다. 도덕적 리더십은 언제나 팔로워들의 기본적인 욕구, 필요, 꿈, 그리고 가치 등을 통해 나타나고 그러한 것들을 고려한다.[30] 이런 점에서 도덕적 리더십은 행정가들이 팔로워와의 관계 유지를 위해 제공하는 수박 겉핥기식의 참여와는 다르다. 종종 행정가들은 자신들의 손에 권력을 꽉 쥔 채로 팔로워들의 진정한 참여의 일부만을 허락한다.

발달 단계

발달 단계는 변혁적 리더십의 개념에 내재해 있다.

- 팔로워들의 순응을 얻기 위하여 힘을 사용하는 것은 가장 낮은 단계의 활동이며 이것은 전혀 리더십이 아니다.
- 리더십의 시작 단계에서는 거래적 리더십이 발휘된다. 이 경우 리더와 팔로워는 함께 일하는 데 필요한 일종의 '계약'을 체결하기 위해 서로 협상을 한다.
- 좀 더 고차원적인 활동 단계에서는 변혁적 리더십이 발휘된다. 이 경우 리더와 팔로워들은 꿈과 가치를 공유하면서 공동의 노력을 기울인다.
- 가장 높은 활동 단계에서는 도덕적 리더십이 발휘된다. 도덕적 리더십은 사람들의 새롭고 더 높은 차원의 헌신과 참여를 독려하기 위하여 공유된 사명, 공동의 목적의식, 그리고 일반인들의 일상과 밀접하게 연관된 공유된 가치에 대한 약속 등과 같은 감정적인 자극을 동기화한다.

성장과 발전의 과정

변혁적 리더십의 이러한 발달 단계들은 팔로워들의 고차원적 동기를 더 많이 유발하며, 그 결과 팔로워들과 리더들에게 효과적인 조직 문화를 형성할 수 있는 역량을 키우고 발전할 기회를 제공한다. 따라서 변혁적 리더들은 팔로워들이 꿈을 꾸도록 하고, 그들의 동기가 유발되도록 하며, 정신적 · 감정적 자원에 생기를 불어넣고, 달성할 업무에 그들이 열정적으로 참여하도록 해야 한다. 이러한 리더십은 단순히 팔로워들의 순응만을 추구하지는 않는다. 팔로워들로 하여금 하나의 목표를 그들 자신의 것으로 인식하도록, 그리고 그러한 목표가 그들의 노력을 투자할 기회라고 보도록 만든다. 그것은 팔로워와 리더의 역할을 변혁(transform)시켜 그들이 상호 의존하게 되고,[31] 그들의 꿈, 동기, 가치가 공동의 목표 달성을 위한 상호 헌신(commitment)에 스며들게 만든다. 번스는 교육 리더십이 아니라 정치적 리더십에 관심을 기울였는데 간디를 변혁적 · 도덕적 리더십의 전형으로 사용했다. 우리는 마틴 루터 킹 목사(Martin Luther King, JR.)의 리더십도 떠올릴 수 있다. 그러나 그러한 리더십은 극소수의 위대한 사람에게만 국한된 것은 아니다. 미식축구에서 테니스에 이르는 다양한 스포츠의 코치들은 그들의 일에서 효과적인 리더십을 보여 준다. 사실 코치 비유는 다른 많은 조직의 리더십에 대해서 말할 때 자주 사용된다. 번스를 따르는 사람들은 그의 변혁적 리더십 개념이 교육이나 사업 등 정치 이외의 분야에도 적용된다는 것을 언급해 왔다. 사람들은 높은 수행을 보이는 학교에 재직 중인 사람들의 변혁적 리더십과 그에 부합하는 행동에 관한 문헌들을 많이 발견할 수 있게 되었다.

우리는 교육 조직의 구성원들이 조직의 일부로서 스스로의 문제를 발견하고 해결하려는 역량을 증진시키고자 끊임없이 노력해야 한다는 것을 알고 있다. 교사들은 그러한 특성을 갖는 학교를 성공적인 학교, 그리고 효과적으로 일하는 곳으로 본다. 예를 들어 댄 로티(Dan Lortie)의 고전인 『학교교사(*Schoolteacher*)』[32]와 같은 중요한 연구는 교사들이 그들의 교수 행동이 성공적이고 효과적이었다고 느꼈을 때 동기 부여가 많이 된다는 것을 보여 준다. 린다 달링 해먼드(Linda Darling-Hammond)[33]가 수행한 좀 더 최신의 연구에 따르면, 폭넓은 전문적 발전과 같이 필요한 자원을 제공받거나 전문적 학습 공동체(professional learning communities) 또는 공동 계획 시간(common planning time)과 같은 학교 구조가 마련되었을 때 교사들이 더욱 효과적으로 직무를 수행하는 것으로 나타났다. 달링-해먼드는 전국전문교사자격위원회(National Board for Professional Teaching Standards: NBPTS)[34]에서 수여하는 국가 공인 자격증(National Board Certification)을 지지한다. 이 과정은 학생들과 그들의 학습에 대한 헌신, 평가의 사용에 대한 지식, 교내 학습 공동체의 능동적인 구성원으로서의 교사, 그리고 직무 연구에 대한 지속적인 참여를 강조하고 있다.

교수와 학습에 대한 이러한 연구들로부터, 학교의 교육 리더들은 교수 활동을 촉진하고 교사들이 성공적으로 교수 활동을 할 수 있는 가능성을 높여 주며, 교사들의 노력에 찬사를 보내고, 교수(teaching)가 학교생활의 중심 가치로 여겨지며 성공적인 교수를 위한 보상과 지원이 제공되는 문화를 육성하려고 할 것이다. 그러한 학교는 교수의 중요성을 강조하는 전통, 교수 활동 성공의 전형을 보여 주는 영웅들, 그리고 교수 활동과 교사들의 성공을 칭송하는 관례나 의식을 가지고 있을 것이다. 이러한 것들은 그 학교의 특징으로서 모든 조직 수준에서 일상적으로 강조된다. 따라서 리더는 교사들과 함께 그리고 교사들을 통해서 학교의 문화를 변화시키면서 리더십을 행사할 수 있다. 그리고 그 과정에서 리더와 교사들이 서로 연관되는 방식도 변화한다. 그러한 변화를 가져다주는 장치 역할을 하는 것은 현실과 비교하여 더 낫고, 더 바람직하며, 더 강렬하고, 더 자기충족적인 미래에 대한 비전이다.

리더십과 비전

팔로워들과 리더가 공유하고자 노력하는 비전은 변화무쌍한 것이다. 그러한 비전은 가치의 변화, 새로운 기술, 그리고 어떤 세계관에 대한 리더와 팔로워의 지지 또는 거부를 통해 계속해서 수정되고 보완된다. 사실, 리더들이 가장 중점적으로 수행하는 활동은 앞으로 다가올 일들에 대한 비전을 제시하는 역동적인 과정에 지속적으로 참여하는 것이다. 즉, 리더는 새로운 사건, 아이디어, 그리고 신념을 수정해 나가는 가운데 공동의 목적과 결의 속에 조직의 구성원들을 하나로 엮는 '우리는 지금 어디에 있고, 어디를 향해 가는가?' 라는 비전을 제시한다. 이러한 과정의 반복 속에서, 리더의 비전은 희망을 주고 새로운 방향을 제시해 주며, 팔로워들에게 그들이 현재 있는 곳에서 가고자 하는 곳으로 가도록 발전을 요구하고, 그들이 어떻게 그곳에 도달할 수 있는지를 설명해 준다. 정치와 사회 운동의 영역에는 이에 대한 극적인 예들이 많이 있다. 제2차 세계대전에서 거의 패배에 맞닥뜨린 영국민들에게 '우리는 계속해서 싸워야 한다.' 고 부르짖던 처칠의 장엄한 구호, 사람들을 고취시켰던 링컨의 게티즈버그에서의 절제된 연설, 그리고 킹 목사의 연설에서 "나는 꿈이 있습니다." 라고 외치던 불멸의 비전 등을 떠올릴 수 있다. 물론 교육 지도자들은 이와 같은 극적인 재주나 카리스마를 사용할 만한 기회가 거의 없다. 그러나 그들은 달성해야 할 일상의 업무를 위한 구호처럼, 조직을 위한 자신들의 비전을 언젠가 분명히 표현할 준비가 되어 있어야 한다.

비전에 대하여 계속해서 언급하고 논의하는 목적은 조직 문화의 발전에 가장 중요한 요인〔그 집단을 상호 결속 속에서 하나로 묶어 주는 공유된 가정, 믿음, 그리고 가치의 망(web)〕을 보강하고 발전시키기 위해서다. 일반적인 관료 조직에서는, 이러한 요인들이 거의 검토되거나 논의되지 않고, 표면화되고 공론화되지 않으며, 도전받지 않는다. 사실, 일반적인 조직에서는 그러한 것들에 대해 말하기 위한 어휘조차 없고, 전문가 회의에서 시간을 들이는 세부사항에는 그러한 요인들이 배제되기 때문에 조직 문화의 규범에 대한 논의가 불가능해진다.

조직의 비전이나 사명에 대한 동의를 이끌어 낼 때 목표로 하는 것은, 이상적으로는, 그러한 비전이나 사명이 실제로 달성 가능하면서도 미래의 새롭고 더 나은 상황을 지향해야 한다는 점에 대한 의견일치다. 우리는 한 조직의 비전을 조직이 중점을 두는 이상향이라고 정의한다. 그 이상향에서 사명은 어떻게 조직이 비전을 달성할 것인지에 대한 것이다. 즉, 사용될 방법이나 전략을 분명히 명시해야 하고 이러한 방법이나 전략은 조직 문화의 신념과 가치를 포함하고 있어야 한다. 비전과 사명을 발전시키고 수정하는 과정을 통하여 리더는 더 나은 것을 위한 조직의 동의를 결집시키기 위하여 노력하여야 한다. 여기서 더 나은 것이란 높은 수준의 기능, 고취된 동기와 헌신, 과거보다 더 나은 무언가로 탈바꿈하기 위하여 끊임없이 노력하는 조직을 의미한다. 기억해야 할 점은 조직의 비전에 대한 지속적 논의가 중요하며, 이를 통해 리더와 팔로워들은 공동의 목적을 위해 서로 단합하게 된다는 것이다. 따라서 비전은 교사 힘 실어주기의 강력한 원동력이다. 학교의 미래에 대한 비전을 만들고, 유지하고, 또 발전시키는 끊임없는 과정에 참여함으로써, 교사는 스스로 자기 개발과 성장의 과정에 참여하고 있다. 그리고 그 과정에 리더가 누구보다도 주도적으로 참여하고 있으며 결국 리더 자신의 비전을 구축하고 개선해 간다.

변화하는 조직의 비전과 사명을 구축하고 유지하는 데 필요한 지속적인 담화의 교환은 우리가 이전에 직장에서 행동 지침으로 여겼던 가정, 신념, 그리고 가치를 재고하도록 한다. 우리는 새롭게 부상한 현실을 고려하고 반영하여 그러한 가정, 신념, 그리고 가치를 재확인하거나 수정해야만 한다. 이 과정은 성찰적 실천(reflective practice)이라고 불리며 직장에서 자신의 실무 능력을 계속해서 발전시키고 개선하려고 할 때 반드시 필요한 것으로 인식되고 있다.

누구의 비전인가?

학교 개혁이 관료주의적 명령 대신 리더십을 필요로 하는 시기에는 하향식 관리보다는 좀 더 협력적이고 참여적인 형식의 리더십으로 진화되어야만 한다. 새로운 형식의 조직은 하위 계층에 있는 사람들의 능동적인 참여를 촉진하고 장려하기 때문에 일반적으로 상향식 조직(bottom-up organization)이라 불린다. 이러한 조직에서 구성원들을 하나로 묶고 공동의 목적을 위해 하나로 결집하도록 만드는 것은 바로 각 학교가 가지고 있는 미래에 대한 새롭고 더 나은 비전이다. 그런데 도대체 그 비전은 누구의 것인가?

관료들은 계층의 높은 자리에 있는 전문가들이 조직의 목표를 정하고 어떻게 그것에 도달할지를 결정할 자격이 있다고 가정한다. 전문가들은 그들이 목표를 설정할 때 조직 하부 사람들의 의견을 수렴할 수도 있고 그렇게 하지 않을 수도 있다. 반면에 리더들은 조직 하부에 있는 사람들이 자신들이 속한 조직이 어떠한가에 대한 통찰력과 유용한 지식을 가지고 있다고 보며, 이것이야말로 우리가 조직의 비전이라 부르는 중요한 부분을 차지한다고 가정한다.

리더들은 조직을 이끄는 능력이 조직 전반에 퍼져 있다고 가정하며 구성원들이 새로운 아이디어를 표현하거나 전통적 관습에 도전하거나 혹은 동료 집단의 아이디어를 종합하고 표현하고자 할 때 이러한 능력이 나타난다고 생각한다. 이 때문에 끊임없이 학교의 사명에 대한 비전을 만들어 내고 개선하는 과정에서 구성원들에게 권한을 부여하는 것은 리더들에게 매우 중요하다. 그러나 리더십이란 바라만 보는 스포츠가 아니다. 즉, 리더는 수동적 방관자로서 다른 사람들이 조직을 이끌고 미래를 형성해 나가기를 바라는 사람은 아니다.

리더들이 단순히 다른 사람의 아이디어나 참여를 격려하고 촉진시키는 일만 하는 것은 아니기에 미래에 대하여 여러모로 깊이 숙고하는 리더들은 자신만의 명백한 비전과 방향성이 있다. 리더들과 대화를 나누다 보면 그들은 우리가 어느 방향으로 나아가야 하는지에 대하여, 다른 이들의 포부에 대하여, 그들이 일을 통해서 무엇을 얻을 수 있고 달성해야만 하는지에 대하여, 또한 조직의 새롭고 더 나은 미래를 위한 목표를 향해 나아갈 방향에 대해 중요한 이야깃거리를 많이 갖고 있음을 알게 된다. 그렇다고 하여 리더가 독주가(獨奏家)는 아니다. 학교의 비전을 개발하는 과정에서 아이디어를 제공하고 토론에 참여하는 것 이외에 리더가 맡은 역할은 미래의 방향에 대하여 진행 중인 대화에 다른 사람들을 끌어들이는 것이다.

그것이 의미하는 바대로, 변혁적 리더십이란 다른 사람들의 동기를 불러일으키고, 이끌어 내고, 만족시키는 데 있어 겪는 갈등 속에서 인적 · 지적 자원을 동원하는 것을 포함한다.[35] 따라서 비전을 개발하는 것은 항상 평온한 과정일 수는 없으며, 종종 집단 내 사람들의 다른 세계관과 기질, 각기 다른 개인의 의견, 그리고 다른 수준의 이해, 다른 희망과 포부, 그리고 미래에 대한 다른 교수법 등과의 교전(交戰)이 동반된다. 예를 들어, 학교장은 미리 준비된 비전이나 강령을 교사들에게 강요하는 것을 피해야 하는 반면, 여러모로 심사숙고한 입장을 가지고 비전이나 강령에 대해 교사들과 주저없이 그리고 납득이 가도록 논의해야 한다.

어쩌면 리더들이 교사들에게 학교의 비전 혹은 사명을 구축하고 개정하는 과정을 진행할 권한을 부여하는 것보다 더 중요한 일은 없을 것이며, 이러한 과정은 중요할 뿐만 아니라 대부분의 사람들도 공감하는 일이다. 그러나 전통적으로 학교는 리더십(관리와는 구별된 개념으로)에 필수적인 동료관계나 교사들에 대한 권한위임을 쉽게 공유할 수 있는 곳이 아니다. 그렇기 때문에 학교 리더들은 동료 간의 협력관계와 리더십의 공유를 증진하도록 설득하는 데 관심을 가져야 하며, 또한 전통적인 방식에서 벗어나 좀 더 협력적인 방식으로 일할 수 있도록 학교 문화의 규범을 전환하는 것에도 관심을 보여야 한다. 학교 문화 규범의 변화는, 교수 활동에서 흔한 고립감을 감소시키는 문화를 일상으로 받아들이면서 점진적으로 일어난다. 이는 교사들이 경험을 통하여 그들의 업무에 대하여 조심스럽게 말하도록 배웠기 때문이다. 특히 전통적인 학교에서는 교사들이 다른 이들의 교수 방법을 관찰하기 힘들며, 교수법에 대해서 동료들과 진지하게 논의하지도 않을뿐더러 교원회의에서도 그러한 주제들에 대해서는 거의 다루지 않는다.

조종과 권한위임

학교 개혁에 대한 교육행정 연구에서 가장 흔한 비판은 리더들이 겉보기에는 구성원들이 참여할 수 있는 것처럼 보이도록 하면서 실제로는 그들을 조종하려 한다는 것이다. 이러한 행정가들은 마치 구성원들의 의도에 따라 행동하는 것처럼 보이지만, 간접적으로 자신들이 생각한 목적에 따라 구성원들이 움직이도록 만든다. 이러한 조종을 통해 권력을 가진 자들은 그 권력을 유지하는 한편, 구성원들에게는 그들과 리더 사이의 합의(agreement)가 적절하고 합법적이었다고 믿도록 유도한다. 유년기부터 전통적인 방식의 학교에 익숙한 교사들은 일반적으로 교장과 교육감의 위계적 권력을 당연하고 합법적인 현실로 여기며 수용한다. 그렇기 때문에 자신들의 의견이 무시된 교사들이 교장에게 "네, 제가 할 일을 알려 주세요. 최선을 다하여 하겠습니다."라고 말하는 것은 흔한 것이다.

비판 이론

비판 이론으로 알려진 사회적 비판의 형태에 동의하는 교육학자들은 그들이 인식한 학교 계층 구조상의 결점에 대하여 특별히 민감하게 반응해 왔다. 비판 이론은 문화, 민족, 인종, 그리고 성별에 따른 사회적으로 관행화된 차별이 차별받은 사람들 스스로에 의해 제도화된다고 주장하는 사회적 비판 중 하나다. 비판 이론은 권력을 가진 엘리트 집단이 자신들의 신념과 가치를 정당화하기 위하여 사람들이 받아들이는 의미를 조정한다고 주장한다. 그러한 관점에서 전통적 마르크스주의를 옹호하는 비판 이론가들은 자본주의 사회에서 노동자들은 힘을 가진 자본가 계급에 의해서 지배당하지만 그것을 인식하지 못하는데, 그것은 권력을 가진 사람들이 언론, 교육, 종교, 그리고 다른 사회 제도 등을 통제함으로써 조직적으로 노동자들에게 자본주의 계급의 가치와 신념이 합법적이고 이것이 노동자들의 이익을 위한 것이라고 믿도록 만들기 때문이라고 주장한다.

비판 이론은 미국 교육계에서 차별을 받고 있는 인종, 여성, 빈곤층, 그리고 다른 비주류의 사회 계층을 분석할 때 적용되어 왔다.[36] 이 관점은 교장이나 교사와 같이 공식적인 학교 리더들 사이의 관계에 대한 연구에서도 적용되었다. 몇몇 학교 리더들은 교사들이 조직의 목표에 순응하거나 조직 문화가 가지고 있는 특정한 의미를 수용하도록 강요하는 한편, 순응을 유도하기 위해 좀 더 미묘하고 교묘한 수단을 동원하기도 한다. 그럼에도 불구하고 1980년대 중반에 이르면 교사들이 학교 업무에 성의를 다해 참여하는 것이 매우 바람직하다는 인식이 증가했다. 그것을 실천하는 사람은 여전히 드물었지만 말이다. 1986년에 있었던 교육과 경제에 대한 카네기 포럼에서 "학교에 영향을 주는 결정을 하는 데 있어 교사에게 큰 발언권을 주는 것"[37], 즉 교사 힘 실어주기, 혹은 권한위임(empowerment)은 교육계에서 가장 빈번히 유행하는 용어였다고 언급되었다.

권한위임의 가장 중요한 측면은 그것이 교사들로 하여금 반복적인 논의를 통해 능동적으로, 솔직하게, 두려움 없이 학교의 비전과 문화를 만들어 가는 데 참여할 수 있는 기회를 제공한다는 것이다. 그들에게 이런 기회가 주어진다면, 적어도 번스가 변혁적 리더십의 핵심으로 설명한 다음 세 가지 결과를 낳을 것이다.

- 교사들은 학교 비전의 개발에 자신들의 지식, 통찰력, 아이디어를 통해 기여함으로써 역동적으로 진행 중인 리더십 과정에 능동적으로 참여한다.
- 그들은 주인의식을 갖게 되고 학교의 미래에 대한 비전을 형성하는 토대가 되는 가치에 대하여 개인적 의무감을 갖게 된다.
- 적극적으로 과정에 참여하고 개인적으로 결과에 최선을 다함으로써, 교사들은 학교의 더 큰 사명과 자신의 일상 업무 사이의 관련성에 대한 인식을 높일 것이다.

이러한 리더십 과정은 전횡을 일삼는 리더가 팔로워들을 교묘하게 조작하는 데 사용하는 속임수와는 다르다. 리더십은 교사들의 동기, 열망, 신념과 가치 등을 자극하고 그들의 일상 업무를 학교의 더 큰 사명과 잘 연계하여 그들이 해야 할 일의 중요성을 강조한다. 따라서 변혁적 리더십에서는 필수불가결하게 교사들에게 권한을 위임할 수밖에 없다.

교육 리더를 위한 리더십의 주요 개념

교육 리더들은 교육 조직에서 자신들의 이론을 실행할 때 몇 가지 중요한 개념을 인식할 필요가 있다. 이 개념들은 제10판인 이번 책에 새롭게 추가되었으며 성공적인 리더십의 실제 적용 예를 제공하는 점에서 유용할 것이다. 이러한 개념들에는 분산적 리더십, 전문적 학습 공동체(professional learning community: PLC)와 학부모 참여, 지속적 리더십 등이 있다.

분산적 리더십

대부분의 조직은 구성원들에게 어느 정도 결정을 내릴 수 있는 권한을 부여한다. 예를 들어, 특정 목적을 가진 위원회가 있을 수 있으며 그들은 어느 정도의 의사결정 권한을 갖고 있을 수 있다. 전통적인 위계 구조의 조직에서는 이러한 권한 수준이 미미하다. 그들은 '조언' 정도의 의사결정 권한을 가지고 있으며 공식적 리더들만이 실질적인 의사결정을 한다. 분산적 리더십이라는 용어는 의도적으로 팀과 개인들에게 중요한 결정을 내릴 수 있도록 권한을 부여하는 조직에서의 리더십 유형을 설명하는 데 사용된다. 분산적 리더십은 연구자들에 의해 다양하게 정의되고 사용되나 우리는 스필레인(Spillane)과 다이아몬드(Diamond)가 설명한 다음의 정의를 따른다.

> 리더십은 다른 조직 구성원들의 동기, 지식, 정서, 혹은 행위에 영향을 주기 위하여 조직 구성원들이 고안한 조직의 핵심 업무에 관계된 활동을 의미한다.[38]

이 정의는 리더십을 학교장과 같이 공식적인 리더십 위치에 있는 개인에게만 국한시키지 않는다. 분산적 리더십 관점은 '핵심 업무와 관련된' 리더십과 관리 행동의 상호작용을 연구하는 틀이다. 학교에서 이런 핵심 업무에 해당하는 것은 바로 교수와 학습이며, 그러한 활동은 리더, 팔로워, 그리고 그러한 활동이 발생하는 상황 사이의 맥락에 의해 이해되어야 한다. 이 정의의 가장 중요한 요소는 리더십이 '조직 구성원들에 의해서 형성되었다'는 것이다. 즉, 이러한 활동들은 분명한 목적을 가지고 있으며, 임명된 리더뿐 아니라 많은 사람들에 의해 개발되었고, 대표자가 아니라도 팀과 개인들이 광범위하게 참여할 수 있음을 의미한다.

전문적 학습 공동체와 학부모 참여

현실적 관점에서 볼 때, 전문적 학습 공동체(professional learning communities: PLC)와 학부모 참여의 개념을 사용하는 것이 분산적 리더십을 실행하는 데 최선이다. 1990년에 피터 센게(Peter Senge)는 그의 저서인 『다섯 번째의 원리: 학습 조직의 기술과 실행(*The Fifth Discipline: The Art and Practice of the Learning*

Organization)』[39]에서 학습 조직의 개념을 대중화시켰다. 센게는 조직을 "리더들이 조직 목표를 달성하기 위해 사람들을 모아 함께 협력하는 체제"라고 보았다. 그는 자신이 이야기한 다섯 가지 원리인 개인적 숙련(personal mastery), 정신 모형(mental models), 공유된 비전(shared vision), 팀 학습(team learning), 그리고 체제적 사고(systems thinking)가 학습 조직을 실행하는 데 핵심이라고 보았다. 이 개념들은 리처드 뒤푸어(Rickard Dufour)나 로버트 이커(Robert Eaker)에 의해 학교 조직에 적용되어 설명되었다.[40] PLC는 학교 전반에 걸친 분산적 리더십을 위한 수단이며 두포어와 이커에 따르자면 다음의 특징을 가진다.

1. 공유된 사명, 비전, 그리고 가치(shared mission, vision, and values)
2. 집단적 탐구(collective inquiry)
3. 협력적 팀(collaborative team)
4. 행동 중심과 실험(action orientation and experimentation)
5. 지속적인 향상(continuous improvement)
6. 결과 중심(result orientation)

이러한 특징들을 지침으로 사용하여 PLC의 구성원들은 학교의 사명과 비전 그리고 가치를 함께 만들고 보완해 나간다. 그리고 이러한 활동은 학교 조직의 행동 규범과 미래의 방향에 대한 집단적 헌신의 결과를 낳는다. 집단과 개인들은 협력적으로 일하여 그들이 무엇을 하고, 어느 방향으로 나아가고 어떻게 거기에 도달할 것인지에 대하여 질문한다. PLC의 구성원들은 질문하고, 실험하고, 자료를 수집하는 등 함께 배우면서 학교의 역량을 구축한다. 그리고 그 결과는 교수와 학습 과정을 끊임없이 향상시키는 데 사용된다. 이를 통해 그들은 그들의 사명을 실천하고 스스로 비전을 향해 나아간다.

그렇다면 학교가 어떻게 PLC로 변모할 수 있을까? 뒤포어와 이커는 "3C 계획, 즉 의사소통(communication), 협력(collaboration), 그리고 문화(culture)를 지속적으로 실행"하는 것을 강조할 때 학교가 변할 수 있다고 했다.[41]

첫 번째 C인 의사소통(communication)은 다양한 형태의 미디어와 행위를 통해 다음 질문들에 대한 정보를 알려 준다.

- **무엇을 위해 계획하는가**?: 현재의 목표와 활동에 집중한다.
- **무엇을 관찰하는가**?: 무엇을 관찰해야 하는지와 어떻게 자료를 수집할 것인지를 규명하고 자료를 모든 사람들과 나눈다.
- **무엇을 질문하는가**?: 사명과 비전에 중점을 둔 질문들은 어려운 것들이다. 예를 들어 "우리는 학생들의 학업성취를 돕는 중요한 학습 과정을 진행하고 있는가?"와 같은 질문들이 그에 해당된다.
- **무엇을 귀감으로 삼는가**?: 모든 사람은 중요한 것을 귀감으로 삼는다. 예를 들어 교장이 협동적인 팀워크에 능동적으로 참여하는 것이 귀감이 될 수 있다.
- **시간을 어떻게 할당하는가**?: 협력 시간과 같은 PLC의 중요한 측면을 위해 시간을 비워 놓는다.
- **기념해야 할 것은 무엇인가**?: 기념은 무엇이 가치 있는지 널리 알려 준다.
- **기꺼이 대면해야 할 것은 무엇인가**?: 모든 사람은 학교의 사명과 비전을 약화시키는 행동을 하는 사람과 대면해야 한다.

두 번째 C인 협력(collaboration)에 대해서는 깊이 생각해야 한다. 학교의 공식적인 지도자는 사람들이 함께 일할 시간을 학교의 하루 일과에 구성할 수 있도록 기회를 제공해야 한다. 협력의 기회를 제공하는 것은 PLC를 발전시키는 데 가장 어려운 측면일 수 있다. 하지만 그것은 가장 중요하다. 협력이 없다면 교사들은 그들의 교실에 고립되고, 교류의 기회는 교사 휴게실이나 작업실에 국한될 것이다. 협력 팀은 가르치는 학생에 따라, 교사 집단에 따라, 학교 전반의 주안점에 따라, 혹은 직무 연수의 분야에 따라 학년별로 혹은 과목에 따라 형성될 수 있다.

세 번째 C인 문화(culture)는 가치, 신념, 전통 그리고 학교의 규범에 중점을 둔다. 학교 문화에 영향을 주고 그것을 형성하는 네 가지 전략은 다음과 같다.

1. 규명되고 공유된 가치를 분명히 표현하고, 모형화하고, 홍보하고, 보호한다.
2. 학교 일상에서의 업무와 그들이 지지하는 가치들 사이의 괴리에 대해 찾아볼 수 있도록 체계적으로 교직원들과의 성찰적 대화에 참여하도록 한다.
3. 교직원들에게 직장 내의 문화를 반영하는 다양한 이야기를 들려준다.
4. 행사나 의식을 통해서 개선된 과정의 공유된 가치와 발전을 기념한다.[42]

어느 학교에서든 자녀 교육에 대한 학부모 참여의 중요성은 그 학교가 지향하는 가치의 일부가 되어야 한다. 학부모는 교육적 경험에 있어 학교와, 그리고 자녀들과 파트너가 되어야 한다. 연구에 따르면, 학부모의 참여는 아이들의 학업성취 개선에 중요한 영향을 주는 것으로 밝혀졌다. 어느 수준의 교육을 받았든지 학부모들은 교육과정에서 중요한 역할을 할 수 있다. 학부모 참여에 대한 104가지의 연구를 분석한 두 가지 메타 분석은 학부모 참여의 중요성을 확인시켜 준다. 중등학교에서의 학부모 참여에 대한 한 연구는 가족들의 참여가 전체 학생뿐 아니라 소수 민족 학생 집단에서도 높은 학업성취와 관련 있다는 것을 발견했다.[43] 다른 메타 분석에서는 학부모의 참여도가 높은 초·중등학교 학생들의 경우 "더 높은 성적과 시험점수를 받고 더 높은 수준의 수업에 참여하며, 더 빨리 진급하고, 시험을 통과하며, 좋은 성적을 받고, 학교에 꾸준히 등교하고, 더 나은 사회적 기술을 가지고 있으며, 개선된 행동을 보여 주고, 고등교육을 받을 가능성이 높다"는 것을 발견했다.[44] 이러한 긍정적인 결과는 모든 인구통계학적 하위 집단에 적용된다.

PLC에서 학부모 참여가 중요하다는 것은 분명하다. 그렇다면 어떻게 학부모들을 참여시킬까? 즉, 학부모의 참여는 무엇을 의미하는가? 조이스 엡스타인(Joyce Epstein)은 학부모 참여 범국민 운동을 벌인 리더 중 한 사람이다. 학부모 참여에 대한 그녀의 모형은 여섯 가지 요소로 구성되어 있다. 이해를 돕기 위해 여섯 가지 구성 요소 각각의 예를 한 가지씩 들어 본다.[45]

1. **아이들의 기본 욕구 충족자로서의 학부모**: 학부모들에게 교육 관련 강좌를 제공하거나 고등학교 학력 인증서(general education diploma: GED)를 획득하도록 권장한다.
2. **학교와 가정 사이의 의사소통**: 성적표가 발송된 뒤 학부모와 면담을 갖는다.
3. **학교 자원봉사자로서의 학부모**: 학교와 교실을 위한 자원봉사 프로그램을 만든다.
4. **가정 내 교사로서의 학부모**: 숙제에 대한 방침을 학부모들에게 알려 주고 학부모들이 아이들에게 숙제에 대하여 물어보도록 권장한다.
5. **학교 거버넌스(school governance)와 관련하여**: 학부모-교사협회(parent-teacher association)와 학교 의사결정 팀에 참여할 학부모를 적극적으로 모집한다.
6. **전체 지역사회와 협업하는 학부모**: 의료 서비스, 레크리에이션 등 제공 가능한 지역사회의 자원과 서비스에 대한 정보를 알려 준다.

뒤푸어와 이커는 이 여섯 가지 영역을 약간 수정하여 양육 기술을 증진하고 지원하는 것과 학부모들이 아이들에게 영향을 주는 결정에 참여하는 것을 강조하는 내용을 포함했다. 학부모를 참여시키는 과정은 쉬운 일이 아니다. 마이클 풀런은 그것을 이렇게 정리했다. "학교와 학교구의 업무 전체 중 어떻게 학부모와 지역사회를 가장 잘 연결시킬까 하는 과제는 학교 문화를 변화시키는 것만큼 어려운 과제다."[46] 그러나 일단 학부모들이 의미 있는 방식으로 자녀들의 교육에 참여하게 되면 PLC 과정은 완성되는 것이기 때문에 그것은 가치 있는 노력이다. 학교가 분산적 리더십, 학부모 참여, 그리고 개선을 위한 과정을 통해 성공적인 PLC를 시작한 다음의 문제는 바로 어떻게 그들이 그 과정을 계속 유지할 것인가다.

지속적 리더십

지속적 리더십은 브룬트란트 위원회(The Brundtland Commision)의 보고서[3)]에 의해 세계적인 주목을 끈 지속 가능한 환경(sustainable environment) 운동에서 비롯되었다. 이 위원회는 이전에 '환경과 발전에 대한 세계 위원회'라고 불렸지만 위원장인 그로 할렘 브룬트란트(Gro Harlem Brundtland)의 이름을 따서 브룬트란트 위원회로 개명되었다. 1983년 UN에서 설립된 이 위원회는 환경 파괴가 없는 발전에 대한 장기 전략을 수립하고 경제와 사회의 발전을 위해 여러 나라들이 협력하는 방법을 제안하는 것을 사명으로 삼았다. 브룬트란트 위원회는 1987년에 보고서를 내놓았는데 이 보고서 서문에서 브룬트란트는 다음과 같이 말했다.

> 위원회는 과업을 달성했습니다. 우리는 공식적으로 모든 수준에서 그리고 모두의 이익을 위해 공동의 노력과 새로운 행동 규범을 요구합니다. 이 보고서가 촉구하는 행동 양식, 사회 가치, 그리고 열망의 변화는 광범위한 교육 캠페인, 논의, 그리고 대중의 참여에 달려 있습니다.
>
> 이것을 위하여 우리는 '시민'들과 비정부기구, 교육기관들, 그리고 과학계에 호소합니다. 이들 모두는 과거에 대중의 인식과 정치 변화를 이끌어 내는 데 없어서

3) 역자 주: 1987년에 세계환경개발회의(World Commission of Environment and Development: WCED)에서 발간된 보고서를 지칭한다. 이 보고서는 환경보전과 개발은 대립하는 개념이 아니며, 환경보전을 기본으로 해야만 장기에 걸친 지속 가능한 개발이 이루어질 수 있음을 기본 개념으로 한다.

는 안 될 중요한 역할을 했습니다. 그들은 우리 공동의 미래를 위하여 환경 파괴가 없는 지속적인 발전이 안착하는 데 결정적인 역할을 할 것입니다.[47]

교육계에서 지속성에 대한 개념과 가장 유사한 연구를 한 학자로는 마이클 풀런(Michael Fullen), 앤디 하그리브스(Andy Hargreaves) 그리고 딘 핑크(Dean Fink) 등이 있다. 우리는 그들의 연구를 지속적 리더십을 설명하는 데 사용할 것이다. 하그리브스와 핑크는 "시간에 따른 변화(Change Over Time)"[48]라는 제목의 종단적 연구에 근거하여 학교 내의 지속적 리더십 개념의 윤곽을 그들의 2006년 출판물인 『지속적 리더십(*Sustainable Leadership*)』에서 보여 주었다. '시간에 따른 변화'는 미국의 저널인 『교육행정학 연구(*Education Administration Quarterly*)』의 특별호 주제이기도 했다. 이 특별호에는 여덟 개 학교에 대한 연구 결과를 설명하는 다섯 개의 논문이 실렸다.[49]

마이클 풀런은 지속 가능성(Substantiality)을 "인간 목적의 심오한 가치에 부합하도록, 지속적인 발전을 향한 복잡다단한 일에 관여하는 한 체제의 역량"이라고 정의했다. 하그리브스와 핑크는 지속적 리더십을 다음과 같이 정의했다.[50]

> 지속적 교육 리더십과 개선은 주변의 타인들에게 해가 되지 않고, 오히려 긍정적인 혜택을 제공하는 방향으로 현재와 미래에 널리 퍼지고 지속될, 모든 사람을 위한 심층학습(deep learning)을 보호하고 발전시킨다.[51]

그들은 성공에 기여하는 일곱 가지 원리를 규명하여 지속적 리더십을 상세히 설명했다. 하그리브스와 핑크가 언급한 원리 각각에 대하여 살펴보고 간략하게 논의하겠다.

첫 번째 원리: 깊이(depth), **학습과 통합**(learinig and intergrity) "지속적 리더십은 중요하다. 그것은 다른 사람들을 고려하는 관계 속에서 모든 이를 위한 심오하고 폭넓은 학습을 통합하고 보호하며 증진한다."[52] 리더십은 학습의 과정에서 가장 중요한 것에 중점을 두어야 한다. 학습은 느리게 진행되기 때문에 즉각적인 결과에 동조해서는 안 되며, 늘 심오하고 폭넓게 이루어져야 한다. 따라서 하그리브스와 핑크는 모든 학생들이 일괄적으로 매년 치르는 표준화 검사의 단기적 결과를 믿지 않는다.

그들은 많은 데이터들을 하나의 세트로 묶는 검사를 선호한다. 하그리브스와 핑크는 단기적인 결과를 선호하는 풀런의 생각에 동의하지 않는다. 풀런은 다음과 같이 밝혔다.

> 대중은 당신이 장기 목표만을 바라보는 것에 대해 관대하지 않으며 그렇게 해서도 안 된다. 당신이 사회의 장기 목표에 대해서만 논의하는 것은 몽상일 뿐이다. 새로운 현실에서는 정부가 사회의 우선순위와 관련하여 진전(progress)을 보여 주어야 한다…. 우리의 지식 기반은 단기적인 결과를 얻기 위해 전략을 기획하고 실행하는 데 있어서의 실패에 대해 어떠한 변명도 용납하지 않는다.
>
> 물론, 단기적인 발전은 중장기 발전을 희생하여 달성될 수 있으나〔이는 마치 전투(battle)에서는 이기고 전쟁(war)에서 지는 것과 같다.〕 꼭 그렇게 되는 것만은 아니다. 내가 주장하는 것은… 정부와 학교가 희망적 목표를 설정하고, 조기 결과를 얻기 위해 행동을 취하고, 최악의 상황에서 개입하는 것이다…. 문제가 발생할 때마다 재빨리 시정 조치를 취함으로써 심각한 문제의 발생률은 줄어들 것이며 이로 인해 시간이 지남에 따라 체제는 더욱 견고해질 것이다.[53]

두 번째 원리: 기간(length), 인내와 계승(endurance and succession) "지속적 리더십은 오래간다. 그것은 시간이 지나고 해가 바뀌어도, 그리고 한 지도자가 물러나고 다음 지도자가 자리를 물려받게 되더라도 학습과 삶의 가장 소중한 부분을 보존하고 증진한다."[54] 시간이 흘러도 리더십을 보존하기 위해서는 개인의 리더십에 의존해서는 안 된다. 리더십 역량은 타인으로부터 발전되어야 하고, 조직 전반에 분산되어야 한다. 리더십이 제대로 분산되고 리더십의 성공을 위한 계획들이 수립되었을 때 조직은 방해를 최소화하고 그것의 사명을 계속해서 수행할 수 있다. 풀런은 이 개념을 짐 콜린스(Jim Collins)와 그의 유명한 저서인 『좋은 기업을 넘어 위대한 기업으로(*Good to Great*)』를 인용하여 더 상세히 설명했다.[55] 콜린스는 두 번째 원리가 시행되지 않으면 카리스마가 있는 리더들의 경우 지속성을 얻지 못하는 것을 발견했다.

세 번째 원리: 넓이(breadth), 위임이 아닌 분산(distribution, not delegation) "지속적 리더십은 퍼져 나간다. 그것은 지속될 뿐만 아니라 다른 사람들의 리더십에도 의존

한다."[56] 비록 이 원리는 두 번째 원리와 비슷하게 보이나 분산적 리더십의 종류에 중점을 두고 있다. 이는 지속적 리더십이 곧 분산적 리더십이기 때문이다. 그러나 알아 두어야 할 것은 모든 분산적 리더십이 지속적 리더십은 아니라는 것이다.[57] 결국 진정한 PLC는 교수-학습 과정의 향상을 위해 운영되기 때문에 이를 분명히 하기 위하여 조직은 분산적 리더십이 얼마나 잘 작용하고 있는지 관찰할 필요가 있다. 풀런은 다음과 같이 리더십의 분산에 동의한다.

> 효과적인 교장의 특징은 단순히 학생들의 학업성취도 결과 향상에 긍정적인 영향을 미치는 것뿐만이 아니라, 퇴임 후에도 얼마나 많은 리더들이 기본에 충실하여 더 많은 발전을 이끌 수 있는가에도 영향을 미친다는 것이다.[58]

네 번째 원리: 정의(justice), **타인과 우리 자신**(others and ourselves) "지속적인 리더십은 지식과 자원을 이웃 학교나 지역사회와 공유하는 방법을 강구함으로써 주변 환경에 해를 끼치지 않고 능동적으로 그것을 증진시킨다."[59] 이 원리는 사회정의(social justice)에 대하여 말하고 있다. 개인이나 집단은 자신들이 속해 있는 학교의 발전을 위해 다른 사람이나 타 학교의 희생을 강요해서는 안 되며, 그들의 자원을 빼앗아도 안 된다. 학교구 수준에서 어떠한 학교도 특별한 대우를 받아서는 안 된다. 예를 들어 마그넷 학교(magnet school)나 초이스 학교(choice school)가 자원(resources)의 관점에서 다르게 대우받아선 안 된다. 만약 그러한 학교들이 다르게 대우받는다면 그 학교의 선택이 학생, 교사, 그리고 다른 자원들에 대한 경쟁을 유발하기 때문에 사회정의의 원리상 존재하지 말아야 한다. 각 학교는 모든 학생들의 더 큰 이익을 위하여 서로 협력하고 함께 나아가야 한다.

다섯 번째 원리: 다양성(diversity), **복잡성과 화합**(complexity and cohesion) "지속적 리더십은 화합하는 다양성을 고취시키고 정책, 교육과정, 평가, 그리고 교수-학습에 대한 직원 개발과 훈련 등에 대한 획일화된 표준화는 회피한다. 지속적 리더십은 다양성을 육성하고 그것으로부터 배우며, 다양한 구성원들 사이의 화합과 네트워킹을 낳는다."[60] 다양성을 받아들이는 것은 NCLB가 증진하려는 부정적인 표준화 정책을 피할 수 있다. 다양성은 사람들이 서로 아이디어를 교환함으로써 서로로부터 배울 수 있도록 한다. 예를 들어 코머 학교들(Comer Schools)[4)]이나 핵심 학교들

의 연합(The Coalition of Essential Schools),5) 전국 글쓰기 프로젝트(National Writing Project)와 같은 학교와 학교구 내 혹은 그들 간의 강한 네트워크는 지속성을 증가시킨다. 확실히 웹사이트, 블로그, 위키피디아 같은 현대의 기술은 전 세계의 사람들이 네트워크에 쉽게 접근할 수 있도록 한다. 네트워크는 수평적(lateral)이든 수직적(vertical)이든 학교와 학교구의 역량을 증대시킨다고 믿는 풀런에게 중요하다. 그는 "동료들 사이의 수평적 역량 구축은 강력한 학습 전략" 임을[61] 발견했다. 풀런은 수평적 역량 구축에 대해 이렇게 말했다. "만약 지속적이고 의도적인 교류의 기회가 충분히 제공된다면 사람들은 동료(같은 길을 가는, 그러나 더 앞서가는 사람)로부터 가장 잘 배운다."[62]

여섯 번째 원리: 자원의 풍부함(resourcefulness), **한계와 쇄신**(restraints and renewal) "지속적 리더십은 물질자원과 인적자원을 개발시키나 고갈시키지 않는다. 그것은 사람들의 에너지를 재생시킨다. 지속적 리더십은 조심스럽고 자원이 풍부하기 때문에 재원이든 사람이든 어떠한 것도 낭비하지 않는다.[63] 우리는 자원을 현명하게 사용하여 그것을 착취하거나 고갈시키지 않도록 해야 하고 사명과 비전에 대한 최고의 헌신이 지속되도록 자원을 갱신하여야 한다. 하그리브스와 핑크는 갱신해야 하는 세 가지 자원을 규명했다.

1. **신뢰(trust)**: 신뢰의 풍토는 조직 목표에 대한 구성원들의 헌신을 증대시킨다. 신뢰가 부족한 경우 조직은 앞으로 나갈 수 없으며 PLC는 구성될 수 없다.
2. **확신(confidence)**: 조직은 성공에 대한 기대가 있어야 한다. 구성원들은 그들이 목표를 달성할 수 있다고 확신해야 한다.
3. **감정(emotion)**: 긍정적인 감정은 조직이 그것의 사명과 비전을 향해 지속적으로 나아갈 수 있도록 하는 데 필요하다.

풀런은 이 원리를 '주기적 활력화(cyclical energizing)' 라고 불렀다. 그는 "숙련되

4) 역자 주: 1968년 제임스 코머(James D. Comer)가 저소득층 아동의 학업성취를 향상시키기 위해 시작한 코머 학교발전 프로그램(Comer School Development Program)에 참여한 600여 개의 학교들을 의미한다.

5) 역자 주: 테드 사이저(Ted Sizer)의 책 『호러스의 타협(*Horace's Compromise*)』에서 소개된 포괄적 학교 개혁(whole School Reform) 개념을 발전시켜 학교 개혁 운동을 펼쳤던 학교들의 연합. 현재까지 약 600개의 학교가 참여 중이다.

고 균형 잡힌 에너지의 관리가 지속성의 열쇠다. 남용은 에너지의 소진을 초래하고 충분히 사용되지 않으면 위축을 일으킨다."라고 말했다.[64] 풀런은 7장에서 살펴본 쿠르트 레빈의 '변화 과정의 세 단계' 개념인 해빙, 변화, 재결빙의 개념에 동의할 것이다. 사람들은 지속적인 개선을 위해 자신들을 소생시키는 생산적인 자유 시간이 필요하다.

일곱 번째 원리: 대화(conversation), **역사와 유산**(history and legacy) "지속적 리더십은 더 나은 미래를 만들기 위하여 과거를 존중하고 이를 기반으로 미래를 만들어 간다."[65] 우리는 과거의 성공과 실패로부터 배울 필요가 있다. 새로운 것을 만들어 낸다고 하여 과거를 잊어서는 안 된다. 긍정적인 문화 규범을 구축하기 위하여 조직의 과거 혹은 기억을 활용해야 한다. 그러나 과거의 수행 중 무엇을 버리고 싶고 무엇을 계속하거나 수용할 것인지를 결정해야 한다. 동시에 과거를 미화해서는 안 된다. 그 이유는 과거에 무엇이 좋았는지에 대한 우리의 판단을 흐리게 하기 때문이다.

분산적 리더십과 지속적 리더십 개념에 대한 비판이 없는 것은 아니다. 콜럼비아 대학교 사범대학(Teachers College at Columbia University) 교육경제학 교수인 헨리 레빈(Henry Levin)은 각 리더십 연구의 기본에 대해 비판적이었고, 연구자들이 실행을 위해 충분한 가이드라인을 제공해 주지 않았다고 믿었다. 그럼에도 불구하고 레빈 역시 분산적 리더십에 대한 스필레인의 연구, 그리고 지속적 리더십에 대한 하그리브스와 핑크의 연구가 "학생과 연구자, 그리고 실천가(practitioner)를 위한 논의와 앞으로의 연구를 만들어 내는 데 유용하다…."[66]라고 인정했다. 지속적 리더십은 오늘날 학교의 변혁적 리더십을 적용시키기 위해 필요한 개념이며 학교 리더십 연구에서도 중요한 개념이다.

결론

이번 장은 리더십과 명령 사이의 차이점에 대하여 논의하는 것으로 시작하였으며 특히 리더십과 명령 사이에는 역할에 따른 차이점이 있다는 점에 주목했다. 확실한 것은 조직의 리더들이 선택할 수 있는 넓은 범위의 리더십 유형에 관한 이론들이 있다는 것이다.

- 예를 들어, 어떤 사람은 관료제라 여겨지는 전통적인 하향식의 명령적 접근법을 선택할 것이다. 이러한 접근법은 문제를 해결하기 위한 최상의 정보와 아이디어는 조직의 상위 계층에서 발견되며 더 낮은 계층의 사람들에 의해 실행되도록 아래로 전달되어야 한다고 가정한다. 이 접근법은 예상대로 구성원들과의 거래 관계를 만들어 낸다. 이러한 관계에서 동기와 노력은 합의된 거래 관계에 내재된 기대에 의해 제한된다.
- 한 가지 대안은 타인과 일을 할 때 좀 더 협력적이거나 변혁적인 리더십 유형을 선택하는 것이다. 이 접근법은 유용한 정보와 훌륭한 아이디어는 조직 어디서든 발견되고 리더십 과정에서 공유되어야 한다고 믿는다. 최상의 경우, 협력적인 리더십은 구성원들과 변혁적인 관계를 만들어 낸다. 이러한 관계에서 사람들은 다른 구성원들과 함께 당면한 문제해결과 해결 방안 모색을 위해 상호 헌신하는 것, 상호 노력 혹은 팀 소속감 등의 감정을 고취시키는 것 등을 통해 동기가 유발된다.

그러나 리더십을 발휘하는 데 있어서 어떠한 관점을 사용할지를 결정하는 주요한 요인 중 하나는 "하나의 이론이 다른 이론보다 더 나은 결과를 낳는 데 효과적이다."라는 믿음에 달려 있다. 오늘날의 교육 조직은 끊임없이 변화를 요구하는, 매우 복잡하고 종종 잘 이해되지 않으며 애매모호한 문제들과 불확실한 결과들과 마주하고 있다. 조직은 민첩하고 수용적이며 대응적이어야 한다. 이러한 상황 속에서 현대의 리더십에 대한 과학적 패러다임은 팀워크를 강조하는 협력적 유형을 사용한다. 이런 유형의 목표는 리더와 구성원 사이의 관계를 변화시켜 참여자들이 공동의 목적과 상호 공유된 가치에 의해 활기를 느끼고, 동기가 유발되도록 하는 것이다.

교사들과 같은 성인 학습자는 그들 스스로의 학습에 능동적인 참여자이고, 직장에서 자신의 삶의 미래를 만들거나 그들의 업무와 관련된 중요한 결정을 내리는 데 팀 구성원으로서 능동적으로 참여할 때 새로운 방식을 배우려는 동기가 유발된다. 전통적인 거래적 리더십에서 벗어나 변혁적인 리더십으로 조직을 움직이기 위해서는 시간이 지나도 꾸준히 지속되는 새로운 과정의 개발을 필요로 한다. 이러한 과정을 통해 교사들은 팀워크와 협력에 능동적으로 참여하기 위해 요구되는 새로운 역할과 기술을 배울 수 있다. 따라서 변혁적 팀 구축을 위해서는 리더와 구성원들 사이뿐만 아니라 협력하고 있는 구성원들 사이에서도 높은 수준의 신뢰를 쌓아야만 한다. 따라서 변혁적 리더들은, 리더십이란 조직 내에서 인적자본을 만들어 가는 끊임없는 성장과 발전의 과정이라고 이해한다. 이것은 분산적 리더십에 의해서 달성될 수 있다. 분산적 리더십은 전문적 학습 공동체(PLC)를 구축함으로써 얻을 수 있다. 그리고 이러한 방식으로 지속적 리더십을 획득할 수 있다.

생각해 볼 문제

1. 이번 장 도입 부분의 사례를 다시 살펴보시오. 이 장에서 배운 내용을 사용하여 클리프 제임슨의 리더십 행동에 대해 당신이 앞에서 내렸던 답을 보완하시오.

2. **나만의 게임 플랜 만들기** 늦은 5월의 밤 11시 45분에 전화 벨이 울렸다. 전화를 받기 위해서 TV 앞의 안락의자에서 일어서면서 매리언(Marion)은 그녀의 심장이 조금 뛰는 것을 느꼈다. 이렇게 기대와 긴장감으로 아이처럼 흥분되는 것이 이상했다. 매리언은 전화를 건 사람이 교육감인 시드니 베니건(Sydney Bennigan)일 것이라고 생각했다. 왜냐하면 베니건이 오늘 저녁 학교운영위원회 회의에서 결정된 사항에 대해 전화를 주기로 했기 때문이다.

   "안녕하세요, 시드니입니다." 베니건은 차분하고 감정이 실리지 않은 목소리로 말을 했다. "어…. 축하드려요, 매리언. 위원회는 당신을 JFK의 새로운 교장으로 선출했어요. 선출 과정에서 아무런 문제도 없었고, 지체되지도 않았으며, 투표 결과는 만장일치였습니다. 그들은 제가 그 일에 적합한 사람을 발견했다고 확신했어요. 그들은 당신을 좋아합니다. 당신의 첫 출발은 좋은 것 같습니다. 드디어 우리 지역에서도 최고의 교장이 임용되었군요!" 이런 좋은 행운이 찾아와 매리언은 너무 기뻤으나 자제하며 말했다. "기쁘네요, 시드니, 정말 잘됐어요! 당신의 지원에 대해 감사드려요. 그리고 저를 신뢰해 준 당신을 실망시키지 않도록 최선을 다할께요."
   "전 당신이 그럴 거라는 걸 알아요, 매리언. 교장직을 수행하는 데 있어 밝은 미래가 있다는 것도요. 그렇지 않다면 전 당신을 지명하지 않았을 거예요." 그는 빨리 덧붙였다,

"죄송하지만 가 봐야 할 것 같아요. 위원회가 당신과 몇몇 사람들에게 전화하도록 잠시 휴식을 준 거라서 이제 다른 사람들에게도 연락을 해야 할 것 같습니다. 중앙 등록소에 전화해서 내일 당신을 대신해서 일할 수 있는 사람을 구하세요. 왜냐하면 우리는 내일 아침 제일 먼저 JFK로 가야 하니까요. 당신을 학교 교사들과 사람들에게 새로 선출된 교장이라고 소개할 것입니다. 전 이 소식을 사람들이 노동조합의 소문을 통해 듣게 하고 싶지 않아요. 비록 잭 가비(Jack Garvey)가 아마 지금 그들 협회 대표와 통화 중일거라 생각하지만…. 그러니 제 사무실에서 7시 30분에 만나요. 그러면 8시까지 학교에 도착할 수 있을 거예요."

"알겠습니다," 매리언이 대답했다. "7시 30분까지 당신의 사무실로 가겠습니다."

"좋아요," 교육감이 말했다. "그리고 내일 만나기 전까지 당신이 8월 1일부로 정식으로 교장이 되었을 때 무엇을 할지, 어떻게 업무에 접근할지에 대하여 생각해 보세요. 제 예감으론 지난 몇 달간 논의된 문제들과 그 대답들에 대한 관심은 사그라질 거예요. 사람들은 당신이 앞으로 어떻게 이 특정 학교에서 당신의 업무에 접근할 것인지를 알고 싶어 할 겁니다. 우리 둘 다 알다시피, 첫 단추가 중요합니다. 내일 아무도 그것에 대해서 물어보지는 않겠지만 궁금해할 것입니다. 그러니 그것에 대해서도 생각해 보세요."

"알았습니다," 매리언이 말했다, "그렇게 하겠습니다. 내일 뵙겠습니다. 그리고 다시 한 번 감사드려요." 전화를 끊은 후, 매리언은 시드니 베니건이 다음으로 누구에게 전화할지에 대하여 잠시 생각했다. 시드니 베니건은 아마도 지금 떨어진 다른 두 명의 후보들에게 전화를 걸고 있을 것이다. 남편인 데일 매리언(Dale Marion)을 향하여 돌아서며 매리언은 기쁘게 말했다, "내가 해냈어요!"

다음의 질문에 대하여 두 문단으로 답하시오.

a. JFK의 교장직을 위한 전략 개발을 할 매리언을 위해 당신이 해 줄 수 있는 서너 가지 중요한 조언은 무엇인가? 각각의 제안에 대한 이유를 설명하시오.
b. 당신의 전략적 조언이 어떻게 작용할 수 있는지 설명해 보시오. 그리고 매리언이 당신의 전략들을 실행하기 위해서 취해야 하는 하나 이상의 특정한 행동들에 대해서 기술하시오. 반면 어떠한 행동을 피해야 하며 왜 그런지도 설명하시오.

추천도서

Burns, James MacGregor. *Leadership*. New York: Harper & Row, 1978.

퓰리처상을 수상한 이 책은 리더십에 대한 현대적 이해를 비교적 읽기 쉬우면서도, 생생하게 설명하고 있다. 이 책의 목적은 정치적 리더십의 딜레마들을 조명하는 데 있다. 따라서, 이 책의 많은 예들은 위대한 정치 리더들에 대한 것들이다. 그러나 교육자를 위한 교훈은 명확하고 쉽게 이해될 만하다. 흠잡을 데 없는 학문적 가치뿐만 아니라 개방적이고 직설적으로 쓰인 글이 보여 주는 지적 특성과 책의 아이디어에 대한 쉬운 접근성의 이유로 이 책을 추천한다.

Drath, Wilfred. *The Deep Blue Sea: Rethinking the Source of Leadership*. San Francisco: Jossey-Bass, 2001

드래스(Drath)는 "흔히 리더십에 대하여 생각할 때, 우리는 물결치고 반짝이는 표면의 파도를 보느라 검푸른 바다를 잊은 채 해변에 서 있는 사람들과 같다. 흰 파도는 실재(實在)하나 그것의 근원은 바다 자체의 행위에 있다."고 말했다. 그리고 그는 이러한 현상이 조직에서도 마찬가지라고 주장했다. 그가 언급한 깊고 푸른 바다는 우리의 교육조직을 말하고, 조직에 대한 이해는 표면에서가 아니라 더 깊은 곳에서 이루어진다. 이와 같이 그는 조직과 그 안에서의 리더십에 대한 새로운 사고방식을 소개한다. 현대의 리더십 패러다임이 그러하듯, 그는 조직과 사람들 사이의 관계와 의미를 증진하는 것을 강조한다. 이 책을 강력하게 추천한다.

DuFour, Richard, Robert Eaker, and Rebbeca DeFour (eds.). *On Common Ground: The Power of Professional Learning Communities*. Bloomington, IN: Solution Tree, 2005.

이 책의 편자와 저자들은 공립학교의 교사와 리더로서의 다년간의 경험을 가지고 있고 학자로서 확고한 자격을 가지고 있다. 컨설턴트로서, 그들은 미국이 받아들이고 있는 새로운 교육 목표를 달성하기 위하여 교사들과 교장들이 학교 문화를 재정비하는 것을 돕기 위한 사회 운동의 선봉에 서 있다. 그들 이론의 핵심은 전통적으로 고립된 교사들의 교실을 좀 더 협력적이고 전문적인 학습 커뮤니티로 발전할 수 있도록 도와주는 것이다.

Fullan, Michael. *Leadership & Substantiality: System Thinkers in Action*. Thousand Oaks, CA: Corwin Press, 2005.

이 짧은 책은 학교의 지속성에 대한 이론을 최초로 언급했다는 점에서 중요하다. 풀런은 학교와 학교구가 리더십과 변화를 지속시킬 수 있도록 하기 위하여 시행해야 할 여덟 가지 요소들에 대하여 개괄적으로 설명했다. 이러한 여덟 가지 요소에는 도덕적 목적을 가지는 공공 서비스, 모든 수준에서의 환경 변화에 대한 헌신, 네트워크를 통한 수평적 역량 구축, 지적 책무성과 수평적 관계, 심도 있는 학습, 장단기적 결과에 대한 이중적 헌신, 지속적 격려, 리더십의 지속성 등이 있다. 이 책은 지속적 리더의 중요성과 여덟 가지 요소들을 이행하는 리더들의 역량을 강조한다.

Hargreaves, Andy and Dean Fink. *Sustainable Leadership.* San Francisco: Jossey Bass, 2006.
이 책은 미국과 캐나다에 있는 여덟 개의 다양한 고등학교에 대한 일련의 종단 연구로 구성되어 있다는 점에서 의미가 있다. 이 연구를 통해 저자들은 이번 장에서 논의한 지속적 리더십에 대한 일곱 가지 원리를 개발했다. 이 책의 강점은 연구와의 연계성이 높고 각 일곱 가지 원리에 대한 실제 예시를 들었다는 데 있다.

Heifetz, Ronald A. *Leadership Without Easy Answers.* Cambridge, MA: Belknap Press of Harvard University Press, 1998.
하이페츠(Heifetz)는 적응적 리더십에 대한 주요 개념을 논의하기 위하여 광범위한 배경 지식을 제공했다. 그는 적응적 문제와 전문적 문제 간의 차이점이나 권한과 리더십의 차이점을 명확하게 구별하여 조명했다. 그의 관점은 이론적인 동시에 실용적이다. 이러한 그의 관점은 정신과 의사이자 음악가로서의 그의 경험으로부터 형성된 것이다. 풀런의 연구(위에서 언급한)는 하이페츠의 이 책을 많이 참고했다.

Helgesen, Sally. *The Female Advantage: Women's Ways of Leadership.* New York: Doubleday Currency, 1990.
널리 읽힌 이 책은 남자들이 선형적인 방식으로 생각하고, 위계질서가 있는 조직을 선호하는 경향이 있으며, 논리를 강조하고, 그들 자신을 위한 권력을 추구하며, 모호성을 불편해 하고, 목표 지향적이라고 주장한다. 반면 여자들은 직선적으로 사고하기보다는 좀 더 전체적인 연계성을 고려하여 사고하고, 사람들 사이의 상호작용 과정을 위계질서보다 더 강조하며, 개인적 권력에 큰 흥미가 없고, 모호성을 잘 견디며, 과정 지향적이라고 주장한다. 헬그리센(Helgresen)은 조직 행동을 이해하는 데 있어 남녀 간에 명확한 차이가 존재한다고 했다. 그리고 이 차이가 여성 리더들에게 단연 유리한 점이 된다고 확신했다.

Powell, Gary. *Women and Men in Management.* Newbury Park, CA: Sage Publications, 1988.
이 책은 리더십에 있어 성(性) 대결(gender war)에 대한 연구들을 면밀히 조사한 뒤 유사 직종에 있는 남녀의 조직 문화에는 성별에 따른 차이가 거의 없다고 결론을 내리고 있다. 파월(Powell)은 여성학자들이 주장해 온 남녀 사이의 현격한 차이는 잘못된 연구방법에서 기인한 것이며, 남성과 여성 간에 리더로서의 선천적 차이는 존재하지 않는다고 믿는다.

Rosener, Judy B. "The Ways Women Lead." *Harvard Business Review*, 68, no. 6 (November-December 1990), 119-25.

456명의 여성 기업체 간부들을 연구한 결과, 로스너(Rosener)는 유사한 직위에 있는 남성 리더들과 비교하여 여성들이 다르게 행동한다고 결론내렸다. 그녀는 남자들이 명령과 통제 스타일(합리적 의사결정, 명령 내리기, 구성원들의 개인적 이익에 호소하기)을 강조한다는 것을 발견했다. 반면 여성들은 좀 더 '쌍방향식으로' (정보와 권력의 공유, 권한위임의 장려, 조직의 이상과 미래에 대한 공유된 비전에 호소하여 사람들을 동기화하기) 일한다는 것을 알아냈다. 많은 여성들은 이 논문이 흥미롭다고 생각했지만 그럼에도 불구하고 연구 계획과 방법의 질에 관한 비난이 잇따랐기 때문에 논란이 되어 왔다.

Weatley, Margaret J. *Leadership and the New Science: Discovering Order in a Chaotic World*, 2nd ed. San Francisco: Barret-Koehler, 1999.

이 책은 학술적이고, 새롭게 생각하는 방법에 대한 재치 있는 탐구이며, 또한 과학에 대한 탐구이기도 하다. 이 책은 교육에 대해서 중점적으로 다루고 있지는 않지만, 불확실성, 떠오르는 새로운 아이디어들, 그리고 오늘날 과학의 다양한 영역의 빠른 변화를 다루는 데 발생하는 새로운 문제들을 설명하기 위하여 광범위한 자료와 사람들을 이용하고 있다. 이 책은 학교 세계는 특별하지 않고 학교에 존재하는 리더십 관련 문제들은 더 큰 세계의 일부라는 것을 보여 준다. 이러한 이유로 이 책은 교육 리더들에게 추천할 만하다.

9

CHAPTER

의사결정

사례 결정 방식 결정하기

알렉스 마디(Alex Mahdi) 박사는 근처 주립대학교에서 박사학위를 받은 후 링컨 중학교에서 처음으로 교장직을 맡게 되었다. 대학 수업을 듣는 동안 그는 직원들에게 권한을 위임하는 협력적 의사결정(collaborative decision making)에 전적으로 동의했다. 알렉스는 이전의 교장이 매우 권위주의적이었고 결정을 내릴 때 다른 사람의 의견을 거의 구하지 않았다는 것을 교육감을 통해 알게 되었다. 전적으로 이 때문이라고 할 수 없지만 학교 풍토는 매우 열악하였고 지난 몇 년간 교사들의 전근이 빈번했다. 교육감은 누군가는 링컨 중학교의 의사결정 문화를 바꾸고, 이를 통하여 학교 풍토가 가지는 문제점을 해결해야만 한다고 말했다. 이러한 상황을 듣자 알렉스는 링컨 중학교 교원들에게 더 많은 의사결정 권한을 주고 싶어졌다.

첫 번째 교사회의에서 알렉스는 교원들에게 링컨 중학교에 대한 자신의 비전을 제시했고 이때 협력적 의사결정에 대하여도 언급했다. 그는 앞으로 교원들이 의사결정 과정에 많이 참여하게 될 것이라고 알려 주었다. 알렉스는 다양한 교내 위원회를 조직하였는데, 예를 들어 교칙위원회(discipline committee), 학제 간 읽기 위원회(reading across the curriculum committee), 교사 연수 위원회(professional development committee), 학부모-교사협회(parent-teacher association committee) 등을 조직했다. 게다가 그는 링컨 중학교 리더십 위원회의 회장직을 맡았는데 이 조직은 교감들과 부장 교사들로 구성되었다. 모든 교사들은 그들의 교과목 위원회 이외에 적어도 하나의 위원회에 속해야만 했다. 또한 교직원들은 매달 있는 직원회의 때 의사결정 활동에 참여하게 되었다.

첫해가 끝날 무렵, 알렉스는 교원들에게 학교 풍토에 관한 설문조사를 실시했다. 놀랍게도, 교원들은 그 학교의 의사결정과 관련된 문항들에 낮은 점수를 주었다. 설문조사에서 교원들은 두 가지 주제에 대하여 중점적으로 언급했다. 그것은 ① 위원회 활동으로 그들의 시간을 너무 낭비한다는 것과 ② 위원회에서 결정을 내리는 일에 도움이 되도록 위원회 자체에 대한 의사결정 과정이 별도로 있었음을 느끼지 못한다는 것이었다.

알렉스는 이 새로운 정보를 어떻게 이해해야 할지 몰랐다. 그는 여전히 협력적 의사결정이 교사들에 대한 권한위임의 중요한 열쇠라고 믿었다.

1. 당신이라면 알렉스로 하여금 설문 결과에 대하여 어떠한 행동을 취하도록 제안하겠는가? 그는 이 문제를 분석하고 해결하기 위하여 무엇을 해야 하는가?
2. 이번 장의 후반부에 있는 '생각해 볼 문제'에 대해 고찰하면서 이 '사례' 부분을 다시 한 번 읽어보기 바란다. 이번 장을 읽고 난 후에 깨닫게 된 것들이 당신이 처음에 가졌던 생각과 어떻게 달라졌는지 작성해 보자.

8장에서 우리가 이미 논하였듯이, 리더십은 개인적 혹은 집단적 조직 목표를 달성하기 위하여 다른 사람들과 혹은 다른 사람들을 통하여 일하는 과정을 포함한다. 만약 조직목표가 다음의 것들을 강조하는 경우, 조직 연구의 현대적 패러다임은 다른 사람들과 일을 할 때 효율성을 강조하는 관료제의 하향식 방법을 지향한다.

- 안정(stability), 개선(refinement), 현존하는 관습의 지속적인 적용
- 수행의 현 수준 유지

그러나 조직은 다음과 같은 상황에 성공적으로 대응해야만 한다.

- 환경의 급속하고 빈번한 변화에 대한 재빠르고, 노련하고, 민첩한 대응에 대한 요구
- 애매모호하고 잘 이해되지 않는 변화에 대한 요구로 인해, 또는 가능한 대안적 해결책이 미리 제시되지 않아서 생기는 새로운 문제들

조직 연구에 대한 현대의 패러다임은 이러한 상황에서 과업을 성공적으로 수행하

기 위해 구성원들 간에 좀 더 효과적으로 일할 수 있게 하는 협력적 방법을 지지한다. 교육 리더들은 전통적 관료제와 협력적 방법 사이에서 어떤 것을 선택할지 고민이 될지라도, 조직이 직면하는 이와 같은 상황들 때문에 실제 현장에서는 일반적으로 협력적 방법을 선택하게 한다.

안전성과 변화의 두 가지 문제는 대위적(contrapuntal)이다. 그 둘은 교육 리더가 참여하는 모든 결정에서 서로 불가분의 관계에 있다. 조직 내에서 이루어지는 결정의 질과 효과성은 리더가 이 두 가지 문제를 조정하는 기량에 달려 있다.

한편으로, 급변하는 학교 행정 분야에서는 리더가 불필요한 고심 없이 빠르게 결정을 내리고 다음의 시급한 용무로 넘어가길 바란다. 따라서 리더들은 속도와 효율성의 이유로 일방적으로 결정하고 그 결정에 따라 일을 처리한다. 다른 한편으로, 건강한 조직은 결정의 질을 높이기 위하여 조직의 모든 수준에서 관련된 사람들이 의사결정 과정에 참여케 하고, 그들에게 권한을 부여하는 것의 강점을 알고 있다. 이렇게 하는 데에는 두 가지 이유가 있다. 첫째, 중요한 결정에 구성원들이 참여하도록 권한을 부여하는 것은 그들의 동기를 고취시킨다. 둘째, 폭넓은 참여를 통해 조직 전반에 있는 구성원들은 스스로 기여할 수 있는 광범위하고 훌륭한 지식과 아이디어들을 의사결정 과정에 제공해 준다. 이러한 점은 학교와 같이 지식을 기반으로 하는 조직에서 특히 중요하다.

모든 조직이 그러하듯이, 오늘날 교육 조직의 환경은 빠르게 진행되고, 확산되며, 계속하여 변화하는 역동성에 의해 지배된다. 이 변화에 발맞추기 위해서(혹은 변화를 이끌기 위해서), 학교들은 민첩하고, 대응이 빠르며, 수용적이고, 내부로부터 그들 자신을 지속적으로 발전시킬 수 있어야만 한다(혹은 끊임없이 스스로를 재창조해야만 한다). 우리는 매우 경쟁적인 환경에 놓여 있다. 한때 학교구가 가졌던 안정적 독점권은 학생들의 학업성취가 강조되면서 더 이상 안정적이지 않게 되었다. 현실에서 경쟁은 단지 지역 학교에만 국한되어 있지 않고 전 세계에 걸쳐 나타나고 있다. 교육 조직의 고객들은, 예를 들어 학생과 학부모들은 특정 지역의 학교들이 보여 준 학업성취도 결과를 세계의 다른 지역에 있는 학교들의 학업성취도 결과와 종종 비교한다. 이러한 맥락 속에서, 교육 리더들은 어떻게 결정을 내릴지에 대해 끊임없이 고민해야 한다. 좀 더 세부적으로, 누구를 의사결정 과정에 포함시킬지 그리고 어떻게 그들을 그 과정에 포함시킬 것인지를 결정하여야 한다.

따라서 이 장은 참여적 의사결정에 중점을 두었다. 그러나 먼저 일반적인 의사결정에 대한 간략한 배경 소개를 하고, 소위 합리적 의사결정이라 불리는 방법에 대한 논의를 시작하겠다. 그 후, 학교 현장의 실제 현실과 그것이 리더들의 의사결정 노력에 어떻게 영향을 미치는지, 그리고 의사결정 행위 이론 개발의 필요성에 대하여 논의하겠다. 브룸(Vroom)과 예튼(Yetton)의 규범적 리더십 모형(normative leadership model)은 다른 사람들을 의사결정 과정에 포함시키는 것에 관한 안내를 해 준다. 태넌바움(Tannenbaum)과 슈미트(Schmidt)의 연구는, 우리가 참여적 의사결정이 갖는 문제점들에 직면하였을 때, 선택 가능한 행동 방침들에 대해 체계적으로 생각하는 방법을 설명하고 있다. 이 연구들은 리더십 행동에 매우 중요한 지침이 된다. 또한 이들의 연구가 효과적인 리더십 행동에 대하여 갖는 함축적 의미도 면밀히 연구되어야 한다. 이 장은 공유된 의사결정이 갖는 단순하고 실용적인 패러다임과 팀 의사결정을 위한 의사결정 순서도를 보여 주는 것으로 끝을 맺을 것이다.

조직과 행정 수준에서 의사결정의 중요성은 긴 역사를 가지고 있다. 예를 들어 1950년에 출판된 획기적인 책에서 허버트 사이먼(Herbert Simon)은 "행정의 일반 이론은 반드시 올바른 의사결정에 대한 조직의 원칙들을 포함하여야 한다."고 주장했다.[1] 1959년에 다니엘 그리피스(Daniel E. Griffiths)는 "행정은 곧 의사결정이다."라는 이론을 주창했다.[2] 그는 첫째로 조직의 구조가 의사결정 과정의 유형에 따라 결정되고, 둘째, 조직 내 개인의 계급은 의사결정 과정에서 발휘되는 통제와 직접적으로 연관이 있으며, 셋째, 행정가의 효과성은 그가 개인적으로 내린 결정의 수와 반비례한다고 주장했다.

수년 동안 교육계에서 많은 영향을 주었던 그리피스의 이론은 두 가지 중요한 개념을 강조한다. 첫째, 행정가의 업무는 적절한 의사결정 과정이 조직 내에서 잘 운영되도록 하는 것이며, 둘째, 그 과정이 잘 운영되면 효과적인 행정가가 개인적으로 내린 의사결정의 수는 비록 그것이 조직에 미치는 영향력이 클지라도 상대적으로 적을 것이다. 이러한 점에서 본다면, 바쁘고 복잡한 조직 수준의 의사결정 과정을 만들고 관찰한다는 점에서 행정가는 확고한 영향력을 가진다고 할 수 있겠다.

그러나 사이먼과 그리피스, 그리고 그들의 동료들은 그 시대의 교육 문제들을 해결하기 위하여 논리적이고 수학적인 방법을 통해 합리적 · 논리적, 그리고 체계적인 의사결정을 내릴 수 있다고 생각했다. 그 당시 많은 사람들은 그들의 주장을 믿었고 여전히 많은 사람들이 믿으려고 한다. 그러나 시간이 지남에 따라 우리가 경험하는 대부분의 고질적인 교육 문제들은 너무나 애매하고, 다면적이고, 복잡해서 그 문제들을 다양한 수량적 데이터를 사용하여 단순한 알고리즘으로 요약함으로써 문제에 대한 최적의 교육적 의사결정을 내리는 것이 불가능하다는 것을 깨닫게 되었다. 실제로, 20세기 중반 이후, 많은 상업 및 교육 조직에서 인간의 복잡성이 그러한 합리적 의사결정 관점의 유용성을 제한하고 있다는 것을 사람들이 이해하기 시작했다.

개인 수준 대 조직 수준에서의 의사결정

의사결정에 관한 많은 논의는 다음의 한 가지 중요한 쟁점에서 시작된다. 즉, 개인 수준 대 조직 수준에서의 의사결정의 문제다. 한편으로 사람들은 관리직에 있는 사람은 일반적으로 '결단력이 있을' 것이라고 기대한다. 여기서 말하는 '결단력'의 의미는 명확하지 않지만, 보통 의사결정을 지연하거나 임시변통 식으로 하지 않고 최대한의 명료성을 가지고 신속하게 결정을 내리는 것으로 이해된다. 일반적으로 개인들은 집단이나 사회에서 용인된 질적 기준에 상응하는 의사결정을 내리는 경향이 있다. 예를 들어, 일반적으로 집단의 결정은 구성원들에게 잘 알려져 있고 윤리적으로 수용 가능하다. 따라서 행정적 의사결정에 대한 논의는 '의사결정자(decision-maker)'라 여겨지는 사람들의 개인적 행동에 종종 중점을 둔다.

다른 한편으로, 행정은 조직의 목적을 달성하기 위해 다른 사람들과 함께 그리고 그들을 통해 일을 하는 것으로 정의되었기 때문에, 개인이 아닌 조직 수준의 의사결정을 다루는 데 사용되는 메커니즘을 고려하는 것이 중요하다. 이 관점에서 보면, 조직의 의사결정 과정과 결정의 시행 과정에서, 행정가 개인이 갖는 특유의 행동 대신, 조직이 행동하고 취하는 방식에 논의의 주안점을 두게 된다. 대다수 교육 조직의 고객들, 예를 들어 학생과 학부모에게 의사결정 과정에서 행정가 개인의 역할은 애매하고 심지어 관련 없어 보인다. 반면 조직의 '행동'은 가장 관련성이 높아 보인다. 이러한 관점에서 본다면 비록 행정가들이 연관되어 보이지만, 결국 중요한 의사결정 기능은 조직 수준에 있다고 할 수 있겠다.

어느 대학에서 일어난 다음의 사건은 이를 설명하는 좋은 예시다. 그 대학에서 난방 시스템은 계속해서 제대로 작동하지 않았고, 교실은 한동안 어수선했으며, 책걸상은 제대로 수리되지 않았다. 봄이 되어, 학교 측이 꽃과 나무를 심고 나무 사이에 조각상을 두는 등의 야심찬 학교 미화 계획을 발표하자 학생들은 놀라며, 다음과 같이 원성을 쏟아 내기 시작했다. 학생들은 "학교는 교실에서 어떠한 일이 일어나고 있는지에 대해서는 전혀 관심이 없는 것 같다. 학교가 관심 있는 것이라고는 방문객들이 학교의 외관을 어떻게 보느냐뿐이다!"와 같은 불만을 표출했다. 이 대학의 사례가 암시하는 것은, 의사결정 과정에 누가 참여했든지 간에, 조직으로서 그 대학의 의사결정 과정은 엉망이 되어 버렸다는 것이다.

이 장에서는 의사결정을 다음의 관점에서 논의한다. 즉, 행정가의 개인적 의사결정 유형은 전체로서의 조직이 문제를 규명하고, 그 문제를 개념화하며, 해결책을 모색하는 과정을 결정하는 데 큰 영향을 미친다는 점에서 매우 중요하다. 행정가가 내리는 의사결정은 다른 사람들의 행동과 조직 자체의 의사결정 과정에 필수불가결한 영향을 주기 때문에 조직 행동에서 중요성을 띤다.

조직 내 의사결정 과정의 본질과 특성에 대한 행정가의 책임을 강조하는 것은 행정가가 조직의 문화를 발전시키는 중요한 역할을 하는 사람이라는 현대적 관점에 부합한다. 즉, 의사결정 행위는 조직에 내재된 상황(학교가 어떠한 상황에 놓여 있는가)의 결과가 아니라, 권한을 가진 사람들(즉, 행정가들)이 어떤 결정을 내릴지, 다시 말해 그들의 선택에 달려 있다. 이러한 결정은 이제는 이 책의 독자들에게 익숙한 쟁점들에 대하여 행정가들이 가지는 다음의 가정들과 밀접하게 연관되어 있다.

- 직장 내 사람들의 동기를 유발하는 것
- 직장 내 리더십의 행사에 있어 협력과 지시의 상대적 가치
- 정보가 조직의 상하좌우 모든 방향으로 흐르도록 하는 바람직한 상황
- 조직의 통제와 규율을 유지하는 최선의 방법들
- 조직 내 모든 수준의 사람들이 의사결정 과정에 참여하는 것의 가치

의사결정의 합리성

조직 내 의사결정에 대한 현대적 관점들을 이해하기 위해서, 그 주제에 관해 우리가 생각하는 방식을 다시 한 번 간단히 고찰해 보아야 한다. 서구 사람들은 의사결정의 개념에 대하여 생각할 때 논리, 합리성, 그리고 과학 등에 의존하는 경향이 있다. 이는 앞에서 언급했던, 서양 문화에서 의사결정과 관련하여 널리 받아들여지는

가정들을 반영한다. 이러한 가정들은 의사결정에 관하여 우리가 가진 생각의 핵심이다.

종교 개혁 이후 3세기 동안, 서양의 문화 및 사고는 과학, 기술, 그리고 산업의 대두에 의해 지배되어 왔다. 논리적 합리성을 강조하는 과학적 사고는 서양 문화 속에 깊이 뿌리박히게 되었다. 그러므로 우리는 경험에 대하여 설명할 때 논리적 실증주의의 합리성을 준수하고자 한다. 즉, 우리는 공학적 접근법을 적용하여 모든 문제에 대한 해결책을 구하려는 경향이 있다. 이러한 경향은 관료적 조직에 대한 막스 베버(Max Weber)의 분석에도 반영되어 있다. 또한 프레더릭 테일러(Frederick Taylor)의 연구에서도 잘 드러나 있다. 테일러는 직장 내의 '인사공학(Human Engineering)' 의 방식으로서 과학적 원리와 방법을 도입했고, 조직의 일상에서 발생하는 문제들에 적용될 수 있는 관리의 과학(science of management)을 만들고자 노력했다. 테일러는 그것을 과학적 관리(scientific management)라 불렀다. 그리고 도날드 숀(Donald Schön)이 지적했듯이 "테일러는 (이러한 역할들을 통해) 가장 효율적인 생산을 이끌어 내기 위하여 관리자를 업무의 계획자, 수행의 통제자 및 감시자로 보았다…."[3]

과학으로서의 관리의 개념은 20세기 초부터 조금씩 부각되다가 제2차 세계대전을 통해 널리 확장되었다. 이는 전쟁과 관련된 다음의 세 가지 요인 때문이다.

- 전쟁의 승리에 기여한 과학 및 기술의 역할에 대한 강조
- 운용과학(Operations Research[1])과 체제 이론(Systems Theory)의 발전. 이것은 수학의 이성적 논리를, 잠수함의 공격에 의한 선적 손실을 어떻게 최소화하느냐에 관한 문제부터 공중투하 폭탄의 효과성을 어떻게 높일 수 있을까에 이르기까지 복잡한 문제들을 해결하기 위해 적용하는 것을 포함한다.
- 국제 수준의 갈등을 조정하기 위한 전례 없는 규모의 조직화

제2차 세계대전 이후는 거대한 낙관론과 에너지의 시대였다. 수년간의 전쟁의 결과로 사회 모든 부문에서 부족 현상을 겪게 되면서 시장 활동은 활발해졌고 산업과 사업은 그러한 시장을 착취하는 방향으로 빠르게 바뀌어 갔다. 과학과 기술에 대한 확신이 유행하였고 과학과 관련된 합리적이고 논리적인 방법이 더욱 폭넓게 수용되

1) 역자 주: 수학적 · 과학적인 방법으로 자료를 수집 및 분석하여 이를 경영자의 의사결정 과정에 활용하는 방법이다. 대표적인 방법으로 시뮬레이션, PERT, 게임 이론 등이 있다.

면서 그 위상도 높아졌다. 이와 관련하여 문제를 개념화하고 해결하기 위한 모형으로 전시에 진행된 맨해튼 프로젝트(Manhattan Project)가 종종 언급된다. "만약 우리가 원자폭탄을 만들 수 있다면, 이 문제 역시 풀 수 있어야 한다."는 것이다. 정부의 관련 연구 보조금은 "새로운 과학 지식의 생산은 부를 창출하고, 국가의 목표를 달성하고, 인간의 삶을 개선하며, 사회문제들을 해결해 주는 데 사용될 것이라는 기본 전제"[4]를 기반으로 하여 상향조정되었다.

1957년, 소련은 스푸트니크 1호(Sputnik I)를 발사했다. 미국은 이 문제를 해결하기 위해 수학과 과학에 전념해야 할 필요성을 강조했다. 존 F. 케네디(John F. Kennedy) 대통령의 리더십 아래, 미국은 새로운 우주 기술 개발을 위한 대규모의 노력을 시작했다. 오래 지나지 않아 과학자들이나 수학자들뿐만 아니라 교육 조직의 관리자들도 복잡한 조직의 문제들을 과학과 수학의 개념을 적용하여 해결하도록 훈련되었다. 그 결과, 미국 교육계는 우주 프로그램의 개발에 대한 사회적 요구를 충족시키고 있는 스스로를 발견하게 되었다. 새로운 슬로건은 "만약 우리가 달에 사람을 보낼 수 있다면, 이 문제를 해결하지 못할 이유는 무엇인가?"가 되었다. 그 결과, 드와이트 아이젠하워(Dwight Eisenhower) 대통령 재임 중 개설된 미국항공우주국(National Aeronautics and Space Administration: NASA)은 기술적 혹은 사회적 문제와 같은 모든 종류의 문제들에 적용 가능한 복잡한 의사결정 모형을 개발하고 그 효과성을 증명했다.

제2차 세계대전 이후, 많은 사람들이 찬사를 보내고 모방하였던 또 다른 유사한 모형이 의학계에 의해 제시되었다. 그 모형은 지식의 기반으로서 임상실험 연구(clinical-experimental research)를 강조했다.

> 의과대학과 병원을 소유한 의학 연구 센터는 다른 직업군들이 동경하는 대표적인 기관이다. 왜냐하면 기초과학의 확고한 토대가 있고 끊임없이 바뀌는 연구의 결과물들을 적용할 수 있기 때문이다. 다른 전문직들은 의학 고유의 효과성과 특권의 일부라도 갖기를 희망하며, 의학 분야의 연구와 교수(teaching) 측면의 연결고리, 연구와 임상 부분 사이의 위계, 그리고 기초 및 응용 연구를 실행해 보는 체제 등을 모방하려고 노력했다. 의학공학 모형의 높은 위신과 명백한 성공은 사회과학 분야에는 큰 매력으로 다가갔다. 교육학과 같은 분야에서 측정, 통제된 실험, 응용과학, 연구실, 상담소 등을 지칭하는 용어들은 그러한 의학 모형들에 관한 숭배 현상으로

이해할 수 있다.[5]

이러한 경향은 낙오학생방지법(No Child Left Behind: NCLB)이 입법화되고 시행되면서 그 지지자들에게서 분명하게 나타나는 관점이며 기대라고 할 수 있다.

합리적 의사결정 모형

의사결정을 연구하는 학자들이 의사결정 과정의 분석을 통해 양질의 결정을 내릴 수 있는 기술을 개발하고 행정가가 그 기술을 숙달할 수 있도록 도와주려는 것은 그리 놀랄 일이 아니다. 초기에 이러한 노력을 기울인 주요 학자는 허버트 사이먼(Herbert Simon)이다. 사이먼의 분석은 의사결정의 세 가지 단계를 규명했다. 첫 번째 단계는 정보 활동(intelligence activity)이다. 제2차 세계대전 후, 전쟁의 영향으로 사이먼은 정보(intelligence)라는 용어를 군 관계자들이 쓰는 것과 유사한 의미로 사용했다. 여기서 정보 활동이란 결정을 필요로 하는 상황을 밝혀내는 행위다. 두 번째 단계는 설계 활동(design activity)이다. 이 과정을 통해 대안적 행동방침이 가시화되고 개발되며 분석된다. 사이먼 분석의 세 번째 단계는 선택 활동(choice activity)이다. 이는 심사숙고 중인 다양한 대안들 가운데 하나의 행동 방침을 실제로 선택하는 과정이다.[6]

사이먼은 학자로서의 지명도와 수많은 일류 기업들의 컨설턴트로서의 대중성을 두루 갖추었기 때문에 지금은 고전이 된 그의 선구적인 의사결정론이 폭넓게 수용될 수 있었다. 그의 제자들은 사이먼의 개념을 발전시키기 위하여 그의 모델이 갖는 단계들을 확장하는 방식으로 모델을 좀 더 정교하게 만들었고 그 덕에 상당량의 관련 문헌을 구축하게 되었다. 또한 의사결정에 대한 많은 모형들을 발견할 수 있게 되었다. 그러한 모형들에 적용된 두 가지 기본 가정은 사이먼의 연구에 기초를 두고 있다. 첫 번째 가정은 의사결정이 내재된 논리를 가진 정연하고 합리적인 과정이라는 것이고, 두 번째는 의사결정 과정의 단계들은 정연하고, 논리적이며, 연속성을 띈 흐름으로(누군가는 이것을 가리켜 선형 논리라 부른다.) 서로를 뒤따르고 있다는 것이다. 행정가를 양성할 때 그러한 모형들과 각 모형의 기본이 되는 가정들은 중요하게 여겨지고, 행정가들의 수행을 개선하기 위하여 실제 조직에서 계획적이고 체계적인 방식으로 적용된다.

1960년대에서 1980년대 사이에 기업에서 매우 영향력 있었던 저명한 조직 이론 학자인 피터 E. 드러커(Peter E. Drucker)는 의사결정에 있어 다음의 단계들을 제시했다.

1. 문제를 정의하라.
2. 문제를 분석하라.
3. 대안적 해결책을 개발하라.
4. 최선의 해결책을 정하라.
5. 결정을 효과적인 행동으로 옮겨라.[7]

이러한 공식은 행정가들이 의사결정을 조직하는 데 도움이 되며 의사결정이 직관적이고 무계획적이며 조건반사적으로 이루어지기보다 좀 더 체계적인 대안이 되도록 한다. 드러커의 모형은 미국의 회사나 정부 조직에서 널리 적용되고 있으며, 행정적 사고의 근본적인 논리로서 많은 사람들에게 받아들여졌다.

그러나 의사결정과 관련된 모형들의 수가 급증하고 그것들을 조직에 도입하려는 시도가 증가하면서, 학자들의 이론적 개념과 행정가들의 실제 실행 사이에 존재하는 큰 차이가 분명히 드러나게 되었다. 예를 들어, 의사결정 과정은 결정이 내려졌다고 해서 혹은 결정을 실행할 행동이 정해졌다고 해서 종료되지는 않는다. 실제 현장에서 의사결정은 반복적이고 계속해서 진행되고 있는 과정이며, 하나의 결정이 다른 결정들의 근거가 되는 새로운 정보를 제공해 주기도 한다. 이러한 이유로, 현재의 결정으로부터 나온 결과물들이 미래의 결정 과정에서도 고려될 수 있도록 의사결정 모형에 피드백 고리를 덧붙이게 되었다.

의사결정 과정의 이러한 순환적 특성에 대한 인식은 결국 이 영역을 연구하는 학자들로 하여금 전통적 단계의 나열과 선형적 순서도보다는 순환적 묘사를 선호하게 만들었다. 피드백 고리 개념과 의사결정 과정의 순환적 개념 모두 의사결정에 대한 문헌에서 흔히 발견되는 두 가지 부가적인 가정들을 설명해 준다. 첫째, 의사결정은 반복적이고 순환적인 과정으로 최적 행동에 대한 연차근사(successive approximation of optimal action)[2)]를 제공하고, 둘째, 최적의 결정에 도달하는 것이 의사결정의 핵

---

2) 역자 주: 수학의 미분방정식에서 온 개념으로, 문제에 대한 가장 최선의 해결책이나 대안을 얻기 위하여 의사결정 과정을 반복적으로 시행하여 이전의 결정보다 점차 더 나은 결정에 도달하는 방법이다.

심 목표라는 것이다.

그러나 조직의 목표 달성을 위해 구성원들이 항상 최선책을 찾으려 노력하는 것은 아니다. 사람들은 조직의 성과가 수용 가능한 수준 이하로 떨어져 보일 때에만 대안책을 찾기 위하여 의사결정 과정에 참여한다. 성과의 '수용 가능한 수준'이 가능한 최상의 수준을 항상 나타내는 것은 아니다.[8] 그보다는 조직의 현실과 가치에 적합한 수준을 의미한다. 사람들은 조직에서 대안적 행동 방식을 찾아야 하는 필요성을 감지하면 그 필요성을 해결해 주는 일련의 행동방침을 찾으려고 하는 경향이 있다. 즉, 그들은 당장 눈앞에 닥친 문제를 해결하기 위한 결정을 내리지만 그것이 최선의 수행을 하기 위한 선택은 아니다. 조직이 갖는 이러한 일반적인 경향성을 '만족을 기준으로 하는 의사결정'이라고 부른다.

합리적 의사결정의 한계

앞에서 설명하였듯이 의사결정에 대한 많은 학술 연구들은 조직 수준 혹은 개인 수준에서 의사결정 과정에 내재해 있는 논리를 발견하고 설명하고자 노력한다. 이러한 노력을 근간으로 하여 많은 의사결정 과정 모형들이 개발되었다. 이 모형들은 행정가들이 모형의 논리를 습득하게끔 도와주므로 그들은 이러한 모형들을 실제 업무에도 적용할 수 있다. 이 가정들이 의심 없이 받아들여졌던 시대에 교육을 받았던 현직 교육행정가, 입법가, 교육위원회 구성원 등은 이러한 노력을 좀 더 열심히 하는 것이 조직의 성과를 개선하는 데 필수적이라고 믿어 왔다.

그러나 모호성과 불확실성은 교육행정 영역의 현실을 지배하는 특징이다. 조직과 조직의 목표, 기술, 그리고 조직 환경은 너무나 복잡해서 인과관계를 추정하기 어렵고 결과물과 행동을 서로 연결짓기도 어렵다. 예를 들어, 교육 조직을 둘러싸고 있는 경제적·사회적, 그리고 정치적 환경의 변덕스러운 특성 때문에 우리는 확신을 갖고 조직의 미래를 예견하기가 어렵다. 이러한 상황이 반드시 교육 조직에만 해당되는 것은 아니다. 그것은 모든 종류의 조직에서 매우 중요한 부분이다. 이러한 경향으로 인해 최근 연구자들은 조직 생활에 대하여 좀 더 면밀하게 재검토하는 가운데 의사결정의 논리와 합리성을 강조한 오래된 가정에 대해 의문점을 갖게 되었다.

이론과 실제의 차이

학자들은 행정가들에게 합리적이고 논리적인 의사결정 모형을 업무에 적용하는 방법을 가르쳐 주고 이를 통해 그들의 업무 수행이 개선될 수 있도록 노력한다. 교육 분야에서 이러한 노력이 이루어지는 예를 『어떻게 결정할지 결정하기: 교내 의사결정(*Deciding How to Decide: Decision Making in Schools*)』[9]라는 연수 교본에서 발견할 수 있다. 이 교재는 교내 워크숍을 조직하고 진행하는 데 사용하기 위해 만들어졌다. 이 워크숍을 통해 의사결정 시 행정가들이 언제, 어떻게 다른 구성원들을 참여시켜야 하는지 배우게 된다. 그 교본은 빅터 브룸(Victor Vroom)과 필립 예튼(Phillp Yetton)의 상황적합 모형(Contingency Model)의 내용을 체계적으로 제시하고 있다. 상황적합 모형은 현대 리더십이 중점을 두고 있는 이슈가 '의사결정 과정에 대한 참여'라는 것을 명확하게 지적하고 있다. 자문적인 유형과 대조적으로, 강경하고 지시적인 행정 유형이 갖는 상대적 우열에 대한 이념적 논쟁이 그 이슈를 혼란스럽게 만든다. 저명한 피터 드러커(Peter Drucker)도 때때로 '민주적 관리(democratic management)'와 '참여 민주주의(participatory democracy)', 그리고 '자유방임(permissiveness)' 등을 명령에 의해 결정이 이루어지는 독재적이고 전횡적인 관리와 비교하곤 했다.[10] 확실히, 복잡한 현대의 조직은 상황이 갖는 우연성을 고려하여 조직의 효과성을 높일 수 있는 의사결정 과정을 필요로 한다. 어떤 경우에는 독재적 유형이 가장 효과적인 반면 다른 경우에서는 최상의 효과성을 위하여 참여적 방법이 필요하다. 브룸과 예튼이 지적하였듯이, 리더에게 주어진 문제는 각각의 특정 상황을 분석하고 가장 효과적인 방식으로 행동하는 것이다.

브룸과 예튼은 리더들이 특정한 사태를 효과적으로 바라보기 위해 어떻게 행동하여야 하는지 규명하려고 노력했다. 브룸-예튼 모형은 처방적인 것은 아니지만 일종의 규범적 모형(normative model)이라고 할 수 있다. 이는 특정한 상황과 이에 적합한 리더의 행동을 서로 연결지으려 하기 때문이다.[11]

다섯 가지 리더십 유형

브룸과 예튼은 다음과 같이 다섯 가지 리더십 유형을 분류했다.

독재적 과정(autocratic process)

- **AI**: 리더(관리자, 행정가)는 가능한 모든 정보를 활용하여 의사결정을 한다.
- **AII**: 리더는 집단의 구성원들로부터 필요한 정보를 획득한 다음 결정을 내린다. 정보를 얻을 때, 리더는 구성원들에게 문제가 무엇인지 말해 줄 수도 있고 그러지 않을 수도 있다.

상담적 과정(consultative process)

- **CI**: 리더는 집단 내의 관련 있는 구성원들과 일대일로 문제를 공유할 수 있으며, 이를 통해 집단으로 모일 필요 없이 구성원들의 아이디어와 제안을 개별적으로 얻을 수 있다. 그리고 그 후 결정을 내린다.
- **CII**: 리더는 회의에서 집단으로 모여 구성원들과 문제를 공유한 후 결정을 내린다.

집단 과정(group process)

- **GI**: 리더는 집단의 회의에서 의장 역할을 하면서 집단과 문제를 공유하고 집단이 의사결정의 합의점에 도달할 수 있도록 한다. 리더는 정보를 제공하고 의견을 표현한다. 그러나 특정한 의견을 '납득시키거나' 혹은 은밀한 수단을 사용하여 집단을 조종하는 등의 행동은 하지 않는다.

브룸과 예튼은 이러한 리더십 유형을, 일반적인 용어(예를 들어 '지시적 유형' 혹은 '참여적 유형' 등)를 사용하는 대신 행동학적 용어(예를 들어 '리더는 결정한다' 혹은 '리더는 집단과 문제를 공유한다' 등)를 사용하여 설명했다. 이 두 학자는 한 가지 유형이 다른 유형들보다 더 가치 있다거나 특정 상황에서 어떤 행동이 효과적이라고 주장하지는 않았다.

상황 관련 일곱 가지 쟁점

상황에 대한 분석은 다음 질문들에 '예' 혹은 '아니요'로 대답하게 함으로써 시작한다.

A. 그 문제는 특성 요건(quality requirement)을 가지고 있는가? 한 가지 특성 요건은 시간일 것이다. 이것은 다른 사람들과 상담할 시간 없이 지금 내려져야 하는 결정인가에 관한 논의다. 또 하나의 특성 요건은 팀 개발을 촉진하거나 참여를 통해 사람들에게 정보를 지속적으로 제공해 주는 것이 바람직한가에 관한 내용이다.
B. 리더는 바람직한 의사결정을 하기 위한 충분한 정보를 가지고 있는가?
C. 문제는 구조화되어 있는가?
D. 그 결정을 시행하기 위하여 다른 사람들의 수용이 필요한가?
E. 만약 리더가 혼자 결정을 내렸다면, 다른 사람들이 그것을 받아들일 것임을 확신할 수 있는가?
F. 이 문제를 해결함으로써 달성할 수 있는 조직의 목표를 다른 사람들도 공유하고 있는가?
G. 그 문제에 대한 선호되는 해결책이 집단 구성원 사이의 갈등을 야기할 가능성이 있는가?

의사결정 순서도

리더들은 의사결정 순서도에 배열된 것처럼, 위에 열거된 일곱 가지 질문에 각각 '예' 혹은 '아니요'로 대답함으로써 상황이 가진 특정성(contingencies)을 재빠르게 진단할 수 있다([그림 9-1] 참조). 순서도가 보여 주듯, 이러한 방식으로 열네 가지 유형의 문제들을 규명할 수 있다. 그리고 순서도를 왼쪽에서 오른쪽으로 따라가다 보면 각각의 문제를 다루는 데 당신이 더 선호하는 방식을 알게 된다. 문제가 주어졌을 때, 첫 번째 질문은 '그 문제는 특성 요건을 가지고 있는가?'다. 실제로 그 질문이 의미하는 바는 '한 결정을 다른 것보다 더 선호하고, 그 결정이 더 합리적인가?'다. 만약 그렇지 않다면, 질문 B와 C는 관련이 없어지고, 당신은 순서도를 따라 질문 D('그 결정을 다른 사람들이 수용하는지가 그것을 시행하는 데 중요한가?')로 넘어갈 것이다. 만약에 중요하지 않다면, 다섯 가지 리더십 유형 중 어느 것을 사용할지 선택하는 데 별 차이가 없어진다. 그 다섯 가지 리더십 유형은 바로 앞에서 언급한 AI, AII, CI, CII, 혹은 GI을 의미한다. 이 순서도는 특정한 상황하에서 최대한의 효과성을 내기 위하여 다양한 리더십 유형을 사용하는 것에 대한 논리적 근거를 명백히 제

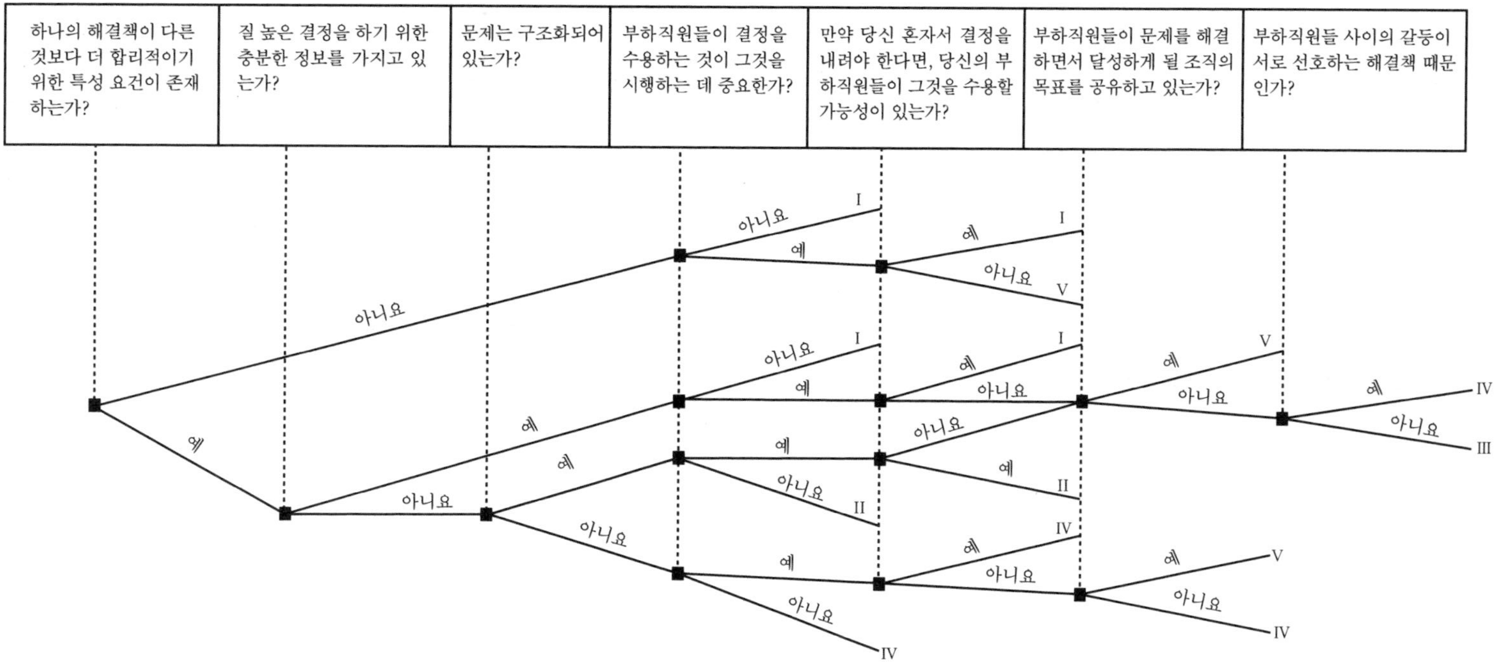

Ⅰ. 당신은 그 당시 당신에게 주어진 정보를 사용하여 혼자서 결정을 내려야 한다. Ⅱ. 당신은 부하직원들로부터 필요한 정보를 얻고, 그 문제에 대한 해결책을 혼자서 결정한다. 당신이 구성원들로부터 정보를 구할 때 문제가 무엇인지 그들에게 말해 주어도 되고 말해 주지 않아도 된다. 의사결정 과정에서 구성원들의 역할은 대안책들을 구상하고 평가하는 것이 아니라 당신에게 필요한 정보를 제공해 주는 것뿐이다. Ⅲ. 당신은 문제를 관련된 구성원들과 개별적으로(집단 단위가 아니라) 공유하며, 그들의 아이디어와 제안을 얻는다. 그런 다음, 구성원의 의견이 반영되든 되지 않든, 당신이 결정을 내린다. Ⅳ. 당신은 문제를 구성원들과 공유한다. 이 경우 집단으로서의 그들의 아이디어와 제안을 얻는다. 그 후, 구성원들의 의견이 반영되든 되지 않든 당신이 결정을 내린다. Ⅴ. 당신은 문제를 구성원 집단과 공유한다. 함께 당신과 구성원들은 대안들을 구상하고 평가하여 해결책에 대한 합의점(동의)에 도달한다. 당신의 역할은 의장의 역할과 유사하다. 당신은 '당신의' 해결책을 구성원들이 수용하도록 영향력을 행사하지 않으며, 전체 집단의 지지를 받는 해결책이라면 어느 것이든 수용하고 시행할 의도가 있다.

[그림 9-1] 브룸-예튼의 규범적 리더십 모형(Vroom-Yetton Normative Leadership Model)

출처: Fred Luthehans, *Organizational Behavior,* 2nd ed. (New York: McGraw-Hill Book Company, 1977), p. 458. Mcgraw Hill Company의 승인 후 옮김.

시하고 있다.

그러나 다양한 조직에서 이루어진 연구 결과에 따르면, 현직에 있는 관리자나 행정가들이 그러한 모형들을 그들의 실제 업무에서 거의 사용하지 않고 있는 것으로 나타났다. 헨리 민츠버그(Henry Mintzberg), 두루 라이신가니(Duru Raisinghani), 그리고 안드레 써렛(Andre Theoret)은 규범적인 의사결정 모형이 중간 혹은 상위 계급의 회사 관리자들의 행동에 아무런 영향을 주지 않는다는 것을 밝혀냈다.[12] 제임스 마치(James G. March)는 의사결정자가 단순히 논리적 모형을 적용하는 대신 문제를 해결하는 데 사용할 수 있는 대안들을 계속해서 평가해 가면서 문제를 이해한다는 것을 발견했다.[13] 폴 너트(Paul C. Nutt)는 78개의 다른 조직을 연구한 후 다음과 같은 결론을 내렸다.

> 문헌에 설명된 규범적 방법과 유사한 어떠한 것도 별도로 수행되지 않았다. 심지어 혼합적 형태의 방법조차 관찰되지 않았다…. 거의 대부분의 이론가들이 주장한 문제의 규명, 대안의 창출, 개선, 그리고 선택으로 이루어진 일련의 과정은 실질적 행동이 아닌 이성적 논리에 뿌리박혀 있는 것 같다. 그러므로 회사의 임원들은 이러한 과정을 사용하지 않는다.[14]

고등학교 교장에 대한 국가 차원의 조사 연구는 행정가 집단과 유사한 상황을 보여 주었다.[15]

이와 같이 이론과 실제 사이에는 명백한 차이가 있다. 이러한 차이가 무엇을 의미하는가? 그것은 연구자들이 조사한 행정가와 관리자들의 행동은 잘못된 훈련의 결과로서 의사결정 모형을 실제 현실에서는 사용할 수 없다는 것을 의미한다. 이와 유사한 견해로, 연구 문헌들이 지지하는 의사결정 모형들은 현직에 있는 행정가들이 실제로 처한 현실 상황을 반영하지 않은 것이며, 행정 업무의 본질에 대한 가정으로부터 나왔다는 주장이 있다. 이러한 주장은 연구자들이 실제 직무 수행 중에 관리자와 행정가들이 보여 주는 행동을 반영한 연구를 실시해야 할 필요성을 제기했다.

관리적·행정적 직무의 본질

1973년에 헨리 민츠버그는 다섯 조직의 최고 경영자들의 일상 업무를 관찰하여 얻게 된 상세한 기술을 보고했다.[16] 행동 기록의 대상이 된 임원은 컨설팅 회사의 관리자, 산업 기반 회사의 사장, 병원의 관리자, 소비재 업체의 관리자, 교외 학교구의 교육감이었다. 이 연구는 임원들의 업무가 매우 다양하고 광범위한 기술을 요구하며 그들 업무에 내재된 부담이 존재한다는 것을 밝혀냈다. 좀 더 구체적으로, 민츠버그는 그 관찰로부터 아래의 다섯 가지 명제를 찾아냈다.

1. 행정가들과 관리자들은 많은 양의 업무를 꾸준한 속도로 수행한다. 그들은 매일 사전에 계획된 회의뿐만 아니라 사전에 계획되지 않은 대화와 회담에 참석하고, 상당한 양의 우편물과 서류를 처리하며, 수많은 전화를 받는다. 그들은 업무 중엔 실질적인 휴식 시간을 갖지 못한다.
2. 행정가들은 업무를 수행할 때 짧은 시간 내에 수많은 결정을 검토하는 특징이 있었고, 이러한 현상은 비교적 명확하고 잘 규명된 문제들에 집중되어 있는 경향이 있다. 중요하고 사소한 활동들을 즉흥적이고 무작위적인 방식으로 서로 병치시켜 놓고, 하나의 주제에서 다른 주제로 빠르게 관심을 이동시킨다.
   또한 사람들과 자주 짧은 만남을 갖게 되는데, 이는 장시간에 걸쳐 이루어지는 계획된 회의와 일상적인 직무생활에서 이루어지는 기타 활동들(사무 업무, 전화 응대, 예상치 못한 회의, 그리고 순회 등) 중간중간에 이루어진다.
3. 행정가들은 잘 규명되고 틀에 박히지 않은 능동적인 문제를 다루는 것을 선호한다. 틀에 박힌 정보(예를 들어 반복되는 보고들)에는 낮은 우선순위를 두는 반면, '신선한' 정보(그것이 불확실성을 갖고 있더라도)에는 높은 우선순위를 부여했다.
4. 행정가들은 언어를 사용하는 의사소통을 훨씬 더 선호한다(민츠버그의 연구 원본을 보면, 언어를 사용한 의사소통이 임원들이 직장에서 보내는 시간의 4분의 3과 그들 활동의 3분의 2를 구성한다는 것을 알 수 있다).
5. 관리자들은 주요한 세 집단과의 업무 관계를 유지한다. 그들은 바로 상사, 구성원, 그리고 외부인들이다.[17]

이 연구는 행정가들이 의사결정을 하는 방식에 관하여 상당히 많은 부분을 다루고 있다. 특히 왜 극소수의 행정가들만이 그들의 업무 중에 공식적 의사결정 모형을 사용하고 있는지를 설명해 주고 있다.

행정가들의 업무가 가지는 변화성(rhythm)은, 그들이 처한 상황의 논리만을 찾으려고 하는 관조적인 학자들이 이해하기는 쉽지 않다. 민츠버그는 다음과 같이 주장했다.

> 하나의 조직을 관리하는 업무는 매우 큰 부담을 요한다. 하루에 처리해야 할, 혹은 관리자가 선택한 일의 양은 상당하며 그 속도는 줄어들지 않는다. 업무가 끝난 후에도 최고경영자는(그리고 아마도 많은 다른 관리자들도) 그의 권력과 직위가 인정되는 환경으로부터 도망갈 수 없을 뿐만 아니라 새로운 정보를 끊임없이 추구하도록 훈련된 그 자신의 사고 구조로부터도 도망갈 수 없다는 것을 보여 준다.[18]

왜 관리자는 그러한 속도와 업무량을 고수하는 것일까? 민츠버그는 그들의 업무가 근본적으로 제한이 없고 애매모호하기 때문이라고 생각했다.

> 관리자들은 언제나 앞으로 나아가야 한다. 그리고 언제 성공을 하게 될지, 그리고 언제 전체 조직이 자신의 몇 가지 계산 착오로 무너져 내릴지 섣불리 예단해서도 안 된다. 그 결과, 관리자들은 지각력을 가지고 일에 몰두하는 사람이 된다. 그는 업무에 대하여 결코 잊을 수 없으며, 심지어 단 한순간도 모든 일을 완수했다는 만족감을 얻지 못한다. 그가 어떠한 관리 업무를 갖고 있든 언제나 자신이 좀 더 기여할 수 있을지 모른다고 생각하며 끊임없이 고민을 해야 한다.[19]

행정가들을 관찰하면서 민츠버그는 하루를 수많은 단위의 시간으로 나누고 그 시간 단위 동안 관찰한 행동들을 묘사하는 부호 기호들(code symbols)을 사용하여 자주 기록하는 기법을 개발했다. 그는 결국 이러한 부호 처리된 항목들을 통계적으로 정리하고 배열하여 관찰 기간 동안 발생하였던 행동들을 정밀화하고 수량화하여 설명했다.

민츠버그의 기법을 사용하여 수많은 연구들이 교육감이나 교장과 같은 교육행정가들의 근무 중 행동을 조사했다.[20] 이 연구들은 민츠버그의 명제들이 학교 행정가들의 업무에도 적용된다는 것을 상당 부분 확인해 주었다. 학교 행정가들은 '끊임없는 속도'로 장시간 동안 일을 한다. 그들의 업무는 다른 사람들과의 수많은 짧은 면담으로 특징지어진다. 특히, 이러한 면담들은 주로 언어를 통해 이루어진다. 예를 들어 회의, 전화 응대, 그리고 서류 작업은 그들이 아침에 사무실에 들어와서 오후나 저녁때 사무실을 떠날 때까지 그들 일과의 매 순간을 차지한다.

민츠버그가 사용한 '끊임없는 속도'의 의미는 명확하지가 않다. 아마 당신은 단조로운 일거리가 끊임없이 줄을 지어 내려오는 공장에서 일하고 있는 근로자의 모습을 떠올릴 것이다. 그것은 민츠버그가 관리자의 업무를 설명하려 했던 방법은 아니다. 관리자의 업무 상황에서 시간은 중요한 자원이다. 그러나 교사들의 상황과는 달리, 행정가들의 시간은 제한적인 특성을 갖기보다는 유동적인 자원이다.

교사들에게, 예를 들어 학년, 수업일, 시간표, 그리고 버스나 점심 일정과 같이 고정된 시간 제약들은 그들이 무엇을 할 수 있는지를 제한한다. 반면에 행정가들은 그들이 적합하다고 여길 경우 그들의 업무 속도를 조정할 상당한 자유재량을 갖는다. 행정가들은 다른 문제들에 대하여 빠른 결정을 내려 그들이 원할 경우, 별로 중요하지 않은 문제일지라도 충분히 심사숙고할 시간적 재량을 갖는다. 행정가들은 그들이 원하거나 필요할 경우 업무 시간을 저녁까지 연장하거나, 혹은 주당 근무 일수를 주말까지 연장하거나, 연간 근무일을 여름휴가나 공휴일을 사용하면서 연장하여 시간 자원을 자유롭게 사용할 수 있다. 많은 교육행정가들은 이러한 방식을 흔하게 사용하고 있다. 따라서 '끊임없는 속도'란 반드시 일정한 속도를 뜻하는 것은 아니며, 달성해야 할 일이 결코 끝나지 않으며 늘 할 일이 더 있다는 것을 특징으로 한다. 아무도 행정가의 업무가 언제 끝날지 모른다.

행정 업무의 이러한 특성은 교육 체제에 내재된 모호성과 결합하여 교육행정가들에게 상당한 부담을 준다. 여기서 말하는 모호성은 학교와 학교 체제가 갖는 분명하지 않은 목표와 우선순위들, 행정 업무 수행을 평가하는 불명확한 방법들, 다양한 유권자 집단들이 행사하는 선호 행동 등으로부터 발생한다. 행정가들에게 또 다른 부담의 원인이 되는 것은, 다른 분야의 행정가들과 마찬가지로, 교육행정가들도 그들의 업무에 대하여 계속해서 심사숙고해야 한다는 것이다.[21]

행정가가 생각하는 방식

최근의 연구에 따르면, 조직과 조직 내의 행정가들의 행동에 대하여 연구하는 학자들이 혼란을 겪는 이유는 그들이 행정가들과는 다른 관점으로 행정 업무를 바라보기 때문이다. 앞에서 논의된 의사결정 모형들은 과학적 사고라 불리는 고도로 논리적이고 선형화된 사고가 의사결정 과정에서 문제를 탐색하고 대안을 찾는 가장 정합하고 유일한 방법이라고 믿는 사람들이 만들어 낸 결과물이다. 학자들은 자신이 일하는 방식과 유사한 방식으로 행정가들이 행동하기를 기대하는 경향이 있다. 그들은 "사고(thinking)는 관리자들이 혼자 앉아 행동을 미루고 사실로부터 논리적 추론을 이끌어 내려고 하는 동안 얻게 되는 긴 성찰적 일화(reflective episodes)의 형식으로 나타난다."라고 주장했다. 그러나 학자들은 자신들의 관찰 중 이런 일화들을 많이 보지 못하였기 때문에 행정가들이 사고를 많이 하지 않는다고 결론짓는다.[22] 실제로 행정가들을 위한 직장 내 연수 프로그램의 대부분은 이른바 의사결정 모형을 강조하며 행정가들에게 성찰적 사고를 하는 방법을 가르쳐 주는 게 전부다. 그러한 연수에 깔려 있는 전제는 행정가들이 논리적이고 성찰적인 사고를 하는 방식을 개선하면 그들의 의사결정 행위도 개선될 수 있다는 것이다.

왜 연구자들은 행정가들이 성찰적으로 사고하는 것(즉, 문제에 대하여 심사숙고하고 잠시 물러서서 냉정함을 유지한 상태로 대안을 고려하는 것)을 관찰한 경우를 거의 보고하지 않을까? 칼 윅(Karl Weick)은 세 가지 가능성 있는 설명을 제시했다. 첫째, 행정가들은 사고를 하지만 그들이 일을 하는 중에는 그러지 않는다는 것이다. "그들은 집에서, 비행기 안에서, 화장실에서, 그리고 주말에 생각한다…. 따라서 관리자들이 사고하는 것을 연구자들이 보지 못하는 이유는 관리자들이 주변에 관찰자가 있을 때 생각을 하는 것이 아니기 때문이다."[23] 두 번째 가능성은 관리자들이 불확실성을 상당히 줄이고 미래를 잘 예측하여 실제에서 그들 자신들이 놀라고 당황해할 만한 상황과 거의 마주치지 않기 때문에 생각을 하지 않게 된다는 것이다. 세 번째 가능성은 윅이 제안하였고, 그가 가장 선호하는 것이다. 이에 따르면, 관리자들은 늘 생각을 하지만 연구자들은 그 사실을 놓치는 경우가 많다. 연구자들이 성찰적 사고를 보여 주는 일화를 찾으려고만 할 때 관리자들은 다른 방식으로 열심히 사고하고 있다. 다시 말해, 사고는 관리적 그리고 행동적 행위와 불가분하게 엮여서 동시에 발생하기 때문에 연구자들이 쉽게 발견할 수 없다.

즉, 행정가들이 순찰하고, 읽고, 말하고, 감독하고, 그리고 다른 사람과 만나는 등의 모든 행동은 사고의 과정을 포함한다. 사실 그런 행동이 바로 행정가들이 사고하는 방식이다. "연관된 아이디어는 사고의 핵심으로, 정신(mind) 밖에서 형성되고 조정되기 때문에 상대적으로 정신으로부터 도움을 거의 받지 않는다."고 윅은 설명했다.[24] 이것이 관리자들이 일하는 방식이고, 행정가들이 그들의 업무 중 사고를 얼마나 하는지 알아보기 위한 지표로 성찰을 사용할 때 우리가 잘못 인도되는 이유이기도 하다. 행정가들이 주의를 기울여 의도적으로, 그리고 통제를 하며 행동하게 되면 그들이 하는 대부분의 사고는 그들의 행위와 얽히게 된다. 즉, 행정가들은 현재 일어나는 일에 대하여 주의를 기울이고 자신의 행동을 통제하기도 하며 일반적으로 받아들여지는 기준에서 벗어날 경우 자신의 수행을 수정하기도 한다.[25]

행정가들의 업무에 대하여 생각할 때, 모호성, 불확실성, 그리고 무질서가 업무를 달성하는 조직 환경을 특징짓는다는 것을 염두에 두어야 한다. 이것은 한마디로 복잡(messy)하다. 결정을 필요로 하는 상황은 유동적인 경우가 많아서 분석하기 어렵다. 그러한 상황은 다양하게 해석될 수 있고 종종 갈등을 유발하기도 한다. 그리고 책의 후반에서 더 자세히 설명되겠지만 그러한 상황은 명확하게 한계가 지어지고 분류되지 않는다. 일상적인 행위의 흐름에서, 행정가들은 타인들과의 즉흥적이고 면대면적인 언어적 의사소통에 일상적으로 참여한다. 다른 말로 하자면, 그들은 끊임없이 "화염과 싸우고 있다." 그러나

> … 관리자들이 언제나 '화염과 싸우는 것'은 아무런 생각이 없거나 멍청한 일이 아니다. 소방 활동은 아무 생각 없이 하는 행동처럼 보이는데, 이것은 첫째, 우리는 과학적 활동이 비교를 위한 이상적인 행위라고 간주해 왔기 때문이고, 둘째, 사람들이 불을 끌 때 생각하는 것을 멈추는 것과 같이 사고를 일상 업무 외의 별도의 활동으로 여겼기 때문이며, 셋째, 사람들이 명확한 결정을 내리거나 명확한 문제를 해결할 때만 생각한다고 가정하였기 때문이다…. 그리고 넷째로 마치 문제들이 동시발생적이 아니라 순서를 두고 나타나는 것처럼 여기고 분석해 왔기 때문이다.[26]

이러한 관점에서 중요한 문제가 제기된다. "행정은 전통적 개념에서의 과학인가?" 아니면 "그것은 기술(art)이나 술책(craft)인가?"다. 20세기 초에 각광을 받았듯이, 많은 사람들은 여전히 행정이란 조직의 문제에 대한 과학적 관리(scientific management)의 적용이라고 생각한다(마치 물리나 수학에서 사용하는 공학을 실세계의 문제에 적용시키려는 것과 같다). 이러한 관점을 가진 사람들은 조직의 의사결정을 위한 과학적 합리성의 개발을 강조한다. 그러나 인간 조직의 복잡성과 그 속에서 발견되는 불확실성, 불안정성, 그리고 특이성 등을 인지하고 있는 다른 사람들은 직관적 판단과 기술, 균형감각과 타당성의 중요성도 인식하고 있다. 쉬처럼 숀(Schön)은 관

리자의 사고가 그들의 업무에서 요구되는 행동과 얽혀 있다는 것을 발견했다. 그의 관찰은 다음과 같다.

> 관리자들은 행동 속에서 성찰한다. 불확실성에 대해 성찰할 때 관리자는 실제로 "이것은 복잡하군. 내가 어떻게 이것을 이해하지?"라고 말한다. 때론 기회가 왔을 때 성찰하게 되면 관리자는 "내가 이것을 통해 무엇을 이루어 낼 수 있을까?"라 물어본다. 그리고 자신의 직관이 맞았음을 알게 되었을 때 관리자는 그 자신에게 "내가 무엇을 했지?"라고 질문한다.[27]

따라서 숀은 행정을 설명하는 데 기술이 이중적인 의미를 가지고 있음을 밝혔다. 한 사람이 그가 가진 직관적 이해에 부합하지 않는 사건과 마주하게 되었을 때, 상황의 맥락에 대한 직관적 이해, 그리고 성찰을 하기 위한 접근법을 의미하는 것이다.

여기서 독자들은 우리가 훈련된 직관(trained intuition)에 대하여 이야기하고 있다는 것을 주목하여야 한다.[28] 정규 교육과 조직 문화를 통해 사회화되면서, 우리는 복잡한 체제를 하나의 유기체로 볼 뿐만 아니라, 전체를 구성하는 개별 부분도 볼 수 있도록 훈련된다. 어떤 관찰자들은 이 주장을 받아들이기 어려울 텐데 아마도 두 가지 이유 때문일 것이다. 첫 번째 이유는 서구 문화에서 오랫동안 강조되어 왔던 견고한 과학적 합리성의 전통일 것이다. 우리는 복잡한 현상을 상대적으로 단순하고 수량화가 가능하도록 만들려는 논리를 마음속으로 당연히 여기는 경향이 있다. 복잡한 문제에 통합적으로 접근하는 것에 의심을 품는 것은 옳은 것처럼 보인다. 최근 뇌의 좌 · 우반구의 기능에 대한 연구는 우리의 이해를 돕는 중요한 역할을 한다. 좌반구와 관련된 의식의 한 부분은 일반적으로 분석적이고, 합리적이며, 연속적이고, 수렴적이고, 논리적이고, 객관적이며 선형적이다. 우반구와 관련된 다른 부분은 직관적이고, 거시적이며, 패턴을 인지하고, 예술적이며, 객관적이고, 비선형적인 것을 특징으로 한다. 물어볼 필요도 없이, 우리 사회에서는 의사결정에 대한 논리-실증주의적 접근(logical-positivistic approaches)을 강조하며 좌반구의 기능을 훈련시키는 교육을 강조해 왔다. 만약 의사결정에 대한 우반구의 기능을 향상시키려 한다면 이는 우리의 훈련 전략을 개선해야 한다는 것을 의미한다.[29]

행정가는 항상 생각을 하고 있고 그들의 사고는 그들이 취하는 행동(결정)과 얽혀 있다. 그러므로 그들이 하는 일상의 사고 하나하나는 연속적 단계를 보여 주지 않는다. 공식적 의사결정 모형들은 일상에서 일어나는 행정적 사고와 관련성이 거의 없으며 그러한 모형들을 사용하면 행정가들이 경험하는 실제의 세계와는 동떨어지게 될 것이다. 실제 세계에서 사람들은 문제 상황을 통합적으로 경험한다. 그리고 의사결정 모형들에서 발견되는 단계들은 연속적이라기보다는 즉흥성을 띤다. 이러한 관점은 과거에 제시된 선형적 또는 단계적 모형들보다 통합적 사고(교육 조직의 복잡성, 상호 연관성, 모호함, 그리고 불확실성 등에 대한 이해를 추구하는)가 의사결정에 있어 더 유용하다는 것을 보여 준다.

의사결정에 대한 조직 문화의 영향

앞에서 논의하였듯이, 조직 문화의 개념은 의사결정과 같은 조직 행동을 이해하기 위한 핵심이다. 조직 문화는 실무 집단에 의해 만들어진 규범, 조직이 지지하는 지배 가치, 고용인들과 고객 집단에 대한 조직의 방침을 이끄는 철학, 그리고 사람들이 서로 상호작용하는 데에서 나타나는 감정 등을 포괄하고 있다. 이처럼 조직 문화는 그 조직의 구성원들에 의해 공유되는 기본 가정과 신념을 다룬다. 이러한 모든 개념들은 결정적인 방식으로 조직을 정의한다. 즉, 조직이 왜 존재하는지, 어떻게 살아남아 왔는지, 그리고 조직이 무엇에 대한 것인지 등을 고려하여 조직을 정의한다. 조직 내에서 삶의 방식을 개발하고 조직의 일부가 되는 과정에서 이러한 가치와 기본 신념은 '우리가 조직에서 일하는 방식'으로서 확고하게 정립된다. 이러한 방식으로 조직의 구성원들은 문제점을 인식하고 의사결정에 사용하는 세상에 대한 나름의 관점을 정립한다. 사고의 과정에서 나타나는 직관에 대하여 말한다면 조직 문화는 그러한 직관을 형성하는 데 중대한 역할을 한다. 이는 조직 문화의 핵심을 구성하는 가정과 신념 등이 구성원들에 의해 당연시되는 경우가 많기 때문이다. 이것은 교육 조직에서 특히 잘 적용되는데 교육 조직 내에서 일하는 사람들이 오랜 기간 동안 조직의 가치와 중심이 되는 신념에 헌신하면서 그것에 동화되었기 때문이다.

학교와 고등교육기관에 종사하는 전문가들의 교육과 직업 경력을 생각해 보자. 이들의 대부분은 5세나 6세에 학교에 입학하여 이후 교육 조직에 계속해서 남아 있어 왔다. 비록 잠시 조직에서 떠날지라도(군 입대나 육아 등의 이유로) 그들의 인격 형성기 대부분의 시간과 그들이 사회에서 완전한 성인이 되어서까지 오랜 기간을 교육기관에 머물러 있었다. 그 결과, 그들은 교육 조직의 전문가들로서 교육과 교육 조직의 가치를 수용하는 경향이 강하고, 그들이 가진 중심 가치, 신념, 그리고 목표 등에 헌신한다. 그렇게 처음에는 초·중등학생으로, 다음엔 대학생으로, 그리고 결국엔 전문가로서 교육 조직에 사회화되는 오랜 과정 동안 그들은 교육 조직에 융화되는 데 필요한 '게임의 법칙'과 조직의 구성원으로 받아들여지는 데 필요한 '요령' 등을 배워 간다.[30]

다시 말하면, 이들 개인들은 오랫동안 공통의 경험을 공유한 이력이 있는 사람들로 이루어진 집단의 구성원이 되는 것이다. 시간이 지나면서 공유된 경험을 통해 세상을 바라보는 공통된 관점을 형성하게 되고 그 세계에서 자신들의 입지를 구상하게 된다.[31] 공유된 관점은 사람들이 조직 내에서 흔하게 일어나는 사건과 그렇지 않는 사건을 구분할 수 있도록 해 주고, 상징물이나 의식 등에 의미를 부여할 수 있도록 해 주며, 적합한 방식으로 행동을 취하는 법에 대한 공통의 이해를 서로 나눌 수 있도록 한다. 웍은 그러한 의미 형성이 조직의 구성원들이 자신의 경험에 대한 해석에 어떻게 신뢰성을 부여하는지를 이해하는 데 필요한 핵심요소라고 설명했다.[32] 그렇게 공유된 관점은 시간이 지나면서 발달한다. 이 과정에서 참여자들은 공유된 관점에 대한 상당한 수준의 의사소통, 확인, 그리고 개선 과정에 참여하게 된다. 공통된 의견은 상당 기간 동안 그 효과성을 꾸준히 보여 주어서 더 이상 그것에 대해 사람들이 생각하거나 이야기하지 않게 될 때까지, 즉 그것이 사람들 사이에 당연시될 때까지 진행된다.[33] 이러한 과정을 '조직 문화의 형성'이라고 한다. 세상을 어떻게 인식하고 이해할지를 일반적으로 결정하는 것이 바로 문화다. 그것은 직장 내 의견을 형성하는 미묘하고, 규정하기 힘들며, 뭐라고 꼬집어 말할 수 없고, 보통 깨닫지 못하는 힘을 의미하는 개념이다.[34]

교육 조직에 대한 수많은 연구 결과의 옹호를 받는 민츠버그의 분석은 행정가들이 성찰적 사고를 하는 데 시간을 거의 들이지 않는다는 것을 보여 주었다. 물론 그들은 활동적이다. 그들은 자신들의 시간 대부분을 의사소통하는 데 보내고, 그 와중에 간섭 행위가 종종 발생하며, 혼자서 조용하고 평화로운 시간을 보낼 기회를 거의 갖지 못한다. 그러나 이러한 특성 때문에 행정가들이 생각을 하지 않는다고 말해서는 안 된다고 숀과 웍은 주장했다. 왜냐하면 행정가들의 사고는 그들의 직무 중의 행위와 밀접하게 얽혀 있기 때문이다.

행정가들의 사고는 단순히 무작위로 이루어지는 것인가? 그들은 마지막으로 대화를 나눈 사람이나 최근에 부각되는 위기 상황에 대해서만 고민하는 것인가? 아마도 아닐 것이다. 조직 문화는 과거의 경험을 반영하고, 그것을 요약하며, 상당히 복잡한 조직의 세계를 좀 더 단순하게 바라볼 수 있도록 하는 강력한 환경이다. 이런 점에서 학교나 대학 같은 조직들은 시간이 지나면서 진화하고, 행정가들에게 무엇이 일어나고 어떻게 그것을 다룰 것인지 안내해 주는 사고체(body of thinking)[35]로 이해될 수 있다. 이러한 사고체는 미묘함, 불일치, 그리고 서로 맞서는 사실들 등의 매우 복잡한 집합체를 나타낸다. 그것은 행정가의 세계가 갖는 복잡성과 미묘한 균형을 반영한다. 의사결정 모형을 제시하는 등의 단순화 과정을 통하여 그것이 갖는 복잡성을 줄여 보려는 노력은 그다지 효과적이지 않다. 따라서 이러한 관점에서 조직 문화는 행동에 앞서 나타나는 중요한 사고를 대변하는 것이며 행정가들의 의사결정 행동에 내포되어 있다.

사람들의 생각과 의사결정을 형성하고 만드는 조직 문화의 역할과 힘은 완전히 새로운 개념이 아니다. 그러나 최근 들어 조직의 의사결정을 개선시키려는 방법으로서 조직 분석가와 행정 실무가들에게서 큰 주목을 받았다.

이론과 실제의 차이 줄이기

의사결정론의 새로운 개념들을 시행하려는 실무 행정가들에게 이론과 연구에 대한 문헌들이 어떠한 가르침을 주는가? 한 가지 대답은 현실에서 사용할 행정의 유형을 선택할 때, 행정 실무에 무엇이 가장 효과적인 접근법인지에 대한 우리의 가정을 검토해 볼 필요가 있다는 것이다. 이 책이 말하고자 하는 몇 가지 중요한 개념들이 행정적 의사결정을 할 때 우리를 어디로 이끄는지 살펴보도록 하자.

행정은 조직의 목표를 달성하기 위하여 사람들과 함께, 그리고 그들을 통해서 일을 하는 것으로 정의되었다. 행정의 기능에는 기획(planning), 조직화(organizing), 지휘(leading), 조정(coordinating), 그리고 통제(controlling)가 있다. 그러나 20세기 전반에 걸쳐 계속해서 우리를 혼돈케 하는 질문은 "이러한 기능을 수행하는 가장 효과적인 방법은 무엇인가?"다. 우리가 앞에서 설명하였듯이, 행정 실무를 다루는 접근법 중에는 서로 대립하는 방법들이 있다. 고전적 접근법과 인적자본론은 행정 실무에 대한 여러 이론들 중 현재 가장 유력하다. 전문적 업무를 수행하는 데 고심 없이 절충적 과정을 추구하려는 일부의 사람을 제외한다면 행정가들은 자신들의 전문 업무를 어떻게 수행할 것인지를 결정할 때 다양한 분석 체제들 중에서 한 가지를 선택해야만 한다. 행정가의 선택은 조직의 특징에 대한 가정과 구성원들에게 달려 있다.

실천에 관한 이론

크리스 아지리스(Chris Argyris)와 도널드 숀(Donald Schön)의 말을 인용하자면, 전문적 업무의 근본을 형성하는 가정들은 실천 이론(theory of practice)을 구성한다. 그러나 우리는 가르치는 것을 언제나 실천하지는 않는다. 사람들이 무엇을 할지 결정하기 위해 사용하는 실질적 실천 이론은 명백하거나 분명하지 않으며 논리 정연하지도 않다. 현실에서 우리는 인간으로서의 나약함 때문에 한 이론을 지지하지만 실제로는 다른, 혹은 경쟁하는 이론을 바탕으로 행동한다. 우리는 행정가들이 교육 조직에서 근무 생활의 질을 개선할 것을 약속하는 것을 종종 목격한다. 그러나 동시에 그들이 약속한 개선과는 정반대가 되는 행동을 하는 것도 목격한다. 그렇기 때문에 계몽되었고 좋은 의도를 가진 우리들은 갈등을 표면화시키곤 한다. 이는 수십년 동안 조직 이론을 특징지어 왔던, 조직과 구성원에 대해 서로 대립되는 개념들 사이의 충돌이라고 볼 수 있다.

인적자원개발

상충하는 두 가지 주요 분석 체계 사이의 경쟁은 오랜 시간에 걸쳐 유형화되었다. 20세기 동안, 적어도 교육 조직을 분석하는 데 있어 전통적(혹은 관료주의적) 접근법은 점차 신뢰성을 잃었다. 이는 관료제에 기초한 해결책을 적용하는 경우가 증가되었음에도 불구하고 학교와 대학이 갖는 문제들이 더 심각해졌기 때문이다. 이와 동시에 더 정교한 연구가 진행되면서 인적자원 접근의 신뢰성과 유용성이 점차 커지게 되었고 이 경향은 가까운 미래에도 이어질 것 같다. 이 경향은 이 책에서 다루어진 연구 문헌들에서 명확하게 나타나는데 인적자원개발(human resources development: HRD)이라고 불린다. HRD는 더글러스 맥그리거(Douglas McGregor), 에이브러햄 매슬로(Abraham Maslow), 프레더릭 허즈버그(Frederick Herzberg), 크리스 아지리스, 렌시스 리커트(Rensis Likert), 제임스 마치(James March), 칼 윅, 그리고 윌리엄 오우치(William Ouchi)와 같은 학자들의 공통된 이론과 개념을 기본으로 한다.

맥그리거는 행정가들이 사람들과 그들의 업무에 대한 태도에 대해 가지고 있는 두 가지 상충되는 가정을 설명했다. X 이론은 사람들이 게으르고, 할 수만 있다면 일을 피하려고 한다는 믿음이었고, Y 이론은 사람들이 책임감을 추구하고 만족스러운 업무 수행을 하려고 한다는 믿음이었다. 많은 행정가들은 이 개념들을 잘 이해하고 있다. 동기에 대한 매슬로의 개념은 욕구의 위계에 기본을 두고 있다. 그에 따르면 충족된 욕구는 사람들을 동기화시키지 못하지만 충족되지 못한 욕구는 동기를 유발할 수 있다. 허즈버그의 연구는 그가 유지 요인(maintenance factors)이라 부른 것(예를 들어 보상이나 업무 환경 등)을 규명하고 있다. 이러한 유지 요인은 직접적으로 동기부여를 하지 않지만, 동기 요인(motivating factors)이 효과를 발휘할 수 있도록 한다. 매슬로와 허즈버그의 동기 이론은 11장에서 자세히 설명하게 될 것이다.

리커트는 네 가지 관리 유형(체제 1~체제 4)을 개념화하였는데 각각은 다른 종류의 리더십, 동기, 그리고 갈등 조정 방법을 사용한다. 이들 각각의 유형은 조직의 문화라는 측면에서 예측 가능한 결과물뿐만 아니라 조직 효과성 측면에서의 최종적 결과물을 갖게 된다. 더 중요한 점은 리커트가 무엇이 운영 철학이 되어야 하며 의사소통은 어떻게 이루어져야 하고 조직 내에서 결정이 어떻게 내려져야 하는지를 판단할 때, 무엇을 결정할지에 대한 선택권을 가진 사람이자 조직 내에서 문화를 발전시킬 주된 책임이 있는 사람은 다름 아닌 행정가임을 지적했다는 것이다. 브룸과 예튼은 행정가들이 조직 내에서 의사결정을 통제하는 중요한 행위자이고 그들이 선택한 의사결정 유형에 의해 이런 통제가 이루어진다고 설명하면서 리커트의 의견에 강한 지지를 보냈다.

아지리스의 연구는 조직의 목표와 조직 내에서 일하고 있는 사람들의 인간적 욕구 사이의 조화와 상황적합성을 개발할 필요가 있다는 것을 강조했다. 그리고 이를 위해 지시적인 행정 유형을 좀 더 참여적인 유형으로 대체해야 한다고 주장했다.

제임스 마치는 행정가들이 오랫동안 찾으려고 했던 예측 가능하고 질서 정연한 패턴 대신 모호성과 불확실성이 조직의 일이 가진 본질이라고 주장했다. 문제들, 해결책, 참여자, 그리고 선택할 기회 등이 혼잡하게 얽혀 있다 우연히 결정이 내려지곤 한다는 것이다. 물론 이것이 공식적이고 합리적인 의사결정 모형이 일반적으로 보여 주는 연속적인 방식은 아닐지라도 말이다.

칼 윅은 학교의 교수 활동은 전통적 이론에서 조직에 존재한다고 가정한 폐쇄적이고 위계적인 인과관계 대신 느슨한 형태의 결합(loosely coupled)을 특징으로 한다고 밝혔다. 이러한 느슨한 결합은 관리 방법에 대한 전통적인 가정에 의문을 품었을 뿐만 아니라 학교 내에서 자주 목격되는 경직성과 비효과성을 감소시킬 수 있는 방식에 대한 새로운 비전을 제시했다.

윌리엄 오우치와 그의 동료들은 조직 내에서 행정적 통제를 시행하는 데 다양한 방법이 있다고 설명했다. 전통적인 관료적 위계질서는 하나의 방법에 불과함에도 종종 그것이 유일한 방법으로 간주된다. 사실 오랜 시간에 걸쳐 조직의 문화 규범은 행정가들이 다른 사람들에게 영향력을 행사할 수 있도록 하는 대단히 강력한 수단이 되어 왔다. 어떤 조직의 문화는 HRD가 가진 동기, 리더십, 갈등의 중재, 의사결정, 변화에 대한 개념들을 시행하는 데 다른 조직의 문화보다 더 효과적이다.

조직에 대한 이러한 HRD의 관점은 전통적 관점에 대한 명백한 대안이며, 행정 업무의 근간이 되는 일련의 가정을 제공해 준다. 전통적 관료주의 관점을 선택한 사람들은 더 많은 계획과 더 세분화된 목적, 그리고 좀 더 엄격한 위계적 통제 등을 통하여 훨씬 더 나은 논리와 예측 가능성을 구하려는 과정에서, 모호성을 줄이기 위하여 규칙과 감시의 사용 빈도를 증가시키려 한다. 반면, 관리에 대한 최신의 접근법은 혼란과 불합리성이 효과적인 조직의 일반적인 특징임을 인정하면서 참여자들의 동기와 능력을 자극할 것을 강조한다. 종합하자면, HRD의 가정은 하나의 의사결정 이론을 구성하며 참여적 방식의 요체가 된다. HRD의 관점은 최근 들어 '타인에게 힘 실어주기(권한위임)' 로 불리는 경우가 많다.

참여적 의사결정

대다수의 의사결정은 문제를 해결하고 해결책을 결정하는 과정에의 참여와 관련된 이슈 중심으로 돌아간다. 참여는 구성원들로 하여금 집단의 목표 달성을 위해서 헌신하고, 그 목표를 위해서 책임감을 공유하도록 장려하는 집단 상황에 대한 개인의 정신적 · 감정적 개입이라고 정의된다.[36] '정신적 · 감정적 개입' 으로서의 참여란 결정에 대한 소유권(혹은 받아들이기)을 나타내는 개념이다. 그것은 진정한 자아의 관여이고, 단지 참석하고 있다거나 '시늉을 하는' 것을 뜻하는 것은 아니다. 그러한 관여는 참여자들에게 동기를 부여하고, 그들이 가진 에너지, 창의성, 그리고 진취성을 발휘하게 한다. 이러한 특징은 쟁점에 대하여 투표를 하거나 안건을 승인할 때 사용하는 동의와 참여를 구별짓는다.[37] 이러한 자아 관여, 혹은 주인의식은 조직의 효과성에 대한 더 큰 책임감을 가지도록 사람들을 고무시킨다. 집단의 목표와 결정을 수용하는 데 있어, 구성원들은 스스로 내린 결정들이 잘 시행되는지 여부에 자신들의 이해관계가 걸려 있음을 알게 된다. 동시에 이것은 효과적인 조직의 특징인 팀워크의 개발을 촉진한다.

참여적 의사결정의 사용에는 두 가지 잠재적 혜택이 있다. 첫째, 더 나은 결정을 내릴 수 있고, 둘째, 조직 구성원의 성장과 발전〔예를 들어 목표의 공유, 고취된 동기, 개선된 의사소통, 그리고 더 발전된 집단 절차 기술〕을 증진한다. 교육 조직에서 참여적 과정을 실천하기 위한 실용적 지침은 세 가지 요인을 염두에 두어야 한다. 첫째, 명백한 의사결정 과정에 대한 필요성, 둘째, 해결되어야 할 문제나 결정되어야 할 쟁점의 특징, 마지막으로 사람들을 과정에 포함시키기 위한 기준이 이에 해당된다.

참여적 의사결정과 권한위임

참여적 의사결정은 두 가지 원천으로부터 오는 권력과 영향의 상호작용을 필요로 한다. 그것은 바로 행정가의 권력과 영향, 그리고 조직 내의 다른 사람들의 권력과 영향이다. 여기서 다른 사람들이란 교육 조직에서 교원(faculty), 학생, 그리고 지역주민 등을 일반적으로 지칭한다. 위계구조에서 오는 권력을 하향식으로 행사하는 것을 강조하는 전통적 관료제로 조직을 개념화하는 경우, 행정가의 권력은 다른 사람의 권력과 갈등관계에 놓여 있는 것으로 본다. 확실히 이 관점은 행정가들이 권력을 모으고, 가능하다면 그것을 확장하고, 타인의 권력을 제한하는 것을 중요하게 여긴다. 반면에 노동조합에 가입한 교사들은 행정가의 권력이 확장되는 것에 맞서고, 대신 그들 자신의 권력을 확장하는 것이 중요하다고 여긴다. 이러한 점들은, 특히 참여자들이 전통적 신념과 가치에 맞설 경우, 조직 내의 의사결정권을 확립하고 유지하는 데 중요한 요소가 된다.

조직과 행정에 대한 전통적인 관점을 수용하는 행정가들은 참여적 의사결정을 시행할 때 갈등 조정 이론이 필요하다고 여긴다. 현대의 전형적인 공장 모형에서 볼 수 있는 고용주-노동자의 관계로 특징지어지는 전통적인 조직에서, 행정가의 권력과 영향력은 의사결정 과정에서 압도적으로 우세한 반면, 팔로워들은 그 과정에 거의 영향을 주지 못한다. 태넌바움과 슈미트가 [그림 9-2]에서 설명하고 있듯이 이러한 상황에서 행정가들은 무엇을 해야 할지를 결정하고 다른 사람들에게 결정된 사항을 수행하도록 지시를 내린다. 그러나 행정가들이 영향력을 행사하는 데 있어 타인의 권력을 인지하는 것은 가능한 행동의 측면을 파악하는 시작점에 불과하다. 이것은 학교 내의 권한위임(empowering) 개념의 기초라고 할 수 있다.

태넌바움과 슈미트가 설명한 것처럼 결정이 공표되었을 때 행정가가 팔로워들의 승인을 구하고 그것을 수용하면, 팔로워들이 의사결정에 영향을 줄 수 있는 자유가 커지고 그다음 단계가 진행되는 것이다. 이 단계에서 행정가들은 때때로 팔로워들에게 새로운 아이디어를 제시할 것을 요구한다. [그림 9-2]가 보여 주듯, 행정가들은 다양한 선택을 취할 수 있다. 이러한 다양한 선택의 과정에서 팔로워들의 역할과 권력은 증가한다. 예를 들어, [그림 9-2]를 참조하여 우리는 다음의 가능한 진행 과정을 생각해 볼 수 있다.

- 첫째, 결정을 내린 후, 팔로워들이 의문점을 제시하는 것을 허락하라.
- 행정가가 최종 결론을 내리기 전에 팔로워들과 논의하여 변경시킬 수 있는 잠정적 결론과 주제를 제공하라.
- 다음으로, 팔로워들에게 문제를 제시하고, 논의를 통해 그들의 의견을 들은 후, 결정을 하라.
- 기타 등등을 통해, 결국 조직은 고도로 협조적이고 협력적인 방식으로 가장 중요한 결정들을 내릴 수 있다.

눈에 띄게 위계적인 전통적 조직에서는 의사결정을 어떻게 할지 결정하는 과정이 대개 행정가들에 의해서 통제되며, 팔로워들에 의해서 통제되지는 않는다. 그러한 조직에서, 독재적인 의사결정으로부터 협력적 의사결정으로 넘어가는 과정은, 권력을 팔로워들과 공유하는 것을 행정가의 헤게모니에 대한 위협으로 보는 대신 서로에게 득이 되는 방식이자 바람직한 업무 상태라고 행정가가 믿는 정도에 달려 있다. 많은 현대의 교육 조직은 비록 여전히 위계구조를 가지긴 하지만 협력적인 문화를 어느 정도 발전시켜 왔기 때문에 독재적 모델로 되돌아가는 것은 어려울 것이다. 행정가들은 다른 사람들을 의사결정 과정에 포함시킬지 말지에 대한 문제에 대하여 이전만큼 고민하지 않는다. 대신 그들은 어떻게, 그리고 어느 정도의 범위에서 구성

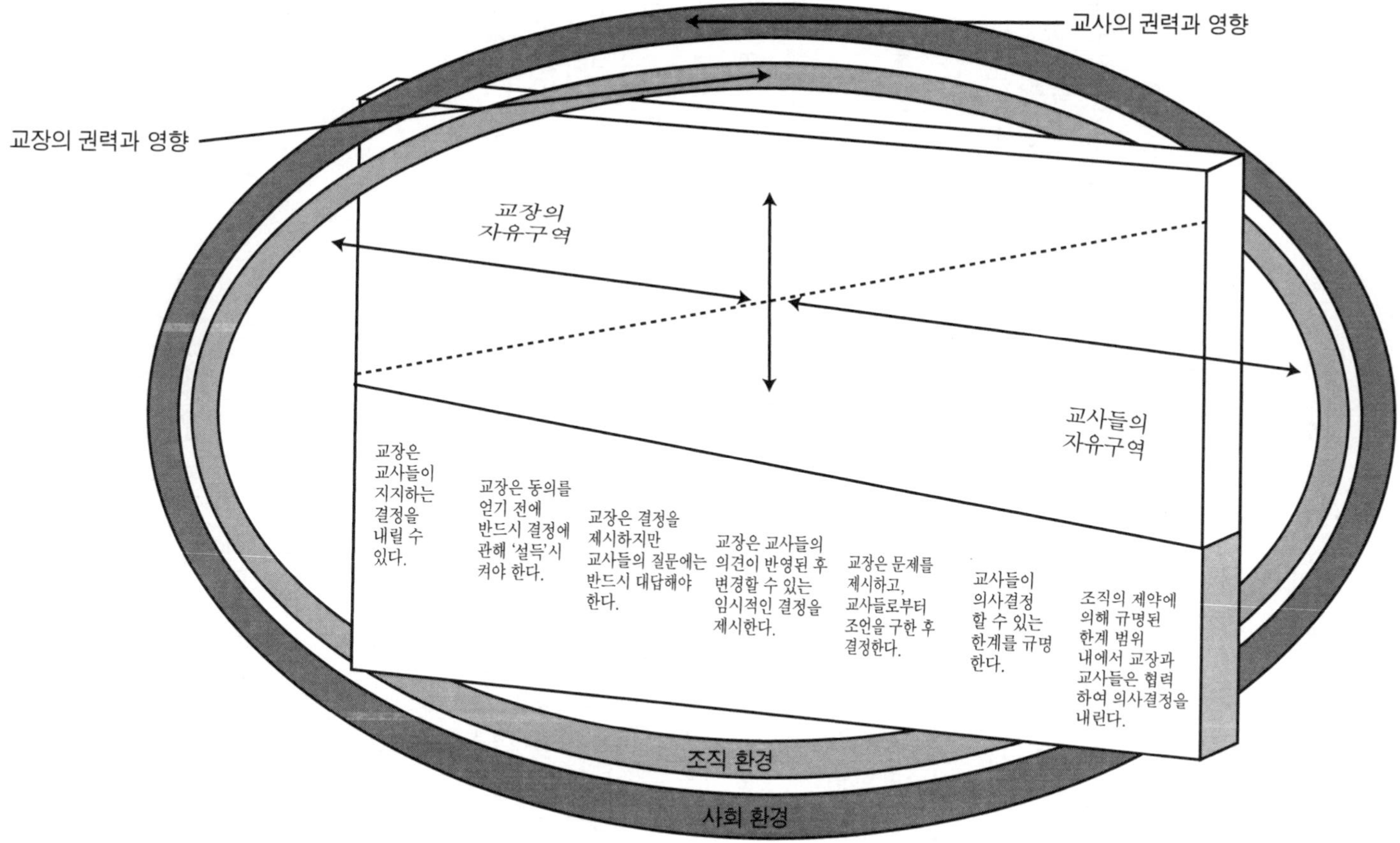

[그림 9-2] 가능한 행동의 범위 내에서 분명히 드러나는 리더십 유형

출처: Robert Tannenbaum and Warren H. Schmidt, "How to Choose a Leadership Pattern." *Harvard Busimess Review,* 51(May–June 1973), p. 167. Copyright © 1973 by the President and Fellows of Harvard College: all rights reserved. 승인 후 옮김.

원들을 의사결정 과정에 포함시킬지의 문제에 봉착하게 되었다.

참여적 혹은 민주적?

가장 흔한, 그리고 가장 심각한 오류 중 하나는 참여적 의사결정을 민주적 의사결정과 혼동하는 것이다. 교장들이 "민주적 의사결정은 효과적이지 않습니다! 저는 회의에서 우리가 결정을 내릴 때마다 투표를 하자고 요청할 수 없습니다. 우리에겐 그렇게 할 시간이 없습니다."라고 말하는 것을 우리는 종종 들을 수 있다. 이것은 어느 정도 맞는 이야기다. 또한 교사들도 매번 의사결정을 할 때마다 참여하기를 원하는 것은 아니다. 교사들 역시 그렇게 매번 참여할 시간이 없다. 이러한 이유로 행정가가 직원에게 참여를 훈련시키고자 할 때, 태넌바움과 슈미트의 모형이 매우 유용하다. 관련된 몇 가지 쟁점들을 살펴보도록 하자.

우선 민주주의의 개념은 정치적인 것이다. 그것은 직접적이든 대리자를 통해서든 국민들에 의해 구성되는 정부를 의미한다. 이는 일반적으로 조직의 주요한 규칙들이 투표에 의해 결정되는 것을 시사한다. 또한 정부와 피통치자들 사이의 관계에 있어 특정한 개념이 존재한다. 피통치자, 즉 주권자[3]들은 기표소에서 정부에 대한 궁극의 권력을 행사한다. 우리는 보통 정부가 가장 높이 있고 사람들이 바닥에 있는 위계 조직을 생각한다. 그러나 이는 사람들이 종종 오해를 하는 부분이기도 하다. 왜냐하면 결국 헌법은 사람들의 정부, 사람들에 의한 정부, 그리고 사람들을 위한 정부를 구성하기 때문이다. 그러나 이러한 개념이 교육 조직을 설명하는 데 직접적으로 적용되지는 않는다.

교육 조직은 선천적으로 위계 구조를 가진다. 교육위원회는 주권자들에 의해 구성되는 것이므로 투표를 통해 조직을 통제하는 것은 교사들만의 소관이 아니다. 위원회는 교육감을 임명하고 조직을 구성하여 그것을 통해서 학교들을 관리한다. 전통적으로 교육위원회는 위원회에 보고를 올리는 중앙 집권식 관료제를 만들어 학교 체제를 직접적으로 관리한다. 교육위원회에 대한 흔한 불만은 개별 학교의 세세한 잘못조차도 관리한다는 것이다. 학교 개혁에 대한 최근의 접근들 중 하나는 전통적

3) 역자 주: 주권자란 조직된 정치 집단으로 여겨지는 한 국가의 전 국민이나 한 조직의 전체 구성원을 말한다.

제도에 도전한다. 즉, 교육위원회가 학교를 직접적으로 관리하는 것을 그만두어야 한다고 제안한다. 교육위원회는 단위학교 책임경영을 통하여 개별 학교들이 스스로 결정을 내릴 수 있는 자유를 가지되 교육의 성과에 대해서 교육위원회에 책임을 지도록 함으로써 학교를 관리할 수 있다. 또 다른 대안으로 교육위원회가 차터 스쿨(charter school) 위원회나 영리 목적의 학교 법인과 같은 다른 독립체들과 특별 협약을 맺어 그들이 학교를 운영하고 교육의 결과에 대해 교육위원회에 책임지도록 할 수도 있다. 그러나 근본적으로 학교구 수준에서 조직은 위계 구조를 취하고 권력은 하향식으로 불평등하게 행사된다.

학교 수준에서는 학교장이 교사 투표에 의하여 결정하기를 원하는 문제들이 간혹 발생한다. 그러나 투표를 통해 문제를 해결하는 것을 지지하는 연구나 문헌은 많지 않다. 학교장과 그 밖의 행정가들은 교육 리더들이고, 리더가 리더로서 행동할 수 있는 권력을 팔로워들로부터 부여받은 관계에 있음을 논의한 바 있다. 이 장에서 제시된 브룸과 예튼, 그리고 특히 태넌바움-슈미트의 모형은 참여적 의사결정을 조직하고 운영할 때의 지침을 제공해 준다. 그러나 참여적 의사결정을 민주적 의사결정과 혼돈해서는 안 된다.

태넌바움-슈미트 모형은 팔로워들의 참여와 책임감이 커짐에 따라 리더와 팔로워가 보이는 다른 종류의 행동을 강조한다. 때때로 몇 가지 쟁점에 관하여 교사들은 교장이 결정을 내리고 무엇이 결정되었는지를 명확하게 말해 주길 바라고 기대한다. 분명 이것은 모든 사람에게 시간 면에서 효율적이며, 상대적으로 단순하고 일상적인 업무를 수행하는 일반적인 방식이다. 그러나 다른 경우 그리고 다른 쟁점들에 대해서 교사들은 좀 더 관여하고 싶어 한다. 그들이 더 많이 관여하면 할수록, 그들에게 더 많은 시간이 필요하게 된다. 그러나 교사들은 바쁜 사람들이다. 그러므로 가장 단순하고 실용적인 이유로, 교사들은 매우 중요하다고 여겨지는 제한된 수의 쟁점들에 대해서만 교장들과 공동으로 결정을 내린다. 그러나 교장은 의사결정에 다른 사람들을 포함시킬 수 있는 다양한 방식을 발견하고 그들의 참여가 가장 능률적이고 효율적으로 이루어질 수 있도록 할 수 있다.

참여적 의사결정을 할 때 모든 조직 구성원들은 그들의 의견과 감정을 표현하고 지식과 정보를 제공할 권리를 가진다. 이렇게 그들은 의사결정 과정에 참여할 수 있는 권리를 갖는다. 그러나 태넌바움과 슈미트가 명백하게 보여 주었듯이, 의사결정 과정 참여자들로부터의 투입을 유도하고 활용하는 데에는 여러 가지 방법이 있다.

참여적 방식에 대한 조직 차원의 경험이 점차 쌓여 가게 되면서, 함께 일할 수 있는 선택의 폭을 가진 전통적인 하향식 모형에서 진정한 수준의 협력 단계로 빠르고 쉽게 전환된다. 그러나 이 과정의 어디에도 하급자들의 투표에 리더가 얽매여 있지는 않다. 그러한 점에서 학교는 민주주의적 조직이 아니다. 최상의 상태에서조차 참여적 조직일 뿐이다.

명백한 의사결정 과정

참여(participation)는 많은 것을 의미할 수 있다. 그러나 적절하게 그 과정이 처리되지 않았을 때 참여자들은 그 과정이 불분명하고 잘못 규명된 것으로 본다. 그러한 상황에서는 사람들이 언제 참여를 해야 하는지와 그 과정에서 그들의 적합한 역할이 무엇인지에 대해 확신할 수 없게 된다.

집단이 내리는 가장 중요한 결정은 그 집단이 어떻게 결정을 내릴 것인가를 결정하는 것이다. 이것은 종종 조직 생활에서 가장 불명확한 사실들 중 하나다. 의사결정 과정에 사람들은 자신들이 어떻게 참여할 수 있는지 알지 못한다. 심지어 그 의사결정 과정에서 누가, 어떻게 결정을 내리는지도 알고 있지 못하다. 따라서 조직이 참여자들에게 수용될 만한, 명확하고 공식적으로 알려진 의사결정 과정을 개발하는 것은 중요하다. 이번 장의 후반부에 어떻게 팀이 협력적 의사결정을 내리는지에 대한 두 가지 모형을 제시할 것이다.

이 문제를 해결할 수 있는 가장 적절한 시기는 의사결정을 내리기 전이다. 이 과정을 시작하는 한 가지 방법은 그 집단이 최근에 한 수행을 되짚어 볼 목적으로 학교 교직원 회의를 소집하는 것이다. 구체적이고 최근에 발생한 의사결정에 관한 몇 가지 사례를 선택한 후 다음과 같은 몇 가지 질문을 던지는 것으로 집단은 그들 자신들의 경험을 평가할 수 있다. 우리는 이 결정을 내리는 데 적합한 집단인가? 이 결정을 내릴 때 어떠한 과정이 있었는가? 우리 모두가 그 결정에 도달한 방법에 대해서 알고 있다는 데 동의하는가? 이 문제를 해결하는 방식에 대해 우리는 어떻게 생각하는가? 우리는 다음번에 유사한 절차를 사용해야 하는가? 아니면 몇 가지를 수정해야 하는가? 문제를 발견하고 규명하는 데 있어, 해결 방법을 결정하는(더불어 누구를 포함시켜야 하는지 결정하는) 데 있어, 그리고 마지막으로 어떻게 일이 진행되고 있는지를 사람들에게 계속해서 알리기 위하여 우리는 무엇을 제안할 수 있는가?

위에서 열거된 것과 같은 단순한 단계에서는 문제들이 정의되고 다루어지는 방식과 관련된 중요성, 즉 집단 과정에 대하여 초점을 두기 시작한다. 성공적인 집단 참여를 위하여 열린 대화를 지지하고, 구성원 사이의 차이점을 드러내고 그것을 통해 일하는 데 필요한 기술을 강조하는 집단 내 풍토를 개발하는 것이 동반되어야 한다.

누가 문제를 찾아내는가?

다른 사람을 집단적 의사결정 과정에 포함시키는 것에 대하여 심사숙고하게 되면서 좀 더 기본적인 문제와 대면하게 된다고 많은 사람들이 주장할 것이다. 어떤 문제가 협력적 해결책이나 결정을 필요로 하는지를 누가 결정할 것인가? 여러 번 언급했듯이, 의사결정에 있어 가장 중요한 단계는 문제를 규명하는 것이다. 문제를 규명하는 사람이 말 그대로 의사결정 과정을 통제하게 되는 것이다.

이것을 염두에 두고, 테넌바움-슈미트의 모형을 다시 살펴보자. 가장 낮은 단계의 집단 참여에서 문제가 무엇인지뿐만 아니라 해결책이 무엇인지를 결정하는 사람은 행정가라는 것을 알 수 있을 것이다. 그러나 행정가가 의사결정 과정에 다른 사람들이 참여할 수 있는 자유를 증가시키면, 즉 집단에 대한 권한위임이 증가됨에 따라 "누가 문제를 정의하느냐?"가 중요한 문제가 된다. 타인에 대한 권한위임의 경향은, 문제 규명은 행정가들이 하지만 해결책의 선택권을 다른 사람들에게 넘겨주는, 다소 개방된 모습을 보인다는 점에서 주목할 만하다. 최고 수준의 참여에서 행정가와 다른 참여자들은 좀 더 진정한 의미의 협력을 하게 되는데, 그 과정에서 첫째, 행정가와 참여자들은 문제의 정의에 상호 동의하고, 둘째, 어떻게 그것을 다룰지를 함께 결정한다.

출현적 그리고 개별적 문제

참여적 의사결정은 유능한 개인들의 결정보다 질적으로 더 나은 결정을 도출할 수 있다는 점이 특징이다. 몇몇 유형의 문제들은 전문가들이 가장 잘 해결할 수 있다. 반면 다른 종류의 문제들은 집단에 의해서 가장 잘 해결된다. 따라서 가능한 최상의 결정에 도달하기 위하여 상황을 분석할 필요가 있다. 집단의 구성원들이 이러한 분석을 내릴 수 있다면 그 집단의 노련함을 보여 주는 것이다. 노련한 집단은 그들이 어떠한 문제를 극복해 나아가야 하는지와 어떠한 문제에 대하여 전문가의 의견을 구해야 할지를 알고 있다.

몇 가지 문제들은 다음의 특징을 갖는다. 첫째, 문제를 구성하는 요소들은 상대적으로 애매모호하지 않고 명백하며 종종 수량화할 수 있다. 둘째, 문제의 요소들은 서로 별개의 것이다. 셋째, 문제에 대한 해결책은 누군가가 앞으로 취해야 할 행위의 논리적 절차를 필요로 한다. 넷째, 새로운 문제의 경계는 상대적으로 구분하기 쉽다. 개별적(discrete) 문제라고 불리는 이러한 종류의 문제들은 전문가에 의해서 가장 잘 해결될 것이다.

그러나 몇몇 문제들은 위의 문제들과는 매우 다르다. 첫째, 문제의 요소들은 모호하고 불확실하며 수량화가 불가능하다. 둘째, 문제의 요소들은 서로 역동적으로 얽혀 있어 객관적 기준으로 그것을 서로 분리하기란 어렵다(사실, 측량 자체가 어렵다). 셋째, 문제의 해결책은 수많은 사람들의 지속적인 조정과 상호작용을 필요로 한다. 넷째, 문제의 차원과 특성을 규명하는 시점에서도 그것은 완전히 이해될 수 없다. 그러나 시간이 지나 그것을 다루는 과정이 반복되면서 그 문제에 대한 사람들의 이해도는 증가하게 된다. 이러한 종류의 문제들은 출현적(emergent) 문제라고 불린다. 이런 유형의 문제에 대한 최상의 해결책은 첫째, 집단의 사람들 중 그 문제를 해결하는 데 필요한 지식을 소유하고 있거나, 둘째, 결정이 내려진 뒤 그것을 실행하는 데 참여하게 될 가능성이 높은 사람들로부터 도출되는 경향이 있다.

학교구에서 전형적인 개별적 문제의 예는 학교의 물자(school supplies)를 다루는 것이다. 통합 구매, 창고 관리, 그리고 학교에 물자를 공급하는 데 수반되는 수많은 문제들은 상대적으로 명확하며, 전문가가 논리적 절차를 통해 지시할 수 있다. 실제로, 예산, 계약법, 구매 절차, 그리고 학교 물자 시장의 예상 밖의 변화 등에 대한 지식을 가진 숙련된 사업 관리자와 비교할 때, 알맞은 학용품을 적당한 가격에, 적당한 장소에, 제때 확보하려는 문제를 다루기 위하여 애쓰는 학교구의 행정가들은 장님이 장님을 이끄는 것과 같은 문제에 봉착한다. 마찬가지로, 최대한 절약하고 최대한 효율적으로 스쿨버스의 경로를 배치하는 것은 일반적으로 개별적인 문제다. 최근에 대형 학교구에서 흔하게 사용하는 수학 모형과 컴퓨터 시뮬레이션은 문제를 여러 차원에서 이해하기 위하여 요구되는 기술과 기법을 가진 전문가를 필요로 한다.

반면에 공교육에서 정책에 대한 쟁점들은 대개 매우 출현적인 문제들이다. 예를 들어, 역량 기반 교육(competency-base education)을 시행하는 문제는 충분히 출현적이다. 학교구의 행정가들은 "우리가 그것을 해야만 하는가?" 라는 질문보다 "우리에게 주어진 결정을 어떻게 시행할 것인가?" 라는 수준의 쟁점에 직면하게 된다.

모든 교육자들이 알다시피, 역량 기반 교육의 개념은 역동적인 상호관계 속에 놓여 있는 학교 기업(school enterprise)의 다양한 측면을 포함한다. 역량 기반 교육을 위해서는 문제해결에 있어 문제를 이해하는 것부터 시작하여 여러 사람의 전문적 지식을 고도의 협력적 방법으로 활용해야 한다. 그러한 노력을 하고자 하는 결정은 많은 사람들이 그 프로그램에 헌신하고, 끊임없이 긴밀한 협력과 자유로운 의사소통의 흐름이 사람들 사이에 있어야 하며, 문제의 깊이와 그것이 가진 함축적 의미가 분명해지는 의사결정의 순환적 과정에 성패가 달려 있다는 점을 인식할 필요가 있다.

일상의 행정 업무 과정 중에 마주치게 되는 많은 문제들은 출현적이다. 교육이 더 복잡해지면서 교육 조직이 가진 많은 중요한 문제들을 전문가가 해결해 줄 수 있다는 확신이 점차 약해지고 있다. 적절한 해결책은 정보를 공유하고 있는 수많은 사람들 사이의 자유롭고 개방적인 의사소통을 필요로 한다. 여러 가지 대안들에 대하여 정보에 입각한 판단을 내리는 과정에서 정보의 경중을 따지고 평가하기 위해서는 긴밀한 협력이 필요하다. 해결책을 실행하기 위하여 노력하는 것은, 순환적 의사결정 과정의 기본이 되는 협력관계를 유지하기 위해 중요하다.

누가 참여해야 하는가?

모든 사람들을 모든 결정에 포함시키는 것이 참여적 의사결정의 의도라고 생각하는 것은 잘못된 가정이다. 분명 이것은 현실적이지도 바람직하지도 않다. 에드윈 브리지스(Edwin Bridges)는 교사들이 참여하기에 적합한 결정을 규명하기 위한 두 가지 원칙을 제안했다.

1. **관련성 검증**(the test of relevance): 브리지스는 "결정에 있어 교사들의 개인적 이해관계가 높다면 참여에 대한 그들의 관심 역시 높을 것이다."[38]라고 말했다. 이 검증에 부합하는 문제들에는 교수 방법과 자료, 규율, 교육과정, 그리고 지도안 편성 등이 있다.
2. **전문성 검증**(the test of expertise): 교사들이 결정 과정에 이해관계를 갖는 것만

으로는 충분하지 않다. 만약 교사의 참여가 중요하다면 교사는 효과적으로 기여할 수 있는 능력이 있어야 한다. 예를 들어, 체육교육 부서의 프로그램 일정을 다루는 데 영어 교사들은 거의 기여하지 못할 것이다.

어떠한 종류의 문제를 교사들과 상의해야 할지를 결정하는 데 사용하는 중요한 세 번째 검증 원칙은 다음과 같다.

3. **관할권 검증**(the test of jurisdiction): 학교는 위계질서를 기반으로 조직된다. 개별 학교와 직원들은 그들에게 할당된 의사결정 영역에 대해서만 관할권을 가진다. 교사들은 어떤 문제들과 관련되어 있을 것이고 필요한 전문성을 가지고 있을 수 있다. 그러나 그것이 옳든 그르든, 교사들은 관할권(jurisdiction)을 가지고 있지 않을 수 있다. 그 경우 그들이 시행할 수 없는 의사결정에 참여하는 것은 의사결정에 참여하지 않은 것만큼 교사들에게 불만을 줄 것이다.

개인의 참여 열망

고려해야만 하는 또 하나의 현실적인 부분은 각 개인이 스스로 의사결정 과정에 참여하기를 희망하는가다. 요구되는 시간과 개인적 관심 여부는 조직 구성원들이 그들의 시간과 에너지의 우선순위를 대충이라도 정하도록 만든다. 체스터 바너드(Chester Barnard)는 사람들이 그냥 흥미를 갖지 못하는 일들이 있다면서 이러한 문제들은 무관심의 영역(zone of indifference)에 놓이게 된다고 말했다.[39] 교사들에게 그들이 무관심한 사안에 대한 의사결정 과정에 능동적으로 참여하도록 요구하면 결국 그들은 다양한 형태의 저항을 하게 될 것이다. 예를 들어, 학교 교장들은 종종 제한적(예를 들어 참여자들이 관점이나 의견을 표현하는 것이 제한적으로 이루어지는 경우)이거나 혹은 사소한 문제(교장들이 스스로 결정하기 위해 중요한 결정을 남겨 두는 경우)와 같은 것들에 교사들이 참여하도록 요구한다. 교사들이 그러한 유형의 참여에 무관심한 태도를 보이는 것은 전혀 놀랄 일이 아니다.

교사들이 지속적으로 상당한 관심을 보이는 의사결정 영역들이 있다. 사실상 이러한 영역들은 민감성의 영역(zone of sensitivity)이라고 묘사된다.[40] 이러한 영역들은, 이른바 '개인의 이해관계'를 나타내며, 수업 할당이나 직무연수의 평가 등과 같은 것들이다. 직원들의 민감성 영역에 해당되는 문제를 다룰 때 그들의 집단적 의사결정의 참여 수준은 높게 나타난다. 교장은 그러한 참여를 통해 자신의 권한을 강화한다.

세 번째 범주의 문제들은 교사들이 약간의 이해관계가 있으나 특별히 개인적 관심을 갖기에는 불충분한 것들이다. 이러한 문제들은 양면 가치의 영역(zone of ambivalence)에 해당된다.[41] 예를 들어, 직원 중 한 사람에게 전문적인 학회에 대한 안건을 준비하게 하거나, 어셈블리 프로그램(assembly program)[4)]을 계획하는 것에 관심을 갖게 하는 것은 어렵다. 따라서 행정가들의 관료주의적 요구에 이미 과중한 부담을 느끼고 있는 교사들이 불필요하게 부정적인 감정을 갖게 되는 것을 예방하기 위하여, 이러한 유형의 문제해결에 교사들을 참여시키는 것은 선별적으로 이루어져야 한다. 또한 참여의 효과성을 높이기 위해서도 모든 문제에 교사들을 참여시키는 것은 제한되어야 한다. 대신에 작은 규모의 집단이 문제를 대표해서 다루도록 한다든가 문제가 해결된 뒤 모든 사람들에게 정보를 지속적으로 알려 주도록 한다.

확실히 교사들이 민감해하고, 양가감정을 가지거나, 혹은 무관심해하는 다양한 유형의 문제들이 있다. 그러나 이를 당연시해서는 안 되며 일부 평가들을 각 상황에서 진단의 목적으로 활용해야만 한다. 집단이 소규모라면 토론를 통하여 이 평가가 이루어질 수 있다. 대규모의 집단을 다룰 경우, 진단 도구로 지필 조사표(paper-and-pencil inventory)를 도입하는 것이 유용할 것이다. 로버트 오웬(Robert Owen)과 에드워드 루이스(Edward Lewis)가 큰 규모의 고등학교에서 사용한 지필 조사표 기법은 교사들이 갖는 특정 쟁점에 대한 관심이 그들의 개인적 특성과 관련되어 있다는 것을 밝혔다. 예를 들어, 같은 학교 교원인 숙련된 교사와 비숙련된 교사들은 특정한 문제를 해결하기 위한 과정에 참여하는 것에 대하여 다른 관점을 가지고 있을 것이다.[42] 오웬과 루이스는 계약직 교사들(probationary teachers)은 그들이 익혀야 하는 학교의 정책이나 규칙, 가르쳐야 하는 교육과정, 그리고 그들 업무에 대한 관리 평가와 같은 주제에 높은 관심을 보이는 것으로 보고했다. 나이 든 교사들은 학교의 전통 고수, 학교의 주요 결정에 대한 그들의 참여와 같은 것들에 좀 더 관심을 가졌다.

---

4) 역자 주: 원래 컴퓨터 용어로 컴퓨터 언어와 기계어 사이의 차이를 해결하기 위한 일종의 매개어(어셈블리어)를 이용하여 만든 프로그램이다. 본문에서는 공연 등의 시연과 그에 대한 설명을 곁들이는 프로그램 유형을 의미한다.

팀 행정

최근 학교 내의 협력적 행동에 많은 관심이 집중되어 왔던 것처럼 학교구의 행정에 있어서도 협력적 행동은 중요하게 여겨진다. 학교구 단위에서 이러한 협력적 행동을 일반적으로 팀 행정(team administration)이라 부른다. 팀 행정을 정의하는 한 가지 개념은 참여적 의사결정이다. 로버트 던컨(Robert Duncan)은 이에 대해 "팀 행정은 목표의 설정, 의사결정, 그리고 문제해결 과정의 모든 수준에 나타나는 진정한 참여를 의미한다."고 밝혔다.[43] 이와 유사하게, 주 학교장연합회는 아래와 같이 언급했다.

> 교육감에 의해 결정되어 최종 실행 단계로 하달된 일방적인 결정들을 대체하는 이 새로운 형식은 모든 행정 및 감독 담당자들이 과정에 기여할 기회를 제공하는, 의사결정에 대한 집단적 접근을 필요로 한다. 교장들의 참여에 보답하여 교육감은 집단적 과정에 대한 그의 확신을 설명해야 한다. 그는 반드시 개인들을 참여시켜야 하며, 이를 통해 그들이 정해진 결정에 일부 기여했다는 것을 느낄 수 있도록 해야 한다…. 교장이 자신을 행정 팀의 구성원으로 여길 경우 이러한 종류의 참여를 필수적인 것으로 이해해야 한다.[44]

해럴드 맥날리(Harold McNally)는 "행정 팀은 교육위원회와 교육감에 의하여 공식적으로 구성된 집단으로, 본부와 중간 단계의 행정 및 감독 담당자들로 이루어져 있다. 이 집단은 학교 체제 내의 의사결정에 참여할 수 있는 자신들의 책임과 권한을 명확하게 표명하고 있다."고 밝혔다.[45]

의사결정 참여를 위하여 사용하는 행정 팀의 기법은 다양하지만 그중에서도 다섯 가지 기법이 가장 일반적이다. 최소한의 참여부터 최대한의 참여에 이르는 이러한 기법들은 다음과 같다.[46]

1. **토론(discussion)**: 참여의 가장 단순한 수준인 문제에 대한 토론은 팀 구성원들이 그 문제를 인지하고 있고 이 문제에 대한 결정이 내려져야 한다는 것을 확인하기 위하여 사용된다. 토론 참여가 제한될 때에는 행정가들이 결정을 내린다.

만약 행정가가 토론 전에 다른 사람들과 결정에 대하여 이야기를 나누었다면 그는 그들이 그 결정을 흔쾌히 받아들이길 바란다.

2. **정보 탐색**(information seeking): 이 기법은 단순한 논의 이상을 포함한다. 그것은 좀 더 합리적이고 논리적인 결정을 내리는 것이 용이해지도록 돕기 위한 행정가의 정보 수집 활동을 포함한다.

위 두 유형의 참여는 참여자들의 무관심 영역에 있는 결정들을 내리는 데 가장 유용하다. 짐작하건대 위의 유형에 참여하여 내린 결정들은 참여자들에게 중요한 관심거리는 아닐 것이고 실질적 결정은 행정가에 의해서 이루어질 것이다. 이러한 수준에서 다른 사람들을 포함하는 근본적인 목적은 우선 행정가들이 좀 더 나은 결정을 내릴 수 있도록 도와주고, 다음으로 결정이 내려졌을 때 집단에 의해서 수용될 가능성을 높이기 위해서다. 구성원들의 무관심 영역 밖의 문제들을 결정하고 그들의 적극적인 참여를 이끌어 내기 위해서는 다른 종류의 참여가 사용된다.

3. **민주적-중앙집권주의자**(democratic-centralist): 가장 흔히 사용되는 이 방법은 행정가들이 직원들에게 문제를 제시하고 그들에게 제안, 답변, 그리고 아이디어 등을 달라고 요구하는 것으로 이루어져 있다. 행정가가 결정을 하지만 직원들의 참여를 반영하려고 노력할 것이다.
4. **의회주의자**(parliamentarian): 팀 구성원들 스스로 결정을 내려야 함에도 불구하고 만장일치는커녕 심지어 동의조차 구하지 못할 것 같을 때, 의회주의자들의 기법이 종종 사용된다. 이것은 소수자들의 의견, 생각과 가치의 충돌, 그리고 쟁점, 사실, 가치가 변함에 따른 직위의 변화 등을 구체적으로 반영한다는 이점이 있다. 하지만 이 기법은 명확한 승자와 패자를 낳는다는 약점이 있다.
5. **참여자-결정**(participant-determining): 이 절차의 중요한 특징은 집단의 합의를 필요로 한다는 것이다. 이 기법은 논의될 쟁점이 팀 구성원들에게 매우 중요하다고 여겨지고 합의를 이끌어 낼 수 있을 것 같아 보이는 때에 사용된다. 하지만 합의 과정 자체가 부담으로 여겨질 수 있기 때문에 참여자-결정 방법은 자주 사용되지 않는다. 그러나 그것이 성공적으로 사용되면 강력한 의사결정 절차가 된다.

높은 수준의 기술을 요하는 참여

참여적 의사결정 방법을 실행할 때 대체로 잘 인식하지 못하는 문제는 바로 성공적인 협력적 업무수행을 위해 필요한 집단 과정 기술을 참여자들에게 제공할 필요가 있다는 것이다. 의사결정 과정에 협력하려는 의도는 그 자체만으로는 불충분하다. 의도만으로는 불충분하기 때문에 행정가가 스스로가 참여적 방법에 능숙해야만 한다. 모든 참여자들은 그들이 맡은 역할을 어떻게 수행할지 이해하고 있어야 한다.

일반적으로 교육을 받은 성인들 대부분은 회의에 참여하여 업무를 잘 수행할 수 있다고 가정한다. 그러나 특히 누군가가 조직의 의사결정 과정을 협력적이고 단체적으로 이끌어 가려고 할 때, 이러한 가정은 문제가 될 수 있다. 결정의 중요성이 증가하게 되고 그 결정의 결과가 관련된 사람들의 삶 속에서 더 크게 다가올 때 그러한 문제는 더 심각해진다. 교육 조직 내의 참여적 의사결정을 위해서는 협력적(collaborative) 집단 방법을 사용한다. 반면 학교 밖의 더 큰 사회는 일반적으로 경쟁적(competitive) 집단 방법을 강조한다. 예를 들어 회의를 할 때 우리는 결정을 내리는 최고의 방법이 투표라고 가정한다. 그러나 이 경우, 몇몇은 승자가 되고 나머지 사람들은 패배자가 되기 때문에 실제로는 투표가 가장 경쟁적인 과정이라고 할 수 있다. 이 방법은 민주적 정치 체제에서 가장 적합할 것이다. 반면에 그 목표가 승리나 타협이 아니라 합의와 권한의 위임인, 즉 승자와 패자가 있는 것이 아니라 서로 윈윈(win-win)인 조직의 의사결정에서는 적합하지 않다.

지금까지는 교사나 행정가를 양성하는 대학 프로그램에서 협력적 집단 기술에 관해 거의 가르치거나 훈련시키지 않았다. 그러므로 교육계에서 참여적 의사결정에 관여하고 그것을 전개하기 위하여 의사결정 집단이 충분한 지원을 받도록 하는 것은 중요하다. 효과적인 집단의 구성원으로서 자신들의 기술을 연마할 수 있도록 직장 내 연수나 기술 상담의 형태로 적절한 지원이 이루어져야 한다. 신뢰 구축, 분쟁 조정, 문제해결, 그리고 개방적 의사소통은 협력적 집단의 구성원들이 지속적으로 지원받아야 하는 중요한 기술 영역이다. 몇몇 종류의 훈련이나 기술 개발은 강의나 워크숍을 통해 이루어질 수 있으나 제3자 자문(third party consultation)은 필수적이다. 제3자 자문을 통해 집단은 자신들의 업무수행에 대한 객관적인 피드백을 얻을 수 있고 그 과정을 통해서 자신들의 경험에 대하여 성찰해 볼 수 있다.

협력적 의사결정을 위한 패러다임

조직의 의사결정에 있어 혼란스러운 상황은 실질적으로 매우 위험한 요소다. 만약 조직이 어떠한 절차를 통해 의사결정을 내리는지, 그리고 그 절차에서 구성원이 어떠한 역할과 직무를 맡게 되는지를 알지 못한다면, 민주적(democratic) 혹은 참여적(participatory) 의사결정의 장점이 무효화될 것이다. 학교 내 의사결정의 모호성을 미덕으로 설명하고 있는 연구 결과를 찾는 것은 어렵다. 사람들은 의사결정에 어떻게 참여하는지, 즉 의사결정 과정에서의 그들의 역할과 직무가 무엇인지뿐만 아니라 언제 참여해야 하는지도 알아야 한다.

또한 참여자들은 조직이 결정을 내리기까지 의사결정 과정의 순차적 단계를 이해해야 한다. 이 단계들은 도표화될 수 있고, 도표화는 몇 가지 중요한 결정을 좀 더 명확하게 만들어 준다. 제시된 의사결정 패러다임의 기본 뼈대는 의사결정에 이르는 네 단계를 보여 주는 [그림 9-3]에 나온 것과 유사하다. 그 네 가지 단계는 첫째, 문제의 규명, 둘째, 가능한 대안의 규명, 셋째, 각각의 합리적 대안에 대한 결과의 예측, 그리고 마지막으로 대안의 선택이다.[47] [그림 9-3]에서 이러한 네 단계는 시간(time) 차원에서 숫자로 구분된다. 현실에서 개별 행정가들과 구성원들은 각 단계에 대해 이름을 다르게 붙인 다른 이론을 채택할지 모른다. 그러나 다음에 제시된 패러다임은 의사결정의 어느 단계에서든 적용될 수 있다. 행동 차원에서는 누가 각각의 필요한 의사결정 직무를 수행할 것인지에 대한 선택을 해야 한다. 그림의 점선은 어느 단계에서 직원을 포함시킬 것인지, 혹은 그들 전체를 다 포함시키거나 전혀 포함시키지 않을 것인지 등의 선택을 내릴 수 있도록 행정가에게 개방된 행동의 선택권을 나타낸다.

다시 말해, 의사결정의 필요성을 나타내는 정보를 행정가가 받았을 때 (혹은 알게 되었을 때) 그의 선택은 분명하다. 그는 그 정보를 사용하거나 무시할 것이다. 만약에 의사결정자가 정보에 응하여 행동하기로 결정했다면, 그는 문제를 규명하거나 혹은 직원들에게 정보를 주고 그들이 문제를 규명하도록 논리적으로 대응할 것이다. 그 후 의사결정의 과정은 의사결정자들이 원하는 참여 정도의 조합으로 구성될 것이다. 행정가는 과정의 매 단계를 혼자 다루게 될 수도 있고 혹은 다양한 형태로 직원들의 참여를 사용할 수도 있다. 그러나 참여 과정의 시작을 행정가들이 독점할

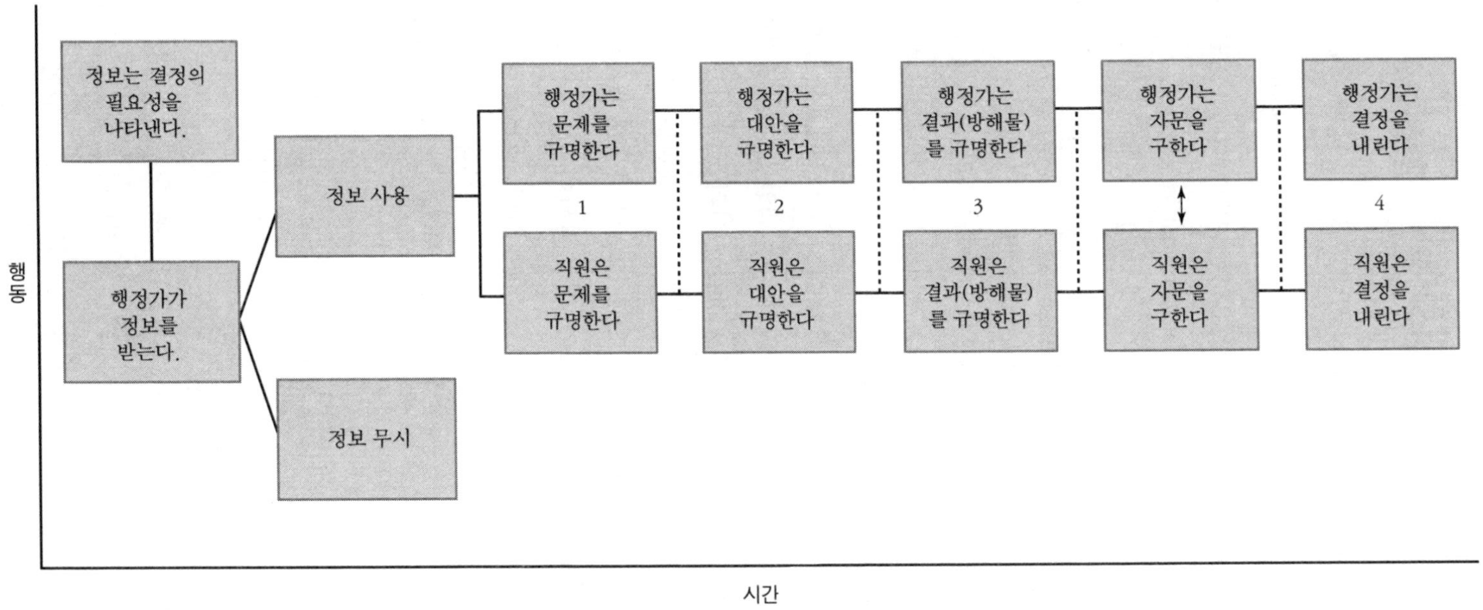

[그림 9-3] 학교 내에서 공유된 의사결정 과정을 위한 패러다임

수 없다는 것을 기억해야 한다. 참여적 의사결정의 개념은 모든 구성원들이 의사결정 과정을 시작할 수 있다는 것을 의미한다.

그렇다면 집단이 의사결정에서 어떠한 특정한 과정을 따라야 하는가? 팀 의사결정 모형인 토털 팀워크 시스템(Total Teamwork System: TTS)을 소개한다.

토털 팀워크 시스템

팀을 위한 경험 기반 의사결정 모형과 훈련 프로그램은 멤피스 대학교(University of Memphis)의 교육정책연구소(The Center for Research in Education Policy)에서 개발되었다.[48] 단위학교 의사결정(school-based decision making) 체제를 사용하는 학교들에서 어떻게 의사결정이 이루어지는지에 대한 4년간의 연구를 기반으로 하는 이 모형은 의사결정을 내리는 팀이 스스로에게 던질 수 있는 네 가지 기본 질문으로 구성되어 있다. 초기 연구는 이번 장의 앞부분에서 설명한 브룸과 예튼의 연구를 사용했다. 일곱 가지 질문으로 구성된 브룸과 예튼의 모형은 토털 팀워크 시스템에서는 네 가지로 축소된다. 이 연구의 결과 부분에 설명되었듯이 브룸과 예튼의 질문들 중 일부는 불필요했고 다른 일부는 받아들여졌다.

연구자들은 TTS 모형의 네 가지 질문을 사용한 팀의 구성원들이 자신들의 결정이 확실하다고 판단하는 것을 발견했다. 반면에 이 모형을 사용하지 않으면 팀 구성원들 사이에 승리감 혹은 패배감이 만연하게 되거나, 의견 충돌, 불충분한 실행, 참여자들 사이의 일반적인 실패감과 같은 형편없는 결과로 이어졌다.[49] 연구자들은 왜 팀 의사결정 모형이 필요한지 다음과 같이 설명했다.

> 참여적 의사결정이 효과를 거두기 위해서는 새로운 기술을 습득해야 한다. 좋은 의도와 열정만으로는 충분하지 않다. 당신들은, 하나의 팀으로서, 일반적인 쟁점들을 구체적인 전략으로 바꾸고, 협상하고, 의사결정 집단 내부 혹은 외부의 사람들과 의사소통해야 하며, 다른 기술을 수용하는 등의 효과적으로 일하는 방법을 배워야만 한다. 우리 모두는 목표를 달성하지 못하는 위원회에 소속된 적이 있다. 그 위원회가 목표를 달성하지 못한 이유는 사람들이 동의하지 않아서, 사람들이 그들이 무엇을 하고 있는지 알지 못해서, 사람들이 결정을 어떻게 내려야 하는지를 몰라서, 혹은 회의가 중도에 멈춰 버렸기 때문일 것이다. 대부분의 경우, 참여자들이 집

단 의사결정에 대하여 인지하게 되면 이러한 문제들은 피할 수 있다. 효과적인 집단 의사결정은 특정한 기술을 필요로 하고, 무엇보다 모두가 동의한 의사결정 과정이 필수적이다. 그러나 이러한 것은 자연적으로 이루어지는 것은 아니다.[50]

팀이 효과적인 결정을 하도록 돕기 위해 TTS 모형에서 사용되는 네 가지 질문은 다음과 같다.

1. 이 쟁점 혹은 질문이 우리 집단의 합법적 영역 내에 있는 것인가?
2. 언급했듯이, 그 쟁점이 유의미한 논의를 위해 적합한가? 혹은 질문의 표현이 정정되어야 하는가?
3. 이 쟁점을 효과적으로 다루기 위하여 더 많은 정보를 구해야 하는가?
4. 성공적인 실행을 위하여 위원회 외부 사람들의 수용이 필요한가?

다음에서 위의 각각의 질문에 대하여 팀 구성원들이 대답하면서 그들이 고려해야 할 것을 설명했다. 덧붙여 [그림 9-4]는 이 과정의 순서도다. 이 순서도는 각각의 질문을 포함하고 있다.

이 쟁점 혹은 질문이 우리 집단의 합법적 영역 내에 있는 것인가? 각 팀은 수많은 정보원으로부터 쟁점이나 문제를 제공받는다. 조직의 리더 중 일부는 이것을 집단에게 넘겨주어 그들이 다루도록 하거나 그 집단의 구성원 중 한 사람이 회의에서 그 쟁점을 끄집어내거나 또는 학부모나 학생이 의사결정 팀에 문제를 제기하도록 할 수 있다. 이러한 쟁점들은 매우 중요할 수 있으나 때론 팀의 책임 영역을 벗어난 것일 수 있다. 즉, 그 팀은 그 쟁점에 대한 권한이 없거나 특정한 쟁점을 결정할 권한을 받아들여서는 안 되는 상황에 놓이게 될 수 있다. 아마도 그 쟁점은 조직 내 상위 계급의 사람이나 집단에 의해 결정되어야 하는 정책 결정일 수 있다. 혹은 그 쟁점이 또 다른 개인이나 집단의 권한 아래 있어 당신이 그 권한을 빼앗아야 할 수도 있다. 이러한 경우, 그 집단은 의사결정 권한을 다른 주체에게 위임해야 한다. 반면, 특정 쟁점이 그 팀의 책임 영역 아래 있다고 확신이 서면 다음 질문을 던질 필요가 있다.

언급했듯이, 그 쟁점이 유의미한 논의를 위해 적합한가? 혹은 질문의 표현이 정정되어야 하는가? 의사결정 팀 앞에 높인 우려, 쟁점, 혹은 문제들은 그 팀이 좀 더 심사숙고하기 전에 표현을 정정할 필요가 있는 두 가지 형태로 나타난다. 첫 번째는 조직에 대한 우려가 매우 일반적인 방식으로 언급될 경우다. 이 경우, 일반적인 쟁점들은 구체적으로 표현될 필요가 있다. 예를 들어, 학부모 집단이 팀에게 규율을 개선할 필요가 있다고 말할 수 있다. 팀은 이 문제를 다루기 전에, 그들이 왜 그렇게 생각하고 어떤 행동들에 대해 염려하는지, 어디에서 그리고 언제 이러한 행동들이 발생하는지 등을 규명할 필요가 있다. 이러한 질문들에 대한 해답을 구하고 나면 실제의 구체적인 쟁점은 9학년 체육 시간에 발생하고 있는 집단따돌림 현상임을 알 수 있다.

표현 정정의 필요가 있는 두 번째 형태는 반대로 조직에 대한 우려가 너무 구체적으로 언급될 경우다. 이 경우, 팀은 그 쟁점을 정책적 관심으로 전환하기를 원할 것이다. 예를 들어, 한 교사가 언제나 보충 수업을 떠맡게 되어서 불평을 한다고 가정하자. 이러한 특정 염려는 한 교사에만 해당되는 것이기 때문에 아마도 팀이 정말로 짚고 넘어가야 할 문제는 교사 배정에 대한 일반적인 정책 문제일 것이다. 의사결정팀은 표현이 정정된 사안이 그들의 책임 영역에 있는지 아닌지를 다시 결정할 수 있다. 만약에 아니라면, 그들은 그것을 적절한 다른 집단으로 넘길 것이다. 만약에 그들의 책임 영역에 있다면 그들은 다음의 질문으로 넘어갈 것이다.

이 쟁점을 효과적으로 다루기 위하여 더 많은 정보를 구해야 하는가? 의사결정을 하기 위하여 충분한 정보가 없을 경우 그 쟁점에 대하여 논의하는 데 팀의 시간을 소비할 필요가 없다. 좋은 결정은 자료에 근거하고 있으며, 종종 결정 자체를 내리는 데 걸리는 시간보다 더 많은 시간이 자료를 수집하고 분석하는 데 소요된다. 팀은 필요한 자료를 결정하고, 정보 수집의 의무를 위임하며, 모든 사실이 수집될 때까지 결정을 유보할 필요가 있다. 일단 필요한 정보가 준비되면 팀은 다시 두 번째 질문으로 돌아가 문제가 제대로 언급되었는지 확인한다. 그런 다음 마지막 질문으로 넘어간다.

성공적인 실행을 위하여 위원회 외부 사람들의 수용이 필요한가? 만약에 위원회 밖의 사람들이 결정을 집행해야 하는데 그들이 그 결정을 수용할지에 대해 팀이 확신하지 못한다면 그 사람들을 의사결정 과정에 참여시킬 필요가 있다. 반대로 팀이

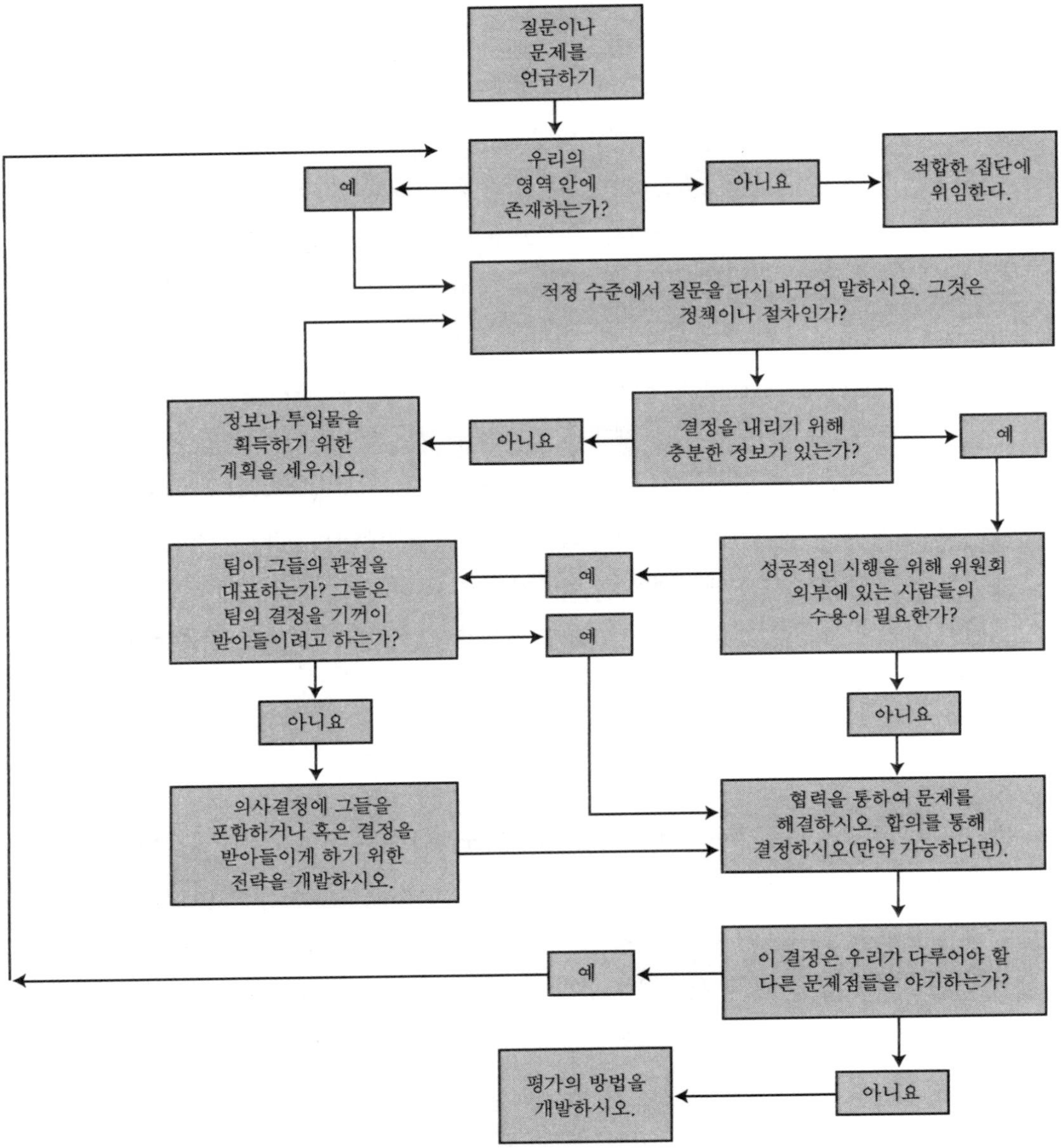

[그림 9-4] 토털 팀워크 시스템 순서도

출처: Thomas Valesky, Dianne D. Horgan, Carol Etheridge Caughry, and Dennie L. Smith, *Training for Quality School-Based Decision Making: The Total Teamwork System*(Lanham, MD: Scarecrow Press, 2003), p. 8에서 옮김. Rowman & Littlefirled Publishing Group의 회원인 Sacrecrow Press 승인 후 옮김.

그 결정을 시행할 다른 사람들의 관점을 충분히 반영하고 있다고 믿는다면 팀이 결정을 내릴 수 있다. 만약에 최종 결정이 짚고 넘어가야 할 필요가 있는 새로운 쟁점을 내놓는다면(예를 들어 정책에 대한 실행 지침서), 그러한 쟁점들은 이 TTS 모형을 통해 다시 한 번 반복되어야 할 것이다.

한 팀이 내릴 수 있는 결정은 어떠한 것이든 상관없이 그 효과성을 평가받아야 한다. 따라서 평가에 대하여 계획을 세워 두고 사후점검에 대한 책무를 할당해야 한다. 이러한 평가 과정은 팀이 이후에 그들의 결정을 반성하고 필요한 경우 수정할 것을 요한다. 이 경우에도 수정은 자료에 기반하여 이루어져야 한다.

결론

조직의 의사결정을 단순화하고 좀 더 나은 이론적 근거를 제시하기 위한 바람은 수많은 의사결정 모형을 낳았고 이 모형들 각각은 조직 생활의 순서와 논리를 밝혀내려고 했다. 그러나 문제는, 행정가들이 그러한 의사결정 모형을 업무에 사용하거나 성찰적 사고를 위한 사례에 긴 시간을 보내지 않는 것으로 관찰되어 왔다는 것이다. 심지어 연수 이후에도 이러한 모습은 잘 관찰되지 않았다. 최근의 연구들은 교육 조직과 행정 업무는 이전에 알려진 것보다 훨씬 더 복잡하고, 행정가는 학자들이나 연구자들이 하는 것과는 전혀 다른 방식으로 의사결정을 계속한다는 것을 이해하기 시작했다. 조직의 사건들은 차례로 발생하는 경우가 드물다. 즉, 한 가지 일이 하나씩 발생하는 경우는 드물다. 대신, 행정가들은 보통 수많은 사건들이 동시다발적으로 전개되고 학교의 다양한 목표와 가치가 충돌하는 애매한 상황들과 자주 마주치게 된다. 그런데도 그에 대한 의사결정의 필요성은 냉혹한 속도로, 가차 없이 행정가에게 압력을 가한다.

조직의 많은 문제들은 의사결정이 이루어져야 할 시점에 완전히 이해되지 않는다. 그러한 문제들은 출현적 문제들로 묘사된다. 즉, 그 문제들은 모호하고 규명하기 어려우며, 해결하는 데 필요한 정보가 많은 사람들에게 분산되어 있다. 이러한 출현적인 문제들을 다룰 때는 시간을 두고 연차근사 방법의 과정을 통해 문제에 대한 진단과 해결을 반복해야만 한다.

교육 조직의 모호함과 불확실함의 특성 때문에 교육에서 조직의 의사결정 경향은 교사들과 다른 사람들에게 권한을 위임하여 그들이 중요한 의사결정에 온전히 참여하도록 하는 방향으로 진행되었다. 이 경향은 오랫동안 소외감을 느껴오거나 위계적 조직의 전통적인 하향식 의사결정 과정에 의해 억압받아 온 개인들을 달래기 위하여 의도된 조직의 대응은 아니다. 그것은 학교의 핵심 업무에 최대로 근접해서 활동하는 주요 인물들의 지식과 경험을 사용하여, 우선적으로 결정의 질을 향상시키도록 의도되었다. 동시에 의사결정의 참여를 통한 권한위임은 개인의 내적 동기 욕구를 좀 더 바람직하게 충족시키고, 전통적인 의사결정 방법들이 충족시킬 수 없는 방식이나 수준으로 조직의 문화의 질을 강화하기 위해 의도되었다.

전통적인 방식에서 참여적인 방식으로의 전환은 권력에 관한 행정가들의 새로운 이해를 요구한다. 전통적으로는, 오직 제한적인 권력만이 조직 내에서 가능하였고, 현명한 행정가들만이 그 모든 것을 얻을 수 있다고 믿었다. 따라서 교사들과 다른 사람들이 의사결정에 참여하도록 권한을 위임하는 것은 행정가들에게는 권력을 다른 사람들에게 주어 버려 자신의 것을 잃게 되는 것같이 느껴진다. 반면, 권한을 위임하는 현대 행정가들은 다른 사람과 권력을 나눔으로써 오히려 권력을 얻을 수 있게 된다는 것을 이해한다. 이는 협력적인 노력을 통해 집단에게 주어진 권력이 배가되기 때문이다.

다른 사람들과 권력을 나누고 의사결정의 참여를 늘리려는 의도만으로는 성공을 보장하기에 불충분하다. 그러한 노력에는 모든 참여자들, 행정가들, 혹은 타인들 모두에게 동등하고 지속적인 전문 연수와 상담의 지원이 수반되어야 한다. 이러한 것들을 통하여 사람들은 성공적인 권한위임을 달성하기 위한 필수 요소인 집단 과정의 기술들을 습득하게 된다. 그러한 노력은 또한 개인이 협력적 과정에 참여할 수 있는, 규명되고 공식적으로 알려진 과정의 개발을 동반해야 한다.

생각해 볼 문제

1. 이 장의 도입부에 있는 사례를 다시 한 번 읽고 생각해 보자. 이 장의 개념들을 사용하여 알렉스 마디 박사(Dr. Alex Mahdi)가 학교의 의사결정과 관련된 문제들에 어떻게 대응하여야 하는지 다시 한 번 생각해 보자.

2. 교장들에 의해 다루어져야 할 개별적(discrete) 문제들을 나열해 보자. 왜 당신은 교장이 각각의 영역들을 개별적인 문제로 범주화해야 한다고 믿는가?

3. 과거에 당신이 참여하여 해결책을 찾았던 출현적 문제들에는 어떠한 것들이 있었는가? 기억할 만한 한 가지 문제를 선택하여 의사결정에 사용된 과정을 설명해 보자. 리더는 의사결정 과정을 조직하는 데 어떠한 역할을 했는가? 결정된 해결책이 조직의 사람들에게 받아들여졌는가? 의사결정 과정이 TTS의 단계와 유사한 단계를 밟았는가?

4. **나만의 게임 플랜 만들기** 시드니 베니건(Sidney Bennigan) 교육감으로부터 JFK 고등학교의 새로운 교장 선임 건과 관련된 좋은 소식을 전해 들은 다음 날 아침, 매리언(Marion)은 교장 선출 캠페인을 위해 미리 마련해 두었던 정장을 차려입고 교육감 사무실에 정시에 도착하기 위해 일찍 집을 나섰다. 그곳에 도착하자 시드니 교육감은 매리언을 관용차량이 있는 곳으로 안내했다. 포드 크라운 빅토리아(Ford Crown Victoria) 관용차량은 교육감을 위한 특전 중 하나였다. 그리고 그들은 곧 JFK 고등학교로 향했다. 학교로 가는 길에 시드니는 무심코 물어보았다, "당신은 JFK에서 어떻게 시작할 생각이신가요? 당신은 무엇을 할 생각이신가요?"

"음…." 매리언이 대답했다, "지금 당장은 많은 것을 할 수 없습니다, 에디스(Edith)가 실제로 은퇴를 하고 8월에 제가 사무실로 들어가서 인계받을 때까지는 말이죠. 저는 그녀가 은퇴하기 전에 저에게 관련 사항들에 관하여 이야기해 줬으면 합니다. 당신이 알다시피 주문된 책이나 문구류, 계획표 혹은 서류 등이 어떻게 준비되었는지와 같은 모든 것들에 대해서 말이죠."

입을 다문 채 몇 분 간 침묵 상태로 운전하던 시드니가 말했다, "에디스 에이버리는 좋은 사람이죠, 그리고 그녀는 이 학교구에 크게 기여했어요. 그녀는 당신에게 어떤 것도 강요하진 않을 거예요. 그러나 만약에 당신이 요청한다면 최대한 도울 것입니다. 그녀는 JFK를 자랑스러워하고 학교가 계속해서 잘 운영되기를 바랄 거예요." 매리언은 자신의 기대가 확인되어서 안도감을 느꼈다. 왜냐하면 JFK에 관하여 그녀가 아직 배워야 할 것들이 많다는 것은 분명했기 때문이다.

몇 블록을 침묵 속에 운전한 뒤 교육감은 다시 말하기 시작했다. "음… 그녀가 떠나고 당신이 공식적으로 책임자가 된다면, 당신은 어떻게 그 업무를 시작할 계획인가요? 생각해 둔 어떤 전략이라도 있나요?"

"네," 매리언이 대답했다, "그 점에 대해서는 생각해 보았습니다. 저는 이 직업에 있어서는 초보자이고, 이 학교에 대해서 잘 알지 못합니다. 그래서 많은 새로운 아이디어를 가지고 급히 서두를 생각은 없습니다. 또 모두를 흔들고 싶지도 않고요. 그럴 경우 실수를 저지르게 될 수도 있으니까요. 처음 몇 달 동안은 몸을 좀 사리며 관찰도 하고 사람들 이야기도 들으면서 학교를 파악해 갈 것입니다. 그런 다음 제가 무엇을 변화시킬지를 더 잘 알게 되면, 그때 어느 교사가 도움이 되고 어느 교사가 그렇지 못한지 알게 될 것입니다. 또 저의 조치가 더 효과적이 될 수 있는 방법도 그때쯤이면 알 수 있을 겁니다. 어쨌거나, 저는 그 학교에 처음 부임한 것이고 대부분의 교사들은 그곳에 상당 기간 근무해 왔습니다. 그래서 전 제가 그들이 그동안 JFK를 위해 한 일들을 존중하고 있다는 것을 그들에게 이해시킬 것입니다. 또한 저는 그들이 절 존중해 주길 바라고 저에 대한 그들의 충성도가 함양되길 바랍니다. 저는 그들의 세상을 뒤엎기 위해 그곳에 가려는 것은 아닙니다. 한동안 저는 저자세를 유지하려고 합니다."

시드니가 침묵하며 운전을 하자, 매리언은 계속했다. "제게 아직 확실하지 않은 것은 이 초창기 밀월 기간이 얼마나 오래 지속될지입니다. 앞으로 한동안 교사들이 저를 평가하고 파악하려고 할 것입니다. 그동안에 그들은 저에 대하여 미심쩍은 부분을 선의로 해석해 줄 것입니다. 그러나 이러한 기간이 영원하진 않을 겁니다. 초창기 밀월 기간이 끝나고 제가 행동에 들어가야 할 때가 올 것입니다. 그러나 전 그 기간이 얼마나 될지는 모르겠습니다. 언제쯤 끝날까요?" 교육감은 학교의 긴 진입로로 차를 틀었고 학교 정문 가까이의 지정 주차 공간에 차를 주차할 때까지 대답을 하지 않았다.

그러고 나서 시드니 베니건은 새로운 교장을 향하여 돌아서서 재빨리 말했다, "초창기 밀월 기간이란 없어요, 매리언. 만약에 그런 기간이 있었다면, 아무도 당신에게 신경 쓰지 않았던 교장 선출 기간뿐일 겁니다. 그러나 지난밤에 위원회가 결정을 하는 순간부터 모든 게 달라졌습니다. 그 시점 이후부터, 사람들은 당신을 다른 렌즈를 통해서 볼 것입니다. 당신은 현재 교장 내정자(principal-elect)입니다. 그리고 당신은 조만간에 이 학교의 교장이 될 것입니다. 당신이 좋든 싫든, 사람들은 당신에 대해 판단을 할 것입니다. 그리고 그들은 당신이 무얼 하든지 혹은 당신에 대해서 무얼 듣게 되든지, 비록 자신들이 보고 들은 것이 아무리 적다 하더라도, 그들이 당신에 대하여 내리는 판단의 근거가 될 것입니다. 지금부터, 당신의 말 한마디, 몸짓 하나, 그리고 행동거지 하나하나가 이 학교의 교장으로서의 당신에 대하여 말하게 될 것입니다. 우리가 이 학교로 들어가게 되면, 우리가 마주치는 모든 순간은 당신이 바라는 대로 당신을 나타낼 수 있는 기회가 될 것입니다. 그들은 자신들의 판단을 유보하지는 않을 것입니다. 그들은 당신에 대한 의견을 가질 것이고, 어떻게든 당신은 그러한 의견이 형성되는 데 일조를 할 수 있을 겁니다." 시드니는 차문을 열고 나가면서 말을 이었다. "이제 안으로 들어갑시다."

"네," 매리언은 말했다, "알겠습니다. 하지만 만약에 제가 어떤 변화를 시도하기 전에 일정 기간 동안 학교에 대하여 이해하기 위하여 한동안 자신들에게 귀를 기울이고 주시할 것임을 그들이 알게 한다면 제가 하려는 것을 이해하겠죠, 그렇죠?"

시드니는 차의 건너편에 서 있는 매리언의 눈을 바라보며 말했습니다, "아마도요. 하지만 그들이 그것을 받아들일까요? 그것이 그들의 지지를 이끌어 낼 수 있을까요? 전 모르겠습니다. 그러나 일단 그들은 당신이 어떤 사람인지 그리고 당신이 무엇을 나타내는지, 당신이 무엇을 믿는지를 알고 싶어 할 것입니다."

둘은 학교의 유리로 된 현관문을 통과하여 로비에 들어섰다. 로비는 그 학교 곳곳에서 보이는 건축가들의 업적인 단조롭고 밋밋한 기관의 모습을 투영하고 있었다. 매리언은 불안함을 느끼기 시작했다. 에디스 에이버리는 이 근방에서 거의 전설과도 같은 인물이었다. 그녀 뒤를 이어 선출된 것은 그에게 진심으로 영광스럽게 느껴졌었다. 하지만 매리언은 막 진실의 순간을 깨닫게 되었다. 매리언과 에디스는 매우 다른 사람들이었다. 어느 누구도 에디스 에이버리를 대신하여, 지난 수년간 그녀가 해 왔던 것처럼 타의 추종을 불허하는 방식으로 일을 진행할 수 있다고 기대하지 않았다. 다른 한편으로 어느 누구도 그 학교의 초대 교장의 업적을 폄하하거나 그것을 인정하지 않는 입장을 취할 수는 없었다. 어쨌든 매리언이 그 자리를 원했던 이유는 그 학교가 좋은 학교로서 명성이 있고 같은 학교구 내의 다른 학교들보다 심각한 문제가 적었기 때문이었다.

에디스 에이버리가 교무실로부터 그들을 향해서 빠른 걸음으로 다가오자 이러한 생각들은 사라졌다. 그녀는 빛나 보였고, 늘 그러하듯 자신감이 넘쳐 보였으며, 배역 캐스팅 부서에서 보낸 말쑥한 모습의 전문가처럼 보였다. "좋은 아침입니다, 시드니," 그녀가 그와 정중히 악수하며 말했다. 그런 다음 그녀는 매리언을 향하여 돌아서서 간단히 악수를 나누며 조심스러운 어조로 말했다, "환영합니다, 매리언. 임명되신 것을 축하드립니다. 이보다 더 기쁠 수는 없을 거예요. 오늘 당신이 이렇게 와 주셔서 기쁩니다."

그녀의 트레이드 마크인 열정이 넘치는 안주인의 역할을 하면서, 그리고 두 방문자를 교무실로 안내하면서 그녀는 책망하는 어투로 말했다. "시드니, 당신은 우리에게 사전에 많은 것을 알려 주지 않았어요. 그러나 우리가 알아서 해결했습니다. 대부분의 교사들이 이미 이곳에 와 있고 당신을 기다리고 있습니다. 일단 커피와 스콘을 좀 드시고 그런 다음," 그녀는 매리언을 돌아보며 말을 이었다. "우리는 당신에 대하여 알아 갈 시간을 가질 것입니다. 그리고 당신이 앞으로 JFK를 위하여 무엇을 할 계획인지를 듣고자 합니다."

매리언은 진심으로 이 만남을 조금 더 미루면 좋겠다고 생각했다. '이런,' 매리언은 생각했다. '대학에서는 어느 누구도 이러한 경우 어떻게 행동하라고 가르쳐 주지 않았는데….'

다음 질문들은 이 사건을 다른 사람들과 논의하는 데 유용할 것이다.

a. 만약 당신이 매리언을 코치(coaching)한다면, 새로운 자리에 부임한 후 갖게 되는 초창기 밀월관계에 대한 궁금증, 그리고 그에 대한 시드니 베니건의 관점에 대하여 어떻게 대응할 것인가? 조직 목표 실현을 위해 당신의 비전을 명확하게 바로 이야기할 것인가 아니면 당신이 조금 더 편안하게 느껴질 때까지 기다릴 것인가? 이 문제에 대하여 당신이 가진 실천 이론의 근거를 제시하시오.

b. 교장직에 취임하는 과정은 다양하고 많은 형태로 차별화될 수 있다. JKF 고등학교에서 직면했던 것과 같은 예상치 못한 기회를 다루기 위해 매리언이 할 수 있는 계획과 준비에는 무엇이 있는가?

c. 당신이 생각하기에 교장직 취임을 준비하기 위해 어떠한 안내나 원칙, 혹은 어떠한 전략이나 책략이 중요하다고 생각하는가?

추천도서

Bolman, Lee G., and Terrence E. Deal. *Modern Approaches to Understanding and Managing Organization*. San Francisco: Jossey-Bass, 1984.
'인적자본론의 적용'이라고 명명된 장은 의사결정에 대한 인적자본론의 기본 내용과 그 이론을 현실에 적용할 때의 주의점 등에 대하여 설명하고 있다. 이 책은 참여적 방법, 조직의 민주주의, 그리고 조직 개발에 대한 논의도 포함하고 있다.

Cunningham, William G. *Systematic Planning For Educational Change*. Palo Alto, CA: Mayfield Publishing Company, 1982.
전통적인 논리 기반의 선형 모형에 근거한 공식적 의사결정 과정에 관한 더 나은 논의를 하고 있다. 개별적 문제들(discrete problems)을 다루는 데 매우 효과적인 의사결정나무(decision tree) 분석에 대한 설명을 특별히 다루고 있다. '의사결정'으로 명명된 장을 보시오.

Kanter, Rosabeth Moss. *The Change Masters: Innovation and Entrepreneurship in the American Corporation*. New York: Simon & Schuster, 1983.
'참여의 딜레마'로 명명된 장은 참여적 의사결정 방법을 실행하려고 하는 행정가들이 대면하게 되는 문제와 딜레마에 대하여 분석하고, 그것들을 다루는 방법들을 제안하고 있다. 칸터(Kanter)의 아이디어에 기반한 IBM Change Toolkit의 웹페이지를 보시오 (http://reinventingeducation.org/RE3Web/).

Valesky, Thomas, Dianne D. Horgan, Carol Etheridge Caughey, and Dennie L. Smith. *Training for Quality School-Based Decision Making: The Total Teamwork System*. Lanham, MD: Scarecrow Press, 2003.
이 책은 실증에 근거한 집단 의사결정 과정에서 의사결정 팀을 훈련할 수 있도록 고안되었다. 이 책의 각 장은 어떻게 질문에 답해야 하는지 상세히 기술하고 있다. 그리고 팀들이 실제로 수행해 볼 수 있는 활동들도 포함한다.

Wynn, Richard, and Charles W. Guditus. *Team Management: Leadership by Consensus*. Columbus, OH: Charles E. Merrill Publishing Company, 1984.
교육 조직의 참여적 운영에 필요한 상세하고 실용적인 지침을 원하는 독자들을 위한 훌륭한 자료다.

CHAPTER

10 조직에서의 갈등

사례 1학년 교사들 간의 갈등

제임스 매디슨 초등학교(James Madison Elementary School) 교장인 미리엄 잭슨(Miriam Jackson)은 교사들 간의 갈등을 어떻게 해결해야 할 것인지에 대해 심각하게 고민하고 있다. 1학년 교사 5명으로 이루어진 팀 내의 갈등이 1학년 학생들뿐만 아니라 다른 학년 교사들에게도 부정적인 영향을 미치고 있어 더욱 큰 문제가 아닐 수 없다.

이 갈등은 2년 전 지역구에서 모든 학교가 교육 전략, 평가 및 그리고 교육과정을 주 표준에 맞추도록 조정한 데서 비롯되었다. 미리엄은 조정된 내용을 1학년 교육과정에 적용시켜야 했지만 읽기에 대한 교사들의 기본 철학이 달랐기 때문에 갈등 상황에 놓였다. 교사들이 가지고 있는 철학은 크게 두 가지 입장으로 나뉘었다. 두 명은 발음 중심으로 교육하자는 입장인 반면 다른 세 명은 총체적 언어로써 교육하자는 입장이었다. 비록 모든 구성원들이 어떠한 읽기 프로그램에서도 이 두 가지 철학이 적절히 조화를 이루어야 한다는 데에는 공감했지만 무엇을 먼저 가르쳐야 하는지에 대해서는 쉽게 동의하지 못했기 때문에 어떤 접근법에 교육과정의 초점을 맞추어야 하는지에 대해서 이견이 발생하였다. 이는 결국 논쟁을 불러일으켰고, 특히 1학년 학생들의 교수 방법에 대해 의논할 때는 서로에게 적대적이었다.

미리엄은 작년에 이 문제를 근본적으로 해결하기 위해서는 구성원들이 서로 노력해야 한다고 말했지만 지난 2년 동안 함께 노력하는 모습을 거의 보지 못했다. 교사 회의 시간에는 서로 의견이 다른 팀원들 때문에 총체적 언어를 중시하는 팀 리더 교사는 스트레스를 많이 받는다. 반면, 팀 구성원으로서 발음 중심 교수법을 중시하는 교사들은 미리엄에게 팀 리더나 다른 구성원들로부터 따돌림 당하거나 협박을 받고 있다고 이야기하고 있다. 결국 1학년 팀 내의 갈등은 전체 교사 회의에서 학교 전반을 읽기 과목에 대한 논쟁으로 이끌었으며, 미리엄은 이러한 갈등이 학교 풍토에 부정적인 영향을 미치는 것에 대해 걱정하고 있다. 그녀는 이런 학교의 갈등 상황을 도전으로 생각하며 어떻게 하면 기회로 바꿀 수 있을지 생각하고 있다.

1. 미리엄이 갈등을 어떻게 조정해야 교사들 간의 적대적인 관계를 해소하고 교육과정과 관련된 문제를 해결할 수 있을까?
2. 그녀가 전체 학교에 긍정적인 영향을 주는 방향으로 문제를 해결할 수 있을까?
3. 이번 장 뒤에 있는 '생각해 볼 문제'를 해결하기 위해서는 다시 한 번 사례를 살펴봐야 한다. 이때 당신이 처음에 사례를 읽었을 때 가졌던 생각이 어떻게 달라졌는지 작성해 보라.

교육 조직이 존재하는 이유는 사람들이 협동하려는 노력을 장려하고 개인이 혼자서 달성하기 어려운 목표를 함께 이루기 위함이다. 그렇기 때문에 조직의 이상(理想)적인 규범으로서 협조, 조화 및 협동을 강조한다. 현재 학교와 관련되어 있는 연구들에서는 경쟁과 갈등보다는 권한위임, 참여 및 협동을 강조하여 다루고 있다. 그럼에도 불구하고 "인간관계에는 갈등이 일어날 가능성이 내재되어 있으며, 이런 가능성은 인간관계를 건전하게 성장시키기거나 파괴할 수 있는 힘을 가지고 있다…. 어떠한 집단도 전적으로 조화로울 수 없으며 … 이러한 집단에는 과정과 구조가 무의미하다."[1] 이렇듯 사람들의 모든 경험에는 갈등이 내재되어 있다는 사실은 교육의 조직 문화에 있어서 시사점을 가진다.

심지어 갈등은 개인 내에서 나타나기도 한다. 이를 개인 내적 갈등(intrapersonal conflict)이라고 한다. 예를 들어, 한 개인이 상반되는 목표를 이루려는 욕망 사이에서 괴로움을 느낄 때 갈등을 기피하는 방법으로 이 문제에 접근한다고 가정하자. 이는 굉장히 강한 스트레스를 유발할 뿐만 아니라 간헐적이지만 행동 표현(예를 들어 우유부단함)으로, 그리고 심지어는 생리학적인 증상(예를 들어 고혈압, 궤양)의 원인이 되기도 한다. 갈등은 개인 간, 집단 간 그리고 전체 사회 · 문화 간 사회적 경험의 모든 범위에서 발생한다.

갈등은 사람들과 사회 구성 요소들 안에서 발생하며 개인 내(intrapersonal), 집단 내(intragroup) 또는 국가 내(intranational)에서 일어날 수 있다. 또한 둘 이상의 사람들 혹은 사회적 단위(social units) 사이에서도 갈등을 경험할 수 있다. 이를 개인 간 갈등, 집단 간 갈등, 또는 국가 간 갈등이라고 부른다. 이번 장에서 우리는 갈등의 광범위하고, 일반적인 현상에 대해 다루고자 하는 것은 아니다. 이 장에서는 조직 생활 중에 나타날 수 있는 조직 갈등(organizational conflict)에 대해 논의할 것이다. 특히 주제의 범위를 조직 내 갈등(intraorganizaitonal conflict)으로 한정시켜 살펴볼 것이다. 여기에는 사람 사이의 갈등과 집단 간의 갈등이 포함된다.

조직 갈등의 성격

관료주의적 이론에서는 갈등이 조직의 붕괴를 의미하며, 이는 충분한 통제가 이루어지지 않았거나 적절한 경영 계획을 수립하는 데 실패했기 때문이라고 보았다. 특히 인간관계론적 관점에서는 갈등을 부정적으로 조명하고 있는데, 이러한 관점에서는 집단 내에서 적당한 규범을 개발하는 데 있어서 실패했기 때문에 갈등이 발생한다고 보았다. 그렇기 때문에 조화와 화합, 협동, 효율성 및 규율 등과 같은 특징을 갖고 있으며 부드럽게 운영되는 조직에 대해서 전통적인 행정 이론은 강한 편견을 가지고 있었다. 이러한 조직을 만들기 위해서 인간관계론을 주장하는 사람들은 행복하고 화목한 조직 집단을 강조한 반면, 고전적 입장을 견지하는 사람들은 통제와 강한 조직 구조를 강조했다. 그러나 두 관점 모두 갈등은 가능한 한 피해야 할 방해적인 요소라는 데에는 공통적으로 동의했다. 조직에 관련된 문헌들의 발달에서 가장 인상적인 것 중 하나는 갈등에 관한 이러한 관점을 긍정적으로 재평가한 점이다.

갈등의 정의

광범위한 분량의 체계적 문헌들에서조차 갈등에 대한 구체적인 정의를 일관되게 내리고 있지 못하다.[2] 그러나 일반적으로 어느 갈등에나 두 가지 전제조건이 있다는 것에는 동의한다. 두 가지 전제조건은 첫째, 서로 다른 의견(혹은 보기에 다른 의견)이 존재하며, 둘째, 이러한 관점들은 서로 양립할 수 없다는 것이다.

그렇기에 모튼 도이치(Morton Deutsch)는 "양립할 수 없는 활동들이 동시에 존재할 때 갈등이 일어난다."고 말했다.[3] 그러나 이렇게 서로 양립할 수 없다는 것은 딜레마에 빠지게 한다. 갈등은 "양립할 수 없는 것을 추구하거나 혹은 겉보기에는 양립할 수 없을 것 같은 목표를 추구하는 것처럼 보이지만 사실은 다른 이들의 희생으로 한쪽이 원하는 것을 얻는 것이다."[4] 모든 사람들은 패배하기를 꺼려하고, 패배한 사람들은 모두 승자가 되기를 원하지만 우리는 잠재적으로 조직 생활에서 역기능적인 승-패(win-lose) 상황과 제로섬(zero sum) 상황에 마주치게 된다. 비록 갈등은 실질적인 것에서 비롯되지만(과업의 핵심에 뿌리를 두지만),[5] 감정적인 것으로 변하기 쉽다(상호관계의 감정적이고 정서적인 측면과 밀접한 관련이 있다).[6] 이러한 정서적 개입은 조직 갈등의 중요한 특징이다. 또한 그러한 개입은 "한 사람이 원하는 성과를 얻기 위해 고군분투하는 활동이며, 이러한 활동이 성공하면 다른 사람은 자신이 원하는 성과를 얻을 수 없게 되어 적대감을 갖게 된다."[7]

조직의 갈등을 관리함으로써 적대감을 피하거나 최소화하는 것은 특히 조직에 현대 행동과학을 적용하는 데 있어 중요하다. 즉, 이는 적대감을 관리하는 것이 아니라 갈등을 관리하는 것을 의미하며, 갈등으로부터 뿜어져 나오는 적대감을 경감시키거나 소멸시키는 것을 의미한다.

공격과는 다른 갈등

조직적 갈등과 그에 수반되는 적대감, 그리고 파괴적 공격 사이에는 상당한 차이가 존재한다. 이 두 가지를 똑같이 취급하는 것은 심각한 실수다. 케네스 볼딩(Kenneth Boulding)은 우리가 악의적 적대감과 악의적이지 않은 적대감을 구별해야만 한다고 주장했다.[8] 악의적 적대감은 다른 개인이나 집단의 지위를 폄하하거나 약화시키는 것을 목적으로 한다. 이 과정에서 상대방에 대한 배려는 거의 없으며, 심지어 공격자 자신에 대한 배려도 찾아보기 힘들다. 반대로 악의적이지 않은 적대감의 경우 상대방의 지위를 약하게 하려는 목적이 있다는 점에서 악의적인 적대감과 같지만, 주된 목적은 공격하는 자의 지위를 개선하는 것이다. 또한 악의적 적대감은 공격의 기초로서 쟁점을 사용하는 것이 특징이지만, 실제로 공격자들에게 이러한 쟁점은 그리 중요한 부분이 아니며 상대방에게 해를 끼치기 위한 수단일 뿐이다.

결국 악의적인 적대감은 '비도덕적 공격'을 유발한다.[9] '비도덕적 공격'은 다음과 같은 다섯 가지 특징을 갖는다. 그것은 첫째, 주제보다는 사람에 초점이 맞추어져 있으며, 둘째, 혐오스러운 언어를 사용하고, 셋째, 질문보다는 독단적인 진술을 사용하며, 넷째, 새로운 정보 혹은 논의에도 불구하고 기존의 주장을 고수하고, 다섯째, 감정적인 용어를 사용하는 특징이 있다.

공격(악의적이든, 비도덕적이든 아니면 다른 것이든)과 갈등에 대한 합법적인 표현들 사이의 가장 중요한 차이는 그 기저에 깔려 있는 동기에 있지만 이는 쉽게 인지할 수 없다. 학교의 수행능력 향상, 학교에서의 인종차별 철폐 방안, 교수 활동 과정에서의 팀 조직 방법 등과 같은 문제들에서 큰 갈등이 종종 격렬하게 일어날 수 있지만, 이러한 갈등은 중요하고 건설적인 목표에 의해 동기가 부여된다. 가장 중요한 점은 관련 집단들의 동기가 체제 속에서 어우러지면서 발생하는가, 아니면 체제를 파괴하려는 마음에서 발생하는가다.

버팔로에 있는 뉴욕 주립대학교(State University of New York at Buffalo)의 학생 파업 때, 워런 베니스(Warren Bennis)는 학생들이 학교를 장악하려는 문제에 대해서 학생들과 오랫동안 논의하면서 어려운 시간을 함께한 조력자였다. 그러나 그는 그것이 결국 아무 소용이 없다는 것을 알게 되었다. 되짚어 생각해 보면 베니스는 실제로 두 집단의 갈등 관리 상황 속에 들어가 있지 못했다.[10] 학생들은 대학 행정가들이 원하는 교육 목표와는 연관성이 없는 정치적 목표를 이루는 데에만 관심이 있었다. 이 상황에서 갈등은 숨은 목표를 달성하기 위한 수단으로만 사용될 뿐이었다. 학생들은 학교와 대립하며 협상을 진행할 때 종종 악의적인 의도로 임했으며 합의에는 전혀 관심이 없었다. 이러한 이유로 공교육 행정가들은 '파괴[11]를 목적으로 하는 공격'과 '뚜렷하게 다르거나 혹은 환영받지 못할 수도 있지만 본질적으로 건설적인 관점을 가지고 있는 격렬한 표현' 사이의 차이에 대해서 확실히 인지할 필요가 있다.

갈등에 관한 현대적 관점

조직 내에서의 갈등은 불가피하고, 고질적이며, 일반적으로 합법적인데 그 이유는 사회 체제 안에 있는 개인과 집단이 상호의존적일 뿐 아니라 끊임없이 역동적 과정 속에서 상호의존성의 범위와 성격을 정의하고 규명하는 데 참여하고 있기 때문이다. 이러한 사회 과정의 역동성에서 가장 중요한 것은 사회 과정을 둘러싸고 있는 환경이 끊임없이 변화하고 있다는 사실이다. 그렇기 때문에 체스터 바너드(Chester Barnard)가 지적한 것처럼, '변화하는 환경에서의 자유의지 개념에 내재되어 있는 것' [12]은 협상, 스트레스 및 갈등에 의해 특징지어지는 사회적 유형이다.

앞의 8장에서 봤듯이 리더들은 다른 이들과 갈등을 겪으면서 자원을 집결하고 조직하기 때문에 갈등은 어느 조직에서도 존재한다. 이러한 정의에 따르면 리더들은 새로운 목표를 달성하기 위해 자원(사람, 돈, 시간, 시설, 재료)을 축적한다. 교육 조직에서는 한정된 자원만을 사용할 수 있기 때문에 해당 자원을 어떻게 그리고 어디에 쓸지에 대한 경쟁은 불가피하다. 그렇기 때문에 리더십이 존재하는 조직의 구성원들은 일상적인 조직 생활 중 하나로 갈등을 경험할 것이다. 가장 중요한 문제는 조직 갈등이 현재 있느냐 또는 어느 정도 나타났느냐가 아니라 조직에서 갈등이 얼마나 잘 다루어지고 있는가다.

조직 갈등의 효과

갈등으로 인해 빈번하게 발생하는 강한 적대감은 조직 구성원의 행동에 파괴적인 영향을 줄 수 있기 때문에 매우 중요한 문제다. 적대감으로 인한 심리적 위축의 대표적인 증상으로 소외, 냉담, 무관심 등이 있으며 이는 조직이 기능을 하는 데 큰 영향을 미친다. 신체적 위축의 예로는 결석, 지각 및 전직 등이 있으며 이는 학교에서 갈등이 발생하는 경우 자주 나타나는 반응이다. 신체적 위축은 학교의 관대한 행정가들로 인해 나태해진 교사들의 게으름으로 나타나기도 한다. 노골적인 적대감 혹은 구직 활동, 기물 파손 및 작은 기물 절도 등을 포함하는 공격적인 행동은 갈등 상황에서 교사들에게 나타나는 반응으로서 해결하기 어려우며 동시에 큰 좌절감을 일으킨다.

물론 교육 조직에서 갈등의 행동적 결과는 바람직하지 않을 수 있다. 법규 위반자들에 대한 처벌 규정 강화 정책, 행정가와 교사 간의 적대적인 관계 강조, 계약 협상 시의 강경함 등과 같은 비효율적인 갈등 관리는 상황을 자주 악화시키고 좌절감의 소용돌이를 만들며, 조직 풍토를 저해하고 비건설적인 면을 증가시킨다([그림 10-1] 참조). 당연히 비효율적으로 갈등을 관리하는 조직의 건강은 악화되기 마련이다.

반대로 갈등의 효과적인 관리는 생산적인 결과를 낳고, 시간이 지남에 따라 조직 건강은 향상된다([그림 10-2] 참조). 다시 한 번 강조하자면, 갈등 그 자체는 좋거나 나쁘지 않으며 (가치 측면에서) 중립적이다. 갈등이 조직과 구성원의 행동에 미치는 영향은 대부분 갈등이 어떻게 다루어지는가에 달려 있다.

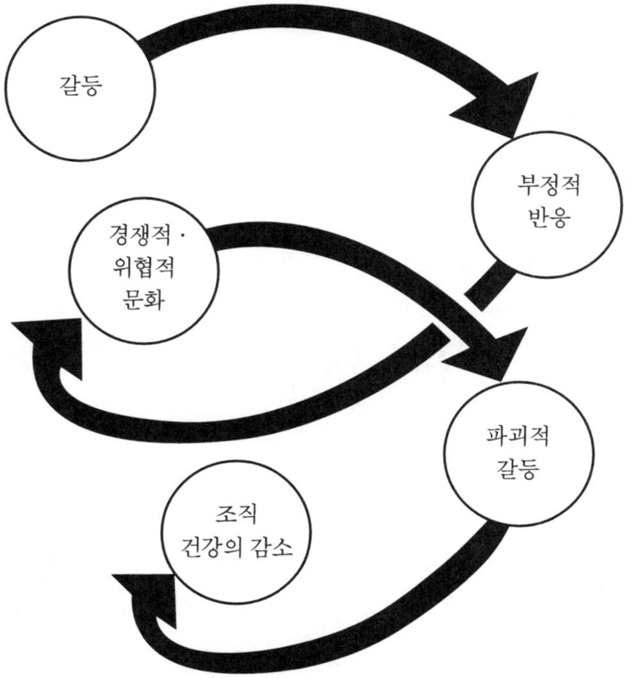

[그림 10-1] 조직 건강 상태를 악화시키는 비효율적인 갈등-반응-풍토 현상

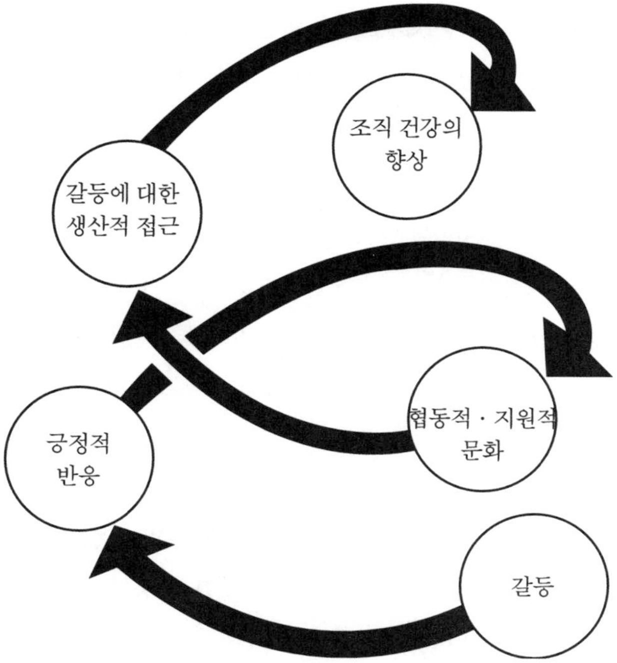

[그림 10-2] 조직 건강 상태를 향상시키는 효과적 갈등-반응-풍토 현상

준거: 조직 성과

조직 갈등을 좋고 나쁨, 혹은 기능적이거나 역기능적이라고 이야기하기 위해서는 구체적인 기준이 필요하다. 몇몇 사람들, 특히 인본주의적인 편견을 가지고 있는 많은 사람들은 갈등을 혐오하며, 발견하는 즉시 해결하길 원한다. 어떤 이들은 갈등이 종종 개인에게 주는 내적 스트레스를 우려한다. 그러나 이것은 조직적 관점에서 주요 관심사가 아니다. 어쨌든 갈등을 좋아하고 흥미를 느끼며 그러한 상황을 찾는 사람들도 있기 때문이다. 결국 주제는 체제로서 조직의 수행 역량에 갈등이 어느 정도의 영향을 미치는가다.

또한 교육 조직의 생산성을 측정하는 문제와 학교 체제의 관련성 혹은 학교의 내적 조건(즉, 조직 문화, 상호작용-영향 체제)들에 대한 논의가 앞서 이루어져야 한다. 교육 조직에서 갈등으로 인해 나타난 기능적 혹은 역기능적인 결과는 조직의 건강성, 적응성 및 안정성이라는 용어로 제일 잘 이해될 수 있다.

현대 동기 이론에서는 도전적이고, 의미 있는 문제를 해결하고자 하는 욕구가 구성원들이 자신의 일이 흥미롭고, 재미있으며, 동기를 자극시킨다고 느끼게 하는 데 중요한 귀인요소라 보았다. 또한 앞서 본 것과 같이 참여적 리더십은 조직에 있는 많은 사람들이 보다 나은 결정을 내리는 데 필요한 좋은 아이디어와 고급 정보를 가지고 있다는 신념에 바탕을 두고 있다. 이러한 관점을 바탕으로 케네스 토머스(Kenneth Thomas)는 다음과 같이 말했다.

> 다양한 관점을 접합으로써 종종 뛰어난 아이디어가 떠오르곤 한다. 서로 다른 관점은 다른 증거, 다른 고려 사항, 다른 통찰, 다른 참조의 틀 등을 기초로 한다. 이러한 불일치는 이전에 개인이 생각하지 못했거나 무시했던 요인들에 대해 다시 한 번 생각하게 해 주며 이는 본인과 다른 사람들의 입장에 대한 통합적인 관점에 도달하도록 도와줄 수 있다.[13]

마지막으로, 갈등은 사람들로 하여금 효과적으로 대처하는 방법을 찾도록 만들며, 이로 인해 조직 기능이 결속력, 명확한 관계 및 문제해결 과정 측면에서 향상된다는 것을 입증하는 연구와 전문가 의견이 증가하고 있다.[14] 사회 전반적인 관점에서 모튼 도이치는 다음과 같이 관찰했다.

> 조직 내의 갈등은 현존하는 규범에 활력을 주거나 새로운 규범의 등장을 촉진한다. 이러한 면에서 사회 갈등은 규범이 새로운 조건에 적절히 적용될 수 있도록 하는 기제다. 유연한 사회는 갈등을 통해 이득을 얻을 수 있는데 그 이유는 변화된 조건하에서 계속해서 새로운 규범을 만들거나 수정할 수 있도록 보장해 주기 때문이다.[15]

그는 더 나아가 갈등을 억압하고 경고를 무시함으로써 재앙적인 붕괴의 위험을 극대화시키는 체제의 경직성에 대해서도 경고했다.

우리는 크고 작은 규모의 국가적 · 국제적 사건들을 살펴봄으로써 얻는 지혜에 대해 계속해서 언급해 왔다. 특히 미국의 교육자들은 미국 내 사건들을 통해 그러한 지혜를 좀 더 가까이에서 살펴볼 수 있었다. 미국은 직면한 갈등에 정면으로 부딪히거나 혹은 살짝 회피해 왔던 조직들이 야기한 긴 좌절의 시기 때문에 종종 억눌려 왔던 적대감이 끔찍하게 폭발해 온 곳이었다.

비록 갈등의 의미를 진정으로 알고 있는 소수의 사람들만이 조직 생활에서 갈등을 신중하게 활용하는 것에 대해 옹호할 뿐, 여전히 대부분의 사람들은 갈등을 제거하거나 회피하는 방법에 대해 주장할 것이다. 그러나 그보다는 갈등 관리라는 개념을 적용하여 조직이 잠재적으로 갈등의 파괴적인 면을 최소화하고, 건설적이고 창조적이며 유용한 면을 최대화하도록 해야 한다.

조직 갈등의 역동성

적대감

많은 사람들은 갈등을 좋아하지 않고 되도록 피하려고 하며 심지어 두려워하기도 한다. 그러나 이를 깨닫는 것은 매우 중요하다. 왜냐하면 이러한 경향으로 인해 건설적이지는 않지만 가장 널리 사용되는 갈등 관리 접근법인 부정과 회피에 관심이 집중되기 때문이다. 그러므로 갈등으로 인해 일어나는 사건의 여파가 일반적으로 갈등 그 자체보다 더 큰 문제가 된다는 것은 머리를 복잡하게 쓰지 않아도 알 수 있다. 서투르게 조직 갈등을 다루게 되면 집단들 간에 적대감을 일으킬 수 있으며 이는 증오, 보복 및 적개심으로 발전할 수 있다.

갈등 관리의 접근에 있어서 가장 중요한 것은 갈등으로 인해 증가하는 적대감을 없애거나 줄이는 것이다. 그러나 개입 시점은 갈등이 발생한 후가 아니라 발생 전이어야 한다. 갈등이 발생하기 전에 그것에 대해 조직 구성원들 간에 솔직하게 대화하며, 어떠한 갈등인지 파악하고, 모두에게 생산적일 수 있도록 격려하는 전략과 전술에 대해 논의하는 것이 매우 중요하다.

수많은 연구자들이 조직 갈등을 일으키는 원인에 대해 여러 가지 의견을 제시하였지만 루이스 폰디(Louis Pondy)는 이를 세 가지 기본적인 잠재적 갈등으로 분류했다.

1. 소집단에서 필요로 하는 자원이 부족한 경우 경쟁이 일어난다(예를 들어, 예산 배정, 교원의 직위 결정, 공간 혹은 시설 감소).
2. 한 집단이 다른 집단 관할의 활동을 통제하는 경우(통제되는 집단이 이러한 간섭에 저항하려고 할 때) 이는 자율성의 문제가 된다(예를 들어, 개인의 영역을 보호).
3. 조직 내의 두 집단이 문제해결을 위해 함께 노력해야 하는 상황에서 그 방법에 대한 의견이 일치하지 않아 갈등이 발생한다면, 이는 집단 간의 목표가 다르기 때문이다(예를 들어 학교 교장과 특수교육부 부장이 중요한 문제를 어떻게 해결해야 하는지에 대해 서로 다른 시각을 가지고 있는 경우).[16]

상황적합적 관점

조직 생활에서 잠재되어 있는 갈등은 잘 사라지지 않기 때문에 갈등을 관리할 수 있는 건설적인 접근을 지원하는 문화를 개발하는 것이 중요하다.[17] 왜냐하면 갈등을 몇 가지 유형으로 분류하거나 나눈다 하더라도 실제로는 수많은 원인이 존재하므로 갈등을 관리하는 데 있어 최선의 한 가지 방법만 존재하는 것은 아니기 때문이다. 존 토머스(John Thomas)와 워런 베니스는 다음과 같이 말했다.

> 효과적인 패러다임은 '상황적(situational)' 혹은 '상황적합적(contingency)' 이란 개념을 포함하며, 이는 현재 조직 이론 영역에 있어 이론적이고 실증적인 많은 연구들을 반영한다. 상황의 진단과 추정에 있어서 중요한 점은, 갈등을 관리하고 이를 효과적으로 변화시키기 위해서 '보편적'인 원칙이나 지침을 적용하는 것은 문제를 해결하기는커녕 문제를 오히려 키우는 행동이라는 것이다.[18]

조직을 진단하는 데 필수적인 원리로서 갈등과 관련된 두 가지 개념이 자주 이용된다. 하나는 갈등이 일어나는 동안 내부의 역동성을 이해하려는 것이고, 다른 하나는 갈등을 형성하는 외부 영향을 분석하는 것이다.

갈등에 대한 과정적 관점

두 집단 사이의 갈등은 상대적으로 순서가 있는 일련의 사건들로 구성되어 있다. 갈등 상황에서 이 순서는 무엇인가가 방해하기 전까지는 반복되어 나타나는 경향이 있다. 모든 일련의 사건은 매우 역동적이고 모든 집단의 행동은 다른 집단의 반응을 일으키는 자극제가 된다. 모든 새로운 사건은 이전 사건의 부분에 의해 형성된다.

이러한 과정을 설명한 [그림 10-3]과 같은 모형을 제시한 케네스 토머스에 의하면, 갈등 사건은 다른 집단이 부탁을 거절하거거나, 권위를 떨어뜨리거나, 의견에 동의해 주지 않거나, 혹은 모욕적인 행동을 한 경우로 인해 좌절을 느끼는 집단에 의해서 촉발된다. 이러한 과정을 통해 참여자들은 갈등의 본질을 개념화하는데, 갈등 속에 내재된 이슈를 파악하고 다루는 방법을 제안하는 과정은 매우 주관적이다. 로버트 블레이크(Robert Blake), 허버트 셰퍼드(Herbert Shepard) 및 제인 모튼(Jane Mouton)의 연구에서 분명히 논의되었듯이 실제로 문제를 정의하고 대응 방안을 찾는 것은 종종 갈등 집단에게 승-패의 문제로 여겨진다. 그렇기 때문에 승-패 이외의 대안에 대해서는 간과하기 쉽다.[19] 그다음에는 갈등에 대처하기 위한 행동이 뒤따른다. 케네스 토머스가 설명했듯이, 행동의 원리를 이해하는 것은 매우 복잡하지만 중요한 요인에는 다른 이들의 근심을 해결해 주고 싶은 참여자들의 욕망(협조적-비협조적)과 참여자 본인의 걱정을 스스로 해결하고 싶은 욕망(적극적-소극적)이 함께 혼재되어 있다.[20] 물론 집단 구성원 간 상호작용은 과정 중에서 상당히 역동적인 단계에 속한다. 이는 [그림 10-3]에 타인의 반응이라고 표시되어 있다. 그리고 이 단계에서는 확립된 신뢰 단계와 같은 요인, 본인이 하려는 것에 방해되는 편견과 자기만족 예언, 참여자들 사이의 경쟁 정도, 그리고 상대방에 대한 세심함과 개방 정도 등에 따라 갈등을 단계적으로 높이거나 낮추는 일도 포함된다. 갈등 사건의 마지막 단계인 모든 과정의 결과에서는 단순히 어떠한 실제 문제에 관한 동의뿐 아니라 설명할 수 없는 감정인 좌절, 적대감 및 신뢰 등을 높이거나 낮추는 일까지 포함한다. 이러

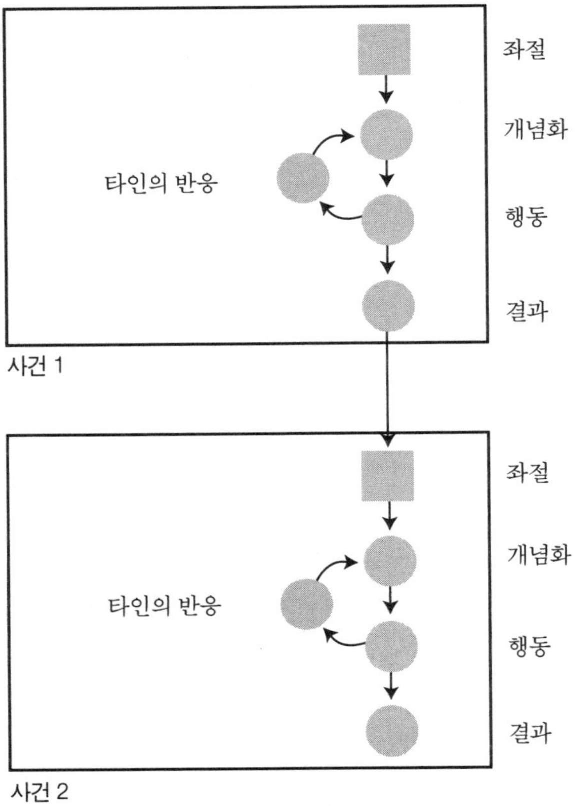

[그림 10-3] 두 집단 사이에서 갈등 사건 과정 모형

출처: Kenneth Thomas, "Conflict and Conflict Management," in *Handbook of Industrial and Organizational Psychology*, ed. Marvin D. Dunnette (Chicago: Rand McNally & Company, 1976), p. 895. 마빈 D. 듀네트(Marvin D. Dunnette) 승인 후 옮김.

한 결과물은 잠재적으로 갈등 사건에 장기적인 영향을 미치며 특히 다음 갈등 사건을 만드는 데 큰 영향을 끼친다.

일련의 과정의 부분인 갈등 여파에 대해 루이스 폰디(Louis Pondy)는 다음과 같이 말했다.

> … 만약 갈등이 진정으로 모든 참여자들에게 만족을 주고자 했다면 조금 더 협조적인 관계에 대한 원리가 제시되었을 것이다. 혹은 참여자들이 조금 더 질서 정연한 관계를 원한다면 드러난 것보다는 잠재되어 있는 갈등에 초점을 맞추어 다뤄졌을 것이다. 반대로, 만약에 갈등이 단순히 억제되어 있고 해결이 되지 않는다면 갈

등의 잠재된 조건들로 인해 상황이 더 악화되거나 심각한 모습으로 나타날 것이다. 이러한 갈등 사건의 유산을 소위 '갈등 여파(conflict aftermath)'라고 한다.[21]

갈등에 대한 구조적 관점

과정적 접근이 갈등을 '일련의 과정(sequence of events)'으로 설명하는 반면에 구조적 관점은 갈등을 '행동에 영향을 주는 조건(conditions that influence behavior)'으로 설명한다. 예를 들어 모든 조직은 무엇을 가지고 누구와 이야기해야 하는지와 같은 행동을 규제하는 규칙과 절차가 명문화 또는 비명문화되어 있고, 형식적 또는 비형식적으로 존재한다. 규칙과 절차는 어떻게 그리고 언제 진행해야 하는지와 같은 문제를 명확하게 해 주어 갈등을 회피하고 관리하는 데 있어 자주 사용되어 왔다. 물론 규칙이나 절차가 역기능을 일으킨다면 갈등을 야기하거나 악화시킬 수 있다. 여기서 역기능이란 규칙이나 절차가 예외를 쉽게 허용하지 않으며, 융통성 없고, 바복적인 성향을 보이는 것을 만한다. 이는 전통적인 관료제에서 '범주의 고정화(hardening of the categories)'라 부르는 것이다.

때로는 규칙과 절차가 비교적 간단한 갈등 문제를 오히려 복잡하게 만들기도 한다. 예를 들어, 한 학교구에서 발생한 사건을 살펴보자. 어느 초등학교 교장은 특수 종이의 주문량이 부교육감 주관 사업부 직원에 의해 요청량보다 줄어든 것을 발견했다. 이 문제를 직접적으로 해결하기 위해 교장은 사업부 담당 직원에게 연락했지만, 직원은 교장의 이러한 불만은 부교육감과 사업에 대해 논의할 수 있는 초등교육 관할 부교육감을 통해 접수해야만 한다고 말했다. 두말할 필요 없이 갈등이 뒤따랐으며 이 사건을 해결하기 위하여 많은 시간이 할애되었고 학교에 필요한 종이는 다음 해가 돼서야 도착했다. 여기서 이야기하려는 요점은 단순한 재조정 문제를 위해 일어나는 간단한 의사결정과 협상이 조직 갈등의 방향에 영향을 미친다는 것이다.

또 다른 구조적 요인은 특유의 개인 성향을 가진 조직 구성원에게서 찾을 수 있다. 여기서 특유의 개인 성향이란 권위에 대한 그들의 태도, 그리고 사람들에 대한 반응 범위와 유연성 정도 등을 의미한다. 새로운 인재를 선발하는 데 있어서 많은 학교구와 학교들은 현재 근무하는 교직원의 구성에 다양성을 줄 수 있는 후보자에게 매력을 느낀다.

조직 갈등의 본질과 발생 정도에 영향을 주는 또 다른 구조적 요인에는 '맞서 싸

워라(stand up and fight)' 와 같은 사회적 압력 또는 '평지풍파를 일으키지 마라(not rock the boat)' 와 같은 조직의 사회적 규범이 있다. 마찰을 방치하거나 공개적으로 이의를 제기하거나 질문하는 것에 얼굴을 찌푸리는 조직 문화는 갈등과 직면하거나 찾아내는 일을 매우 어렵게 만든다. 이와 유사하게 비밀주의와 제한된 의사소통이 조직 규범을 대변한다면, 잠재되어 있는 갈등이 실제로 존재하는지 알기 힘들 뿐 아니라 이를 해결하기 위한 방법을 계획하는 것도 어렵다. 많은 교육 조직의 행정가들은 직감적으로 이러한 사실을 알고 있기 때문에 문서상의 의사소통을 최소화하는 것을 규칙으로 정하고, 사람들이 모임을 가능하면 덜 갖게 하며 만약 필요하다면 진행 과정을 철저히 계획하여 문제가 일어날 만한 주제가 공개적으로 논의될 위험을 미연에 방지한다.

그러므로 조직에서 갈등을 형성하는 구조적 요인은 조직 내의 구조적 요인들에 의해 큰 영향을 받는다. R. 리커트와 J. G. 리커트는 다음과 같이 기술했다.

> 조직의 성공은 부서 간에 적대적 갈등이 아니라 협력적 조정을 이끌어 낼 수 있는 역량, 그리고 의견의 차이를 존중함으로써 생산적인 문제해결을 유도하고 이를 통해 창조적이고 수용 가능한 해법을 도출하는 역량에 달려 있다. … 전통적 조직 이론에 바탕을 둔 기관은 … 최근에 그들에게 주어진 합법적 가치와 같은 새로운 요구사항에 의해 발생한 갈등에 성공적으로 대처할 수 있는 역량이 부족하다. … 억압된 행동은 값비싼 반발을 가져온다.[22]

물론 그들은 체제 4 리더십, 협력하는 풍토 개발, 계층적 위계질서 완화, 그리고 생산적인(윈-윈) 문제해결 방법 사용에 대한 동의 등을 통해 더 민감한 상호 영향 반응 체제를 개발해야 한다고 주장한다.

갈등에 대한 개방 체제적 관점

이번 장에서는 조직 갈등을 교육 조직의 내부 기능적 관점에서 살펴보고 있다. 그러나 이러한 조직이 환경과 상호작용하며, 외부 환경의 변화를 반영하는 개방 체제라는 것을 잊지 않는 것은 매우 중요하다.

1975년 11월 29일에 미국 의회를 통과하여 법으로 제정된 P.L. 94-142는 현재 장애인교육법(Individuals with Disability Education Act: IDEA)으로 알려져 있는데 이는 갈등을 논의하는 데 있어 좋은 사례다. 이는 전형적으로 권력적-강제적 변화 전략의 좋은 예로 20년 전에 결정된 브라운 학교 인종차별 폐지 판결 때보다 더 큰 파급력을 보였고, 미국 공립학교의 모든 학교급에서 광범위한 갈등을 야기시켰다. 가장 높은 단계에서는 위헌 여부가 쟁점이 되었다. 즉, 이것은 교육이 주의 책무이자 관할 지역의 문제라는 수정 헌법 제10조의 해석, 그리고 장애아에게도 시민의 권리와 동등한 기회를 제공할 연방 정부의 책무라는 관점이 충돌한 것이다.

또한 IDEA는 워싱턴 DC에서부터 학교 교실에 이르기까지 갈등을 야기하기도 했다. 예를 들어, 교사의 교수 방법과 항소 절차를 형식화하는 데 부모가 참여적 역할을 할 수 있도록 법을 개정하여 교사들의 교수 방법과 이와 관련된 의사결정권에 대해 재정의했다. 이전에는 외부인이며 형식적 조언자 역할만 했던 부모가 이 법으로 인해 학교의 내부 인사가 되었으며 교사와의 관계에 있어서도 새로운 권위를 부여받았다.

갈등에 생산적으로 대처하기 위한 학교의 능력은 1990년대 후반까지 불투명했다. 그 이유는 교사들의 학급 운영 권한을 법적으로 통제하려는 외부 계획이 숫적으로나 내용상으로나 증가하고 있었기 때문이다. 그러나 한 가지 분명한 것은 외부 체제의 급속한 변화에 의해 학교와 학교 체제의 내부적 작용을 포함한 갈등이 그들을 압박할 수 있다는 점이다.

제럴드 그리핀(Gerald Griffin)과 데이비드 로스테터(David Rostetter)는 랜들 콜린스(Randall Collins)가 이야기한, 강압적인 노력에 대한 다섯 가지 가설이 강압과 갈등에 어떻게 적용될지에 대해 추측해 보았다.[23] 그들은 다음 사항을 지적했다.

1. 강압은 강제적인 것을 피하기 위한 노력을 이끌어 낸다.
2. 만약 저항에 필요한 자원을 이용할 수 있다면, 강압이 강하게 작용할수록 더 많은 반발을 불러일으킬 것이다.
3. 만약 이용할 수 있는 자원은 없지만 강압과 갈등에서 탈출할 기회가 있다면, 그 상황을 벗어나려는 경향성은 높아진다.
4. 만약 저항을 할 자원이 부족하고 탈출할 기회가 없지만 물질적 보상이나 잠재적인 권력과 같이 그 상황을 수용할 만한 강한 보상이 있다면, 강압을 강하게 할수록 강제를 피하기 위해서 요구에 정확히 따르는 경향이 증가한다.

5. 만약 저항을 할 자원이 부족하거나 탈출할 기회가 없으면, … 할 수 없이 따르거나 격렬하게 저항하는 경향성이 증가할 것이다.[24]

이러한 입장에서 보면 강제는 조직 내에서 갈등-적대-저항 현상을 만든다. 이는 시너지 효과가 있고, 창의적이며, 문제해결 문화를 특징으로 가지고 있는 효과적인 조직의 상황과는 전혀 다르다. 오로지 시간이 지난 후에야 전통적인 학교 조직 개념에 기반을 둔 연방 정부 계획이 궁극적으로 어떠한 영향을 끼쳤는지를 알 수 있을 것이다.

조직 갈등에 대한 접근

갈등이 발생했을 때 조직은 본능적으로 이기기 위한 전략을 채택한다. 대부분의 사람들은 이기는 것은 곧 상대방이 지는 것을 의미한다고 알고 있다.

> 개인 또는 집단 간의 뿌리 깊은 차이를 다루는 데 있어서 대립, 타협이 통하지 않는 요구, 그리고 최후통첩은 자주 사용되는 방법이다. 이는 한 집단이 그들이 가진 모든 힘을 이용하여 상대 집단을 원하는 대로 움직이는 것이다. 대립은 고정된 지위에서 비롯된 것으로 이기기 위해 힘을 동원하는 것이다. 승-패 전략은 다양한 상황, 즉 시민의 권리를 위해 투쟁, 도시 폭동, 학생들의 집회, 국제적인 갈등, 노조와 경영진 간의 의견 불일치, 내년도 예산에 관한 공청회, 부서들 간의 논란 … 혹은 전문적인 직원과 비전문적인 위원회 간의 논쟁 등에서 사용된다.[25]

갈등 관리의 초점은 바로 승-패 지향적 태도 자체, 그리고 어떻게 승-패 지향적 태도를 다룰 것인가다. 먼저 승-패 접근의 결과와 역동성을 이해하는 것과 그다음 대안으로 무엇이 있는가를 이해하는 것이 중요하다.

조직 갈등에 대한 승-패 지향성

승-패 갈등의 역동성과 조직 문화의 결과에 대해서는 잘 알려져 있다. 1950년과

1960년대의 집단 역동 연구자들에 의해 집단 갈등 현상과 관련하여 광범위한 연구(실험적 연구와 현장 관찰 연구를 모두 포함)가 이루어졌다(3장에 있는 집단의 역동성과 인간관계에 관한 논의 참조).[26]

블레이크(Blake), 셰퍼드, 그리고 모튼은 "갈등에 대한 승-패 지향적 태도는 한 가지의 기본적 요소에 의해 특징지어진다."고 보았다. "경쟁관계에 있는 집단들은 그들의 이익이 상호 배타적이라고 생각한다. 즉, 어떠한 협상도 가능하지 않다고 본다. 누군가 성공하기 위해서는 누군가는 반드시 실패해야 하며 … (그리고) 논리에 근거하여 상대방에게 호소할 수 있다는 희망은 버려야 한다."[27] 갈등을 겪고 있는 집단들은 다음 세 가지 방법 중 하나로 해결될 수밖에 없다고 믿는다. 첫째, 권력 투쟁, 둘째, 두 집단보다 더 큰 힘(대중의 의견 아니면 도의적 설득도 포함된다)을 가진 제3자에 의한 중재, 셋째, 운명을 들 수 있다. 이 접근은 두 가지의 결과로 나타난다.

1. **집단 사이에서**: 적대감은 깊어져 가고, 적개심은 커지며, 상호 동의하는 해결책을 찾으리라는 희망은 바래고 희미해지면서 해결책을 찾는 일을 중단하게 된다.
2. **관련 집단 내에서**: 전쟁에 앞서 결속을 굳히면서 사기는 증진된다. 의견 차이, 회의론, 그리고 리더십 혹은 정당의 정책 방침에 대한 도전은 눈살을 찌푸리게 한다. 구성원들은 결정된 사항을 지지하도록 설득되며, 집단에 따라오거나, '동의하거나', 충성을 하지 않으면 나가야 한다. 리더십은 주로 강압적이고 공격적인 소수의 사람들에게 집중된다. 그렇기에 의견의 다양성, 우수한 아이디어를 찾는 행위, 창의적인 반응을 위한 구성원들의 광범위한 참여는 집단에서 모두 사라진다. 중요한 점은 이러한 갈등 상황이 집단의 위치를 공고하게 만들지만 갈등이 완화되고 나서는 비효과적인 기능이 나타난다는 것이다.[28]

갈등에 관한 연구에 의하면[29] 개인과 집단이 가지고 있는 인식이 갈등과 매우 밀접한 연관이 있으며, 이 인식은 실험이 진행될수록 왜곡되는 것으로 밝혀졌다. "인식은 행동을 이해하는 데 중요한 열쇠다. 사람들이 사물을 바라보는 방식에 따라 어떻게 행동할지가 결정된다. 만약 그들의 인식이 왜곡되어 있다면 그들의 행동도 이를 반영하여 나타날 것이다."[30] 그러므로 갈등을 겪은 경험이 판단에 영향을 미친다. 예를 들어, 한쪽에 맹목적으로 충성을 하게 되면 다른 집단에 공격적이게 되고 그들의 아이디어만 비난하는 것이 아니라 사람 자체도 폄하하게 된다. 예전에는 성숙하고 재능 있어 보이던 상대편 리더들이 이제는 무책임하고 무능력해 보이기 시작한다. 이러한 태도는 인식에도 영향을 미친다. 예를 들어 상대방이 제안한 갈등의 해결책이 본인이 생각한 것과 상당히 일치하는 내용일지라도 제안에 대한 장점을 찾기는 힘들거나 불가능해 보이기 때문에 합의를 이루기 힘들다. 본인이 속한 집단의 의견에 대해 의심하거나 다른 집단이 내놓은 제안에 동의하는 사람은 동료들에게서 비겁하게 도망치는 것으로 여겨진다. 그렇기 때문에 이기는 것은 곧 모든 것이 된다. 대안을 찾는 능력, 객관적인 입장 고수, 문제를 이해하기 전까지 결정을 유보하는 능력은 모두 집단을 승리로 이끌기 위한 용맹함이 높아질수록 심각하게 왜곡된다.

앞서 언급한 갈등 과정 모형의 용어에 의하면, 승-패는 갈등을 개념화한 것으로 사건이 진행될수록 갈등을 통한 집단들 간의 상호작용 행동 양식을 예측하는 데 도움을 준다. 그러나 분명한 것은 갈등의 결과가 갈등의 형태와 특징에 의해서 제한되어서는 안 된다는 것이다. 갈등에 관련되어 있는 모든 집단은 갈등 이후의 결과로부터 큰 영향을 받는다. 보통 승리한 집단과 패배한 집단 사이의 적개심은 격렬해지며, 이후에도 갈등으로 인한 사건이 계속 일어날 것으로 예상된다.

보통 패배한 집단에서는 그들의 리더를 거부하며, 무엇이 잘못되었는지 재평가하고 다음에 더 잘 할 수 있도록 준비할 확률이 높다. 강력한 감정 반응(분함-심지어는 증오-불안)은 계속해서 집단이 제 기능을 하는 데 방해가 되며, 자기혁신과 창의적인 문제해결을 지지하는 풍토를 만들 가능성을 줄인다. 그러므로 갈등의 승-패 해결법은 장기간 동안의 역기능적 행동을 초래하며 이는 조직 풍토, 수행, 그리고 조직 건강에 악순환적 결과를 초래한다. 갈등 관리의 중요한 관심은 더 효과적인 행동의 근거를 찾기 위해 갈등을 개념화하는 것이다.

갈등에 대한 상황적합적 접근

행동을 취하기 위해서는 상황을 진단하는 것이 필요하다는 개념이 바로 상황적합적 관점이다. 이 관점은 모든 상황에 적용 가능한 최선의 방법이 존재하는 것이 아니라 각각의 상황에 맞는 방법들이 있다고 주장하는 것을 의미한다. 갈등 관리의 중요한 측면은 갈등을 관리해 주는 대안적 방법을 찾는 것이며, 다양한 대안적인 방법들이 가장 효과적일 것 같은 상황들을 알아봄으로써 문제의 중요한 이슈를 다룰 뿐만 아니라 조직을 강화하기 위한 방법도 함께 다룬다.

갈등 진단

먼저, 집단들 간에 갈등이 정말로 존재하는지 아니면 갈등이 있는 것처럼 보일 뿐인지 확인하는 것이 중요하다. 이것을 확인하는 기준은 두 집단이 서로 양립할 수 없는 목표를 추구하고 있는가다.

두 집단 간의 갈등은 실제로 오해로 인해 나타나는 경우가 많다. 앞서 말했던 것처럼 갈등이 왜곡된 인식에서 비롯되었다면 이 오해는 명료한 목표 설정과 향상된 의사소통을 통해 해결될 수 있다. 이런 경우 흔히 집단의 목표 설정과 우선순위를 정하는 것뿐만 아니라 의사소통 능력(예를 들어, 적극적으로 듣기, 수신자의 생각을 확인할 수 있는 피드백 찾기, 다양한 의사소통 방법 등)을 향상시키는 훈련이 개인과 집단에 요구된다.

만약 집단이 서로 상반되는 목표를 가지고 있기 때문에 갈등이 존재한다면 이를 해결하기 위해서는 다양한 방법들 중에서 가장 생산적인 방법을 선택해야 한다. 일반적으로, 동등한 결과물이 아닐지라도 두 집단이 무엇이든 얻는 윈-윈 접근이 가장 생산적이고, 승-패 접근이 가장 비생산적인 것으로 나타났다.

협력적 과정은 집단이 문제를 알아내기 위해 서로 노력하며, 이 문제를 해결하기 위해 함께 참여하는 과정이다. 이 과정은 구성원들이 시간과 노력을 들여 참여해야 하기 때문에 관련 집단의 구성원들이 이 방법을 이용하고 싶어 해야 한다. 또한 이 과정은 사람들에게 집단을 이루어 함께 일하거나 의사소통할 수 있는 능력, 그리고 문제를 찾아내고 같이 해결하기 위한 개방적인 분위기와 신뢰, 그리고 솔직한 태도를 요구한다.

의지는 있지만 이를 하기 위한 기술이 부족한 상황에서는 촉진자가 필요한 기술을 가르쳐 줄 수 있으며 협력 과정에 참여할 수 있다(촉진자는 실질적인 의사결정에는 참여하지 않고 단순히 의사소통 과정에만 참여한다). 이것은 갈등 관리의 윈-윈 전략 중 가장 높은 단계인데 그 이유는 집단 구성원에게 미래에 생길 수 있는 문제를 다룰 수 있는 새로운 기술과 이해를 제공하기 때문이다. 물론 이는 조직의 자기혁신(organizational self-renewal)과 같은 조직 발전의 한 형태다. 문제해결에 있어 협력적 접근이 다른 방법과 비교할 수 없을 정도로 좋은 점은 건전한 주인의식을 갖고 있고,

문제해결에 대한 헌신을 한다는 것이다. R. 리커트와 J. G. 리커트는 이것을 '체제 4 경영(System 4 management)'이라고 했으며, 블레이크, 셰퍼드 그리고 모튼은 이를 '9, 9 유형(9, 9 style)'이라고 불렀다.

협상(bargaining), 타협, 그 밖에 의견 차이를 해결하는 다른 방식들은 협력적 문제해결 방식과 공통되는 요소를 가지고 있다. 첫째, 집단들은 때로는 규칙상 의무적으로 참석해야 할 때가 있기는 하지만 대체로 자진해서 그 과정에 참여하기를 원해야 한다. 둘째, 주로 협상가에게만 해당되는 것이나 협력을 지향하는 움직임이 있다. 셋째, 기본적으로 조직의 안녕과 관련한 조정 과정이며 큰 갈등에 해당하지 않는다. 협상이 만약 중재 혹은 조정으로 간다면 외부의 제3자의 역할은 협력 접근 과정에서의 촉진자 역할과는 다를 것이다. 중재 혹은 조정하는 외부의 제3자는 갈등이 있는 집단들에 대해 의사결정을 내리거나 강요할 수 있는 권한이 있다. 협상의 목표는 집단들 간의 관계를 오랫동안 유지시키도록 만드는 것이고, 또한 미래에 발생할 수 있는 문제에 대한 해결책을 제공해 주는 것이다. 그러나 협상은 두 집단이 본질적으로 경쟁 상대라고 가정하며 전략적인 이유로 정보를 권력의 한 수단으로 사용한다는 것을 인식하고 있기 때문에 협력적인 접근법은 아니다.

전형적인 협상과 조정 상황에서 두 집단이 모두 이기는 것도, 지는 것도 아닌 것이 일반적이다. 비록 협상이라는 용어가 노동-경영 관계에서 주로 사용되곤 하지만 실제로 협상 과정은 갈등을 해결하기 위한 조직 상황에서도 널리 활용된다. 예를 들어 두 부서장이 각기 그들 부서 간에 발생한 어떠한 문제를 협의해서 해결해 나가기로 했을 때 협상하고 타협하는 기술을 조직적으로 사용하는 것을 흔히 볼 수 있다. 만약 협상이 난항을 겪게 되면 두 부서장은 문제를 상사에게 보고하고 상사는 이 협상의 중재자 역할을 한다. 이러한 특징은 관료제의 갈등 관리 방법이라고도 한다.

철회, 평화로운 공존, 무관심 등과 같은 회피(avoidance)는 갈등을 다루는 데 종종 사용된다. 회피는 잠재되어 있는 갈등이 쉽사리 해결되지 않거나 갈등 문제가 시간과 자원을 가지고 헌신할 만큼 중요하지 않을 때 유용하다. 블레이크와 그의 동료들이 지적했듯이 회피는 장기적인 투쟁을 한 집단들이 서로의 의견은 굽히지 않은 채 연락만 하기로 결정한 정전(停戰) 상태와도 같다.[31] 잠재적인 갈등에 대해 회피하는 전략을 선택할 경우 갈등이 필연적인 것은 아니지만, 합의는 도출해 낼 수 없다. 이렇듯 적대적인 결과가 회피되고, 중요한 문제가 다루어지지 않을 경우 잠재되어 있는 갈등은 위험 요소들과 함께 존재하며 언제든 다시 문제가 될 수 있다.

권력 투쟁(power struggle)은 다른 집단에 대한 배려 없이 본인이 속한 집단의 승리를 위해 기울이는 노력이다. 비록 여기서 갈등은 파괴적이지 않고 조직을 위한 잠재적인 이득이 내재되어 있는 것처럼 보이지만, 이러한 접근 방식은 보편적으로는 파괴적인 경향이 있는 것으로 간주된다. 이는 전형적인 승-패 상황이다.

갈등 진단에 대한 상황적합적 접근

갈등 관리를 진단하는 데 있어서 가장 중요한 측면은 갈등 상황에 있는 집단들이 현 상황을 어떻게 개념화하고 있는지 확인하는 것이다. 케네스 토머스는 사람들이 갈등 상황에서 다른 집단과 어느 정도 협조하는 것이 중요하다는 것을 잘 알고 있지만 중요한 요인 하나를 간과하고 있다고 주장했다. 그것은 바로 집단이 그들 자신의 관심을 만족시키기를 바란다는 것이다.[32] 그러므로 토머스의 관점에서 보면 개인이 갈등을 개념화하는 데 있어서 두 가지 중요한 행동 차원이 형성된다.

1. **협조성(cooperativeness)**: 다른 이들의 관심을 만족시켜 주기를 원하는 정도
2. **적극성(assertiveness)**: 본인의 관심을 만족시키기를 원하는 정도

[그림 10-4]에서와 같이 이들은 독립적인 차원으로 여겨진다. 이와 같이 갈등 진단이 관련 집단에 의해서 개념화되기 때문에 문제는 단순히 협조하는 것과 전문적으로 행동하는 것에 머무르지 않는다. 그 이유는 협동은 말 그대로 개인의 요구를 희생하는 것으로 보일 수 있기 때문이다.

이러한 분석을 통해 토머스는 다섯 가지 원리를 제안하였다. 이것은 그 원리에 내재되어 있는 관점과 연관되어 있는 갈등 및 행동을 개념화하는 데 사용된다.

1. 경쟁적(competitive) 태도는 다른 사람의 비용으로 본인의 걱정과 문제를 해결하려고 할 때 나타난다. [그림 10-5]에 나타났듯이 이는 매우 경쟁적이고 비협조적 태도를 의미한다. 결과는 상황에 의해 정해진다. 모든 장점을 이용하지만 아무것도 얻지 못한 협상 상황을 예로 들 수 있다. 이는 전형적인 승-패의 관점에서 갈등을 살펴본 것이다.

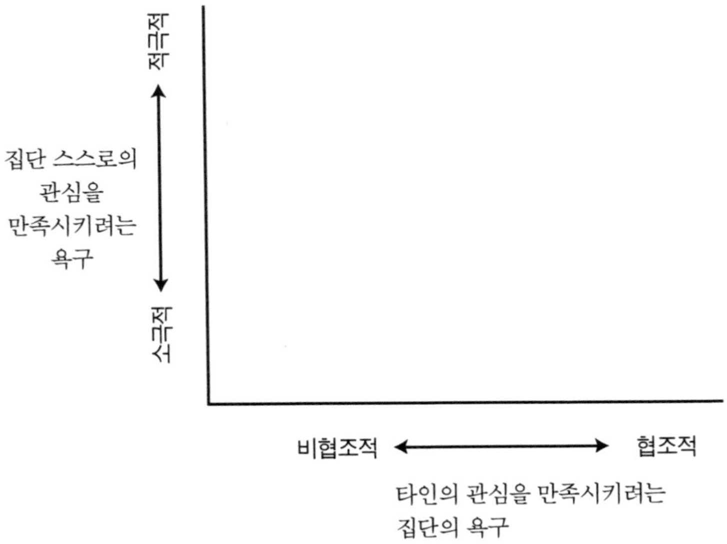

[그림 10-4] 갈등에서 독립적 차원인 적극성과 협조성

출처: Kenneth Thomas, "Conflict and Conflict Management", in *Handbook of Industrial and Organizational Psychology*, ed. Marvin D. Dunnette (Chicago: Rand McNally & Company, 1976), p. 900. Marvin D. Dunnette의 승인 후 옮김.

2. 회피적(avoidant) 태도는(독단적이지 않음-낮은 협조) 냉담, 포기 및 무관심으로 표현된다. 그렇다고 여기에 갈등이 없는 것이 아니고 단순히 다루지 말아야 하는 것으로 치부되는 것이다. 그렇기 때문에 갈등은 잠재적으로 존재하며 시간이 지남에 따라 다르게 나타날 수 있다.
3. 적응적(accommodation) 태도는(높은 협동-낮은 독단) 보통 다른 사람을 걱정하면서 정작 자기 자신에게는 신경을 쓰지 않는 것을 의미한다. 이러한 결정은 본인이 조금 희생하더라도 좋은 관계를 형성하고 싶은 데서 비롯된다.
4. 공유적(sharing) 태도는(보통의 독단-보통의 협조) 종종 합의(교환, 차이 나누기, 치열한 교섭)로 귀결된다.
5. 협력적(collaborative) 태도는(높은 독단-높은 협조) 집단들의 요구와 걱정을 충분히 이해하며 이를 해소하기 위해 상호 문제해결 방법을 취한다. 이것은 집단들 간의 요구를 통합하는 것으로 윈-윈 개념에 해당한다.

갈등을 분석하기 위한 이와 같은 접근은 갈등을 관리하는 데 협상, 권력, 협력 등

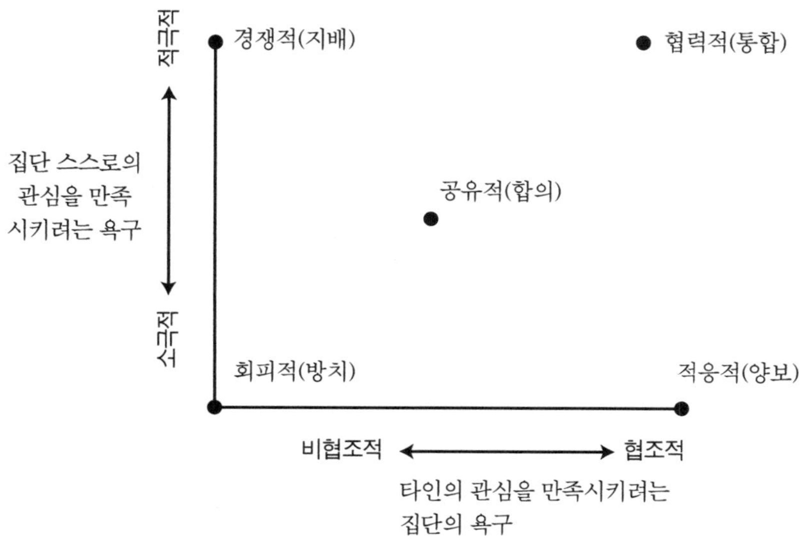

[그림 10-5] 적극성, 협조성과 관련된 갈등의 다섯 가지 태도

출처: Kenneth Thomas, "Conflict and Conflict Management," in *Handbook of Industrial and Organizational Psychology*, ed. Marvin D. Dunnette (Chicago: Rand McNally & Company, 1976), p. 900. Marvin D. Dunnette의 승인 후 옮김.

과 같은 전략들 중 어느 것이 가장 효과적인가를 평가하는 데 도움을 준다. 그 목표는 갈등의 관리를 통하여 파괴적인 결과를 최소화하고 가능하다면 생산적인 결과를 이끌어 내는 것이다. 그렇기 때문에 갈등이 발생한 후의 장기적인 결과에 대해 생각해 보는 것이 중요하다.

예를 들어, 회피 혹은 회유가 매력적일 수 있는데 그 이유는 간단하다. 왜냐하면 근본적인 해결책을 찾는 어려움을 줄일 수 있을 뿐만 아니라 조직 에너지, 시간, 그리고 자원이 매우 적게 소요된다는 장점이 있기 때문이다. 그러나 회피나 회유로는 갈등을 유발하는 문제를 근본적으로 해결할 수 없으며 갈등을 효과적으로 다룰 수 있도록 조직 능력을 향상시키지도 않는다.

협상은 조직이 갈등을 내적으로 해결할 수 있는 능력을 키우도록 도와준다. 그렇다고 협상이 최선의 선택을 하도록 설계되어 있지는 않다. 치열한 교섭 과정 중에 어느 집단도 충분히 만족할 수 없으며, 콧대가 높고 능숙한 협상가가 상대방보다 더 많은 것을 얻을 것이다. 협상은 적대적인 태도를 보이거나 철저히 속이는 것을 기본으로 하며 더러운 속임수와 교활한 책략을 이용하여 우위를 점하려는 것이다. 이는 분노와 불신을 만들며, 이러한 전술은 조직 생활에서 역기능적인 태도를 만든다.

경쟁적인 승-패 권력 게임과 협력적 문제해결 방법은 많은 에너지, 시간 및 자원을 필요로 한다. 본질적으로 각 방법에 따른 결과는 이미 앞에서 설명했다. 승-패 권력 투쟁의 여파와 장기적인 영향이 역기능적인 반면 협동은 순기능적이라는 점은 잘 알려져 있다. 그러나 조직 성과 향상에 관심이 있는 사람들이 실제에서 경쟁 전략 대신 가장 바람직한 협력 전략을 선택하는 경우는 찾아보기 어렵다.

회피와 회유는 갈등을 실제로 관리하는 것이 아니므로 기본적인 전략 세 가지는 협력, 협상, 권력이다. 이 세 가지 전략을 요약해 놓은 [그림 10-6]은 어떻게 협상이 협력과 권력 전략의 특징들을 내포하고 있는지 보여 준다. 이를 통해 협상은 권력과 협력 전략의 교량 역할을 하며, 시간이 지남에 따라 승-패의 권력 투쟁에서 윈-윈의 협력적 문제해결로 변하는 것이다.

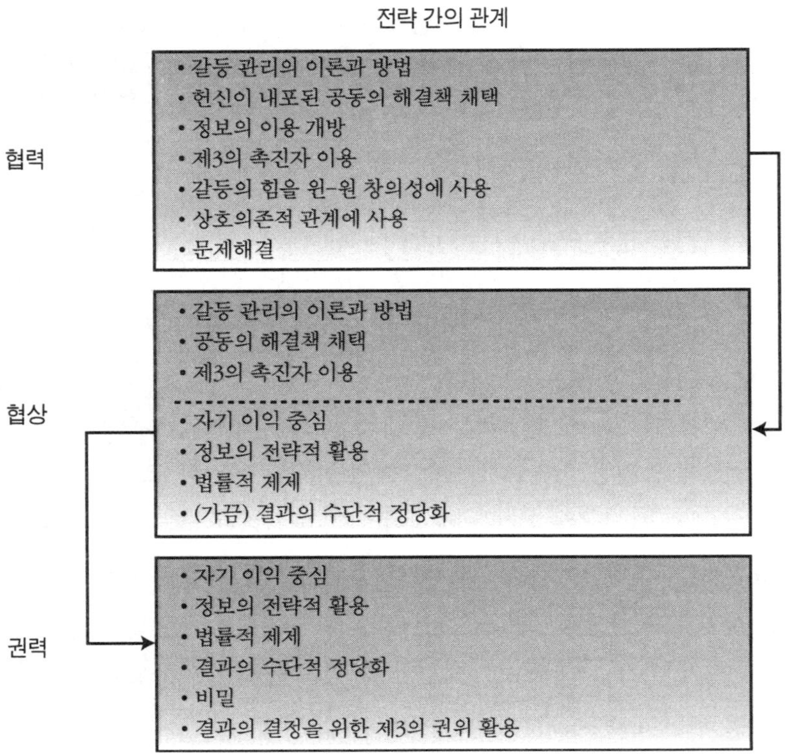

[그림 10-6] 갈등 관리 전략들 간의 관계

출처: C. Brooklyn Derr, *Managing Organizational Conflict: When to Use Collaboration, Bargaining and Power Approaches* (Monterey, CA: Naval Postgraduate School. 1975, p. 12). 저자 승인 후 옮김.

결론

이번 장에서는 조직 내에서 두 집단이 충돌하는 갈등에 대해서 논의했다. 한때 갈등은 조직 실패를 의미하는 신호로 생각되었지만 지금은 인간 사회 체제의 일반적이고 다양한 측면으로 인식되고 있다. 그러므로 갈등은 피할 수 없을 뿐 아니라, 초기 이론가들의 생각과는 달리 문제해결에 창의적인 아이디어를 주는 유용한 작용을 하기도 한다.

조직 갈등이 생산적인지 아닌지는 크게 갈등이 어떻게 관리되고 있는가에 달려 있다. 적절히 발달된 문제해결 방법과 협력적인 풍토를 가지고 있는 건강한 조직은 적대감으로 인해 약해지거나 황폐해지기보다는, 갈등 규명과 협력적 방법을 통해 더욱 강해지고 발전할 수 있다.

학교구와 학교에서 갈등을 다루는 방법은 자문을 해 주는 조언가 혹은 제3자의 중재를 통해 주로 이루어졌다. 특히 단체교섭의 확대로 인해 학교구는 갈등을 조직 행동의 관점으로 보는 사람들(응용 사회과학자, 조직 심리학자)보다는 적대적이고 전투적으로 보는 사람들(변호사, 전문적 협상가, 그리고 중재자)에게 조언을 구하는 경향을 보였다. 이는 종종 더 생산적인 접근법을 찾는 것을 비난하고 제안을 비현실적이라고 평가절하하는 파괴적인 승-패 전략과 전술을 만들었다.

이번 장에서는 적절한 갈등 관리 전략을 선택하기 위해 특정 상황에서 갈등을 진단하는 방법을 제시했다. 분명한 것은 조직에서 갈등을 관리하는 데 있어 최선의 한 가지 방법만 있는 것은 아니라는 점이다. 즉, 문제해결을 위한 다양한 방법이 있으며 특정 상황에 맞는 각각의 방법이 존재한다. 그러나 갈등 관리를 위해 선택하는 기본적인 원리는 파괴적인 면(예를 들어, 적대감)을 최소화하고 조직의 성장과 발전(예를 들어, 더 큰 신뢰 구축, 문제해결 능력 개발)을 극대화하는 것이다.

마지막으로 갈등 관리의 어떠한 측면도 상황을 진단하는 것보다 중요하지 않다. 갈등을 개념화 혹은 분석하는 과정은 종종 원인과 결과를 혼동하게 만든다. 예를 들어, 교육감이 컨설턴트에게 "학교구에서 일어나는 갈등에 대처할 수 있는 방안에는 무엇이 있습니까?"라고 물었다. 이에 컨설턴트가 어떠한 갈등에 대해 이야기하는 것인지 물어보니 교육감이 "당신도 알고 있는 것과 같이, 우리 학교구에서도 교사들의 파업이 발생했었는데 매우 심각했었습니다. 물론 지금은 교사들이 다시 일하고 있지만 아직 서로 간의 앙금, 즉 적대감이 곳곳에 남아 있습니다. 우리는 무엇인가를 해야 하는데 과연 우리가 해야 할 일은 무엇입니까?" 라고 물었다. 우리가 비록 앞에서 적대감은 갈등의 중요한 요소라고 설명했지만, 적대감이 갈등 그 자체를 설명하지는 않는다는 것을 알아 두어야 한다. 적대감은 감정적 반응이며 갈등 사건의 결과 혹은 여파인 경우가 다반사다. 그러나 이러한 적대적인 감정을 개선하기 위해서는 원인보다는 현상에 대해 다루는 것이 좋다. 우리가 만약 갈등을 잘못 진단하여 원인에 대해서만 다룬다면 갈등은 표면 아래에서 계속 일어날 것이며 언제든 다시 나타날 것이다.

생각해 볼 문제

1. 갈등 관리: 앨런 돈세프*(Allan Dornseif)가 제안한 갈등관리 활동의 네 가지 사례를 읽고 문제를 풀어 보자. 당신이 취할 가장 적합한 행동에 5, 그다음으로 적합한 행동에 4, … 가장 적합하지 않은 행동에 1과 같은 식으로 하나를 선택하여 기입하라. 당신이 사례의 주인공이라면 어떠한 행동을 취할지 생각하여 서술하시오.

〈사례 1〉

피트(Pete)는 다섯 명의 중학교 교사들로 이루어진 교수-학습 팀의 리더다. 최근에 그는 다른 학급 담임 교사인 사라(Sarah)가 매일 5교시가 시작되면 피트의 읽기 담당 교사인 린다(Linda)에게 무엇인가를 빌리고 대화하기 위해 자주 들른다는 것을 알았다. 이로 인해 비록 짧은 시간 동안이었지만 학급에 소음이 발생하고 학생들의 주의력이 분산되고 있었다. 이런 사소한 방해로 인해 팀 안에 있는 다른 사람들은 분개하기도 한다. 당신이 만약 피트라면 무엇을 하겠는가?

_____ a. 린다에게 말해 대화는 쉬는 시간에만 하라고 이야기한다.

_____ b. 교장 선생님께 다른 팀원들이 본인 교실에 있도록 말해 달라고 부탁한다.

* Allan Dornseif, *Pocket Guide to School-Based Decision Making # 5* (Arlington, VA: Association for Supervision and Curriculum Development, 1996)

_____ c. 다음에 두 교사가 같이 있는 것을 목격했을 때, 둘이 무엇을 하고 있는지, 그리고 당신이 생각하는 문제가 무엇인지에 대해 보이는 대로 이야기해 준다.

_____ d. 아무 말도 하지 않는다. 사소한 문제를 크게 만드는 것은 어리석은 짓이다.

_____ e. 다른 팀원들을 진정시키도록 노력하라. 그들이 함께 일하는 것은 매우 중요하다.

〈사례 2〉

랄프(Ralph)는 전산화된 경영 시스템의 책임자다. 그의 부서는 다섯 명의 직원으로 구성되어 있고 최신의 컴퓨터 시스템을 갖추고 있다. 부서의 업무는 고되고 힘들다. 부주의하거나 부적절한 절차는 시스템에 값비싼 손해를 끼칠 수 있고, 좋지 않은 결과를 가져올 수도 있으며, 혹은 기밀 정보의 유출을 초래할 수 있다. 랄프는 짐(Jim)이 술을 너무 많이 마신다고 생각하고 있으며 어쩌면 직장에서도 술을 마시고 있을지도 모른다고 생각하고 있다. 왜냐하면 짐이 근무 시간 중에 술에 취한 것처럼 보이는 경우가 종종 있었기 때문이다. 랄프는 강하게 의심을 하고 있었지만 증거를 찾을 수는 없었다. 당신이 만약 랄프라면 무엇을 하겠는가?

_____ a. 짐과 솔직하게 대면한다. 당신이 의심하고 있는 것이 무엇인지, 왜 의심을 하게 되었는지, 그리고 당신이 이 부서뿐만 아니라 짐에 대해서도 걱정하고 있다는 것을 이야기해 준다.

_____ b. 짐에게 직장에서는 그의 음주 습관을 버리도록 부탁한다. 그가 직장에서 하는 모든 행동은 당신 소관 중 하나라고 말한다.

_____ c. 짐과 당장 대면하지는 않는다. 너무 이른 개입으로 인해 그가 직장에 대한 관심을 잃을 수 있으며 혹은 몰래 음주를 더 많이 하게 될 수도 있다.

_____ d. 짐에게 직장에서의 음주는 불법이며 만약 음주를 하게 되면 당신이 할 수 있는 모든 조치를 취해 그를 해고할 것임을 알려 준다.

_____ e. 짐이 심각한 문제를 만들지 않는지 자세히 관찰해 본다

〈사례 3〉

샐리(Sally)는 교육감에 의해 교수-학습 증진을 위한 지역 교육과정 전문가로 임명되었다. 위원회에 있는 두 교사가 개별적으로 그녀에게 시험 결과 보고와 관련해서 다른 방법을 제안했다. 폴(Paul)은 교육감에게 시험 결과를 먼저 보내 주고 난 다음에 교사들에게 보내 주는 것이 맞는다고 생각하며 그 이유는 교육감이 팀의 경과 보고를 알 수 있기 때문이라고 말했다. 반면 짐(Jim)은 그 결과를 교사 팀에게 바로 보내 수정된 행동을 즉시 취할

수 있도록 하는 것이 좋다고 생각했다. 두 교사의 아이디어와 이유는 좋았다. 현재 교육감은 이 프로젝트를 완료하기 위해 상당히 바빴으며, 결과 보고 발송에 관한 자세한 절차는 없는 실정이다. 당신이 만약 샐리라면 무엇을 하겠는가?

_____ a. 누구 이야기가 옳은지 결정하고 다른 사람에게는 그 결정에 순응해 달라고 부탁한다.
_____ b. 기다리면서 지켜본다. 제일 좋은 방법이 나타날 것이다.
_____ c. 폴과 짐에게 너무 초조해하지 말라고 이야기한다. 이것은 중요한 문제가 아니다.
_____ d. 폴과 짐을 같이 만나게 하여 두 사람의 아이디어를 분석해 본다. 최선의 방법을 찾을 수 있을 것이다.
_____ e. 교육감에게 데이터를 보내고 그 복사본을 팀 리더 교사들에게도 보낸다(이 방법은 교직원에게 더 많은 일을 주며 더 많은 비용을 초래할 것이다).

〈사례 4〉

진(Jean)은 학부모-교사협회(parent-teacher association: PTA)의 회장이다. 과거에는 학교운영위원회와 교직원들이 몇몇 프로젝트를 위해 PTA에서 자원봉사를 해 줄 것을 가끔 요청했다. 당시에는 학부모들이 자발적으로 협조하여 문제가 되지 않았다. 그러나 최근에는 학교에 다양하고 새로운 프로젝트가 많이 생겨나면서부터 더 많은 자원봉사를 끊임없이 요구하고 있다. 많은 학부모들은 이제 더 이상 시간을 내기가 불가능하며, 이미 충분히 적극적으로 가담하고 있는 학부모들이 그 부족함을 채워야 하는 실정이다. 학부모들은 그들이 이용당하는 것 같다며 항의를 하고 있다. 당신이 만약 진이라면 무엇을 하겠는가?

_____ a. 지금 이대로 가만히 지켜본다. 추가적인 프로젝트는 곧 끝날 것이다.
_____ b. 자원봉사자들과 위원회, 그리고 교장 선생님과의 관계가 원만하게 되도록 노력한다. 결국에는 모두가 아이들을 위해 하는 것이 아닌가? 갈등을 만들 이유가 없다.
_____ c. 운영위원회와 교직원들에게 그들은 프로젝트당 오직 두 명의 자원봉사자만을 배당받을 수 있다고 이야기한다.
_____ d. 교장 선생님과 위원회 회장에게 가서 추가적인 도움에 대한 요구가 자원봉사자들에게 추가 부담을 주지 않으면서 해결될 수 없는지 이야기해 본다.
_____ e. 위원회 회장에게 위원회 프로젝트를 미루거나 취소하도록 이야기해 보라.

• **활동 점수 산출법**: 각 사례에서 당신이 취할 가장 적합한 행동을 숫자로 알파벳 옆에 작성하시오. 가장 높은 숫자는 이러한 유형의 상황에서 당신이 가장 선호하는 갈등 해결 방법을 의미한다. 당신의 점수에 비추어 갈등에 대처하는 스타일이 아래에 나와 있다. 당신의 점수가 의미하는 해결 방법은 당신이 생각한 것과 같은가?

각 글자 옆에 위에서 매긴 순위를 기입해 보자.

사례					
1	d.	e.	a.	b.	c.
2	c.	e.	b.	d.	a.
3	b.	c.	e.	a.	d.
4	a.	b.	c.	e.	d.
총합					
유형	조화	조화	화합	압력	협력

갈등을 처리하는 스타일

논쟁에 부딪치게 되면, 우리는 자주 본능적인 접근에 의존하며 이는 우리의 태도와 행동에 반영된다. 대부분의 사람들은 잠재적인 갈등 상황과 직면했을 때, 자신의 배경과 경험을 바탕으로 자신이 가장 선호하고 편안하게 느끼는 접근법을 선택하게 된다. 그러나 조직 갈등 상황에서 두 가지 주제가 중요하다. 우리가 이 두 주제에 부과하는 가치에 따라 우리가 갈등을 대처하는 데 선호하는 방법이 결정된다. 우리는 다섯 가지 방법으로 잠재적 갈등 상황에 접근할 수 있으며 이는 다음과 같다.

▶ 압력(muscle)

이 방법을 취하는 사람은 목표를 성취하거나 본인의 지위를 확립하기 위한 대립에 대한 욕구는 높은 반면 편하게 일하는 관계나 조화로운 감정 유지를 위한 욕구는 낮은 편이다. 이 방법은 적극적, 공격적, 그리고 경쟁적인 승-패 상황으로 이끌며, 이 방법을 이용하는 사람들은 그들이 하는 행동이 도적적으로도 훌륭하다고 생각한다. 그들은 "내가 상사이니 무조건 내 말에 따르라!"라고 이야기한다.

대부분의 사람들은 본인이 아닌 다른 사람들이 이 방법을 많이 사용한다고 인식한다. 그 이유는 많은 사람들이 압력적 접근에 의존하지만 이는 개인의 무의식적인 선택일 수도 있기 때문이다.

▶ 조화(reconciliation)

조화는 압력과는 다른 접근 방법이다. 이 방법을 취하는 사람은 다른 사람들, 감정, 그리고 편하게 일하는 관계에 대해 중요하게 생각하는 반면에 목표 성취와 지위 유지에 대한 욕구는 낮은 편이다. 이 스타일은 호의적이고, 동의적이며, 그리고 한시적으로 갈등을 해결하는 동안 관계를 보호하는 데 암묵적으로 합의한다. 우리는 가끔 '다투기 싫어서 동의' 하거나 아니면 '평화롭게 공존' 한다고 말하는데, 그 이유는 우리가 문제를 덮어 놓고 더 이상 문제가 불거지지 않기를 희망하기 때문이다.

▶ 화합(harmony)

협상과 교섭은 동등하게 조화로운 관계를 유지하고 목표를 달성하기 위한 욕구다. 이는 갈등을 해결하기 위해 협의를 얻어 내는 것을 목표로 하는 중립 지역(middle ground)이다. 이 접근법은 승리에 대한 부담감이 크지 않을 때, 그리고 집단들이 동등한 협상 혹은 절충으로 합의를 볼 수 있을 때 쓰인다. 이 상황에서는 패배자가 없지만 반대로 승리자도 없다.

▶ 후퇴(retreat)

회피 혹은 철회는 압력 접근법의 다른 수단이다. 관계를 유지하거나 목표를 달성하고자 하는 두 가지 요구에 대한 관심은 낮다. 이 접근법의 목표는 갈등과 그에 의해 만들어지는 강한 감정들에 관여되지 않는 것이다. 후퇴는 보통 일시적인 해결책이다.

▶ 협력(collaboration)

협력을 통해 문제를 해결하거나 동의를 얻어 내려는 방법을 취하는 사람은 관계 유지와 목표 달성 욕구가 높은 편이다. 이 방법은 두 집단의 아이디어와 관심을 모두 포함하는 새로운 목표를 찾는 것으로, 이를 통해 업무상의 관계를 발전시키는 데 그 목적이 있다. 이 방법은 갈등을 해결하기 위한 상호 해결책을 찾기 위해 함께 일하는 것을 강조한다.

모든 집단은 갈등에 직면했을 때 구성원 모두가 동의할 수 있는 해결책을 찾는 데 열정적으로 헌신해야 한다. 이 접근법은 문제가 효과적으로 해결될 것이라는 보장 없이 많은 힘의 투자를 필요로 한다. 가장 긍정적인 접근법이지만 신뢰를 바탕으로 하기 때문에 이 방법의 성공은 미래의 갈등 상황에서 활용될 가능성이 더 높다.

이러한 각 접근법은 각각 장점과 단점, 이익과 불이익이 있다. 어떠한 한 스타일이 다른 스타일보다 낫지는 않다. 그러나 각 접근법은 다른 신뢰와 다른 결과를 일으킨다. 건설적인 갈등관리에서는 상황을 제대로 파악하고 제일 적합한 전략을 적용하는 능력이 필요하다.

갈등의 단계에 따라 다른 접근법을 요구한다. 예를 들어 협상의 초기 단계에서는 두 집단 모두 그들이 관심을 기울이는 문제를 강조하기 위해 '압력' 전략을 사용할 확률이 높다. 이후에 협상이 진행될수록 각 집단은 합의에 도달하기 위해서 협상 스타일을 적용해야 한다. 만약 집단들이 상호 신뢰를 형성할 수 있다면 협력으로 인한 문제해결 접근은 장기적으로 가장 적합하다.

2. 루이스 폰디의 잠재된 갈등의 기본적인 세 가지 유형에 대해 복습하라. 한정된 자원에 대한 경쟁, 자율성, 그리고 다른 목표로 인해 나타나는 각각의 갈등 유형에 대한 본인의 경험을 예로 들라. 각 시나리오에 케네스 토머스의 갈등 개념화 모형을 이용하여 성향의 유형을 찾아 보라. 갈등의 참여자들은 누구이며 갈등에 대응하여 조직의 리더들은 어떠한 전략을 사용했는가? 그 결과가 조직 건강에 긍정적이거나 부정적인 영향을 미쳤는가?

3. 이번 장 처음에 나온 사례에 대해 복습하고, 배운 지식을 적용하여 앞서 당신이 했던 대답에 덧붙여 보라.

4. **나만의 게임 플랜 만들기** 교원 회의는 갈등 관리에 있어서 교육 리더들이 개입할 수 있는 최고의 기회를 제공한다. 그러나 학교 회의에서는 갈등이 잠재된 경우가 많기 때문에 잘 인지되지 않으며, '미봉책으로 가려져 있거나', 무시되어 결국 부정되거나, 단순히 인정되지 않는 경우가 있다. 잠재된 갈등은 건설적으로 관리하기가 거의 불가능하다. 그렇기 때문에 갈등을 다루기 위해서는 무엇보다도 갈등을 명확히 알고 인지하며, 회의 주제로 끄집어내서 설명하고, 의논하며 관리해야 한다. 그러나 교원 회의 때 가장 흔한 문제는 사람들이 갈등을 인정하거나 관리하는 것을 방지하기 위한 방법들에 대해 서로 암묵적으로 동의하여 행동하고 있다는 것이다. 이번 장에서 설명했듯이, 이는 적대감으로 인해 갖게 되는 두려움에 기인한다.

   이번 장에서 읽은 내용을 당신의 학교 교원 회의 경험에 반영하라. 교장 선생님이 교원 회의를 계획하고 잘 이끌 수 있게 하는 갈등 관리 전략과 전술을 포함하는 세 가지 코칭 방법을 준비해 보라. 각 코칭 방법은 구체적인 추천 행동과 절차에서부터 시작하라. 그다음에 당신이 그러한 행동을 추천하는 이유에 대해 논리적으로 설명해 주어라.

   예를 들어, 어떤 이는 교원 회의 주제를 개발하기 위해 협동적으로 일할 수 있는 교원들로 이루어진 자문 그룹을 만들도록 교장에게 추천할 수 있다. 이는 테넌바움-슈미트(Tannenbaum-Schmidt) 모형이다. 이것을 추천하는 논리적 이유에는 두 가지가 있다. 첫째, 회의에서 적극적으로 논의하고 더 많은 영향력을 행사할 수 있도록 교사들에게 더 많은 권한을 주는 것은 회의 분위기는 물론 문제 사항에 대해 합의할 가능성을 높일 수 있다. 둘째, 결국 이를 통해 갈등을 인지하고 논의하기가 쉬워진다.

추천도서

Beckhard, Richard. "The Confrontation Meeting," *Harvard Business Review*, 45 (March-April 1967): 149-155.

이 책은 "조직의 모든 계층, 즉 모든 관리 집단이 조직의 건강을 간편하게 확인하고, 단기간 내에 이를 개선할 수 있는 활동 계획을 수립하는 방법"에 대해 기술하고 있다(p. 149). 이 책은 하루 일정의 회의를 위한 자세한 계획을 제공함으로써 중요한 문제를 다룰 수 있으며, 이를 통해 집단이 상황을 진단하고, 협동하여 목표와 우선순위를 설정하며, 행동에 대한 계획을 수립한 뒤, 단기간과 장기간 계획에 모두 적용하도록 도와준다.

Derr, C. Brooklyn. *Managing Organizational Conflict: When to Use Collaboration, Bargaining and Power Approaches*. Monterey, CA: Naval Postgraduate School, 1975.

이 책에서는 상황적합적 접근법을 제안하였으며, 협동, 협상 및 권력 접근 방법은 특정 상황하에서 조직 갈등을 관리할 때 효과적이라고 주장했다. 저자는 다른 상황에서 상황적합성을 어떻게 진단하는지에 대해서도 설명했으며, 각 전략의 장단점과 서로 다른 조건들에 대해서도 논의했다.

Likert, Rensis, and Jane Gibson Likert. *New Ways of Managing Conflict*. New York: McGraw-Hill, 1976.

조직 갈등을 일으키는 원인들을 분석한 결과, 이 책은 일반적으로 상대방에게 갈등으로 인한 좌절이나 분노를 남기는 승-패 접근에 대한 대안으로 체제 4단계인 윈-윈 문제해결 전략 절차를 제시하고 있다. 실무자들에게 도움이 되는 이 책은 학교에 명확하게 적용할 수 있는 방법을 담은 실용적인 내용의 지침서다.

Whitaker, Todd. *Dealing with Difficult Teachers* (2nd ed.). Larchmont, NY: Eye on

Education, 2002.

토드 위테이커(Todd Whittaker)는 교육 리더십을 공부하는 학생들에게 유명한 저자다. 이 책에서 그는 미래의 리더들이 학교 풍토에 부정적인 영향을 미치는 교사들과 함께 효과적으로 일하는 중요한 방법들에 대해 밝히고 있다. 그는 직접적이고 적극적인 접근이 문제 행동을 다루는 데 중요하다고 보았으며, 교사에게 어떻게 도움을 주면 학교에서 긍정적인 힘이 될 수 있는지와 만약 필요하다면 징계 조치를 이용하여 교사를 해임하는 방법에 대해서도 기술했다.

Yankelovich Daniel. *The Magic of Dialogue: Transforming Conflict into Cooperation*. New York: Simon & Schuster, 1999.

리더들은 학교교육의 목적, 목표, 및 방법에 대한 폭넓은 동의를 구축하기 위해 계속 투쟁하고 있으며, 다른 집단과 논쟁을 계속하기 위한 의사소통 능력을 향상시키기 위해 지속적으로 고군분투해야 한다. 저자는 이 책에서 사회과학자이자 의사소통 학자로서 더 효과적으로 문제를 해결하고 공유된 목표를 달성할 수 있도록 리더들이 의사소통 능력을 숙달하는 데 도움이 되는 방법들을 제시해 준다. 얀켈로비치(Yankelovich)가 사용한 '담화(dialogue)' 라는 용어는 특별한 의미를 지니고 있으며, 대화(conversation)와는 동의어가 아니다. 그는 어떻게 담화를 사용하여 관계를 강화하고 고정관념을 약화시키며, 불신을 회복하고, 상호이해를 얻는지에 대해 보여 주고 있다. 어떤 이들은 이 책이 지극히 상식적인 것에 대해 체계적으로 정리한 책이라는 이유로 좋은 평판을 내리지 않는다. 그러나 학교교육에 있어서 상식은 상대방과 갈등을 겪을 때 버리기 쉬운 것 중 하나이기 때문에 그러한 측면에서 이 책은 중요하다. 이 책은 어느 운동선수가 말한 것처럼 리더들에게 일이 잘 풀리지 않을 때는 항상 근본적인 것들에 대해 다시 한 번 생각하도록 해 주는 소중한 책이다.

CHAPTER

11

동기

사례 워싱턴 고등학교에서의 변화

킨세이 젠크스(Kinsey Jenks)는 교장 직무가 어려울 것이라 예상했음에도 불구하고 일 년 전에 워싱턴 고등학교의 교장으로 부임하기로 결정했다. 역사적으로, 워싱턴 고등학교의 학생 구성은 소득 수준이 중위부터 중상위 계층에 이르는 백인 부모들의 자녀들로 이루어져 있다. 학교는 주 학업성취도 평가에서 일반적으로 좋은 성적을 얻었으며, 학교 분위기는 긍정적이고 학생과 직원의 사기도 높았다. 이 지역에서 워싱턴 고등학교는 때때로 '컨트리 클럽'으로 불렸다.

킨세이의 전임 교장은 13년 동안 워싱턴 고등학교에 재직했다. 비록 그가 귀족적인 태도를 지니고 있었지만 워싱턴 고등학교 교사들은 그를 사랑했다. 교사들은 워싱턴 고등학교의 안정적인 교육활동을 위한 원동력이었다. 그러나 전임 교장은 시험 성적의 하락과 증가하는 훈육 문제들 때문에 지난해 교육감에 의해 해임되었다. 교사들은 전임 교장의 해임만큼이나 킨세이의 임명을 반대했다. 교사들은 킨세이를 환영하지 않았고 그를 제3자로 바라보며 불신했다.

모든 문제는 5년 전에 시작된 것처럼 보였다. 5년 전 이 지역에 두 개의 생산 공장이 새롭게 건설되었다. 이 때문에 등록 학생 수가 증가하였고 학교구는 워싱턴 고등학교를 재조직해야만 했다. 그때 이후로, 워싱턴 고등학교는 시골 지역에 살던 이주 농장의 가족들과 외곽에 새로 개발된 주택가로 이주하는 공장 노동자 가족들의 자녀로 인해 학생 수가 증가하게 되었다. 새로운 학생들은 대부분 낮은 사회경제적 지위의 가정 자녀들로서 주 학업성취도 평가에서 좋지 못한 성적을 거두었고, '좋은 학교'라는 워싱턴 고등학교의 명성은 상실되었다. 또한 '새로운' 학생들과 '기존' 학생들 사이의 갈등은 빠르게 고조되었다. 예를 들어 스포츠의 경우, 실제 경기보다 각 팀의 연습 장소를 선정하기 위한 일상적인 경쟁에서 더 강한 충돌이 발생했다. 코치들은 이것이 히스패닉 학생과 비히스패닉 학생들 사이에서 일어나는 갈등이라고 생각했다. 또한 카페테리아나 교실 등에서 일어나는 싸움과 문제행동이 급격하게 증가했다. 거의 모든 부분에서 교사들은 지금의 학교가 예전만큼 안전하지 않다고 느꼈으며, 시간이 지날수록 많은 교사들이 워싱턴 고등학교에서 근무하기보다는 다른 학교로 전근가기를 원했다.

킨세이는 워싱턴 고등학교의 가장 중요한 문제는 불신이라고 판단했다. 그래서 그녀는 교장 부임 첫해에 학생들과 교사들에게 새로운 아이디어를 선보였다. 대부분의 교사와 학생들은 그들 역시 무엇인가 바뀌어야만 한다는 것을 알았기 때문에 킨세이에게 아이디어를 실행할 기회를 주기로 했다. 그래서 트루 컬러스(True Colors)라 불리는 성격 확인 프로그램을 활용하기 위해 교사와 학생들의 훈련을 담당하는 상담자를 고용했다. 이 프로그램은 다양한 성격 특성을 나타내기 위해 4개의 다른 색깔을 사용한다. 만약 모든 사람들이 개인의 성격과 동기에 대해서 더 잘 안다면, 그리고 개인 또는 집단 간의 차이점을 토론하기 위한 공통 언어를 가지고 있다면, 사람들은 서로를 더 잘 믿게 될 것이라는 것이 이 프로그램의 전제다.

그녀에 대한 연례 평가가 이루어질 때인 부임 첫해 말에, 교육감은 이 학교에서 문제행동이 감소하였고 그로 인해 학교 발전이 이루어졌다는 점을 교육위원회에게 납득시킬 수 있었다. 그러나 학업 성취도 측면에서는 비록 성적이 소폭 상승하였지만 위원회의 기대 수준에는 미치지 못했다.

킨세이는 재임용을 위한 확실한 사례를 만들어서 평가에 대한 준비를 해야 한다는 것을 알았다.

1. 만약 킨세이가 당신에게 조언을 구한다면, 당신은 그녀가 연례 평가 때 교육감과의 토론에 대비할 수 있는 계획을 말해 줄 수 있는가? 세 가지 유형의 계획을 제시해 보시오.
2. 킨세이를 위한 당신의 제안은 어떠한 이론적 논리를 기반으로 하는가?
3. 트루 컬러스 프로그램은 계속되어야만 하는가? 아니라면 그 이유는 무엇인가? 만약 계속되어야 한다면 행동과 학습의 향상을 지속시키기 위해서 사용될 수 있는 방안을 제안해 보자.

조직 행동은 조직 구성원들과 조직 환경 특성 간의 상호작용으로부터 발생된다. 이는 $B=f(p \cdot e)$로도 표현되어 왔다. 이전 장은 교육 조직의 환경적 특성에 초점을 맞추었다. 이 장은 위에서 제시한 공식에서 사람, 즉 개인에 초점을 맞출 것이다.

동기의 의미와 유형

동기는 사람들이 왜 그러한 행동을 했는지에 대해 설명해 준다. 예를 들어, 왜 몇몇 교사들은 주어진 업무 시간 동안 필요한 만큼의 일만 하는 데 반해, 다른 교사들은 자신의 일과 관련한 엄청난 에너지와 생각으로 가득 차 있고 열정적으로 이 에너지와 생각을 일에 쏟아 붓는가? 왜 일부 교장들은 명확한 비전 없이 오직 일상의 활동에만 초점을 맞추는 반면, 다른 교장들은 학교가 추구하고자 하는 명확하고 일관성 있는 비전을 지속적으로 제시하는가? 왜 일부 교사는 지루하고 단조로운 강의만을 제공함으로써 학생들이 그들의 수업을 꺼리게 만드는 반면, 다른 교사들은 열정적이고 생동감 넘치며 창의적이고 새로워서 늘 등록이 일찍 마감되는 수업을 제공하는가?

세계의 도서관과 박물관의 자료들이 증명하는 것처럼, 지난 천 년 동안 왜 사람들이 그렇게 행동했는지에 관한 미스터리는 극작가, 예술가, 작가, 작곡가, 철학자, 신학자 및 인간의 상황을 관찰하는 많은 사람들을 매혹시켜 왔다. 그리고 최근 100년 동안, 학자들은 인간 동기의 수수께끼를 풀기 위한 다양한 노력들을 해 왔고 그 결과 동기에 관한 많은 연구들이 이루어졌다. 이러한 연구들 역시 동기의 범위, 규모, 설명에 있어서 불완전하지만 이 연구들을 통해 우리는 동기와 인간행동의 관계에 관해 많은 것들을 배워 왔으며 여전히 배울 것이 많다. 따라서 이 장은 우리가 알고 있는 것의 일부를 설명하고, 교육 조직에서 리더십의 실천을 위한 지식의 실질적인 의미를 다루게 될 것이다.

매년 등장하는 새로운 이론을 포함하여 많은 동기 이론이 존재하고 학자들 사이에서도 동기에 대하여 합의를 이루기 힘들지만, 우리가 동기에 관해 논의할 때 무엇에 관해 이야기할지에 대한 암묵적 합의는 이루어졌다. 학자들은 우리가 조직 내에서 인간행동의 다양성을 관찰할 때, 최소한 다음의 세 가지 동기 유형이 분명히 나타난다는 데 일반적으로 동의한다.

첫 번째 유형: 선택의 방향

동기의 첫 번째 지표 중 하나는, 여러 가능한 대안에 직면했을 때 개인이 취하는 명백한 선택의 유형이다. 어떤 사람이 다른 것에 비해 어떤 한 가지에 정성을 들일 때, 관찰자는 그러한 선택 행위를 통해 그 사람의 동기를 추론할 수 있을 것이다. 물론 관찰자는 무엇이 실제로 그러한 선택을 만들어 냈는지는 알 수 없다. 예를 들어, 한 교사는 습관적으로 아침 일찍 학교에 출근해 바로 우편물을 집어 들고 학생들이 도착하기 전에 일과를 준비하고 여유롭게 하루를 시작하기 위해 힘차게 교실로 향한다. 다른 교사는 매우 늦게 어슬렁거리며 출근하고, 마지막 순간까지 교무실에서 잡담과 사교 활동을 한 다음에 자료들을 더듬어 찾아 이미 학생들이 책상에 앉아 기다리고 있는 교실로 급하게 향한다. 유사한 예로, 어떤 교수는 강의 또는 연구 활동에는 일주일에 오직 3일 정도만 쓰고 남은 이틀은 캠퍼스가 아닌 골프장이나 테니스 클럽에서 보낸다. 반면에 다른 동료들은 꾸준히 연구하며 학술 저널에 논문을 게재하기 위한 준비를 위해 여가 시간을 사용한다. 그 저널은 그들에게 어떤 금전적 보상도 주지 않을 뿐만 아니라 그들이 제출한 원고를 세 번이나 거절한 곳일 수도 있다.

두 번째 유형: 지속성

동기에서 두 번째 중요한 지표는 개인이 선택한 행동의 과정을 추구해 나가는 정도인 지속성이다. 지속성의 한 측면은 자신이 선택한 행동에 헌신하는 시간의 양이다. 골동품을 손질하건, 새로운 교수-학습 프로젝트를 위한 계획을 수립하건, 어떤 사람들은 세심하고 높은 질의 결과를 만들기 위해서 오랜 시간 열심히 일할 것이다. 반면에 다른 사람들은 이 정도면 충분히 좋은 결과라고 생각하고 '일을 날림으로 해치울지도' 모르고 그것으로 일을 마친다. 또한 어떤 한 가지 활동을 세심하게 행하는 데 굉장한 지속성을 보여 주는 사람도 다른 일을 할 때는 현저히 짧은 지속성을 보여 줄지도 모른다. 지속성의 또 다른 측면은 개인이 작업 시간으로 돌아오고 기대된 결과를 성취할 때 관찰된다. 예를 들면 어떤 교사는 학교에서 일을 마무리짓지 않고 자주 업무를 집으로 가져가 그것을 수행하는 데 많은 시간을 보낸다. 반면에 다른 교사들은 업무 시간이 종료된 이후에는 더 이상 일을 하지 않고 다음 날까지 일에 대해 다시 생각하지 않는다. 어떤 교수들은 파일에서 오래된 누런색 강의 노트를 매년 꺼내는 반면, 다른 교수들은 강의를 교정, 수정, 정교화하는 데 만족하기보다 강의실을 더욱 유익하고 흥미로운 공간으로 만든다는 희망으로 매년 새로운 교수-학습 방법을 고안하는 데에 많은 시간을 보낸다.

세 번째 유형: 강도

개인이 어떤 것을 하는 데 정성을 들이는 강도(intensity)는 동기와 관련된다고 여겨지는 세 번째 행동 지표다. 한 사람은 높은 에너지를 가지고 눈에 띄는 강한 집중력으로 일에 몰두한다. 반면에 또 다른 사람은 일을 할 때 보다 낮은 강도로 참여한다. 강도에 대한 관찰은 방향과 지속성의 관찰보다 신중하게 해석되어야만 한다. 왜냐하면 환경과 개인의 능력처럼, 개인의 통제를 넘어서는 변수가 포함될지도 모르기 때문이다. 예를 들면, 통제되지 않은 많은 방해요소가 있는 환경에서 이루어지는 작업 행동 관찰은 강도가 개인의 선택에 의한 문제인지, 환경적 요인에 의한 결과인지에 대한 판단을 어렵게 한다. 어떤 학교들에서 이러한 환경적인 요인은 공통적으로 나타나기도 한다. 유사하게, 어떤 사람은 회의의 참여자로서 관여 정도가 낮고 외관상으로도 모임이 끝나기만을 조용히 기다린다고 관찰될 수 있다. 여기서 문제는 참여를 촉진하는 모임의 사회적 풍토와 같은 환경적 요인일 수 있다. 또는 개인이 효과적인 회의를 위해 자신 있게 의견을 개진할 수 있는 태도나 기술을 습득하지 못했기 때문일 수도 있다. 혹은 논의 중인 주제가 개인과 관련이 없거나 흥미를 끌지 못했을 수도 있다.

내재적-외재적 논쟁

20세기 동안 조직 문화에 있어서 동기에 관한 사고를 지배하는 두 가지 주요한 접근이 있었다. 하나는 '위대한 수탕나귀의 궤변(The Great Jackass Fallacy)'[1)][1]으로 설명된다. 이것은 예로부터 전해 내려오는 당근과 채찍의 은유로 대표되는데, 즉 보상과 처벌의 혼합이 조직 생활에서 개인에게 동기를 부여하는 방법이라는 것이다. 이것은 개인의 외적 통제를 강조하는 행동심리학과 관련이 있다. 인지심리학 그리고 인본주의 심리학과 관련이 있는 또 다른 접근들은 동기의 근본적 원인으로서 내적 생각과 감정의 심리적 에너지를 강조한다.

---

1) 역자 주: 심리학자 해리 레빈슨(Harry Levinson)은 그의 책 *The Great Jackass Fallacy*에서 당근과 채찍으로 대표되는 행동주의 접근을 '위대한 수탕나귀의 궤변' 이라고 했다. 당근과 채찍이 가장 잘 어울리는 것이 바로 수탕나귀(jackass)이기 때문이다.

외재적 관점 또는 행동주의적 관점

관리자는 전통적으로 당근과 채찍을 이용하여 사람들에게 동기를 부여했다. 고통을 받아 본 사람들은 그 고통을 피하려고 노력하는 경향이 있고, 보상을 받은 사람들은 그 보상을 다시 받기 위해 과거의 행동을 반복하는 경향이 있음이 오래전에 발견되었던 것이다. 이것은 동기에 관한 행동주의자들의 관점으로서, 경영에 오랫동안 많은 영향을 미쳤다. 이런 기술을 사용하는 관리자들은 '우리는 노동자들에게 동기를 부여했다.' 고 말할 것이다.

인간은 정적 강화(당근)와 부적 강화(채찍)의 조작을 통해 동기화된다는 행동주의 관점은 교육 조직에서 광범위하게 사용되고 받아들여졌다. 성과급 제도, 책무성 요구, 공식적 감독의 강조, 재임용을 위한 연간 실적 검토, 그리고 우수교사 시상일[2)] 은 공립학교에서 일상적으로 사용된 동기 개념의 많은 방법들 중 일부다. 대학은 새로 임명된 신임 교수들의 동기를 부여하기 위해 종종 승진 혹은 탈락 정책(up-or out policy)을 사용한다. 교수들은 출판을 통해 연구 실적을 증명해야 하는 몇 년간의 계약 기간을 거치게 된다. 그리고 그들은 이 계약 기간의 마지막에 승진 또는 정년 보장을 통해 그들의 행동에 대한 보상을 받을지, 아니면 해고로 처벌을 받을지를 알게 된다.

동기의 내재적 관점

일부는 행동주의자의 접근이 동기와 전혀 관련이 없다고 주장한다. 프레데릭 허즈버그(Frederick Herzberg)는 당근과 채찍의 접근에 대해 "지옥, 너는 그들을 동기화하지 않는다. 너는 그들을 데려갈 뿐이다."[2]라고 이야기했다. 허즈버그의 관찰은 동기에 대한 행동주의자의 관점이 실제로는 동기를 전혀 다루지 않는다는 중요한 비판을 하고 있다.

내재적 관점에 따르면, 사람들이 보상과 처벌과 같은 외적 힘에 의해 통제되기는 하지만, 사람들의 동기와 관련된 중요한 요소는 개인의 내부에 있다. 동기에 대한 인지주의자와 인본주의자의 관점은 사람을 생물학적으로 타고난 존재가 아닌 생리

---

2) 역자 주: 우수교사 시상일(Teacher Recognition Day)은 공립학교 교사 중에서 우수한 교수 능력을 보인 교사에게 상을 수여하는 날이다.

적으로 그리고 심리적으로 확장되고 발전할 수 있는 존재로 이해하는 것에서부터 출발한다. 개인에 대한 내적 능력, 특히 감정적 · 인지적 능력은 감각, 열망, 지각, 태도, 그리고 생각을 발생시킨다. 우리는 이것들을 동기화 또는 비동기화라고 부른다. 이 관점에 따르면, 동기란 구성원들의 내적 능력이 지적으로 그리고 감정적으로 성숙할 가능성을 조직 내에서 촉진하고 향상시킬 수 있도록 하는 것이다. 그럼으로써 구성원들의 동기가 증가될 것이다. 종합해 보면, 행동주의자들은 동기를 사람들이 다른 사람들에게 행하는 어떤 것으로 보는 경향이 있다. 반면에 인지주의자와 인본주의자는 성장을 촉진하는 환경을 조성함으로써 사람들의 내적 의욕을 자극하는 것이 동기라고 보는 경향이 있다.

개인과 집단의 동기

이제 보다 일반적이고 넓은 개념인 개인의 동기와 구별하여, 조직 구성원으로서의 동기에 대해 알아보자. 조직 문화를 이해하는 데 염두에 두어야 할 점은 조직 구성원으로서의 개인은 홀로 그리고 독립적으로 행동하지 않는다는 것이다. 그들은 언제나 집단의 구성원으로서 행동한다. 이 개념은 조직 문화를 이해하는 데 중심이 된다. 집단은 사람들 사이에서 상호 의존적인 관계를 형성하는 역동적인 사회 체제다.

그러므로 당신이 붐비는 도시 거리에서 홀로 서 있다면, 당신은 아마도 주위의 군중을 당신이 속해 있는 집단으로 여기지 않을 것이다. 반면에 당신이 발걸음을 옮겨 버스를 기다리기 위해 줄을 서고 있다면, 당신은 집단에 합류한 것이다(비록 초기 단계의 집단이지만). 버스를 기다리는 줄이라는 집단의 구성원들은 특정 행동을 위한 어떤 목적, 가치, 그리고 기대를 공유한다. 이 행동은 사람들을 하나의 목적으로 묶고 각 개인의 행동뿐만이 아니라 사람들의 태도와 믿음도 조정한다. 만약 누군가 길게 서 있는 줄의 앞부분에 끼어들려는 무모한 행동을 한다면 집단에서 암묵적으로 공유하고 있는 행동 규범을 지키기 위한 노력의 일환으로서, 당신은 아마도 불쾌하게 생각하고 그 끼어든 개인에게 항의하려는 집단 동료들의 행동에 동참할 것이다.

집단이 가진 내적 역동성의 특성과 질은 종종 집단의 유대와 사기로 묘사되곤 한다. 결과적으로, 집단의 역동성은 '진실' 이자 '현실' 로서 집단의 구성원들 사이에서 공유되는 기본적 가정과 가치를 향상시킨다. 집단 풍토와 문화의 본질인 후자에 관한 내용은 6장에서 보다 깊이 논의되었다.

작업장에서 사람들에게 동기를 주는 집단 규범의 힘은 80년 전 웨스턴 일렉트릭 컴퍼니 연구에서 처음으로 명확해졌다. 집단 규범의 힘은 조직 문화에 관한 연구에서 잘 규명되었고 폭넓게 이해되고 있다. 이 연구를 통해 배울 점이 무엇인지 다시 한 번 생각해 보도록 하자.

웨스턴 일렉트릭 컴퍼니 연구의 재고찰

교육학을 공부하는 대부분의 학생들은 이른바 호손 효과(Hawthorne effect)를 배우는 과정에서 웨스턴 일렉트릭 컴퍼니 연구 또는 호손 연구(Hawthorne Studies)에 대해 들어 봤을 것이다. 이 고전적 연구는 작업장의 동기를 이해하는 데 충분한 영향을 미치고 있으나 교육적 상황에서는 매우 잘못 이해되고 있다. 따라서 우리는 이에 대해 다시 생각해 볼 필요가 있을 것이다. 이 논의는 대규모 연구 프로젝트의 여러 연구 중에서 조명 연구와 계전기 검사 집단 연구를 중심으로 이루어질 것이다.

조명 연구

시카고 근처 시세로(Cicero)에 위치한 웨스턴 일렉트릭 컴퍼니의 호손 공장(The Hawthorne Works)이 실험 연구 장소로 선정되었고 이곳에서 1924년부터 10년간 실험이 이루어졌다. 이 특별한 장소가 실험 연구 장소로 선정된 주된 이유는 웨스턴 일렉트릭 컴퍼니의 경영진이 진보적이어서 연구자들에게 협력적일 것이라고 기대되었기 때문이다. 웨스턴 일렉트릭 컴퍼니 연구의 목적은 노동자들의 생산성을 최대화하기 위해 얼마나 밝은 조명이 필요한지를 찾는 것이었다.

> 유사한 환경에서 비슷한 일을 하는 두 노동자 집단이 선발되었고, 각 집단의 생산성이 기록되었다. 한 집단이 일하는 곳의 불빛 강도는 다양했지만, 다른 집단이 일하는 곳의 불빛 강도는 일정했다. 이 방법을 사용함으로써 연구자들은 다른 변수들의 효과를 통제한 채, 조명 강도의 변화가 생산성에 미치는 효과를 알아보고자 했다.[3]

그러나 연구의 초기 단계에서 연구자들은 실망할 수밖에 없었다. 불빛의 강도와 노동자들의 생산성 사이에 유의미한 인과관계가 존재하지 않는 것이 명백했기 때문이었다. 조지 호먼스(George Homans)는 보고했다. "노동자들은 그들이 행동하도록 기대되는 대로 불빛의 변화에 반응했다. 즉, 불빛의 강도가 세지면 그들은 더 많이 생산하도록 기대되었고, 불빛의 세기가 약해지면 덜 생산할 것으로 기대되었다. 이것을 증명하기 위해 추가적인 실험이 설계되었다."[4] 사실은 동일한 밝기의 다른 전구를 교체하여 설치함으로써 노동자들로 하여금 더 밝은 조명이 설치된 것으로 가정하도록 만들었다. 그 결과 모두가 알다시피 실제 조명의 정도와 상관없이 노동자들의 생산성은 향상되었다. 즉, 실험 집단의 노동자들은 물리적 환경의 변화가 아닌 실험자의 기대에 대한 노동자 자신들의 인식에 반응한 것이 분명했다. 노동자들은 직장에서 실험 기간 동안 그들의 행동에 동기를 부여하는 심리적 요인에 반응한 것이다. 실험이 이루어졌던 그 시대에 이러한 심리적 요인의 본질은 연구자에게 잘 알려지지 않은 것이었다.

연구자들은 이 연구의 중요성을 놓치지 않았다. 전통적 관리 이론의 경우 물리적 환경의 변화가 노동자의 생산성에 영향을 미칠 것이라고 가정한 반면에 이 실험은 타인의 기대, 관심의 대상이 되는 것 등의 심리적 현상과 생산성 간에 직접적인 관계가 있음을 보여 주었다. 때때로 많은 교육학자들은 호손 효과는 조직 구성원들의 동기를 유발시키기 위해 단지 구성원들에게 관심을 갖고, 조직 환경을 변화시키며, 구성원들에게 높은 성취를 기대하는 것으로 잘못 이해하곤 한다. 그러나 호손 효과는 이것보다 훨씬 더 많은 내용을 내포하고 있다.

계전기 검사 집단 연구

조명과 생산성 관계에 관한 연구의 결론이 내려진 후, 결론보다 더 많은 의문점이 남겨졌다. 그래서 호손 공장에서 전화 계전기[3]를 조립하는 노동자들이 참여하는 새로운 실험 연구가 설계되었다. 이 연구자들은 통제 집단과 실험 집단을 활용했다. 통제 집단은 정규 공장에서 일했고, 실험 집단에게는 분리된 작업장이 주어졌다. 실험을 시작하기 위해서,

3) 역자 주: 한 회로(전압을 가한 회로)의 전류 변동을 이용하여 다른 회로(계전기)의 전류를 원격 조정하거나 자동 제어하는 전자기 장치를 말한다.

… 연구에 참여하도록 선발된 직원들은 인터뷰를 위해 검사부서 감독관 사무실에 갔다(기억하라. 이때는 1927년이고 직원들은 모두 여자였다). … 여공들은 실험의 목적에 대한 설명을 들었고 기꺼이 참여하기로 결정했다. … 그리고 그들은 실험의 목적이 휴식 시간, 특별 점심시간, 그리고 짧은 노동 시간 등과 같은 근무 환경에서 특정한 변화의 효과를 보기 위한 것이라는 설명을 들었고 이에 대해 의심하지 않았다. 그들은 특히 편안한 속도로 일하라고 전달받았고 경쟁적인 환경이 아니라는 설명을 들었다. 이 회의는 실험 진행 기간 동안 이루어진 수많은 회의 중 첫 번째 회의였다. 실험상의 변화가 계획될 때마다 여공들은 회의에 참석하도록 요청받았고 변화의 목적을 들었으며 의견을 제시하도록 요청받았다. 제시된 변화 중 여공들의 승인을 받지 못한 것은 진행되지 않았다.[5]

연구자들은 1년 넘게 조직적으로 실험을 진행하면서 휴식 중지, 특별 점심시간, 근무일 단축과 같은 다양한 실험적 개입을 시도하는 동안 생산 기록을 신중하고 꼼꼼하게 기록했다. 실험 기간 동안, 생산성은 천천히 그리고 꾸준히 상승했다. 각 실험 기간의 생산성은 선행 기간보다 높았다. 마지막으로, 노동자들의 찬성으로 집단의 노동조건은 연구 시작 이전과 같은 수준(휴식 중지 없음, 특별 점심시간 없음, 그리고 규칙적인 근무일수)으로 돌아갔다. 그러나 결과적으로 생산성은 계속해서 증가했다. 실제로 "집단의 생산성은 그 자체로 높은 안정기를 확립했을 때까지 지속적으로 증가했다. 1933년 연구 말미에 앞서 나타난 낙담과 깊어진 경기 침체 기간 이전까지 생산성의 감소가 없었다."[6] 종합해 보면, 집단은 ① 생산성이 보다 높아졌고, ② 실험적 개입이 없어진 이후까지도 높은 생산성을 유지했다. 만약 실험 집단에 포함되어 받은 '특별한 관심'에 더하여 휴식 시간과 짧은 노동 시간이 변화를 설명할 수 없었다면 무엇이 이 변화를 설명할 수 있을 것인가?

연구의 주요 발견

모든 자료를 분석하고 무엇이 발생했는지에 대한 그림 조각을 점진적으로 엮어나가는 데 많은 사람들이 수년을 할애했다. 명백하게 드러난 사실들은 다음과 같다.

1. 노동자들은 실험 연구 상황을 좋아하고 그것을 흥미롭게 생각한다.

2. 새로운 감독 형태는 노동자들이 자유롭게, 그리고 걱정 없이 일하도록 했다(감독자는 노동자들이 규칙적인 속도로 일하고 서두르지 않게끔 격려했다).[7]
3. 노동자들은 자신이 하고 있는 것이 중요하고 그 결과가 기대된다는 것을 안다.
4. 노동자들은 종종 감독자가 계획한 변화들에 관해 상담할 수 있었고 그러한 과정 동안 그들은 자신의 의견을 제시할 수 있도록 격려받았다. 그리고 실험이 실행되기 전 몇몇 아이디어에 대해 사실상 거부권을 행사할 수 있었다.
5. 결과적으로, 집단 그 자체는 실험 기간 동안 지속적으로 변화하고 발전했다. 실험의 마지막 단계에는 실험의 휴식 시간, 새로운 근무 시간, 그와 비슷한 것들을 제거하여 원래의 근무 조건으로 돌아가도록 시도하였지만 사실은 집단 그 자체가 탈바꿈되었기 때문에 집단이 원래 상태로 되돌아가는 것이 불가능했다. 집단은 더욱 응집력 있게 되었고 그들만의 신념을 발전시켰으며 초기단계보다 더욱 유의미하게 성숙한 수준으로 기능하고 있었다.

종합해 보면,

> … 여공들은 그들이 회사에서 중요한 존재라고 느꼈다. … 그들은 소속, 역량, 성취의 느낌을 발산하는 … 동질의, 응집력 있는 작업 집단의 구성원이 되었다. 직장에서 오랫동안 만족되지 못했던 욕구들이 비로소 채워졌다. 여공들은 이전보다 더욱 열심히 그리고 효과적으로 일했다.[8]

오늘날의 교육 개혁에 대입하여 보자면, 여성들은 권한을 부여받아 자신과 그들의 일에서 여러 중요한 의사결정에 참여하게 되었다. 그들은 존엄과 존경이라는 개인적 감정이 고양되도록 대우받았다. 또한 그들의 일과 그들의 일이 이루어지는 방법에서 '소유권'을 가졌다. 시간이 흐름에 따라 생산성이 증가했던 것처럼, 이러한 경험을 통해 집단이 이전보다 훨씬 효과적인 집단으로 변화되었다는 것이 명백해졌다.

연구의 영향

이 연구에서 매우 흥미로운 한 가지는 당시에(1920년에는 회사가 의견이 다른 노동자를 제압하기 위해 폭력배를 고용하는 것조차 흔한 일이었다.) 회사가 이와 같은 방법으로 노동자를 대하는 것이 흔한 일이 아니었다는 사실이다. 실험 기간 동안 호손 공장에 적용된 여러 방법들이 (진보적인 소수의 학자를 제외한) 사람들에게 이해되기까지 많은 시간이 필요했다. 수십 년 동안 조직과 관리 분야의 많은 학자들은 웨스턴 일렉트릭 컴퍼니 연구가 근무 환경의 일부를 변화시킴으로써 사람들에게 어느 정도 관심을 기울이면 그들의 동기가 향상되고 생산성도 증가됨을 나타낸다고 믿어 왔다. 이것은 호손 효과에 대한 잘못된 오해다.

그러나 웨스턴 일렉트릭 컴퍼니 연구가 직장에서 인간의 본성과 욕구를 잘 이해하고, 이 지식을 보다 효과적인 조직 발전에 적용하는 것을 추구한 광범위한 연구가 전개된 계기를 마련했음은 명백하다. 방대하고 여전히 발전 중인 연구와 새로운 지식을 다양한 조직에 적용하면서 얻게 된 광범위한 실질적 경험에 비추어 볼 때, 웨스턴 일렉트릭 컴퍼니 연구의 기간 동안 이루어졌던 높은 생산성이 참여적인 리더십하에서의 강한 응집력, 높은 사기, 그리고 강한 동기를 기반으로 하는 가치를 발전시킨 노동자 집단에 의해 발생된 것임을 이제는 이해하게 되었다. 일단 협동적인 집단 프로세스가 구축되면 개인들은 단지 나란히 일하는 데 머무는 것이 아니라, 그 특별한 집단에서 독특한 방법으로 서로 밀접하게 관련된다. 우리는 이를 팀워크라고 부르며 이는 작업 집단에서 동기 개념과 관련한 핵심 내용이다. 웨스턴 일렉트릭 컴퍼니 연구가 보여 준 것처럼, 한 번 구축된 팀워크는 지속되는 경향이 있는 강력한 기제가 될 수 있다. 수년에 걸친 연구에서 재확인된 것처럼, 스스로를 강압적이라고 여기는 교육위원회, 학교 행정가, 그리고 관리자들은 수십 년 동안 이 단순하고 중요한 발견의 힘과 중요성을 이해하는 데 실패했다. 그러나 이것은 결과적으로 1980년대에 미국의 경제, 산업, 그리고 마침내 교육에서 이루어진 조직적 삶과 리더십의 변혁에 있어 매우 중요한 개념으로 자리 잡았다.

웨스턴 일렉트릭 컴퍼니 연구에 대한 현대적 관점

웨스턴 일렉트릭 컴퍼니 연구는 직장 내 조직 행동에 대한 20세기의 중요한 연구다. 연구자들은 연구 대상을 이해하는 완전히 새로운 접근을 소개했다. 그리고 참여경영, 직장에서의 민주주의, 권한위임 등과 같은 현대적 개념을 촉진했다. 조직 행동의 영역을 포함하여 오늘날 우리가 알고 있는 조직과 경영은 웨스턴 일렉트릭 컴퍼니 연구를 토대로 세워졌다. 그리고 70년 동안 조직과 경영은 실험의 시간을 견뎠다. 현대 학문은 이것을 기반으로 지식의 확장에 상당한 기여를 했지만 어떤 연구도 이 탁월한 초기 연구의 영광을 퇴색시킬 수는 없었다.

개인차

기본적인 조직 문화 방정식 $B = f(p \cdot e)$에서 우리는 주목할 만한 환경 요인에 논의의 초점을 맞춰 왔다. 이제 역동적인 개념에서 개인의 본질적 특성 간의 차이를 생각하는 유용한 방법들에 대해 논의해 보고자 한다. 동기와 관련하여 공통적으로 제기되는 한 가지 질문은, 사람들이 어떤 것에 의해 동기가 '유발되고', 어떤 것에 의해 동기가 '사그라지는가'다. 예를 들어, 어떤 사람이 특정 행동을 선택하고 그것을 지속하고 열성적으로 하는 반면에, 다른 사람은 무엇이 되었든 흥미를 보이지 않는 이유가 무엇인가? 심리학자들은 이를 어떤 것에 대한 '유발(turning on)'이라고 부르는데 이는 인간행동의 활기를 돋우는 각성을 의미한다. 이것은 개인의 내적인 측면이고, 인지적 과정뿐만 아니라 정서적 과정을 표면적으로 수반하며, 개인의 성격과 밀접한 관련이 있는 특성이다. 개인은 집단의 역동적인 사회적 상호작용 과정으로부터 독특한 개인의 성격을 형성한다. 이러한 내면적인 능력의 특성은 개인이 어떻게 환경을 인지하고 판단하는지를 결정한다.

다양성의 예찬

다른 사람을 정형화하고 꼬리표를 붙이는 편협함을 피하는 것이 미덕으로 생각되는 오늘날의 세계에서 사람을 분류하려는 노력은 의혹을 사기 쉽다. 그러나

> … 사람들은 각기 다르며, 어떠한 것도 그들을 변화시키지 못할 것이다. 그들을 변화시켜야 할 어떠한 이유도 없다. 왜냐하면 차이점은 부정적인 것이 아니고 긍정적인 것이기 때문이다. 사람들은 근본적으로 다르다. 그들은 다른 것을 원한다. 그들은 다른 동기, 목적, 목표, 가치, 요구, 본능적 욕구, 추진력, 충동을 가지고 있다. 이러한 것들보다 더 기본적인 것은 없다. 사람들은 다른 방식으로 믿는다. 그들은 다르게 생각하고, 인지하고, 개념화하고, 인식하고, 이해하고, 파악하고, 그리고 고

안한다.[9]

인지, 충동, 가치, 인식 등과 같은 내적 특성은 우리가 말하고 행동하는 데 매우 중요하기 때문에 개인차는 다양한 행동을 유발할 수 있고, 실제로 유발하고 있다. 이러한 행동들로부터 우리는 개인의 동기에 관해 굉장히 많은 것을 추론하고 유용한 기술적 범주를 만들 수 있다. 그러나 어떤 행동 유형은 좋고 그렇지 않은 것은 나쁘다고 분류하는 오류에 빠지지 않도록 매우 조심해야 한다.

여기서 인간의 내적 특성인 그 또는 그녀의 기질 혹은 성격을 설명하는 데 있어 이러한 특성이 배워서 얻은 것인지, 태생적인지에 대해서는 확신하지 못한다. 그러므로 이 특성들이 어느 수준까지 의도적으로 변경된 것인지도 확신할 수 없다. 일부 사람들은 심리학적 특성을 다른 고정된 특성과 비교할 때 절대적인 관점을 견지한다. 예를 들어, 키가 작은 사람이 그들 스스로 키를 크게 할 수 없고 사람의 눈동자 색깔이나 지문을 변경할 수 없는 것처럼, 개인은 내부의 본능적 욕구나 기질을 바꿀 수 없다는 것이다. 내적 특성을 어느 정도는 수정할 수 있다고 믿는 다른 사람들도 원래의 특성을 새로운 방향으로 바꾸고자 시도하는 것은 언제나 원래의 특성을 왜곡, 파괴하거나 상처를 낼 가능성이 있다고 생각한다.

그러나 이 논쟁에서 문제가 되는 것은 인간이 인지하고, 생각하고, 느끼고, 행동하는 다양한 방법을 교정될 필요가 있는 결점 혹은 단점과 혼동하는 공통된 경향이 있다는 사실이다. 커시(Keirsey)와 베이츠(Bates)는 우리에게 그리스 신화의 피그말리온 이야기를 상기시켜 준다. 그들은 우리 자신이 가지고 있는 완벽성의 기준에 다른 사람들을 맞추려는 노력은 시작부터 실패할 운명에 처해 있다는 점을 알려 주고 있다.[10] 교육학자들은 언제나 이것을 다루는데, 예를 들면, 우리는 아마도 다중지능의 발상을 이해하고 받아들일 것이다. 그러나 학교에서는 지능의 어떤 특정한 부분, 특히 언어 지능과 논리-수학 지능에 높은 가치를 부여하고 다른 지능들에 대해서는 가치를 적게 부여하는 사회 · 문화적 압력이 존재한다. 그러므로 미국 문화의 전통적 논리는 학교에 모든 학생들을 위한 공식적인 언어, 수학, 과학 교육과정이 있음을 강조하고, 이를 발전시켜 나간다. 그러나 음악, 미술, 그리고 운동감각 발달의 기회는 과소평가한다. 예를 들면, '좋은' 유치원 교육과정은 읽기, 언어, 산수의 공식적 교육과정을 강조하는 것이며, 아이들이 돌아다니고, 놀이를 통해 다른 사람들과 관계를 맺고, 신체적 활동에 참여하는 것은 시간을 '낭비'하는 것이라는 많은 미국인의 관점이 여기에 해당된다.

우리는 사람들이 본질적으로 많은 부분에서 다르다는 가정에서부터 시작했으므로 그러한 차이의 중요한 패턴을 이해할 수 있었고 이러한 이해가 우리에게 긍정적으로 작용한다는 것을 배울 수 있었다. 반대의 가정에 따르면, 사람들은 근본적으로 거의 같거나 같아야만 하고, 우리의 목표는 사람들을 똑같이 행동하도록 만드는 것이다. 그러나 그것은 20세기 서양 민주주의의 발전 과정에서 불거진 혼돈과 유사한 개념이었다. 그 개념은 바로 "만약 우리가 동등하다면, 우리는 모든 면에서 똑같아야만 한다."는 것이었다.[11] 21세기인 오늘날, 우리는 다른 개념을 따르고 있다. 우리가 동등할지라도, 우리는 서로 다를 수 있다.

불공정한 판단을 지양하고 사람들 간의 다양성을 이해하고 받아들이는 것은 교육에서 조직 행동을 이해하고 수행하는 데 중요하다. 따라서 교육행정이나 리더십 분야에서는 조직에서 다음의 두 가지를 동시에 수행할 수 있는 환경을 조성해야 한다고 강조하고 있다.

- 참여자 자신의 인식, 요구, 열망, 자기만족의 관점에서 그들의 성장과 발전을 촉진하고 향상시킨다.
- 개인이 서로 다르고, 이 다양성이 조직에서 굉장한 강점이 될 수 있다는 사실을 받아들인다.

원형

사람들 사이에 존재하는 수많은 다양성을 관리하는 방법은 개인을 하나의 원형(archetypes)으로 생각하는 것이다. 우리는 말한다. "오, 그는 그런 유형의 사내였어." 또는 "너는 그녀가 무엇을 물어봤는지 들었니? 그것은 바로 고풍스러운 해리엇 스미스(Harriet Smith)[4] 그 자체였어." 심리학자들도 다음과 같이 동일한 관점을 보이고 있다.

---

4) 역자 주: 제인 오스틴(Jane Austen)의 소설 『엠마(*Emma*)』에 등장하는 인물로서 매우 아름답지만 타인의 영향을 잘 받는 엠마의 어린 친구로 나온다.

- 하워드 가드너(Howard Gardner)는 사람들 간의 차이점을 일곱 가지 지능의 측면에서 기술했다.
- 칼 융(Carl Jung)의 연구를 기반으로, 많은 심리학자들은 개인을 그들의 기질이나 성격 유형의 측면에서 묘사한다.

인간 지능

이 책의 초반에서 우리는 지능이 사람을 차별화하는 중요한 변수라고 논의했다. 인간 지능에 관한 하워드 가드너의 저명한 저서에서, 그는 인간행동을 설명하는 데 있어 20세기의 철학자와 심리학자들의 관점 변화에 관심을 기울였다. 이 변화는 물리적 세계의 외부 사물에 대한 강조에서 정신, 특히 언어, 수학, 시각 미술, 보디랭귀지 등 다른 인간적 상징에 많이 의존하는 인지 사고에 대한 강조로의 변화를 보여 준다.[12] 가드너는 여러 종류의 지능이 있고 이것들은 서로 독립적이라고 설명하면서 각 종류의 지능은 사람이 다른 방법으로 지적 활동에 참여할 수 있게 한다고 했다.

가드너는 다중지능 이론의 역사적 토대를 설명하면서, 윌리엄 제임스(William James)와 지그문트 프로이트(Sigmund Freud)가 1909년에 우스터(Worcester)[5)]에서 가진 유명한 만남에 관해 자세히 이야기했다. 윌리엄 제임스는 세계에서 가장 저명한 미국 출신의 심리학자다. 그 만남은 클락 대학교(Clark University)의 총장이었던 심리학자 G. 스탠리 홀(G. Stanley Hall)의 초대를 받은 프로이트가 처음이자 마지막으로 미국을 방문했을 때 이루어졌다. 이미 유럽에서 명성을 얻은 프로이트와 연로한 제임스와의 만남은 심리학 발전의 역사에서 갈채를 받는데, 왜냐하면 그 만남은 현대 심리학의 탄생을 위한 발판을 만들었기 때문이다. 현대 심리학은 당시 미국에서 지배적이었던 급진적 행동주의를 뛰어넘는 것이었다.

가드너는 다음과 같이 설명한다. "프로이트와 제임스를 통합시킨 것, 그리고 그들을 대륙과 미국 심리학의 주된 흐름으로부터 구분시킨 것은 개인 그 자체의 중요성과 중심성에 대한 믿음이었다. 즉, 이는 심리학이 성격, 성장, 운명이라는 개인과

---

5) 역자 주: 미국 매사추세츠(Massachusetts) 주 중부에 있는 도시다.

관련한 개념을 중심으로 세워져야만 한다는 확신이다. 더욱이 두 학자는 자기성장의 능력을 중요한 것으로 간주하였고 이는 개인의 환경 대처 가능성에 의존하는 것이었다."[13] 이상하게도 가드너는 이 역사적인 사건을 기술할 때 개인의 특성, 자기성장 및 환경 대처 능력을 설명하는 데 있어 핵심 역할을 담당한 칼 융의 존재에 대해서는 언급하지 않았다. 프로이트의 친한 동료였던 당시 34세의 칼 융은 그 후에 그의 오랜 동료와 결별하고 개인차를 이해하는 새로운 방법을 고안했다. 이 방법은 조직 행동을 이해하는 데 매우 귀중한 것으로 평가받는다.

기질과 조직 행동

초기 심리학은 사람들이 하나의 본능에 의해 동기부여된다는 생각에 지배되었기 때문에 학자들의 도전은 그 본능을 확인하는 것이었다. 프로이트에게 그 본능은 에로스(Eros)였다. 에로스는 다른 시간에 다른 모습으로 나타난다. 아들러(Adler)에게 동기 본능은 권력을 획득하는 것이었다. 다른 학자들은 사회적 소속감에 대한 열망이 주요한 동기 본능이라고 생각했다. 실존주의자에게 본능은 우리의 행동을 알리고 이끄는 자신을 찾는 것이었다. "각 연구자는 목적으로서의 본능에 호소했고, 그들은 모든 사람에게 중요한 하나의 본능을 만들었다."[14]

동기에 대한 칼 융의 연구는 이러한 연구가 잘못되었음을 밝혔다. 즉, 개인은 다양한 내적 힘에 의해 동기화되고, 개인에 따라 이러한 동기적인 힘에는 넓은 변화의 폭이 존재한다는 것이다. 그러나 융은 이러한 개인적 차이에서 한 가지 패턴을 발견했다. 개인차의 패턴을 이해하는 것은 다른 사람의 행동을 보다 잘 이해하고, 상이한 환경하에서 그들이 취할 것 같은 행동을 예견하게 한다. 이것은 성격 유형의 개념을 이해하는 데 기본이다.

그의 스승이자 멘토였던 프로이트처럼 칼 융 역시 임상심리학자였다. 임상 실험에서 많은 사람들을 관찰해 온 그는 다양한 개인의 성격은 유형에 따라서 분류될 수 있다고 생각하기 시작했다. 그는 문학, 신화, 그리고 종교 연구들과 자신의 관찰 결과를 비교했다. 그리고 자신의 생각이 인간행동을 다룬 작가나 다른 관찰자들에 의해 종종 사용되었음을 발견했다. 그는 1920년에 이 주제로 논문을 게재하였고 1923년에 그의 제자들이 이것을 영어로 번역했으나[15] 두 논문 모두 큰 관심을 받지 못했다. 그 이유는 무엇일까? "1923년에는 다른 심리학적 접근들이 유럽과 미국을 지배했기 때문이다. 프로이트 학파 심리학은 유럽과 미국 해안가 지방에서 유행한 반면, 미국 내륙은 행동주의의 압도적인 영향 아래 있었다. 당시 과학계는 융의 철학을 신비주의로 생각하였고, 융의 관점이 논리와 사실을 강조하던 그들 자신의 관점과 정반대라고 생각했다."[16]

네 가지 심리 유형

개인의 근본적 성격 차이를 이해하려는 노력은 혼돈에 빠졌고, 융이 이 혼돈을 헤쳐 나가는 동안 그의 관찰은 하나의 간단명료한 분석, 즉 인간의 성격이 세 가지 기본적인 차원을 갖고 있다는 것으로 귀결되었다. 세 가지 차원은 심리적 유형이라고 불리는 패턴들로 묶이지만 이러한 차원의 혼합은 개인 간에 다양하게 나타난다. 이제 서술하겠지만, 1950년대에 이사벨 마이어스(Isabel Myers)와 그의 어머니인 캐서린 브리그스(Katheryn Briggs)는 오늘날 널리 받아들여지고 있는 이 분석에 네 번째 차원을 추가했다. 이로써 인간의 네 가지 심리 유형 또는 개인 기질을 규명하기 위한 기초가 마련되었으며 이는 오늘날 널리 수용되고 있다.

네 가지 심리 유형을 이야기한다는 것은 사람들이 그들을 둘러싼 세계를 인지하는 방법, 그들이 인지하고 있는 것을 해석하는 방법, 그리고 그들의 인식에 관한 판단을 형성하는 방법에 관해 말하는 것이다. 이는 사람들의 ① 내향적 또는 외향적 성향, ② 감각적 또는 직관적 성향, ③ 사고 또는 감정, ④ 인식 또는 판단에 관한 정도를 의미한다. 그러므로 심리학 유형의 관점에서, 우리가 환경이라고 부르는 객관적이고 독립적인 현실은 존재하지 않는다. '실제' 환경은 어떻게 개인이 그것을 인식하고 해석하는가에 크게 의존한다. 이것은 조직 행동을 이해하는 데 중요한 관점이고, 포스트 모던적 사고(조직 생활의 현실은 보는 사람의 눈에 크게 좌우된다.)의 주된 주장이다. 사람이 가진 기질을 이해하는 것은, 한 개인이 어떻게 조직 세계를 바라보고, 대응하는지 보다 잘 알 수 있게 해 줄 뿐 아니라, 개인에게 조직 내 다른 사람들의 행동을 이해하는 놀라운 능력을 제공한다.

마이어스-브리그스 유형 지표

제2차 세계대전 이후, 심리학 영역은 놀랄 만한 동요를 경험했다. 또한 심리학 영역에서 전통적인 사조인 행동주의에 대한 많은 대안이 등장하면서, 심리학적 유형이 존재하고 이것을 규명할 수 있다는 융의 생각이 다시 관심을 끌기 시작했다. 마이어스와 브리그스가 개인의 심리 유형을 결정하는 데 있어서 신뢰도와 타당도 있는 간결한 설문지를 만들어 내면서, 심리학적 유형의 존재 규명의 가능성, 그리고 그러한 유형의 사용에 관한 폭넓은 흥미를 유발시켰다. 마이어스-브리그스 유형 지표(Myers-Briggs Type Indicator: MBTI)[17]는 네 가지 행동 차원을 쉽게 사용할 수 있게 하였는데, 이 행동 차원은 사람들이 그들을 둘러싼 세상을 다루는 과정에서 사용하는 선호에 따라 사람을 분류하는 데 사용된다. MBTI는 사람들의 고유한 성격 유형을 파악하는 하나의 방법으로서 대중적 문헌들에 의해 널리 받아들여졌다.[18] 마이어스와 브리그스 웹사이트(www.myersbriggs.org)를 통해 사람들은 훈련받은 전문가들이 점수를 매긴 MBTI를 접할 수 있고 이에 대한 1시간의 전화 상담을 받을 수 있다. 또한 이 사이트는 전 세계 전문가의 추천 네트워크(referral network)도 제공한다. 게다가, 몇몇 웹사이트들은 MBTI와 같은 영역을 측정하는 무료 평가지를 제공한다.[19]

타당성과 신뢰성을 갖춘 관련 연구가 부족하다는 비판에도 불구하고 MBTI는 세계적인 명성을 얻었다. 많은 사람들은 이를 통해 그들 자신과 그들을 둘러싼 사람들을 이해하는 데 매우 유용한 정보를 찾는다. 교육 분야에서 리더가 되기를 원하는 사람들에게 개인이 이 세상에서 어떠한 기능을 하는지 분명히 이해하는 것은 많은 사람들을 효과적으로 다루는 데 있어 큰 이점이 된다. 여기서 개인이 이 세상에서 어떠한 기능을 한다는 것은 개인이 환경과 그 안의 정보들을 어떻게 이해하고, 이해한 것들을 어떻게 해석하느냐를 의미한다.

인간 성격의 네 가지 기본 영역 MBTI는 사람들이 특정 환경에 반응할 때 나타내는 16가지의 다양한 행동 유형을 확인하는 도구다. 16가지의 행동 유형은 네 가지 차원의 조합인데, 이 특징들은 상황을 다루는 과정에서 개인이 가지고 있는 선호도를 나타낸다. 차원 중 세 가지는 1920년 융에 의해 기술된 것이다.

- 내향-외향(I-E)
- 감각-직관(S-N)
- 사고-감정(T-F)

마이어스와 브리그스는 MBTI를 만들기 위한 척도로서 위의 세 가지 차원을 사용했다. 그들은 위의 척도들을 측정할 수 있는 질문들을 고안하여 사람들이 질문에 응답할 수 있게 했다. 또한 그들은 연구를 진행하면서 필요하다고 생각되는 네 번째 차원을 추가했다.

- 인식-판단(P-J)

MBTI 평가지는 각 차원마다 점수가 매겨지고 그 결과로 16개의 가능한 성격 유형이 나타난다. 평가 결과는 질문 응답자가 가장 강한 선호도를 보인 지표의 각 영역에서 한 글자씩을 따서 보고되며, ISTJ, INFP, ENTP, ESFJ 등과 같이 나타난다.

MBTI는 미국의 기업 조직에서 동료들뿐만 아니라 관리자로서의 그들 자신에 대해 알기를 원하는 사람들을 위한 자기평가 도구로 유명해졌다. 또한 MBTI는 기업훈련 프로그램에서도 활용되었는데 조직 내 다양한 유형의 동료들을 다루는 과정에서 효과적인 노동자 집단이 되는 방법을 이해할 수 있도록 도왔다. 자기평가 도구로 사용되는 경우를 제외하고, MBTI의 기반이 된 차원들은 조직 문화를 분석하고 이해하는 데 흥미로운 방법을 제공한다.

내향-외향(태도) 융은 "개인의 심리적 에너지 경향성을 언급하기 위해 태도라는 용어를 사용했다. 그는 내향(introversion)과 외향(extraversion)이란 두 가지 태도(attitude)를 소개했다."[20] 어떤 사람들은 특성상 사람, 사건, 그리고 환경과 같은 외부 자원으로부터 굉장한 심리적 에너지를 받는다. 이들은 전형적으로 사람들과 이야기하는 것을 좋아하고, 그들과 일하고 노는 것을 좋아하는 사회적인 개인이라고 할 수 있다. 이들은 다른 사람들과의 만남과 상호작용을 즐긴다. 이것이 그들에게 활기를 북돋아 주고, 심리적 재충전을 가능하게 한다. 이들은 외향적인 사람들로 직장에서든 그 외의 장소에서든 다른 사람들과 관계를 맺고 함께 참여하기를 원한다. 조용한 곳에서 혼자 일하는 것은 외향적인 사람들에게 매우 지루한 일이다. 외향적인 사람들은 도서관에서 연구하거나 복잡한 문제에 대해 혼자 골똘히 생각하는 것과 같은 활동을 지루하고 소모적인 것으로 여긴다.

내향적인 사람들은 대체로 사람을 좋아하고 종종 그들 주변에 있는 것을 즐긴다. 그러나 그들은 사회화 과정이 활기를 북돋는다고 생각하기보다는 부담스럽고, 피곤하며, 그들의 에너지를 소모시키는 것으로 생각하는 경향이 있다. 내향적인 사람들은 조용한 것을, 때로는 심지어 혼자 있는 것을 좋아한다. 그리고 이러한 환경을 통해 활기를 되찾고 재충전된다.

외향성과 내향성의 차원은 동기에 관한 사고에 유용하다. 왜냐하면, 외향성과 내향성은 그야말로 개인이 어떻게 세상을 인식하는가, 세상에 관한 정보를 어디서 얻는가, 그리고 세상의 진실이 무엇인지에 대한 판단을 어떻게 하는가 등의 뿌리 깊은 지향성을 드러내기 때문이다. 외향적인 개인과 내향적인 개인은 동일한 사건이라도 서로 다르게 경험하고, 이해하고, 반응하는 경향이 있다. 그러나 우리는 외향적 또는 내향적 태도의 어느 하나를 강조하는 경향이 있는데, 실제로 우리 대부분은 두 가지 태도를 함께 갖추고 있다.

인구의 약 75%는 외향적인 태도를 지닌 사람이고, 약 25%는 내향적인 사람으로 여겨진다.[21] 서양 문화에서는 약간의 평화와 조용함, 얼마간의 고독, 그리고 자신만의 공간을 선호하는 개인은 무언가 문제가 있다고 생각하는 것이 일반적이다. 커시와 베이츠는 다음과 같이 언급했다. "실제 서양 문화는 외향적이고 사회적이고 교제를 좋아하는 기질을 선호하는 듯하다. 고독을 원하고 필요로 하는 사람들은 종종 불친절한 태도를 갖고 있는 것으로 여긴다."[22] 비서양 문화권에 살고 있는 사람들은 에너지를 직접적으로 그리고 외부로 발산하는 사람들보다는, 심리적 에너지의 방향을 간접적으로 그리고 내부로 돌리는 사람을 더 인정하고 지지하는 경향이 있다는 것을 고려할 때, 외향성-내향성은 태생적 · 유전적인 태도와 더불어 문화적 규범에 순응하기 위해 학습한 기술의 결합이라는 융의 믿음은 옳았다고 할 수 있다. 예를 들면, 내향적인 사람이 직업상 대규모의 왁자지껄한 칵테일 파티에 참석해야만 하는 기대에 부응하기 위해 사회적 기술과 태도를 습득할 수도 있다. 다른 한편, 외향적인 사람은 '그 모임을 주도하는 것'을 훌륭하게 배울 것이다. 이 둘의 차이는 내향적 사람은 위의 경험을 부담스럽고 피곤하다고 생각하는 반면에 외향적 사람들은 이를 아주 신나고 확실히 즐거운 것으로 여긴다는 것이다.

양자택일보다는 하나의 차원: 그러나 외향과 내향의 태도를 생각하면서, 우리는 두 가지 극단(한쪽은 내향, 다른 한쪽은 외향)의 특징을 다루고 있다는 것을 강조해야 한다. 우리의 태도는 한 극단이나 다른 극단으로 기울어져 있지만, '순수하게' 한 극단의 성향만을 보이는 유형은 매우 드물다. 즉, 내향적인 사람이 완전히 다른 사람들과 함께 즐기고 사회화하고 공유하는 능력이 없는 것은 아니다. 또한 외향적인 사람들이 홀로 업무에 집중하고 조직의 '압박감'으로부터 벗어나 휴식을 취하지 못하는 것도 아니다. 이러한 차원에서 유형을 규명하는 것은 사회성과 경계 영역 사이의 균형이다.

감각-직관(인식의 과정)과 사고-감정(판단의 과정) 서로 다른 유형의 사람들이 각기 환경과 관계를 맺는 방법을 기술하면서, 융은 두 가지의 이성적 기능과 두 가지의 비이성적 기능이 있다고 말했다. 이성적 기능은 사고와 감정이고, 비이성적 기능은 감각과 직관이다. 이것은 환경 속에서 한 사람이 어떻게 사건을 경험하고, 판단하고, 행동하는지를 암시한다. 일반적으로는 한두 가지 기능이 복합적으로 개인에게서 강하게 나타난다. 네 가지 기능은 아래와 같이 요약된다.

> 생각하고 느끼는 이성적인 기능은 정보를 평가하고 판단한다. 사고(thinking)는 정보나 상황을 평가하기 위하여 원칙에 의거한 이성, 논리, 그리고 비인격적 분석을 통해 정보와 상황을 평가한다. 판단을 위해서는 정보의 충분성과 타당성, 논리성이 기준이 된다. 반대로 감정(feeling)은 판단을 하기 위해서 감정적 또는 인간적 가치를 활용한다. 감정에서 가장 중요한 것은 다른 사람에게 미치는 판단의 영향이다. 감정을 느끼는 사람은 판단이 중요한지 그렇지 않은지, 가치 있는지 또는 없는지를 주관적으로 따진다.
>
> (비이성적인) 기능인 감각, 직관은 정보에 대한 평가나 판단 없이, 단순히 정보를 수용하고 처리한다. 감각(sensation)은 지각 혹은 감각기관에 의해 전달된 느낌을 말한다. 감각은 구체적이고 눈에 보이는 현실에 관심을 둔다. 감각 유형의 사람들은 사실에 의해 지지될 수 없는 생각에 대해서는 불신한다. 직관(intuition)은 무의식을 통한 인식이다. 직관적인 사람은 지각을 위한 구체적인 토대를 인식하지 않고도 지각에 도달할 수 있다. 직관적인 사람은 과거나 현재에서 미래에 대한 가능성으로 비약할 수 있다. 그리고 그들은 다양한 현상 사이의 복잡한 관계를 지각할 수

있다.[23]

인식-판단(외부 세계 다루기) 마이어스와 브리그스는 개인의 성격 유형을 확인하기 위한 도구를 개발하면서 사람들이 자신들을 둘러싼 세계를 다루는 데 사용하는 행동의 네 번째 차원을 추가했다. 이는 바로 인식(perceiving)과 판단(judging)이다. 인식적인 개인은 환경을 이해하기 위해서 감각이나 직관을 사용하는 경향이 있다. 한편, 환경과의 상호작용에서 사고나 감정을 사용하는 경향이 있는 사람은 판단 유형의 사람으로 설명된다. 예를 들면, 감각-판단 성격의 사람은 삶에서 보다 논리적이라고 여겨지는 반면에, 감정-판단 성격의 사람은 그에 비해 보다 감성적이다.

기질과 조직 행동에 대한 마지막 고찰

지금까지 살펴본 것처럼, 지능과 성격 유형의 예를 사용한 많은 심리학자들은 다양한 개인의 성격이 동기에 작용하는 역할에 초점을 맞추었다. 즉, 개인의 성격이 동기의 기본이라고 생각한 것이다. 대체로 개인의 성격은 무엇이 인식되고 이해되는지를 정의하고 묘사함으로써 개인의 환경을 글자 그대로 '구성'한다. 성격은 사람들이 한 가지의 것에 집중하게 하고, 왜 개인이 어떤 일들에서는 지속적이지만 다른 일에서는 산만한지에 대한 이유를 설명한다. 개인차의 관점에서 보았을 때, 상황을 이해하는 것은 사람이 조직 환경과 상호작용하면서 생각하고 느끼고 경험하는 방식을 통해 배우는 것이다. 이런 개인적 특성은 어느 정도가 선천적이고 어느 정도가 학습된 것인가? 실용주의적인 관점에서 잘 알 수는 없지만 학자들에게 있어서 이 논쟁은 지속되고 있다. 그러나 동기에 관한 많은 이론들은 개인이 보편적으로 어떤 내재적인 요구에 반응한다는 가정 위에서 발전했다.

내재적 동기

인간 외부의 동기 요인(예, 당근과 채찍)을 강조하는 행동주의자의 이론 외에도 동기에 관한 다른 두 개의 주요 관점이 있다. 바로 인지주의 관점(cognitive perspective)과 인본주의 관점(humanistic perspective)이다. 두 관점은 동기를 내적인 것 또는 인간의 내부로부터 유발된 것으로 바라본다.

동기에 관한 인지주의 관점

동기에 관한 인지주의 관점은 인간이 세상을 이해하고 이치를 깨닫고 그들의 삶에 대한 통제권을 갖추고 점차 자기주도적으로 발전하기 위한 내적 동기를 가지고 있다는 믿음에 기반한다. 내적 동기는 개인이 목적을 가지고 일을 할 수 있도록 자극하고 힘을 제공하는 어떤 내적 특징들을 유발한다고 여겨진다. 피아제(Piaget) 학파의 인지주의 관점은 세상을 살아가는 데 있어서 질서, 예측성, 분별성, 논리에 대한 욕구가 인간의 동기를 북돋는다고 가정한다. 이것이 피아제 이론의 중심인 평형 상태(equilibration)다.[24] 피아제는 평형 추구 과정을 서술하기 위해서 평형 상태란 용어를 사용했다. 조직 생활에 평형 상태의 개념을 적용하면서, 우리는 규칙성, 예측 가능성, 그리고 신뢰성을 발전시키기 위한 조직적 일상을 바람직한 동기화 과정으로서 강조하곤 한다.

성취 동기 존 앳킨슨(John Atkinson)은 모든 개인은 성취 욕망(n Achievement or n Ach)과 실패 회피 욕망이라는 두 가지 학습된 특성에 따라 행동한다고 생각했다.[25] 어떤 사람들은 성취 욕망이 높고(high n Ach), 실패 회피 욕망은 낮다(low avoidance). 반면에 어떤 사람들은 성취 욕망이 낮고, 실패 회피 욕망이 높다. 이러한 두 가지 다른 동기 특성을 지닌 사람들의 행동은 명백하게 다르게 나타난다. 앳킨슨의 연구는 친한 동료이자 오랜 시간을 함께 보낸 협력자였던 데이비드 맥클리랜드(David McClelland)에 의해서 실행되고 확장되었는데, 그의 연구는 미국 기업 관리자들의 행동을 이해하고, 자유시장 자본주의의 기업가 정신을 개념화하는 데 큰 영향을 미쳤다. 이 개념이 성취 동기 이론과 결합되면 경쟁의 매우 강력한 요소가 된다.

높은 성취 욕망을 가진 사람은 경쟁 상황에서 성공적이고 열의와 활기가 있다. 반면에, 높은 실패 회피 욕망을 가진 사람들은 경쟁을 피하는 경향이 있고 경쟁에서 스트레스를 받는다. 그러나 접근-회피[6] 개념은 인간 특성의 잠재성에 관한 것이 확

---

6) 역자 주: 접근-회피(approach-avoidance) 개념은 미국 컬럼비아 대학교의 심리학자 토리 히긴스(Tori Higgins)가 설명한 것으로, 어떤 일을 하도록 만드는 두 가지 상반된 동기의 개념을 구분한 것이다.

실하다. 한 사람은 어떤 상황에서 높은 회피 행동을 하지만 다른 상황에서는 성취 동기가 높아지고 경쟁적인 행동에 많이 참여할지도 모른다. 예를 들면, 수줍어하고 자기를 내세우지 않는 젊은 여성은 아마도 공개 석상이나 크고 화려한 유명 파티를 꺼릴지도 모른다. 그러나 그녀가 세계 수준의 오케스트라와 수천만 관중 앞 무대로 걸어가서, 오래된 동료뿐만 아니라 비평가들이 아주 작은 실수라도 찾기 위해 유심히 듣고 있는 것을 알면서도 훌륭한 바이올린 솔로 연주를 할 수도 있다.

성취에 관한 연구에 따르면, 성공 지향적인 사람들(높은 성취 욕망-낮은 실패 회피 욕망)은 일반적인 기준을 훨씬 뛰어넘는 성취를 거두고, 경쟁에서 살아남으며, 마침내 승자가 된 것에 대해 갈채를 받는다. 레이건과 부시 대통령 시대에 높은 성취 욕망을 가진 사람들은 열정적이고, 위험을 감수하며, 강인하고 끈질기고, 제한된 목표를 성취하는 데 관심을 기울이고, 시간에 쫓기며, 종종 타인에 대한 배려가 부족한 것으로 생각되었다. 반대로 실패 회피자(낮은 성취 욕망-높은 실패 회피 욕망)는 더욱 방어적으로 행동하고, 손실을 줄이기 위해 조심하며, 때로는 상황을 재구조화하여 실패가 성공으로 재정의될 수 있도록 만들기도 했다.

높은 성취 욕망을 가진 사람들은 경쟁에서 성공과 승리를 기대하고 맛보지만, 반대 성향의 사람들은 실패와 굴욕감을 피하고자 한다. 높은 성취 욕망을 가진 자가 성공하기 위해 열심히 그리고 집요하게 일하는 것과는 달리 실패 회피자는 행동하지 않거나 성공의 가능성을 높이기 위해 그들의 욕망을 낮추는 경향이 있을지도 모른다. 그러나 지나친 일반화를 하지 않도록 조심해야 한다. 실패 회피자들 역시 열심히 노력하고 종종 그 과정에서 크게 성공할 수 있다. 마틴 코빙턴(Martin Covington)은 이것을 '실패에 대한 정면 공격-성공을 통한 실패 회피(a frontal assault on failure-avoiding failure by succeeding)'라고 묘사했다. 그리고 "이러한 두려움이 이끌어 낸 성공은 대단한 것이다."라고 설명했다. "실패를 두려워하는 많은 학생들은 성적우수 장학생, 수석 졸업생, 그리고 전국과학전람회(National Science Fair)의 우승자다. 그러나 이러한 외적인 성공에도 불구하고 두려움이 이끌어 낸 성공이야말로 궁극적으로 학문의 시련을 극복한 것이라고 볼 수 있다. 개인의 자존감은 위험한 역경에 대항하면서 갈수록 더 집요하게 성공에 의존하게 된다."[26] 핵심은 실패를 회피하고자 하는 사람은 강한 동기를 가진 사람일 수 있다는 것이다.

퍼디낸드 호피(Ferdinand Hoppe)가 쿠르트 레빈(Kurt Lewin)의 실험실 보조로 있었던 1930~1931년에 그는 인간의 동기에서 자신감, 기대, 그리고 열망의 역할과 관련한 획기적인 연구를 했다. 마틴 코빙턴은 앳킨슨과 맥클리랜드가 확실히 알고 있었던 호피의 실험 연구를 이렇게 묘사했다.

(베를린에 위치한) 레빈의 실험실은 그 시대의 연구 부속품들로 가득했다. 회전 롤러 위에서 일련의 핀들이 일정한 속도로 움직일 수 있게 한 특이한 컨베이어 벨트가 있었는데, 이것은 사격장에 있는 오리들의 열과 매우 비슷했다. 이 예상 밖의 기구는 인간이 성공과 실패를 심리학적으로 어떻게 정의하느냐는 질문에 대한 실마리를 제공했다. 어떤 특별한 성취가 성공인지 아닌지를 판단할 때, 일관된 척도는 거의 없다. 그러나 이것은 확실히 우리가 객관적으로 키, 몸무게, 온도를 측정하는 것과 의미가 달랐다. 성공과 실패는 사람들에게 서로 다른 의미를 갖는다. 같은 성취도라 할지라도 한 사람에게서는 자긍심을, 다른 사람에게서는 자기-비난을 유도할 수 있다. 이는 '한 사람의 성공은 다른 사람에게는 실패'라는 자명한 이치를 떠올리게 한다. 그러나 호피가 발견한 것과 같이, 주관성이 개입된 이러한 판단들은 적법한 절차에 의해 내려졌다.

호피는 고리 던지기 실험을 위해 지역 상인들과 대학생들을 초대했다. 이것은 각각 다른 목표점으로부터 움직이는 핀 위에 고리를 던지는 것이다. 어떤 실험자는 20개 중 8개의 고리를 핀에 걸고 만족감을 느꼈다고 말했다. 반면에 어떤 실험자는 정확하게 던진 것이 12개밖에 안 된다는 것에 극심한 좌절감을 표출했다. 추가적으로 호피는 각 개인이 성공했다는 느낌을 얻기 위해서 필요한 성취 수준은 시간이 지나감에 따라 변화함을 발견했다. 초기에는 성공했다고 판단된 점수가 후의 실험에서는 불만족스럽다고 여겨진 것이다.

호피의 발견으로 많은 중요한 통찰이 이루어졌다. 예를 들어, 심리학적 마음 상태인 성공과 실패 외에도 자신감(self-confidence)이라는 개념에 의미를 부여할 수 있게 되었다. 자신감은 객관적인 용어로 설명되지 않는다. 어떤 사람들은 모두에게 희망이 없는 것처럼 보이는 상황에서도 그들 스스로에게서 희망의 빛을 발견한다. 동시에, 다른 사람들은 모든 것이 그들에게 주어졌음에도 불구하고 자신감이 없는 결정을 내리기도 한다. 기본적으로 자신감은 각 개인이 상을 받고, 경쟁자를 물리치고, 또는 호피의 실험에서처럼 충분한 수의 고리를 정확하게 던질 수 있다고 믿는 정도를 의미한다.[27]

맥클리랜드와 '자본주의 정신' 맥클리랜드는 성취 욕망과 실패 회피 욕망을 상대적으로 안정적인 개인적 특성이면서 다양한 환경에서 행동을 예측하는 데 가치가 있는 특성으로 여겼다. 그는 이러한 생각을 보다 넓은 사회와 세계 국가들의 경제적 성장으로 확장시켰다. 그의 첫 번째 가정은 높이 동기화된 사람은 사회 그 자체를 바꿀 수 있다는 것이다. 두 번째 가정은 사회가 그 사람들의 성취 동기의 활용과 향상을 촉진할 때 경제적 성장이 이루어질 수 있다는 것이다. 즉, 성취 지향에 높은 가치를 두고 높은 성취 욕망을 발전시킬 수 있는 태도, 기술, 습관을 학교와 집에서 가르친다면 경제적 성장이 실현될 수 있다는 것이다. 맥클리랜드는 이렇게 믿었고 여전히 많은 사람들이 이를 강하게 믿고 있다.

따라서 맥클리랜드는 동기에 대한 담론을 사회적 · 정치적 · 경제적 정책의 영역으로 승격시켰다. 예를 들면, 맥클리랜드는 사회를 '자본주의 정신'을 가진 높이 동기화된 사회〔그는 이 사회를 성취사회(the achieving society)[28]라 했다.〕로 변화시키기 위해서는 자녀양육 습관과 학교교육을 최초 개입 지점으로 해야 한다고 주장했다.

사회문화적 규범으로서의 높은 성취 동기와 사람들의 경제적 생산성 간에 관계가 있다는 이 믿음은 아름다운 시절(Belle Époque)[7]에 『개신교 윤리와 자본주의 정신(*The Protestant Ethic and the Spirit of Capitalism*)』[29]을 저술한 막스 베버의 관찰과 놀랄 만큼 유사하다. 베버는 유럽 사람들의 일상생활에서 로마 가톨릭과 청교도 정신이 언제 어디서든 강력한 사회적 원동력이었던 시대에 살았다. 두 종교는 자녀양육 습관과 학교교육뿐만 아니라 사람들의 윤리적 믿음에도 강력한 영향력을 행사했다. 그러므로 유럽 내에서 청교도 국가와 로마 가톨릭 국가의 생산성과 경제적 발전이 서로 다르다는 베버의 관찰은 중요한 의미를 지녔다. 베버는 관찰된 차이에 있어 많은 부분이 '청교도 윤리'에 의해 설명된다고 믿었다. 청교도 윤리는 개인의 신념과 독립성, 개인적 즐거움의 배제, 근면은 본래적으로 좋은 것이라는 믿음을 강조한다. 우리가 상상할 수 있는 것처럼, 이 관점은 시간이 지남에 따라 많은 논쟁을 유발했다. 그러나 이러한 논쟁 역시 내부적 동기와 외부적 동기에 관한 서양인들의 사고에 많은 영향을 미쳤다. 맥클리랜드와 그의 제자들에 의해 수행된 광범위한 연구는 개인적 성취, 근면, 개인 책임의 필요성을 강조하는 사회는 높은 생산성과 경제적 발전을 이룰 수 있을 것이라는 주장을 강하게 지지했다. 실제로 우리는 공산주의가

7) 역자 주: Belle Époque는 19세기 말부터 20세기 초, 제1차 세계대전 이전의 평화롭고 아름다웠던 시기를 의미한다.

종결된 오늘날, 동유럽 국가의 변화 노력에서 이 주장을 입증하는 사례를 목격할 수 있다. 구소련의 영향권에 속했던 동유럽 국가들이 구소련 스타일의 관료제를 던져 버리고 자유시장, 자본주의 문화의 외형, 가치, 그리고 근로 행동을 도입하기 위해 노력하면서 그들의 사회와 경제를 변화시키기 위해 힘쓰고 있다.

사회인지 이론과 자기효능감 알버트 반두라(Albert Bandura)의 업적은 전반적으로 심리학 특히 교육심리학에 굉장한 영향을 미쳤다.[30] 그는 인간행동에 영향을 미치는 외부의 힘을 강조하는 행동주의자들의 원리와 생물학적 특성을 강조하는 인간 기능 이론(human functioning theories)의 제한점을 발견했다. 그는 인간행동은 인지와 같은 개인적 요인, 환경적 요인, 그리고 행동 간의 역동적인 관계의 결과라고 믿었다. 이것은 개인과 조직 문화에 대한 $B=f(p \cdot e)$ 공식을 받아들인 것이다. 더 나아가 그는 "행동, 인지와 여타 개인적 요인, 그리고 환경의 영향력은 서로에 대한 결정 요인으로서 모두 상호적으로 영향을 미친다."[31]고 진술했다. 반두라는 이것을 삼자 상호작용성(triadic reciprocality)이라고 명명했다. 또한 반두라는 사람들을 내부적 특성에 의해 동기화되거나, 환경에 의해 통제되는 반동적 유기체가 아니라 자기-동기화되고, 자기-반성적이며 주도적으로 행동하는 존재로 보았다. 삼자 상호작용성은 [그림 11-1]처럼 도식화할 수 있다.

초기에는 사회학습 이론(social learning theory)이라고 불렸지만, 반두라는 이를 사회인지 이론(social cognitive theory)으로 바꾸었다. 왜냐하면, 그는 인지 과정이 사회학습을 조정한다는 것을 발견했기 때문이다. 이 이론의 특징은 개인이 적극적으로 그들의 발달을 통제할 수 있고, 행동을 통해 발달이 일어날 수 있다는 것이다.

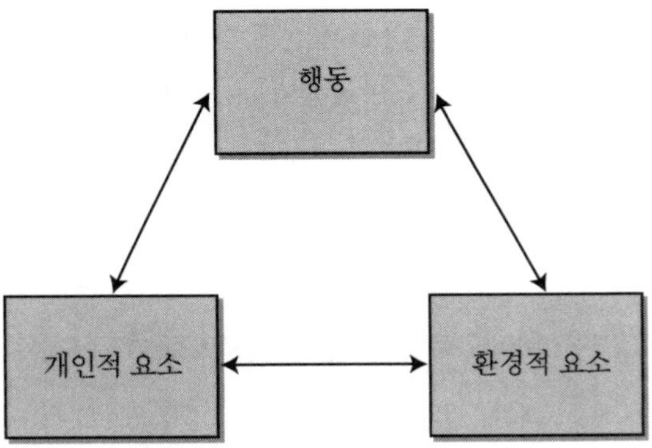

[그림 11-1] 삼자 상호작용성

그러나 사람들의 행동은 그들이 잘 수행할 수 있다고 믿는 것, 즉 자기효능감(self-efficacy)의 영향을 받는다. 사람들은 자신들이 잘할 수 있다고 믿지 못하는 상황들을 회피하는 경향이 있다. 그리고 잘할 수 있다고 믿을 때 그들은 열성적으로 그러한 행위들을 수행한다. 이것은 특정 활동의 가치 또는 중요성에 대한 개인의 인식과 결합된다. 그래서 이 둘은 동기에 영향을 미친다. 자기효능감은 우리가 선택할 때 이 선택에 얼마나 많은 노력을 기울일 것인가, 그리고 어려움에 봉착했을 때 우리의 선택을 얼마나 지속시킬 것인가를 결정하는 데 영향을 미친다. 만약 어떤 사람들이 자신들의 능력을 과대평가하면 그들은 자신들이 잘 완수할 수 없는 활동을 하거나 그들 자신과 타인들을 어려움에 빠뜨릴지도 모른다. 다른 한편으로 어떤 사람들이 일을 완수할 자신의 능력을 과소평가한다면 그들은 잠재적으로 그들에게 보상을 줄 활동, 즉 특별한 업무에서의 그들의 자기효능감을 향상시켜 줄 활동으로부터 멀어지게 될지도 모른다. 이 모든 것은 리더들에게 교원의 전문성 신장과 교수-학습 영역에서 많은 함축적 의미를 제공한다.

자기효능감은 다음과 같이 네 가지 원천을 통해 발생한다.[32]

1. **성취 경험**(enactive attainment): 성공적이든 아니든 간에 특정 업무를 수행하는 데 있어서의 개인의 경험을 의미한다. "성취 경험은 효능감 정보의 가장 강력한 원천을 제공하는데, 왜냐하면 이것은 진정으로 완숙된 경험을 바탕으로 하기 때문이다."[33] 완숙된 경험을 많이 갖게 될수록 같은 업무에서 실패를 잘 견딜 수 있게 된다. 또한 일을 더 어렵게 인식할수록 그 일을 수행하는 자기효능감의 영향력도 높아진다.
2. **대리 경험**(vicarious experience): 다른 사람이 일을 수행한 것을 보거나 상상하면서 얻는 경험을 의미한다. 다른 사람이 업무를 성공적으로 수행한 것을 관찰하는 것은 자신 또한 그 업무를 할 수 있다는 믿음에 영향을 준다. 반대로 다른 사람이 실패한 것을 보는 것은 자기효능감에 부정적 영향을 미친다. 물론 이것은 그 업무와 관련한 본인의 경험(성취 경험)에 의해 영향을 받는다.
3. **언어적 설득**(verbal persuasion): 일을 수행하는 자신의 능력 및 인식된 일의 중요성 또는 가치에 관해 다른 사람들로부터 받는 긍정적이거나 부정적인 정보를 의미한다. 특별히 한 개인이 일을 수행하는 자신의 능력에 관해 어떤 믿음을 갖고 있다면, 언어적 설득은 개인들이 노력하고 일을 지속적으로 하도록 돕는

데 유용하다. 피드백을 주는 사람이 같은 업무 분야에서 유능하다고 인식될 때, 그리고 피드백이 긍정적일 때, 언어적 설득은 더욱 효과적이다. "교직의 경우에는 장학관, 멘토, 상담가의 경험과 지식이 개인적 효능감을 향상시키는 데 효과적인 수행 피드백으로 존중되어야 한다."[34]

4. **생리적 상태(physiological state)**: 일을 수행하는 데 발생하는 개인의 내적인 생리적 반응을 의미한다. 높은 스트레스나 불안은 성공적으로 일을 수행할 수 있는 능력을 감소시키고 오직 스트레스와 두려움이라는 반응을 증가시킬 뿐이다.

자기효능감의 개념은 자아개념(self-concept)이나 자아존중(self-esteem)과 구별될 필요가 있다. 비록 자아개념과 연결되지만, 자기효능감은 특정한 일 또는 특정한 일의 유형을 수행하는 사람들의 능력에 대해 맥락적-구체적(context-specific)이다. 자아개념은 개인의 일반적인 능력과 자아존중감의 판단에 관한 좀 더 총체적인 평가다. 자아개념과 자아존중은 중요한 타인으로부터의 피드백과 삶의 경험을 근거로 한다. 그러나 특정 과업 수행 능력에 관한 다수의 긍정적 성취경험, 대리경험 그리고 언어적 설득에 의해 뒷받침될 때, 자기효능감은 확실히 자아개념에 영향을 미친다. 예를 들어, 어떤 사람은 수학 공부와 같은 구체적인 일을 수행할 때 높은 자기효능감을 느낄지도 모른다. 그러나 그는 자신의 전반적 학습능력에 관해 낮은 자아개념을 가지고 있을지도 모른다. 그러므로 자신의 수학성취도에 대해서 자랑스러워하지 않을 것이다. 반대로 어떤 사람은 긍정적인 자아개념을 가질지 모르지만 다양한 구체적인 업무를 수행할 수 없다고 느낄지도 모른다. 낮은 자아개념과 관련된 감정을 회피하기 위해 높은 자기효능감을 가질 수 있는 제한된 활동에 이끌릴 수 있다.

개인처럼 조직도 집단 효능감(collective efficacy)을 가질 수 있다. 반두라는 집단 효능감을 이렇게 설명했다.

> 집단, 조직, 그리고 국가의 힘은 부분적으로 사람들의 집단 효능감에 달려 있다. 집단 효능감은 합심한 노력을 통해 사람들이 그들의 문제를 해결하고 삶을 향상시킬 수 있다는 것을 의미한다. 인식된 집단 효능감은 사람들이 집단으로서 무엇을 할지를 선택하는 것, 그 선택에 얼마나 많은 노력을 쏟아부을 수 있는가에 관한 것, 그리고 집단의 노력이 결실을 만들어 내는 데 실패하였을 때 집단의 지구력에 영향

을 미친다.[35]

예를 들어, 만약 집단이 변화를 유지할 수 있는 강한 효능감을 가지고 있다면, 그들은 변화를 저해하는 외부 노력에 저항하고 대처할 수 있을 것이다. 이 특수한 예에서, 자기효능감과 집단 효능감은 역경으로부터 다시 회복할 수 있는 능력을 말하는 집단 탄력성에 영향을 미친다. 그러나 반대의 경우도 발생할 수 있다. 만약 개인이 어려움에 직면한다면, 그리고 그 어려움들을 극복하는 것이 가능하다고 믿을 수 없다면 집단은 노력을 멈출 것이다. 집단 효능감은 변화를 실행하기 위한 조직의 노력에 커다란 영향을 미친다.

이 모든 것은 근로자의 자기효능감과 집단효능감의 수준을 인식할 필요가 있는 조직의 리더에게 중요하다. 높은 효능감을 지닌 근로자는 성공적인 결과를 얻기 위해 지속 가능한 노력을 할 것이다. 물론, 반대의 경우도 사실이다. 그들 스스로 과업을 완성할 수 없다고 보는 근로자들은 과업을 수행하는 데 열성적이지 않거나 노력을 이른 시기에 멈출 것이다. 이것은 연구를 통하여 사실로 밝혀졌다. 직업 현장에서의 자기효능감에 대한 메타 분석을 통해 자기효능감과 업무 관련 과업 수행 사이에는 강한 정적 상관이 있음이 밝혀졌다. 고양된 자기효능감은 업무 수행에서 28%라는 놀라운 향상을 가져왔다.[36] 그러나 자기효능감과 업무 수행의 관련성은 업무의 복잡성과 통제의 소재(the locus of control)에 따라 달라졌다. 여기서 통제의 소재란 과업을 실행하는 과정에서 참여자가 얼마나 많은 통제를 느끼느냐는 것이다. 이는 개인들이 업무를 수행할 수 있다는 믿음과 기술, 그리고 그 수행에 있어서 통제권을 가진다는 측면에서, 조직에 시사하는 함축적 의미가 크다.

자기효능감 이론과 연구에 따르면, 리더는 다음의 간단한 지침을 통해 직원들이 성공적으로 변화를 실행시킬 수 있는 최상의 기회를 맛보게 할 수 있다.

1. 다른 무엇보다도 직원들은 과업에 대해 명확하게 이해하고 업무 수행을 위해 필요한 기술을 갖출 수 있도록 훈련받아야 한다.
2. 개인과 집단이 성공을 경험할 수 있도록(성취경험), 훈련은 과업을 수행하는 데 있어서 적극적인 실습을 제공하여야 한다.
3. 훈련 과정은 다른 성공적인 성취 사례에 대한 관찰을 포함해야 한다(대리경험).
4. 리더들은 훈련이나 이행과정에서 오는 모든 이점을 활용해야만 한다. 이는 리

더가 이러한 과정에서 긍정적인 피드백을 제공할 수 있고, 다른 사람들 역시 개인적·집단적 이행과정에서 피드백을 제공하는 것을 장려하기 위해서다(언어적 설득).

5. 리더는 장애가 되는 외부의 부정적인 영향력으로부터 조직을 보호할 필요가 있다. 직원들은 그들 스스로 수행의 완벽한 통제력을 가지고 있다고 봐야 한다. 그리고 그들은 외부로부터 보호받고 있다고 생각해야 한다(통제의 소재).
6. 개인과 집단이 그들의 성취를 판단할 수 있도록 수행 기준이 제공되어야 한다.

인본주의 관점

동기에 관한 인지주의 관점은 우리가 인식하는 대로 세상을 이해하고, 우리 삶에 통제권을 행사하고, 내부 지향적 태도를 취하는 가운데서 동기화된다고 본다. 반면에 인본주의 관점은 지속적으로 성장·발전하고, 자아존중감을 향상시키고자 하며, 만족스러운 인간관계를 맺고자 하는 개인적 욕구가 동기부여의 원동력이라고 주장한다. "이 접근은 우리 내부에서 일어나고 있는 것을 이해하기 위한 탐색이다. 우리 내부에서 일어나고 있는 것이란 우리의 욕구, 필요, 욕망, 감정, 가치, 그리고 우리가 하고자 하는 방식으로 행동하는 것이 무엇인지를 인식하고 이해하는 독특한 방법들이다. … 그것은 바로 학생들로 하여금 현재 배우고 있는 것이 자신에게 적합한 것임을 깨우치도록 교사들이 실천하는 것이다."[37]

그러므로 동기는 이미 우리에게 결정된 것이 아니라 내면화된 것이다. 동기는 성장, 발전, 성숙, 새로운 경험에 의한 강화를 지속하려는 선천적이고 계속 진행 중인 인간 성향을 강조한다. 그러므로 개인은 언제나 진행의 과정 속에 있다. 이러한 관점에서 동기화되지 않은 사람이란 없다. 아더 콤스(Arthur Combs)가 덧붙인 것처럼, "사람은 언제나 동기화되어 있다. 사실 사람은 결코 동기가 없는 상태일 수 없다. 그들은 우리가 선호하는 것을 하도록 동기부여되지 않았을 수도 있다. 그러나 이러한 경우에도 결코 그들이 동기화되지 않았다고 말할 수는 없다."[38] 경험이 많은 교사들이 교육감이 옹호하는 교육과정과 교수법으로의 최근 전환에 열정을 보이지 않는다고 해서 그들이 동기화되지 않은 것은 아니다. 그 교사들은 교육감이 선호하는 영역에 동기화되지 않았을지도 모른다. 그들은 아마도 요구되는 것과 그들의 내적 성취감 사이의 연관성을 거의 보지 못했을 것이다.

에이브러햄 매슬로: 위계적 욕구로서의 동기 인간 동기를 이해하는 가장 강력하고 지속적인 방법 중 하나는 에이브러햄 매슬로(Abraham Maslow)에 의해서 발전되었다. 그는 그 시대의 다른 실험 심리학자들과 달리 사람들의 삶 속에서 보이는 동기의 패턴을 연구하고자 했다. 그는 사람들이 자신이 가지고 있는 최대의 성장 잠재력을 실현하도록 내부로부터 추동(推動)된다고 믿었다. 이것의 궁극적인 목적은 자아달성(self-fulfillment), 때로는 자기실현(self-realization)이라 불린다. 그러나 매슬로는 이것을 자아실현(self-actualization)이라고 불렀다. 매슬로가 연구한 앨리너 루스벨트(Eleanor Roosevelt), 토머스 제퍼슨(Thomas Jefferson) 및 알버트 아인슈타인(Albert Einstein)과 같은 사람들은 자신의 삶에서 자아실현을 달성했다. 그리고 많은

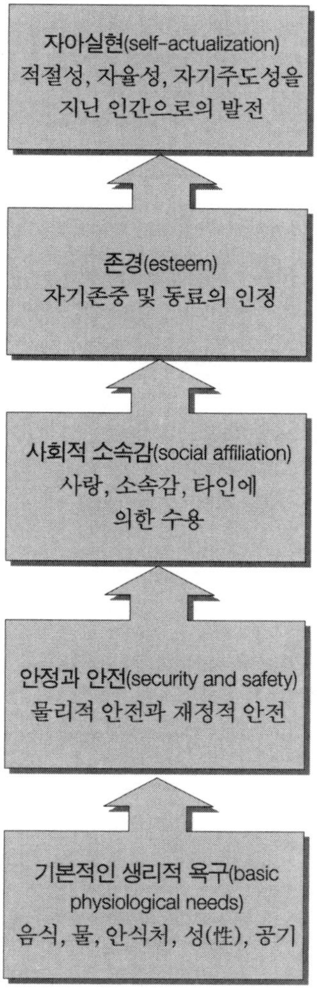

[그림 11-2] 매슬로의 동기 이론에서 제시된 욕구위계

사람들은 자아실현을 이루지는 못하였지만 그것을 향해 모두 노력하고 있다. 매슬로 연구의 특수성은 욕구가 위계적이라는 점인데, 이는 [그림 11-2]에 잘 나타난다. 인간의 욕구는 생존에서 비롯된다. 그리고 욕구는 우리를 계속적인 성장과 발전으로 이끄는 질서 정연하고 연속적이며 위계적인 패턴으로 나타난다.[39] 매슬로는 하위 욕구가 먼저 충족되지 않으면 상위 욕구에 의해 동기화될 수 없다는 사실을 묘사하기 위해 우선순위(prepotency)라는 용어를 사용했다. 예를 들면, 우리는 모두 생존을 위한 욕구를 가지고 시작하며, 이것의 기본은 음식, 물, 옷, 그리고 안식처다. 그 다음의 상위 욕구는 안전으로, 신체적 혹은 심리적 해악으로부터의 두려움이 없는 상태다. 그러나 생존을 위한 욕구가 우세하다. 생존을 위한 욕구가 먼저 만족되지 않고는 안전을 위한 욕구를 고려할 수 없다. 안전을 위한 욕구가 만족된 후, 우리는 소속감을 추구한다. 소속감은 친밀감, 다른 사람에 의해 받아들여지는 것, 사랑을 의미한다. 일단 소속감의 욕구가 충분히 만족되면 우리는 다음의 상위 욕구인 자기존중을 위한 욕구에 의해 동기화된다. 자기존중은 다른 사람으로부터의 인정과 존경으로부터 발생한다.

결핍 욕구와 성장 욕구: 매슬로의 위계에서 하위의 4개 욕구는 결핍 욕구라고 불린다. 왜냐하면 이 결핍은 사람들이 그것들을 충족시키도록 동기를 부여하고, 이 결핍이 충족되기 전까지 사람들은 상위 단계의 욕구에 반응하기 힘들기 때문이다. 그러므로 학교가 안전하지 않다고 느끼는 교사들이 인정, 승인의 욕구를 우선적으로 추구하거나 다른 교사들로부터의 수용을 추구하도록 높이 동기화되는 것은 쉽지 않을 것이다. 매슬로의 관점에 따르면, 우선순위가 높은 욕구인 안전을 위한 욕구가 먼저 충족되지 않는다면 학교에서 더욱 지원적이고 인정하는 풍토를 조성하기 위한 노력이나 참여적 의사결정 방안들을 활용하려는 시도에 문제가 발생할 가능성이 있다.

상위의 욕구들은 성장 욕구라 불리는데, 이것들은 서로 다르다. 성장 욕구는 완전히 충족되기 힘들다. 예를 들어, 어떤 사람이 심미적 감상력을 더 많이 학습하고 개발하고자 할 때 그러한 성장 욕구는 충족되지 않는다. 이것은 충족되기보다는 확장된다. 음악 애호가는 좋은 음악에 대해서는 결코 지치지 않으며, 더 공부하고 음반을 모으고 콘서트에 가면서 새로운 감상 수준과 보다 넓고 깊은 이해를 추구하기 위해 노력한다. 미국의 남북전쟁에 열성적 관심을 가진 사람은 책을 읽고 전쟁 장소를 방문하는 것만으로 그 호기심을 절대 충족시킬 수 없을 것이다. 그들은 곧 차오르는 에너지를 바탕으로 세미나에 참가하고 유적지를 여행하고 그 외에도 앎과 이해의 탐구를 추구하기 위해 주말과 휴가를 활용할 것이다.

성장과 자기발전을 위한 욕구가 확장되기 때문에 성장 욕구에 의해 동기화된 사람들은 앎과 이해의 탐구에 만족할 줄 모르는 듯 보인다. 많은 사람들은 홍미의 범위를 크게 확장시킨다. 그리고 어떤 사람들은 특정 부분에 대한 홍미에 보다 깊이 집중한다. 그러므로 성장 욕구에 대한 반응은 확장된 성장으로 이어진다. 개인 성장의 순환은 끝이 없는 듯하다.

동기에 대한 욕구위계는 행동주의자들의 시각과 비교할 때 매우 다른 관점을 지니고 있다. 행동주의자들은 주로 신중하게 통제된 보상과 벌을 강조한다. 예를 들면, 임금의 정당한 증가와 최종적으로는 '우수한' 교사에 대한 퇴직금을 통한 보상이다. 그리고 강등과 해임의 위협은 '열등한' 교사에 대한 벌이다. 동기에 대한 욕구위계 관점은 교사와 교장 사이에서의 거대한 심리적 에너지가 발생할 것이라는 현실적 가능성을 나타낸다. 그리고 시간이 지남에 따라 첫째, 그들의 부족한 부분을 충족하고, 둘째, 성장과 발전 욕구를 격려하면서 에너지는 확대되고 증가된다. 이것은 구성원을 동기화하는 조직적인 접근으로서 학교 내에서 성장 촉진적인 환경을 창조하기 위한 바탕이 된다.

직무 동기에 대한 적용: 라이먼 포터(Lyman Porter)는 조직에서 성장을 촉진하는 환경을 조성하는 데 매슬로의 욕구위계 개념을 활용했다.[40] 라이먼 포터의 해석은 [그림 11-3]에 나타난다. 포터의 관점에서는 위계구조에 새로운 수준인 자율성[41]을 추가함으로써, 매슬로의 위계성이 조직 환경에 더 적합해진다. 자율성은 각 개인에게 영향을 미치는 의사결정 과정에 참여하려는 개인의 욕구, 근무 환경을 통제하는 데 영향력을 행사하려는 개인의 욕구, 업무와 관련된 목표를 설정하는 데 발언권을 가지려는 개인의 욕구, 그리고 의사결정을 위한 권위와 독립적으로 일하기 위한 자유를 가지려는 개인의 욕구라고 할 수 있다. 포터의 욕구위계 개념을 사용하면 학교구, 학교, 그리고 고등교육기관과 같은 조직이 이러한 동기화 욕구를 만족시키는 원천이 될 수 있는 방법들을 비교적 쉽게 이해할 수 있다.

포터는 다음 질문을 대표하는 연구를 계속하여 수행했다. 그가 측정하고자 시도하였던 특성들 중에 그가 연구한 관리자 관련 특성은 다음과 같다.

1. 관리자들의 직무 수행에 의해 (어떤 위계적 수준에서) 어느 정도의 욕구 특성이 충족되는가?
2. 관리자들은 자신의 직무가 어느 정도까지 욕구 특성을 만족시켜야 한다고 생각하는가?

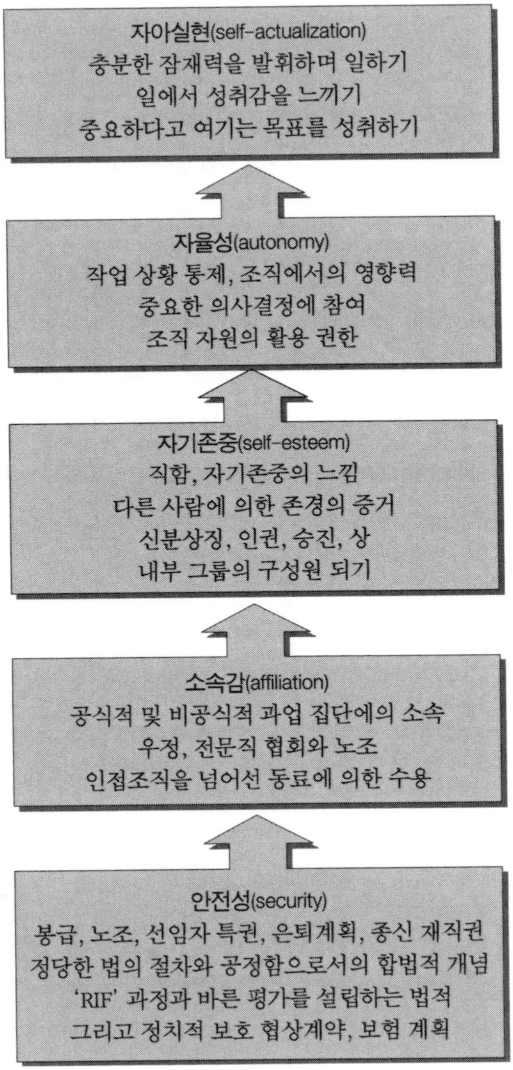

[그림 11-3] 포터 모형에 기반한 직무동기의 위계

첫 번째 질문(어느 정도까지 욕구가 충족되는가?)과 두 번째 질문(직무가 어느 정도까지 욕구를 충족시켜야 하는가?)의 차이는 개인이 경험하고 있는 욕구 만족의 양과 개인이 경험하고 있는 욕구 결핍의 측정 척도를 제공한다. 욕구 만족 또는 욕구 결핍과 사람들의 과업 수행 간의 관계를 이해하기 위한 노력으로서 이와 같은 연구가 널리 행해져 왔다.[42]

이러한 연구는 "인간행동은 충족되지 않는 욕구를 채우려는 목표를 가지므로 개인의 욕구 만족은 그의 업무 수행과 관련되어야 한다고 주장한다. 그리고 매슬로 이론이 예측한 대로, 쉽게 만족될 수 있는 하위의 욕구보다는 상위의 욕구가 과업 수행과 더 가깝게 관련되어 있다."[43]고 주장한다. 상당수의 연구물로부터 얻어진 하나의 일반화는 그것이 상황특수적(situation-bound)이라는 것이다. 즉, 경기가 좋고 일자리가 풍부한 경우에, 욕구 관련 연구는 하위의 욕구(예를 들면, 안전과 생리적 욕구)에 대해서 관심을 거의 기울이지 않는 경향이 있다. 왜냐하면 그것들은 현실에서 중요한 부분이 아니기 때문이다. 그러나 고용이 불안정한 시기와 장소에서는 하위의 욕구와 직무 만족감이 밀접한 관계가 있는 것처럼 보인다. 이렇게 명백한 일반적인 관찰은 인간 동기에 대한 광범위하고 일반적으로 적용 가능한 설명을 추구하는 사람들을 당황케 할 것이다.

교사가 교사 집단에게만 적용 가능한 어떤 특정한 욕구 동기에 의해 동기화된다고 가정하는 것은 아마도 비현실적일 것이다. 교사들 간의 변수는 매우 광범위하다. 삶과 경력관리의 목표, 가정이나 재정적인 문제를 다루는 것과 같이 개인적인 변수가 있다. 또한 상황적합성도 중요하다. 외투가 없어지거나, 도난당하거나, 강탈당할 위험이 있는 학교에서 일하는 교사들은 안전한 환경의 교사들과는 다른 욕구위계를 나타낼 것이다. 요지는 교육 조직에서 사람들의 행동 뒤에 숨겨져 있는 욕구 동기를 묘사하고, 설명하고, 예측하는 데 있어서 상황적합성이 결정적 기능을 한다는 것이다.

토머스 서지오바니(Thomas Sergiovanni)와 그의 동료들의 연구를 검토할 필요가 있는데 그 연구들은 "교사들이 (우선순위가 있는 욕구의) 위계에서 어느 단계에 있는지를 발견하고자 했다. 그들의 우선순위 욕구 단계를 알 필요가 있다."[44] 왜냐하면, (욕구위계 이론에 따라서) 불안전한 교사에게 자율성의 기회를 부여함으로써 동기화시킬 수 없고, 자율성을 추구하는 교사에게 안전함을 제공하여 그들을 동기화시킬 수 없기 때문이다. 더 심각한 것은 "교사들의 업무 욕구 수준을 과소평가하여 교사들의 유의미한 만족을 부정하는 사람들만큼이나, 교사들의 업무 욕구 수준을 과대 평가하고 과도하게 참여적인 행정으로 교사들을 겁주는 초보적인 학교 경영진이 비효과적일"[45] 가능성이다. 교사들의 '업무 욕구 수준'을 강조하기 위하여, 서지오바니와 그의 동료들은 두 가지 연구를 수행했다. 한 연구의 대상자는 뉴욕 주 북부 지방 외곽 학교구의 행정가와 교사들이었고 다른 연구의 대상자는 일리노이 주 36개 고등학교 교사들이었다.

이 연구들은 두 가지 면에서 흥미롭다. 첫 번째는 자료 수집 도구와 자료 분석 기술인데, 이것들은 교육 조직 내 사람들의 동기와 관련하여 중요한 상황적합성을 체계적으로 연구하는 방법을 보여 주기 위해 사용되었다. 두 번째는 결과다. 그들이 피연구자로부터 도출한 결과는 어느 정도 유용한 통찰력을 제공한다.[46] 일반적으로 "이 전문가(교사)들에게 존경은 가장 심각한 결핍을 보여 주는 욕구 작용의 단계다. 또한 자율성과 자아실현에서도 상당한 결핍이 있었다. 교사들은 존경의 영역에서 일하기 때문에 이러한 격차는 지속적으로 증가할 것이다."[47] 즉, 집단으로서의 교사들은 하위의 욕구에 만족해 왔고, 일반적으로 상위 욕구에 반응할 준비가 되어 있다는(연구가 이루어진 시간에, 연구가 참여한 대상에 한하여) 것이다. 그들은 상당한 수준의 안전감을 느끼고 동료와 친밀하게 지냈으므로 더 이상 이러한 유형의 자극으로 동기를 부여하는 것은 쉽지 않았다. 그러나 만약 이 교사들에게 그들 자신에 대해서 더 좋게 생각할 수 있고 의사결정 과정에서 많은 영향력을 행사할 기회를 제공했다면 동기를 부여하기가 쉬웠을 것이다. 피연구 집단은 획일적이지 않았다. 연구자들은(당연하게도) 나이와 관련하여 몇 가지 차이점을 발견했다. 나이는 그들의 경력 발달에 있어서 개인의 위치를 알려 주는 지표였을 것이다. 예를 들면 젊은 교사(20~24세)는 존경에 가장 관심이 있는 반면에 조금 나이 든 교사(25~34세)들은 전반적으로 가장 불만족스런 동기 욕구를 나타냈다. 우리는 이 기간이 경력 기간 전체에서 교사가 막다른 골목에 처한 시점임을 추측할 수 있다. 무엇보다도 앞으로 몇 년간은 전문적인 성장, 향상, 그리고 중요한 성취를 위한 기회가 거의 없을 것이다. 더욱 혼란스러운 것은 더 나이가 많은 교사들(45세 이상)을 고려했을 때의 연구결과다. 연구결과에 따르면 모든 교사들 중에서 나이 많은 교사들의 욕구 결핍이 가장 적은 것으로 나타났는데 이는 경력 후반기의 교사들은 그들의 일이 모든 수준에서 상당히 동기부여적이라고 여기는 것처럼 해석될 수 있다. 그러나 연구자들이 이 현상을 심층 조사하였을 때 매우 다른 결과가 나타났다. 나이 많은 교사들은 시간의 흐름에 따라 욕구 충족이 덜 이루어지며 충족에 대한 기대가 떨어지는 것으로 나타났다. 나이에 따라서 동기부여의 수준이 현저히 감소하는 것으로 보인다. "교사들은 더욱 '현실적' 으로 변하거나 체념한 그들 자신을 있는 그대로 받아들인다."[48]

실제로 공립학교의 효과성을 향상시키는 데 관심을 가지고 있는 사람들에게 이러한 발견의 중요성은 매우 크다. 비록 직업 안정성, 봉급, 혜택이 교사들과 무관하다고는 할 수 없지만 이것들이 교사들에게 동기를 부여할 가능성이 거의 없다는 것을 설명하고 있는 것이다. 교사들에게 전문가로서의 자부심, 권한, 존경의 감정을 획득하도록 함으로써 보다 큰 동기 욕구를 부여할 수 있음이 분명하다. 또한 상당한 권한 및 성취감을 느낄 수 있는 기회를 가진 성취적인 사람, 업무 현장에서 영향력 있는 전문가, 성장하는 사람으로 보이는 것도 교사들에게 큰 동기 욕구다. 그러나 공립학교(고등교육기관을 포함하여)에서 점점 교사와 관리자 간의 적대적인 관계가 맺어지는 시대에 많은 학교의 조직적 위계질서는 이러한 욕구를 충족시키기 위한 지원을 거의 하지 않는 것처럼 보인다. 사실, 많은 학교구의 협상 태도는 이 점에 있어서 매우 소극적이다. 즉, 교사들의 자율성과 참여를 발전시키고 영향력 범위를 증가시키기 위한 기회를 그들이 빈틈없이 지켜온 관리 권한과 특권의 상실로 받아들인다.

이와 유사하게, 학교의 효과성에 대한 신뢰 저하는 교육 조직을 동기화하는 환경에 직접적 영향을 미치는 성급한 행동으로 이어졌다. 물론 해고(Reductions in force: RIF),[8] 예산 삭감, 수행능력 프로그램 위임, 학교 개혁의 법제화, 그리고 지방 학교 수준에서의 광범위한 연방 정부 개입은 전체적 사회정책의 관점에서 훌륭한 의도를 지니고 있다. 그러나 그것들이 학교에 근무하는 사람들의 조직 행동에 적용되면, 동기에 관한 매슬로의 욕구위계 이론의 관점에서 복합적으로 재앙적 결과를 초래하는 경향이 있다.

허즈버그의 2요인 동기 이론 2요인 동기 이론은 동기가 욕구의 위계로 묘사될 수 있는 하나의 차원이 아니라 두 개의 분리된 독립적 요인으로 구성되어 있다고 주장한다.

8) 역자 주: 공식적 회사 문서나 언론에서 해고를 가리키는 용어다.

1. **동기**(motivational) **요인**: 직업 만족을 느끼는 요인
2. **유지**(maintenance) **요인**: 동기 요인이 활동하기 위해 충분한 양이 있어야만 하는 요인, 만약 이 요인이 충분하지 않다면 이는 직업 불만족을 유발하고 동기를 낮출 수 있다.

프레더릭 허즈버그의 연구는 매슬로의 연구가 이루어진 지 12년 후에 구체화되기 시작했다. 허즈버그의 연구는 세계의 경영 사조, 특히 이윤 추구 조직에 큰 영향을 미쳤다. 그는 직장에서 일하는 사람들을 대상으로 체계적인 연구를 함으로써 '탁상공론 식의' 접근보다는 실증적 연구를 했다. 허즈버그는 그의 연구 참여자들에게 다음의 환경을 상기할 것을 요청했다. 첫 번째는 과거의 구체적인 시간 중 그들의 직업에 대해 만족을 느꼈을 때이며, 두 번째는 그들의 직업에서 불만족을 느꼈을 때다.[49] 분석 결과, 직장에서 동기 및 만족과 관련된 구체적이고 서술적인 요인이 있었고, 불만족 및 무관심과 관련된 구체적인 요인도 있었다. 직장에서의 동기에 관한 다른 어떤 이론도 이처럼 광범위하게 연구 및 논의되지 않았다. 이 연구보다 더 널리 복잡한 조직들에 적용된 이론은 없을 것이며 어떤 가능성도 복잡한 조직에 이처럼 광범위하게 적용되지 않았을 것이다.

전통적으로, 직무 만족의 반대는 직무 불만족이라고 이해되었다. 그러므로 직장에서 불만족의 요인을 제거하면 동기를 유발하게 되고 만족감을 줄 것이라고 예상했다. 그러나 허즈버그는 그렇지 않다고 하였으며, 만족의 반대는 만족이 없는 상태라고([그림 11-4] 참조) 제안했다. 따라서 불만족 요인을 제거하면 직장인의 불만

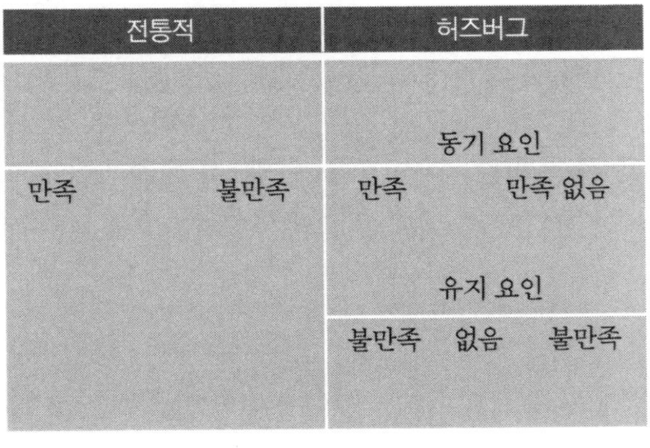

[그림 11-4] 직무 만족-불만족에 대한 전통적 개념과 허즈버그 개념 비교

족을 달래거나 진정시키거나 없앨 수 있겠지만 이것이 바로 직무 만족이나 동기부여로 이어지는 것은 아니라고 설명했다. 예를 들면, 급여, 부가혜택, 감독 유형, 근무 조건, 작업 집단의 풍토, 그리고 행정의 태도와 정책은 불만족의 원인이 될 수 있다. 따라서 월급과 부가혜택, 근무 조건을 개선하고 더욱 인간적이고 사려 깊은 행정을 발전시킨다면 불만족의 감소를 기대할 수 있다. 그러나 이러한 방법들을 통해 근로자의 동기가 향상되는 것을 기대할 수는 없다. 종합해 보면 이것과 같은 조건들은 위생 요인(hygiene factors)이라고 불린다. 허즈버그에게는 이 요인들이 예방적 성격을 지니기 때문에 그 용어가 선택된 것이다. 오늘날 이 요소들을 유지 요인이라고 부르고 있으며 이 책에서 사용되고 있는 명칭이다.

동기는 불만족의 원인과는 다른, 별개의 분리된 조건의 집합에서 발생한다. 예를 들어 성취, 인정, 일 그 자체의 도전, 책임감, 향상과 승진, 그리고 개인적 및 전문적 성장은 사람들에게 동기를 부여하고 결국 직업 만족과 관련된다. 이것들은 동기화 요인 혹은 동기 요인(motivators)으로 불린다.

[그림 11-5]에서 도식적으로 보여 주고 있는 이 이론은 유지 요인을 통해 직장 내

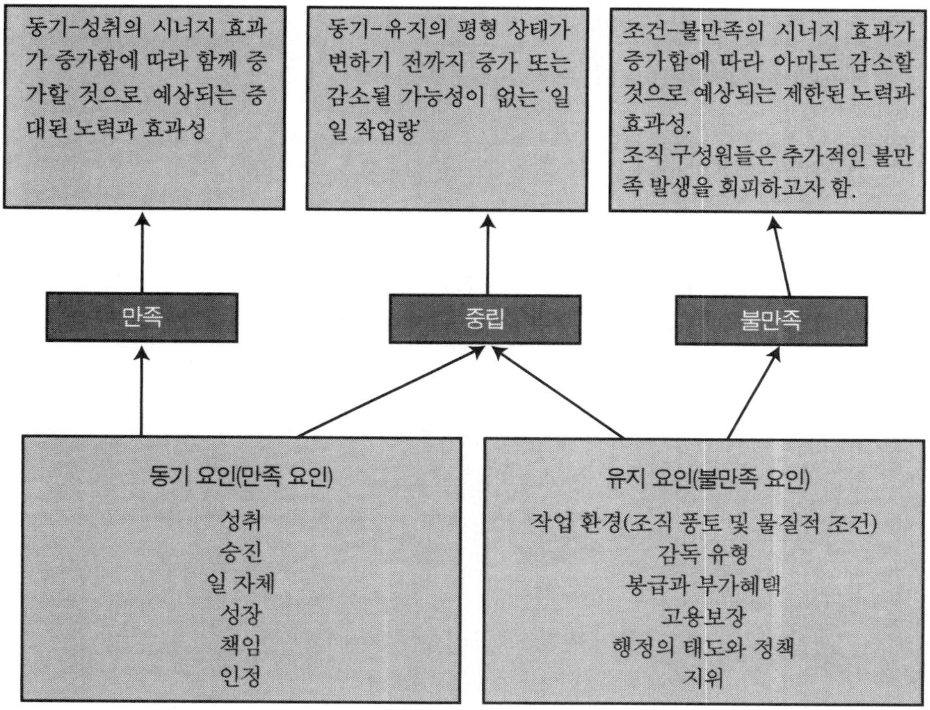

[그림 11-5] 허즈버그의 동기-유지 이론의 모형

의 사람들에게 동기를 부여하는 것이 불가능함을 보여 준다. 학급 규모의 축소, 더욱 쾌활한 분위기를 조성하는 것, 그리고 부가혜택은 다음 두 가지 목적에 부합할 것이다. 첫 번째 목적은 교사들의 불만족 감소 또는 제거이며, 두 번째 목적은 동기를 줄 수 있는 환경 조성이다. 그렇지만 이러한 노력들이 그 자체로 교사들에게 동기를 부여하지는 않는다. 이는 유지 요인이 중요하지 않다는 것을 의미하기보다는, 동기 요인이 기대된 효과를 발휘하지 못하는 불만족 상황을 피하기 위해서는 최소 수준의 유지 요인이 반드시 필요하다는 것을 의미한다. 예를 들면, 교사의 기대 수준에 미치지 못하는 보수, 혹은 고용 보장에 대한 위협은 교사들의 불만족을 유발할 수 있다. 이 불만족은 교사들이 전문적 성장, 성취, 인정을 위한 기회에 반응할 수 없게 한다. 비록 유지 요인은 스스로 동기를 유발하지는 않지만(직무만족으로 이어지지는 않지만), 이 요인들은 동기 부여의 전제조건이 된다.

2요인 동기 이론에서 한 가지 중요한 개념은 사람들이 직업의 만족을 성공, 일에 대한 도전, 성취, 그리고 인정과 같은 내적 요인과 관련된 것으로 바라보는 데 반해, 불만족은 봉급, 감독, 그리고 작업 환경과 같은 외적 요인과 관련된 것으로 바라보는 경향이 있다는 것이다. 즉, 그들은 동기부여는 그들 자신에서 비롯된다고 보는 반면, 불만족은 조직 특성의 탓으로 돌린다는 것이다. 이러한 맥락에서, 허즈버그는 그의 이론을 실행하고자 하는 사람들에게 다음의 세 가지 주요 아이디어를 제안했다.

1. **직무를 풍성하게 하기**: 이것은 각 개인에게 잠재되어 있는 동기를 자극하는 방법으로서 사람들이 행하는 업무의 재설계를 수반한다. 직무를 더욱 흥미롭고 도전적이며 보상적으로 만드는 것을 포함한다.
2. **직무 자율성 증진하기**: 완벽한 자율성이 구성원들에게 주어지는 것을 의미하는 것이 아니라, 자율성이 점차 증진되어야 한다고 주장하는 것이다. 이것은 일이 진행되는 방법과 관련한 영역에서 의사결정 참여의 확대를 제안한다.
3. **유지 요인을 강조하는 전통에서 벗어나 인사행정 영역을 확장하기**: 인사행정의 초점은 직장에 존재하는 동기 요인을 증가시키는 것이다. 이 관점에서, 인사행정이 계약관리, 선발-임용-평가-해고의 틀, 그리고 교사자격증과 연금계획과 같은 세부적인 것들에 초점을 둔다고 여기는 학교구들은 중요한 사항들에 관심을 기울이는 것이기는 하지만 동기를 유발하는 세부 사항들에는 관심이 없다

고 볼 수 있다. 현재 많은 학교구들에서 운영예산의 80% 또는 그 이상이 봉급, 임금 그리고 이와 관련된 요소에 직접적으로 할당되고 있다. 따라서 인사 기능이 현직 근무자에게 동기를 부여하고 근무자들의 효과성과 생산성을 증가시키는 직무를 창조 및 재설계하는 데 적용되어야 할 것이다. 이것은 인사행정(personnel administration)의 전통적 관념과는 대조적으로, 인적자원행정(human resources administration)의 개념을 기본으로 하는 관점이다.

허즈버그의 동기-유지 이론은 특히 미국 기업의 조직 경영에서 널리 받아들여지고 응용되었다. 동시에, 이것은 상당한 학문적 논쟁의 기초를 제공했다. 논쟁에서 나타나는 네 가지 주요 비판은 다음과 같다.

1. 허즈버그의 기본 연구 방법은 그가 얻은 응답들의 전조가 되는 경향이 있다. 어떤 일들이 순조로웠고 사람들이 그것에 대해 만족을 느꼈다면 그들은 그것을 자신의 공로로 여기는 경향이 있다. 직무에서 어떤 것이 잘 이루어지지 않았고 응답자들이 불만족했다면 그들은 잘못을 다른 사람이나 관리자에게 돌린다.
2. 연구 방법의 신뢰성 또한 의문의 여지가 있다. 연구 설계에는 응답자로부터 얻은 대답에 점수를 매기고 해석하기 위해서 훈련된 많은 사람이 필요했다. 분명히, 개인들이 점수를 매기는 방법에 차이가 있었을 것이다. 각 평가자는 동일한 응답에 대해 다른 방법으로 평가했을 가능성이 있다(평가자 간 신뢰도 문제).
3. 이 연구에는 한 사람이 직무의 한 부분에서는 만족을 얻고, 다른 부분에서는 불만족을 얻을지도 모른다는 가능성에 대한 설명이 없다.
4. 이론은 효과성과 직무 만족 간에 직접적인 관계가 있을 것이라고 가정한다. 그러나 연구는 만족과 불만족에 관해서만 연구했을 뿐 만족 및 불만족을 응답자의 효과성(또는 생산성)과 연관시키지 않았다.

1, 2, 3번의 비판은 단지 연구 설계에서 나타나는 전형적인 문제들로서 쉽게 다룰 수 있다. 연구 설계는 우리로 하여금 행동 그 자체에 대한 관찰로부터 행동의 원인을 추론하도록 요구한다. 이것들은 좋은 논쟁을 위한 기초를 만든다. 그러나 사실 20년 넘는 기간 동안의 철저한 문헌 검토 후 허즈버그의 연구가 대표적 연구로 받아들여졌음에 틀림없다. 그러나 네 번째 비판은 그렇게 단순하지 않다.

직무 만족, 그리고 당연한 것으로 여겨지는 직무 만족과 직무 효과성의 관련성에 대한 연구에서 달걀이 먼저냐 닭이 먼저냐 하는 논쟁이 있다. 대략적으로 인간관계를 지향하는 연구자들은 만족한 구성원이 더 생산적이라고 생각하는 경향이 있다. 그러나 허즈버그는 직장에서의 만족감은 업무 그 자체에서 발생한다고, 더 정확하게는 그들의 직무 만족은 성취로부터 발생한다고 생각하는 학자들 중 하나다. 이 분야와 관련하여 많은 연구가 있지만 이데올로기적 갈등뿐만 아니라 방법론적 문제 때문에 종합적인 결론에는 이르지 못하고 있다. 반대로, 불만족스러운 노동자들이 높은 수준의 만족을 보인 사람들보다 더 효과적이라는 주장을 뒷받침할 만한 근거는 거의 없다. 그러므로 의문점은 만족의 원인(즉, 유지 요인 또는 동기 요인)으로 돌아간다. 허즈버그 이론은 학교 상황에서 수차례 검증되었고, 최소한 학교 조직의 상황에서는 잘 지지되는 것으로 나타났다.

로드니 윅스톰(Rodney Wickstrom)이 수행한 캐나다 서스캐처원(Saskatchewan) 지방의 교사 연구가 그러했듯이,[50] 조지아(Georgia)의 교사들로부터 자료를 얻기 위해 인터뷰를 활용한 랄프 세비지(Ralph Savage)는 허즈버그의 이론이 일반적으로 지지된다고 보고했다.[51] 진 슈미트(Gene Schmidt)는 시카고 외곽의 학교구에서 132개 고등학교의 교장들을 연구했다. 그는 2요인 동기 이론이 학교 행정가들에 의해 강하게 지지받는 것을 발견했다. 이것은 "인정, 성취, 그리고 발전이 최대의 잠재력에 도달할 수 있도록 그들의 수행을 끌어올리게끔 동기화시키는 주요한 원동력"[52]이라는 것을 의미한다. 그는 구체적으로 "창조적이고, 새로운 교육 프로그램을 실험하며, 다른 교육적 노력을 탐구하고자 열망하는 행정가에 대한 격려와 지지는 성취를 위한 기회를 증가시키는 데 필수적이다."[53]라고 결론지었다.

1960년대 후반에 교사들을 대상으로 한 허즈버그의 연구를 재시행한 토머스 서지오바니도 이 이론을 지지했다.[54] 그는 성취와 인정이 교사들에게 일 자체, 책임감, 그리고 성장의 가능성과 함께 매우 중요한 동기 요인임을 발견했다. 불만족 요인에는 (놀랍지 않게) 판에 박힌 교실 정리일, 출석 확인, 문서작업, 점심 근무, 무신경하거나 부적당한 감독, 신경을 거슬리게 하는 행정 정책, 그리고 동료 또는 부모와의 좋지 않은 관계가 있었다. 서지오바니는 승진(민간부문의 기업들을 대상으로 수행된 연구물에서 흔히 나타나는 주요 동기 요인)이 교사들을 대상으로 한 연구에는 빠져 있다고 지적했다. 이 중요한 지적에서, 그는 "직업으로서 교직은 승진의 기회가 너무 적기 때문에, 교사들은 승진을 전혀 언급하지 않았다. 만약 어떤 사람이 교직에서 승진하기를 원한다면, 그는 교직을 떠나 행정, 장학, 상담과 같은 교육 관련 전문직으로 가야만 한다."[55]고 주장했다.

허즈버그의 2요인 동기 이론에 대한 비평 허즈버그의 2요인 동기 이론은 연구를 통하여 발전되었는데, 이 연구에서 사람들은 직장 생활에서 직무 만족과 동기를 수반하는 중요한 사건을 기술하도록 요구받았다. 후에 이 이론은 유사한 방법을 사용하는 많은 연구자들의 후속 연구에 의해서 강하게 지지되었다. 후속 연구들은 허즈버그의 2요인 동기 이론의 개념을 강하게 지지했다. 그러나 일부 연구자들은 다른 연구 방법을 사용하였고, 그 결과 일반적으로 이 이론을 지지하는 데 실패한다는 사실을 발견했다. 그러나 허즈버그의 이론은 널리 영향을 미쳤고 교육뿐만 아니라 산업관련 문헌에서도 빈번하게 나타난다. 비록 일부는 더 새롭고 복잡한 기대 이론에 찬성하여 2요인 동기 이론의 포기를 주장하지만 2요인 동기 이론은 직장 내 동기에 관해 여전히 강한 설명력을 지니고 있다.

허즈버그와 매슬로 이론의 통합 매슬로의 욕구위계 이론과 허즈버그의 2요인 동기 이론 간에 몇 가지 근본적인 차이점이 지적되었다. 중요한 차이점은 매슬로가 우선순위가 있는 위계적 순서로 인간 욕구를 배열하면서 모든 욕구를 하나의 잠재적 동기 요인으로 생각한 반면, 허즈버그는 오직 상위 욕구만이 진정한 동기 요인이라고 생각했다는 점이다(하위의 욕구는 명백하지는 않지만, 아마도 유지 요인으로 고려된다). 또 다른 차이점으로, 매슬로의 이론은 스티븐 로빈스(Stephen Robbins)가 언급한 것처럼 "하루 24시간 동안의 인간 욕구"[56]와 관련된 동기에 관한 일반적인 이론인데 반해, 허즈버그는 구체적으로 업무 현장에서의 동기 문제를 설명하기 위해 노력했다는 점을 들 수 있다.

그럼에도 불구하고 [그림 11-6]에서 나타나는 것처럼 두 이론의 비교는 그 둘이 기본적으로 양립 가능하고 상호 지지적임을 나타낸다. ([그림 11-6]이 보여 주듯이) 포터의 욕구위계 모형이 그러한 비교에 보다 적합한 것 같다. 왜냐하면 음식, 물, 그리고 공기에 대한 욕구처럼 기본적인 생리적 욕구는 미국 교육 조직 내의 직장에서 행동을 동기화하는 것과 거의 관련이 없기 때문이다. 그렇기는 하지만 우리는 로빈슨의 다음과 같은 의견에 동의한다.

매슬로의 욕구위계 이론에서 하위의 욕구는 허즈버그가 설명한 유지 요인과 매우 밀접한 관련이 있다. 봉급, 근무 조건, 직업 안정성, (학교구) 정책과 행정, 그리고 감독은 일반적으로 생리적이고 안정 지향적인 욕구다. 반대로, 인정, 승진, 책임, 성장, 성취, 그리고 직업 그 자체의 내재적 동기 요인은 존경과 자아실현의 열망과 밀접한 관련이 있다. 또한 통합 모델을 통해 조직은 그동안 전통적으로 하위의 욕구를 강조해 왔다는 점을 알 수 있다. 만약 구성원들이 그들의 직무를 통해 동기부여된다면, 행정가들은 '직업 그 자체' 에서 동기 요인을 자극하는 필수적인 변화를 만들어야 할 것이다.[57]

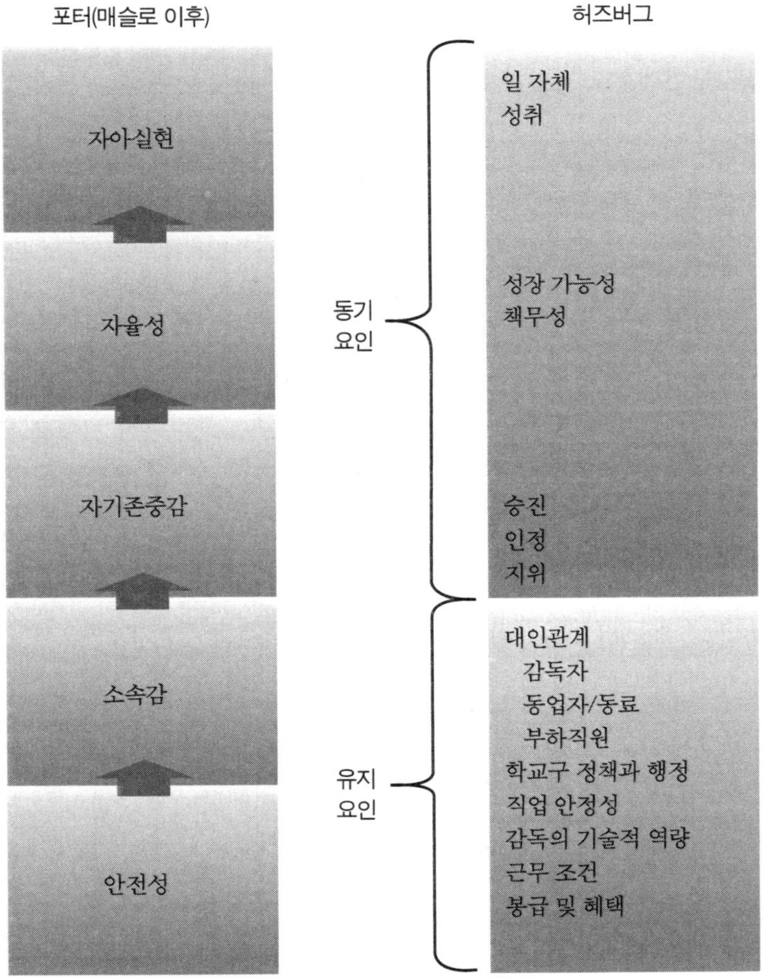

[그림 11-6] 욕구위계 모형과 동기-유지 모형

| 결론 |

학교에서 근무하는 사람들을 동기화하는 것은 단순한 문제가 아니다. 이것은 확실히 기계적이지 않으며, 단순한 과정 및 절차의 집합체일 수 없다. 동기화 과정에서의 두 요소인 개인의 특유한 성격과 조직 환경의 특수성은 복잡하며, 그들 사이에 일어나는 상호작용의 정확한 본질 역시 잘 알려지지 않았다. 그러므로 학교 현장의 전문가는 경구나 단순한 환원주의가 아니라 복잡한 변수들을 설명할 수 있는 전지적 관점을 가지고 나아가야 한다. 여기에 그러한 접근에 도움을 줄 실용적인 원칙들이 있다.

1. 개인들은 단지 그들의 내적 인식, 욕구, 특성에 의해서만 혹은 외적 요구, 기대, 환경 조건에 의해서만 동기가 유발되지 않는다. 그들은 이 두 가지의 상호작용에 의해서 동기화된다. 이를 일반화하면 $B=f(p \cdot e)$와 같다.
2. 교육 리더 또는 행정가는 조직 구성원과 상호작용하는 조직 환경의 중요한 부분이다. 따라서 정의에 의하면 그들은 조직 구성원들이 지닌 동기의 속성과 질을 결정하는 데 중요한 역할을 한다.
3. 단기간의 행동 변화는 종종 강한 처벌의 위협, 의미 있는 보상의 약속, 그리고 강제적인 경쟁과 같은 대단히 통제적인 전략에 의해 이루어진다. 그러나 이것들을 동기와 혼동해서는 안 된다. 동기를 높이기 위한 지시적 · 강압적 시도는 위기 상황에서 즉각적인 행동이 필요할 때 유용할지 모른다. 예를 들면, 교사의 성과가 수용 불가능하여 학교가 개선 조치를 기다릴 수 없는 상황일 경우에 통제 전략은 그 교사가 생존보다 높은 단계의 동기 욕구에 대응하는 업무에서 충분히 성공할 수 있도록 도와줌으로써 유익한 효과를 낼 수 있다. 그러나 만약 아무리 잘 의도되었다고 하더라도, 강한 통제 전략이 사람들로 하여금 강압과 협박을 받고 조종된다는 느낌을 받도록 지속적으로 사용된다면, 구성원들은 흥미를 잃어버릴지 모른다. 그리고 조직의 통제에 저항하기 위해 그들 자신의 동기 목표와 전략을 개발할지도 모른다.[58]
4. 조직 구성원들이 가진 동기의 장기적 발전을 유도하고 유지하기 위해서는 촉진적 접근(facilitative approach)이 필요하다. 촉진적인 접근은 구성원들이 노력하

여 그들이 근무하는 환경, 개인적 목표, 감정, 신념을 인식하는 자신들의 방법을 개발하고 성장할 수 있도록 격려하고 지지하는 것이다. 예를 들면, 촉진적인 접근은 시간의 흐름에 따라 조직 구성원들이 끊임없이 매슬로의 욕구위계 이론의 상위 단계로 올라가서 자아실현을 하도록 장려하고 모든 구성원들이 그렇게 될 수 있다고 용기를 북돋아 주는 것을 추구한다.

5. 교육 조직에서 동기를 부여하기 위한 촉진적 접근을 발전시키는 하나의 전략은 환경 요인을 변화시키는 것으로 $B=f(p \cdot e)$에서 성장 촉진적 환경을 조성하는 것이다. 이것은 조직 문화와 조직 풍토를 대상으로 한다. 이 영역에서 교육 리더는 조직 환경의 핵심 관계자로 부상하게 된다.

생각해 볼 문제

1. 이 장의 처음에 등장한 사례에 대한 당신의 반응을 되새겨 보고 소개된 개념들에 근거하여 당신의 답을 수정해 보라.

2. 네 가지 심리학적 유형과 마이어스-브리그스의 유형 지표에 관한 정보를 이용하여 이 개념들에 관한 자기평가를 서술하고, 당신이 소유하고 있다고 믿는 두드러진 유형을 기술하라. 당신의 자기평가를 설명하는 행동의 예를 제시하라. 당신은 무료 온라인 MBTI 유형 설문조사를 찾을 수 있을 것이며, 이는 자신에 대한 평가의 개요를 제공해 줄 것이다. 휴먼메트릭스(HumanMetrics)의 웹사이트는 다음과 같다. http://www.humanmetrics.com/cgi-win/JTypes2.asp.

3. 성취 동기에 관한 존 앳킨슨의 특성들을 활용하여 자기평가를 완성하고, 왜 당신이 스스로 평가한 성취-동기 기준을 충족하고 있다고 생각하는지 구체적인 예를 제시하라.

4. (매슬로의 이론에서) 모든 하위 욕구가 충족되었다고 가정하고 허즈버그의 동기 이론을 사용하여 다음을 완성하라.

   교직원의 상위 욕구를 충족시키기 위한 계획을 개발하라. 당신은 아마도 구체적인 학교급(예, 초등학교)에 초점을 맞출지 모른다. 또는 모든 학교 단위에 적합한 포괄적인 계획을 개발할지도 모른다. 당신의 계획에서 교직원의 상위 욕구를 충족시키는 데 도움을 줄 수 있는 최소 두 개의 주요 프로그램, 프로젝트, 또는 활동을 간략하게 서술하라.

5. **나만의 게임 플랜 만들기** 시간이 지남에 따라 당신은 많은 학교의 교장들과 학교에서 일하는 다른 사람들을 관찰해 왔다. 그러한 관찰에 대해서 생각하라. 그리고 이 책에서 읽었던 내용들과 관찰한 내용들을 연결지어 보라. 다음으로 두 개의 목록을 만들어라. 첫째, 교사들에게 높은 동기를 부여하기 위해서 교장이 하고 있는 다섯 가지 활동 목록을 만들어라. 둘째, 교사들의 동기를 없애는 교장의 다섯 가지 활동 목록을 만들어라. 이 두 가지 목록을 만든 후에 관찰을 통해 발견한 교육 리더십에 관한 일반화를 서술하라.

추천도서

Bandura, Albert. *Social Foundations of Thought and Action: A Social Cognitive Theory*. Englewood Cliffs, NJ: Prentice Hall, 1986.
출간된 이후 심리학 분야에 주목할 만한 영향을 미친 획기적인 책이다. 이 책은 사회인지 이론이라 불리는 인간 동기 관련 이론과 연구를 소개하고 있다. 사회인지 이론은 부분적으로 자기효능감의 개념을 기반으로 하고 있다.

Benfari, Robert, with Jean Knox. *Understanding Your Management Style: Beyond the Myers-Briggs Type Indicators*. Lexington, MA: D.C. Heath and Company, 1991.
이 책은 다음의 네 가지 이론적 지향성을 가지고 개인의 고유한 성격 구조를 이해하는 데 적용했다. ① 마이어스-브리그스 유형 지표(이것은 융의 성격 이론으로부터 직접 도출되었다.), ② 동기화시키는 욕구들, ③ 사용하는 갈등 관리 방식, 그리고 ④ 사용하는 권력의 유형. 이는 당신이 강점을 가지고 일을 하는 데 자신이 지닌 고유한 성격 특성 평가가 중요함을 강조한다. 활용할 수 있는 평가 시험지를 바탕으로 스스로 만드는 책이다. 그리고 학문적 깊이가 있고 신뢰할 만하며 읽기 쉬운 책이기도 하다.

Covington, Martin V. *Making the Grade: A Self-Worth Perspective on Motivation and School Reform*. New York: Cambridge University Press, 1992.
이 책은 교육 조직에서 일하는 성인들의 동기보다는 교실 내 학생들의 동기에 초점을 맞추고 있으며 교육에서의 조직 행동에 관심을 가진 사람들에게 유익하다. 앳킨슨과 맥클리랜드의 주장에 상당 부분 의존하면서, 코빙턴은 "모든 성취 상황은 실패뿐만 아니라 성공의 약속을 의미한다. 이것은 모든 성취 환경이 어느 정도는 접근-회피 갈등을 포함하고 있음을 시사한다."(p. 32)라는 논지를 펴고 있다. 많은 학생들이 학교에서 실패를 회피하기 위해 고군분투하고 있다. 이 속에서 볼 수 있는 접근-회피는 개인의 자아존중감과 뒤엉켜 있다. 이 책은 학술적 가치가 높은 교육 리더를 위한 실용적 자료다.

Keirsey, David, and Marilyn Bates. *Please Understand Me: Character and Temperament Types*. Del Mar, CA: Prometheus Nemesis Book Company, 1984.

이 책은 칼 융의 심리적 유형을 설명한다. 그리고 사람들이 융-마이어스가 제안한 개념 중 다른 유형을 조직 내 업무에 적용하기 위한 유용한 단어와 어법을 제공한다. 책 제목이 시사하는 것처럼, 서로 다른 방식으로 세상을 인식하고 반응하는 다양한 유형의 사람들 사이에서 흔히 발생하는 의사소통의 왜곡과 방해에 초점을 맞추고 있다. 독자들은 5~13쪽에 나오는 커시 기질 측정도구(The Keirsey Temperament Sorter)를 통하여 그들 자신의 심리적 유형에 대한 피드백을 얻을 수 있을 것이다. 다음의 웹사이트에서도 측정도구를 얻을 수 있다. http://www.keirsey.com/sorter/register.aspx

CHAPTER

12

학교 개혁

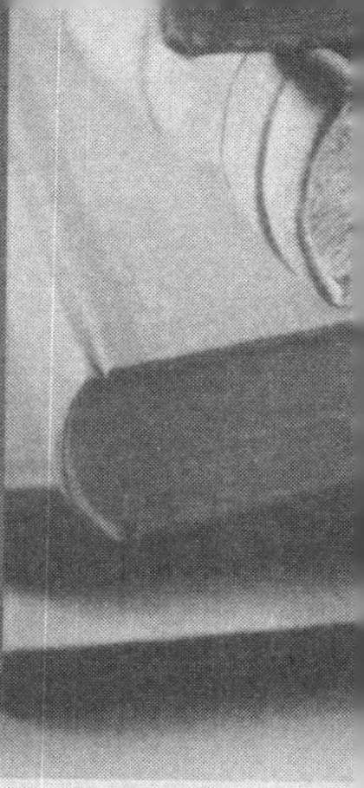

사례 학교구의 다시 떨어진 시험점수

교육감인 크리스타 메이슨(Christa Mason)은 주(州) 시험 성적을 보고받은 후 기분이 안 좋아졌다. 왜냐하면 지역구 전체의 평균 성적이 작년보다 떨어졌을 뿐만 아니라 작년보다 11학년 평가를 통과할 때까지 졸업을 할 수 없게 된 고등학생 비율이 더 높아졌기 때문이다. 실제로 12학년 학생들의 58%가 올해 시험을 통과하지 못했다. 이 학생들에게는 여름 방학 때 마지막 기회가 주어지며 이 때 졸업기준 점수를 받지 못하면 졸업을 할 때 재학증명서만 받을 수 있을 뿐, 졸업증명서는 받지 못하게 된다. 이 문제가 더 심각한 이유는 작년보다 더 많은 3학년 학생들이 기준보다 낮은 점수로 인해 유급될지도 모르는 상황이기 때문이다.

작년에 주 교육부는 이 지역구의 고등학교 한 곳, 중학교 두 곳, 그리고 초등학교 다섯 곳이 학업수준에서 불충분하다고 판단하였다. 그래서 이 학교들은 학업성취도 점수를 향상시키기 위한 개선책의 하나로서 주 정부로부터 집중적인 기술적 지원을 받았다. 그러나 올해 그중 어느 학교도 향상된 결과를 보여 주지 못했다. 이 이외에도 작년에 읽기와 수학 영역에서 주 평균보다 낮은 결과를 보인 모든 학교들은 교육위원회가 승인하는 성적 향상 계획서를 작성하여 제출했지만, 이들 학교들 중 75%는 성적을 향상시키는 데 실패했다.

교육감인 메이슨과 학교구의 리더들은 주의 교육감협회 그리고 교육위원회협회와 협력하여 주지사와 입법자들이 주 시험 평가제도와 3학년 유급 문제에 관심을 가질 수 있게끔 노력했다. 그러나 주의 책무성과 관련된 법률을 바꾸려는 이러한 노력은 성공하지 못했다. 그러는 가운데 지역 리더들은 학교장들과 함께 학생들의 낮은 학업성취도를 향상시키기 위한 대응책을 만들어야 했다. 교육감은 작년부터 시행중인 현 계획을 유지하고 싶었으며 그녀는 이 계획이 시간만 충분히 주어진다면 효과를 볼 수 있을 것이라고 굳게 믿고 있다. 그러나 그녀는 교육위원회에서 이런 낮은 점수에 대한 별도의 대응책을 요구할 것이라는 것을 잘 알고 있다. 이미 교육위원회에서는 그녀에게 올해에도 낮은 점수를 받은 학생들이 있다면 그 학생들을 가르친 교사와 해당 학교 교장을 교체해야 한다고 경고했다. 그녀는 또한 최근에 연장된 그녀의 계약이 내년에는 위험에 처할 수 있다는 사실도 잘 알고 있다.

교육감인 메이슨은 이러한 소식이 학교구와 학교 그리고 특히 학생들을 매우 어려운 입장에 놓이게 할 것을 잘 알고 있다. 지역 신문은 이미 오늘 교육감에게 내일 신문 제1면에 실릴 지역의 낮은 시험 성적에 대한 인터뷰를 요청해 놓은 상태다.

1. 당신은 교육감이 신문사와의 인터뷰에서 어떠한 답변을 해야 한다고 보는가?
2. 주의 책무성 체제의 이와 같은 유형에 대해 당신이 배운 의견에는 어떤 것이 있는가?

미국 학교 개혁은 20세기의 마지막 20년과 21세기의 첫 10년 동안 놀랍도록 빠르게 진행되었다. 이러한 노력은 앞으로도 계속될 것이며, 21세기 학교 리더십 환경을 지배할 것이 자명한 사실이다. 앞서 4장에서 간략하게 설명한 바와 같이 학교 개혁(school reform)이라는 용어는 교육학, 학교 조직, 그리고 인간행동론과 같은 다양한 이론을 이용해 문제를 이해하고 설명한다. 그래서 사람들마다 학교 개혁에 대해 다르게 정의하게 된다.

앞서 논의한 것처럼, 학교 개혁이라는 용어는 일반적으로 학교 외부에 있는 대상들이 학교 안을 변화, 혹은 재구조화하려는 계획을 내포한다. 6장에서는 이 분야에서 지배적인 세 가지 주요한 전략에 대해 이미 논의하였다.

- 경험적-합리적 전략(empirical-rational strategies)
- 권력적-강제적 전략(power-coercive strategies)
- 조직의 자기-혁신 전략(organizational self-renewal strategies)

권력적-강제적 전략을 효과적으로 사용하기 위해서는 저항할 수 없을 정도의 권력을 사용하여 조직이 강제적으로 변할 수밖에 없게 만들어야 한다. 학교 개혁을 시행할 때, 권력적-강제적 전략을 주장하는 지지자들은 보통 학교에서의 조직 행동에 대해 관심을 갖거나 배려를 하지 않는다. 학교 개혁의 세 번째 전략인 조직의 자기-혁신 전략은 학교를 안에서부터 밖으로 변화시키려고 한다. 이미 7장에서 설명했듯이 리더가 조직의 자기-혁신 전략을 바탕으로 이론을 실행할 경우 조직 행동은 리더십 실행에 있어 가장 중요한 주제가 된다.

시장 중심적 학교 개혁

미국 공립학교 개혁과 관련된 사람들 중 일부는 공립학교가 정치 조직에 의해 민주적으로 조정되는 개념보다는 시장에 의해 간접적으로 조정되는 개념을 더 선호한다. 학교 개혁에 대한 이 관점은 두 집단에 의해 공유되는 경향이 있다. 이 두 집단은 정부 조직이 시장 중심 조직보다 못하다고 생각하는 시장주의 이론가들과 교육에서의 사적 지배가 잠재적으로 막대한 투자 수익을 가져오리라 생각하는 사업 투자자들이다.

시장 중심적 학교 개혁을 위한 방법으로는 세 가지의 주요한 수단이 있으며 이는 일부 주에서 이미 적극적으로 활용되기 시작했다.

- **차터 스쿨**(charter school): 차터 스쿨은 비영리 혹은 영리 단체가 운영하는 자율적이며 파벌성이 없는 학교다. 차터 스쿨은 입학한 학생들 수에 따라 주 정부 보조금을 받아 운영하도록 학교구, 공립대학, 혹은 주 교육위원회와 협약을 맺는다. 일부 주에서는 착수 비용으로 시설 확충비의 일부를 제공해 주기도 한다. 협약에는 차터 스쿨이 어떻게 조직되고, 학생과 부모 또는 보호자들에게 어떠한 교육과정과 서비스를 제공할 것이며, 어떻게 자금을 조달하고 공립학교와 비교해 얼마나 자율적인지 규정되어 있어야 한다. 이러한 학교를 허용하는 논리에는 두 가지 이유가 있다. 하나는 차터 스쿨이 지역 공립학교와는 다른 철학으로 운영되므로 부모 혹은 보호자들에게 자녀들을 어떻게 교육시킬지에 대한 추가적인 선택권을 제공하기 위함이고, 다른 하나는 공립학교가 차터 스쿨과의 경쟁을 통해 성장하기 바라기 때문이다. 2008년에는 40개 주와 콜롬비아 특별구에서 차터 스쿨을 인가하는 법률이 통과되었다.[1]
- **바우처**(vouchers): 바우처는 교육비 지불보증서라고도 불린다. 바우처를 시행하

는 주에서는 부모와 보호자에게 바우처를 제공하는데 바우처는 학생들이 공립 학교에 재학할 때 일반적으로 책정되는 학생 1인당 평균 소요경비 정도의 가치를 지닌다. 바우처를 받을 자격은 주마다 상이하지만 보통은 주로부터 실패 판정을 받은 학교에 재학하고 있는 학생 혹은 장애 아동에게 제공된다. 2007년 8월에는 여섯 개의 주(애리조나, 플로리다, 조지아, 오하이오, 유타, 그리고 위스콘신)에서 바우처 지급을 허용했다.[2]

- **세금 공제 혹은 세금 감면**(tax credits or tax deductions): 세금 공제 혹은 세금 감면은 개인 또는 회사 장학 단체가 장학금을 제공하는 경우 실시된다. 장학금은 개인에게 제공되어 본인이 원하는 공립학교나 사립학교를 다닐 때 활용된다. 이러한 장학금은 바우처와 매우 유사하게 사용되지만 자금의 출처가 공적 자금이 아닌 개인 또는 기업의 자금이라는 점에서 다르다. 플로리다 같은 일부 주의 사립학교에서는[3] 공적 자금으로 형성된 바우처는 사용할 수 없지만, 장학금의 경우에는 어떠한 제한도 없다. 2007년 8월까지 9개의 주(애리조나, 플로리다, 일리노이, 아이오와, 메인, 미네소타, 펜실베이니아, 로드아일랜드, 그리고 버몬트)가 이러한 시장 중심적 개혁에 참여했다.[4]

시장 중심적 개혁의 기원

인습 타파(iconoclasm)에 관하여 초기에 가장 널리 알려진 저술은 바로 존 첩(John Chubb)과 테리 모이(Terry Moe)가 부르킹스 연구소(Brookings Institution)에서 1990년에 출간한 『정치, 시장, 그리고 미국의 학교들(*Politics, Markets, and America's Schools*)』이다. 이 책에 나타난 학문적 논쟁에 따르면, 이전까지 시행된 교육 개혁들은 모두 고려할 가치가 없으며, 그 당시에는 시도되지는 않았지만 바우처 시스템이라고 불리는 저자들의 이론적 개념이야말로 결점이 없는 것이었다. 시장이야말로 효과적인 학교가 되기 위해 필요한 자율성을 장려하는 본질을 가지고 있다는 내용이었다. 이들은 상품을 원하는 고객이 없으면 사라지는 시장의 원리와 같이 비효과적인 학교도 사라질 것이라고 이론화했다. 첩과 모이는 간단하지만 강하게 주장된 제안을 기반으로 시장에서의 학부모-학생 선택에 관한 국가적 논쟁을 불러일으켰다. 이는 한 세기가 지나도록 미국 공립학교에서 지지되어 온 민주적 통제를 겨냥한 대안으로서 제시된 것이다.

이러한 자유시장적 학교 개혁이 성공하기 위해서는 수업료를 바우처로 지불할 수 있는 학교들이 시장을 형성하여 학부모와 학생들이 실질적으로 학교를 선택할 수 있게끔 해야 한다. 1998년에 시범적으로 바우처 프로그램을 시행한 밀워키 주와 클리블랜드 주에서는 바우처를 종교적인 혹은 비종교적인 학교에서 사용할 수 있도록 허용했다. 1999년에 플로리다는 처음으로 바우처 프로그램을 기회장학금 프로그램(Opportunity Scholarship Program)[1)]이라는 명칭으로 입법화했지만, 2006년에 플로리다 대법원은 입법자들이 공립학교에 통일된 시스템을 제공해야 한다는 플로리다 헌법 조항에 위배된다며 그 프로그램을 폐지했다. 2007년 8월까지 콜롬비아 특별구(District of Columbia)와 함께 8개 주에서는 바우처 프로그램 혹은 이와 유사한 프로그램을 허용하는 법을 통과시켰으며, 7개 주에서는 세금 공제 프로그램이 합법화되었다. 〈표 12-1〉과 〈표 12-2〉는 각 주에 만들어진 바우처 프로그램의 유형과 세금 공제 프로그램을 보여 준다.

학교 바우처, 차터 스쿨, 그리고 세금 공제 정책은 신문에 기사화되고 공공 토론회장에서 비중 있게 다루어지고 있어 교육학자들에게는 중요하게 보일지 몰라도 대중들은 이러한 정책들에 대해서 혼동하고 있으며 잘 알지 못하고 있다. 첩과 모이의 책이 나온 지 9년이 지난 1999년에 퍼블릭 아젠다(Public Agenda)가 수행한 연구에 따르면, 미국 전역에 걸친 설문조사에서 응답자의 63%가 바우처에 대해 '거의 알지 못한다' 또는 '전혀 모른다' 고 대답했다. 2008년에는 바우처에 관한 인식이 다소 높아져 40% 정도는 바우처에 대해 의견을 낼 정도로는 잘 알지 못한다고 한 반면, 37%는 바우처에 대해 찬성, 24%는 반대했다. 그러나 바우처 제도의 핵심이 잘 드러나도록 질문 형태를 바꿔 사립학교 재학을 희망하는 학부모와 학생에게 공적 자금을 지원하는 것에 대해 찬반 여부를 묻자, 응답자의 50%가 반대했고 44%가 찬성하였다. 이를 통해 알 수 있는 것은 대중들에게 바우처 제도의 정의를 명확히 알려 주면 대부분 반대한다는 것이다. 그러나 파이 델타/갤럽 여론조사(Phi Delta/Gallup Poll)의 연간보고서에 따르면, 대중들이 바우처 제도를 선호하는 경향성이 있는 것은 분명하다. 2006년에는 응답자의 36%만이 바우처를 찬성했으나,[5] 2008년 차터 스쿨과 관련한 파이 델타/갤럽 여론조사에서는 51%의 응답자가 차터 스쿨에 찬성한 반면 반대는 35%에 불과한 것으로 나타났으며 14%는 '의견 없음' 으로 응답했

---

1) 역자 주: 1999년에 플로리다에서 시행된 프로그램으로, 실패 판정을 받은 공립학교에 다니는 학생들에게 더 높은 수행능력을 보이는 공립학교 혹은 사립학교로 이동할 수 있는 기회를 제공하고자 했다.

표 12-1 2007년 8월 현재 주 바우처 프로그램

주	내용	제정 연도
애리조나	장애학생을 위한 바우처	2006
	아동보호시설 학생을 위한 바우처	2006
플로리다	실패 판정을 받은 학교에 있는 학생들을 위한 바우처(참고: 이 프로그램은 플로리다 대법원에 의해 2005~2006학년도 말에 종료됨)	1999
	장애학생을 위한 바우처	1999
조지아	장애학생을 위한 바우처	2007
메인	시골과 작은 마을의 학생들을 위한 바우처와 비슷한 등록금 지원 프로그램	1873
오하이오	클리블랜드 학생들을 위한 바우처	1995
	자폐 학생을 위한 바우처	2003
	학업 수행능력이 낮은 학교 학생들을 위한 바우처	2006
유타	장애학생을 위한 바우처	2005
	모든 학생들을 위한 바우처(참고: 이 프로그램은 2007년 11월에 실시한 주 전역 주민투표에서 부결되어 시행되지 못함)	2007
버몬트	시골과 작은 마을의 학생들을 위한 바우처와 비슷한 등록금 지원 프로그램	1869
위스콘신	밀워키에 있는 저소득층 자녀들을 위한 바우처	1990
콜롬비아 특별구	저소득층 자녀들을 위한 바우처(참고: 이 프로그램은 연방 정부가 후원함)	2004

출처: 2009년 1월 11일 미국 교육부(U.S. Department of Education)에서 인용.
http://www.ed.gov/parents/schools/choice/education-options/index.html

표 12-2 2007년 8월 현재 주 세금 공제 프로그램

주	내용	제정 연도
애리조나	장학기구에 기부한 개인에 대한 세금 공제	1997
	장학기구에 기부한 기업에 대한 세금 공제	2006
플로리다	장학기구에 기부한 기업에 대한 세금 공제	2001
일리노이	교육세를 낸 부모들을 위한 세금 공제	1999
아이오와	교육세를 낸 부모들을 위한 세금 공제	1987
	학교 등록금 기구에 협조한 개인에 대한 세금 공제	2006
미네소타	교육세를 낸 부모들을 위한 세금 공제 및 세금 감면	1955/1997
펜실베이니아	장학기구에 기부한 기업에 대한 세금 공제	2001
로드아일랜드	장학기구에 기부한 기업에 대한 세금 공제	2006

출처: 2009년 1월 11일 미국 교육부(U.S. Department of Education)에서 인용.
http://www.ed.gov/parents/schools/choice/educationoptions/index.html

다. 또한 공화당원과 민주당원 대상 여론조사 결과에서는 비슷한 비율로 차터 스쿨에 반대했지만 공화당원의 찬성률이 4% 정도 더 높은 것으로 나타났다. 그러나 차터 스쿨을 지지하는 경향은 감소하고 있다. 2007년에는 대중의 60%가 찬성했었다. 그렇다면 사람들이 차터 스쿨과 공립학교의 성공 사례에 대해 더 알게 됨으로써 차터 스쿨을 덜 선호하게 된 것이 아닐까? 전통적으로 대중들은 그들의 자녀들이 가는 공립학교에 대해 72%가 A 혹은 B(2004년 이래 최고)의 높은 점수를 주는 반면 단 9%만이 D 또는 F를 준다. 그러나 국가 전체의 공립학교에 대해 평가해 달라고 하면 22%만이 A 혹은 B를 주는 반면 18%가 D 또는 F를 주는 것으로 나타났다. 이렇듯 그들의 자녀가 다니는 공립학교와 공립학교 전반에 대한 평가가 이분법적인 것은, 정치가와 전문가들이 공립학교의 실패에 대해 자주 언급함으로써 공립학교에 대한 일반적인 선입견을 만들었기 때문이라고 설명되기도 한다.

경제 이론과 학교 개혁

학교 바우처 개념은 본래 보수주의자인 밀튼 프리드먼(Milton Friedman)에 의해 소개되었으며, 이 개념은 20세기에 경제학과 정치학을 지배했던 존 메이너드 케인스(John Maynard Keynes)와 반대되는 생각이었다. 케인스는 공공 고용 프로그램, 그리고 경제와 자유시장에서 고용을 촉진하는 다른 정부 프로그램을 지지했으며, 사회복지 프로그램을 통한 보건과 교육의 제공을 주장하기도 했다. 제1차 세계대전과 제2차 세계대전이 끝나고 한참이 지난 후에도 케인스 경제학은 미국의 뉴딜 정책부터 시작해서 서양의 많은 국가 경제와 정치의 근간이 되었다.

정부의 간섭과 조정에서부터 자유로운 아이디어, 그리고 시장개방의 선구자인 프리드먼은 정부가 아니라 자유시장 체제가 학교교육을 제공해야 한다고 생각했다. 비록 그는 이런 아이디어를 실천에 옮기는 많은 노력을 하지 않았지만 그의 추종자들이 이를 실행에 옮겼다. 그렇기 때문에 바우처 프로그램을 포함한 시장 중심적 학교 개혁 이론은 경제학적 사고에서 나왔다고 할 수 있다. 이 책에서는 경제학 이론에 대해 깊게 다루지는 않을 것이다. 그러나 경제학 이론은 수업료 바우처나 시장 중심적 학교 개혁과 매우 밀접하게 연관되어 있기 때문에 학교 리더들은 이를 검토해 볼 필요가 있다.

경제학은 사회가 다양한 욕구를 충족시키기 위해 어떻게 제한된 자원을 선택하고 배분하는가에 관한 과학이다.[6] 교육학자인 허버트 J. 월버그(Herbert J. Walberg)는 미국 공립학교 조직과 통제에 시장주의 이론을 적용하려는 시도에 있어 선구자다. 월버그와 바스트(Bast)는 경제 활동이 정부, 가정, 시민단체 혹은 비영리 단체, 그리고 시장 등의 네 영역에서 이루어진다고 했다. 각 영역에는 고유의 규칙과 목적이 존재한다. 예를 들어, 정부와 시민단체에서는 투표를 하거나 명령을 주고받는 형식을 취한다. 가정에서의 규율은 보통 원시적인 공산주의 형태와 유사하다. 시장에서의 주요 활동은 구매, 판매, 저축, 그리고 투자가 있다.[7]

현 학교 상황을 경제학적 입장에서 살펴보는 이유는 필수 자원인 건물, 시설, 장비, 재료, 교사, 그리고 행정가 등이 필요하지만 재정은 부족하고 다른 요구들과 우선순위에 있어 경쟁해야 하기 때문이다. 전통적으로 미국 사람들은 민주적 정치 통제 체제 내에서 학교교육에 관한 의사결정을 해 왔다. 반면에 자유시장주의자들에게 있어서는 대중이 원한다면 그것을 공공정책 가치에서 시장 중심으로 옮기는 것이 타당하다는 것이다. 자유시장주의자들은 정부를 폄하하고 자유시장의 기업가 정신을 칭송하는 경제 부흥기의 관점이 가장 바람직하다고 보았다.

자유시장주의자들과 이와 유사한 관점을 지지하는 그 밖의 사람들 앞에는 커다란 문제가 도사리고 있었다. 그것은 바로 미국 내 공립학교 사업의 거대한 규모와 복잡성이었다. 거대한 인간-사회 체제에 포함되어 있는 인적 변수의 범위에 대해 고려할 때 이 문제는 더 크게 다가온다. 우리는 지금 2005년에서 2006년까지 미국에 존재한 14,166개의 학교구와 86,792개의 공립학교(재학생: 47,957,375명, 교사: 3,180,396명, 교사를 포함한 전체 교직원: 6,163,962명), 그리고 28,996개의 사립학교에 대해 이야기하고 있는 것이다.[8] 합리적 개념이 경제학 이론의 중심 개념 중 하나라 하더라도, 과연 누가 자신 있게 지금처럼 거대하고 다양한 자유시장에서 항상 합리적인 결정이 이루어진다고 말할 수 있을까? 다행히도 월버그는 이 질문에 대한 간단한 대답을 시도한다. 그는 학교 바우처와 시장경쟁 시대에는 조직 행동과 리더십이 큰 함축적 의미를 가지고 있기 때문에 학교 리더들은 이를 잘 이해하고 있어야 한다고 했다. 교육 리더들은 동기, 협동, 그리고 갈등 관리와 같이 사람과 관련된 복잡한 문제들에 상당한 관심이 있었지만 경제학자들은 이를 무시했다.

> 경제학자들은 그들이 연구하고 있는 참여자들의 동기에 대해 가급적이면 가정을 하지 않는 방법으로 복잡성의 문제를 해결하려고 한다. … 인간은 그들이 가지고

> 있는 대안들 중에서 합리적으로 선택할 뿐이다. … 다만 합리적 선택 이론은 다른 목적이 있는 참여자에 의해서 자발적으로 선택된 경우를 제외하고는 목적이 합리적이거나 바람직한지에 대해서는 언급하지 않는다.[9]

다시 말해 시장의 장려책과 규칙은 행동을 유발한다. 경제학자들은 개인이나 사회의 의사결정 과정에 영향을 주거나 주지 않을 수 있는 가치나 태도에 대해서는 관심을 기울이지 않는다. 이것이 바로 경제학자들이 '합리적' 선택의 개념을 강조하는 이유다. 여기서 합리적 선택이란 개인이 자신의 경제적 이익을 중시하는 시장에서 내리는 의사결정을 의미한다. 물론 조직에서 인간 차원의 심리학적 요인을 이해하는 것보다 중요한 것은 없다고 가정하는 조직 문화의 관점에서는 골치 아픈 문제다.

교육 개혁에 자유시장 전략을 적용하는 데 찬성하는 사람들의 연구는 대부분 보수적인 싱크 탱크(think tank)의 후원을 받으며 보수 성향의 뉴스 칼럼니스트에 의해 인용된다. 그러한 경향의 대표적인 인물로는 『워싱턴 포스트(*Washington Post*)』에 칼럼을 기고하며 폭넓은 독자층이 있는 윌리엄 라스베리(William Raspberry)가 있다. 싱크 탱크와 그들의 대변인들은 공공의 문제에 대한 자유시장주의적 해결 방법이 본질적으로 다른 어떤 해결 방법보다 우월하고 탁월한 이데올로기라고 주장한다. 특히 이것은 그들이 정부(government)의 방안이라고 부르기 좋아하는 해결책에 〔정부의 학교(government schools)와 같이 시장중심주의자들이 학교 개혁에 대해 이야기할 때 자주 등장하는 용어를 통해〕 적용되곤 한다. 예를 들어, 월버그는 이 주제를 강력하게 주장하기 위해서 자유시장주의적 해결 방법에 대해 자세히 살피고 신중하게 기록한 뒤 많은 논문을 썼다. 그러나 공립학교 교육을 버리고 영리 목적의 학교를 받아들여야 한다는 월버그의 주장을 뒷받침하기 위한 근거는 몇 개 안 되는 연구와 경제학 분야에서 대담하게 표현했던 의견들뿐이다. 월버그의 풍부하고 상세한 대인(對人) 논쟁 속에서 정부의 학교와 그 학교의 행정가들이 가치를 공유할 가능성에 대한 지지는 조금도 발견하기 어렵다. 이와 유사하게 경제학자인 토마스 소웰(Thomas Sowell) 역시 2장에서 언급했던 것처럼 균형 잡힌 관점을 통해 학문적인 분석을 하기보다는 편파적으로 공립학교 교육을 공격했다. 예를 들어 소웰은 교사를 양성하기 위한 미국 대학의 교사 준비 프로그램 전문 과정의 뿌리를 파괴하기 위해 혈안이 되어 있었다. 이를 위해 그는 교육학 관련 교수들과의 계약을 파기하고 교직원을 해고해야 한다고 주장했다. 그는 교육학 교수들을 해고하는 데 드는 비용이 그들을 몰아냄으로써 얻는 이익으로 상쇄될 수 있기 때문에 정당하다고 말했다. 그러나 독자들은 이번 장에서 미국고등교육협회(the American Association for Higher Education)의 제안은 이러한 의견과 매우 다르다는 것을 알 수 있을 것이다.

다른 접근법들과 비교하여 교육에서 민영기업과 자유경쟁을 강조하는 접근이 갖는 우월성에 관한 연구들이 지배적인 현시점에서 앤드류 콜슨(Andrew Coulson)은 학교교육의 시장 중심적 접근을 더 발전시키기 위해 역사적 논리를 개발했다. 그의 역사적 논리는 저서인 『위기의 교육과 교육시장[2](*Market Education: The Unknown History*)』[10]에서 잘 나타난다. 이 책은 아테네와 로마와 같은 고대 문명에서부터 이슬람 세계와 중세시대, 그리고 19세기 대영제국과 미국에 이르는 교육시장의 역사를 다루고 있다. 그의 의도는 아리스토텔레스(Aristotle) 때부터 다른 어떤 접근법보다 시장 중심적 교육이 계속적으로 우월했다는 것을 보여 주기 위한 것이다. 콜슨은 그의 연구 결과를 다음과 같이 요약했다.

> 반복적으로 등장하는 이 주제는 수세기 동안 이야기되어 온 것들 중 하나다. 경쟁적인 교육 시장은 일반적으로 주에서 운영하는 교육 체제보다 일반 대중을 만족시키는 데 있어서 더 효과적이다. 그 이유는 주 학교교육 체제가 역사적으로 교육 수월성에 중요한 네 가지의 요소를 충분히 갖추지 못했기 때문이다. 그 네 가지 요소는 부모들의 선택과 재정적 책무, 교육자들을 위한 자유와 시장의 보상이다. 이러한 요소들을 지닌 학교 체제는 개인적인 교육에 대한 요구를 충족시키고 공유된 교육 목표를 달성하는 데 있어 가장 효과적이었다.[11]

독자들은 이런 학문적인 논의를 단순히 지난 천 년 동안 영고성쇠(榮枯盛衰)를 반복한 학교교육에 대한 민주적인 통제와 시장 중심의 논란에 내재되어 있는 역동적인 증거의 대립이라고 여길 수 있을 것이며, 콜슨의 주장에도 불구하고 두 관점은 지금과 같이 경쟁적이었으며 역사적으로 한 번도 해결된 적이 없다고 볼지도 모른다. 콜슨의 주장은 심각하게 여기지 않아도 된다. 그 이유는 그가 보수적인 싱크 탱크인 케이토연구소의 교육적 자유 센터(Cato Institute's Center for Educational Freedom) 이사이며, 이 단체의 목표 중 하나가 '제한된 정부의 원칙, 자유시장, 개인

2) 역자 주: 이은경 역(2005).

의 자유, 그리고 평화를 바탕으로 하는 공공 정책에 대한 이해 증진' 이기 때문이다. 2007년 정책 설명회 때 닐 맥클러스키(Neal McCluskey)와 앤드류 콜슨은 낙오학생방지법(No Child Left Behind: NCLB)은 공립학교를 개선시키는 데 실패했으며, 미국 교육부, NCLB, 그리고 교육에 소요되는 모든 연방 자금의 폐지와 함께 모든 교육 정책을 주에 이양해야 한다고 주장했다.[12] 자유시장의 효과에 대한 어떠한 증거도 없이 맥클러스키와 콜슨은 오로지 차터 스쿨이나 등록금 세금 공제와 같은 자유시장 교육 체제를 위해 '정부의 학교(government school)' 를 해체하도록 권고했다. 그들의 논리는 이 방법만이 자유시장 체제를 지키기 위한 유일한 방법이라는 것이었다.

학교교육에 대한 시장주의자들의 개념은 전통적인 공립학교 교육에 학교 선택이나 바우처 등과 같은 새로운 대안을 제시함으로써 학교교육에 큰 영향을 끼쳤다. 그들은 한 세기 이상 동안 지탱되어 온 미국 공립학교 교육의 생존능력에 대해 큰 의문을 가진다. 그들이 제안한 의견이 앞으로 미국 공립학교 교육행정과 조직에 더 깊은 영향을 미칠 가능성이 있다. 미국 공립학교 교육의 현 상황에 대해 불만을 제기하는 많은 미국 시민들의 의견과 자유시장주의자들의 제안을 경청한 특정 집단은 모든 학년의 공립학교 교육을 드물지만 높은 이익을 가져올 수 있는 잠재성이 있는 사업 투자의 대상으로 보고 있다.

투자 기회로서의 학교 개혁

독자들이 정크 본드(junk bond)[3]의 왕인 마이클 밀컨(Michael Milken)을 기억하고 있는지는 모르겠지만 지금 그는 교육 사업가가 되었다. 유치원에서부터 기업훈련까지 담당하는 다양한 회사들을 가지고 있는 '지식 세계(Knowledge Universe)' [4]라는 거대 복합기업의 책임자다.[13] 1998년 그는 컬럼비아 대학교 사범대학(Teacher College, Columbia University)에서 1994년부터 2006년까지 총장을 지낸 아서 레바인(Arthur Levine)과 만나 기업이 공립교육 개혁에 관여하는 것에 대해서 논의했다. 당시 총장이었던 레바인은 밀컨과의 만남을 돌이켜 생각해 보면, 그가 '전하려는 메시지' 는 분명했다고 술회했다. 그의 메시지는 "너희는 지금 곤란한 상황에 있으며,

3) 역자 주: '쓰레기 같은 채권' 의 의미로, 신용등급이 낮은 기업이 발행하는 고위험 · 고수익 채권을 의미한다.
4) 역자 주: 밀컨이 설립하고 운영하고 있는 평생교육기관으로 전국적으로 250개의 유아원 체인망과 상당수의 사립 중 · 고등학교를 인수해서 운영하고 있다.

우리는 너희의 점심을 먹을 것이다." 였다. 레빈은 이를 직접적인 도전이라기보다는 약탈자(포식자)의 협박으로 이해했다.[14]

큰돈을 가진 많은 투자자들은 어려움에 처한 미국 공립학교 교육이 현 체제의 대안으로 시장주의를 찾는다는 사실을 알게 되었으며, 잠재적으로 고수익을 낼 수 있는 투자처로서의 공립학교 교육에 매력을 느끼고 있다. 많은 투자자들이 1990년대 후반에 이 사업으로 뛰어들었으며 아직 개발되지 않은 사업 자금을 조달하기 위해 주식시장의 부흥기를 타고 벤처 자금으로 수억 달러를 끌어모았다. 이러한 노력은 일반적으로 투자자들에게 잘 알려져 있고, 신망이 두터운 공인들이 주도하였다. 즉, 한때 '교육 주지사(education governor)' 라고 불린 유력한 대통령 후보였던 전 테네시 주지사 라마르 알렉산더(Lamar Alexander)가 이러한 투자 집단을 위해 리더십을 발휘했다. 전 매사추세츠 주지사인 윌리엄 F. 웰드(William F. Weld) 역시 영리법인 학교를 위한 자신의 정책이 강경한 정치적 저항에 부딪혔을 때, 리즈 에퀴티 파트너 III(Leeds Equity Partners III)에게 영리법인 학교 설립을 위한 착수금으로 1억 5천 달러라는 막대한 벤처 자본의 투자를 받아 줄 것을 촉구했다. 또한 2003년에 공립학교의 영원한 비판가인 윌리엄 F. 베닛(William F. Bennett)은 온라인 교육과정과 교수방법을 캘리포니아, 콜로라도, 아이다호, 오하이오, 그리고 펜실베이니아 주의 협력학교(partner school)에 제공하는 것뿐만 아니라, 홈스쿨링에 대한 지원과 지침을 필요로 하는 전국에 있는 개인들에게도 도움을 주는 K12[5)]라는 사업을 이끌었다. 이외에도 몇몇 상대적으로 작은 기업에서 교육 산업을 통해 수익을 낼 수 있는지에 대해 실험을 해 봤으며 각 사업마다 성공의 정도는 다양하게 나타났다.

2003년에 가장 크고 잘 알려진 영리 교육 경영 기업은 에디슨 학교(Edison Schools, Incorporated)였다. 이 기업은 1992년에 설립되었으며, 에디슨 프로젝트(The Edison Project)의 일환으로 네 개의 학교에 있는 2,000명의 학생을 관리하는 첫 계약을 맺었고 10년 동안 실패와 회복을 거듭하면서 성장했다. 그 결과 에디슨 학교는 2002년에서 2003년 사이에 23개 주와 콜롬비아 특별구에 있는 150개의 공립학교와 약 84,000명의 등록된 학생을 관리하게 되었다. 이를 근거로 에디슨 학교는 미국에서 세 번째로 큰 교육 체제 중 하나라고 광고하고 싶어 했다. 물론 이는 과장된 표현으로 많은 이들은 에디슨 학교가 학교 체제에 포함된다고 생각하지는 않는다. 그럼에

5) 역자 주: K12는 유치원(Kindergarten)에서 12학년(우리의 경우 고3) 학생들을 인터넷으로 연결해 교육하려는 미국의 정보교육 프로젝트의 이름이다.

도 불구하고 에디슨 학교는 수익을 목표로 공립학교를 관리하는 사업의 선두주자로 자리 잡았다. 그러나 공모주 기업인 에디슨 학교는 고객의 수가 증가하고 있음에도 불구하고 설립 이후 계속해서 손실을 입고 있었다. 결과적으로 이런 사실이 밝혀짐에 따라 주식 가격이 큰 폭으로 떨어졌다.

2001년 12월 21일 필라델피아 공립학교 교실이 연례 휴일을 위해 비워지고 나서 몇 시간 뒤에 펜실베이니아 주지사 마크 슈바이커(Mark Schweiker)와 필라델피아 시장 존 스트리트(John Street)는 허우적거리는 도시의 학교 체제를 주에서 인수한다고 밝혔다. 이는 도시에서 실패한 학교를 인수하여 관리하기로 한 에디슨 학교에는 대단한 일이었으며, 그들은 이번 일이 사업 발전에 있어서 큰 돌파구가 되기를 희망했다. 필라델피아는 미국에서 7번째로 큰 학교구이며 이번 인수는 210,000명의 학생과 27,000명의 직원을 포함하는 역사상 가장 큰 규모였다. 그러나 비밀리에 진행되던 협상이 공개되면서 논란은 폭풍처럼 일어났다. 인수에 관해 설명하는 광고에 400,000달러 이상이 소요된 것에 대한 비판은 지역 교육 사업의 미래에 대해 깊은 관심을 가진 지역사회에서 부메랑이 되어 에디슨 학교에 돌아갔다. 그 결과 에디슨 학교는 20개 학교만 운영하도록 배정받았으며 대학들과 차터 스쿨 운영자들을 포함한 여섯 개의 다른 지역사회 기관이 나머지를 배정받았다. 에디슨 학교의 20개 학교를 포함한 45개의 학교는 학교구에서 가장 낮은 학업성취도를 보인 학교들이였다. 학교구는 45개 학교만큼은 아니지만 학업성취도가 낮은 편인 21개 학교들을 별도로 선택하여 첫해 동안 인력을 집중적으로 지원하고 학생당 추가 보조금을 배정하여 학교구가 학교들의 재구조화를 관리하도록 했다. 또한 학교구가 관리하는 스위트 16(Sweet 16)이라고 불리는 16개 학교에 대해서는 추가 자금은 배정되었지만 추가적 인적 지원은 제공되지 않았다. 템플 대학교(Temple University)와 펜실베이니아 대학교(University of Pennsylvania)에서 관리하는 8개 학교를 제외하고 45개 학교 중 나머지 학교들은 학교구가 재구조화하는 21개 학교들보다 더 많은 지원을 받았다. 2002년에서 2003년까지 학생당 100～300달러를 더 지원받았고, 2005년에서 2006년까지는 모든 45개 학교들이 학생당 450～780달러를 더 지원받았다. 스위트 16 학교들은 2002년에서 2003년 동안 학생당 550달러를 더 받았으며 2005년에서 2006년에는 450달러를 더 받았다. 이런 행정 구조는 학생의 학업성취도를 높이는 데 성공한 차터 스쿨과 다른 학교구의 학교 학생들과의 비교 연구를 가능하게 했다.

랜드 연구소(Rand Cooperation)와 리서치 포 액션(Research for Action) 연구소에

서 진행한 두 연구는 각각 2007년과 2008년에 완료되었다. 2007년의 연구에서는 2006년 여름 내내 주(州)가 인수한 이후 초기 4년 동안의 자료를 수집했다. 이 연구는 개별적으로 운영된 학교들과 학교구 관리하에 운영된 학교들의 학업성취도는 모두 펜실베이니아 내의 다른 지역 학교들보다 높지 않았으며, 공급자(영리법인, 비영리법인, 및 대학교)에 의해 제공된 45개 학교들에서도 긍정적인 효과가 나타나지 않았고, 스위트 16에서도 그 효과는 나타나지 않았음을 밝혀냈다. 그러나 재구조화한 21개의 학교들은 다른 학교구와 비교하여 수학은 모든 학년에서 그리고 읽기는 1학년에서 상당히 긍정적인 효과를 얻은 것으로 나타났다. 저자들은 연구를 통해서 세금을 추가적으로 더 지출하여 사적으로 운영하는 기업에 지원을 해 줄 만한 근거가 없다고 결론지었다.[15] 두 번째로 2008년 연구에서는 2000년에서부터 2007년까지의 종단자료를 가지고 전통적인 공립학교에서 차터 스쿨로 전학한 아이들과 그 반대의 경우를 모두 추적했다. 학교 수준이 아닌 학생 수준 자료를 이용한 결과 필라델피아에 있는 차터 스쿨과 공립학교 간의 차이를 발견할 수 없었으며, 4년 동안 운영되어 온 차터 스쿨은 학생 학업성취도에서 3년 이하로 운영된 신생 학교와 차이가 없었으며 근처에 있는 전통적인 공립학교에 경쟁적 효과를 주고 있다는 증거도 찾을 수 없었다.[16]

필라델피아는 에디슨 학교의 실험 사례가 되었으며 결과는 실패한 것으로 나타났다. 예일 대학교의 전 총장이었던 베노 C. 슈미트 쥬니어(Benno C. Schmidt, Jr.)가 에디슨 학교의 책임자였다.[17] 에디슨 학교운영 참여자 중 가장 인상적인 사람은 존 첩(이 장의 앞에서 언급된 '첩' 과 동일 인물)으로 조직의 최초 구성원인 7명 중 한 명이고 현재는 개발 부분 부사장으로 재직 중이다. 전국에 있는 중 · 고등학교에 채널 원(Channel One)을 제공하여 큰 논란을 빚었던 휘틀 커뮤니케이션(Whittle Communications) 법인의 창립자이자 책임자였던 크리스토퍼 C. 휘틀(Christopher C. Whittle)이 현재 에디슨 학교의 최고 경영 책임자(chief executive officer)다.[18] 에디슨 학교의 최고 운영 책임자(chief operating officer)인 크리스토퍼 서프(Christopher Cerf)는 워싱턴에서 유명한 소송가로 대법원에서 변론을 펼친 적도 있으며, 전직 대통령인 빌 클린턴(Bill Clinton)의 고문변호사 경력을 갖고 있다. 필라델피아의 실패를 바탕으로 에디슨 학교에는 대대적인 변화가 찾아왔다. 학교 이름이 에디슨러닝(EdisonLearning)으로 바뀌었으며 크리스토퍼 휘틀, 베노 슈미트, 그리고 크리스토퍼 서프의 이름은 웹사이트 어디에서도 찾을 수 없고 새로운 CEO로 제프 왈(Jeff

Wahl)의 이름이 게시되었다. 2008년에는 크리스토퍼 휘틀이 에디슨 학교를 테리 스테츠(Terry Stecz)에게 매도하였고 테리는 그 학교를 사유화시켰다. 비록 에디슨러닝이 32개의 차터 스쿨을 2008에서 2009년까지 운영했지만, 이후에는 차터 스쿨의 운영보다는 다양한 학습 서비스를 학교구에 제공해 주는 것으로 초점을 바꾸었다.

그럼에도 불구하고 차터 스쿨은 미국 교육계의 큰 흐름이며, 오바마 행정부와 민간기업, 그리고 일부 정치인들에게 계속해서 실행 가능한 대안으로서 생각되고 있다. 〈표 12-3〉은 2008년부터 2009년까지 10개 이상의 학교가 포함되었던 교육 경

표 12-3 2008~2009학년도 말 현재 가장 큰 교육 경영 기구(EMOs)

기구 명칭	학교 수	학생 수	영리 목적	웹주소와 주의사항
어스파이어 공립학교 (Aspire Public Schools)	21	자료 없음	×	http://www.aspirepublicschools.org/ (California Only)
차터 스쿨 USA (Charter Schools USA)	19	14,000	○	http://www.charterschoolsusa.com/
첸슬러 비콘 아카데미 (Chancellor Beacon Academies)	81	19,000	○	확실치 않음. 매각되었을 수도 있음.
에디슨 학교 (Edison Schools*)	32개 학교, 120개의 제휴 포함	350,000	○	http://www.edisonlearning.com/
레오나 그룹 (Leona Group)	30	7,000	○	http://www.leonagroup.com/index1.html
마소이카 교육 (Mosaica Education)	77	16,000	○	http://www.mosaicaeducation.com/
전미 헤르티지 아카데미 (National Heritage Academies)	57	35,000	○	http://heritageacademies.com/
노벨 학습 커뮤니티 (Nobel Learning Communities)	160	자료 없음	○	http://www.nobellearning.com
옴부즈맨 교육 서비스 (Ombudsman Educational Services)	140	자료 없음	○	http://www.ombudsman.com/index.aspx
리처드 밀번 아카데미 (Richard Milburn Academies)	13	자료 없음	○	http://www.nesihq.org/richard-milburn-academy.htm
SABIS 교육 시스템 (SABIS Educational Systems)	61	47,000	○	http://www.sabis.net (미국에 8개; 대부분 유럽과 아시아에 있음)
빅토리 스쿨 (Victory Schools)	15	6,500	○	http://www.victoryschools.com/ (필라델피아와 뉴욕에만 있음)

* 2008년에 EdisonLearning으로 명칭이 변경됨.

영 기구들(Educational Management Organizations: EMOs)을 정리한 것이다.

차터 스쿨의 현 상황

조지 W. 부시(George W. Bush) 행정부 시기에 미국 교육부(일반적으로 U.S. Department of Education을 줄여서 ED라고 한다.)는 시장 중심적 개혁을 강하게 진척시켰다. 사실 ED는 부모의 학교 선택 기회를 확대시키는 법률을 제정하고 보조금을 제공하는 방법을 통해 시장 중심적 개혁을 지지했다. 예를 들어 2000년에서 2008년 사이에 ED는 약 180억 달러를 차터 스쿨 착수금으로, 3억 2,000만 달러를 시설물 구입 비용으로 지원했다.[19] 2008년 차터 스쿨에 관한 보고서에서 ED는 내부 연구 중 부정적인 결과를 예견하는 것〔브라운(Braun), 젠킨스(Jenkins), 그리그(Grigg)의 연구〕을 배제하고 차터 스쿨에 관한 긍정적인 결과만 게재했다. 2010년 '최고를 향한 경쟁(Race to the Top)'[6)]의 자금은 계속해서 오바마 행정부의 차터 스쿨을 지원했다. 오바마 대통령이 선택한 아니 던컨(Arnie Duncan) 교육부장관(secretary of education)은 시카고의 교육감으로 재직 당시 차터 스쿨의 강한 지지자였다. 그렇다면 왜 워싱턴의 정책 입안자들은 차터 스쿨을 장려하는 것일까? 과연 차터 스쿨이 효과적이라는 증거가 있는가?

일부 연구에서는 차터 스쿨이 학생의 학업성취를 높이는 데 효과가 있다고 밝히고 있지만,[20] 이 연구들을 비슷한 분석 방법으로 다시 연구했을 때 차터 스쿨이 전통적인 학교보다 낮은 학업성취도를 보인다는 상반된 결과를 보이고 있어 하나의 결과만을 확신하기 어렵다.[21] 차터 스쿨의 긍정적인 영향에 대해 옹호한 이런 연구들 중에서 하버드 대학교(Harvard University) 교수인 캐롤라인 혹스비(Caroline Hoxby)의 2004년 연구에는 국가 전역의 관심이 집중되었다.[22] 이 연구의 자료는 전국 표본인 37개 주 소재의 차터 스쿨을 기반으로 했다. 그러나 혹스비의 연구는 조이딥(Joydeep)과 로렌스 마이클(Lawrence Michael)에 의해 재분석되었으며 그들에 의하면

> … 주위에 있는 일반적인 공립학교와 차터 스쿨을 비교하는 (그리고 그 주위에 비슷한 인종으로 구성된 공립학교와 비교하는) 그녀의 방법은 학생의 배경을 적절

---

6) 역자 주: R2T, RTTT 및 RTT 라고 불리는 오바마 정부의 교육 개혁 중 하나로 연방 교육예산 지원금 중 43억 5,000만 달러를 주 단위로 나눠 배정하여 초·중등학교 교육의 구조적 혁신을 도모하는 정책이다.

하게 통제하지 못하고 있다. 그녀가 비교한 학교 표본들을 보면 학생들의 인구학적 · 사회경제적 특징이 상당히 다르다.[23]

혹스비의 연구를 재분석한 결과 로이(Roy)와 미첼은 그녀의 결론이 잘못되었다는 것을 알았다. 표본의 인종과 사회경제적 상태를 통제하게 되면 차터 스쿨의 이점은 사라진다는 것을 발견한 것이다.

150개의 차터 스쿨과 6,764개의 공립학교를 분석한 큰 규모의 다른 국가적 연구에서는 차터 스쿨이 전국 학업성취도 평가(National Assessment of Educational Progress: NAEP)에서 수학과 읽기 성적이 모두 상당히 낮게 나타난 것을 밝혔다.[24] 이 연구는 브라운, 젠킨스 그리고 그리그에 의해 미국 연방교육부 산하 국가교육통계센터(National Center for Education Statistics)의 홈페이지에 게재되었다. 학생의 특성에 학생의 성적을 적용시키는 데 있어서 차터 스쿨은 읽기에서 표준편차가 .11, 수학에서는 표준편차가 .17로 낮게 나타났다. 저자들은 이런 결과가 학생의 이전 성취도 혹은 학부모와 학생이 차터 스쿨로 온 동기를 포함하지 않고 있기 때문에 신중할 필요가 있다고 주장했다. 2005년에 론 짐머(Ron Zimmer)와 리처드 버딘(Richard Buddin)이 로스앤젤레스와 샌디에이고에 있는 차터 스쿨을 연구할 때도 이와 비슷한 결과가 나왔다. 공립학교의 성과와 비교해 차터 스쿨이 더 나은 사례를 찾지 못하고 있으며 심지어는 공립학교가 더 잘한 경우도 있었다. 게다가 이 연구에서는 차터 스쿨이 흑인, 히스패닉, 혹은 영어를 능숙하게 사용하지 못하는 학생들에게 긍정적인 효과가 없는 것으로 나타났다.[25]

위의 연구 결과를 지지하기 위해 시행된 또 다른 연구에서는 2003년에 NAEP 결과를 이용하여 차터 스쿨과 공립학교뿐만 아니라 가톨릭 계통, 루터교 계통, 그리고 보수적인 기독교 사립학교의 4~8학년 학생들의 수학 성적을 비교했다. 원점수만 살펴 보면 공립학교가 다른 형태의 학교와 비교했을 때 수행 면에서 뒤떨어지는 것처럼 보이지만, 학생의 인구학적 변인과 위치를 통제한 결과 공립학교가 다른 형태의 학교들과 비교했을 때 똑같거나 더 나은 결과를 보여 주는 것으로 나타났다. 공립학교는 4학년에서는 다른 모든 형태의 학교들보다 훨씬 나은 결과를 보여 주었으며, 8학년에서는 가톨릭 학교와 보수적인 기독교 학교들보다 좋은 성과를 보였다. 보수적인 기독교 학교의 경우 4학년, 8학년 모두에서 다른 형태의 학교들보다 상당히 낮은 성적을 보였다.[26] 최근에는 동일 저자들이 1998년에 유치원에 입학한 학생들이 2004년에 초등학교 5학년으로 진학할 때까지의 수학성취도 종단 자료를 연구했다. 공립학교에 바로 입학한 학생은 유치원에서의 수학 성적은 약간 낮았지만 5학년 때는 가톨릭 학교 학생들의 성적보다는 상당히 높았고 다른 형태의 사립학교 학생들의 성적과는 비슷했다.[27] 이 두 연구는 사립학교가 공립학교보다 훨씬 더 나은 성과를 보일 것이라는 믿음을 떨쳐 버리는 데 도움을 주었으며 또한 학부모들이 아이들을 위해 가장 학업성취도가 높은 학교를 선택하는 데 기여했다.

그렇다면 영리 목적의 차터 스쿨과 비영리 목적의 차터 스쿨 사이에 차이가 있을까? 힐(Hill)과 웰치(Welsch)에 의해 진행된 미시건(Michigan) 소재 차터 스쿨 연구에 의하면 다양한 학교와 학교구 특성을 통제한 결과 영리 목적 차터 스쿨 학생들의 학업 성적이 비영리 목적 차터 스쿨 학생들에 비해 상당히 낮다는 것을 알 수 있다. 어떤 이는 영리 목적의 차터 스쿨이 상대적으로 학생 1인당 표준 지출비가 낮기 때문에 이런 결과가 나타나는 것이 아니냐고 반문할 수 있지만 그렇지는 않다. 지출 비용을 통제했을 때도 그 결과에는 큰 차이가 없었으며 이를 통해 지출 비용 이외의 요인에서 영리 목적 차터 스쿨이 낮은 학업성취를 보이는 것에 대한 이유를 찾을 수 있을 것이다.[28]

그렇다면 차터 스쿨이 경쟁에 불을 붙여 공립학교에 동기를 자극한다는 차터 스쿨 지지자들의 주장은 과연 어떠한가? 혹스비는 만약 경쟁이라는 것을 학교구 내 차터 스쿨에 재학 중인 학생의 비율(6% 혹은 그 이상)로써 가늠한다면, 미시간 주 내에서는 분명 큰 경쟁적 효과가 있다는 것을 발견했다.[29] 물론 차터 스쿨 학교의 비율을 전통적인 학교에 대한 학부모의 불만을 나타내는 지표로 생각할 수도 있겠지만 주 정책과 차터 스쿨 마케팅 운동에 따른 결과로 생각할 수도 있다. 차터 스쿨의 경쟁에 관한 효과성에 대해 이야기하는 데 가장 중요한 점은 전통적인 공립학교가 그들의 학업성취도를 높이기 위해 부담을 느끼고 이러한 부담에 대한 반응으로 성적이 올라가느냐 하는 것이다. 앞서 이번 장에서 언급했듯이 이것이야말로 주에서 차터 스쿨을 정당화하는 가장 큰 이유 중 하나다. 한 연구에서는 차터 스쿨과 다른 학교 간의 거리에 따라 경쟁적인 효과가 나타났다.[30] 이와 반대로 리처드 버딘과 론 짐머는 캘리포니아 차터 스쿨과 공립학교를 비교했을 때 경쟁적인 효과는 찾을 수 없다고 했다.[31] 그들은 학생의 시험 성적을 살펴보았으며 직접 학교 행정가에게 차터 스쿨과의 경쟁 때문에 학교의 교육과정, 교수 방법, 혹은 전문성 개발 방법에 변화가 있었는지 물어봤다. 이에 교장은 경쟁적인 영향이 없다고 보고했다. 그들이 알아낸

유의미한 결과는, 차터 스쿨과 가까이에 있는 학교의 교장이 차터 스쿨이 긍정적인 효과를 끼치기보다는 오히려 교사의 채용과 유지에 있어서 부정적인 영향을 미치고 있다고 보고한 것뿐이었다.

차터 스쿨의 경쟁적 효과에 관한 다른 연구들을 살펴보면, 스콧 임버먼(Scoot Imberman)은 로스앤젤레스에 있는 차터 스쿨과 1.5마일 내에 있는 전통적인 공립학교 학생의 학업성취를 비교하여 측정하였는데 이를 통해 차터 스쿨이 실제로는 유해한 영향을 준다는 것을 알아냈다. 전통적인 공립학교의 수학과 언어 점수는 떨어졌지만 읽기는 영향을 받지 않는 것으로 나타났다. 이와 관련해서 임버먼의 프로젝트는 몇 가지 가능한 해석을 제시했다.

- 학교구는 차터 스쿨로 진학하는 학생들 수만큼 재정이 축소된다.
- 차터 스쿨은 높은 사회경제적 배경을 지닌 학생을 전통적인 공립학교로부터 데리고 온다.
- 차터 스쿨은 전통적인 학교에서 우수한 교사를 데리고 간다.[32]

차터 스쿨 등록과 관련해서 걱정되는 결과 중 하나는 대부분의 주에 심각한 수준의 인종차별이 존재한다는 것이다.[33] 2003년에는 소수 집단을 과도하게 분리하는(90% 이상) 차터 스쿨에 입학한 흑인 학생 수가 일반 공립학교에 등록한 흑인 학생 수의 두 배가 넘었다.

> 이 분석만을 기반으로 차터 스쿨이 소수 집단 학생들에게 특별히 더 통합적인 환경을 제공하는 데 도움이 된다고 볼 수는 없다. 공립학교가 소수 집단 학생들을 30년 전보다 더 심하게 차별하는 시대라면, 공적 자금으로 이루어지면서도 공립학교에서의 차별을 조장하는 개혁을 좀 더 면밀히 평가해야 한다.[34]

차터 스쿨의 다양화를 위해 몇 가지의 조언들이 제시되었다.

- 인종적으로 차별을 받는 지역 경계에 차터 스쿨을 세워야 한다.
- 교통수단을 제공해 주어야 한다.
- 차터 스쿨에 관한 모든 정보를 가족들에게 제공해 주어야 한다(인종 관련 자료 포함).

- 선착순으로 학생들을 받으며 심사는 하지 말아야 한다.
- 다양한 사람들을 환영하는 환경을 만들어야 한다.

이 제안을 많은 주에서 적용하려면 차터 스쿨 법안과 이러한 권고를 따르게 하는 정책을 재설계해야 한다.

그 결과는 최근 2006년에서부터 2008년 사이의 연구들[35]에서 확인되었다. 예를 들어, 처음으로 차터 스쿨 법안(1991)을 통과시킨 미네소타에서는 백인이 아닌 다른 인종이 차터 스쿨에 다니는 숫자가 1995년에 공립학교의 세 배였으며 이 통계는 2008년까지 유지된 것으로 나타났다. 이러한 결과는 학부모에게 추가적인 선택권을 주어 인종차별 문제를 완화시킬 것이라고 주장하는 차터 스쿨 지지자들을 당혹스럽게 했다.

바우처

바우처는 시장 중심적 개혁의 논란거리 중 하나이며 지난 한 세기 동안 연구자들의 주요 관심사였다. 맨해튼(Manhattan) 연구소, 헤르티지(Hertiage) 연구소, 혹은 후버(Hoover) 연구소 같이 보수적인 싱크 탱크 연구소들이 지원한 연구들에 의하면 바우처는 학교 선택 프로그램에 긍정적인 영향을 끼치는 것으로 나타났다. 2008년에 제이 그린(Jay Greene)과 마커스 윈터스(Marcus Winters)가 진행한 연구[36]에 의하면, 본인이 선택한 학교에 가고 싶어 하는 장애학생들에게 바우처를 주는 플로리다의 맥케이(Mckay) 장학금 프로그램으로 인해 공립학교들 간에 경쟁이 일어나 장애학생들의 학업성취도가 향상된 것으로 밝혀졌다. 그러나 싱크 탱크에서 나오는 발행물 간의 질이 다르기 때문에 볼더(Boulder)에 있는 콜로라도 대학교와 애리조나 대학교에 있는 교육 정책 연구기구(Education Policy Research Unit: EPRU) 내의 '교육과 공공의 관심 센터(Education and the Public Interest Center: EPIC)' 에 의해 '싱크탱크 검토 프로젝트(The Think Tank Review Project)' 가 시작되었다. 여기서는 교육 정책에 영향을 줄 수 있는 이러한 출판물들의 질적 수준을 검토했다. 존 윤(Jon Yun)이 그린과 윈터스의 연구를 검토하면서 연구 계획의 몇 가지 결함을 찾았으며, 가장 중요한 결함은 확인되지 않은 전제인 '선택 편향' 을 바탕으로 발생한 경쟁적 효과를 과소평가하는 무작위 추출 방식이다. 윤은 이러한 추정은 잘못된 것이며 다른 잠재적인 선발 편향 자료가 바우처 프로그램을 과소평가하는 데 사용됐다고 주장한다. 윤은 "의사결정 혹은 정책 평가를 하기 위해 다른 연구 방법이나 더 확실한 연구법으로 정당성을 확보하기 전에 본 연구를 이용하고자 한다면 회의적으로 보아야 한다."고 결론지었다.[37]

1999년도부터 2008년까지 바우처 제도의 효과에 대한 11개의 연구를 분석해 본 결과 세실리아 라우스(Cecilia Rouse)와 리사 바로우(Lisa Barrow)는 다음과 같은 결론을 얻었다.

> 데이터를 통해 얻을 수 있는 최고 수준의 연구에서도 바우처를 받은 학생이 상대적으로 낮은 성취도 증가를 보였으며 그 차이는 수치적으로 거의 '0' 에 가까웠다. 나아가, 공립학교에 남아 있는 학생들에게서 대규모 바우처 프로그램의 영향에 대한 증거를 찾을 수는 없었다. 그리고 이러한 연구 계획은 연구자로 하여금 관찰된 긍정적 향상이 오로지 학교 바우처나 경쟁력에 기인한 것이라고 말할 수 없게 한다.
>
> 다른 형태의 학교 선택에 관한 증거들 또한 전망이 밝지는 않다. 학교에 바우처 제도를 적용할 다른 이유가 있을 수 있지만 외관상 적은 비용을 들이는 개혁에서 학업성취의 큰 향상을 기대해서는 안 된다.[38]

라우스와 바로우는 그들의 분석을 통해 흑인 학생들에게 바우처 제도가 효과적이라는 소수의 연구가 있지만 연구법이 정교하지 못해 대안적인 분석이 필요하다고 했다. 비록 흑인 학생들이 바우처 제도로 이득을 본다는 연구가 널리 알려져 있지만 그들의 연구에서는 흑인 학생들에게 이득이 된다는 결과를 찾지 못했다. 한 예로 클리브 비필드(Clive Befield)는 클리블랜드의 바우처 프로그램이 흑인 학생들[39]에게 도움이 안 된다는 것을 알아냈다. 2002년에는 클리블랜드 장학금(The Cleveland Scholarship)과 튜터링 프로그램(Tutoring Program)에 대한 국가적인 관심이 고조되었다. 왜냐하면 연방 지방법원이 국교금지 조항(establishment clause)[7)]을 위배했다는 이유로 바우처 프로그램의 금지를 신청한 원고의 즉결심판 청구를 받아들인 것에 대해, 미국 대법원[40]이 원고 승소 판결을 번복했기 때문이다. 대법원 판결로 인해 공적 자금이 사립학교는 물론 종교 관련 학교에도 투입될 수 있게 되었다.

---

7) 역자 주: 국교금지 조항(establishment clause)이란 미국 연방 수정 헌법 제1조에 명시된, 국가가 국교를 정하는 것을 금지하는 내용을 일컫는다.

시장 중심 개혁에 관한 연구물을 읽고 내린 결론은 간단한다. 시장 중심 개혁이 바우처를 받는 학교나 차터 스쿨의 학생 학업성취도를 높이는 데 전통적인 공립학교보다 더 효과적이라고 볼 수 없으며, 또한 시장 중심 개혁이 공립학교로 하여금 시장경쟁에 뛰어들게는 했지만 일반적인 공립학교의 학업성취도를 높이지도 못했다는 것이다. 시장 중심 개혁 지지자들의 가정은 민영 부문은 원래부터 문제가 많은 일반 공립학교보다 낫다는 것이다. 이 가정은 차터 스쿨, 바우처를 통한 선택 등 민영화(privatization)에 초점을 두고 진행되는 최근의 교육 개혁 노력에 대해 의문을 제기할 근거가 될 뿐 아니라 공립학교가 실패하고 있다는 주장을 뒷받침한다. 물론 이러한 결론은 시장 중심적 개혁이 학업성취도를 향상시킬 것이라는 전제에 근거한 것이다. 그러나 만약에 근본적인 목적이 단순히 학부모에게 그들의 자녀를 보낼 학교에 대한 선택권을 주는 것에 있다면 학교교육의 대안으로서 바우처와 차터 스쿨은 정당화될 수 있을 것이다.

고등교육의 민영화

고등교육 또한 투자자들로부터 많은 관심을 받았다. 앞서 언급한 리즈 에쿼티 파트너 III에서는 경영학, 법학, 심리학 및 의학 분야에서 전문적인 훈련과 자격증을 제공하고 있다. 이 기관은 온라인을 통해 교육이 이루어진다면 앞서 언급한 분야들에서 더 큰 이익을 낼 수 있을 것으로 보았다. 즉, 많은 학생들은 회사에서 일부러 시간을 내거나 지역에서 가까운 학교에 가는 것보다 이득이 많아 이러한 온라인 프로그램에 호감을 가질 것이라고 본 것이다. 미국의 가장 큰 사립대학교 중 하나인 피닉스 대학교(University of Phoenix)는 200개가 넘는 캠퍼스를 43개 주에 설립하였으며, 학부과정에서부터 전문직으로서 일할 수 있는 박사과정까지 상당히 다양한 종류의 학위 수여 프로그램을 제공한다. 피닉스 대학교는 온라인 구조와 다른 원격교육 개발에 많이 의존하고 있기 때문에 학교 입장에서는 입학하기를 원하는 많은 학생들을 다루기가 쉽고, 전통적인 학교를 표방하기보다는 일하는 데 바쁜 사람들을 위한 확실한 대안적인 프로그램을 제공한다. 기존의 대학들은 이러한 상황에 위협을 느끼고, 경쟁에서 뒤떨어지지 않기 위해 학생들이 자신의 지역에서 통학하지 않고도 손쉽게 학교에 다닐 수 있게 하는 원격교육 개발에 뛰어들고 있다.

이런 회사들이 영리를 목적으로 유치원교육과 초 · 중등교육에 뛰어든 것은 최근의 일이기 때문에 1990년대보다 앞서 시행된 기록을 찾기는 굉장히 힘들다. 여기에 투자하였거나 일을 하는 사람은 당연히 최선을 다했지만 그들이 하는 주장은 대체로 성공에 대한 증거라기보다는 성공에 대한 희망인 경우가 많았다. 그럼에도 불구하고 그들의 상품을 위한 틈새시장이 존재하기 때문에 그들은 목표를 달성하기 위해 열심히 노력한다. 이들 회사에서 일하는 사람들은 관료주의적인 공립학교 구성원들과 일하는 방법이 상당히 다르다. 가장 큰 차이는 기업가들이 프로젝트에 필요한 착수금을 지원한다는 것이며 가끔씩 그 금액이 상당한 경우가 있다. 이렇듯 재정의 상당 부분을 투자 자본에 의지할 수 있기 때문에 풍부한 자원과 장기적인 관점을 바탕으로 프로젝트에 착수할 수 있으며, 이는 프로젝트를 시작할 때 만나게 되는 피할 수 없는 어려움을 이겨 낼 수 있게 해 준다. 관료적 사고의 제약이 있는 공립학교에서는 새로운 프로그램의 효과성을 어쩌면 단 한 번에 증명해야 하는 반면, 기업가들은 돈을 벌기 위해서 투자를 하기 때문에 프로젝트가 잘 실행될 수 있도록 개발하는 데 필요한 시간을 충분히 확보해 준다. 그러나 지금 이 시점에서 영리 학교를 다니는 학생이 정부에서 운영하는 학교를 다니는 학생들보다 더 좋은 결과를 보인다는 증거는 별로 없다. 그렇지만 확실한 것은 재정 지원의 증가는 앞으로 그들을 더욱 유력한 경쟁자로 만든다는 것이다. 그러나 그들의 힘의 근원은 돈보다는 그들이 가지고 있는 아이디어, 즉 공교육에 대한 교육학적 · 조직론적 아이디어의 전통적인 정설에 심각하게 도전하는 그들의 사고에서 나온다.

표준 중심적 학교 개혁

앞의 2장에서는 1989년 조지 부시 대통령이 첫 교육 수뇌회담을 개최한 이래 꾸준히 강력하게 성장해 온 표준 중심적 학교 개혁에 대해 설명하고 논의했다. 교육 리더들은 이 방법이 시장 중심적 개혁과는 상당히 다르다는 것을 알아야 한다. 다시 말해, 표준 중심적 학교 개혁은 시장 중심적 개혁과는 다른 가정과 이론을 전제로 실행된다. 그리고 표준 중심적 학교 개혁의 중심에는 정치적 전략이 있다. 정치적 전략이란 약 2세기 동안 미국의 공립학교 체제가 직접 민주 정치 체제를 기반으로 통제되어 왔다는 것을 받아들이고 또 그렇게 되어야 한다고 생각하는 것을 의미한다. 이것은 조직 운영적 측면에서 전략이라고 볼 수 있다. 좀 더 정확하게 표현하자면, 공립학교 체제를 관할하고 있는 주의 위계적인 명령권과 통제권이 더욱 강화되기를 희망하는 것이다. 이를 자세히 살펴보자.

1788년에 뉴햄프셔 주에서 비준을 받은 이후 헌법이 발효되었다. 그 후에는 선거가 열렸으며 1789년 4월 30일에 조지 워싱턴(George Washington)은 대통령으로, 존 애덤스(John Adams)는 부통령으로 취임했고, 선거로 선출된 양당의 인사들이 의회를 장악했으며 연방 정부는 뉴욕에 있는 월 스트리트에 본부를 두고 조직되어 운영되기 시작했다. 당시 뉴욕은 굉장히 바쁜 해를 보내고 있었다. 법원도 조직해야 하고, 판사와 외국에 보낼 특사도 임명해야 했다. 또한 미국 혁명(American Revolution)으로 인해 늘어난 주 정부의 부채를 해결하고 국가방위를 정비해야 했기 때문에 뉴욕에 있는 어느 누구도 교육에 대해 생각하지 못했다. 그렇기 때문에 교육에 관련된 내용은 연방 헌법에 없었다.

그러나 이렇게 많은 일이 뉴욕에서 벌어지고 있는 동안에 13개 주에서도 각각의 주에 적합한 헌법을 작성하고 적용하느라 바빴다. 각 주에서 헌법의 틀을 작성하는 사람들은 연방 헌법에 교육에 관한 내용이 없다는 것을 빠르게 눈치 채고 학교교육을 제공해야 한다는 책무를 주 헌법에 포함했다.

주 헌법이 적용된 이후에 각 주의 법률가들은 주 정부에서 명시하고 있는 공립학교 교육을 어떻게 이끌고 나갈지에 대한 규칙을 제정하여 적용했다. 그렇기 때문에 각각의 헌법 안에서 사용되는 용어도 법으로 정한 합의 사항도 주마다 달랐다. 그러나 놀랍게도 주 정부하에서 어떻게 공립학교 교육이 조직되고 운영될지에 대해서 주들 사이에는 일관성이 있었다. 이러한 대의 민주주의 과정을 통해 결국 50개 주 모두는 각각의 양식과 구조를 개발하였는데 이는 세계적으로 유례를 찾기 힘들 만큼 독특하고도 독창적인 것이라고 할 수 있다. 미국을 상징하는 재즈(jazz) 음악이 그랬듯이 이러한 형식 역시 전 세계 사람들의 감탄을 자아냄과 동시에 그들로 하여금 좌절을 느끼게 만들었다.

주 정부가 공교육을 제공함에 있어 주 법률가들은 많은 선택지를 가지고 있었다. 그들은 손쉽게 차량국, 주 경찰, 혹은 주 법원 체제들과 같은 중앙 관료조직을 만들 수 있었지만, 공교육에 대해서는 그렇게 하지 않고 다양성을 가진 하나의 양식을 선택하는 방식, 즉 조직을 분권화하여 공립학교 교육을 관리하는 방법을 택했다.

그들이 취한 양식은 주에 학교구를 만드는 것이었다. 특히 뉴잉글랜드와 같은 일부 주에서는 학교구의 경계가 마을의 경계와 같았다.[41] 많은 주에서는 학교구의 경계가 지역 혹은 교구의 경계와 유사했다. 일부 주의 법률가들은 학교구의 경계를 행정구역과 같게 하지 않았고 한 주 안에 혹은 한 도시 안에 몇 개의 학교구를 만드는 것을 가능하게 했다.[42]

비록 이러한 정치적이고 조직적인 차이에도 불구하고 학교구는 비슷한 특징을 가진다. 그들은 주의 업무인 교육을 수행하기 위한 목적으로 지역 차원에서 만들어졌다. 변호사들은 이러한 실체를 준법인(quasi-corporation)과 같은 독립체라고 하기도 한다. 이는 경찰과 보건 서비스, 그리고 토지 이용을 위한 지대 설정 등을 담당하고 있는 지방자치단체(municipal corporation)와는 상당히 다르다.

따라서 학교구는 지역의 교육을 제공하는 책임을 이행하기 위해 교육위원회를 가지고 있다. 이 위원회의 위원들은 보통 선출되지만 때로는 임명되기도 한다. 이 위원회는 그들의 권한을 이행하는 데 있어서 주 교육부의 감독 및 주 의회의 통제 아래에 있다. 교육이 주 정부의 책임이고 주 교육 관료 체제가 있어 학교구를 관리하고는 있지만 미국에서는 주 정부가 아닌 지역 통제의 중요성을 강조하는 경향이 있다. 따라서 학교구 내에 거주하는 사람들이 직접적이고 민주적인 참여를 통해 지역 대표를 선출하고 지역 교육 정책 문제에 대해 의견을 낼 수 있으며 주 정치조직은 이를 격려한다.

이러한 정치적 개념을 가장 잘 보여 주는 간단명료한 예가 바로 뉴잉글랜드 주의 작은 마을들일 것이다. 200년 동안 뉴잉글랜드의 작은 마을들에서는 연례 마을 회의와는 별도로 연례 학교 회의를 하고 교육 문제에 대해 이야기하며, 학교 재정을 채택하고, 교육위원회 혹은 학교운영위원회 구성원을 선출했다. 이러한 것들은 지금도 여전히 시행되고 있다.

2000년대 초반에 들어서면서 공교육의 조직과 행정에 대한 이러한 방식은 교육 개혁의 주요 쟁점으로 부상하였다. 우리는 이 문제를, 학교 거버넌스의 변화를 통해 공교육을 개혁하려 했던 1999년의 교육 분과위원회(Education Commission)의 새로운 제안서를 분석하면서 다시 살펴볼 것이다. 먼저 표준화 개혁 전략과 앞서 설명한 전통적인 거버넌스에서 강조하는 기본 개념들과의 관계에 대해 알아보자.

민주적 정치과정을 통해 학교교육에 대한 공적 통제를 우회하거나 배제하기보다, 시장주의를 지지하는 사람들은 그렇게 했겠지만, 표준 중심적 학교 개혁 지지론자들은 이미 존재하는 체제 안에서 그것을 강화하기 위해 노력했다. 1989년에 교육에 관한 첫 수뇌회담이 있은 후에는 기존의 정치적 합의를 소생시키고 학교 개혁에 있어서 강력한 힘을 발휘할 수 있도록 일을 추진했다. 미국의 41번째 대통령인 조지 허버트 워커 부시(George Herbert Walker Bush)가 주최한 첫 수뇌회담에는 교장과 주지사들이 참여하여 무게를 더했을 뿐 아니라 매스미디어의 관심도 끌었고, 이로써 굉장히 중요하고 널리 알려진 이슈가 되었다. 여기에는 주 의원, 기업의 유력자, 주 정부의 주요 관료들도 초대되었으며 이들의 참여와 지원은 고위급 의사결정이 주에서 현실적으로 실현될 수 있게 하는 데 대단히 중요한 역할을 했다. 중요한 이해관계자들을 따돌리거나 배제하기보다는 학교 개혁 계획의 실행에 중요한 참여자로 관련시킨 것이다. 어떤 의미에서는 그들이 아이디어의 주인이었으며 그렇기 때문에 그들은 아이디어가 실현될 수 있도록 헌신했다.

좋든 나쁘든 간에 표준 중심적 학교 개혁 움직임은 명령과 통제를 통해 조직을 관리하는 전형적인 예다. 표준 중심적 학교 개혁이란 교육적 표준을 주 차원에서 결정한 후 개별 학교구가 이를 위계적인 명령으로서 시행하게끔 하는 것을 의미한다. 이 명령을 온전히 시행하고 있는지는 일반적으로 주 전역에서 의무적으로 실시되는 표준화된 학업성취도 평가를 통해 감시된다. 표준 중심적 학교 개혁은 장기간에 걸친 정치적-법적 합의를 기반으로 하는 전략으로서, 학교구 수준에서 참여자들의 역할을 최소화시킨 점을 제외하고는 각 주가 자신들의 헌법을 제정할 때 스스로 만든 것이다. 전통적으로 주 단위에서 학교 체제를 조직하고 관리하는 방법은 지역의 통제(local control)에 상당한 비중을 두고 있었던 데 반해, 현재의 표준 중심적 학교 개혁 운동은 주의 권위를 강화시키는 경향이 있다. 개념적으로 표준 중심적 학교 개혁 운동은 교육 정책과 실제에 있어 주의 권위와 우선권을 강조하며, 수 세기에 걸쳐 발전시켜 온 학교구와 주 사이의 권위적 관계를 재정립했다.

앞서 2장에서 설명했듯이 표준 중심적 학교 개혁의 움직임은 격렬했으며 강력했다. 첫 번째 수뇌회담 이후에 대통령, 주지사들, 주 의원들, 그리고 기업 총수 등과 같이 정치적으로 영향력이 높은 사람들이 참석한 두 번의 수뇌회담이 더 개최되었다. 이러한 계획이 학교교육의 광범위한 변화를 이끌었다는 것은 표준화 시험을 인가하는 주가 급격히 증가했다는 데서 확실히 알 수 있다. 특히 주는 이 시험 결과를 성적표(report card)로 만들어 개별 학교들의 성적을 매기고 가끔씩 실패 판정을 받은 학교들에게 끔찍한 결과를 줄 때 사용했기 때문에 학교별 시험 결과의 중요성은 금방 강조되었다. 그래서 학교구에서는 이런 시험 성적을 상급 학년 진급 대상자와 고등학교 졸업 대상자를 결정할 때 사용했다. 이것이 바로 고부담 평가〔이른바 많은 것이 걸린 부담 큰 평가(high-stakes testing)]다. 이 모든 계획은 1989년에서 1999년 사이에 열린 세 번의 수뇌회담에서 제안되고 지지되었다.

이러한 하향식 움직임의 역사는 개별 학교 및 개인 차원의 중요한 문제와는 무관했다. 이것은 놀라운 사실이며 적극적이고 강압적인 권력에 의한 하향식 활동의 결과는 다음과 같이 나타났다.

- 새로운 기준과 고부담 평가가 학교에 있는 학생들과 학생들의 일상 경험에 미치는 영향
- 학교에 요구하는 교육과정, 교수 방법, 그리고 조직 변화
- 아이들과 학생 자신의 학교 경험(학습 혹은 진로 계획)에 이러한 새로운 개념이 미치는 장기적인 영향

교직 집단과의 접촉을 위한 첫걸음으로 미국교육협회(National Education Association)와 미국교원연맹(American Federation of Teachers)의 회장들을 1999년 수뇌회담에 초대했다. 개혁가들은 시험 결과를 교사 보상과 더불어 학생의 학년 진급, 그리고 궁극적으로 고등학교 졸업과 연관시키려고 했다. 그러나 이와 동시에 학부모들은 높아진 교육 기준에 따른 고부담 평가의 결과가 그들 자녀들에게 미칠 영향에 대해 당혹스러워하고 걱정하기 시작했다. 이에 교육부장관인 리처드 W. 라일리이(Richard W. Riley)는 2000년에 열린 7차 연례 미국 교육 현실(State of American Education) 보고 연설[43]에서 표준화 움직임의 중간 궤도 점검(midcourse review)에 대해 이야기했다. 이는 표준 중심적 학교 개혁 움직임을 멈추려고 하기보다는 "모든 사람들에게 이러한 움직임이 정확히 무엇인지 알려 주려는 것이었다." 그는 주 리더들과 교육자들에게 "입법자들이 걱정하고 있는 부분에 관심과 주의를 기울일 필요가 있다."고 말했다. 나아가 표준화가 도전적이지만 현실적이며 "높은 기대 수준을 설정하는 것이 소수의 사람들만 제외하고 나머지 학생들을 실패하게 하려는 목적이 아니다."라고 말했다.

높은 기준이 효과가 있나?

더 자세히 말하면, 질문은 '높은 기준이 어떤 효과가 있었으며 어떠한 결과를 낳

았는가?' 가 되어야 한다. 왜냐하면 정책 제언자들이 높은 기준을 설정한 이유는 학생들의 학업성취도를 향상시키는 것이었기 때문이다. 그렇기 때문에 먼저 학생의 학업성취도에 초점을 맞추어 살펴볼 필요가 있다. 중립적 교육 연구 기관인 교육정책센터(Center on Education Policy: CEP)의 2008년 보고서에 의하면,[44] 2002~2007년 사이에 초·중·고등학교 학생의 학업성취도가 오른 사례가 떨어진 사례보다 많았다. 나아가 초등학교와 중학교의 소수민족과 백인 학생들 간의 학업 격차가 줄어든 경우가 벌어진 경우보다 많았다. CEP 보고서의 연구는 50개 주의 학업성취도 평가(state achievement test: SAT)(2002~2007)와 전국 학업성취도 평가(National Assessment of Educational Progress: NAEP)(2003~2007)를 바탕으로 한 것이었다. NAEP는 모든 주에 있는 4학년, 8학년, 그리고 12학년 학생을 무선 표집하여 2년마다 시험을 보게 하였기 때문에 국가 성적표(nation's report card)라고도 불렸다. CEP의 연구에서는 최소 3년간 효과크기(effect size: ES)와 수월성 수준에서 학생 비율이 올랐거나 내려간 경향성이 있는 주 시험 성적과 NAEP 성적을 필요로 했다. 〈표 12-4〉는 학생의 학업성취도가 '보통 이상 상승' '약간 상승' '변화 없음' '약간 감소' '보통 이상 감소' 한 사례 수를 보여 준다. 이 보고서에서 '보통 이상' 의 능숙도란 연간 비율 점수가 평균적으로 1.0 퍼센트 포인트(percentage point: %p) 이상 상승하거나 감소한 경우를 의미하며, '보통 이상' 의 효과크기란 0.02%p 이상 상승하거나 감소한 경우를 의미한다.

여기서 효과크기는 표준편차의 비율을 의미한다. 예를 들어, 1.0 ES는 1SD, 즉 1 표준편차 혹은 대략 34 백분위 증가를 나타내며, 0.02 ES는 1 표준편차의 2% 증가, 혹

표 12-4 2002년 이후 읽기와 수학 시험 성적의 지표별 증감 사례

	사례 수(비율)					총 사례 수
	↑ 보통 이상 상승	↗ 약간 상승	⊗ 변화 없음	↘ 약간 감소	↓ 보통 이상 감소	
능숙도	133 (65%)	43 (21%)	7 (3%)	13 (6%)	9 (4%)	205
효과크기	121 (72%)	10 (6%)	18 (11%)	9 (15%)	11 (7%)	169

* 미국 전역의 3개 학년(4학년, 8학년, 12학년)을 대상으로 두 개 과목(읽기, 쓰기)에 대한 학업성취도 경향을 분석한 것이며, 분석은 두 개의 지표(능숙도, 효과크기)를 기준으로 이루어짐. 능숙도의 경우 '보통 이상 상승' 은 133개, '보통 이상 감소' 는 9개의 사례가 발견되었음.

출처: Nancy Kober, Naomi Chudowsky, and Victor Chudowsky. *Has Student Achievement Increased Since 2002?* (Center on Education Policy, 2008년 6월). http://www.cep-dc.org/. 승인 후 옮김.

은 대략 1 백분위 증가를 의미한다. 대부분의 추정값에 있어 0.02ES는 매우 작은 수치로서 실질적으로 유의미하지 않다. 그러나 CEP 연구에서는 0.02ES 이상을 지표로 사용하기 때문에, 보고서에 포함된 값은 많은 경우 작거나 유의미하지 않을 수 있다. 그러므로 독자들은 결과값의 유의미함을 살펴보는 데 있어 각별한 주의를 기울여야만 한다. 그럼에도 불구하고 통계적으로 유의미한 것과 상관없이 경향은 그 나름대로 중요한 의미를 갖는다. 〈표 12-5〉는 2003년부터 2007년까지 수학과 읽기 영역에서 4학년과 8학년 학생들의 학업성취도 격차가 좁아졌거나 벌어졌는지, 혹은 변화가 없는지에 대한 사례 수와 비율을 보여 주고 있다.

비록 효과크기가 학업 격차 측정치에 대해서는 보고되지 않았지만 이때에도 위에서와 같이 학업 격차 자료에 의미를 부여하는 것에 조심해야 한다. 그 이유는 단 1 퍼센트 포인트의 증감조차 격차의 경향에 포함되었기 때문이다. 더 인상적인 것은 학업성취 격차의 크기에 있다. 예를 들어, 저소득층 학생과 비저소득층 학생의 주 시험 성적은 최소 5%의 차이를 보이지만 흑인 학생과 백인 학생의 격차는 최대 54%까지 벌어지고 있었다. 또한 백인 학생들과 다른 인종 학생들의 학업성취도 중앙값을 비교한 경우에도 라틴계 학생들과는 17%, 흑인 학생들과는 32%까지의 차이가 발견되었다. 비록 주 간의 학업 격차는 줄어드는 경향성을 보여 주지만, 분명한 것은 격차가 여전히 너무 크다는 것이다.

제럴드 브레이시(Gerald Bracey)는 『파이 델타 카파(*Phi Delta Kappa*)』의 연례 기고문에서 2007년 교육 환경에 대해 글을 썼는데 여기에서 그는 CEP 보고서를 비판했다. 그는 CEP 보고서의 자료를 가지고 2002년 이후 학생의 학업성취도가 올랐는

표 12-5 2002년 이후 주 시험 성적의 격차 경향

	사례 수(비율)			총 사례 수
	→← 좁아진 격차	⊗ 변화 없는 격차	←→ 벌어진 격차	
능숙도	327(77%)	20(5%)	76(18%)	423
효과크기	184(68%)	30(11%)	56(21%)	270

* 미국 전역의 3개 학년(4학년, 8학년, 12학년), 두 개의 지표(능숙도, 효과크기), 두 개 과목(읽기, 쓰기)의 학업성취 격차에 대해 4개의 하위 집단으로 구분하여 분석한 것. 능숙도의 격차는 327개의 사례에서 좁아졌으며, 이는 분석 사례 수의 77%를 차지함.

출처: Nancy Kober, Naomi Chudowsky, and Victor Chudowsky. *Has Student Achievement Increased Since 2002?* (Center on Education Policy, 2008년 6월). http://www.cep-dc.org/. 승인 후 옮김.

지에 대해서는 알 수 없다면서 다음과 같이 말했다.

> 첫째, 학년과 시험을 바탕으로 할 때 22~25개 주에서만 점수가 향상되었다는 유의미한 자료를 찾을 수 있었다. 오직 13개의 주만이 NCLB 정책 시행 후에 향상되었는지를 판단할 만큼의 자료가 있다.
>
> … 시험을 바탕으로 살펴보면 10~22개 주에서 효과크기가 같은 방향으로 '보통 이상 상승' 한 것으로 나타났으며 … 2~5개 주에서 효과크기 측정으로 확인된 바 능숙도 측면에서 '약간 상승' 한 것으로 확인되었다.
>
> … NCLB 정책 시행 전후 효과크기의 증가 비율 측정이 가능한 13개의 주만을 대상으로 살펴본 결과 9개 주만이 정책 시행 전보다 학업성취도의 효과크기가 크게 상승하였다.
>
> 교육 개혁의 결과와 관련해서 한 가지 변하지 않은 사실은 초등학교 단계에서는 능숙도와 효과크기 측면에서 모두 큰 상승폭을 보였지만 학년이 올라갈수록 상승 경향은 사라진다는 것이었다.
>
> … 사실상 주 시험 점수의 변화와 NAEP 점수 변화 간의 관계를 찾을 수는 없었다.[45]

그러나 CEP 보고서에 나타난 경향은 다른 괄목할 만한 연구들에서 검증되지 못했다. 하버드 대학교의 시민권 프로젝트(The Civil Rights Project at Harvard University)에서 출간한 이재경(Jaekyung Lee)의 2006년 보고서에 의하면 인종/민족 그리고 사회경제적 배경에 따라 학업성취도가 올랐는지 아니면 학업 격차가 줄어들었는지에 대해서는 유의미한 결과를 찾을 수 없는 것으로 밝혀졌다.[46] 이 보고서에 따르면, 많은 주와 미국 교육부에서 주 시험 성적을 가지고 학업성취도 향상과 학업 격차 감소에 대해서 자랑하고 있지만, 이러한 향상은 NAEP의 4학년과 8학년 결과에서는 그와 같은 내용을 확인할 수 없었다. 참고로 NAEP는 NCLB에 따른 주 시험보다 먼저 만들어졌기 때문에 NCLB 전(1991~2001)과 후(2002~2005)의 국가 경향을 살펴보는 데 좋은 지표다. 이 연구에 의하면 수학 학업성취도는 NCLB가 시행된 이후 바로 보통 수준으로 상승하고 격차가 줄었지만 그 점수의 상승은 NCLB 이전으로 다시 돌아왔다. NAEP에서는 4학년과 8학년의 수학 성적이 오른 것으로 보고되었지만 NCLB가 적용되기 전부터 그런 경향성이 있었기 때문에 점수의 상승이 이 정책 때문이 아니라는 것을 유추할 수 있다. 읽기에서의 향상은 NCLB 시행 전후로 변화가 없었다. 교육격차 또한 정책 시행 전후로 변화가 없었다. 책무성 개혁을 먼저 한 주, 이른바 책무성 1세대인 캘리포니아, 플로리다, 켄터키, 메릴랜드, 뉴욕, 노스캐롤라이나, 그리고 텍사스에서도 2세대와 비교하였을 때 동일한 결과가 나왔다. 이 보고서가 나오기 전에 게리 올필드(Gary Orfield)는 NAEP의 학업 격차는 '시민권리의 증진과 가난 퇴치 노력의 초기 개혁이 아직 진행 중'이던 1970년대와 1980년대에 긍정적으로 감소하고 있었다고 주장했다.[47] 1983년「위기에 처한 국가(A Nation at Risk)」에 따른 개혁 이후 학업 격차는 더 이상 줄어들지 않았으며, 이러한 경향은 NCLB에서도 지속되고 있다.

게다가 고부담 평가는 예측하지 못한 결과를 낳았다. 고부담 평가에 대한 49개 양적 연구의 메타 종합 결과를 살펴본 웨인 아우(Wayne Au)는 다음과 같은 결론을 내렸다. "시험에 포함된 과목들의 교육 내용을 좁히는 데 시험은 명백한 효과가 있다. … 고부담 평가는 소수민족 사례의 경우 학생 중심 교수법 증가와 내용지식 통합의 증가를 이끌었다."[48] 이처럼 일부 학교에서는 교육과정의 긍정적인 결과를 얻을 수 있었지만 대부분의 경우는 그렇지 못했다. 정책 입안자들이 측정해야 한다고 생각하는 내용을 기반으로 교육과정을 구성하는 데 있어 이 시험은 하향식(top-down)의 강제적 효과를 갖고 있었다. 고부담 평가의 또 다른 의도하지 않은 결과는 졸업하기 이전에 많은 학생들이 자퇴를 한다는 것이며 이 학생들은 가난하고 소수민족일 가능성이 높다는 것이다.[49] 졸업시험이 있는 주들의 경우, 낮은 SAT 점수를 보이는 경향이 있다. 그 이유는 해당 주들이 교육과정을 축소시키고 전통적인 교수법을 강조하고 있기 때문에 논리적 사고를 필요로 하는 SAT 문제는 풀기가 어렵기 때문이다. 특히 이러한 문제가 심각한 이유는 "SAT는 학생의 학습 숙련도를 측정하는 것이 아니라, 학습할 수 있는 능력을 측정하는 지능검사와 동일한 형태로 진행되어 왔기 때문이다."[50] 높은 중퇴율과 관련된 샤론 니콜스(Sharon Nichols), 진 글래스(Gene Glass), 그리고 데이비드 베를리너(David Berliner)의 연구에 의하면, "고부담 평가와 관련한 부담이 학생의 학업성취에 중요한 이득을 준다는 확실한 증거는 없다."는 결론이 도출되었다.[51]

이러한 결과가 시사하는 바는 2008～2009년에 고부담 평가를 국가와 주 단위에 초점을 맞추어 진행한 정책결정자들에게 매우 중요하다. 주 차원에서는 개혁의 책무성을 측정하는 주된 방법으로 고부담 평가에 초점을 맞췄다. 이러한 부담은 시험

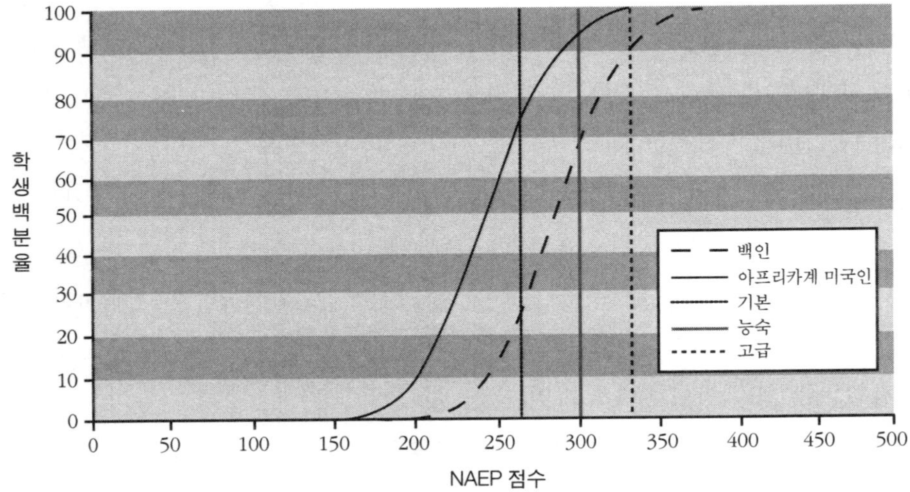

[그림 12-1] 아프리카계 미국인과 백인 간의 학업성취도 격차 (2008년 8학년 NAEP 수학 점수 기준)

출처: *Journal of Education & Behavioral Statistics*, v. 27, issue 1, p.15, Holland, 2002.

에 맞는 교수법과 교육과정을 수학, 읽기, 과학에 집중하게 했으며 창의적 사고를 장려하는 프로젝트나 협동적 학습보다는 전통적인 교수법에 집중하게 했다. 주의 성적이 향상된 것은 놀랄 일이 아니지만 SAT 성적이 떨어진 것 역시 놀랄 일은 아니었다. 게다가 몇몇 주에서는 주 시험 성적의 성과 기준을 조작했다. 이 기준이 낮게 설정되면 많은 수의 학생들이 '능숙'하다고 잘못 해석되고, 학생들 간에 더 큰 학업 격차가 발견된다. 반면 만약 기준을 높게 잡으면 어느 인종/민족 범주에서도 그 기준을 만족하는 학생이 줄어들기 때문에 학업 격차는 줄어드는 것으로 나타난다. 이러한 현상이 [그림 12-1]에 묘사되어 있다. 많은 돈이 국가와 주 차원에서 고부담 평가를 위해 사용되었기 때문에, 만약 이 돈을 학교 개선을 위한 다른 영역에 활용하였다면 결과가 어떻게 되었을지 의문이 든다.

총체적 학교 개혁

학교 개혁의 세 번째 전략인 총체적 학교 개혁(Whole-School Reform)은 종합적 학교 개혁(Comprehensive School Reform: CSR)이라고도 불리는데, 1980년대 중반부터 학교 개혁에서 배운 두 가지 기본적인 원리에 입각하고 있으며 지금은 많은 교육리더들의 실천을 위한 이론으로 넓게 통합되어 있다.

- 첫째, 학교의 효과성을 증진시키기 위한 연방과 주, 그리고 학교구로부터의 성공적인 하향식 명령과 통제 방법은 성공적이지 못하다.
- 둘째, 학교 효과성을 높이는 데 성공한 개별 학교의 경우 변화는 안에서부터 밖으로 이루어졌다. 이 접근은 모든 학교들이 똑같은 표준을 따르도록 기대되지만 이를 실현하기 위한 방법은 개별 학교에 따라 다르다는 것을 의미한다.

학교 자율성 증가

효과적인 CSR은 학교가 원하는 요구에 부응할 수 있도록 더 많은 권한을 학교에 주는 것이다. 이러한 권한 구조의 형식을 단위학교 책임경영제(site-based management) 혹은 단위학교 의사결정(school based decision making)이라고 하며 이는 주 혹은 학교구의 중요한 의사결정을 학교에 위임하는 데 그 목적이 있다. 어떤 경우에는 이러한 개념이 중앙 부서에서 환영받아서 중요한 구조, 인사, 그리고 재정에 관련한 결정이 학교에 위임되기도 한다. 학교에서는 교장과 교사들에 의해 이러한 결정이 내려진다. 이는 경영 분야의 용어로 표현하자면 수평적 조직(flatter organization)을 만들게 되는데, 이러한 조직에서는 관료 체제의 경직성이 사라지고 일선에서 직접 일하는 사람들이 의사결정을 하며 행정서류와 지연에 시간이 덜 지체된다. 가장 긍정적인 결과는 학교가 책임감, 융통성, 적응성, 효과성 등의 측면에서 향상된다는 것이다. 이러한 경영 전략은 기업세계에서 이윤조직을 다시 일으켜 세우는 데 거의 표준화된 과정으로 사용되고 있다. 1990년 켄터키 교육 개혁법(Kentucky Education Reform Act)은 이러한 단위학교 관리를 모든 공립학교에서 하도록 명령하였으며 이를 위해 개별 학교들은 교장과 선출된 세 명의 교사, 그리고 선출된 두 명의 학부모로 이루어진 학교운영위원회를 개설하도록 했다. 학교운영위원회가 하는 일은 학교 예산과 교육과정의 심의, 교사 임용에 대한 동의, 그리고 교장직이 공석일 경우 선출에 관한 의사결정 등이다. 이와 비슷하게 플로리다에서는 선출된 교사, 학부모, 직원, 학생, 그리고 지역 인사들로 구성하되, 학교구에 고용되지 않은 구성원이 다수가 되는 방식으로 학교자문위원회(school advisory council: SAC)를 두도록 법령으로 정했다. 플로리다의 학교자문위원회는 학교를 향상시키기 위한 프로젝트에 학생 1인당 10달러를 지출하도록 했지만(2008~2009년에는 5달러로 조정, 2009~2010년에는 지출 없음) 학교 행정가들에게 자문 정도의 역할밖에 할 수 없었다.

그러나 공립학교에서 단위학교 위주의 경영을 실시한 후에 찬반이 엇갈리고 있어 안타깝다. 교외에 있는 중간 크기 학교구의 경우 단위학교 위주의 경영을 적용시켜 좋은 효과를 얻고 있다. 그러나 많은 경우, 특히 도시에 있는 학교구의 경우 학교 프로그램을 수정하거나 변경하기 어려웠으며 교육위원회와 중앙부서의 행정가들이 학교에 권한을 양도하는 것을 꺼려했다. 단위학교 위주 경영의 경우 대부분 제한적인 권한이 학교에 양도될 뿐이며 학교 차원에서의 의사결정도 사소한 것에 한정된다.

여전히 궁금증은 존재한다. 그렇다면 무엇이 교장과 교사들의 효과성을 저해하는 것인가? 뉴욕에서 오랫동안 교육을 받은 한 학생은 학교에서 일을 해 본 경험이 있는 사람들에게 심금을 울리는 대답을 해 준다.

> 교장과 교사의 효과성을 저해하는 것은 바로 학교 체제다. 학교 체제는 정교한 명령과 통제 기제를 통해 진취성을 제한하고, 유니폼이나 부담스러운 의무 및 규제를 통해 조직 구성원 전체를 관리하고자 한다. 또한 학생들을 교육시키는 색다른(분명 더 나은) 방법을 찾으려는 노력을 가로막으며, 학생들이 배워야만 하는 내용에 대한 의미 있는 표준 대신에 평범한 서비스 제공을 위한 정교한 표준만을 추구한다.[52]

그러므로 학교 개혁은 조직과 행동에 관한 주제로 인식되어 있다. 학교를 재탄생시키는 데 있어 핵심은 학교구 수준에서 교장과 교사에게 활력을 주고, 동기를 부여하며, 문제해결을 위해 서로 협동하도록 장려하고, 개인적인 목표와 열망을 위해 헌신할 수 있도록 관여하는 데 있다. 이는 리더십 문화를 개발하고, 동기를 격려하며 의사결정을 공유하고, 무엇보다도 학교에서 아이들과 교직원 모두가 성장 가능한 풍토를 만들도록 장려하는 것을 포함한다.

21세기가 시작할 무렵 학교 개혁을 추구하는 사람들 간에는 전통적으로 통제되어 온 학교, 그리고 관료주의적인 주와 학교구 간의 관계를 변화시키기 위한 방법을 찾아야 한다는 것에 대한 합의가 높아지고 있었다. 아마도 이것은 A. 바틀릿 지아마티(A. Bartlett Giamatti)가 미국 공립학교의 정치적 통제에 대해 논의한(2장 참조) 새로운 절충안 중 일부일 수 있다. 그 절충안은 학교 개혁은 정부의 관료제가 아닌 개별화된 학교 체제 안에서 이루어질 수 있다는 이해를 기반으로 한다. 1999년 11월에 발표된 미국 학교 관리에 대한 국가교육위원회(Education Commission of the States) 보고서[53]는 이런 새로운 관점을 확장하는 기폭제가 되었다. 이 보고서의 제목은 「미국 학교 관리: 규칙들을 바꾸기(Governing America' s Schools: Changing the Rules)」이며, 18명으로 구성된 위원회에서 장기간 동안 철저하게 연구한 결과다. 이를 바탕으로 각 주의 교육 리더들은 20년간의 학교 개혁이 얼마나 중요한 변화를 초래했는지에 대한 실상을 이해하게 되었다.

> 지난 20년간 강력한 개혁과 혁신으로 인해 미국 공립학교의 풍토는 바뀌었다. 모든 주와 학교구에는 기준이 설정되어 있으며 학생, 교사, 그리고 학교의 성과에 따른 결과를 첨부하거나 새로운 측정 방법에 대한 근거를 제공해 주고 있다. 국가와 주의 새롭고 다양한 계획은 교사의 질을 향상에 초점을 맞추고 진행되었다. 차터스쿨, 교실에서의 기술, 총체적 학교 개혁 모형, 그리고 그 밖의 혁신은 공립학교에 대해 다르게 보고 느끼게 해 주었으며 학부모와 학생들에게 더 많은 선택권과 기회의 범위를 제공해 주었다. … 동시에 학생들이 맞게 될 미래의 세계를 위해 그들을 적절히 준비시키고자 하는 학교와 학교구의 경험 및 성취를 통해 배울 교훈에 전례 없는 관심이 고조되었다.[54]

이 보고서는 공립학교 체제의 정치적 구조를 강력하게 지지한다. 그 구조는 200년 넘게 공화당에 의해 지지되어 왔으며, 현 상황에 적용되어야만 하는 방법들을 제시하곤 한다. 이 보고서는 이러한 테두리 안에서 전투태세를 갖춘 미국 학교구가 선택할 수 있는 두 가지 접근법을 제시한다.

- 한 가지 선택은 학교구가 "공식적 권위를 가지고, 공적 자금을 운용하며, 공적으로 학교를 운영하는 체제로 거듭나는 것이다. 이러한 것은 공립교육 거버넌스가 일반화된 체제에서 더 촉망받는 경향성을 기반으로 한다."[55] 이러한 통제 방법을 선택한 학교구는 계속적으로 결과에 대한 책임을 물을 수 있도록 교육

감과 교장을 선발하고 노조와 협상을 하며, 학교를 운영하는 것이다. 그러나 이전과 다른 점은 학교가 학교구로부터 기준에 따라 지원받는 예산의 계획을 스스로 세우고, 필요한 곳에 자원을 배분하고 교사의 고용과 해임을 할 수 있다는 점이다. 간단히 말하면 이 선택은 학교구의 분권화를 제도화(단위학교 경영)하고 관료주의적인 학교 통치를 줄이는 방향으로 나아가는 것이다.

- 두 번째로 선택할 수 있는 접근법은 "정부에 의해 허용된 체제로 공적 자금을 가지고 독립적으로 운영되는 학교로 널리 퍼져 있는 공립교육에 대한 장래성 있는 대안을 제시한 체제"다.[56] 이 모형에 의하면 학교구는 원칙적으로 학교구에서 승인한 협약하에서 학교를 운영하는 독립적인 조직에 대한 계약자로 인식되고 있다. 학교를 운영하겠다고 제의한 조직들은 영리단체에서부터 교사 협력체에 이르기까지 다양하지만 결과에 대해서 학교구에 대해 책임을 져야 하는 것만 제외하고는 대부분 정부 규제에서부터 자유로울 수 있다.

이러한 제안서의 출간은 미래의 교육위원회에 대해 어떤 선택을 할 것인가에 대한 전국적인 논의를 불러일으켰다. 두 제안의 중요한 방침은 다음 두 가지다.

- 두 모형 모두 변화에 대한 압력에 더 융통성 있고 잘 적응할 수 있는 대응 방법을 찾으면서 개별 학교의 자율성을 증진시킬 것이다.
- 각 모형은 학교에 학생을 선택할 수 있는 권한을 주기보다는 학부모에게 자기 아이들을 위한 최고의 학교를 선택할 수 있는 권한을 부여할 것이다.

대안으로 제시한 어느 제안서들도 관료주의적인 학교구의 권력과 권위를 높여 주는 방법을 제시하지 않았다. 이와 동시에 개별 제안서는 학교와 교육위원회가 함께 정한 성과 기준을 학교가 달성하지 못할 경우 계약관계를 바로 바꿀 수 있기 때문에 교육위원회의 권력과 권위를 증대시켰다. 예를 들어, 차터 스쿨의 경우 지역 교육위원회는 계약에 명시되어 있는 성과를 달성하지 못한 계약자와는 계약을 파기할 수 있다. 두 접근법은 모두 국가교육위원회에 의해 제안되었으며 다음 사항들을 요구한다.

- 공립학교 체제를 폐지하는 대신 강화

- 학생이 다니는 학교로 자금이 유입되도록 허용
- 학생, 교사, 그리고 학교의 수행 능력에 대한 정보를 학부모와 지역사회 구성원들에게 제공
- 학생들이 다닐 학교에 대해 부모들에게 더 많은 선택권 보장
- 단위학교별 인사와 재정에 관해 더 많은 권한을 허용
- 학생의 학업성취도를 향상시키기 위한 책무성 체제에 초점
- 교사 노조의 역할 재정의
- 교육위원회 역할 강화[57]

학교 리더에 대한 지원

학교가 더욱 민첩해지고, 적응을 잘하고, 점점 더 효과적으로 기능하기 위해서는 권한과 책임을 지역의 중앙 행정 부서에서 개별 학교로 위임해야 한다. 자율성은 학교 리더들이 이러한 변화를 더 효과적으로 만들기 위한 보다 많은 기회를 제공해 주는 동시에 그 결과에 더 많은 책임을 요구한다. 중앙 행정 부서의 권한이 줄어들수록 학교 리더들이 중앙부서의 지침을 기다리거나 책임을 상위부서로 떠넘기는 것이 줄어들 것이다. 총체적 교육 개혁은 교장직을 수행하고 싶어 하는 사람들에게 기존의 자리와는 아주 다르고 많은 요구사항이 있는 자리로 만든다.

이러한 변화의 과정에서 학교 리더들은 스스로를 고립시키면 안 된다. 다른 어느 때보다도 학교 리더들은 지원이 필요하다. 그들은 학교에 적절하고 유용한 것들(예를 들어 아이디어, 협력, 지원, 피드백, 유용한 경험, 사교술, 혹은 이 시대에 필요한 지식들)을 제공해 줄 수 있는 사람들과 접촉하거나 도움을 요청할 필요가 있다. 더 이상 행정 부서의 연장자가 현재 리더들이 가지고 있는 문제점들에 대한 모든 해결책을 가지고 있을 것이라고 생각해서는 안 된다. 아주 가끔은 이런 비슷한 상황에 처한 동료들로부터 가장 효과적인 도움을 받을 수 있다.

많은 학교들이 CSR 모형을 적용시켰다. CSR 모형은 본질적으로 패키지 프로그램을 통해 학교를 재조직시키기 때문에 어떠한 측면에서는 하향식 개혁 과정이라고 할 수 있다. 그리고 제1조(Title I)를 포함한 NCLB의 경우에도 과학적 기반 연구에만 연방 정부의 자금을 사용하도록 허용되어 있기 때문에 학교 개혁을 위한 선택권이 항상 단위학교에게만 있는 것이 아니다. 그럼에도 불구하고 CSR 모형은 미국 전역

에 있는 많은 학교들뿐 아니라 국제적으로도 많이 적용되고 있다. 의사결정자들은 어떠한 CSR 모형이 특정 학교에 효과적일지에 대해서 좋은 결정을 내리기 위해서는 기존에 나와 있는 연구의 도움을 받아야 한다.

CSR 모형을 위한 연구 지원

CSR 모형에 대한 가장 포괄적인 연구로는 제프리 보먼(Geoffrey Borman)과 그의 동료들이 보편적인 29개 CSR 모형을 대상으로 수행한 메타 분석이 있다.[58] 2003년에 출간된 이 연구는 CSR 모형의 범주를 분류하는 데 다음 기준을 사용했다.

- **효과성에 대한 가장 강력한 증거**: 10개 이상의 연구에서 통계적으로 유의미하거나 비교 집단과 대조하여 긍정적인 결과가 나오고 적어도 제3자에 의한 연구가 5개 이상 포함되어 있는 경우
- **효과성에 대한 매우 긍정적인 증거**: 5개 이상의 연구에서 통계적으로 유의미하거나 비교 집단과 대조하여 긍정적인 결과가 나오고 제3자의 의한 연구가 적어도 3개 이상 포함되어 있는 경우
- **효과성에 대한 긍정적인 증거**: 2개 이상의 연구에서 통계적으로 유의미하거나 비교 집단과 대조하여 긍정적인 결과가 나오고 제3자의 의한 연구가 1개 포함되어 있는 경우
- **추가 연구 필요**: 통계적으로 유의미하지 않은 연구가 1개 있는 경우

〈표 12-6〉은 대조 집단과 비교하여 표준편차의 전체 백분율이 상승했는지를 나타내는 효과크기를 포함하여 위 범주별 연구 결과를 보여 준다.

2006년에는 보먼과 그의 동료들의 연구 계획 모형과 비슷한 모형을 가지고 미국 연구재단(American Institutes for Research)이 운영하는 종합학교개혁품질센터(Comprehensive School Reform Quality Center: CSRQ Center)가 다양한 CSR 모형을 평가하는 연구를 지원했다. 이 연구는 모든 수준의 학교에 특별히 도움이 된다. CSR 모형은 다음 범주를 바탕으로 평가되고 분류된다.

- 학생의 학업성취에 긍정적 영향을 끼친다는 증거

표 12-6 범주별 CSR 모형과 효과크기

효과성에 관한 가장 강력한 증거	효과크기
지시적 교수법(Direct Instruction)	.21
학교 개발 프로그램(제임스 코머)(School Development Program)	.15
모두를 위한 성공(Success for All)	.18
효과성에 관한 매우 긍정적인 증거	**효과크기**
외부로의 탐험적 학습(Expeditionary Learning Outward Bound)	.19
모던 레드 스쿨하우스(Modern Red School house)	.26
루츠 앤 윙즈(Roots and Wings)	.38
효과성에 관한 긍정적인 증거	**효과크기**
가속화된 학교들(Accelerated Schools)	.09
미국의 선택(America' s Choice)	.22
아틀라스 커뮤니티스(ATLAS Communities)	.27
몬테소리(Montessori)	.27
파이데이아(Paideia)	.30
학습 네트워크(The Learning Network)	.22
추가 연구 필요	**효과크기**
오드리 코헨 대학 체제(Audrey Cohen College System)	N/A *
효과적 학교를 위한 센터(Center for Effective Schools)	N/A
아동 발달 프로젝트(Child Development Project)	N/A
에센셜 학교 연합(Coalition of Essential Schools)	N/A
학습 커뮤니티(Community for Learning)	N/A
커뮤니티 학습 센터(Community Learning Centers)	N/A
코넥(Co-nect)	N/A
핵심 지식(Core Knowledge)	N/A
알기 위한 여러 가지 방법(Different Ways of Knowing)	N/A
에디슨 스쿨(Edison Schools)	N/A
효과적인 고등학교(High Schools That work)	N/A
하이/스콥(High/Scope)	N/A
통합 주제학습(Integrated Thematic Instruction)	N/A
마이크로소사이어티(MicroSociety)	N/A
수월성을 향하여 II(Onward to Excellent II)	N/A
재능 개발(Talent Development)	N/A
하이 스쿨(High School)	N/A
도시 학습 센터(Urban Learning Centers)	N/A

* N/A=적용 불가(not applicable).

출처: Gina M. Hewes, Laura T. Overman, and Shelly Brown, "Comprehensive School Reform and Achievement: A Meta-Analysis", *Review of Educational Research*, 73: 2 (Summer 2003), pp. 155-156.

- 부가적인 결과에 긍정적 영향을 끼친다는 증거
- 부모, 가족, 그리고 지역사회의 참여에 긍정적 영향을 끼친다는 증거
- 연구와 모형 설계의 관계에 대한 증거
- 학교에 대한 서비스와 지원이 성공적인 실행을 가능케 한다는 증거

연구자들이 관련 문헌을 철저하게 분석한 결과 1,500개의 연구 중에서 41개가 엄격하게 설계된 기준에 부합한 것으로 밝혀졌다. 연구들 중에서 이러한 엄격한 기준에 부합하는 연구만이 확정적 연구로 간주되었다. CSR 프로그램은 다음 기준에 따라 효과성에 대한 몇 가지 범주로 나뉘어 평가되었다.

- **매우 강력한 효과성의 증거**: 10개의 연구와 그중 최소 5개 정도가 확정적이고, 75% 정도의 유의미한 긍정적 결과를 보이며 효과크기는 .25 이상인 경우
- **어느 정도 강력한 효과성의 증거**: 5~9개의 연구와 그중 적어도 3개는 확정적이고 51~75% 정도의 유의미한 긍정적 결과를 보이며 효과크기는 .15인 경우
- **보통의 효과성의 증거**: 2~4개의 연구와 그중 적어도 1개가 확정적이며 26~50% 정도의 유의미한 긍정적 결과를 보이며 효과크기는 최소 .15인 경우
- **제한적 효과성의 증거**: 1개의 연구에서 1~25% 정도의 결과가 유의미하게 긍정적인 경우
- **무효과성의 증거**: 유의미한 긍정적 결과가 나온 연구가 없는 경우

CSR 모형을 적용시킨 18개의 중학교와 고등학교에 대한 요약 보고서에 따르면,[59] 어느 학교도 '매우 강력' 하거나 '어느 정도 강력' 한 효과성을 보이지 못했다. 그러나 5개의 프로그램에서는 '보통' 의 효과성을 확인할 수 있었다. 이러한 프로그램으로는 미국의 선택(America's Choice), 중요한 것부터 먼저(First Things First), 학교 개발 프로그램(School Development Program), 모든 중학교를 위한 성공(Success for All Middle Schools), 재능 개발 고등학교(Talent Development High School)가 있다. 또한 몇몇의 프로그램에서는 제한적인 효과성이 드러났다. 이러한 프로그램들에는 탐험학습(Expeditionary Learning), 아는 것이 힘이다 프로그램(Knowledge is Power Program: KIPP), 미들 스타트(Middle start), 더 효과적인 학교들(More Effective Schools), 그리고 GRAD 프로젝트(project GRAD)가 있다. 전혀 효과성이 나타나지

않은 프로그램으로는 학교 향상 가속(Accelerated School Plus), 아틀라스 커뮤니티스(ATLAS Communities), 핵심 학교의 연합(Coalition of Essential Schools), 효과적인 고등학교(High Schools That Work), 중간 학년 향상 시키기(Making Middle Grades Work), 모던 레드 스쿨하우스(Modern Red Schoolhouse), 수월성을 향하여 II (Onward to Excellence II), 그리고 터닝 포인트(Turning Point)가 있다.

CRSQ 센터에서 초등학교를 위한 20개의 CSR 모형을 평가한 결과 중학교나 고등학교보다는 효과성이 있는 것으로 확인되었다.[60] 어느 모형도 '매우 강력' 한 정도의 효과를 나타내지 않았지만 직접교수법〔Direct Instruction(full-immersion model)〕, 모두를 위한 성공(Success for all) 등이 '어느 정도 강력' 한 효과성을 지닌 프로그램으로 밝혀졌다. 가속화된 학교발전(Accelerated School Plus), 핵심 지식(Core Knowledge), 문해 협력(Literacy Collaborative), 전미 쓰기 프로젝트(National Writing Project), 학교 발전 프로그램(School Development Program), 그리고 학교 르네상스(School Renaissance) 프로그램은 '보통' 의 효과성을 나타냈으며, 아틀라스 커뮤니티스(ATLAS Communities), 알기 위한 여러 가지 방법(Different Ways of Knowing), 통합주제학습(Integrated Thematic Instruction), 모던 레드 스쿨하우스(Modern Red Schoolhouse), 피어슨 학업성취 해법〔Pearson Achievement Solutions(구 Co-nect)〕, 벤처 계획(Ventures Initiative) 그리고 포커스 시스템(Focus Systems)에서는 제한적인 효과성만 있는 것으로 밝혀졌다. 전혀 효과성이 나타나지 않은 프로그램으로는 문맹 탈출(Breakthrough to Literacy), 에센셜 학교 연합(Coalition of Essential Schools), 학습 커뮤니티(Community for Learning), 종합적 조기 문해 학습(Comprehensive Early Literacy Learning), 퍼스트 스텝스(First Steps), 그리고 수월성을 향하여 II (Onward to excellence II)가 있다.

학교는 CSR 모형을 적용할 때 신중해야 할 필요가 있다. 교장과 직원은 협력적으로 학생을 위한 어떤 프로그램이 적당한지 결정해야 하며 이러한 결정 과정에는 적용시키려는 모형에 관한 연구도 참조해야 한다, 또한 프로그램 초기 시작 비용과 매년 유지 비용도 생각해야 한다. 볼만의 연구에 따르면 '제임스 코머의 학교 개발 프로그램(James Comer's School Development Program)' 에는 매년 47,000달러의 비용이 들며 '루츠 앤 윙즈(Roots and Wings)' 와 '모두를 위한 성공(Success for All)' 에는 각각 282,000달러가 들어간다.[61] 높은 비용은 CSR 개혁의 유지를 어렵게 만들지만 볼만의 연구는 이를 제1조(Title I)의 지원금을 이용하여 상쇄할 수 있다고 주장한다.

중재-반응 모형

총체적 학교 개혁에 관한 논의에 있어 중재-반응 모형(Response to Intervention: RTI)을 언급하지 않을 수 없다. RTI는 CSR에서 학업상의 어려움을 겪는 학생들에게 다른 교수 방법을 제시하는 것이다. RTI에 대해 많은 사람들이 특별한 교육 프로그램이라고 생각하지만 사실은 모든 학교 교실에서 사용되는 일반적인 교육계획이다. 2004년에 제정된 장애인교육법(Individual Disabilities Education Act: IDEA)에서 RTI가 특별 교육과 연계되는 이유 중 하나를 찾을 수 있다.

> 학생이 602조에 규정된 특별한 학습 장애를 가졌는지를 결정함에 있어 지역 교육기관으로 하여금 학업성취와 말로 표현하는 지적 능력 간의 차이, 통합적 듣기 능력, 표현력, 기본적인 읽기 능력, 수학 및 계산 능력 또는 수리적 사고 능력 등을 고려하도록 요구해서는 안 된다.[62]

특별한 학습 장애(specific learning disability: SLD)를 구분하는 기존의 방법들은 집중적인 교정을 받기 전에 학생이 동료 학생들에 비해 상당히 뒤떨어지고 차이가 있다는 것을 보여 주어야만 했다.

RTI 모형은 통상적으로 단계 접근을 이용하여 위험에 처해 있는 학생들을 발견했으며 필요한 중재를 제공했다. 주와 학교구 모형에서는 두 가지 또는 네 가지 단계로 나누어져 있지만 전형적인 접근은 다음 세 가지 단계를 통해 학생들을 도와준다.

- **1단계**: 학교에 있는 모든 학생들은 그들의 요구에 맞는 높은 수준의 연구 기반 교수법을 제공받는다. 모든 학습자의 학업 진행 상황에 관한 자료가 관리되며, 이 자료는 추가적인 지원이 필요한 학생이 있는지 여부를 알기 위해 주기적으로 검토된다.
- **2단계**: 추가 지원이 필요하다고 판정된 1단계 학생들에게 보다 집중적인 교육이 제공된다. 이 학생들은 기존 교실에서 나와 개인 혹은 소집단으로 이루어진 교실에서 교육을 받는다. 학생들의 진행 상황에 관한 자료 검토 결과가 성공적으로 나타나게 되면 그들은 교실로 다시 돌아간다.
- **3단계**: 2단계에서 제공하는 지원에 반응을 하지 않은 학생들은 개인적으로 지

원을 받으며 학생이 학업상 겪는 어려움을 초점으로 하는 집중적인 교육을 제공받는다.

3단계에서 제공하는 중재를 받고도 반응을 하지 못하는 학생들만 바로 특별교육 평가 대상에 해당이 된다.

RTI의 개념은 교육의 많은 리더들과 연구자들에 의해 지지를 받고 있으며 여기에는 특별 교육 전문가들도 포함되어 있다. 읽기의 초기 중재에 관한 18개의 연구들을 종합하면 중재를 제공받는 학생들은 긍정적인 결과를 나타냈으며, 특히 낮은 학년 혹은 작은 집단에서 더욱 효과적인 것으로 나타났다.[63] 그러나 RTI의 문제점도 여러 부분에서 나타났다. 먼저 교사들은 RTI를 충분한 지원과 전문적인 개발 없이 적용해야 하는 프로그램의 하나로 인식하고 있었다. 두 번째 문제는 어떠한 조정을 누가 어떻게(개인 혹은 표준화된 집단), 언제 그리고 어디서(교실 안 또는 밖) 적용해야 하는가다. RTI가 학생들을 교정하는 데 도움이 되는 것은 분명하지만 RTI가 CSR보다 효과가 더 좋다고 주장하기에 앞서 적용 절차를 주와 학교구 차원에서 정형화할 필요가 있다. 이 책의 다음 개정판에서는 RTI가 학생들의 요구에 맞추는 데 효과적이며 어떠한 아이들도 뒤처지지 않는다고 보고하게 되기를 희망한다.

교사교육과 학교 개혁

학교 개혁에 대한 이해가 증가할수록 교사들이 받는 교육에 대한 관심이 증가하고 있다. 그러나 학생들의 낮은 학업성취도 결과뿐만 아니라 그들이 제공받는 교수방법에 대한 불만이 점점 증가하고 있었으며, 1999년에는 교사 부족 현상이 심각해지고 있었다. 학교의 등록생이 증가함과 동시에 학교 개혁의 일환으로서 학급 규모를 점차 줄여 가자 교사 부족 현상이 서서히 나타나기 시작했다. 이러한 상황은 여성의 교육 및 취업 기회가 늘어나면서 교직에 지원하는 총명한 여성 교사들의 수가 빠르게 줄어들자 더욱 심하되었다.

이와 함께 많은 대학교와 단과대학은 위엄 있는 여타 학문들에 비해 교사교육은 큰 가치가 없다는 입장을 취해 왔다. 그렇기 때문에 예일 대학교에서 교육학과를 없앤 사례는 특이한 현상이 아니었다. 많은 교육대학들이 때로는 적은 자원 때문에,

또는 대학의 리더들과 교직원들의 고립으로부터 투쟁해야만 했다. 그러나 2000년에 와서는 21세기의 첫 10년간을 책임질 250만 명의 새로운 교사들의 교육과 훈련에 대해 대학들이 어떻게 할 것인지 설명하고 책임을 지도록 요구되고 있다.

교육 혁신을 위한 국가 네트워크

존 굿래드는 상당 기간 동안 "우리는 뛰어난 교사 없이는 더 좋은 학교를 만들 수 없다. 그러나 만약 교사가 배우고, 실습하며, 발전해 나갈 수 있는 환경을 학교에서 제공해 주지 못한다면 뛰어난 교사 역시 길러 낼 수 없다."는 전제하에 일을 해 왔다.[64] 이는 33개의 대학교, 100개가 넘는 학교구, 그리고 약 500개 정도의 파트너 학교를 포함한 '교육 혁신을 위한 국가 네트워크(National Network for Educational Renewal: NNER)' 에 깔려 있는 가정이다. 예를 들어 NNER 회원의 범위는 코네티컷 학교-대학 파트너십(Connecticut School-University Partnership)에서부터 와이오밍 대학교(University of Wyoming), 교육 파트너십을 위한 하와이 연구소(Hawaii Institute for Educational Partnerships)에서부터 텍사스 A&M 대학교(Texas A&M University), 그리고 마이애미 대학교(Miami University)에서부터 사우스캐롤라이나 교육 혁신을 위한 네트워크(South Carolina Network for Educational Renewal)까지 다양하다.

NNER은 교사교육과 학교를 위한 개선 방법을 동시에 찾는다. 그리고 이러한 목표를 달성하기 위해 20개의 원리를 바탕으로 진행하고 있다. 원리의 첫 세 개는 NNER이 나아가고자 하는 방향을 잘 전달한다.

- 교사를 위한 교육 프로그램은 사회의 주요 책무성으로서의 제도적 지원으로 이해되어야 하며, 이는 기관의 최고 수장들에 의해 적절히 지원, 장려 및 진전되어야 한다.
- 교사를 위한 교육 프로그램은 반드시 다른 전문 교육 프로그램과 동등한 수준이어야 하며, 합법적이고 기관에 대한 헌신이 있어야 하고, 학문 분야의 목적을 달성하기 위해서 교수들에게 보상해야 한다.
- 교사를 위한 교육 프로그램은 반드시 자율적이어야 하며 하나의 분야로서 보장받아야 하고, 분명한 조직의 정체성과 함께, 예산과 인원의 일관성, 그리고 다른 전문가 양성 대학 수준의 의사결정 권한이 있어야 한다.[65]

미국교육위원회 계획

1999년 10월에 미국교육위원회(The American Council on Education: ACE)에서는 미국의 모든 대학교 및 각 단과대학의 총장들에게 행동을 촉구하는 분명한 메시지를 전달했다. 메시지의 제목은 '미래와 만나기: 교사를 양성하는 방식의 전환(To Touch the Future: Transforming the Way Teachers Are Taught)' 이다. ACE에 의하면 "To Touch the Future"라는 표현은 1986년 챌린저(Challenger) 호 폭발 사고 때 죽은 크리스타 맥아우리프(Christa McAuliffe)가 한 말이라고 한다. 기자가 "왜 우주로 날아가는 첫 번째 교사가 되고 싶은가요?"라고 맥아우리프에게 물었을 때, 그녀는 "이해가 안 되세요? 나는 교사입니다. 나는 매일 학생들을 통해 미래와 만나고 있습니다." 라고 대답했다. 늦게나마 ACE는 미국의 대학교와 단과대학에서 교사가 되기 위해 준비 중인 교사들이 21세기 중반이 되기 전에 아이들을 가르칠 것이며 그 학생들이 나중에 커서 국가를 움직이거나, 국가의 구조를 만드는 사람이 되거나, 아니면 일하거나 저축하는 사람이 되거나, 또는 리더나 관리자가 되거나 사회와 경제 발전을 위한 원동력이 될 것임을 이해하게 되었다.[66]

이 계획의 첫 번째는 의학과 법학 분야에서 정례화된 것처럼 1,300개나 되는 교사교육 프로그램을 외부 감사하는 것이었다. 미국에 있는 교사교육 프로그램의 절반 이하는 이런 식으로 독립적으로 인가받고 있다. ACE는 또한 대학교와 단과대학의 총장들에게 교사교육은 대학의 전적인 책임이라고 이야기하면서 교사교육을 그들의 의제에서 우선순위에 둘 것을 강조했다. 대학을 새롭게 바라보는 이 관점은 교육대학이 교사교육에 필요한 모든 개선을 혼자서 할 수 없다는 것이다. 교사교육에 필요한 것을 이루기 위해서는 전체 대학의 지원과 참여가 반드시 필요하다. ACE의 보고서에서는 또한 프로그램의 질을 향상시키기 위해서는 교사교육에 대한 많은 연구가 이루어져야 한다고 했다. 이를 위해서 매년 3억 달러에 불과한 교육 연구를 위한 연방 지원을 30억 달러로 늘릴 것을 제안했다.

ACE는 「2002년 미래와 만나기: 최종 보고서(Touching the Future: Final Report)」에서 대학과 주의 교육 리더들에게 교사교육에 대한 중요성을 일깨워 주는 데 성공했으며 이러한 노력으로 수많은 주 차원의 계획들이 발의되었음을 보고했다. 이 보고서의 마지막 말이 ACE가 이 분야에서 한 일을 잘 정리해 준다.

미래와 만나기 프로젝트는 교사교육 향상을 위한 국가적 발판을 제공해 주었지만 실질적으로 이 일은 본래 주, 체제, 그리고 대학 차원에서 이루어져야 한다. 그 일은 주와 주, 체제와 체제, 대학교와 각 단과대학 차원에서 더디게 진행될 것이다. 그러나 2년 동안의 경험을 통해 근면, 끈기, 그리고 리더십이 긍정적인 변화를 불러올 수 있다는 것을 알았다.[67]

의학교육에 대한 플렉스너 보고서 사례

굿래드와 ACE가 제안한 교사교육 향상을 위한 대대적인 제안들은 거의 역사적으로 한 세기 전에 발생한 의학교육과 유사하다. 오늘날 미국의 의학교육은 엄격하고, 연구에 강한 기반을 두고 있으며, 그리고 임상 실습 지도를 강조하여 전문 교육과정의 밝고 빛나는 모형으로 남아 있지만 한 세기 전까지만 해도 상황은 그렇지 않았다. 1910년에 에이브러햄 플렉스너(Abraham Flexner)를 위원장으로 하여 전국에 있는 155개의 의학 학교를 연구한 결과 3/4이 표준 이하인 것으로 밝혀졌다. 게다가 볼티모어(Baltimore)에 있는 존스홉킨스(Johns Hopkins) 대학교만이 유럽 최고의 의학 훈련 과정의 기준에 맞는 유일한 대학교인 것으로 나타났다.[68] 의학교육 개혁을 제안한 포괄적인 플렉스너의 보고서 이후에 많은 수의 기준 미달 의학 학교들이 폐교되었으며, 오늘날 우리가 알고 있는 의학 학교의 개념이 나타나기 시작했다. 개혁 과정에 따른 대학교 의학 교육과정의 변화로 인해 의학 전반의 실습 과정이 오늘날 우리가 당연시하는 본받을 만한 모습으로 바뀌게 되었다. 그렇기 때문에 많은 사람들은 굿래드와 ACE의 제안이 우리가 생각하는 것보다 미국 교육 개혁에 더 강력한 반향을 일으키기를 바라고 있다.

교육에 대한 더 넓고 과감한 접근

영향력 있는 경제정책연구소(Economic Policy Institute)가 2008년에 처음으로 교육, 시민 권리, 보건, 사회복지, 그리고 주거 관련 리더들과 함께 사회 변화와 교육을 위한 정책을 연구하고 개발하기 위해 모였다. 「교육에 대한 더 넓고 과감한 접근(A Broader, Bolder Approach to Education)」이라는 제목의 이 연구에 서명한 사람으로는 오바마 정부의 교육부 장관인 아니 던컨(Arnie Duncan), 전직 교육 차관보였던 탐 페이전트(Tom Payzant), NAACP의 회장이었던 줄리안 본드(Julian Bond), 제임스 코머(James Comer), 린다 달링 해먼드(Linda Darling Hammond), 전직 의무감이었던 조이스 엘더스(Joyce Elders), 존 굿래드(John Goodlad), 2000년 노벨 경제학상을 받은 제임스 헤크먼(James Heckman), 전직 교육 차관보였던 수잔 뉴먼(Susan Neuman), 전직 뉴스 컬럼니스트였던 윌리엄 라스베리(William Raspberry), 전직 교육 차관보였던 다이엔 라비치(Diane Ravitch), 전직 법무장관이었던 자넷 레노(Janet Reno), 리처드 로드스타인(Richard Rothstein), 테드 시저(Ted Sizer) 그리고 그 외에도 많은 리더들이 있었다. 2008년 6월에는 『워싱턴 포스트』와 『뉴욕 타임스』에 그들의 메시지를 전달하기 위해 전면 광고를 시행했다. 그 광고는 학생의 학업성취를 높이고 인종 간, 민족 간 그리고 사회경제적 배경에 따른 학업 격차를 줄이기 위해 다음과 같이 제안했다.[69]

1. 장애가 있는 학생들이 저학년 때부터 작은 규모의 학급을 보장받는 것은 물론, 학교에서 열심히 일할 높은 수준의 교사들을 유인하고 교사 수준을 향상시켜야 한다. 또한 학교 리더십 훈련, 모두가 접근 가능한 대학 예비 교육과정 만들기, 그리고 최근 이민 온 사람들에게 특별한 관심을 쏟는 것 같은 적극적인 학교 개선 전략을 추구해야 한다.
2. 성장단계에 맞는 교육과정과 관심을 유아기와 유치원 시기에 제공해 주며 이를 통해 학업 준비도를 높일 수 있을 뿐만 아니라 저소득층 자녀들에게 사회경제적, 그리고 행동적으로 평생에 걸쳐 긍정적인 영향을 끼칠 수 있다.
3. 학교에서의 성공을 위해서는 어린이들의 건강 문제를 다루어야 하므로 모든 유아, 어린이, 그리고 학생들이 주기적으로 소아과, 치과에서 치료를 받을 수 있게 해야 하며, 이 치료에는 청각과 시력 관리도 포함된다. 학교 클리닉에서 모든 서비스를 제공해 주면 주치의가 없는 저소득층 지역의 문제와 생업 때문에 아이들에게 주기적인 의료 서비스를 받도록 하기 힘든 가난한 부모들의 문제를 동시에 해결할 수 있다.
4. 하교 후 시간을 유용하게 사용할 수 있도록 프로그램의 질을 향상시켜야 한다. 저소득층 학생들은 학교에서는 빨리 배우지만 방과 후 혹은 방학 동안 학업에 대한 관심을 잃는다. 성공적인 방과 후 프로그램은 교정에만 집중하는 것이 아니라 중산층 학생들이 일상적으로 즐기는 문화적 · 조직적 · 학문적 풍요도 함

께 제공해야 한다.

성명서의 메시지에 의하면 학교는 자체적으로 학생들이 직면한 사회적 · 경제적으로 복잡한 문제를 해결할 수 없으며, 새로운 국가 차원의 접근이 반드시 이루어져 불리한 위치에 처한 사람들이 공정한 경쟁을 할 수 있어야 한다. 이를 통해 어린이들은 비슷한 수준으로 학교에 입학할 수 있게 되며 공부할 준비도 갖춰져 있을 것이다. 전체 성명서에는 NCLB의 약점과 NCLB가 집중하고 있는 고부담 평가의 문제점, 그리고 낮은 학업성취도는 나쁜 학교들이 원인이라는 정책의 전제에 대해서도 언급했다.

학생의 학업성취도가 낮은 것이 학교만의 유일한 문제라고 비난하는 표현과 미국의 경제적 경쟁력에 대한 근심은 이제는 바뀌어야 한다. 「교육에 대한 더 넓고 과감한 접근」에서 논의하는 아이디어가 더 이상 새롭지는 않을지라도, 보고서의 저자와 워싱턴 DC의 새로운 행정부가 신뢰를 보내고 있는 바로 지금은 교육에 대한 논의의 선봉에 이 아이디어를 올리고, 이에 따르는 교육 정책을 지지할 시기라 할 수 있다.

결론

21세기의 첫 10년간 학교 개혁은 많은 노력을 필요로 하는 중요한 문제이자 미국 공립학교가 나아가고 있는 방향이었다. 학교 개혁의 세 가지 전략은 행동과 관련된 각기 다른 이론을 바탕으로 하고 있으며, 굉장히 경쟁적인 무대에서 이 전략들은 서로 우위를 선점하기 위한 논쟁을 벌이고 있다. 이 전략들 중에서 시장 중심적 개혁과 표준 중심적 학교 개혁을 옹호하는 사람들은 학교에서의 조직 문화에 관해서는 별 관심을 보이지 않았다. 시장 중심 개혁가들은 시장경쟁의 힘이 어떻게든 학교로 하여금 더 효과적으로 되기 위해 무엇이든지 하도록 강요할 것이며 그렇게 하지 않으면 시장에서 살아남지 못할 것이라고 이야기하고 있다. 표준 중심적 학교 개혁을 주장하는 집단은 과도한 하향식의 정치적이고 관료적인 강요가 이와 비슷한 결과를 초래한다고 보았다. 마지막으로 세 번째 전략을 주장하는 사람들은 종합적 학교 개혁(CSR) 교육과정 전달 모형이 학교들 사이에 반드시 표준화되어야 한다고 주장한다. 시장 중심적 학교 개혁과 학교 중심적 교육 개혁을 선호하는 연구는 많지 않지만 몇몇 CSR 모형이 유망하다는 증거들이 있다. 우리는 미래의 연구가 어떠한 조직 문화 조건들이 CSR 모형의 성공을 촉진시키는지에 대해 조명했으면 한다.

고등교육에서도 대학, 교사교육, 그리고 공립학교 교육의 효과성의 관계에 대해 높은 관심을 보이기 시작했다. 의학교육 개혁이 초기 20세기 의학 실습을 변화시켰던 것처럼 교사교육의 개혁과 대학 수준에서의 연구가 일선 교육현장까지 영향을 끼칠 수 있기를 희망한다.

최근에는 저명 인사들이 여러 요인 중에서 가난과 같은 문제를 초래하는 사회경제적 구조의 개혁이 필요하다고 말한다. 학교도 혼자서 이러한 고난을 극복할 수 없다. 교육에 대한 더 넓고 과감한 접근을 통해서 이러한 개인들이 정책 입안자들에게 학교교육을 넘어서 해결책을 생각하도록 영향을 줄 수 있기를 희망한다.

생각해 볼 문제

1. 당신이 있는 주에서 차터 스쿨을 허용하는 법률이 있는지 찾아보자. 만약 있다면, 주 전체에 몇 개의 차터 스쿨이 있으며 당신이 있는 지역구에는 몇 개가 있는지 알아보자. 그런 다음 찾은 내용에 대해 동료 학생들과 논의해 보자. 교실에 있는 사람들 중에 차터 스쿨에서 근무하고 있는 사람이 있는가? 만약 있다면 그들과 차터 스쿨에서 일한 경험에 대해서 논의해 보자.

2. 이번 장에서 소개된 종합적 학교 개혁(CSR) 계획 중 하나를 선택하고, 당신이 선택한 학교 개혁을 평가한 연구 논문을 찾아보자. 그리고 연구 방법(질적 연구 방법 또는 양적 연구 방법)에는 상관없이 연구 결과에 대한 기사를 찾아보자. 이때 단순히 프로그램의 구성 요소에 대한 기사, 프로그램의 효과성에 대한 투쟁담처럼 기자가 '생각'하기에 학교나 지역구에서 잘되고 있는지를 진술한 선정성 있는 기사를 선택하기보다는 시험 성적, 학교 풍토, 그리고 절적 인터뷰와 연구자들에 의한 관찰을 바탕으로 프로그램의 효과성에 대해 설명하는 기사를 찾아 읽고 한두 문단으로 간략하게 결과를 요약하라. 그런 다음 수업 시간에 요약한 내용을 다른 사람들과 나누어 보자. 요약한 내용들 중에서 학교를 향상시키는 데 가장 장래성이 있는 개혁은 어떤 것인가?

3. **나만의 게임 플랜 만들기** 지금쯤이면 당신만이 생각한 교육 조직과 리더십에 대한 아이디어와 전략이 있을 것이다. 이제는 이러한 아이디어를 검토하고 통합하여 교육 조직 행동의 이해에 관한 완성도 높은 보고서 초안을 작성해 보자. 이것은 교육 리더십에 관한 당신만의 전략 초안이 될 것이다. 이를 실행하기 위해서 괜찮다고 생각한 10~20개 정도의 교육 리더십과 교육 조직에 관한 보고서를 찾아보고, 왜 당신이 그러한 신념을 가지고 있게 되었는지에 대해 한두 문장으로 간단히 적으면 된다.

예를 들어 다음과 같은 진술로 먼저 시작할 수 있다. 만약 교육의 수월성을 이루는 데 높은 동기를 가진 교사가 필요하다면, 학교는 반드시 개방적이고 성장을 높이는 풍토를 가져야 한다. 이것이 중요하다고 생각하는 이유는, 동기에 관한 매슬로(Maslow)와 허즈버그(Herzberg)의 문헌들에서는 개인들이 성장하거나 성숙할 기회가 있을 때 더 동기부여가 된다고 제시하고 있기 때문이다. 또한 조직 문화에 관한 문헌들에서도 성장을 촉진시키는 조직 문화가 높은 동기를 부여해 준다는 관점을 지지했다.

그렇다면 이 시점에서 당신의 전략이 실행 가능하다는 것을 어떻게 설명할 것인가?

추천도서

Chubb, John E., and Terry M. Moe. *Politics, Markets and America's Schools.* Washington, DC: Brookings Institution, 1990.

이 책은 역사적으로 학교 바우처의 아이디어를 보급시키는 데 큰 역할을 했던 굉장히 중요한 책이다. 이 책은 분석적이며 학문적으로 정교하게 쓰여 있다. 그러나 출판사인 브루킹스 연구소(Brookings Institution)가 오랫동안 주장해 온 교육 개혁 방법을 제외하고는 다른 방법들에 대해 다루고 있지 않아 독자들에게 비판을 받아 왔다. 그들의 요지는 논의된 두 가지 대안인 민주적 통제와 시장 통제가 조직과 학교에 매우 다른 성과를 가져온다는 것이다. 저자가 말했듯이 시장은 학교가 더 효과적으로 변하도록 자율성을 조성해 주지만 민주적 통제는 자율성을 없애고 관료주의를 조성하여 효율성을 조성한다. 그렇기 때문에 모든 학교의 리더들은 이런 도전적인 아이디어에 대해 단순히 읽는 것뿐 아니라 심도 있는 연구도 해야 한다.

Goodlad, John I. *Educational Renewal: Better Teachers, Better Schools.* San Francisco: Jossey-Bass, 1998.

굿래드는 '학교의 문화'와 '교사들이 학교 문화 안에서 같이 일할 수 있도록 교육받은 과정' 을 매우 잘 섞어 놓았다. 그렇다면 질문은 교육 프로그램에 있어서 좋은 학교와 좋은 교사 중 무엇이 먼저냐는 것이다. 굿래드에 의하면 정답은 바로 이 두 가지가 함께 이루어져야 한다는 것이다.

Kohn, Alfie. *The Schools Our Children Deserve: Moving Beyond Traditional Classrooms and "Tougher Standards."* New York: Houghton Mifflin Company, 1999.
이 책은 '엄격한 표준 vs 더 나은 교육' 에 관한 것이다. 이 책은 성취를 지나치게 강조할 때 치러야 하는 대가, 하향식 강요에 묻어나는 거만함, 표준화된 시험에 대한 소송사건, 더 어려운 것을 더 나은 것으로 착각하는 것 등을 다룬다. 좋은 책이며, 통찰력이 있고, 사실을 바탕으로 하고 있으며, 자극적이기 때문에 학교 개혁에 관한 모든 논의에서 함께 다루어져야 한다.

Ravitch, Daine, and Joseph P. Viteritti, eds. *New Schools for a New Century: The Redesign of Urban Education*. New Haven, CT: Yale University Press, 1997.
이 복잡하고 광범위한 논의는 문제를 다루기가 쉽지 않은 미국 도시의 학교교육에 초점을 맞추고 있다. 교육학자들이 현대 미국의 학교교육을 슬로건이나 선전 문구를 통해서가 아니라 실제 있는 그대로 이해하기 위해서는 절묘한 솜씨가 필요하다. 비록 차터 스쿨, 계약, 그리고 다른 것들을 받아들이는 것에 대한 저자의 선입견 때문에 그 의미가 변하긴 했지만 이 책은 과거에 우리가 무엇을 가지고 있었든지 간에 우리 도시 교육의 현 상태와 앞으로 나아가야 할 방향에 대해서 철저하게 평가했다.

Sarason, Seymour B. *Charter Schools: Another Flawed Educational Reform?* New York: Teachers College Press, 1998.
사라손은 오랫동안 공립학교와 관련된 문제에 있어서 가장 예민하고 협력적인 관찰자 중 한 명이다. 그는 이번 논의에서 조직 환경의 창조와 관련한 특별한 이해를 가지고 차터 스쿨의 아이디어에 대해 문제를 제기했다. 차터 스쿨의 문제를 이야기하기 위해 맨해튼 프로젝트의 역사를 포함하여 다양한 예를 들어 설명하는 것이 이상하다고 생각될 수도 있지만 이 설명은 놀랍게도 도움을 준다.

Vance, Mike, and Diane Deacon. *Think Out of the Box*. Franklin Lakes, NJ: Career Press, 1995.
우리는 '고정관념에서 벗어나 생각해야 한다.' 는 개념을 이야기하지 않고도 지금까지 논의를 잘 이어 왔다. 그러나 고정관념을 벗어나 생각하자는 아이디어는 이 책에서부터 시작되었다고 할 수 있다. 만약 당신과 당신의 경영진들이 경영과 관리를 가볍고 쉽게 할 수 있는 일이라고 생각한다면 이 책을 추천한다. 이 아이디어는 기업 경영에서 매우 성공적이었다.

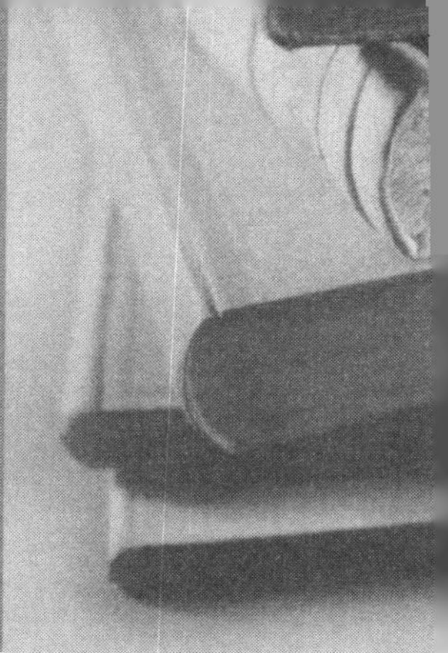

부록

2008년 ISLLC 교육 리더십 정책 표준 (구 ISLLC 직무 표준)

주(州) 연합 학교 지도자 자격 인증 컨소시엄(Interstate School Leaders Licensure Consortium: ISLLC)은 지난 10년 동안 교육 리더십 프로그램 개혁의 중심에 있었다. 2008년에 월리스(Wallace) 재단의 지원하에 ISLLC 표준을 개정하여 지금은 교육 리더십 정책 표준(Educational Leadership Policy Standards)이라고 불린다. 최초 ISLLC의 6개 영역은 총 200개에 가까운 지식(knowledge), 기술(skills) 및 경향(dispositions)을 포함하는 KSD 지표를 포함하고 있다. KSD 지표에 대해 ISLLC 표준 제정자 중 한 사람인 조지프 머피(Joseph Murphy)는 다음과 같이 기술했다.

> 이러한 지표가 전체적인 그림을 보여 주지 않을지라도 지식, 실행 및 신념에 대한 중요한 예시인 것은 분명하다. 우리는 리더십의 모든 상황을 다루려고 하지는 않았다. 왜냐하면 리더십은 복잡하고 상황 의존적인 활동이기 때문이다. 그렇기에 지표 목록을 명확하게 개념화하고자 하는 노력은 헛수고다.[1]

ISLLC 표준을 제정한 이들은 단지 어떤 하나의 코스에서뿐만 아니라, 대학의 전체적인 준비 프로그램이 ISLLC 직무 표준에서 제시하는 지식, 경향, 및 수행을 불러일으켜야 하지만 프로그램이 반드시 이러한 지표에 의해서만 평가되어서는 안 된다고 말한다. 그러나 실제에서는 ISLLC 원 개발자들의 생각과는 다르게 KSD 지표 자체가 직무 표준으로 사용되고 있다. ISLLC 표준 개정 문서의 저자들은 "리더십 관련 지표들의 예시를 목록화하는 것 자체가 무심코 목록에 포함되었을 수 있는 기타 다른 영역을 의도치 않게 제한하거나 무시하고 있다."고 밝힌 바 있다.[2] 이에 KSD 지표는 개정 시 삭제되었으며, '기능(functions)'이 개별 표준을 정의하기 위해 추가되었다.

> 기능은 리더들이 주어진 표준에 따라 취해야 하는 행동에 관하여 설명한다. 표준을 예시화한 리더들은 개별 기능에 대해 설명을 해야 한다. 모든 표준은 개별 표준과 결합되어 있는 정책과 활동의 결과인 행동을 정의하고 명확화하는 데 도움을 주는 몇 개의 기능을 포함한다.[3]

개정된 ISLLC 표준은 직접적인 실제 적용을 위해서보다는 교육 리더십과 관련하여 정책 차원의 논의에 도움을 주기 위해서 의도적으로 '정책 표준(policy standards)'이라 불렀다.

ISLLC 표준은 교사교육인증국가위원회(National Council for Accreditation of Teacher Education: NCATE)와 교육행정국가정책위원회(National Policy Board for Educational Administration: NPBEA)에서 대학 프로그램을 평가하는 근거를 제공해 준다. ISLLC 표준의 개발 역사를 간략히 소개하는 것은 독자들이 표준의 중요성을 이해하는 데 도움을 줄 것으로 생각된다.

NPBEA는 다음 10개의 국가 협회와 함께 1988년에 설립되었다.

- 교사교육을위한미국대학협회(American Association of College for Teacher Education: AACTE)
- 미국학교행정가협회(American Association of School Administration: AASA)
- 학교행정가협회(Association of School Business Officials: ASBO)
- 미국교육과정감독및개발협회(Association for Supervision and Curriculum Development: ASCD)
- 주교육감위원회(Council of Chief State School Officers: CCSSO)

- 미국초등교장연합회(National Association of Elementary School Principals: NAESP)
- 미국중등교장연합회(National Association of Secondary School Principals: NASSP)
- 미국교육행정학교수협의회(National Council of Professors of Educational Administration: NCPEA)
- 미국교육위원회연합회(National School Boards Association: NSBA)
- 교육행정대학협의회(University Council for Educational Administration: UCEA)

최근 NPBEA에서 ASBO가 탈퇴했지만 그 대신에 NCATE가 가입했다.

1994년에 NPBEA는 이 분야의 전문성 표준안을 개발하기 위해 ISLLC를 만들었다. ISLLC는 조셉 머피와 네일 쉽만(Neil Shipman)의 주도하에 퓨 차터블 트러스트(Pew Charitable Trusts)로부터 기금을 받았으며 ISLLC 표준을 개발하기 위한 과정은 주교육감위원회인 CCSSO에 의해 운영되었다. NPBEA는 ISLLC 표준을 1996년에 도입했다. 이후 NPBEA는 회원들 중에서 실무그룹을 구성하여 NPBEA와 NCATE가 사용할 수 있는 교육 리더십 프로그램 평가를 위한 지표 개발을 위해 교육 리더십 제정위원회(Educational Leadership Constituent Council: ELCC)를 만들었다. ELCC는 ISLLC 표준을 프로그램 평가 표준의 중요한 근거로 사용하였으며 제목을 '교육 리더십의 고급 과정을 위한 표준(Standards for Advanced Programs in Educational Leadership)' 이라고 했다. 처음의 여섯 가지 표준은 ISLLC를 반영했으며 일곱 번째 표준은 인턴십 요구를 포함하고 있다.[4]

원래의 ISLLC 표준에 대해서는 상당한 논란이 있었는데 여기에는 ① ISLLC 표준이 이를 지지할 만한 연구를 근거로 하고 있지 않고, ② 학생의 학업성취도를 크게 향상시킬 것으로 생각되는 ISLLC 표준(지식, 경향, 및 수행)에 가중치가 주어지지 않았으며, ③ ISLLC 표준이 기술과 같은 주요한 영역을 포함하거나 강조하고 있지 않다는 것 등이 있다. NPBEA는 이러한 비판들을 인지하여, 2005년 여름에 조정위원회를 만들어 ISLLC 표준을 개정하기 시작했다. 10명의 조정위원회 위원은 9개의 가맹단체 회원으로 구성되었다(NSBA를 제외하고 모두 포함). NPBEA는 표준이 다음과 같은 중요한 전제하에서 개정될 것이라는 데 동의했다.

- ISLLC와 ELCC 표준의 개정은 동시에 같이 이루어져야 할 것이다.
- 처음부터 다시 쓰기보다는 학교 리더들을 위해 ISLLC 표준을 개정하는 것이 바람직하다.

- 지난 10년간 환경이 급격하게 변화했기 때문에 두 가지 표준의 개정이 필요하다.
- NPBEA가 두 표준 개정의 저작권을 가지고 있다.

원래 계획은 최종 개정안을 2008년 봄에 NPBEA의 승인을 받기 위해 선보일 예정이었지만 2007년 12월에 NPBEA가 새로운 교육 리더십 정책 표준를 승인하는 바람에 일찍 목표를 달성했다. 위에서 언급한 첫 비판점은 이번 개정에서 해결되었다. 연구 기반이 개발되었으며 새로운 기능들은 이를 지원하는 연구물과 직접적으로 연결되었다.[5] 이러한 연구 결과물의 제목은 '교육 리더십 정책 표준 2008(Educational Leadership Policy Standards: ISLLC 2008)' 이다.

비록 ISLLC가 학교 리더십의 모든 영역을 종합적으로 다루고 있지는 않지만 직업적 표준과 관련된 상당히 중요한 논의가 있었으며, 2008년 43개 주가 ISLLC 표준을 교육 리더십 영역의 주 정부 인증 및 대학의 준비 프로그램 인가와 평가를 위한 기초자료로 적용하고 수정했다.[6] 이러한 중요성을 강조하기 위해 이 책에서는 상당히 중요한 측면인 ISLLC 표준과 이와 관련하여 수반되는 기능들을 제시하고자 한다. 뒤에 나와 있는 표는 각 장에 포함되어 있는 ISLLC 표준과 기능들을 보여 준다. 어떤 개념들은 다른 것들보다 더 강조되었지만 표시되어 있는 개별 개념들은 어느 정도 이 책에서 다루어지고 있다. 표를 살펴보면 이 책에서 어느 장이 이와 관련된 내용을 다루고 있는지를 알 수 있다. 분명한 것은 어떤 표준은 다른 것들보다 좀 더 상세히 다루어졌다는 점이다. 예를 들면 표준 4 영역이 3 혹은 5 영역보다 덜 다루어진 것을 알 수 있다. 기능들을 확인하기 위해 열(列)을 보면 어느 장에서 해당 내용을 다루고 있는지 알 수 있다. 이러한 정보가 교수와 학생에게 중요한 정보이기를 바라며, 향후 개정판에서 더 유용하게 쓰일 수 있도록 안내해 줄 수 있는 어떠한 피드백도 환영한다.

각 장에서 다루어진 ISLLC 직무 표준

표준 1. 교육 리더들은 모든 학생들이 성공적인 학교생활을 할 수 있도록 모든 이해관계자들에 의해 지지 및 공유되는 학습 비전의 개발, 표현, 실행 및 관리를 촉진시킨다.

	이 책의 장											
기능	1	2	3	4	5	6	7	8	9	10	11	12
A. 공유된 비전과 사명을 협력적으로 개발 및 적용	○		○		○	●	○				○	
B. 목표를 확인하기 위해 자료를 수집하고 사용하며, 조직 효과성을 평가하고 조직 학습을 증진					○		○	●	○			●
C. 목표 달성을 위한 계획의 수립 및 적용					○		○	●	○			●
D. 지속적이고 장기간 유지 가능한 개선의 촉진					○	●	○	●	○			●
E. 진행상황을 평가하고 감독하며 계획을 검토					○		○	●	○			

표준 2. 교육 리더들은 모든 학생들이 성공적인 학교생활을 할 수 있도록 학생의 학습과 교원 전문성 신장에 도움이 되는 교수 프로그램과 학교 문화를 지원, 유지, 및 육성시킨다.

	이 책의 장											
기능	1	2	3	4	5	6	7	8	9	10	11	12
A. 협력, 신뢰, 학습 및 높은 기대의 문화의 신장 및 유지	○		○		○	●	○			●	○	
B. 종합적이고 엄격하며 일관성이 있는 교육과정 개설		●			○						○	●
C. 학생들을 위한 개별적이고 동기화될 수 있는 학습 환경의 조성	○	●			○		○				○	●
D. 교수(instruction)의 감독					○							
E. 학생 발전을 모니터할 수 있는 평가 및 책무성 시스템 개발	○	●			○		○		○		○	●
F. 교원의 교수 방법과 리더십 능력 개발	○				○		○		○		○	
G. 질 높은 교수 방법 개발에 최대한 많은 시간을 투자		●			○						○	●
H. 교수-학습을 지원하기 위한 가장 효과적이고 적절한 기술들을 사용하도록 장려	○	●		●	○						○	●
I. 수업 프로그램의 영향을 감독하고 평가		●			○		○		○		○	●

표준 3. 교육 리더들은 모든 학생들이 성공적인 학교생활을 할 수 있도록 조직의 경영, 운영, 안정적인 자원, 그리고 효율적이고 효과적인 학습 환경을 보장한다.

	이 책의 장											
	1	2	3	4	5	6	7	8	9	10	11	12
기능												
A. 관리 및 운영 시스템의 감독 및 평가			○	●				●				
B. 인적 · 재정적 · 기술적 자원의 획득, 배분, 정렬 및 효과적 활용		●	○	●								
C. 학생과 교원의 안전과 복지의 보장 및 증진					○					●		
D. 분산적 리더십의 능력 개발	○				○	●	○	●	○	●	○	
E. 질 높은 교수-학습을 지원할 수 있도록 교사와 조직의 시간을 보장					○							●

표준 4. 교육 리더들은 모든 학생들이 성공적인 학교생활을 할 수 있도록 교원과 지역사회 인사와 협력하며, 다양한 지역의 관심과 요구에 대응하고, 지역의 자원을 동원한다.

	이 책의 장											
	1	2	3	4	5	6	7	8	9	10	11	12
기능												
A. 교육 환경과 관련 있는 정보와 자료의 수집 및 분석	○				○		○	●				●
B. 지역의 다양한 문화적 · 사회적 및 지적 자원에 대해 이해, 감사, 및 활용을 증진					○		○	●				
C. 가족들 및 돌봐 주는 사람들과의 긍정적인 관계 형성 및 유지				●	○		○	●				
D. 지역사회 파트너들과 건설적인 관계의 형성 및 유지				●			○	●				

표준 5. 교육 리더들은 모든 학생들이 성공적인 학교생활을 할 수 있도록 진실하고, 공정하며, 윤리적인 태도로 행동한다.

기능	1	2	3	4	5	6	7	8	9	10	11	12
A. 모든 학생의 학문적 · 사회적 성공을 책임지는 체제 보장					○							●
B. 자기인식, 성찰적 실천, 투명성 및 윤리적 행동 등에 귀감이 되는 원칙	○						○	●	○	●	○	
C. 민주성, 평등성 및 다양성의 가치를 보장		●					○					●
D. 의사결정으로 인해 발생할 수 있는 잠재적인 윤리적 · 법적 결과의 고려 및 평가								●	○	●		●
E. 사회 정의를 장려하고 학생 개인들의 요구가 학교 교육의 모든 부분에 제공될 수 있도록 보장							○	●				●

(이 책의 장: 1–12)

표준 6. 교육 리더들은 모든 학생들이 성공적인 학교생활을 할 수 있도록 정치적 · 사회적 · 경제적 · 법적 및 문화적 맥락을 이해하고, 대응하며, 영향을 미친다.

기능	1	2	3	4	5	6	7	8	9	10	11	12
A. 어린이, 가족들, 그리고 돌보는 사람들에 대한 지지							○					●
B. 학생 교육에 영향을 미치는 지역, 구(區), 주(州) 및 국가의 결정에 영향력을 행사할 수 있도록 행동	○	●		●								●
C. 리더십 전략을 적용하기 위해 최근 나타나는 추세와 계획들을 평가, 분석, 및 예측	○						○	●				●

(이 책의 장: 1–12)

미주

제1장 비전을 찾아서

1. 기본 가정, 가치와 신념, 행동 사이의 관계에 대한 Edgar Schein의 분석에서 도움을 받았다. 그의 관점은 이 책의 뒤에 충분히 설명된다. 다음 책을 참조하라. Edgar H. Schein, *Organizational Culture and Leadership*(San Francisco: Jossey-Bass, 1985).
2. 예를 들어, 다음 자료를 살펴보라. Theodore R. Sizer, *Horacė s School: Redesigning the American High School* (New York: Houghton Mifflin, 1992).
3. Cleo H. Cherryholmes, *Power and Criticism: Poststructural Investigations in Education* (New York: Teachers College Press, 1988): 30.
4. 예를 들어, 다음 자료를 살펴보라. Michel Foucault, *Power/Knowledge* (New York: Pantheon Books, 1980). Foucault의 전반적인 아이디어를 살펴보기 위해서는 다음 자료를 참조하라. Hubert Dreyfus and Paul Rabinow, eds., *Michel Foucault: Beyond Structuralism and Hermeneutics*, 2nd ed. (Chicago: University of Chicago Press, 1983).
5. Cherryholmes, 35.
6. Thomas S. Kuhn, *The Structure of Scientific Revolutions* (Chicago: University of Chicago Press, 1962).
7. Lawrence Van Gelder, "Thomas Kuhn, 73; Devised Science Paradigm" [obituary], *The New York Times*, 19 June 1996: B7.
8. Kuhn이 패러다임(paradigm)이라는 용어를 처음으로 생각해 낸 것은 아니지만 20세기 후반 미국 영어에서 대중화되는 데 중요한 역할을 했다.
9. Richard A. Schmuck and Patricia A. Schmuck, *A Humanistic Psychology of Education: Making the School Everybody's House* (Palo Alto, CA: National Press Books, 1974): 45.

10. Schmuck and Schmuck, 49.

11. Burrhaus F. Skinner, *The Technology of Teaching* (New York: Appleton-Century-Crofts, 1968): 26. Emphasis added.

12. 아마도 그의 대표작으로는 다음 책을 들 수 있을 것이다. *Love Is Not Enough*(New York: The Free Press, 1949).

13. 더 나은 학교를 만들기 위한 심리학자와 사회학자의 접근 간 차이점에 대한 다음 논의는 1989년 1월 4일자 『뉴욕 타임스(*The New York Times*)』에 실린 Amy Stuart Wells의 "학교 변화의 후원자는 사회학자들에게 의지한다(Backers of School Change Turn to Sociologists)"라는 글에서 찾아볼 수 있다.

14. Wells.

15. Henry A. Murray and others, *Explorations in Personality* (New York: Oxford University Press, 1938).

16. Lewin이 최초로 B=*f*(p · e)라 언급하였다. 다음 자료를 살펴보라. See Kurt Lewin, *A Dynamic Theory of Personality*(New York: McGraw-Hill Book Company, 1935).

17. Carl R. Rogers, *On Becoming a Person*(Boston: Houghton Mifflin, 1961).

18. Denis P. Doyle and Terry W. Hartle, "Leadership in Education: Governors, Legislators, and Teachers," *Phi Delta Kappan*, 67(September 1985): 24.

19. Douglas M. McGregor, *The Human Side of Enterprise*(New York: McGraw-Hill Book Company, 1960): 37-57.

20. Chris Argyris, *Management and Organizational Development*(New York: McGraw-Hill Book Company, 1971): 1-26.

21. Thomas J. Sergiovanni, "Beyond Human Relations," in *Professional Supervision for Professional Teachers*, ed. Thomas, J. Sergiovanni(Washington, DC: Association for Supervision and Curriculum Development, 1975): 11.

22. Sergiovanni.

23. Albert F. Siepert and Rensis Likert, "The Likert School Profile Measurements of the Human Organization" (paper presented at the American Educational Research Association National Convention, 27 February 1973): 3.

24. Siepery and Likert, 4.

25. Robert R. Blake and Jane Srygley Mouton, *Building a Dynamic Corporation through Grid Organization Development*(Reading, MA: Addison-Wesley, 1969).

26. Gordon L. Lippitt, *Organizational Renewal: Achieving Viability in a Changing World*(New York: Appleton-Century-Crofts, 1969).

27. Paul Berman and Milbrey Wallen McLaughlin, *Federal Programs Supporting Educational Change, Volume VIII: Implementing and Sustaining Innovations* (Santa Monica, CA: Rand Corporation, 1978).

28. Kathy Kiely and Tamara Henry, "Will No Child Be Left Behind?" *USA Today*, 17

December 2001, 4D.

29. Kenneth A. Dodge, Martha Putallaz, and David Malone, "Coming of Age: The Department of Education," *Phi Delta Kappan*(May 2002): 674.

30. U.S. Department of Education, *Class Size and Students at Risk: What Is Known? What Is Next?* April 1998, accessed 25 November 2005 www.ed.gov/pubs/Class-Size/academic.html.

31. Tennessee State Department of Education, *The State of Tennessee's Student/Teacher Achievement Ratio(STAR) Project: Final Summary Report 1985-1990*(Tennessee State Department of Education, 1990); and Jeremy Finn and Charles M. Achilles, "Tennessee's Class Size Study: Findings Implications, Misconceptions," *Educational Evaluation and Policy Analysis*, 21(1999): 97-109.

32. National Education Association, "Stand Up for Children: *Pontiac v. Spellings*," accessed 25 November 2005: 〈www.nea.org/lawsuit/index.html〉.

33. No Child Left Behind. Section 9527 (a).

34. Mortimer Adler, *The Paedeia Proposal: An Educational Manifesto*(New York: Macmillan, 1982).

35. David Perkins, *Smart Schools: Better Thinking and Learning for Every Child* (New York: The Free Press, 1982): 55.

제2장 실천의 기본 개념

1. Diane Ravitch, *Troubled Crusade: American Education, 1945-1980*(New York: Basic Books, 1983).

2. Lynn Olson, "Tugging at Tradition," *Education Week*, XVIII(21 April 1999), 25.

3. Olson.

4. Olson, 26.

5. Olson, 25.

6. Olson.

7. National Education Association of the United States, Commission on the Reorganization of Secondary Education, *Cardinal Principles of Secondary Education*(Washington, DC: Government Printing Office, 1918).

8. Olson, 28.

9. Hyman G. Rickover, *Education and Freedom*, with a foreword by Edward R. Murrow and a preface by Charles Van Doren(New York: Charles E. Dutton, 1959).

10. John Holt, *How Children Fail* (Boston: Little, Brown and Company, 1953).

11. Albert Lynd, *Quackery in the Public Schools*(New York: Greenwood Press, 1969).

12. Jonathan Kozol, *Death at an Early Age: The Destruction of the Hearts and Minds of Negro Children in the Boston Public Schools*(Boston: Houghton Mifflin, 1967).
13. Herbert Kohl, *36 Children*(New York: New American Library, 1967).
14. David C. Berliner and Bruce J. Biddle, *The Manufactured Crisis: Myths, Fraud, and the Attack on America's Public Schools*(Reading, MA: Addison-Wesley Publishing Company, 1995): 3.
15. *A Nation at Risk* (Washington, DC: The National Commission on Excellence in Education, 1983).
16. Evans Clinchy, "Magnet Schools Matter," *Education Week*(8 December 1993): 28.
17. Clark Kerr, "Is Education Really All That Guilty?" *Education Week*(27 February 1991): 30.
18. Thomas Sowell, *Inside American Education: The Decline, the Deception, the Dogmas* (New York: The Free Press, 1993), from the book jacket.
19. Sowell, 296-297.
20. David C. Berliner and Bruce J. Biddle, *The Manufactured Crisis: Myths, Fraud, and the Attack on America's Public Schools*(Reading, MA: Addison-Wesley Publishing Company, 1995).
21. Berliner and Biddle, 9.
22. 이 시리즈는 Gerald R. Bracey, *The Truth about America's Schools: The Bracey Reports, 1991-1997*(Bloomington, IN: Phi Delta Kappa, 1997)에서 볼 수 있다.
23. Richard Rothstein, *The Way We Were? The Myths and Realities of America's Student Achievement*(New York: The Century Foundation [formerly The Twentieth Century Fund], 1998).
24. Rothstein, Chapter 2.
25. Vance Packard, "Are We Becoming a Nation of Illiterates?" *Reader's Digest*, April 1974: 81-85.
26. Charles C. Walcutt, *Tomorrow's Illiterates: The State of Reading Instruction Today* (Boston: Atlantic Monthly Press, 1961): xiii-xvi, 7.
27. Jeanne Chall, *Learning to Read: The Great Debate*(New York: McGraw-Hill Book Company, 1967).
28. Edward L. Butterworth, "You Have to Fight for Good Schools," *Education Digest* (December 1958): 83.
29. Pauline Maier, *American Scripture: Making the Declaration of Independence* (New York: Alfred A. Knopf, 1997).
30. 국제적으로 저명한 52명의 학자들이 진술한 내용은 *The Wall Street Journal*, Tuesday, 13 December 1994를 통해 출판되었다.
31. Quoted in Stephen J. Gould, *The Mismeasure of Man*(New York: W. W. Norton, 1981):

159-160.

32. Howard Gardner, *Frames of Mind: The Theory of Multiple Intelligence*(New York: Basic Books, 1983): 25.
33. Howard Gardner, *Multiple Intelligences: The Theory in Practice*(New York: Basic Books, 1993): xxiii.
34. Gardner, *Multiple Intelligences*, 239.
35. Norman Mailer는 Benjamin Lowe, *The Beauty of Sport: A Cross-Disciplinary Inquiry* (Englewood Cliffs, NJ: Prentice-Hall, 1977): 255에서 이 부분을 인용했다.
36. Gardner, Frames of Mind, 239.
37. Gardner, 324-325.
38. David Perkins, *Outsmarting IQ: The Emerging Science of Learnable Intelligence* (New York: The Free Press, 1995): 16.
39. Perkins, 7-15.
40. Ray Marshall and Marc Tucker, *Thinking for a Living: Education and the Wealth of Nations* (New York: Basic Books, 1992): 67.
41. David Perkins, *Smart Schools: Better Thinking and Better Learning for Every Child* (New York: The Free Press, 1992).
42. Perkins, 3. 강조를 추가했다.
43. Steven J. Stein and Howard E. Book, *The EQ Edge: Emotional Intelligence and Your Success* (Toronto: Stoddart, 2000): 14.
44. Reuven Bar-On와 같은 몇몇 학자는 사회적-감정적 지능(social-emotional intelligence)이란 용어를 사용했다.
45. Stein and Book, 44.
46. Andy Hargreaves, Shawn Moore, Dean Fink, Carol Brayman, and Robert White, *Succeeding Leaders? A Study of Secondary School Principal Rotation and Succession.* (Toronto, Canada: Ontario Principals' Council, 2003).
47. Hargreaves et al.
48. Andy Hargreaves and Ivor Goodson, "Educational Change Over Time?" *Educational Administration Quarterly* 42. 1(February 2006): 3-41.
49. Alfred J. Marrow, *The Practical Theorist: The Life and Work of Kurt Lewin* (New York: Teachers College Press, 1977): 94-95.

제3장 조직 사상의 주요 흐름

1. Fredrick Taylor, *The Principles of Scientific Management*(New York: Harper & Row, Publishers, 1911): 8.

2. 경영 및 산업계의 리더들이 그들의 가치를 학교 행정가들에게 강요하던 시대와 권력에 대한 생생한 묘사를 알아보기 위해서 다음 예시를 살펴보라. Raymond E. Callahan, *Education and the Cult of Efficiency*(Chicago: University of Chicago Press, 1962).
3. Amitai Etzioni, *Modern Organizations*(Englewood Cliffs, NJ: Prentice-Hall, 1964): 21.
4. Henri Fayol, *General and Industrial Management*, trans. Constance Storrs(London: Sir Issac Pitman & Sons, 1949): 14.
5. Fayol, 15.
6. Fayol의 논문은 1916년(그가 광산 회사의 최고 경영자이던 시절) 프랑스에서 발표되자마자 유럽에서 크게 각광받게 되었다. 그의 관점은 독보적이었고, 1940년대에 다음의 영어 번역본이 출간될 때까지 명성을 유지했다. *Papers in the Science of Administration*, eds. Luther Gulick and L. Urwick(New York: Columbia University, Institute of Public Administration, 1937).
7. Richard H. Hall, "The Concept of Bureaucracy: An Empirical Assessment," *The American Journal of Sociology* 69, 1(July 1963): 33.
8. J. P. Mayer, Max *Weber and German Politics*(London: Faber & Faber, 1943): 128.
9. Raymond E. Callahan, *Education and the Cult of Efficiency*(Chicago: University of Chicago Press, 1962).
10. Ellwood P. Cubberly, *Public School Administration: A Statement of the Fundamental Principles Underlying the Organization and Administration of Public Education* (Boston: Houghton Miffin, 1916): 337-338.
11. David B. Tyack and Robert Cummings, "Leadership in American Public Schools before 1954: Historical Configurations and Conjectures," in *Educational Administration: The Developing Decades*, eds. Luvern L. Cunningham, Walter G. Hack, and Raphael O. Nystrand(Berkeley, CA: McCutchan, 1977): 61.
12. Luther Gulick and L. Urwick, eds., *Papers on the Science of Administration* (New York: Institute of Public Administration, Columbia University, 1937).
13. Luther Gulick, *Administrative Reflection on World War* II(Tuscaloosa, AL: University of Alabama Press, 1948).
14. 보통 웨스턴 일렉트릭 컴퍼니 연구라 불리는 이러한 연구가 독자들에게 잘 알려진 데는 또 다른 이유가 있다. 그 연구들이 행동 연구의 개선 방향 모색에 있어 중요해진 일명 호손 효과라 불리는 것과의 연계성을 이끌어 낸 것이다. 이러한 연구들은 다음 저서에 요약되어 있다. Fritz J. Roethlisberger and William J. Dickson, *Management and the Worker* (Cambridge, MA: Harvard University Press, 1939).
15. Jacob L. Moreno, "Contributions of Sociometry to Research Methodology in Sociology," *American Sociological Review* 12(June 1947): 287-292.
16. Robert F. Bales, *Interaction-Process Analysis: A Method for the Study of Small Groups* (Reading, MA: Addison-Wesley Publishing Company, 1950).

17. Benjamin Wolman, "Leadership and Group Dynamics," *Journal of Social Psychology* 43(February 1956): 11-25.
18. Robert F. Bales, "The Equilibrium Problem in Small Groups," in *Working Papers in the Theory of Action*, eds. Talcott Parsons, Robert F. Bales, and Edward A. Shils (Glencoe, IL: The Free Press, 1953).
19. Helen H. Jennings, *Leadership and Isolation*, 2nd ed. (New York: Longman, 1950).
20. 사회심리학 영역에서 장 이론을 규명한 Lewin은 종종 사회심리학의 아버지로 불리곤 한다. 그의 다음 논문을 살펴보라. "Field Theory and Experiment in Social Psychology: Concepts and Methods," *American Journal of Sociology*, 44(1939): 868-896, and "Group Decision and Social Change," in *Readings in Social Psychology*, eds. Theodore M. Newcomb and Eugene L. Hartley(New York: Holt, Rinehart & Winston, 1947): 330-344.
21. Muzafer Sherif, *An Outline of Social Psychology* (New York: Harper & Row, 1948).
22. Dorwin Cartwright, "Influence, Leadership, Control," in *Handbook of Organizations*, ed. James G. March(Chicago: Rand McNally, 1965): 2.
23. Van Miller, *The Public Administration of American School Systems*(New York: Macmillan, 1965): 544-545.
24. As distinguished from a collection of individuals.
25. 다음 논문에서 이러한 논의에 대해 소개하고 있다. Max G. Abbott, "Intervening Variables in Organizational Behavior," *Educational Administration Quarterly* 1.1(Winter 1966): 1-14.
26. 예를 들어, 다음 자료를 살펴보라. John K. Hemphill and Alvin E. Coons, *Leader Behavior Description*(Columbus: Ohio State University Press, 1950). 그들의 개념을 활용한 다음의 최근 연구를 살펴보라. Andrew W. Halpin and B. J. Winer, *The Leadership Behavior of the Airplane Commander*(Columbus: Ohio State University Press, 1952); and Andrew W. Halpin, "The Behavior of Leaders," *Educational Lesdership,* 14 (1956): 172-176.
27. Daniel Griffiths, "Administrative Theory," *Encyclopedia of Educational Research*, ed. R. L. Ebel(Toronto: Macmillan, 1969): 18.
28. Neal Gross, *Who Runs Our Schools?*(New York: John Wiley & Sons, 1958).
29. Daniel E. Griffiths, *Administrative Theory*(New York: Appleton-Century- Crofts, 1959).

제4장 조직 이론

1. Charles B. Perrow, Organizational Analysis: A Sociological View(Monterey, CA: Brooks/Cole Publishing Co., 1970): 3-4.
2. Ludwig von Bertalanffy, "An Outline of General Systems Theory," *British Journal of*

Philosophical Science 1 (1950): 134-165. 동일 저자에 의해 출판된 좀 더 완성도 높은 저서는 다음과 같다. *General Systems Theory*(New York: George Braziller, 1968).

3. Andre Lwoff, "Interaction among Virus, Cell and Organization," *Science* 152(1966): 1216.
4. F. Kenneth Berrien, "A General Systems Approach to Organizations," in *Handbook of Industrial and Organizational Psychology*, ed. Marvin D. Dunnette(Chicago: Rand McNally & Company, 1976): 43.
5. Ronald G. Corwin, "Models of Educational Organizations," in *Review of Research in Education*, ed. Fred N. Kerlinger and J. B. Carroll(Itasca, IL: F. E. Peacock, Publishers, 1974): 263.
6. Andrew W. Halpin and Don B. Croft, *The Organizational Climate of Schools* (Washington, DC: Cooperative Research Report, U.S. Office of Education, 1962).
7. 몇몇 예시를 더 살펴보라. James G. Anderson, *Bureaucracy in Education*(Baltimore: The Johns Hopkins University Press, 1968); and Neal Gross and Robert E. Herriott, *Staff Leadership in Public Schools: A Sociological Inquiry*(New York: John Wiley & Sons, 1965). 이러한 연구들은 Berman과 Milbrey Wallin McLaughlin에 의해 진행된 교육 변화와 관련한 랜드 보고서와 같은 훗날의 연구들과 비교될 수 있다. *Federal Programs Supporting Educational Change, Volume* Ⅶ*: Factors Affecting Implementation and Continuation* (Santa Monica, CA: Rand Corporation, 1977), 특히 pp. 16-20 참조.
8. Erving Goffman, *The Presentation of Self in Everyday Life*(New York: Doubleday & Co., Anchor Books, 1959). 동일 저자가 동일한 관점으로 저술한 후속 연구는 다음과 같다. *Encounters* (Indianapolis, IN: Bobbs-Merrill Company, 1961).
9. Robert Boguslaw, *The New Utopians: A Study of System Design and Social Change* (Englewood Cliffs, NJ: Prentice-Hall, 1965): 170-177.
10. 여기에서 논의된 역할 설정에 관한 자료는 다음 저서에 기반하고 있다. Warren G. Bennis, *Changing Organizations*(New York: McGraw-Hill Book Company, 1966): 193-196.
11. Robert L. Kahn, Donald M. Wolfe, Robert R. Quinn, and J. Diedrick Snoek, *Organizational Stress: Studies in Role Conflict and Ambiguity*(New York: John Wiley & Sons, 1964).
12. 역할 배분에 관한 추후 논의는 다음 논문에 기반하고 있다. Kenneth D. Benne and Paul Sheats, "Functional Roles of Group Members," *Journal of Social Issues* 4.2 (Spring 1948): 41-49.
13. Jacob W. Getzels and Egon G. Guba, "Social Behavior and the Administrative Process," *The School Review* 65(Winter 1957): 423-441. 사회심리학적 체제로서의 조직에 대한 이러한 설명은 Talcott Parsons의 초기 연구에 기반하였고, 1952년 Getzels에 의해 처음 제시되었다. Getzels의 논의는 다음 논문에서 소개되고 있다. "A Psycho-Sociological Framework for the Study of Educational Administration," *Harvard Educational Review*, 22.4 (1952): 235-246. 훗날, Egon Guba와 협력하여 개발한 그 모형은 심리학적 개념(예: 성격), 사회학

적 개념(예: 역할 기대), 문화의 인류학적 개념, 그리고 사회심리학적 개념(예: 집단 규범과 조직 풍토)의 내용을 포함하여 개발되었다. 이와 같이 게첼스-구바 모형이라 불리는 좀 더 정교한 모형은 이 장에서 추후에 논의될 것이다.

14. Jacob W. Getzels, "Adminstration as a Social Process," in *Administrative Theory in Education*, ed. Andrew W. Halpin(Chicago: Midwest Administration Center, University of Chicago, 1958): 157.
15. 권위주의적 특성에 관한 수많은 문헌이 있다. 고전적인 연구로는 다음의 저서를 들 수 있다. Theodore W. Adorno, Else Frenkel-Brunswik, Daniel J. Levinson, and R. N. Sanford, *The Authoritarian Personality* (New York: Harper & Row, Publishers, 1950); and Milton Rokeach, *The Open and Closed Mind* (New York: Basic Books, Publishers, 1960).
16. Frederick W. Taylor, *The Principles of Scientific Management*(New York: Harper & Row, Publishers, 1911): 42-43.
17. Chester I. Barnard, *The Functions of the Executive*(Cambridge, MA: Harvard University Press, 1938): 55.
18. Barnard, 57.
19. John M. Pfiffner and Frank P. Sherwood, *Administrative Organization*(Englewood Cliffs, NJ: Prentice-Hall, 1960): 299.
20. 이와 같은 논의는 다음 저서에서 발췌되었다. Robert G. Owens and Carl R. Steinhoff, *Administering Change in Schools*(Englewood Cliffs, NJ: Prentice-Hall, 1976): 60-63 and 143. 그리고 이것은 아래에 인용된 논문을 저술한 Harold J. Leavitt에 의해 개발된 개념에 기초한 것이다.
21. 이러한 관점은 Harold J. Leavitt가 다음의 저서에서 밝힌 개념을 기초로 한 것이다. *Managerial Psychology*, 2nd ed.(Chicago: University of Chicago Press, 1964). 동일 저자의 또 다른 연구물도 살펴보라. "Applied Organizational Change in Industry: Structural, Technological, and Humanistic Approaches," in *Handbook of Organizations*, ed. James G. March(Chicago: Rand McNally & Company, 1965): 1144-1170.
22. 예를 들어, 다음 자료를 살펴보라. Wendell L. French and Cecil H. Bell, Jr., *Organizational Development* (Englewood Cliffs, NJ: Prentice-Hall, 1973): 183-185. 이 책에서 소개된 내용들은 이 논의에 포함되어 있다.
23. John I. Goodlad, "Educational Leadership: Toward the Third Era," *Educational Leadership*, 35.4(January 1978): 330.
24. Fremont E. Kast and James E. Rosenzweig, *Contingency Views of Organization and Management* (Chicago: Science Research Associates, 1973): ix.
25. Dennis Moberg and James L. Koch, "A Critical Appraisal of Integrated Treatments of Contingency Findings," *Academy of Management Journal*, 18.1 (March-June 1975): 109-124.
26. Donald Hellriegel and John W. Slocum, Jr., *Organizational Behavior: Contingency*

Views (St. Paul, MN: West Publishing Co., 1976): 6.

27. Paul R. Lawrence and Jay W. Lorsch, *Organization and Environment* (Homewood, IL: Richard D. Irwin, 1967).
28. Stephen P. Robbins, *The Administrative Process: Integrating Theory and Practice* (Englewood Cliffs, NJ: Prentice-Hall, 1976): 272-273.

제5장 조직의 인간적 측면

1. Donald A. Schön, *Educating the Reflective Practitioner*(San Francisco: Jossey-Bass, 1987): 3.
2. Schön, 4-5.
3. Wayne K. Hoy and Cecil G. Miskel, *Educational Administration*, 2nd ed. (New York: Random House, 1982): 82.
4. T. Barr Greenfield, "Theory About Organization: A New Perspective and Its Implication for Schools," in *Administering Education: International Challenge*, ed. M. G. Hughes (London: Athlone, 1975): 71.
5. Greenfield, 81.
6. Robert W. Heller, James A. Conway, and S. L. Jacobson, "Here's Your Blunt Critique of Administrative Preparation," *The Executive Educator* (September 1988): 18-30.
7. Roland S. Barth and Terrence E. Deal, *The Effective Principal: A Research Summary* (Reston, VA: Association of Secondary School Principals, 1982).
8. James Bryant Conant, *Two Modes of Thought: My Encounters with Science and Education* (New York: A Trident Press Book, 1964).
9. Carl R. Rogers, "Toward a Science of the Person," *Journal of Humanistic Psychology* (Fall 1963): 17-31.
10. Arthur Blumberg, *School Administration as a Craft: Foundations of Practice* (Boston: Allyn and Bacon, 1988).
11. Charles E. Bidwell, "The School as a Formal Organization," in *Handbook of Organizations*, ed. James G. March (Chicago: Rand McNally & Company, 1965).
12. Karl E. Weick, "Educational Organizations as Loosely Coupled Systems," *Administrative Science Quarterly*, 21 (March 1976): 1.
13. John W. Meyer and Brian Rowan, "The Structure of Educational Organizations," in *Organizational Environments: Ritual and Rationality*, eds. John W. Meyer and W. Richard Scott (Beverly Hills, CA: Sage Publications, 1983): 74.
14. 예를 들어, 다음 자료들을 살펴보라.

    Van Cleve Morris, Robert L. Crowson, Emanuel Hurwitz, Jr., and Cynthia Porter-Gehrie,

The Urban Principal: Discretionary Decision Making in a Large Educational Organization (Chicago: College of Education, University of Illinois at Chicago Circle, 1981); and N. A. Newberg and A. G. Glatthom, Instructional Leadership: Four Ethnographic Studies of Junior High School Principals (final report of Grant Number NIE G-81-0088, 1983) (Washington, DC: National Institute of Education).

15. Meyer and Rowan, 75.

16. 경제학자들은 오래전부터 인적자원의 가치를 깨닫고 있었다. 예를 들어, 다음 자료들을 살펴보라. Gary S, Becker, "Investment in Human Capital: A Theoretical Analysis," *The Journal of Political Economy* (Supplement), 70 (October 1962); and Theodore W. Schultz, "Capital Formation by Education," *The Journal of Political Economy*, 68 (December 1960): 3-72.

17. Theodore W. Schultz. *The Economic Value of Education* (New York: Columbia University Press, 1963).

18. Chris Argyris, "Human Problems with Budgets," *Harvard Business Review*, 31 (January-February 1953): 97-110.

19. Rensis Likert, *The Human Organization: Its Management and Value* (New York: McGraw-Hill Book Company, 1967): 148.

20. Ray A. Killian, *Human Resources Management* (New York: AMACOM, 1976): 140.

21. Joseph Blase and Jo Blase. "The Dark Side of Leadership: Teacher Perspectives of Principal Mistreatment," *Educational Administration Quarterly*, 38.5 (December 2002): 671-727.

22. Karen P. Harlos and Lawrence J. Axelrod, "Investigating Hospital Administrators' Experience of Workplace Mistreatment," *Canadian Journal of Behavioural Sciences*, 37.4 (2005): 262-272.

T. M. Glomb, "Workplace Anger and Aggression: Informing Conceptual Models with Data from Specific Encounters," *Journal of Occupational Health Psychology*, 7.1 (2002): 20-36.

23. Blase and Blase, 714-715.

24. Joseph Blase and Jo Blase, "Teachers' Perspectives on Principal Mistreatment," Teacher Education Quarterly 33.4 (Fall 2006): 123.

25. 예를 들어, 다음 자료들을 살펴보라.

Joseph Murphy and Karen Seashore Louis, *Reshaping the Principalship: Insights from Transformational Reform Efforts* (Thousand Oaks, CA: Corwin Press, 1994).

Ulrich C. Reitzug and Beverly E. Cross, "A Multi-Site Case Study of Site-Based Management in Urban Schools," American Educational Research Association Annual Meeting, April 5, 1994, New Orleans, Louisiana.

26. Joseph Blase and Jo Blase, "The Mistreated Teacher: A National Study," *Journal of*

Educational Administration, 46.3 (2008): 263-301.

27. William A. Firestone and Bruce L. Wilson, *Using Bureaucratic and Cultural Linkages to Improve Instruction: The High School Principal's Contribution* (Eugene: Center for Educational Policy and Management, College of Education, University of Oregon, 1983): 14-15.
28. Terrence E. Deal and A. Kennedy, *Corporate Cultures: The Rites and Rituals of Corporate Life* (Reading, MA: Addison-Wesley Publishing Company, 1982); and Lee G. Bolman and Terrence E. Deal, *Modern Approaches to Understanding and Managing Organizations* (San Francisco: Jossey-Bass, 1984).
29. Thomas J. Peters and Robert H. Waterman, Jr., *In Search of Excellence: Lessons from America's Best-Run Companies* (New York: Harper & Row, Publisher, 1982).
30. Rosabeth Moss Kanter, *The Change Masters: Innovation and Entrepreneurship in the American Corporation* (New York: Simon & Schuster, 1983).
31. Edgar H. Schein, *Organizational Culture and Leadership* (San Francisco: Jossey-Bass, 1985).
32. S. C. Purkey and M. S. Smith, "School Reform: The District Policy Implications of the Effective Schools Literature," *The Elementary School Journal*, 85 (December 1985): 353-389.
33. Purkey and Smith, 355.
34. Purkey and Smith.
35. Purkey and Smith, 357.
36. 이 논쟁은 Purkey와 Smith가 "School Reform," 358-359에서 실시한 분석을 따른다.
37. Carl Glickman, Stephen Gordon, and Jovita Ross-Gordon, *Supervision and Instructional Leadership: A Developmental Approach* (Boston, MA: Allyn and Bacon, 2007).
38. Glickman, Gordon, and Ross-Gordon, 42.
39. Linda Darling-Hammond, "Teaching Quality and Student Achievement: A Review of State Policy Evidence," *Education Policy Analysis Archives*, 8.1 (January 2000), 25 June 2009 〈http://epaa.asu.edu/epaa/v8n1/〉.
40. Darling-Hammond, last paragraph.
41. Glickman, Gordon, and Ross-Gordon, 353-354.

제6장 조직 문화와 조직 풍토

1. Alfred J. Marrow, David G. Bowers, and Stanley E. Seashore, *Management by Participation* (New York: Harper & Row, Publishers, 1967).

2. Terrence E. Deal, "Cultural Change: Opportunity, Silent Killer or Metamorphosis?" (unpublished, no date).
3. Chester I. Barnard, *Functions of the Executive* (Boston: Harvard University Press, 1938).
4. Philip Selznick, *TVA and the Grass Roots* (Berkeley: University of California Press, 1949).
5. Marshall W. Meyer and associates, eds., *Environments and Organizations* (San Francisco: Jossey-Bass, 1978).
6. Andrew W. Halpin and Don B. Croft, *The Organizational Climate of Schools* (Chicago: Midwest Administration Center, The University of Chicago, 1962).
7. Bernard Clark, "The Organizational Saga in Higher Education," in *Managing Change in Educational Organizations*, J. Victor Baldridge and Terrence E. Deal, eds. (Berkeley, CA: McCutchan, 1975).
8. Michael Rutter, Barbara Maughan, Peter Mortimore, and Jane Ouston, with Alan Smith, *Fifteen Thousand Hours: Secondary Schools and Their Effects on Children* (Cambridge, MA: Harvard University Press, 1979).
9. Deal, 6.
10. Renato Tagiuri, "The Concept of Organizational Climate," in *Organizational Climate: Exploration of a Concept*, Renato Tagiuri and George H. Litwin, eds., (Boston: Harvard University, Division of Research, Graduate School of Business Administration, 1968). 또한 다음 논문도 살펴보라. Carolyn S. Anderson, "The Search for School Climate: A Review of the Research," *Review of Educational Research*, 52 (Fall 1982): 368-420; and Cecil Miskel and Rodney Ogawa, "Work Motivation, Job Satisfaction, and Climate," in *Handbook of Research on Educational Administration*, ed. Norman J. Boyan (New York: Longman, 1988).
11. William Ouchi, *Theory Z: How American Business Can Meet the Japanese Challenge* (Reading, MA: Addison-Wesley Publishing Company, 1981).
12. Ouchi, 165.
13. Thomas J. Peters and Robert H. Waterman, Jr., *In Search of Excellence: Lessons from America' s Best-Run Companies* (New York: Harper & Row, Publishers, 1982).
14. Peters and Waterman, 282.
15. Peters and Waterman, 319.
16. Edgar H.Schein, "How Culture Forms, Develops, and Changes," in *Gaining Control of the Corporate Culture*, Ralph H. Kilmann, Mary J. Saxton, Roy Serpa, and Associates, eds. (San Francisco: Jossey-Bass, 1985): 19-20.
17. Schein, 20.
18. Ralph H. Kilmann, Mary J. Saxton, and Roy Serpa, "Five Key Issues in Understanding and Changing Culture," in Ralph H. Kilmann, Mary J. Saxton and Roy Serpa, eds., *Gaining Control of the Corporate Culture* (San Francisco: Jossey-Bass, 1985): 5.

19. Kilmann, Saxton, and Serpa.

20. Terrence E. Deal, "Cultural Change: Opportunity, Silent Killer, or Metamorphosis?" in Ralph H. Kilmann, Mary J. Saxton and Roy Serpa, eds., *Gaining Control of the Corporate Culture* (San Francisco: Jossey-Bass, 1985): 301. Revision of previously unpublished paper.

21. Deal.

22. Ralph H. Kilmann, "Five Steps for Closing Culture Gaps," in Ralph H. Kilmann, Mary J. Saxton and Roy Serpa, eds., *Gaining Control of the Corporate Culture* (San Francisco: Jossey-Bass, 1985): 352.

23. Alan L. Wilkins and Kerry J. Patterson, "You Can't Get There from Here: What Will Make Culture Projects Fail," in Ralph H.Kilmann, Mary J.Saxton and Roy Serpa, eds., *Gaining Control of the Corporate Culture* (San Francisco: Jossey-Bass, 1985): 267.

24. George C. Homans, *The Human Group* (New York: Harcourt, Brace, & World, 1950): 123.

25. A. Paul Haire, *Handbook of Small Group Research* (New York: The Free Press, 1962): 24.

26. Allan R. Cohen, Stephen L. Fink, and Herman Gadon, *Effective Behavior in Organizations*, 3rd ed. (Homewood, IL: Richard D. Irwin, 1984): 62.

27. Schein, 21,.

28. Schein, 19-20.

29. Ralph H. Kilmann, Mary J. Saxton, and Roy Serpa, "Five Keys Issues in Understanding and Changing Culture," in Ralph H. Kilmann, Mary J. Saxton and Roy Serpa, eds., *Gaining Control of the Corporate Culture* (San Francisco: Jossey-Bass, 1985): 5.

30. Kilmann, Saxton, and Serpa.

31. Deal, 301.

32. Halpin and Croft.

33. Rosabeth Moss Kanter, *The Change Masters: Innovation and Entrepreneurship in the American Corporation* (New York: Simon & Schuster, 1983): 149.

34. George C. Homans, *The Human Group* (New York: Harcourt, Brace, & World, 1950): 123.

35. Haire, 24.

36. Kurt Lewin, *Principles of Topological Psychology* (New York: McGraw-Hill Book Company, 1936).

37. Garlie A. Forehand and B. Von Haller Gilmer, "Environmental Variations in Studies of Organizational Behavior," *Psychological Bulletin*, 62.6 (December 1964): 361-382.

38. James G. March and Herbert A. Simon, *Organizations* (New York: John Wiley & Sons, 1959).

39. Renato Tagiuri, ed. *Research Needs in Executive Selection* (Boston: Harvard University, Graduate School of Business Administration, 1961).
40. 근래에 사용하는 블록시간표(block scheduling)의 개념을 우리가 1940년대부터 1980년대까지 사용했던 '블록시간표' 의 개념과 혼동해서는 안 된다. 예전에는 일반적으로 고등학교 전체 일과를 한 시간 단위의 '수업시간(recitation periods)' 으로 쪼개서 진행했다(일반적으로 한 수업 시간은 42분씩으로 구성함). 또한 예전의 블록시간표는 하나의 수업시간 (영어, 수학 혹은 외국어과목과 같이)으로 구성되거나, 두 개의 수업시간(예를 들어, 과학과목에서처럼 실험 시간을 제공해야 하는 경우)으로 구성되었다. 그러나 현재의 블록시간표는 훨씬 더 복잡하며, 이 블록시간표를 제대로 운영하기 위해서는 컴퓨터 기능이 보조적으로 필요하다.
41. Roger G. Barker는 다음의 저서에서 행동 이론(theory of behavior)의 배경과 그 이론을 연구하는 방법에 관해 기술한다. *Ecological Psychology: Concepts and Methods for Studying the Environment of Human Behavior* (Stanford, CA: Stanford University Press, 1968).
42. Roger G. Barker and Paul V. Gump, eds., *Big School, Small School* (Stanford, CA: Stanford University Press, 1964).
43. Leonard L. Baird, "Big School, Small School: A Critical Examination of the Hypothesis," *Journal of Educational Psychology*, 60 (1969): 253-260.
44. Leonard L. Baird, "The Relation of Vocational Interests to Life Goals, Self-Ratings of Ability and Personality Traits, and Potential for Achievement," *Journal of Educational Measurement*, 7 (1970): 233-239.
45. Susan Chira, "Is Smaller Better Educators Now Say Yes for High School," *New York Times*, Wednesday, 14 July, 1993: A1.
46. Seymour B. Sarason, *The Culture of the School and the Problem of Change* (Boston: Allyn and Bacon, 1971).
47. Seymour B. Sarason, *The Creation of Settings and Future Societies* (San Francisco: Jossey-Bass, 1972).
48. 이 분야는 Marvin D. Dunnette의 다음의 저서에서 잘 연구되었다. *Handbook of Industrial and Organizational Psychology* (Chicago: Rand McNally & Company, 1976).
49. Theodore R. Sizer, *Horace' s Compromise: The Dilemma of the American High School* (Boston: Houghton Mifflin Company, 1984).
50. Ernest L. Boyer, *High School: A Report on Secondary Education in America* (New York: Harper & Row, Publishers, 1983).
51. John I. Goodlad, *A Place Called School: Prospects for the Future* (St. Louise, MO: McGraw-Hill Book Company, 1983).
52. Rutter et al.
53. Rutter et al., 178.
54. Joyce L. Epstein, ed., *The Quality of School Life* (Lexington, MA: D.C. Heath and

Company, 1984).
55. Rudolf H. Moos, *Evaluating Educational Environments* (Palo Alto, CA: Consulting Psychologist Press, 1979).
56. Rensis Likert and Jane Gibson Likert, *New Ways of Managing Conflict* (New York: McGraw-Hill Book Company, 1976): 218-219.
57. David G. Bowers, *Systems of Organization: Management of the Human Resource* (Ann Arbor: University of Michigan Press, 1976): 2-3.
58. Rensis Likert, *New Patterns of Management* (New York: McGraw-Hill Book Company, 1961): 144.
59. Likert and Likert, *New Ways of Managing Conflict*, Chapter 12.
60. Likert, *New Patterns of Management,* 181.

제7장 조직 변화

1. Matthew B. Miles, "Some Properties of Schools as Social Institutions," in *Change in School Systems*, ed. Goodwin Watson (Washington, DC: National Training Laboratories, NEA, 1967): 20.
2. National Commission on Excellence in Education, *A Nation at Risk* (Washington, DC: Government Printing Office, 1983).
3. Evans Clinchy, "Magnet Schools Matter," *Education Week*, 8 December 1993: 28.
4. Seymour B. Sarason, *The Predictable Failure of Educational Reform: Can We Change Beofore It' s Too Late?* (San Francisco: Jossey-Bass, 1990).
5. Sarason, 73.
6. Sarason. 72.
7. Sarason.
8. Paul R. Mort and Donald H. Ross, *Principles of School Administration* (New York: McGraw-Hill Book Company, 1957): 181.
9. Paul R. Mort, "Educational Adaptability," in *Administration for Adaptability*, ed. Donald H. Ross (New York: Metropolitan School Study Council, 1958): 32-33.
10. "Kindergarten Education, 1967-68," *NEA Research Bulletin*, 47.1 (March 1969): 10.
11. Paul R. Mort and Francis G. Cornell, *American Schools in Transition* (New York: Teachers College, Columbia University, 1941).
12. A. G. Grace and G. A. Moe, *State Aid and School Costs* (New York: McGraw-Hill Book Company, 1938): 324.
13. Austin D. Swanson, "The Cost-Quality Relationship," in *The Challenge of Change in School Finance*, Proceedings of the Tenth Annual Conference on School Finance

(Washington, DC: Committee on Educational Finance, National Education Association, 1967): 151-165.

14. David Grissmer, "Cost-Effectiveness and Cost-Benefit Analysis: The Effect of Targeting Interventions," in *Cost Effectiveness and Educational Policy*, ed. Henry M. Levin and Patrick J. McEwan (American Education Finance Association, 2002).
15. PSSC에 대한 전반적인 설명을 보기 위해서는 다음 문헌을 살펴보라. Paul E. March, "The Physical Science Study Committee: A Case History of Nationwide Curriculum Development" (unpublished doctoral dissertation, Graduate School of Education, Harvard University, 1963).
16. 널리 사용되는 두 가지의 다른 분류 체계는 (1) Daniel Katz와 Robert L. Kahn, (2) Ronald G. Havelock에 의해 발전되었다. 세 가지의 분류 체계들 사이에는 실질적인 합의가 있다. 논의를 위해 다음 책을 참조하라. Robert G. Owens and Carl R. Steinhoff, *Administering Change in Schools* (Englewood Cliffs, NJ: Prentice-Hall, 1976): Chapter 4.
17. David L. Clark and Egon G. Guba, "An Examination of Potential Change Roles in Education," in *Rational Planning in Curriculum and Instruction*, ed. Ole Sand (Washington, DC: National Education Association, 1967).
18. 생물학교육과정연구(Biological Sciences Curriculum Study: BSCS), 물리학연구(the Physical Sciences Study Committee: PSSC), 화학연대적접근프로젝트(the Chemical Bond Approach Project: Chem Bond or CBA), 그리고 학교수학연구(the School Mathematics Study Group: SMSG) 등이 그 예다.
19. Gerald Zaltman, David Florio, and Linda Sikorski, *Dynamic Educational Change: Models, Strategies, Tactics, and Management* (New York: The Free Press, 1977): 77.
20. Robert Chin, "Basic Strategies and Procedures in Effecting Change," in *Educational Organization and Administration Concepts, Practice and Issues*, ed. Edgar L. Morphet and others (Englewood Cliffs, NJ: Prentice-Hall, 1967).
21. Homer Garner Barnett, *Innovation: The Basic of Cultural Change* (New York: McGraw-Hill Book Company, 1953).
22. Matthew B. Miles, *Innovation in Education* (New York: Columbia University Press, 1964): 14.
23. Robert Chin and Kenneth D. Benne, "General Strategies for Effecting Changes in Human Systems," in *The Planning of Change*, 2nd. ed., ed. Warren G. Bennis, Kenneth D. Benne, and Robert Chin (New York: Holt, Rinehart & Winston, 1969).
24. Group on School Capacity for Problem Solving, *Program Plan* (Washington, DC: National Institute of Education, June 1975): 1.
25. Paul Berman and Milbrey Wallin McLaughlin, *Federal Programs Supporting Educational Change, Volume VIII: Implementing and Sustaining Innovation* (Santa Monica, CA: Rand Corporation, May 1978): iii.

26. 이 연구는 *Federal Programs Supporting Educational Change* (Santa Monica, CA: Rand Corporation)이라는 제목으로 여덟 권에 실려 있다.

Volume Ⅰ: *A Model of Educational Change* by Paul Berman and Milbrey Wallin McLaughlin (1975).

Volume Ⅱ: *Factors Affecting Change Agent Projects* by Paul Berman and Edward Pauley (1975).

Volume Ⅲ: *The Process of Change* by Peter W. Greenwood, Dale Mann, and Milbrey Wallin McLaughlin (1975).

Volume Ⅳ: *The Findings in Review* by Paul Berman and Milbrey Wallin McLaughlin (1975).

Volume Ⅴ: *Executive Summary* by Paul Berman, Peter W. Greenwood, Milbrey Wallin McLaughlin, and John Pincus (1975).

Volume Ⅵ: *Implementing and Sustaining Title* Ⅶ *Bilingual Projects* by Gerald Sumner and Gail Zellman (1977).

Volume Ⅶ: *Factors Affecting Implementation and Continuation* by Paul Berman and others (1977).

Volume Ⅷ: *Implementing and Sustaining Innovation* by Paul Berman and Milbrey Wallin McLaughlin (1978).

27. Group on School Capacity for Problem-Solving, 1.
28. Group on School Capacity for Problem-Solving, 4.
29. Group on School Capacity for Problem-Solving, 5.
30. T. Barr Greenfield, "Organizations as Social Inventions: Rethinking Assumptions about Change," *Journal of Applied Behavioral Science*, 9.5 (1973): 551-574.
31. Chris Argyris, *Integrating the Individual and the Organization* (New York: John Wiley & Sons, 1964): 123.
32. Matthew B. Miles, "Planned Change and Organizational Health: Figure and Ground," in *Change Processes in the Public Schools*, ed. Richard O. Carlson and others (Eugene: Center for the Advanced Study of Educational Administration, University of Oregon, 1965): 17.
33. Adapted from Miles, 18-21.
34. Rensis Likert, *New Patterns of Management* (New York: McGraw-Hill Book Company, 1961).
35. Gordon L. Lippitt, *Organizational Renewal: Achieving Viability in a Changing World* (New York: Appleton-Century-Crofts, 1969).
36. Matthew B. Miles and Dale G. Lake, "Self-Renewal in School Systems: A Strategy for Planned Change," in *Concepts for Social Change*, ed. Goodwin Watson (Washington, DC: National Training Laboratories, NEA, 1967).

37. Far West Laboratory, "A Statement of Organizational Qualification for Documentation and Analysis of Organizational Strategies for Sustained Improvement of Urban Schools" (paper submitted to Program on Local Problem-Solving, National Institute of Education, San Francisco, 1974).
38. John I. Goodlad, *The Dynamics of Educational Change: Toward Responsive Schools* (New York: McGraw-Hill Book Company, 1975): 175.
39. Gerald Zaltman, David H. Florio, and Linda A. Sikorski, *Dynamic Educational Change: Models, Strategies, Tactics, and Management* (New York: The Free Press, 1977): 89.
40. Michael Fullan, Matthew B, Miles, and Gib Taylor, *OD in Schools: The State of the Art, Volume Ⅰ: Introduction and Executive Summary*. Final report to the National Institute of Education, Contract Nos. 400-77-0051-0052 (Toronto: Ontario Institute for Studies in Education, August 1978): 14.
41. 일반적으로 역장 분석의 개념과 조직 변화의 세 단계 순환은 Kurt Lewin의 "Frontiers in Group Dynamics," *Human Relations*, 1 (1947), 5-41에서 비롯된 것으로 여겨진다. Lewin에 의한 이 분야 최고의 연구는 *Field Theory in Social Science* (New York: Harper & Row, Publishers, 1951)이다.
42. Lewin, 35.
43. Paul Hersey and Kenneth H. Blanchard, *Management of Organizational Behavior: Utilizing Human Resources*, 3rd ed. (Englewood Cliffs, NJ: Prentice-Hall, 1977): 2.
44. Michael Fullan, Matthew B. Miles, and Gib Taylor, *OD in Schools: The State of the Art* (Toronto, Ontario: Ontario Institute for Educational Studies, 1978), 4 volumes.
45. Philip J. Runkel and Richard A. Schmuck, *Findings from the Research and Development Program on Strategies of Organizational Change at CEPM-CASEA* (Eugene: Center for the Advanced Study of Educational Administration, Center for Educational Policy and Management, University of Oregon, 1974): 34.
46. John I. Goodlad, *The Dynamics of Educational Change: Toward Responsive Schools* (New York: McGraw-Hill Book Company, 1975): xi.
47. Goodlad, 113.
48. Goodlad.
49. Goodlad, 115.
50. Goodlad, 135.
51. Goodlad, 139-140.
52. Andy Hargreaves, in Andy Hargreaves and Michael Fullan, eds., *Change Wars* (Bloomington, IN: Solution Tree, 2009): 25.
53. Sharon L. Nichols and David C. Berliner, "*Collateral Damage: How High-Stakes Testing Corrupts America's Schools*" (Cambridge, MA: Harvard Education Press, 2007).

54. Hargreaves.
55. Hargreaves, 26.
56. Tony Wagner, ed., *Change Leadership: A Practical Guide to Transforming Our Schools* (San Francisco: Jossey-Bass, 2006): 1.
57. Wagner, 10.
58. Wagner, 13.
59. Fullan, Miles, and Taylor, 2.
60. Fullan, Miles, and Taylor.

제8장 리더십

1. Margaret J. Wheatley, *Leadership and the New Science: Discovering Order in a Chaotic World* (San Francisco: Berrett-Koehler, Publishers, 1999).
2. Ronald A. Heifetz, *Leadership Without Easy Answers* (Cambridge, MA: Belknap Press of Harvard University Press, 1994).
3. Warren Bennis and Burt Nanus, *Leaders: The Strategy for Taking Charge* (New York: Harper & Row, Publishers, 1985): 15.
4. Thomas J. Sergiovanni, *Moral Leadership: Getting to the Heart of School Reform* (San Francisco: Jossey-Bass, 1992): 4.
5. John W. Gardener, *On Leadership* (New York: The Free Press, 1989).
6. Bennis and Naus.
7. Jacob W. Getzels, "Theory and Research on Leadership: Some Comments and Some Alternatives," *Leadership: The Science and the Art Today*, eds. Luvern L. Cunningham and William J. Gephart (Itasca, IL: F.E. Peacock, Publishers, 1973), 40-41.
8. James MacGregor Burns, *Leadership* (New York: Harper & Row, Publishers, 1978): 18.
9. Meryl Reis Louis, "Putting Executive Action in Context: An Alternative View of Power," *Executive Power*, eds. Suresh Srivastva and others (San Francisco: Jossey-Bass, 1986): 111.
10. 이 부분은 John R. P. French와 Betram Raven의 "The Bases of Social Power," *Studies in Social Power*, ed. Dorwin Cartwright (Ann Arbor: Institute for Social Research, University of Michigan, 1959)에서 발췌함. 후에 다른 학자들이 그들 개인의 목적에 따라 목록을 확장하였으나 French와 Raven의 업적이 여전히 널리 받아들여진다.
11. David C. McClelland, *Power: The Inner Experience* (New York: Irvington, 1975): 18.
12. Andrew W. Halpin, *Theory and Research in Administration* (New York: Macmillan, 1966): 86.
13. Bernard M. Bass, ed., *Stogdill s Handbook of Leadership: A Survey of Theory and*

Research, revised and expended ed. (New York: The free Press, 1981).

14. J. K. Hemphill and A. E. Coons, "Development of the Leader Behavior Description Questionnaire," In *Leader Behavior: Its Description and Measurement*, eds. Ralph M. Stogdill and Alvin E. Coons (Columbus, OH: Bureau of Business Research of Ohio State University, 1957).
15. Hemphill and Coons.
16. Robert R. Blake and Jane S. Mouton. *The New Managerial Grid.* (Houston, TX: Gulf Publishing).
17. Paul Hersey, Kenneth Blanchard, and Dewey Johnson, *Management of Organizational Behavior* (Upper Saddle River, NJ: Prentice Hall, 1966).
18. Fred Fiedler, *A Theory of Leadership Effectiveness* (New York: McGraw-Hill, 1967).
19. David Keisey and Marilyn Bates, *Please Understand Me: Character and Temperament Types* (Del Mar, CA: Prometheus Nemesis Book Company, 1984): 129.
20. General H. Norman Schwartzkopf, quoted in U.S. *News and World Report,* Vol. 110, May 27, 1991 (20): 36.
21. 영어에서 관료제(*Bureaucracy*)는 프랑스어 *Bureaucratie*에서 유래되었다. 프랑스어에서 *bureau*란 '사무실(office)' 을 뜻한다. 어미는 그리스어인 *kratie*에서 왔는데, 이는 '규범, 법(rule)' 을 뜻한다. 문자 그대로 관료제란 '사무실에서의 규범(the rule of offices)' 이다.
22. Burn의 원래 용어인 transforming은 후의 연구자들에 의해 transformational 혹은 transformative 등으로 단어가 변형되어 사용되어 졌다.
23. Burns, *Leadership.*
24. Barnard Bass, *Leadership and Performance Beyond Expectations* (New York: The Free Press, 1985).
25. Bennis and Nanus, *Leaders: The Strategies for Taking Charge.*
26. Rosabeth Moss Kanter, *The Change Masters: Innovation and Entrepreneurship in the American Corporations* (New York: Simon & Schuster, 1983).
27. Judy B. Rosener, "Ways Women Lead," *Harvard Business Review* (November-December 1990): 119-125.
28. Sergiovanni, *Moral Leadership*: Getting to the Heart of School Improvement.
29. Burns, 4.
30. Burns.
31. Burns, 21.
32. Dan C. Lortie, *Schoolteacher: A Sociological Study* (Chicago: University of Chicago Press, 1975).
33. Linda Darling-Hammond의 교수법과 교사 질에 대한 연구의 예로는 Linda Darling-Hammond와 Nikole Richardson의 "Teacher Learning: What Matters?" *Educational Leadership* 66.5 (2009): 46-53; Linda Darling-Hammond, "Securing the Right to Learn:

Policy and Practice for Powerful Teaching and Learning," *Educational Researcher* 35.7 (2006): 13–24; Linda Darling-Hammond and John Bransford, *Preparing Teachers for a Changing World: What Teachers Should Learn and Be Able to Do* (San Francisco: Jossey-Bass, 2007).

34. Mistilina Sato, Ruth Chung Wi and Linda Darling-Hammond, "Improving Teachers' Assessment Practices Through Professional Development: The Case of National Board Certification," *American Education Research Journal*, 45 (2008): 669–700.

35. Burns, 18.

36. 교육 분야에서 비판 이론에 대한 연구는 점점 더 많아지고 있다. 예를 들어 Gary L. Anderson, "Toward a Critical Constructivist Approach to School Administration: Invisibility, Legitimation, and the study of Non-Events," *Educational Administration Quarterly*, 26 (1990), 1, 38–59; William Foster, *Paradigms and Promises: New Approaches to Educational Administration* (Buffalo, NY: Prometheus Books, 1986); Peter Watkins, "Leadership, Power, and Symbols in Educational Administration," *Critical Perspectives on Educational Leadership*, ed. John Smyth (Philadelphia, PA: The Falmer Press, 1989): 9–37.

37. Carnegie Forum on Education and Economy, *A Nation Prepared: Teachers for the 21st Century* (New York: The Forum, 1986): 24.

38. James P. Spillane and John B. Diamond, "Taking a Distributed perspective," *Distributed Leadership in Practice*, eds. James P. Spillance and John B. Diamond (New York: Teachers College Press, 2007): 4.

39. Peter Senge, *The Fifth Discipline: The Art and Practice of the Learning Organization* (New York: Doubleday, 1990).

40. Richard DuFour and Robert Eaker, *Professional Learning Communities at Work: Best Practices for Enhancing Student Achievement* (Reston, VA: ASCD, 1998).

41. DuFour and Eaker, 106.

42. DuFour and Eaker, 148.

43. W. Jeynes, "The Relationship Between Parental Involvement and Urban Secondary School student Academic Achievement: A Meta-Analysis," *Urban Education* 42.1 (2007): 82–110.

44. Anne T. Henderson and Karen L. Mapp. *A New Wave of Evidence: The Impact of School, Family and Community Connections on Student Achievement* (Austin: TX, Southeast Educational Development Laboratory, 2002): 7, August 10, 2007 〈http://www.sedl.org/connections/resources/evidence.pdf〉.

45. Joyce L. Epstein, Mavis, G. Sanders, Beth, S. Simon, karen Clark Salinas, Natalie Rodriquez Jansorn, and Frances. L. Van Voorhis, *School, Family, and Community Partnership: Your Handbook for Action* (2nd ed.) (Thousand Oaks, CA: Corwin Press,

2002).

46. Michael Fullan, *Leadership and Sustainability: System Thinkers in Action* (Thousand Oaks, CA: Corwin Press Publisher' s Name, 2005): 60.

47. Our Common Future, Report of the World Commission on Environment and Development, World Commission on Environment and Development, 1987, (의장 서문). 일반 의회 문서 A/42/427에 부록으로 출간됨. Development and International Cooperation: Environment, 2 August, 1987. April 4, 2009 〈http://www.un-documents.net/wced-ocf.ht〉.

48. Andy Hargreaves and Ivor Goodson, *Change Over Time? A Study of Culture, Structure, Time and Change in Secondary Schooling* (Chicago: Spencer Foundation, 2003).

49. *Educational Administrative Quarterly*, 42.1, 2006.

50. Fullan, ix.

51. Andy Hargreaves and Dean Fink, *Sustainable Leadership* (San Francisco: Jossey-Bass, 2006): 42.

52. Hargreaves and Fink, 23.

53. Fullan, 24-25.

54. Hargreaves and Fink, 55.

55. Jim Collins, *Good to Great* (New York: Harper Collins, 2001).

56. Hargreaves and Fink, 95.

57. Hargreaves and Fink, 111.

58. Fullan, 31.

59. Hargreaves and Fink, 142.

60. Hargreaves and Fink, 159.

61. Fullan, 17.

62. Fullan, 18.

63. Hargreaves and Fink, 191.

64. Fullan, 37.

65. Hargreaves and Fink, 225.

66. Henry M. Levin, "Can Research Improve Educational Leadership?" *Educational Researcher*, 35.8 (2006): 38-43.

제9장 의사결정

1. Herbert A. Simon, *Administrative Behavior* (New York: Macmillan, 1950): 1.

2. Daniel E. Griffiths, *Administrative Theory* (New York: Appleton-Century- Crofts, 1959):

89.

3. Donald A. Schön, *The Reflective Practitioner: How Professionals Think in Action* (New York: Basic Books, 1983): 237.
4. Schön, 39.
5. Schön.
6. Herbert A. Simon, *The New Science of Management Decision* (New York: Harper & Row, Publishers, 1960): 2.
7. Peter F. Drucker, *Management: Tasks, Responsibilities, and Practices* (New York: Harper & Row, Pubishers, 1974): 19–20.
8. James G. March and Herbert A. Simon, *Organizations* (New York: John Wiley & Sons, 1958).
9. *Deciding How to Decide: Decision Making in Schools.* Project Leadership Presenter' s Guide Prepared by the Research-Based Training for School Administrators Project (Eugene: Center for Educational Policy and Management, College of Education, University of Oregon, 1983).
10. Drucker, 264–265.
11. Victor H. Vroom and Philip W. Yetton, *Leadership and Decisionmaking* (Pittsburgh, PA: University of Pittsburgh Press, 1973).
12. Henry Mintzberg, Duru Raisinghani, and Andre Theoret, "The Structure of 'Unstructured' Decision Process," *Administrative Science Quarterly*, 21 (June 1976): 246–275.
13. James G. March, "Footnotes to Organizational Change," *Administrative Science Quarterly* 26 (December 1981): 563–577.
14. Paul C. Nutt, "Types of Organizational Decision Processes," *Administrative Science Quarterly* 29 (September 1984): 446.
15. National Association of Secondary School Principals, *The Senior High School Principalship* (Reston, VA: National Association of Secondary School Principals, 1978).
16. Henry Mintzberg, *The Nature of Managerial Work* (New York: Harper & Row, Publishers, 1973).
17. 이 다섯 가지는 Mintzberg의 책, *The Nature of Managerial Work* (28–48)에서 발췌함.
18. Mintzberg, 30.
19. Mintzberg, 30.
20. 예를 들어, Van Cleve Morris, Robert L. Crowson, Emanuel Hurwitz, Jr., 그리고 Cynthia Porter-Gehrie가 쓴 *The Urban Principal: Discretionary Decision-Making in a Large Educational Organization* (미출간된 원고, University of Illinois at Chicago, 1981). 이 연구는 같은 연구자들에 의해 *Principals in Action: The Reality of Managing Schools* (Columbus, OH: Charles E. Merrill Publishing Company, 1984)로 엮여서 책으로 출판되었다.

21. Mintzberg, *The Nature of Managerial Work*; Sune Carlson, *Executive Behavior: A Study of the Work Load and the Working Methods of Managing Directors* (Stockholm: Strombergs, 1951); Pitner, "Descriptive Study of the Everyday Activities of Suburban School Superintendents"; William H. Whyte, Jr., "How Hard Do Executives Work?" *Fortune* (January 1948): 108-111.

22. Karl E. Weick, "Managerial Thought in the Context of Action," in *The Executive Mind*, ed. Suresh Srivastva (San Francisco: Jossey-Bass, 1983): 222.

23. Weick, 222-223.

24. Weick, 222.

25. Weick, 226-227

26. Weick, 236.

27. Schön, 240-241.

28. T. R. Blackburn, "Sensuous-Intellectual Complementarity in Science," *Science* 172 (1971): 1003-1007.

29. Louis R. Pondy, "Union of Rationality and Intuition in Management Action," in *The Executive Mind*, ed. Suresh Srivasta (San Francisco: Jossey-Bass, 1983).

30. Edgar H. Schein, "Organizational Socialization and the Profession of Management," *Industrial Management Review* 9 (1968): 115; John Van Manaan, "Breaking In: Socialization to Work," in *Handbook of Work, Organization and Society*, ed Robert Dubin (Chicago: Rand McNally & Company, 1976); R. R. Ritti and G. R. Funkhouser, *The Ropes to Skip and the Ropes to Know* (Columbus, OH: Grid, 1982).

31. Edgar H. Schein, *Organizational Culture and Leadership* (San Francisco: Jossey-Bass, 1985): 6.

32. Weick.

33. Schein, 7.

34. Terrence E. Deal, "Cultural Change: Opportunity, Silent Killer, or Metamorphosis?" in *Gaining Control of the Corporate Culture*, ed. Ralph H. Kilmann, Mary J. Saxton, and Roy Serpa, (San Francisco: Jossey-Bass, 1985).

35. Karl E. Weick, "Cognitive Processes in Organizations," in *Research in Organizational Behavior*, Vol. 1, ed. Barry M. Staw (Greenwhich, CT: JAI Press, 1979): 41-74.

36. Kenneth Davis, *Human Behavior at Work: Human Relations and Organizational Behavior*, 4th ed. (New York: McGraw-Hill Book Company, 1972): 136.

37. Mary Parker Follett, "The Psychology of Consent and Participation," in *Dynamic Administration: The Collected Papers of Mary Parker Follett*, ed. Henry C. Metcalf and Lyndall Urwick (New York: Harper & Row, Publishers, 1941): 210-212.

38. Edwin M. Bridges, "A Model for Shared Decision Making in the School Principalship," *Educational Administration Quarterly*, 3.1 (Winter 1967): 52.

39. Chester I. Bernard, *The Functions of the Executive* (Cambridge, MA: Harvard University Press, 1938).
40. Robert G. Owens and Edward Lewis, "Managing Participation in Organizational Decisions," *Group and Organization Studies*, 1 (1976): 56-66.
41. Owens and Lewis.
42. Owens and Lewis.
43. Robert Duncan, "Public Law 217 and the Administrative Team," *Indiana School Boards Association Journal* 20 (1974): 10.
44. Ohio Department of Elementary School Principals, *The Administrative Team* (1971): 2-3.
45. Harold J. McNally, "A Matter of Trust," *National Elementary Principal*, 53.1 (November-December, 1973): 23.
46. 여기서 논의된 다섯 유형의 참여는 Edwin M. Bridges의 "A Model for Shared Decision Making in the School Principalship (*Educational Administration Quarterly*, 3.1. (Winter 1967): 52-59"를 인용함.
47. Bridges, *A Model for Shared Decision Making*, 53.
48. Thomas Valesky, Dianne D. Horgan, Carol Etheridge Caughey, and Dennie L. Smith, *Training for Quality School-Based Decision Making: The Total Teamwork System* (Lanham, MD: Scarecrow Press, 2003).
49. Dianne D. Horgan and Thomas C. Valesky, "Empirically Based Training for School-Based Decision Making," *National Forum of Educational Administration and Supervision Journal* 10.3 (1993): 3-15.
50. Valesky, Horgan, Caughey and Smith, 7.

제10장 조직에서의 갈등

1. James MacGregor Burns, *Leadership* (New York: Harper & Row, Publishers, 1978): 37.
2. Kenneth Thomas, "Conflict and Conflict Management," in *Handbook of Industrial and Organizational Psychology*, ed. Marvin D. Dunnette (Chicago: Rand McNally & Company, 1976): 890.
3. Morton Deutsch, *The Resolution of Conflict: Constructive and Destructive Processes* (New Haven, CT: Yale University Press, 1973): 10.
4. Bernard Berelson and Gray A. Steiner, *Human Behavior: An Inventory of Scientific Findings* (New York: Harcourt Brace Jovanovich, 1964): 588.
5. H. Guetzkow and J. Cyr, "An Analysts of Conflict in Decision-making Groups," *Human Relations*, 7 (1954): 369.

6. Guetzkow and Cyr.
7. Rensis Likert and Jane Gibson Likert, *New Ways of Managing Conflict* (New York: McGraw-Hill Book Company, 1976): 7. Emphasis added.
8. Kenneth E. Boulding, *Conflict and Defense: A General Theory* (New York: Harper & Brothers, Publishers, 1962): 152-153.
9. Richard Wynn, *Administrative Response to Conflict* (Pittsburgh, PA: Tri-State Area School Study Council, 1972): 7-8.
10. Warren G. Bennis, *The Learning Ivory Tower* (San Francisco: Jossey-Bass, 1973).
11. '비도덕적인 공격' 을 어떻게 다룰 것인지에 관해 알아보려면 다음 문헌을 살펴보라. Wynn, *Administrative Response to Conflict.*
12. Chester I. Barnard, *The Functions of the Executive* (Cambridge, MA: Harvard University Press, 1938): 36.
13. Thomas, 891.
14. 이 연구는 다음 글에 요약되어 있다. Thomas, "Conflict and Conflict Management."
15. Deutsch, 9.
16. Louis R. Pondy, "Organizational Conflict: Concepts and Models," *Administrative Science Quarterly*, 12 (September 1967): 296-320.
17. 오늘날 많은 사람들은 갈등 관리(conflict management)라는 용어를 계속되는 조직의 과정 중 하나로 시간이 지남에 따라 조직 발전에 도움이 되며 지원적인 의미로 사용한다. 많은 이들에게 갈등 해결(conflict resolution)이라는 용어는 최종적이고 궁극적인 해결책으로 잠재되어 있는 갈등까지 모두 없애 준다는 것을 말하지만, 이러한 경우는 거의 없다.
18. John M. Thomas and Warren G. Bennis, *Management of Change and Conflict* (Baltimore, MD: Penguin Books, 1972): 20.
19. Robert R. Blake, Herbert A. Shepard, and Jane S. Mouton, *Managing Intergroup Conflict in Industry* (Houston, TX: Gulf Publishing Company, 1964).
20. Thomas, 900.
21. Pondy.
22. Likert and Likert, 7.
23. Randall Collins, *Conflict Sociology: Toward an Explanatory Science* (New York: Academic Press, 1975).
24. Gerald Griffin and David Rostetter, "A Conflict Theory Perspective for Viewing Certain Problems Associated with Public Law 94-142" (paper presented at the American Educational Research Association, Atlanta, GA, March 1978): 4.
25. Likert and Likert, 59.
26. 이 연구는 매우 풍부하며 매력적이다. 예를 들어 다음을 살펴보라. Muzafir Sherif and Carolyn W. Sherif, *Groups in Harmony and Tension* (New York: Harper & Brothers, Publishers, 1953); Muzafir Sherif, O. J. Harvey, B. Jack White, William R. Hood and

Carolyn W. Sherif et al., *Intergroup Conflict and Cooperation: The Robbers Cave Experiment* (Norman: Institute of Group Relations, University of Oklahoma Book Exchange, 1961); Morton Deutsch, "The Effects of Cooperation and Competition upon Group Process: An Experimental Study," *American Psychologist*, 4 (1949): 263–64; and–also by Deutsch–*The Resolution of Conflict.*

27. Blake, Shepard, and Mouton, 18.
28. Likert and Likert, 61.
29. 위에서 언급한 Deutsch, Blake, 그리고 Sherif의 연구가 그 예다.
30. Likert and Likert.
31. Blake, Shepard, and Mouton, 63.
32. Thomas.

제11장 동기

1. Harry Levinson, *The Great Jackass Fallacy* (Boston: Harvard University Press, (1973).
2. Quoted in William Dowling, ed., *Effective Management and the Behavioral Sciences* (New York: AMACOM, 1978): 44.
3. George C. Homans, "The Western Electric Researches," in *Human Factors in Management*, ed. Schuyler Dean Hoslett (New York: Harper and Brothers, 1951): 211.
4. Homans, 211.
5. Homans, 214–215.
6. Homans, 217.
7. Homans.
8. Paul Hersey and Kenneth H. Blanchard, *Management of Organizational Behavior: Utilizing Human Resources*, 3rd ed. (Englewood Cliffs, NJ: Prentice–Hall, 1977): 46.
9. David Keirsey and Marilyn Bates, *Please Understand Me: Character and Temperament Types* (Del Mar, CA: Prometheus Nemesis Book Company, 1984): 2.
10. Keirsey and Bates.
11. Keirsey and Bates.
12. Howard Gardner, *Frames of Mind: The Theory of Multiple Intelligences* (New York: Basic Books, 1983): 25.
13. Gardner, 238. 명백하게는 1983년처럼 늦게, 가드너나 그의 출판사는 오늘날 널리 행해지고 있는 젠더–프리 글쓰기 개념을 심각하게 사용하지 않았다.
14. Keirsey and Bates, 2–3.
15. Carl Jung, *Psychological Types* (Princeton, NJ: Bollingen Series, 1971).
16. Robert Benfari with Jean Knox, *Understanding Your Management Style: Beyond the*

Myers-Briggs Type Indicators (Lexington, MA: Lexington Books, D.C. Heath and Company, 1991): 4–5.

17. The Center for Applications of Psychological Type, P. O. Box 13807, Gainesville, FL 32604에서 출판되었으며, 웹 사이트 〈http://www.myersbriggs.org〉에서도 이용 가능하다.
18. Benfari의 *Understanding Your Management Style*과 Keirsey와 Bates의 *Please Understand Me*는 이미 언급했다.
19. 예를 들면 웹사이트 〈http://www.humanmetrics.com/cgi-win/JTypes2.asp〉와 〈http://www.personalitypathways.com/type_inventory.html〉를 참조하라. (2010년 3월 접속).
20. Benfari and Knox, 6.
21. Keirsey and Bates, 16.
22. Keirsey and Bates, 17.
23. Benfari and Knox, 8.
24. Jean Piaget, "Problems in Equilibration," in *Topics in Cognitive Development: Vol. 1. Equilibration: Theory, Research and Application,* eds. Marilyn H. Appel and Lois S. Goldberg (NewYork: Plenum Press, 1977): 3–13.
25. John W. Atkinson and George H. Litwin, "Achievement Motivation and Test Anxiety Conceived as Motive to Approach Success and Motive to Avoid Failure," *Journal of Abnormal and Social Psychology*, 60 (1960): 52–63.
26. Martin V. Covington, *Making the Grade: A Self Worth Perspective on Motivation and School Reform* (Cambridge, England: Cambridge University Press, 1992): 89.
27. Covington, 26.
28. David C. McClelland, *The Achieving Society* (New York: The Free Press, 1961).
29. Max Weber, *The Protestant Ethic and the Spirit of Capitalism,* trans. Talcott Parsons (New York: Scribner, 1930). 원저는 1904년 독일에서 출간되었다.
30. Most notably: Albert Bandura, "Toward a Unifying Theory of Behavioral Change," *Psychological Review* 84 (1977): 191–215; Albert Bandura, "Self-Efficacy Mechanism in Human Agency," *American Psychologist*, 37 (1982): 122–147; Albert Bandura, *Social Foundations of Thought and Action: A Social Cognitive Theory* (Englewood Cliffs, NJ: Prentice Hall, 1986); Albert Bandura, *Self-Efficacy: The Exercise of Control* (New York: W. H. Freeman, 1997).
31. Bandura, *Social Foundations of Thought and Action: A Social Cognitive Theory*, 23.
32. Bandura, 399–409.
33. Bandura, 399.
34. Elizabeth Labone, "Teacher Efficacy: Maturing the Construct through Research in Alternative Paradigms," *Teaching and Teacher Education* 20 (2004): 348.
35. Bandura, 449.
36. Alexander D. Stajkovic and Fred Luthans, "Self-Efficacy and Work-Related Task

Performance: A Meta-Analysis," *Psychological Bulletin*, 124 (1998): 240-261.
37. Don E. Hamachek, "Humanistic Psychology: Theory, Postulates and Implications for Educational Processes," in *Historical Foundations of Educational Psychology*, eds. John A. Glover and Royce R. Ronning (NewYork: Plenum Press, 1987).
38. Arthur Combs, "Motivation and the Growth of Self," in *Perceiving, Behaving, and Becoming: Association for Supervision and Curriculum Development Yearbook* (Washington, DC: National Education Association, 1962): 83-98.
39. Abraham Maslow, *Motivation and Personality*, 2nd. ed. (New York: Harper & Row, Publishers, 1970).
40. Lyman W. Porter, "A Study of Perceived Need Satisfaction in Bottom and Middle-Management Jobs," *Journal of Applied Psychology*, 45 (1961): 1-10.
41. Porter.
42. 예를 들어 다음 논문을 살펴보라. Edward E. Lawler III and Lyman W. Porter, "The Effect of Job Performance and Job Satisfaction," *Industrial Relations* 6 (1967): 20-28; and David G. Kuhn, John W. Slocum, and Richard B. Chase, "Does Job Performance Affect Employee Satisfaction?" *Personnel Journal*, 50 (1971): 455-460.
43. Don Hellriegel and John W. Slocum, Jr., *Management: A Contingency Approach* (Reading, MA: Addison-Wesley Publishing Company, 1974): 308.
44. Thomas J. Sergiovanni and Fred D. Carver, *The New School Executive: A Theory of Administration* (New York: Dodd, Mead & Company, 1973): 58-59.
45. Sergiovanni and Carver, 59.
46. 이 연구는 Sergiovanni와 Carver의 책 56-63쪽에서 요약되어 있다.
47. Sergiovanni and Carver.
48. Sergiovanni and Carver, 61.
49. Frederick Herzberg, *Work and the Nature of Man* (Cleveland, OH: World Publishing Company, 1966): 56.
50. Rodney A. Wickstrom, "An Investigation into Job Satisfaction among Teachers" (unpublished doctoral dissertation, University of Oregon, 1971).
51. Ralph M. Savage, "A Study of Teacher Satisfaction and Attitudes: Causes and Effects" (unpublished doctoral dissertation, Auburn University, 1967).
52. Gene L. Schmidt, "Job Satisfaction among Secondary School Administrators," *Educational Administration Quarterly*, 12 (1976): 81.
53. Schmidt, 81.
54. Sergiovanni and Carver, 75-78.
55. Sergiovanni and Carver, 77.
56. Stephen P. Robbins, *The Administrative Process: Integrating Theory and Practice* (Englewood Cliffs, NJ: Prentice-Hall, 1976): 312.

57. Robbins, 312.

58. Richard M. Ryan and Jerome Stiller, "The Social Contexts of Internalization: Parent and Teacher Influences on Autonomy, Motivation, and Learning," in *Advances in Motivation and Achievement*, Vol. 7: *Goals and Self-Regulatory Processes*, eds., Martin L. Maehr and Paul R. R. Pintrich (Greenwich, CT: JAI Press, 1991): 115-149.

제12장 학교 개혁

1. The Center for Education Reform. 5 January 2009, 〈http://www.edreform.com〉, Path: Charter Schools, School By State.

2. U.S. Department of Education, Office of Innovation and Improvement, Education Options in the States (Washington DC: U.S. Department of Education, 2009) 5 January 2009, 〈http://www.de.gov/parents/schools/choice/educationoptions/index.html〉.

3. Holmes v. Bush, no. 04-2323, Florida, 5 January 2006.

4. U.S. Department of Education.

5. William J. Bushaw and Alec M. Gallup, "Americans Speak Out-Are Educators and Policy Makers Listening? The 40th Annual Phi Delta Kappa/Gallup Poll of the Public's Attitudes Toward the Public Schools," *Phi Delta Kappan*, 90 (September 2008): 9-20.

6. Milton Friedman, *Price Theory* (Chicago: Aldine Publishing, 1976): 1.

7. Herbert J. Walberg and Joseph L. Bast, "Understanding Market-Based School Reform," *School Choice or Best Systems: What Improves Education?* eds. Margaret C. Wang and Herbert J. Walberg (Mahwah, NJ: Lawrence Erbaum, 2001).

8. National Center for Education Statistics, 〈http://nces.gov/〉, path: Table and Figures (2009년 1월 6일 접속).

9. Walberg and Bast, 8.

10. Andrew J. Coulson, Market Education: The Unknown History (Brunswick, NJ: Transaction Publishers, 1999).

11. Andrew J. Coulson, "Are Public Schools Hazardous to Public Education?" Education Week, 7 April 1999. 다음의 주소에서 검색 가능하다. 〈http://www.edweek.org/search.html?qs=Are+Public+Schools+Hazardous+to+Public+Education〉, path: Search for title by date (2010년 2월 3일 접속).

12. Neal McCluskey Andrew J. Coulson, "End It, Don't Mend It: What to Do with No Child Left Behind," *Policy Analysis*, no 599 (Washington, DC: Cato Institute, Individual Liberty, Free Markets, and Peace, 5 September 2007): 1-20, 11 January 2008,〈http://www.cato.org/pub_display.php?pub_id=8680〉.

13. 지식 세계(Knowledge Universe)는 2009년도에 14개의 기업들이 합동으로 만든 업체로서

보육 센터 체인인 지식 학습(Knowledge Learning), 온라인 중등교육 서비스 업체인 키스톤 국가 고등학교(Keystone National High School), 방과후 프로그램과 튜터링 서비스인 챔피언스(Champions), 온라인 보충수업인 K12, 유명한 피나컬 스투(Pinnacle Suite)의 기술 도구를 마케팅 대상으로 하는 글로벌 스칼라(Global Scholar), 기업 보육시설 서비스를 제공하는 아동 창의적 학습 센터(Children' s Creative Learning Centers) 그리고 싱가포르에 소재한 몇 개의 비슷한 기업들이 포함된다. 사업 시작 후 성공적인 벤처 기업을 매각하였으며 여기에는 뛰는 개구리 장난감 사(지금은 뛰는 개구리 기업의 계열사로 읽기와 언어 관련 서비스 물품을 만듦), 마인드큐(MindQ), 프로덕티버티 포인트 인터내셔널(Productivity Point International), 그리고 교사 세계(Teacher Universe)가 있다.

14. Edward Wyatt, "Investors See Room for Profit in the Demand for Education," *The New York Times*, 4 November 1999: 1.
15. Brian Gill, Ron Zimmer, Jolley Christman, and Suzanne Blanc, *School Restructuring, Private Management, and Student Achievement in Philadelphia* (Santa Monica, CA: Rand Corporation, 2007).
16. Ron Zimmer, Suzanne Blane, Brian Gill, and Jolley Christman, *Evaluating the Performance of Philadelphia' s Charter Schools* (Santa Monica, CA: Rand Corporation, 2008).
17. 그의 아버지는 가능성이 높을 것 같은 벤처 업체를 찾아 투자에 성공했으며, '벤처 캐피탈(venture capital)' 이라는 용어도 만들었다. 그가 거둔 많은 성공들 중 하나는 바로 미닛 메이드 오렌지 주스(Minute Maid orange juice)다.
18. 채널 원(Channel One)에서는 10분 동안 뉴스 방송을 하고 그 후에는 2분 동안 광고를 하며, 이 방송을 8,000개의 학교에서 6만 명(13세에서 18세 사이)의 학생들이 시청을 하고 있다. 뉴스방송 하나만 제공하는 회사로 시작한 채널 원은 현재 무료 교육과정 비디오는 물론 청소년들이 원하는 다양한 분야, 예를 들어 음악, 패션, 스포츠, 그리고 대학 정보를 제공하는 사이트까지 운영 중이다. 채널 원을 신청하는 학교는 위성 수신기는 물론 디지털 재생기기 등을 개별 교실마다 무상으로 제공받으며, 한 학급에 학생이 23명이 넘으면 텔레비전도 무상으로 제공받는다. 2009년 5월 25일. 〈http://www.channelone.com/static/faq〉.
19. U.S. Department of Education. *A Commitment to Quality: National Charter School Policy Forum Report* (Washington, D.C.: U.S. Department of Education, 2008), 5 February 2009 〈http://www.ed.gov/admins/comm/choice/csforum/report.pdf〉.
20. Hanushek Eric A., John F. Kain, and Steven G. Rivkin. "The Impact of Charter Schools on Academic Achievement," unpublished paper, Stanford University (2002); Timothy J. Gronberg, and Dennis W. Jansen, *Navigating Newly Chartered Waters: An Analysis of Texas Charter School Performance* (Austin: Texas Public Policy Foundation, 2001); Tim R. Sass, "Charter Schools and Student Achievement in Florida," *Education Finance and Policy*, 1 (2006).
21. Robert Bifulco and Helen F. Ladd, "The Impacts of Charter Schools on Student

Achievement: Evidence from North Carolina," *Education Finance and Policy*, 1 (2006): 50-90; Randall W. Eberts and Kevin M. Hollenbeck, "An Examination of Student Achievement in Michigan Charter Schools" (W.E. Upjohn Institute for Employment Research Staff Working 2001, Paper 01-68).

22. Caroline Hoxby, "Achievement in Charter Schools and Regular Public Schools in the United States: Understanding the Differences" (Cambridge MA: Department of Economics, Harvard University, 2004). Caroline Hoxby는 다음 문헌 역시 기술했다. "A Straightforward Comparison of Charter Schools and Regular Public Schools in the United States" (Cambridge, MA: National Bureau of Economic Research, 2004) 16 March 2009 〈http://www.uscharterschools.org/cs/r/view/uscs_rs/1989〉.

23. Joydeep Roy and Lawrence Michel, *Advantage None: Re-Examining Hoxby' s Finding of Charter School Benefits*, Briefing Paper #158 (Washington, DC: Economic Policy Institute, 2005): 2.

24. Henry Braun, Frank Jekins, and Wendy Grigg, *A Closer Look at Charter Schools Using Hierarchical Linear Modeling* (Washington DC: U.S. Department of Education, National Center for Educational Statistics, August 2006), January 6, 2009, 〈http://nces.ed.gov/nationsreportcard/pubs/studies/2006460.asp〉.

25. Ron Zimmer and Richard Buddin, *Charter School Performance in Urban Districts*, working paper WR-282-EDU. (Santa Monica, CA: Rand Corporation, 2007).

26. Christopher Lubienski and Sarah Theule Lubienski, *Charter, Private, Public Schools and Academics Achievement: New Evidence from NAEP Mathematics Data* (New York: National Center for Study of Privatization in Education, Teachers College, Columbia University, 2006).

27. Christopher Lubienski, Corinna Crane, and Sarah Theule lubienski, "What Do We Know About School Effectiveness? Academic Gains in Public and Private Schools," *Phi Delta Kappan* 5 (2008): 689-695.

28. Cynthia D. Hill and David M. Welsch, "Is There a Difference Between For-Profit Versus Not-for-Profit Carter School?" paper 166 (New York: National Center for the Study of Privatization in Education, Teachers College, Columbia University, 2006).

29. Caroline Hoxby, "How School Choice Affects the Achievement of Public School Students," *Choice Equity*, ed. Paul T. Hill (Stanford, CA: Hoover Institute, 2002). February 22, 2009, 〈http://media.hoover.org/documents/0817938923_141.pdf〉.

30. George M. Holmes, Jeff Desimone, and Nicholas G. Rupp, "Does School Choice Increase School Quality?" paper no. 9683 (Cambridge, MA: National Bureau of Economic Research, May 2003).

31. Richard Buddin and Ron Zimmer, *Is Charter School Competition in California Improving the Performance of Traditional Public schools?* working paper WR-297-

EDU (Santa Monica, CA: Rand Corporation, 2005).

32. Scott A. Imberman, "The Effect of Charter Schools on Achievement and Behavior of Public school students: An Instrumental Variables Approach" (University of Houston, 1 January 2009), January 9, 2009, 〈http://www.class.uh.edu/faculty/simberman/charter_compet_12-08.pdf〉.
33. Erica Frankenberg and Chungmei Lee. "Charter Schools and Race: A Lost Opportunity for Integrated Education," *Education Policy Analysis Archives*, 11.32 (2003), January 3, 2009, 〈http://epaa.asu.edu/epaa/v11n32/〉.
34. Frankenberg and Lee (Conclusion section).
35. Robert Bifulco and Helen F. Ladd, "School Choice, Racial Segregation, and Test-Score Gaps: Evidence from North Carolina's Charter School Program," *Journal of Policy Analysis and Management*, 26.1 (2006): 31-56; Institute on Race and Poverty, *Failed Promises: Assessing Charter Schools in the Twin Cities*. (University of Minnesota Law School, November 2008) January 3, 2009, 〈http://www.irpumn.org/website/projects/〉; Yongmei Ni, "Are charter Schools More Racially Srgregated Than Traditional Public Schools?" Policy Report 30 (Michigan State University, The Education Policy Center, March 2007); Linda A. Renzulli, "District Segregation, Race Legislation, and Black Enrollment in Charter Schools," *Social Science Quarterly*, 87 (2006): 618-637.
36. Jay P. Greene and Marcus A. Winters, *The Effect of Special Education Vouchers on Public School Achievement: Evidence from Florida's Mckay Scholarship Program*, Civic Report No. 52 (New York: Manhattan Institute for Policy Research, April 2008), January 4, 2009 〈http://manhattan-institute.org/html/cr_52.htm〉.
37. John T. Yun (2008). Review of "The Effect of Special Education Vouchers on Public School Achievement: Evidence from Florida's Mckay Scholarship Program" (Boulder, CO, and Tempe, AZ: Education and the Public Interest Center & Education Policy Research Unit, 22 May 2008), January 7, 2009, 〈http://epicpolicy.org/files/TTR-Yun-Manhattan-MCKEY_FINAL_.pdf〉 (No Child Left Behind section).
38. Cecilia E. Rouse and Lisa Barrow, "School Vouchers and Student Achievement: Recent Evidence, Remaining Questions," publication #163 (New York: National Center for the Study of Privatization in Education, Teachers College, Columbia University, 2008): 37.
39. Clive R. Belfield, "The Evidence on Educational Vouchers: An Application to the Cleveland Scholarship and Tutoring Program" publication #163 (New York: National Center for the Study of Privatization in Education, Teachers College, Columbia University, 2006).
40. *Zelman v. Simmons-Harris*, 00-1751, 536 U.S. 639, 2002.
41. 뉴 잉글랜드 주에서는 도시를 타운으로 생각한다. 예를 들어 웨스트 헤븐 시의 경계가 웨스트 헤븐 학교구의 경계와 같다.

42. 뉴욕 학교구(10,000개의 학교)는 다섯 개의 군(郡)(맨해튼, 브롱스, 스테이튼 아일랜드, 퀸스, 그리고 브룩클린)을 포함하고 있으며, 여기에는 한 개의 학교운영위원회가 있는 반면, 버팔로 시를 포함하고 있는 이리(Erie) 군은 29개의 학교구(버팔로 시의 학교구 포함)가 있는데, 이들 학교구에는 학교가 최대 4개이며 각 학교구는 개별 학교운영위원회에 의해 운영되고 있다.
43. 이 연설의 전문은 미국 교육부 홈페이지(http://www.2ed.gov/Speeches/02-2000/000222.html)에서 확인할 수 있다.
44. Nancy Kober, Naomi Chudowsky, and Victor Chudowsky. *Has Student Achievement Increased Since 2002?* (Center on Education Policy, 17 June 2008), January 17, 2009, 〈http://www.cep-dc.org/〉.
45. Gerald W. Bracey, "The 17th Bracey Report on the Condition of Education: The First Time Everything Changed," *Phi Delta Kappan*, 82 (2007): 130.
46. Jaekyung Lee, *Tracking Achievement Gaps and Assessing the Impact of NCLB on the Gaps: An Indepth Look into National and State Reading and Math Outcome Trends* (Cambridge, MA: The Civil Rights Project at Harvard University, 2006), January 20, 2009, 〈http://www.civilrightsproject.ucla.edu/〉. 이 프로젝트는 2007년에 UCLA 대학교로 이전되었다.
47. Lee, 6 (in the forward by Gary Orfield).
48. Wayne Au, "High Stakes Testing and Curricular Control: A Qualitative Metasynthesis," *Educational Researcher*, 36 (2007): 264.
49. Gregory J. Marchant and Sharon E. Paulson, "The Relationship of High School Graduation Rates and SAT Score," *Education Policy Analysis Archives*, 13.6 (2005), February 9, 2009, 〈http://epaa.asu.edu/epaa/v13n6/〉.
50. Marchant and Paulson, 4.
51. Shason L. Nichols, Gene V. Glass, and David C. Berliner, *High Stakes Testing and Student Achievement: Problems for the No Child Left Behind Act* (Tempe, AZ: Education Policy Research Unit at Arizona State University, September 2005): iii.
52. Diane Ravitch and Joseph P. Viteritti, eds., *New Schools for a New Century: The Redesign of Urban Education* (New Haven, CT: Yale University Press, 1997): 4.
53. 노스 캐롤라이나의 주지사인 Terry Sanford의 리더십과 James Byant Conant의 제안에 의해 1966년에 열린 전미 주지사 회의에서 국가교육위원회(The Education Commission of the State: ECS)가 창설되었다. 현재 위원회에는 49개 주와 함께 푸에르토리코, 콜롬비아 특별구, 아메리칸 사모아, 버진 아일랜드가 회원으로 있다. 각 회원 주는 7명(주지사, 입법 리더, 주 학교교육 관련 공무원, 학교 운영위원회 구성원, 학교 행정가, 그리고 기타 교육 전문가들)의 위원들로 대표된다.
54. Education Commission of the States, *Governing America's Schools: Changing the Rules*, Report of the National Commission on Governing America's Schools, Executive

Summary (Denver, CO: Education Commission of the States, 1999): 1.

55. Education Commission of the States, 1.

56. Education Commission of the States, 2.

57. *Education Week* (November 10, 1999), 17.

58. Geoffrey D. Borman, Gina M. Hewes, Laura T. Overman, and Shelly Brown, "Comprehensive School Reform and Achievement: A Meta-Analysis," *Review of Educational Research*, 73.2 (2003): 125-230.

59. Comprehensive School Reform Quality Center, *CSRQ Center Report on Middle and High School comprehensive School Reform Models* (Washington, DC: Comprehensive School Reform Quality Center, October 2006), February 7, 2009, 〈http://www.csrq.org/MSHSreport.asp〉.

60. Comprehensive School Refoem Quality Center, *CSRQ Center Report on Elementary School Comprehensive School Reform Models* (Washington, DC: Comprehensive School Reform Quality Center, November 2006), February 7, 2009, 〈http://www.csrq.rg/CSQRreportselementaryschoolreport.asp〉.

61. Amanda Datnow, "The Sustainability of Comprehensive School Reform Models in Changing District and State Contexts," *Educational Administration Quarterly*, 41.1 (2005): 121-153.

62. Individuals with Disabilities Education Act, Sec. 614 (b) (6) (A) 2004.

63. Jeanne Wanzek and Sharon Vaughn, "Research-based Implications from Extensive Early Reading Interventions," *School Psychology Review* 36 (2007): 541-561.

64. Center for Educational Renewal, *National Network for Educational Renewal* (Seattle: Institute for the Study of Educational Policy, University of Washington, 1999): 2.

65. Center for Educational Renewal, *Nineteen Postulates Necessary for the Simultaneous Renewal of Schools and Education of Educators* (Seattle: Institute for the Study of Educational Policy, University of Washington, 1999): 1.

66. Center for Policy Analysis, *To Touch the Future: Transforming the Way Teachers Are Taught. Executive Summary* (Washington, DC: American Council on Education 1999): 1.

67. American Council on Education, *Touching the Future: Final Report* (Washington, DC: American Council on Education, 2002), 15. February 7, 2009, 〈http://www.acenet.edu/AM/〉 (search for Touching the Future: Final Report).

68. Abraham Flexner, *Medical Education in the United States and Canada: A Report to the Carnegie Foundation for the Advancement of Teaching* (New York: Arno Press, 1910).

69. Economic Policy Institute. *A Broader, Bolder Approach to Education*, February 7, 2009, 〈http://www.boldapproach.org/ads.html〉.

부록: 2008년 ISLLC 교육 리더십 정책 표준

1. Josephy Murphy, "Reculturing Educational Leadership: The ISLLC Standards Ten Years Out," paper prepared for the National Policy Board for Educational Administration, September 2003, 〈www.npbea.org/Resources/catalog.html〉, 30.
2. Council of Chief State School Officers. *Educational Leadership Policy Standards: ISLLC 2008.* As Adopted by the National Policy Board for Educational *Administration,* Washington, DC: Council of Chief State School Officers, 2008. 1 June 2009 〈http://www.ccsso.org/publications/details.cfm?PublicationID=365〉, 5.
3. Council of Chief State School Officers. "Frequently Asked Questions." 1 June 2009 〈http://www.ccsso.org/projects/education_leadership_initiatives/ISLLC_Standards_2008_FAQs/#comparison2〉. Path: What are functions listed under each of the six 2008 ISLLC Standards? .
4. Joseph Schneider, "Issues Related to the Revamping of the ISLLC and ELCC Standards" (working draft), paper prepared for the National Policy Board for Educational Administration, 2005.
5. National Policy Board on Educational Administration. "Major Projects." 1 June 2009 〈http://www.npbea.org/projects.php〉. Path: Educational Leadership Policy Standards-Research-based Edition.
6. Council of Chief State Officers. *Educational Leadership Policy Standards: ISLLC 2008,* 2.

용어 설명

조직 갈등(organizational conflict) 두 개 이상의 집단이 서로 엇갈리거나 완전히 분산되어 동시에 양립할 수 없는 상황을 의미한다.

계량 사회학(sociometry) 사람들 사이의 상호관계에 관한 연구로 양적 연구 방법을 이용하여 사회체제와 개인들 사이의 강점과 나아가고자 하는 방향에 대해 밝히는 연구를 의미한다.

계층의 원리(scalar principle) 계선(line)과 참모(staff)의 개념을 가리키며, 일반적으로 조직 권한은 가능한 한 위계를 따라서 정책 결정을 하는 상위부서에서부터 조직의 가장 아래에 있는 사람에게로 내려가야 한다고 말한다.

고전적 조직 이론(classical organizational theory) 계층의 원리(scalar principal), 명령통일의 원리(unity of command) 및 통솔범위의 원리(span of control)와 같은 과학적 관리론과 관료제 이론의 기본 개념을 바탕으로 하는 조직이론을 의미한다.

과학적 관리(scientific management) 관리자의 관점에서 관리자와 노동자 간의 서로 다른 역할을 공식화한 것으로, 관리자가 계획과 목표를 설정하고 노동자가 이를 달성하기 위해 실행하는 하향식(top-down) 방법의 비대칭적인 권력과 규칙의 행사를 말하는 것이다. 이러한 접근은 프레더릭 W. 테일러(Frederick W. Taylor)의 연구에 그 기원이 있다.

구체화(reify) 구체화는 조직과 같은 추상적인 개념을 눈에 보이는 구체적인 사물처럼 생각하는 것이다. 사람들은 조직 구조의 실제적 형태가 없지만 구체화하여 이해하려고 한다.

권력(power) 권력은 직무상 권한으로 또는 상대방과의 상호 합의를 통해서 다른 사람에게 통제, 권한, 혹은 영향력을 행사할 수 있는 능력을 말한다.

단위학교 책임경영(site-based management) 학교구의 중앙 행정부서가 가지고 있는 의사결정 권한을 단위학교로 이양하려는 시도를 말한다.

동기(motivation) 동기는 사람들이 지금 행동하는 것과 같이 행동하게 하는 힘을 의미한다. 행동주의자들은 외재적 동기(예를 들어 당근과 채찍)를 강조하고, 다른 학자들은 내재적 동기(인지적 및 감정적, 예를 들어 감정, 열망, 태도, 사고, 인식 등)를 강조한다.

리더십(leadership) 제임스 맥그레거 번즈(James macgregor burns)에 의하면, 리더십이란 다른 사람들과 갈등하거나 경쟁하는 과정에서 구성원들의 동기를 불러일으키고 만족시키기 위해 제도적 · 정치적 · 심리학적 혹은 기타 자원들을 동원하는 과정을 의미한다. 그러므로 조직 구성원들과 개인 사이의 역동적인 상호의존적 관계는 집단에 의해 조직의 리더로서 집합적으로 인지된다.

명령의 통일(unity of command) 전통적인 조직 이론의 원리 중 하나로 조직에 있는 사람은 어느 누구도 한 명 이상의 상급자로부터 명령을 받아서는 안 된다는 개념이다.

바우처(교육비 지불보증제)(voucher) 주로 주(州)에서 발행하는 전표 혹은 문서, 공적 자금을 바탕으로 작성된 서면 결재를 가지고 학부모들이 사립학교, 종교학교 혹은 학교구 밖에 있는 공립학교의 학교교육 비용을 지불할 때 사용한다.

변화 과정(change process) 조직 변화의 생애주기 이론은 가장 널리 알려진 이론모형 중 하나로서 변화를 조직생활의 끝없는 과정으로 바라본다. 그 모형은 3단계로 구성되어 있는데 첫 번째는 현존하는 관례와 행동들을 해빙(unfreezing)하는 단계이며, 두 번째는 새로운 관례와 행동들을 개발하는 단계이고, 마지막은 새롭게 개발된 관례와 행동을 제도화 및 표준화하는 단계다.

사회 체제(social system) 일반적으로 계약과 목적들에 의해서 서로 엮여 있는 개인들의 통합체다. 새 무리와 양떼는 동물세계의 사회 체제라고 볼 수 있다. 사람들의 경우 조직범죄집단에서부터 점심 식사를 같이 하는 그룹까지 모두가 비공식적 사회 체제라고 볼 수 있는 반면 명확하게 구조화된 교회 조합, 학교, 그리고 기업은 조금 더 공식적인 사회 체제라고 볼 수 있다.

사회 체제 이론(social systems theory) 조직은 역동적인 상호 사회 체제를 통해서 가장 잘 이해될 수 있다는 개념을 의미한다.

사회과학(social science) 인간 사회, 그리고 개인과 사회 사이의 관계에 대해 학문적 · 과학적으로 전념하여 연구하는 학문 분야가 바로 사회과학이다. 여기에는 보통 사회학, 심리학, 인류학, 경제학, 정치과학, 및 역사가 포함된다.

사회기술적 체제 이론(sociotechnical systems theory) 조직은 역동적인 네 가지 하부체제(기술, 구조, 과업, 그리고 사람들)에 의해 가장 잘 이해될 수 있다는 관점을 말한다.

사회심리학(social psychology) 인간 심리학의 분야 중 하나로 집단행동과 사회 요인(예를 들어 집단규범)이 성격, 태도, 동기 및 개인들의 행동에 어떠한 영향을 미치는지에 관한 연구를 말한다(행동심리학, 인지심리학, 및 인본주의 심리학을 참조하라).

상용 이론(theory in use) 개인 혹은 집단의 행동에서 만들어진 실제 이론으로 행위 이론(theory of action)이라고도 불린다. 상용 이론과 행위 이론이 신봉 이론(espoused theory)과 다른 점은 개인이 한 말을 통해서가 아니라 행위를 통해서 유추한다는 것이다. 상용 이론과 신봉 이론과의 불일치는 조직 리더십에 있어서 흔한 일이다.

상황적합성 이론(contingency theory) 조직과 행정을 논함에 있어, 모든 상황에서 독보적으로 우월한 유일한 접근은 존재하지 않는다는 개념을 의미한다. 그러므로 가장 좋은 접근법은 상황 맥락에 따라 변인들을 결정하는 것이다.

성찰적 실천(reflective practice) 이론과 실천 사이에서 불가피하게 발생하는 불일치를 생각하고 반성하는 과정으로 이를 통해 신봉 이론(espoused theory)과 상용 이론(theory in use) 사이의 조화를 추구하려는 행위이다.

수행 중심 평가(performance-based assessment) 수행 중심 평가는 학생의 학업성취도를 평가하는 기계적인 선다형 시험의 대안으로서, 학생들은 에세이 작성, 문제 해결 방법 시연 혹은 과학 실험 등의 과업을 수행해야 한다.

신고전주의 조직 이론(neoclassical organization theory) 고전주의에서 얘기하는 조직의 개념이 현대적 형태로 나타난 것이다. 예를 들어, 교육 표준화 운동, 고부담 평가, 책무성 프로그램 등은 조직의 고전적 개념을 기반으로 하고 있으며 이를 신고전주의적 사고라고 한다.

신봉 이론(espoused theory) 개인이 공식적으로 선택하는 이론을 의미한다. 그 예시로서 교육감은 교육수월성을 달성하기 위한 학교구의 필수전략으로서 협력의 문화, 신뢰 및 팀워크 등을 신봉하는 것을 들 수 있다.

실천 이론(theory of practice) 광범위한 이론의 혼합으로, 개인의 전문적인 실천에 대하여 방향을 제시하며, 사건이 진행됨에 따라 즉각적으로 보이는 실천과는 구별된다.

이론(theory) 체계적으로 조직화된 지식으로 자연 상태에서 관찰할 수 있는 사물이나 사건을 설명하기 위한 사고를 말한다.

인간관계(human relations) 넓은 의미에서 인간관계는 사람들 간의 상호작용을 의미하는데, 이는 사람들이 목적을 달성하기 위해 행동하는 모든 종류의 사회적 상황에서 발생한다. 구성원들이 다같이 행복하고 생산적인 삶을 개척하고자 하는 회사, 학교 혹은 전체 사회와 같은 조직에서 적용 가능하다.

인본주의 심리학(humanistic psychology) 인본주의 심리학은 인간의 심리를 연구하는 접근법 중 하나다. 이는 인간의 관심, 유용성, 위엄 및 가치에 초점을 맞추고 있고, 이성을 통해 자아실현을 이루고자 하는 인간의 능력에 대해 인지하고 있다. (사회심리학 참조)

인적자본(human capital) 인적자본은 구성원들이 갖고 있는 지식(예를 들어 숙련, 태도, 및 사회적 기술 등)은 조직에게 있어 가치 있는 자산이라는 개념으로, 어떻게 인적자본을 관리하느냐에 따라 시간이 지나면서 그 가치는 증가하거나 감소할 수 있다.

인적자원개발(human resources development) 인적자원개발은 조직에 대한 일련의 가정을 가리키는데 그 가정은 조직 구성원의 조화와 동기부여를 위해 구성원의 주요한 의식적 사고, 능력, 및 해당 조직의 가치와 목적에 대한 구성원의 사회화를 강조한다. 관료제와 비교해 보라.

인지심리학(cognitive psychology) 자극과 반응 사이를 중재하는 정신과정을 연구하는 인간심리학의 한 영역이다. 특히 창의력, 인지, 사고, 및 문제해결과 같은 정신과정에 집중한다.

자아실현(self actualization) 한 개인의 잠재적 능력을 최대한 성취하거나 달성하고자 하는 것을 말한다.

자아존중감(self-esteem) 자신감을 갖는 것으로, 본인을 존경하고 자랑스러워하는 것을 말한다.

자연주의적 연구(naturalistic research) 자연주의적 연구는 자연상태에서 관찰법을 사용하여 이루어지는 연구다. 이는 자연상태를 훼손하거나 방해하는 것을 피하기 위해 고안된 방법이다.

적대감(hostility) 다른 개인 혹은 조직의 지위에 해를 끼치거나 악화시키기 위해 의도된 행동을 의미한다.

조직 개발(organization development) 조직 개발이란 조직이 당면한 문제를 해결하는 데 있어 더 좋은 결정을 내릴 수 있는 능력을 개선하는 모든 형태의 다양한 과정을 의미한다.

조직 건강(organizational health) 조직 건강은 조직이 시간이 지남에 따라 목표를 달성하고 내적으로 스스로를 유지하며 환경 변화에 적응하는 정도를 말한다. 건강한 조직은 시간에 지남에 따라 이러한 적응력이 높아지는 경향성을 보여준다.

조직 문화(organizational culture) 시간이 지나감에 따라 조직 구성원들이 공유하게 되는 전통, 가치, 및 기본 가정을 포함하는 것으로서, 조직의 직무에 의미를 부여하고 조직 구성원의 행동규범을 설정한다.

조직의 자기혁신(organizational self-renewal) 조직의 효과적인 변화는 외부로부터 성공적으로 주어질 수 있는 것이 아니라 계속적인 문제해결과 목표설정을 위한 내적 능력의 향상을 개발하는 과정이라는 개념이다.

조직 풍토(organizational climate) 레나토 타기우리(Renato Tagiuri)에 따르면, 조직 풍토는 학교의 물리적인 전체 환경의 특성을 의미한다. 이는 종종 '기운(atmosphere)' '분위기(tone)' '풍취(personality)' '기풍(ethos)' 이라고 불린다.

조직 행동(organizational behavior) 조직 행동은 조직적 맥락에서 구성원 행동을 이해하고자 하는 과학적 연구 영역과 사회과학에서부터 조직 리더십과 행정의 실제적 문제를 다루는 지식을 적용하고자 하는 전문적 실제 영역까지를 모두 포함한다.

조직(organization) 조직은 질서정연하고 기능적인 사회구조(예를 들어 회사, 정당, 학교 등)인데, 이는 조직 구성원과 행정체제에 따라 특성화될 수 있다.

질적 연구(qualitative research) 질적 연구는 인간 행동과 인간 경험을 연구자의 관점이 아닌 연구 대상자의 관점으로 이해하려는 연구다.

차터 스쿨 혹은 헌장학교(charter schools) 주 정부의 특별한 헌장에 따라 운영되거나 혹은 학교운영위원회의 계약에 따라 운영되는 공립학교를 의미한다. 이러한 형태의 학교는 특정 제약이나 요구사항으로부터 자유로울 수 있으며, 학생들의 학업성취도를 개선시킬 수 있는 혁신적인 교수법을 접목시켜 볼 수도 있다.

체제 이론(systems theory) 물리학과 사회과학에서 모두 받아들여지는 개념으로서 자연에서 관찰한 모든 것들은 복잡하고 역동적인 상호작용 체제라는 의미를 내포하고 있다.

총체적 질 관리(total quality management) 산업 및 기업 분야에서 도입한 접근 방법으로, 고객 만족, 목표 달성 및 조직 기능의 끝없는 향상을 위해 구성원들이 지속적인 의사결정과정에 참여하는 것을 강조한다.

통솔의 범위(span of control) 전통적인 조직 이론 원리 중 하나로 상급자에게 보고하는 사람들의 수는 관리가 가능한 인원수로 제한되어야 한다는 개념을 의미한다.

수행 측면의 표준(standards, performance) 학문적 내용 표준의 구체적인 틀을 만족시키기 위해 학생들이 가져야 하는 최소한의 정보와 안목에 대해 설명하고 정의했다. 학생들은 본인의 학업성취 수준을 학문 내용을 기준으로 한 표준화된 형식의 시험이나 에세이 작성과 같은 과제 수행 방법 등을 통해 증명해야 한다.

학문 내용의 표준(standards, academic content) 모든 학생들이 소위 핵심 과목(수학, 과학, 지리학 그리고 영어를 보통 지칭하지만 항상 그렇지는 않음)에 대해 잘 알고 문제를 풀 수 있어야 한다는 것에 대해 설명한 것이다. 학문 내용의 표준을 주장하는 사람들은 학생들의 언어적 · 문화적 유산, 특별한 학습 요구, 인종, 혹은 사회경제적 요인들의 차이에도 불구하고 모두에게 공평하게 그 기준이 적용되어야 한다고 주장한다.

학문 기반적 표준(standards, discipline-based) 다양한 학문 분야에서 학습 중인 학생들을 위해 만들어진 수행 기준을 가리킨다. 학문 분야에는 수학, 음악, 영어, 경제학, 읽기, 과학, 역사, 지리, 외국어, 및 체육 등이 포함된다.

학교 개혁(school reform) 학교 개혁은 학교의 효과성을 향상시키기 위한 모든 종류의 노력을 포함하는 포괄적인 용어다. 학교 개혁에 세 가지의 주된 경쟁적인 접근법에는 (1) 시장 중심적 전략, (2) 만족할 만한 기준의 설정과 시행, (3) 학교 개선 및 발전 등이 있다.

학교 선택(school choice) 학부모들이 학교구가 선정하는 학교가 아닌 공적 자금을 이용하여 자신들의 자녀가 다니는 학교를 선택하는 개념이다. 보통 학생들은 공립, 사립 혹은 종교학교들 중에서 선택한다.

합리주의적 연구(rationalistic research) 통제된 실험 연구의 개념은 연구 방법의 완벽한 본보기다. 그러나 비실험적 방법도 만약 양적으로 연구되었으며 연구 절차에 안전장치가 있다면 수용 가능하다.

항상성(homeostasis) 항상성은 환경과의 조화상태를 지속적으로 유지하기 위해 개방사회 체제가 스스로를 통제하는 경향성을 의미한다. 이러한 경향성은 환경에서 발생하는 변화에 체제가 적응할 수 있게끔 도와준다.

행동심리학(행동주의)(behaviorist psychology)(behaviorism) 행동심리학은 인간의 심리를 다루는 분야 중 하나다. 이는 자극에 대한 측정 가능하고 수량화할 수 있는 반응과 같이 행동의 관찰 가능한 실제적 증거들을 직접적으로 연구한다. 감정, 인지, 동기, 사고, 및 태도와 같은 자기 성찰적 증거들은 배제한다(인지심리학, 사회심리학 및 인본주의 심리학 참조).

행정(administration) 행정이란 조직 목표 달성을 위해 다른 사람들과 함께 혹은 다른 사람을 통해서 일하는 것을 의미한다.

협력(collaborate) 타인과 협동하여 일하는 것을 의미하며, 특히 문제를 해결하거나 목표를 설정하는 것과 같은 지적 노력에서의 협동을 설명할 때 사용된다.

협상(bargaining) 협상이란 서로간의 교환 및 타협을 통해 합의 내용을 협상하는 과정이다.

피드백(feedback) 피드백이란 조직이나 개인이 받게 되는 정보의 흐름을 의미하는데, 이것은 조직 및 개인의 행동에 미치는 영향에 대한 정보를 제공한다.

찾아보기

《인 명》

《내 용》

저자 소개

로버트 G. 오웬스(Robert G. Owens)는 작은 학교에서 교직 경력을 시작한 이래 다양한 규모와 환경의 학교에서 18년 동안 교직 생활을 했다. 교장 직을 역임한 후 대학으로 자리를 옮겼으며 현재는 Hofstra University의 특임연구교수(Distinguished Research Professor Emeritus)로 재직 중이다. 학교의 조직 효과성을 어떻게 향상시킬 것인가에 초점을 두고 연구하고 있다.

토마스 C. 발레스키(Thomas C. Valesky)는 미국과 그 밖의 나라에서 교사, 전문 상담가, 초등학교 교장, 교육감 등의 다양한 활동 경력을 가지고 있다. 현재는 Florida Gulf Coast University 사범대학의 교육 리더십 전공 교수로 재직 중이다. 그는 많은 연구 논문을 발표했으며, 공저서로 *Training for Quality School-based Decision Making*(2003)과 *Challenge to Change: The Memphis Experience with School-based Decision Making*(1994)이 있다.

역자 소개

김혜숙

University of Utah, Ph.D.(교육행정 전공)

전 한국교육개발원 연구위원

현 연세대학교 교육학부 교수

〈주요 저 · 역서〉

『최신교육학개론』(공저, 학지사, 2012)

「지방교육자치제도 개선방안 연구」(책임, 2011)

Reform of Teacher Education in the Asia-Pacific in the New Millennium: Trend and Challenges(공저, Kluwer Academic Publishers, 2002) 외 다수

권도희

연세대학교 대학원 박사과정 수료(교육행정 전공)

전 연성대학교 강사

현 연세대학교 교육연구소 연구원

〈주요 논문〉

「대학졸업생 취업여부에 대한 영향요인 탐색: 대학 내 · 외 교육경험을 중심으로」(2011, 공저) 외

이세웅

University of Wisconsin-Madison, 박사과정(교육정책 전공)

현 한국교육개발원 해외교육동향 미국통신원

〈주요 논문〉

「국내 중국인 유학생의 유학지 선택요인 및 만족도에 관한 연구」(2011)

신경석

연세대학교 대학원 박사과정 수료(교육행정 전공)

현 평생교육진흥원 전문원

〈주요 논문〉

「학점은행제 표준교육과정 개선 방안 연구」 (공저, 2006) 외

전수빈

Pennsylvania State University, Ph.D.(교육 리더십 전공)

전 성균관대학교 교육대학원 전임대우 조교수

현 성균관대학교 교육개발센터 선임연구원

〈주요 논문〉

Changes in Math Achievement Gaps under the Era of NCLB: Between Different Immigrant Student Groups and Native-Bornwhite Americans(2010) 외

이혜미

Michigan State University, 박사과정 수료(교육행정 전공)

전 한국교육공학인증원 연구원

〈주요 논문〉

「고등학교 교사가 지각하는 교사효능감의 수준 및 영향요인에 관한 연구」(2007) 외

손보라

University of Texas at Austin, 박사과정(교육정책 전공)

전 한국교육개발원 위촉연구원

〈주요 역서〉

『분산적 리더십: 미래를 위한 학교 리더의 방향』(공역, 시그마프레스, 2011) 외

교육 조직 행동론
-리더십과 학교 개혁-

Organizational Behavior in Education:
Leadership and School Reform (10th ed.)

2012년 9월 17일 1판 1쇄 발행
2021년 9월 25일 1판 3쇄 발행

지은이 • Robert G. Owens · Thomas C. Valesky
옮긴이 • 김혜숙 · 권도희 · 이세웅 · 신경석 · 전수빈 · 이혜미 · 손보라
펴낸이 • 김 진 환

펴낸곳 • (주) 학지사
04031 서울특별시 마포구 양화로 15길 20 마인드월드빌딩 5층
대표전화 • 02) 330-5114 팩스 • 02) 324-2345
등록번호 • 제313-2006-000265호
홈페이지 • http://www.hakjisa.co.kr
페이스북 • https://www.facebook.com/hakjisabook

ISBN 978-89-6330-779-4 93370

정가 22,000원

역자와의 협약으로 인지는 생략합니다.
파본은 구입처에서 교환하여 드립니다.